高等学校经济与工商管理系列教材

商业银行经营管理

（修订本）

主　编　张晓明

清 华 大 学 出 版 社
北京交通大学出版社
·北京·

内 容 简 介

本书系统介绍了商业银行经营管理中的理论、方法和实务，共分为四个部分：第一部分主要是对商业银行的起源和发展、功能、经营环境等基本内容进行阐述，同时重点说明了商业银行资本金和充足率的相关概念和理论，并分析了新出台的《巴塞尔协议Ⅱ》和《巴塞尔协议Ⅲ》对商业银行资本金管理和经营所造成的影响；第二部分主要介绍商业银行经营的各类业务活动和当前银行领域出现的最新产品，包括负债业务、资产业务、表外业务和国际业务等，这部分是商业银行经营管理的核心内容；第三部分具体介绍各类风险及风险度量方法、资产负债管理和利率风险、外部监管和内部控制、银行财务管理及绩效评价方法；第四部分主要对商业银行未来的发展趋势进行评论和分析，具体包括网络银行、混业经营和全面风险管理趋势。

本书可作为金融和经济专业本科生、研究生、专科教育、成人自学的教材，也可作为金融从业人员学习现代商业银行经营管理的相关理论和实务的参考书籍。

图书在版编目（CIP）数据

商业银行经营管理/张晓明主编 . —北京：清华大学出版社；北京交通大学出版社，2012.2
（2019.2 修订）

（高等学校经济与工商管理系列教材）

ISBN 978-7-5121-0914-8

Ⅰ . ①商…　Ⅱ . ①张…　Ⅲ . ①商业银行-经营管理-高等学校-教材　Ⅳ . ①F830.33

中国版本图书馆 CIP 数据核字（2012）第 019320 号

责任编辑：黎丹　特邀编辑：衣紫燕
出版发行：清 华 大 学 出 版 社　邮编：100084　电话：010 - 62776969
　　　　　北京交通大学出版社　邮编：100044　电话：010 - 51686414
印 刷 者：三河市华骏印务包装有限公司
经　　销：全国新华书店
开　　本：185×260　印张：29.5　字数：737 千字
版　　次：2012 年 3 月第 1 版　2019 年 2 月第 1 次修订　2019 年 2 月第 4 次印刷
书　　号：ISBN 978-7-5121-0914-8/F · 978
印　　数：6 001～7 000 册　定价：59.00 元

本书如有质量问题，请向北京交通大学出版社质监组反映。对您的意见和批评，我们表示欢迎和感谢。
投诉电话：010 - 51686043，51686008；传真：010 - 62225406；E-mail：press@bjtu.edu.cn。

前　言

商业银行是现代金融体系的核心。作为最重要的金融中介机构，商业银行的经营状况将直接影响到一国经济的增长速度和金融安全。商业银行同人们的日常生活息息相关，它们为企业、政府和个人提供各类金融服务：信贷服务、存款业务、支付转账、国际结算、担保业务、信用卡业务等。进入 21 世纪以后，经济全球化和自由化使得商业银行的经营环境发生了较大的变化，如何在教材编写中体现这种变化和创新，是对学术工作者的一种挑战。本书在全面阐述商业银行经营管理基本理论和内容的基础上，尝试体现商业银行在新环境下不断调整经营理念和思想，拓展新兴业务领域和服务项目，运用创新的管理方法，不断提高自身的竞争能力的新变化。

商业银行经营管理学是高等学校金融学专业四大主干课程之一，作为金融学专业的学生，掌握商业银行经营的原则和基本职能，熟悉商业银行的业务种类和操作流程，理解商业银行资产负债管理理论，以及洞悉商业银行风险控制的最新技术和手段，了解商业银行的未来发展趋势是十分必要的。随着我国经济体制改革的不断深化，金融业的快速发展和创新的层出不穷，对我国金融人才的培养也提出了更高要求。本书将理论同现实相结合，将国外经验同国内发展相结合，将被动阅读与启发思考相结合，努力将积累丰富的教学科研实践经验，通过教材传递给学生，使其不仅能符合国内金融行业的实际需求，更要跟上国际经济形势的最新发展，从而为培养出一流的高素质金融专业人才贡献绵薄之力。

2008 年次贷危机发生以来，美国已有 406 家银行倒闭，而其中一些大型的、举足轻重的金融机构的倒闭对整个金融体系稳定性造成了无法想象的冲击，甚至对其他国家的金融体系稳定也造成了不利影响，银行业的安全对一国经济稳定发展至关重要。为此，本书十分重视对商业银行风险控制的研究，具体包括对商业银行信用风险、市场风险和操作风险的管理和风险度量模型的介绍，商业银行外部监管和内部控制的研究，商业银行资产负债管理的策略和利率风险的控制，银行经济资本和风险资本的范畴等，以风险控制为主线是本书的重要特色之一。

本书力争体现商业银行经营管理的最新动态和变化，为了帮助读者更好地学习本书，在每章正文内容中都附有课外专栏，主要介绍一些有趣的背景知识和史实，同时每章课后都配有一定难度的案例分析和思考题，以便读者巩固所学到的知识。

全书共分十五章，在书稿的写作过程中参考了国内外同行的大量研究成果，在此一并表示衷心的感谢，参考文献中若有遗漏，恳请见谅。同时要诚挚感谢南开大学金融系副教授李泽广，金融学博士陈科（天津市金融办）、王博、廖慧、常嵘、方意、陈文哲，中国人民大学金融学博士万伟、毛前有等人对本书的编写和资料收集整理所提供的帮助。此外，还要感谢所有支持和帮助过我的朋友、同事和亲人，没有他们的支持就没有这本书的问世。

本书配有教学课件和相关的教学资源，有需要的读者可以从网站 http://press.bjtu.edu.cn 下载或与 cbsld@jg.bjtu.edu.cn 联系。

最后诚挚感谢北京交通大学出版社黎丹女士出色的编辑工作。由于作者水平和时间有限，本书难免会有疏漏和错误之处，敬请广大读者批评指正。

张晓明

2012 年 2 月

目　录

商业银行概述

【学习目的】

☞ 了解商业银行起源和发展历史；

☞ 掌握商业银行的性质和基本概念；

☞ 熟悉商业银行的经营功能；

☞ 知道商业银行的经营原则；

☞ 评价商业银行的经营环境对商业银行盈利能力的影响；

☞ 了解我国银行业的发展历史和发展概况。

商业银行作为现代金融体系中最为重要的金融机构形式，其产生极大促进了经济社会的快速发展。商业银行的出现使企业克服了通过自身积累实现渐进式发展的局限，为企业实现跳跃式甚至是几何式数级的发展提供了可能，也极大地提高了经济社会的发展速度。如此重要的金融机构形态，在浩瀚的历史长河中又是如何产生的呢？在本章中，第一节主要介绍了商业银行的产生和起源；第二节介绍了商业银行的基本概念、性质和功能，其在经济社会中主要发挥了支付中介、信用中介、信用创造和金融服务等功能；第三节介绍了商业银行的经营原则，即安全性、流动性和盈利性三原则；第四节说明了商业银行的经营环境，主要包括宏观经济环境、金融市场环境和金融监管环境。

第一节　商业银行的起源与发展

商业银行是经济发展和社会进步的产物，它是为适应市场经济发展和社会化大生产需要而形成的一种金融组织。商业银行经过几百年的发展演变，现在已经成为世界各国经济活动中最主要的资金融通机构，其对经济活动的影响力居于各类金融机构之首。货币是商业银行产生的基础，可以说如果没有货币的出现，商业银行也不可能产生，从某种程度上讲商业银行正是经营货币的金融机构，货币经营业是银行的先驱，现代商业银行是由货币经营业逐步演变发展而来的。

一、商业银行的产生

世界上最古老的银行可以追溯到公元前两千年，当时西欧地区的一些寺庙已从事保管金银、发放贷款、收付利息的活动。公元前四百年在雅典，公元前二百年在罗马帝国，都先后出现银钱商和类似银行的商业机构。近代银行的出现则是在中世纪的欧洲，比较流行的有两个版本。一是"金匠说"，该版本认为由于金匠在打造金制品的过程中，不可避免地要储存金子，而金匠的保卫措施较好，因此一些人为了财产安全，将自己的金子存放在金匠铺，并向其支付一定数额的保管费。时间久了，金匠发现总有一部分常量的金子存在他那里，于是金匠把这部分"常量"的金子借贷出去，以获取利息收入，该假说很有说服力，但由于未有历史考证，所以并未广为流传。而另一个版本"汇兑商说"，该版本可以从多数教材中读到。"汇兑商说"认为，英文中所说的银行"bank"一词，正是源于古法语单词"banquet"和意大利单词"banca"，而它们的意思均为"长凳"或"货币交易桌"，这与第一批银行家的出现大有关联。历史学家发现，近代银行正是在中世纪的世界中心意大利首先产生。13世纪后期的意大利所处的地理位置和经济优势使它成为当时的世界贸易中心，各国商人云集于此，为了方便商品的交换，就需要把各地的货币都兑换成地方货币，因而出现了货币兑换商，专门从事货币兑换业务。随着支付规模的日益扩大，商人们为了避免携带大量金属货币带来的不便和风险，便将多余的货币委托给兑换商保管，当这些货币在兑换商那儿聚集成一定规模并有稳定的余额时，这些精明的兑换商便考虑如何利用它们来获利。最原始的方法就是通过发放贷款获取利息收入、利益驱动使得这些兑换商们逐渐由被动接受货币委托到主动揽取货币保管业务，从收取保管费到不收保管费，直至最后反过来支付委托者一定的利息，于是这种货币保管业务便成为近代商业银行的基础性业务——存贷款业务。

商业银行在产生之初，主要发放基于商业行为的自偿性贷款，从而获得了"商业银行"的称谓，并成为很多西方国家效仿的典型。随着15至17世纪欧洲地区航海技术的不断提高，陆地贸易路线的不断延伸，世界贸易中心逐渐从意大利地中海地区转移到欧洲大陆和英不列颠群岛，银行业得到了快速的发展，也为之后发生的世界第一次工业革命积累了丰富的金融资本。正是得益于金融行业的支持，英国的技术产业革命成功实现以机器化大生产取代手工劳动的划时代变革，促进了整个世界的经济发展。随着英国、葡萄牙等国家在全球建立专属殖民地后，银行业也逐步进入到北美、南美殖民地中。商业银行这种金融组织形式逐渐在世界各地蓬勃发展起来。

专栏 1-1　世界上拥有商业银行最多的国家是哪国？

美国拥有最多的商业银行，目前大约在 7 500 家左右。由于美国的法律制度鼓励市场自由竞争，防止垄断等损害市场利益行为的出现，直到 20 世纪 70 年代中期，美国银行业依然存在对跨地域扩张的严格限制，1927 年的麦克法登法案（The McFadden Act）禁止国民银行跨州设置分支机构，这使得美国州立的中小银行数目非常多。从 20 世纪 30 年代的大萧条之后直到 80 年代初期，美国的商业银行数量相当稳定地徘徊在 13 000 至 15 000 家之间（米什金，1996）。但是从 80 年代开始，商业银行的数量持续稳定地下降。在 1980—1998 年间，商业银行数量从 14 407 家下降至 8 697 家，下降了 40%，这一时期兼并收购成为银行业的主旋律。1982 年的加恩·圣·加曼法案（The Garn St Germain Act）对银行控股公司法案进行了修订，允许银行控股公司跨州收购那些经营失败、行将倒闭的银行。于是，总部位于纽约、俄亥俄、北卡罗来纳、密执安和加利福尼亚的银行控股公司开始通过收购经营出现问题的金融机构从而进入得克萨斯州的银行市场。一些银行控股公司从此开始了跨州经营的历史。2008 年次贷危机爆发以来，截止到 2011 年 11 月 11 日美国倒闭银行总计达 409 家，其中 157 家在 2010 年关门，创下 8 年来的新高。而过去的四年里倒闭银行数量最多的州是佐治亚州，共 74 家；其次为佛罗里达州，54 家；第三为伊利诺伊州，45 家。

德国拥有的商业银行数量仅次于美国，拥有大约 2 500 家左右。中国目前拥有上百家商业银行，至 2010 年末，全国银行业金融机构网点总数达 19.49 万家，海外分支机构超过 1 200 家，我国商业银行体系的规模在不断扩大。

思考： 1. 商业银行的数量是否越多越好？

　　　　2. 商业银行体系的发达程度与数量有何种关系？

二、商业银行的发展

随着商品经济的深入发展，尤其是随着 20 世纪 80 年代以来各国金融管制的放松，商业银行的业务经营早已远远超出传统范围，商业银行在不断地发展变化，它与经济的发展和社会的进步紧密相联。由于经济发展对金融需求的多样化，客户对金融服务要求的全方位、高层次化，以及技术革命、银行同业竞争和内部盈利机制的驱动，商业银行经营范围、领域、内容都在不断扩展，经营方式和手段都在不断翻新，朝着全能化和多样化的方向发展。除了办理存贷款外，还办理证券投资和基金外汇买卖，同时开展长期贷款、消费信贷、担保、代理保险和咨询等服务。经过几百年的发展和演变，商业银行已成为经营范围广泛、业务品种丰富、技术手段先进、功能齐全、服务质量不断提高的"百货公司式"的综合性、多功能银行，成为在国民经济中发挥举足轻重作用的关键性行业。

三、我国商业银行的发展史

早在 11 世纪，中国就有"银行"一词问世，在当时的社会中，"银行"主要是指从事银器铸造或交易的行业，这当然不同于现代意义的银行概念。真正意义的银行可以说是在山西产生，山西票号是中国银行业的鼻祖，票号以从事货币存取、放贷、票据结算等为主要业务，极大地促进了当时的山西经济乃至全国贸易的发展。1949 年新中国成立之后，我国的商业银行经过数十年的发展形成了现有的体制，为了更好地了解现有制度的由来及根源，有必要了解我国商业银行的历史演变。

（一）"大一统"银行体系时期（1949—1978 年）

新中国成立后，为了迅速改变落后面貌，快速发展国民经济，提高人民生活水平，国家采取了高度集中的计划经济体制。为了配合计划经济的实施，在金融制度安排上，也采取了结构单一的"大一统"银行体系，即一切信用集中于中国人民银行的制度。

中国人民银行同时具有中央银行和商业银行的双重职能，既行使货币发行、经理国库和金融管理等中央银行职能，又从事信贷、储蓄、结算、外汇等商业银行业务，并在金融业中具有高度垄断性。中国人民银行为财政部的一个二级单位。中国人民银行的分支机构按行政区划逐级设置，各级分支机构按总行统一的指令和计划行事，它既是金融行政管理机关，又是具体经营银行业务的经营实体，其出发点是为了严格保证中央计划的贯彻执行。一切信用集中于国家，取消了多种信用流通工具，实行统一的银行转账结算方式。在资金管理体制上，财政负责固定资金和定额流动资金的供给，银行信贷只限于超定额的、临时性的流动资金供应。银行内部实行统存、统贷制度，存款和收入一律上交总行；贷款和支出统一由总行下达指令性计划；金融实行行政性的管理，没有了经济杠杆的作用，因此在我国形成了高度集中统一的以行政管理为主的金融体制。从总体上看，这一时期的中国人民银行在各类金融机构中还是占据主体地位，其他金融机构或由其领导或直接并入其中。无论在权利上还是在业务上，中国人民银行都占有垄断地位。

总的来看，那时中国的银行体系基本上是单一式的银行体系，从中央银行制度说，则是复合性的中央银行制度。这种高度集中垄断的银行体系和复合式的中央银行制度的选择符合建国初期的具体经济环境要求，进而促进了经济的快速发展。1953—1978 年，我国的社会总产值以年均 79％的速度递增，工农业总产值以年均 82％的速度递增，国民收入和国内生产总值则以年均 6％的速度递增。这表明当时的国家集权型银行制度确实有效地保障并促进了我国经济的增长。

（二）国有专业银行时期（1978—1994 年）

从 1978 年开始，我国商业银行开始逐步从中国人民银行中独立出来，中国人民银行也从身兼数职的"大一统"职责中解脱出来，正式向独立的中央银行转变，从而形成了以中国人民银行为领导、四大国有专业银行为配套的二元国有专业银行时期。

首先于 1978 年 1 月，中国人民银行正式升级为正部级单位，从财政部中独立出来，各省、自治区、直辖市以下的银行机构完全贯彻中国人民银行自上而下的垂直领导。1979 年 3 月中国农业银行率先恢复成立，隶属国务院，由中国人民银行代管，负责统一管理支农资金，集中办理农村信贷，领导农村信用合作社，发展农村金融事业。随后，中国银行也从中国人民银行中独立出来，主要肩负着组织、运用、积累和管理外汇资金，经营外汇业务，从事国际金融活动，根据国家的授权和委托，代表国家办理信贷业务。1979 年 8 月中国人民建设银行改为国务院直属机构，作为受财政部委托代理行使基本建设财务管理的财政职能，办理国家的固定资产投资的拨款监督，同时也办理国家的固定资产投资的信贷业务和储蓄业务。1983 年 9 月 17 日国务院正式发文规定：中国人民银行专门行使中央银行的职能，同时决定成立中国工商银行。1984年1月中国工商银行正式成立，接管原来由人民银行办理的工商信贷和储蓄业务，主管城市金融业务的专业银行，依据国家的方针政策筹集资金和运用资金，支持工业生产发展和商品流通扩大，支持集体、个体工商业和服务性行业的发展。自此，我国初步形成了中央银行监管下的国有专业银行制度。

随着改革开放春风的吹暖，大批集体企业、私营企业和中外合资企业等各种非国有经济成分快速发展，在国民生产总值中的比重不断上升，客观上需要更多的商业银行为它们提供金融服务，这无疑推动了金融体系改革发展的步伐。1987年，中国人民银行提出要建立以中央银行为领导，各类银行为主体，多种金融机构并存和分工协作的社会主义金融体系。在交通银行于1986年7月重组成以公有制为主的股份制全国性综合性银行之后，相继成立了中信实业银行、招商银行、深圳发展银行、烟台住房储蓄银行、蚌埠住房储蓄银行、福建兴业银行、广东发展银行、中国光大银行、华夏银行、上海浦东发展银行、海南发展银行、民生银行12家股份制银行，使我国银行体系快速发展壮大起来。

这一期间的银行体系改革适应了改革开放大方针的需要，也为社会主义市场经济的发展初期提供了方方面面的资金支持。专业银行制度作为一种过渡性体制，它适应了我国从计划经济体制走向市场经济体制转轨的需要，它使我国商业银行体系日益成熟，开始逐步向国外成熟的银行体系模式转变，当然这一转变仅仅是开始。这一阶段改革所形成的经验教训，为之后的进一步改革指明了方向并打下了的良好的基础。

（三）国有独资商业银行阶段（1994—2003年）

1993年11月中国共产党第十四届三中全会提出要"加快金融体制改革"、"建立政策性银行，实行政策性业务与商业性业务分离"。同年12月，国务院发出《关于金融体制改革的决定》，提出要把国有专业银行办成真正的商业银行。为了加快国有专业银行的政策性业务分离，使其成为真正的商业银行，国家在1994年依次成立了3家政策性银行：国家开发银行、中国进出口银行及中国农业发展银行，使国有专业银行开始定位于商业银行，从事商业性金融业务，根据市场需求安排信贷。

1995年八届人大会议陆续通过了《中华人民共和国银行法》、《中华人民共和国商业银行法》，自此从法律上确立了以中国人民银行为中央银行，国有商业银行为主体，多种商业银行并存的分工协作的银行组织体系，并明确规定了我国商业银行的权利和义务，明确国有商业银行要以效益性、安全性、流动性为经营原则，实行自主经营、自担风险、自负盈亏、自我约束，自此包括四大国有独资商业银行在内的我国商业银行体系的发展正式步入法制化的轨道。

1997年亚洲金融危机袭来，使得政府认识到经济金融的稳定关乎到整个国家的安全和发展，同年11月份中央政府召开了第一次全国金融工作会议，出台了一系列措施，为我国银行体系的进一步改革打下良好基础。其一，提高银行内部治理能力。1998年1月1日起，中国人民银行取消对国有商业银行贷款限额控制，实行"计划指导、自求平衡、比例管理、间接调控"的管理体制，与此同时，对国有银行的机构人员进行了大规模的精简和控制。其二，提高银行抵抗风险能力。要求四大银行建立能与国际惯例接轨的风险控制机制，改革了呆账准备金的提取制度，并建立了以风险为基础的贷款5级分类制度。为了充实国有银行资本金，使其达到"巴塞尔协议"规定的资本充足率8%的水平，1998年8月财政部专门向国有商业银行发行了 2 700 亿人民币的特别国债。同时为了剥离四大国有银行的不良资产，国家成立了中国信达、华融、长城和东方四家金融资产管理公司，用于接管国有银行剥离出来的不良资产。其三，提高监管机构的监管能力。2003 年 4 月，中国银行业监督管理委员会（简称银监会）正式挂牌成立，负责对银行、政策性银行、金融资产管理公司、信托投资公司、企业集团财务公司、金融租赁公司、汽车金融公司等金融机构的统一监管，行使原由中国人民银行行使的银行监督管理职权。之后又相继成立了证券业监督管理委员会和保险业监督管理委员会，使中国人民银行除了保留必要的监管职责外，不再对金融机构实行监管，标志着我国"一行三会"的分业监管格局正式成立。

（四）现代商业银行阶段（2003 年至今）

2001 年 12 月，我国正式加入世界贸易组织（WTO），这一举动也为国内银行的发展注入了新的契机和改革动力。由于 2006 年年底我国银行要面对外资银行的全面竞争，如何同外资银行相抗衡，迅速提高竞争力，成为我国商业银行发展所将面临的最为严峻的挑战。为此，国家在 2002 年的全国第二次金融工作会议中，就明确指出国有独资商业银行改革是中国金融改革的重中之重，改革的方向是按现代金融企业的属性进行股份制改造。

2003 年 10 月，中共中央在《关于完善社会主义市场经济体制若干问题的决定》中要求"深化金融企业改革，选择有条件的国有商业银行实行股份制改造，加快处置不良资产，充实资本金，引入战略投资者，创造条件上市"，为国有商业银行的改革指出明确的路线图。自此，四大国有独资商业银行拉起了股份制改革的序幕。国有商业银行在改革过程中首先面临的问题便是产权改革，即将现有银行改为股份公司或有限责任公司，使国有资本以股权的形式进入银行，由国家或国家委托的机构作为出资人派出代表参加股东大会，并可经股东大会选举进入董事会，实现所有权与经营权的分离。为此，2003 年 12 月，国务院批准成立中央汇金投资有限责任公司（简称汇金公司），其形式为国有独资公司，股东单位为财政部、中国人民银行和国家外汇管理局，公司董事会和监事会成员分别由财政部、人民银行和外汇管理局委派，主要职能是代表国家行使对重点金融企业的出资人的权利和义务，支持其落实各项改革措施，完善公司治理结构，保证国家注资的安全并获得合理的投资回报。从 2003 年 12 月起，中央汇金有限责任公司已经完成多次向各大银行的注资行为，补充其资本金，包括中国银行、中国建设银行、中国工商银行和交通银行等。

通过产权改革、国家注资充实资本金、剥离不良资产等一系列改革措施的实施，三家国有银行的成功上市，标志着我国国有银行开始真正成为自主经营、自负盈亏的金融企业。

2004 年 8 月 26 日，中国银行股份有限公司在北京成立，注册资本 1 863.90 亿元，折 1 863.90 亿股，由中央汇金投资有限公司代表国家持有 100％股权。2006 年 6 月 1 日，中国银行成功在香港联合交易所主板挂牌上市。2006 年 7 月 5 日中国银行成功在上海证券交易所 A 股上市，截至 2009 年 9 月 30 日中央汇金投资有限公司的持股比例为 67.53％。

2004 年 9 月 21 日，中国建设银行股份有限公司在北京成立，2005 年 10 月 27 日，中国建设银行在香港联交所正式挂牌上市，且创下中国香港地区历来上市集资金额的最高纪录。2007 年 9 月 25 日，中国建设银行回归中国资本市场，90 亿 A 股的首次公开发行共筹集资金 580.5 亿元，创 A 股募资历史新高。上市首日，建行市值一举超过中国工商银行成为 A 股市场第一权重股。截至 2009 年 9 月 30 日中央汇金投资有限公司的持股比例为 57.09％。

2005 年 10 月 28 日，中国工商银行股份有限公司正式成立，2006 年 10 月 27 日，中国工商银行在上海证券交易所与香港联合交易所挂牌上市，融资额为 219 亿美元。这是内地首家 A 股与 H 股同股、同价、同步上市的企业，而且创下了首次公开发行集资额居全球之最的纪录。截至 2009 年 9 月 30 日中央汇金投资有限公司的持股比例为 35.42％，财政部持股比例为 35.33％。

与此同时，多家股份制商业银行也逐步完成上市融资之路。通过上市改造，我国银行体系开始向西方成熟的银行经营模式转变。上市仅代表我国银行业改革迈出了重要的一步，但还远远不够。如何进一步加强银行的公司治理机制转变，如何根据市场和客户的需求，提高金融服务质量和效率，如何引进和留住高水平人才，增强银行的创新能力和竞争能力，如何保证银行金融业的健康稳定持续发展、提高其应对风险和危机的能力，这些都是每一位金融业者、教育者和政府当局需要思考的重要问题。在当今世界各国均以经济发展为核心，金融业会有力促进经济的发展，为此我国的商业银行应向资本充足、内控严密、运营安全、服务和效益良好的现代金融企业转变，提高银行业的核心竞争力，从而为满足我国经济发展的资金需求提供更全面的金融服务。

第二节　商业银行的性质与功能

现代意义的商业银行已经发展了数百年的历史，商业银行作为最重要的金融机构组织，同人们的日常生活息息相关。为了更好地研究商业银行经营管理机制，首先应该明确银行的基本定义是什么，通过学习银行的性质和功能，可以对商业银行这类金融机构产生一个初步的认知。

一、商业银行的性质

对于商业银行的定义有许多令人混淆的地方，最主要的原因是商业银行在产生和发展的过程中，其功能和业务也在不断的演进发展，使得商业银行从最初的"货币经营商"发展成一个多方位的金融服务提供者，因此各国对银行定义的版本也在不断发生变化。19 世纪时，美国政府对商业银行的定义为"银行是可以随时按要求提供提取存款服务，并提供商业性质贷款的机构"，这一定义描述了银行产生的最为基础性的功能，因此也被许多国家沿用至今。到了 20 世纪 80 年代，美国政府又对银行进行重新定义"银行是必须由联邦存款保险公司（FDIC，详情可参见专栏 1-2）管理并参与存款保险的机构"，之所以发生这种变化，是因为美国政府很难再对银行所提供的服务加以全面定义，只好从政府机构对其存款进行保险来进行定义。

专栏 1-2　美国联邦存款保险公司

美国联邦存款保险公司，英文全称 Federal Deposit Insurance Corporation（FDIC），是由美国国会在 1930 年大萧条时期大量银行被挤兑后创设的独立机构，其

设立的目的是为了保证金融市场的稳定性和维持存款户的信心，它是一家为商业银行储蓄客户的存款提供保险的公司。美国法律要求国民银行、联邦储备体系会员银行必须参加存款保险，不是联邦储备体系成员的州立银行和其他金融机构可自愿参加保险。目前，新成立的银行都必须投保。实际上，美国几乎所有的银行都参加了保险。联邦存款保险公司对每个账户的保险金额最高为 25 万美元。

思考： 存款保险公司的设立虽然有利于保护存款人利益和维护市场稳定，但是它又会带来什么其他风险？

商业银行的英文为 Commercial Bank，它是经营货币的特殊企业，以追求利润为经营目标，是具有金融服务和信用创造的金融中介组织。《中华人民共和国商业银行法》对商业银行的定义为"商业银行是指依照本法和《中华人民共和国公司法》设立的吸收公众存款、发放贷款、办理结算等业务的企业法人"。具体来看，商业银行具有如下性质。

（一）商业银行是企业

商业银行以追求利润最大化为目标，这同一般企业的经营目标是一致的。从我国对商业银行的法律定义中可以清楚地看到商业银行首先也要符合《中华人民共和国公司法》的公司设立规定，即商业银行首先就是一个企业，这是它设立的前提条件，同时商业银行要实行自主经营，自担风险，自负盈亏，自我约束。

（二）商业银行是特殊企业

商业银行是经营货币业务的特殊企业，这一点同一般企业有很大的区别。一般企业经营的对象是有使用价值的商品，活动范围是商品生产和商品流通领域。货币不同于普通商品，由货币而产生的支付中介和信用创造功能，为企业经营、经济发展注入了大量的资金支持，而商业银行作为经营货币的主体，自然肩负着更大的社会责任和面临更多的金融风险。

（三）商业银行不同于其他金融机构

商业银行不同于中央银行等其他金融机构，它可以吸收公众的存款，而其他机构则不能。中央银行是一国最高的货币金融管理机构，在各国金融体系中居于主导地位，通常是由政府组建的不以营利为目的的独立机构，它的职能是负责控制国家货币供给和信贷条件，实施有效的宏观调控，监管金融体系，特别是商业银行和其他金融机构，从而保障金融体系的安全与稳定。其他金融机构如证券公司、保险公司、基金公司等，多数仅从事一个或几个方面的金融服务业务，无法像商业银行一样通过吸收存款进行信用创造活动。

随着经济的快速发展和金融自由化进程的加快，商业银行也不再局限于传统的存贷款业务，逐渐将触角伸向多个领域，以提高自身同其他金融机构的竞争力，未来提供多样化的金融服务，成为综合性的"金融百货公司"是商业银行的发展方向。

二、商业银行的功能

商业银行作为金融体系中最为重要的金融中介机构，它在经济社会的运行中发挥着不可替代的作用。商业银行的功能是由其性质决定的，具体来看它的功能主要体现在支付中介、信用中介、信用创造和金融服务四个方面。

（一）支付中介功能

支付中介是商业银行产生的最原始的功能。在历史上，商业银行产生之初就是为了帮助商人安全保管资金，便于异地结算等，如中国最早的银行"山西票号"的主要业务就是为商人异地存取款项提供便利。

支付中介功能是指商业银行以客户的存款账户为基础，为其办理货币结算、货币兑换、异地存取和货币收付等业务活动，使商业银行成为个人、企业、政府的货币保管者、出纳者和支付代理者。商业银行的支付中介功能主要为社会发展提供了两个方面的好处。

①节约社会流通成本。商业银行提供的各种非现金流通工具和服务，如支票、本票、汇票和转账结算等大大缩短了结算时间，减少了现金的使用，节约了现金铸造印刷费、保管费、转移费等流通费用，提高了资金的使用效率，加速了货币资金的周转过程，促进了社会经济大生产的发展。

②有利于银行获得稳定廉价的资金来源。由于商业银行能为客户提供便利的支付中介功能，因此有利于吸引更多的存款人将资金存在商业银行，而商业银行通过吸收大量的活期存款，便能获得持续稳定廉价的资金来源，减低银行的资金成本，提高自身的盈利能力。

（二）信用中介功能

信用中介是商业银行的最基本的功能，商业银行充当闲置资金供给者和资金短缺者之间的信用中介人，一方面通过负债业务将社会上的闲散货币资金集中至银行，另一方面通过资产业务将资金投向资金短缺的社会经济部门，从而实现资金的有效使用和融通。这一功能也是商业银行区别于其他金融机构的最为特殊的功能之一。商业银行的支付中介功能发挥得好，又可以促进商业银行信用中介功能的扩大，使商业银行获得稳定的资金来源。商业银行的信用中介功能主要发挥如下作用。

①将小额闲散资金汇聚成大资本。居民手中所持有的小额闲散资金单独使用的话，无法发挥巨大的价值增值作用，但是商业银行通过吸收活期存款等手段将小溪汇聚成大河，为社会生产提供强有力的资金支持，并为社会各经济部门提供资金融通，扩大了社会资本的规模，提高社会资本的增值能力，有利于社会经济的加速发展。

②变短期资金为长期使用。虽然商业银行的资金来源主要是短期存款，但由于存款客户众多，使得商业银行总是保有一个稳定的存款余额，这样商业银行在保证支付的条件下，可将这部分"余额"用作长期贷款，为社会提供长期资本供给。

③提高闲置资金的使用效率。商业银行可以将从再生产过程中游离出来的闲置资金转化为生产资本，通过提高资金使用效率，加速资本运转速度，在社会资本总量不变的情况下，就可以扩大社会生产的规模。

（三）信用创造功能

信用创造是在商业银行信用中介和支付中介功能基础之上产生的特殊功能。信用创造是指商业银行在非现金结算的条件下，利用其吸收的存款发放贷款，贷款又转化为存款，在存款不提现或不完全提现的情况下，这些存款又可作为商业银行新的资金来源，商业银行可据此进一步发放贷款，从而在整个银行体系形成数倍于原始存款的派生存款，从而发挥出信用创造功能。

商业银行信用创造功能的发挥主要取决于两个条件。

①非现金结算。现代商业货币结算过程中，很少使用现金结算，多是采用通过存款账户进行电子结算，这就为商业银行信用创造提供了前提条件，使商业银行可以依据存款数额的变化来发放贷款。

②法定存款准备金制度。法定存款准备金制度是中央银行调节货币供给量的三大政策工具之一，该制度就是为了控制商业银行信用创造功能、保护存款人利益而产生的。中央银行通过调节法定存款准备金率的高低，可以直接调控商业银行信用创造的能力，进而影响整个社会的信贷规模和货币供给数量。商业银行的信用创造能力并不是越高越好，信用创造规模应与实际经济发展需求相适应，过高或过低都会给社会带来不利的影响，因此中央银行要对商业银行的信用创造进行严格的监管控制。

此外，还有其他一些重要因素也会影响商业银行的信用创造能力，如公众的流动性偏好、贷款有效需求及预期市场利率等。

（四）金融服务功能

金融服务实际上是商业银行在不断进化发展过程中衍生出来的功能。一方面现代经济社会的快速发展，使得商业银行要想同其他金融机构竞争，就必须为客户提供更多种类的金融服务，而不能仅仅局限于传统的支付中介、信用中介功能；另一方面商业银行通过其支付中介和信用中介服务，获取了大量的客户信息，加之计算机技术的产生和应用，使其可以为客户提供更多服务，诸如高级理财、投资咨询、代理业务、信托租赁、现金管理和网上银行等。通过提供这些中间业务，商业银行扩大了自身的收入来源渠道。目前，我国商业银行中间业务的总体发展水平较低、效益较差，据统计 2005 年中国非利息收入占总收入的比重在15％左右徘徊，而国外银行非利息收入比重可达到 40％左右，表明我国商业银行在金融服务领域还有很大的挖掘提升空间。

信息技术的高速发展也为商业银行金融服务功能的发挥起到了不可磨灭的作用。电子计算机的产生和网络技术的普及，改变了整个社会的运行方式和效率，也使传统的商业银行受到了巨大的冲击，电子货币、POS 机、ATM 机及网络银行的产生，都使银行业务的服务不再局限于银行的固定营业场所，人们可以通过网络、电话等方式，随时随地享受银行所提供的服务。随着科技的进一步发展，金融服务领域的竞争必将日趋激烈，商业银行在该领域的竞争能力势必决定了银行的主要生存能力和进一步的发展空间。

第三节 商业银行的经营原则

商业银行是经营货币的特殊金融企业，因此客观上决定了它的经营目标同一般企业有所不同。商业银行虽然也要追求盈利性，但是由于其经营商品——货币的特殊性，使得商业银行不得不首先保证货币资金的安全，保持资产的流动性，在此基础上再去追求利润最大化，这就是商业银行的"三性"原则，即安全性、流动性和盈利性。

2003 年最新修订的《中华人民共和国商业银行法》中第四条规定："商业银行以安全性、流动性、效益性为经营原则，实行自主经营，自担风险，自负盈亏，自我约束。"这一原则与国际通行的商业银行经营原则相一致，但略有差异。我国强调银行的效益性而非盈利性，主要表明我国商业银行在经营中不仅要考虑自身的盈利能力，还要考虑到银行业对整个经济体系的宏观经济效益，要求银行应将自身的盈利与社会效益结合起来考虑。

一、安全性原则

（一）安全性原则的内涵

安全性原则（Security）是指商业银行在经营活动中，首先应该保证货币资金的安全性。因为银行是负债经营的机构，它的主要资金来源是负债形式的存款，资本金仅占很小的一个比例，所以一旦经营出现问题，可能率先受到影响的便是存款总额，出于安全性考虑客户会纷纷取回自己的存款，从而使银行陷入危机。因此银行必须在日常经营活动中，保有充足的清偿能力，能随时应对客户提取存款的行为，使客户对银行保有坚定的信心，经得起重大危机和风险的考验。

（二）安全性原则的意义

对于商业银行来说，为什么要将安全性原则作为经营的首要原则，这主要是由商业银行经营模式的特殊性和风险性所决定的。

1. 高负债率

没有任何一个企业的负债率能与商业银行相比，商业银行的资金来源中的 $80\% \sim 90\%$ 均来自于负债，其中大部分是来自于客户在商业银行的存款及少部分的商业银行借款，这一特征是由商业银行的经营性质决定的。商业银行作为金融中介机构，它的经营模式就是将公众手中的闲散资金聚集到银行，然后再将这些资金贷给有需要的国民经济部门，其自有资本占资产总额的比率远远低于其他行业，这必然导致商业银行要面临比一般企业大得多的经营风险，一旦存款户对银行失去信心，会直接导致银行因挤兑而倒闭。因此，对于商业银行来说安全性原则是其应严格遵守的首要原则。

2. 高风险性

银行业负债经营的特点决定了商业银行本身就是一种具有内在风险的特殊企业，而银行风险所带来的损失超过一般企业的风险损失，它具有涉及金额大、涉及面广等特点。从经营对象来看，商业银行经营的是作为社会经济生活纽带的货币资金，而不是具有各种使用价值的物质商品，因此商业银行所面临的各种风险均直接表现为货币资金损失的风险。一旦银行遭受损失，就会波及众多的经济实体并产生连锁反应，使企业生产难以为继，债权债务关系难以清偿，进而引起整个社会经济关系的混乱。

3. 社会影响力大

商业银行的存款业务涉及千家万户的利益，一旦商业银行的经营安全受到威胁，直接影响到万千居民的生活状况和社会安定，这是一般金融机构都不具备的。因此，商业银行要比其他机构更加注重经营的安全性原则，在以安全性原则为首要前提的情况下，为自身谋取利润。坚持安全性原则，有利于商业银行在社会上树立良好的形象，只有立信于民、安全运营，才能赢得公众的信任并形成优良的信誉，从而为商业银行的经营创造更好的条件。金融安全直接威胁到经济安全，乃至整个社会的安全和稳定，因此要想保证金融运行的安全稳定，首要要求就是商业银行经营必须坚持安全性原则。

二、流动性原则

（一）流动性原则的内涵

流动性（Liquidity）简单来看就是指商业银行能够随时收回资金或者付出资金的能力，也称清偿性，是指银行资产在无损失状态下迅速变现的能力，它是银行为随时应付客户提存或满足贷款需求而需具备的一种能力。商业银行的流动性体现在资产和负债两个方面：资产流动性是指银行持有的资产应能随时偿付或者在不贬值的条件下完成交易；负债流动性是指银行能轻易地以较低成本获得所需资金。早期商业银行用以维持经营流动性的方法主要是依靠资产流动性，即通过资产变现来满足客户的资金需求。由于各种资产的流动性强弱不同，因此资产流动性管理主要强调商业银行以尽可能少的资产变现损失满足其经营流动性的要求。随着商业银行业务的不断发展，负债管理理论应运而生，它拓宽了商业银行流动性的来源渠道，商业银行可以通过主动负债的方式满足流动性要求，从而使商业银行可以保有更多的长期性资产，提高盈利能力。

（二）流动性原则的特点

流动性之所以成为商业银行经营的三大原则之一，是由商业银行的经营特点决定的。

1. 资金流动频繁

商业银行的资金流动最为频繁，整个经营活动都要经过现金收付来进行，因此银行资产必须保持足够的流动性。商业银行的资金来源大部分是存款和借款，定期存款和储蓄存款必须按期支付，而活期存款则必须随时满足客户的提取。因此，为了保持其资产的流动性，商业银行有些时候需要通过出售资产来满足提前取款的资金需求。

2. 支付中介和信用中介功能

商业银行要承担信用中介和支付中介的基本职能，这两大功能就决定了商业银行必须保持一定的流动性。商业银行通过经营支付业务、贷款业务、兑现业务等实现其效益，而这些业务均以吸收存款为前提，所以只有保证存款人可以随时支取存款，保证资金的流动性，商业银行才能完成其支付中介和信用中介的功能。

3. 适度流动性

商业银行经营必须保持一定的流动性，但流动性并不是越大越好。为了提高流动性，意味着银行必须保有更多的流动性强的储备资产，而流动性越强的资产自然盈利性越低。另一方面银行虽然可以通过主动负债补充暂时性的流动性不足，但负债过多也会给银行经营带来更多风险。因此，如何在流动性和盈利性之间进行权衡，保持一个适度的流动性水平，是银行经营管理的一个重要课题。

三、盈利性原则

（一）盈利性原则的内涵

盈利性原则（Profitability）是指商业银行在经营过程中要以追求利润最大化为其经营目标，盈利能力的好坏直接标志着商业银行经营绩效水平的高低。盈利性越强代表商业银行获取利润的能力越强，越有助于提高银行的整体实力，进而提高其抗风险能力和信誉水平。

商业银行是经营货币的特殊金融企业，这一性质就决定了商业银行经营目标的特殊性。

一方面商业银行作为企业，要将利润最大化作为自身的经营原则，只有自主经营、自负盈亏，才能保证其业务活动的正常开展，才能推动企业和经济社会的快速发展。另一方面，商业银行经营货币，因此其经营风险也比一般企业要大得多，要求其应具备更强的抗风险能力，提高自身实力就是抵抗风险的最佳途径之一。通过不断提高业务盈利能力，坚持盈利性原则，增强银行实力，从而提高抵御风险的能力，也有利于银行提高在社会上的声誉和地位，为其负债规模的扩大提供更加有利的条件，增加存款来源。

(二) 盈利性原则的意义

1. 盈利水平是银行经营好坏的重要标志

盈利性目标，这是商业银行一切经营活动的中心和原动力所在。商业银行的最终目标是为了追求盈利，并使利润最大化。这是由商业银行的企业性质决定的，也是商业银行的股东利益所在。商业银行盈利水平的高低和发展趋势是其内部经营管理状况的综合反映，由此可以看出银行决策者的管理水平及银行经营是否良好、稳健等各方面状况。

2. 盈利能力决定了银行的长期发展状况

盈利水平的逐年增长为银行参与竞争和发展打下了坚实的基础。因为有较高利润水平的银行，通常其留存盈余也比较多，银行发展也就有了物质基础。另一方面，较多的税后利润给银行的股东的回报就比较多，这样银行股票的市值就会上升，从而有利于商业银行资本的筹集。再次，盈利性高的银行往往受到社会公众的普遍信任，客户市场占有率就高，资金来源充足。此外，具有高盈利性的商业银行，职员的工资水平上升得比较快，这样人的工作积极性、工作效率就会提高，同时也有利于银行吸引更多的人才。

3. 商业银行盈利来源的特殊性

对于一般企业法人来说，增加销售收入、降低成本费用是普通企业的盈利模式，而银行的盈利主要来自于存贷利差，因此商业银行实现盈利的主要途径是尽量扩大存贷利差和增加手续费、服务费，其盈利途径比较特殊。商业银行要努力增加优质贷款减少不良资产。不良贷款和投资损失不仅降低了银行的利润，而且还会危及银行的安全，所以为了实现银行的盈利性目标，就必须特别注重贷款的贷前调查预测，贷时的审查和贷后的检查。自始至终跟踪借款人的经营状况，发现问题要及时采取措施，提前收回本金和利息。此外，商业银行的盈利水平很大程度上取决于其内部管理规章执行的情况，因此严格操作规程，完善经营监管体制，才能减少无谓的损失。现代商业银行的盈利能力开始不断向中间业务转移，西方等发达国家的银行其中间业务的盈利能力已经成为影响银行绩效的关键因素，如何提高金融服务水平和衍生产品创新能力，是未来银行盈利能力竞争的焦点。

四、商业银行安全性、流动性和盈利性三原则之间的关系

商业银行的"三性"原则既有相互统一的一面，又有相互矛盾的一面。这一点是由三原则的内在冲突决定的，也是由商业银行的特殊经营模式和经营目标决定的。

(一) "三性"原则的统一面

首先，商业银行的安全性与流动性之间是统一的。安全性是商业银行第一经营原则，流动性既是实现安全性的必要手段，又是盈利性和安全性之间的平衡杠杆，维持适度的流动性，是商业银行经营的策略手段。流动性较大的资产，风险就小，安全性也就高。从安全性

角度看，一般情况下，具有较高收益的资产，其风险总是较大的。为了降低风险，确保资金安全，商业银行不得不把资金放在收益率较低的资产上。从流动性角度看，非盈利资产如现金资产可以随时用于应付存款的提现需要，具有十足的流动性，因而现金资产的库存额越高，商业银行体系应付提现的能力越强，商业银行的流动性越强。其次，安全性、流动性与盈利性也是统一的。安全性是盈利性的基础，而盈利性反过来又保证了安全性和流动性。因此，稳健经营的商业银行总是在保持安全性、流动性的前提下，追求最大限度的利润。

（二）"三性"原则的对立面

商业银行经营的"三性"原则之间又是相互矛盾的。商业银行的盈利性与安全性、流动性之间呈现矛盾性。商业银行的资产可以分为盈利性资产和非盈利性资产，资金用于盈利资产的比重较高，商业银行收取的利息就越高，盈利规模也越大；但另一方面，盈利性较高的资产，由于时间一般较长，风险相对较高，因此流动性和安全性就比较差。

银行总的经营方针是谋求这"三性"尽可能合理搭配和协调，寻找最佳结合点，而且这个最佳结合点要随银行的产权制度、治理结构、经营机制和经营环境等因素的变化而有所侧重。例如在经济危机时期，银行可能更容易重视资金的安全性和流动性，而在经济高速发展时期，银行更容易追求盈利性而忽视资金风险。我国国有商业银行在建国初期主要承担国家资金供给者的角色，在"三性"经营原则的把握上过多考虑"社会效益"，以至于造成银行在经营管理过程中忽视安全性和流动性管理，经济效益很低，不良资产居高不下。随着国有商业银行股份制改革的成功，银行的经营理念开始改变，逐步向"自主经营，自担风险，自负盈亏，自我约束"的现代银行管理机制转变，开始全面考虑"三性"原则的协调统一，从而切实提高我国商业银行的核心竞争力。

第四节　商业银行的经营环境

商业银行的经营环境是指对商业银行的经营管理和经营状况造成影响的各种外部条件的总称。商业银行的经营管理活动是在一定的经营环境中进行的，当客观环境发生变化时，商业银行的经营活动势必受到影响。因此，客观分析商业银行所处的外在环境，对提高商业银行的生存能力和应变能力具有十分重要的意义。随着全球经济的快速发展，商业银行的经营环境也发生了巨大的变化。

一、宏观经济环境

20世纪最后20年是银行业发展最迅速的时期，也是全球宏观经济环境剧烈变化的时期，经济全球化进程的展开及金融危机和银行危机的频繁爆发构成了这一时期经济环境的主要特点。银行业的脆弱性和银行业危机已经成为经济全球化背景下的一个大问题，成为各国监管机构的头等大事。从某种程度上可以说，宏观经济环境的变化已经成为影响银行业经营好坏的重要外在条件。

（一）经济全球一体化加剧宏观经济波动

经济全球化（Economic Globalization）是指世界经济活动超越国界，通过对外贸易、资本流动、技术转移、提供服务、相互依存、相互联系而形成的全球范围的有机经济整体。经济全球化是当代世界经济的重要特征之一，也是世界经济发展的重要趋势。经济全球化从根源上说是生产力和国际分工的高度发展，要求进一步跨越民族和国家疆界的产物，其实质是发达资本主义国家的新一轮对外扩张。经济全球化有利于资源和生产要素在全球的合理配置；有利于资本和产品的全球性流动；有利于科技的全球性的扩展；有利于促进不发达地区经济的发展，是人类发展进步的表现，是世界经济发展的必然结果。但它对每个国家来说，都是一柄双刃剑，既是机遇也是挑战。特别是对经济实力薄弱和科学技术比较落后的发展中国家，面对全球性的激烈竞争，所遇到的风险和挑战将更加严峻。进入 21 世纪以后，经济全球化与跨国公司的深入发展，既给世界贸易带来了重大的推动力，同时也给各国经济发展带来了诸多不确定因素。

经济全球化加剧宏观经济波动幅度，使各国经济联动现象日趋明显，同时使发展中国家处于更为不利的劣势地位。经济全球化的进程早已开始，尤其是 20 世纪 80 年代以后，世界经济全球化的进程大大加快了。由于各国经济发展水平存在差异，经济全球化在其发展过程中反而加剧了国际上局部范围的经济危机和全球性的经济动荡。目前国际经济的全球一体化进程，虽然其中有符合社会化大生产的一面，但由于西方发达国家在资金、技术、人才、管理等各个方面都占有优势，甚至包括国际经济和金融组织也被控制在美国等西方发达国家手中，它们利用这些优势，成为经济全球化的最大受益者。与此同时，单一垄断集团很难长期维持，因为发达国家之间的竞争也日趋激烈，国际竞争导致各国之间的经济摩擦和贸易纠纷不断加剧，国际经济呈现更加不稳定的态势。另一方面，对于发展中国家来说，它们虽然是政治上独立的主权国家，但在国际经济关系中处于被动受支配的地位。经济全球化使得全球生产格局发生新的变化，发达国家主要发展知识密集型的高新技术产业和服务业，而把劳动和资源密集型的产业向发展中国家转移。广大发展中国家除了继续作为原材料、初级产品的供应者外，还成为越来越多的工业制成品的生产基地。发展中国家的经济发展和技术水平相对落后，不得不以消耗稀缺自然资源和污染环境为代价来参与全球化进程。长期下去，发展中国家与发达国家的贫富差距将进一步加剧，这种经济发展上的不平衡，必然加剧国际经济社会的动荡程度和全球贸易的不稳定因素。

（二）金融危机爆发频率提高

金融危机（Financial Crisis），是指一个国家或几个国家与地区的全部或大部分金融指标的急剧、短暂和超周期的恶化，如货币资产、证券、房地产、土地价格、短期利率、金融机构倒闭数和企业破产数等金融指标。金融危机可以分为货币危机、银行危机、债务危机等类型。近年来发生的金融危机呈现出越来越复杂的混合趋势，通常危机爆发区内货币币值出现大幅度贬值，经济规模与经济总量急剧减小，经济增长减速，同时伴随着大量企业倒闭，失业率升高，人民普遍对经济未来预期悲观，社会呈现经济萧条，甚至有些时候伴随着社会动荡或国家政治层面的动荡。

根据国际货币基金组织（IMF）的统计，1980 年以来，多达 130 个国家和地区经历了银行业和金融业的严重危机。其中，既包括发达国家，也包括发展中国家及经济转轨国家。1982 年墨西哥宣布无力偿还外债，触发了震动全球的"债务危机"，债务问题严重阻碍了拉美地区的经济发展，拉美国家 1988 年的人均国内生产总值只有 1 800 美元，退回到 70 年代的水平。1990 年，日本的房地产和股票市场在持续数年的过度增长后，开始出现灾难性下跌，日本泡沫经济崩溃。由于资产全面缩水，日本经历了 10 年漫长的通货紧缩和经济衰退；90 年代中期，日本经济增长停滞，进入"零增长阶段"。1997 年的亚洲金融危机对"四小龙"乃至整个亚洲经济造成了十分严重的冲击，其中印度尼西亚、泰国和韩国是遭受损失最为严重的国家，三国的 GDP 在两年内分别缩水 83.4％、40％和 34.2％。2007 年夏季美国"次贷危机"爆发，这场危机导致过度投资次贷金融衍生品的公司和机构纷纷倒闭，并在全球范围引发了严重的信贷紧缩，世界各国经济增速放缓，失业率激增，一些国家开始出现严重的经济衰退，时至今日仍有部分国家未走出危机的阴影。到目前为止，中国本土还未发生过严重的金融危机，但是仍需时刻保持警醒的态度。随着我国经济金融改革的不断深入，随着市场化程度的不断提高，对外开放的不断深化及入世后银行业竞争的日趋激烈，银行出现危机的可能性与日俱增。1998 年海南发展银行的倒闭事件、1999 年"广国投"破产事件引发的全国非银行中小金融机构的整顿风潮，以及 2005 年佛山市商业银行的退市等一系列事件的发生让国内金融业切实体会到危机其实就在眼前。为此，加强对银行业宏观经营环境的系统分析，强化银行内部控制，防范和管理风险已成为国内银行业未来进一步发展的首要任务。

二、金融市场环境

20 世纪 80 年代以来的"金融自由化"浪潮席卷全球，各国纷纷放松金融管制，鼓励金融业进行金融创新，这一政策转变使得金融市场发生了翻天覆地的变化。"金融自由化"理论是美国经济学家罗纳德·麦金农（R. J. Mckinnon）和爱德华·肖（E. S. Show）在 20 世纪 70 年代，针对当时发展中国家普遍存在的政府对金融市场的过度管制导致金融市场发展不健全、资本市场融资能力较弱，进而影响经济发展的状况而首次提出的。金融自由化（Financial Deregulation）是指"一个国家的金融部门运行从主要由政府管制转变为由市场力量决定的过程，其实质是解除束缚在金融业身上的种种陈规，促进金融业的长足发展。"（Mckinnon，1973）。该理论提出后恰逢 20 世纪 70 年代以来计算机产业革命的蓬勃兴起，以信息技术为核心的高新技术革命发展迅速，这些高新技术被广泛应用到金融机构的业务处理过程之中，为金融创新提供了技术上的支持，成为技术型金融创新的原动力，促进了金融业的电子化发展，新的金融工具、金融市场、金融技术层出不穷，极大地促进了全球金融自由化和金融市场一体化的进程。

金融自由化和金融创新使金融市场迅速扩张，加剧了银行业面临的激烈竞争。20 世纪 80 年代末到 90 年代初，美国商业银行由于受到金融自由化和"金融脱媒"（可参见专栏 1-3）的影响，经营业绩大面积恶化，利润大幅度下滑，全行业亏损严重，破产银行和问题银行的数量急剧增加。在经历了 20 世纪 80 年代末的经营危机以后，美国商业银行从 20 世纪 90 年代开始实行全面的改革，通过转变经营理念，采取全能化的金融服务方针，大力开展包括投资银行、基金及保险等各种业务，到 20 世纪 90 年代中后期才逐渐恢复了竞争能力，从而扭转了经营困境。这一期间除了美国之外，其他国家的银行业也因直接融资市场的快速发展和金融衍生工具的产生受到严峻的挑战。据调查显示，20 世纪 70 年代日本的金融自由化取消了对企业直接融资的限制后，在大企业的外源融资中银行贷款的比重在 70 年代前期占了近 8 成，80 年代该比重下降到 45％左右，企业债券和股票的比重则分别从 70 年代前期的 8.4％和 12％上升到 90 年代初的 17.9％和 20.2％。这一现状迫使银行业重新审视自身的金融市场定位，一方面不能再单一依靠银行传统的存贷业务作为主要盈利方式，另一方面大力发展中间和表外业务，向综合性金融服务机构转变，甚至很多国际性银行纷纷涉足投资银行领域，积极拓宽盈利渠道，提高银行业在金融市场中的竞争力。在金融脱媒期间，由表外业务和中间业务创造的非银行利息收入在银行总收入中的比重呈上升趋势。在 1984 年，英国的非利息收入与利息收入的比率为 56%，而到 1994 年就已经上升到了 77%。法国则从 1983 年的 20% 上升到 1994 年的 80%，在 1993 年的时候，这个比率则上升到了 105% 左右。

专栏 1-3　金融脱媒

　　金融脱媒（Finance Disintermediation），是指在金融管制的情况下，资金的供给绕开商业银行这个媒介体系，直接输送到需求方和融资者手里，造成资金的体外循环，即通过直接融资的方式获得资金，也称"银行脱媒"。这一现象最早出现在 20 世纪 60 年代的美国，由于直接融资市场的快速发展及 20 世纪 30 年代颁布的"Q 条例"，使得银行业的竞争力大幅下降，失去其融资主导地位。20 世纪 60 年代，美国通货膨胀率提高，市场利率开始明显上升，有时已经超过存款利率的上限。证券市场的不断发展，金融国际化、投资多样化又导致银行存款大量流向证券市场或转移至货币市场，造成金融中介的中断和"金融脱媒"现象的发生，且愈演愈烈，Q 条例约束和分业经营的限制，使银行处于一种不公平的竞争地位。各类存款机构都出现经营困难，一些储蓄协会和贷款协会出现了经营危机，银行信贷供给能力下降，全社会信贷供给量减少。

　　思考： 我国金融体系是否出现了"金融脱媒"现象？为什么？

三、金融监管环境

　　金融监管环境也是影响银行经营的重要外在因素，金融监管环境的严格或宽松可能直接影响一国银行业的发展状况和经营实力。银行业作为金融市场的重要组成部分，它同金融风险是密不可分的，一方面，金融风险客观存在于银行经营活动过程中，既带来机遇又带来挑战，推动银行通过有效风险控制，规避风险负面效应，获取较好收益。从这个意义上讲，金融风险推动了银行业的发展。另一方面，金融风险可能造成严重后果，甚至会给整个经济社会带来不可估量的损失和危害，这就要求金融监管当局对银行体系实施有效的监管以控制和减少风险的产生，维持经济的持续稳定发展。具体来看，银行业监管主要指监管当局通过对商业银行进行市场准入、市场运营、市场退出等全方位的监督和管理，实现保护存款人利益、维护银行体系正常运转，进而促进国民经济健康稳定发展的目标。

　　综观西方发达国家的银行监管历史，基本都经历了放松—管制—再放松—再管制的发展历程。以美国为例，20 世纪 30 年代以前，美国对于银行业基本采取较为宽松的监管态度，直至 1929 年美国爆发了严重的经济大萧条。为此，1933 年罗斯福新政后批准了"格拉斯-斯蒂尔法案"（即《银行法》），将投资银行业务和商业银行业务严格地划分开，确立了分业经营和分业监管的制度框架，同时通过 Q 条例管制银行存款利率上限。严格的监管机制有效控制了金融业的风险，但与此同时也极大抑制了银行业的快速发展，至 20 世纪 60 年代银行的吸存能力受到很大影响，金融脱媒现象导致存款性金融机构的生存岌岌可危，众多银行不得不开始金融创新。面对银行业的残酷生存压力，80年代美国监管当局开始着眼于放松管制、清除重组并购障碍和鼓励竞争，并为此出台了《存款机构放松管制和货币控制法》、《公平竞争法》等重要法律规范。金融管制的放松为美国金融行业带来了高度的繁荣，金融行业随之成为美国的经济支柱之一，但是金融监管放松却再次带来了银行破产和危机，尤其是1987年的储贷危机是从大萧条以来美国最为严重的金融危机，整个金融体系受到极大的冲击。为此，20世纪90年代，美国金融监管进入了理性改革时期，在鼓励金融机构竞争、注重金融体系效率的同时，加强对金融业的监管，尽可能寻求竞争与稳定、安全与效率的有机结合。《1999年金融服务现代化法》具有里程碑式的意义，它废除了分业经营制度，美国金融业步入混业经营的新时代。2007年"次贷危机"的爆发，使美国监管当局重新审视金融监管态度，奥巴马政府上台后更是明确提出实施严格的金融监管改革方案，而2010年1月21日奥巴马发出"限制大银行从事高风险的自营业务，同时限制单个银行的资产规模，以免出现'大而不倒'的现象"的提案，一旦该提案审议通过将意味着美国银行业可能重新回到分业经营的状态。

从美国银行监管的演进历程不难看出，金融监管是一把双刃剑，一方面放松的监管模式有利于促进银行业乃至整个金融业的快速发展，但同时也会积聚大量风险，一旦金融泡沫破灭又会给经济社会造成严重的危害；另一方面，严格的金融管制有利于控制银行业的风险，有利于经济社会的安全稳定，但是也会压制银行业的信贷规模，不利于促进经济快速发展。金融监管是一项极具挑战性的任务，它对金融监管者的监管水平、监管方式和目标都提出了很高的要求，如何为银行业提供一个恰如其分的金融监管环境，是世界各国监管当局都要不断学习、不断修正的过程。

案 例 分 析

日本三家大银行合并——又一艘"金融超级航空母舰"诞生

1999年8月20日下午，日本兴业银行、第一劝业银行和富士银行在东京正式宣布，三家银行已就全面合作达成共识。这表明，一个总资产规模超过150万亿日元的世界最大的金融集团将在日本诞生。

三大合作伙伴希望能在2000年秋天正式建立起一家将拥有1.3万亿美元资产的联合控股公司。它将使目前世界上最大的银行——拥有8 660亿美元资产的德意志银行和美国最大的银行——拥有6 680亿美元资产的花旗银行集团相形见绌。该公司的资产将是目前日本最大的银行即东京三菱银行的两倍。东京三菱银行的现有资产大约为5 800亿美元。

日本兴业银行董事长西村正雄在记者招待会上说："尽管就资产而言，我们将是世界首屈一指的银行，但我们并不以此为满足。我们的目标是在资本、利润、服务和其他领域跻身世界五大银行之列。"

导致三方走向合并之路的最根本原因是三者都认识到在竞争日益激烈的环境中，单凭各自力量难以获得竞争中的主动。美国穆迪公司给三者的评级都是"BAA"，与目前处于A级的东京三菱银行、三和银行和住友银行及相当一部分优秀地方银行相比，存在着天壤之别。去年，日本长期信用银行和日本债权信用银行相继破产之后，日本兴业银行作为日本目前仅存的一家长期信用银行，其走向一直受到多方关注。过去，长期信用银行的主要业务是负责向企业提供设备投资等长期信用，但随着企业融资手段和选择的增加，长期信用银行的经营环境每况愈下。日本兴业银行在 1998 年度虽然处理了高达 9 244 亿日元的不良债权，但由于日本整体的土地价格下跌和企业破产并未停止，新的不良债权增加的可能性依然很大。尤其是 1999 年 10 月份，日本彻底解除了不许普通银行发行公司债券的禁令，因而必将使日本兴业银行的生存环境更为恶劣。第一劝业银行和富士银行虽然也都在千方百计地努力增强自身素质，但在收益性方面不仅与欧美金融机构不可同日而语，就是在竞争日益激烈的日本金融市场上也难以凭自身实力独立谋求优势地位。三者希望通过合并实现优势互补，在确保巨额资金量的同时，共同开发和提供更为广泛的金融商品服务，从而在系统投资和新金融商品的开发方面削减成本，提高经济效益。

不可否认，新的金融控股公司集团要想成为世界一流的高收益金融集团，尚有很长的曲折道路。首先，大规模的裁员和经营网点重组不可避免。三方目前已经计划在今后数年间裁员约 6 000 人，在劳动力市场流动性尚不充分的日本，三家银行合并的人事问题已经成为令人头痛的事。其次，三家银行都存在着不良债权比率高、股东资本收益率低的问题，且三者都曾向非银行金融机构、建筑公司和不动产行业进行过大量的融资，这些债权演变成不良债权的可能性依然很大。但是在内有金融改革在即、外有欧美超大型金融机构竞争的情况下，日本金融机构间的大型合并是必须的也是必然的。据说，今后在全球范围内只需要 15 家左右的大型综合性金融机构就足够了，而日本目前的大型银行达 17 家之多。就连日本金融再生委员会都曾说，日本的主要银行最终合并到四家左右为宜。日本金融当局对三家银行的合并表示出欢迎的态度。

显然，三家银行的合并，必将刺激其他大型银行间更深层次和更大范围内的重组，并在世界范围内产生重大影响，推动世界范围内业已存在的金融合并浪潮。

资料来源：圣才学习网，发布日期：2010 - 07 - 28

思考：

（1）请分析日本三大银行组成金融"巨无霸"的外在宏观经营环境，它对并购行为有何影响？

（2）并购是解决日本三家银行经营困境的唯一方法吗，银行规模是否越大越好？

本章小结

商业银行作为金融市场中最为重要的金融机构形式，它的产生和发展对于促进经济社会的快速发展具有非同寻常的意义。商业银行已从最初的货币存贷商发展成为提供广泛的综合性金融服务的金融机构。商业银行是经营货币的特殊金融企业，以追求利润为经营目标，是具有金融服务和信用创造的金融中介组织。商业银行主要具有支付中介、信用中介、信用创造及金融服务功能，它以安全性、流动性和盈利性为三大经营原则，这三个原则具有一定的对立统一性。商业银行所处的经营环境对商业银行的经营绩效也具有影响力，实际情况应结合考虑宏观经济环境、金融市场环境和金融监管环境对商业银行的经营管理进行分析。

关键词

　　商业银行　支付中介　信用中介　信用创造　金融服务　安全性　流动性　盈利性　金融脱媒　金融自由化　经营环境

思 考 题

1. 什么是银行？如果没有银行这种金融机构会对经济社会造成什么影响？
2. 商业银行在经济社会中的功能是什么，是否可由其他金融机构替代？
3. 商业银行的三大经营原则是什么？
4. 商业银行的经营环境分析包括哪些方面，具体会对商业银行造成何种影响？
5. 金融监管对于商业银行发展的意义？
6. 全球经济一体化对各国的商业银行经营有何影响？
7. 金融脱媒对商业银行来说意味着什么，面对这一问题商业银行应该如何解决？

商业银行的组织体系

商业银行组织体系，包含宏观和微观两个范畴。在微观上讲，商业银行的组织体系是指商业银行内部各职能部门之间基于相互业务关系所组成的有机体系；从宏观上讲，是一个国家内部构成银行体系的所有金融机构形成的有机整体。构建完善的微观商业银行组织体系保证了商业银行在日常经营过程中能够高效率、低风险的运作资本，构建完善的宏观商业银行组织体系可以保证一国有稳定的金融环境来支撑经济的发展。在本章中，第一节主要介绍了商业银行设立的条件、原则及具体的设立程序；第二节主要介绍了微观范畴的商业银行组织体系，包括组织体系的构成和类别；第三节则从微观和宏观两个角度介绍了西方商业银行的组织体系；第四节则从我国的现状出发，分析我国现存的商业银行组织体系存在的问题，并针对问题提出相应的解决方案。

第一节 商业银行的设立

一、商业银行设立条件

商业银行是为企业、个人提供存贷款业务的金融机构，是沟通一国经济中的资金盈余者与资金短缺者的桥梁。因此，商业银行是商品经济发展到一定阶段的必然产物，这是与商品经济发展状况相适应的。它的存在与发展取决于宏观经济环境、微观经济条件和金融发展状况等多方面的因素。

(一) 宏观经济环境

1. 生产力发展水平

生产力发展水平的高低直接影响银行业的发展。可以想像在原始社会，生产力水平极度落后，人们连温饱尚不能满足，就更不可能有剩余产品进行跨期消费，因此也就没有了可贷资金的供给；同时，由于生产力低下，在劳动过程中也不需要进行大规模的投资来更新劳动工具、进行研究开发，因此也就没有了可贷资金的需求，商业银行也就没有产生的需要。随着生产力的发展，剩余产品的出现使一国经济中有了可贷资金的供给，同时劳动工具中占用的资金也逐渐提高，其更新换代速度也逐渐加快，这也就产生了可贷资金的需求。因此，作为金融中介的商业银行也就有了存在的可能。一般情况下，生产力发展水平制约着商业银行的资金来源和使用，某国家或地区的经济的发达程度直接影响到对商业银行资金的需求程度，并影响到商业银行的资金来源状况。

2. 区域经济状况

商业银行的设立还受到不同区域的经济状况影响，具体包含该区域的经济水平、人口、地理位置和交通等方面。一个地区的经济水平、人口数量、收入结构、年龄结构对该地区商业银行的发展起着重要的影响作用。当一个地区经济水平较高、劳动力人口和中高收入者所占比重较高时，商业银行也就更容易筹集到足够的资金进行经营，相应的贷款需求也较旺盛，为商业银行的业务开展奠定了基础。商业银行的发展也与所处的地理位置有关，很难想像一个处于交通落后、信息闭塞地区的银行能够取得良好的经营业绩。以我国为例，东部区域（以上海、江浙为代表）和西部区域（以宁夏、四川和青海为代表）的经济发展水平差距很大，东部地区经济发达、交通便利、中高收入者占比重较高，因此不难发现西部地区的银行规模要远小于东部地区，银行的服务水平和效率也要低于东部地区。

3. 产业结构和政策

商业银行的设立还受到一国或地区的产业结构和政策的影响。商业银行的发展是与其主要服务的产业特点息息相关的。当商业银行主要服务于资本密集型产业时，行业的资金需求也就比较旺盛，也就使得商业银行有更大的发展潜力。同时，商业银行的发展还与国家的产业政策有关。当国家大力促进某些产业发展时，就会带动这些产业的旺盛的资金需求，从而为商业银行的快速发展提供契机。

（二）微观经济条件

1. 企业经营状况

企业发展与商业银行业务的开展有着密切的联系。工商企业是商业银行重要的资金需求方，企业的贷款不仅满足了自身经营时资金的短缺，还为商业银行的资金提供了良好的投资渠道。因此，工商企业的健康发展也会促进银行业的健康发展。当一个地区工商企业数量众多、经营状况良好、资金需求旺盛，必然会给银行业的发展提供巨大的潜力。

2. 信用意识及消费储蓄习惯

银行的基本业务是信用借贷，因此业务开展很大程度上取决于居民的信用意识。当一个地区居民更多地依靠信用借贷来满足大额长期资金需求时，该地区商业银行发展的潜力也就比较大。在中国，传统的"量入为出"观点深入民心，多数居民不习惯借钱消费，同时社会信用意识较弱，缺乏完善的信用评估系统，因此透支消费和信贷消费等方式在我国才刚刚开始推广。

（三）金融发展状况

1. 金融市场的发育状况

商业银行的发展也要以金融市场的发展状况为背景开展业务。在一个金融市场发育完善的地区，银行就有更多的空间进行经营。例如，在发达的金融市场中，商业银行可以通过在隔夜拆借市场拆借、在银行间票据市场内转贴现、进行票据回购等方式安排资金头寸。这样不仅提高了资金的流动性，而且也为闲置资金提供了充足的盈利渠道，同时也为风险控制提供了有效的途径。

2. 监管当局的相关政策

商业银行的发展在很大程度上也与监管当局的政策有关。相关的政策主要包括对商业银行经营范围的限定、对银行具体经营活动的规定和对金融创新的政策等。当这些政策发生调整后，对商业银行的日常经营、发展也会有着相当大的影响。例如，2003 年 4 月，巴塞尔银行监管委员会通过了《巴塞尔协议Ⅱ》，提出风险加权资本比率不得低于 8％，核心资本充足率不得低于 4％。而在 2010 年 9 月 12 日，巴塞尔银行监管委员会又宣布各方代表就《巴塞尔协议Ⅲ》的内容达成一致。根据这项协议，商业银行的核心资本充足率将由目前的 4％上调到 6％，同时计提 2.5％的防护缓冲资本和不高于 2.5％的反周期准备资本，这样核心资本充足率的要求可达到 8.5％～11％。总资本充足率要求仍维持 8％不变。当监管当局按照此规定进行监管时，银行必须将更多的资本用于满足资本充足率和流动性的要求，从而对银行的经营进行了进一步的限制，也对银行风险管理和流动性管理上提出了更高的要求。

二、商业银行设立原则

由于商业银行是一个特殊的法人机构，有信用中介、支付中介、信用创造和金融服务四项重要的职能，对一国经济的健康稳定发展起着至关重要的作用，因此商业银行的设立要遵循审慎、安全性原则、适度竞争原则及多元化原则。

（一）审慎、安全性原则

审慎、安全性原则是商业银行设立原则中最为重要的一条原则，这也是与商业银行在国民经济中的重要地位相一致的。商业银行作为信用中介，通过负债业务将社会上的闲散资金集中到商业银行的手中，再通过资产业务将资金贷放出去。一旦商业银行资金安全性受到威胁，必然会通过收回资产来保障自身资金的稳定性，也就影响到了资金需求方的经营能力。而在实体经济中，资金需求方通常又是商品供给方。一旦商业银行要求提前偿还贷款，企业就可能面临降低产出、甚至倒闭的风险，从而严重影响一国经济的总供给。同时，如果资金需求方由于周转原因无法提前偿还债务，那么资金盈余者存入银行的资金安全性也就难以保证，进而就会引发社会总需求的下滑。商业银行作为货币创造的重要机构，一旦其资产业务受到影响，货币创造能力也就大幅下降，就很可能进一步导致一国经济的紧缩。不仅如此，商业银行的安全性一旦受到质疑就会引发挤兑风波，导致其信用水平的大幅下降，进一步影响经济体回归正常的步伐。由此可见，在设立银行时坚持审慎性原则、设立严格的行业准入标准，对一国经济稳定有着重要的作用。

出于审慎、安全性原则，各国对商业银行的设立都进行了严格的审查和较高的准入标准。依照 1997 年 9 月巴塞尔银行监督委员会《有效银行监管的核心原则》的规定，在主管机关对申请人进行审查时，至少应包括审查银行组织的所有权结构、董事和高级管理层、经营计划和内部控制，以及包括对资本金在内的预计财务状况等，当报批的所有者是外国银行时，首先应当获得其母国监管当局的批准。

依照审慎、安全性原则，商业银行在设立时要注意以下几个方面。

首先，在风险管理方面，商业银行监管机构和商业银行自身应采取一切合理有效的措施，将所面临的风险降低到较低的程度，以保证商业银行运行的安全性。商业银行是以经营借贷资本为主的法人机构，其中很大一部分不是银行的自有资金，因此安全性是商业银行日常经营过程中首要考虑的问题。商业银行面临的主要风险包括：信用风险、市场风险、流动性风险、操作性风险等。

其次，商业银行要设立健全的内部控制组织体系，完善商业银行的公司治理结构。日常经营活动中要不断完善良好的内部控制体系，才能及时发现潜在的损失风险，保证银行的稳健经营。同时，也要注意对于银行从业人员的管理。2008 年 7 月，中国银监会起草了《银行业金融机构董事（理事）和高级管理人员任职资格监管办法（征求意见稿）》，对现任和拟任董事或高管的声誉、知识、能力、经验、财务状况、独立性等问题进行了进一步的要求。

第三，商业银行的设立要满足资本充足率的要求。按照巴塞尔协议的规定，资本充足率指的是商业银行所持有的资本与风险加权平均资本的比率。该比率反映了商业银行能够用自由资本承担风险的程度。这一指标是衡量银行抵御风险能力的一个重要指标，因此被各国金融监管当局普遍采纳。根据《巴塞尔协议Ⅲ》，商业银行核心资本充足率要达到 6%。

（二）适度竞争原则

在设立商业银行的时候，还应该考虑适度竞争的原则。当一个地区商业银行只有一家的时候，就会造成商业银行的垄断，会对该地区的经济产生重要的影响。银行可以根据自己的垄断地位，通过提高利率来增加收益，从而增加了贷款的显性成本。同时，银行还可以利用自己的垄断地位进行信用配给，选择银行认为收回概率高或者与银行关系密切的企业进行贷款，增加了企业贷款的隐形成本，造成了效率的损失。另一方面，过度竞争也会导致效率损失。当一个地区商业银行数量众多时，彼此就会产生激烈的竞争，银行纷纷压低利率保证贷款的发放，首先降低了银行的收益，增加了无法偿付储户本息的风险，同时由于可贷资金需求相对较少，银行为了确保利益有可能对信用等级较差、盈利水平偏低的项目进行贷款，从而增加了银行的风险。不仅如此，当一个地区商业银行规模普遍较小时，资产无法在地域上、行业上、企业上做到充分分散，这样就会加剧银行的经营风险。同时，由于资产规模有限，单个银行承担风险的能力也相对较低，一旦某一个银行经营不善而破产，很可能会导致该地区银行出现信用危机而引发挤兑现象，增加了该地区金融业的不稳定性。因此，适度竞争原则也是保证一国银行业健康发展的重要因素。

此外，规模适度也是保证银行业适度竞争的重要条件之一，监管者要对银行的经营规模进行管理和控制，防止其规模过大。在金融学领域，学者们一直都在探讨解决金融机构"大而不倒"的问题，即如何解决"大而不倒"金融机构的系统性风险和政府救助带来的道德风险问题。当金融机构的规模太大时，这类机构倒闭会给社会稳定和发展造成巨大的不利影响，因此政府和监管当局在它们陷入困境时，常常要被迫救助这类机构，防止其倒闭。这就容易造成大机构在经营过程中为了追求利益最大化不注重严格的风险控制和管理。

（三）多元化原则

随着人们生活水平的提高，对于金融产品的需求也逐渐变得多样化。同时，金融服务也变得更加专业，需要有专门的金融机构来满足。因此，单一的银行体系已无法满足人们的多样化消费需求，这就要求在商业银行设立时要兼顾多元化原则。首先，在规模上，要实现大中小型银行并存的银行体系。大型银行有资本充足、经营稳健、信用良好的特点，但是随着管理层级的扩大，管理成本也开始变大，信息传递的效率也逐渐降低，最终导致了规模不经济。中小型银行相对大型银行而言，虽然资本较为缺乏、信用偏低，但是具有非常强的业务灵活性，而且可以开发出更适合当地金融环境的产品，从而能够更好地为当地经济发展服务。因此，要兼顾大中小型银行的全面发展。其次，在业务类型上，应当鼓励商业银行差别化经营，鼓励设立针对特定行业或特定需求的金融机构。随着银行业的不断发展，简单同质化的金融服务越来越不适应人们对于金融业的需求，同时差别化经营也逐渐成为商业银行业务营销的一个重要方面。随着业务专业化的提高，传统银行的业务逐渐不能满足其需要，针对特定需求的金融机构也就应运而生。例如有专门的汽车银行，对汽车产业的生产厂商、销售代理和消费者提供更加有针对性的金融服务，还包括有房地产信贷银行、消费者信贷银行、农业银行、乡镇银行等。这些多元化的银行机构一方面提高了自身的盈利能力和发展潜力，同时也有利于提高整个社会的经济效益和福利水平。

三、商业银行设立程序

（一）申请设立

要设立商业银行，创办人要依照相关法律的要求，向银行监督部门提出审批申请，才能有机会获得银行的合法主体资格。由于商业银行在国民经济中的特殊重要的地位，其经营活动对国家国民经济的健康稳健发展都有着重要的作用，因此大多数国家在申请设立商业银行的审查方面都比设立一般公司要严格得多。对于商业银行的设立，大多数国家都采用"审批制"的方式，即未经相关主管部门的审批不得设立。例如，德国商业银行法规定，从事商业银行活动，需要经过联邦监察局的书面许可；日本银行法规定，非经大藏大臣许可，不得经营银行业；瑞士银行法规定，银行从事业务应当得到金融局的许可，在许可发放之前，不得在商业注册处注册。

依照我国全国人大 2003 年 12 月修正的《中华人民共和国商业银行法》（以下简称《商业银行法》）第十四条规定，申请人应当向监管当局提供以下资料：申请书，申请书应当载明拟设立的商业银行的名称、所在地、注册资本、业务范围等；可行性研究报告；国务院银行业监督管理机构规定提交的其他文件、资料。

我国《商业银行法》第十五条规定：当设立商业银行的申请经审查符合上述规定的，申请人应当填写正式申请表，并提交下列文件、资料：章程草案；拟任职的董事、高级管理人员的资格证明；法定验资机构出具的验资证明；股东名册及其出资额、股份；持有注册资本百分之五以上的股东的资信证明和有关资料；经营方针和计划；营业场所、安全防范措施和与业务有关的其他设施的资料；国务院银行业监督管理机构规定的其他文件、资料。

主管部门收到商业银行报送的申请表及相关文件后，需要基于审慎性原则对其进行审核。根据 2004 年实施的《中华人民共和国银行业监督管理法》第二十二条的规定，银行业监督管理机构对银行业金融机构设立的批准期限，应当自收到申请书之日起 6 个月内作出批准或者不批准的书面决定。当商业银行收到国务院银行业监督管理机构颁发的经营许可证后，就可以凭该许可证向工商行政管理部门办理登记，领取营业执照。

（二）募集资本及验资

在现代商业银行的所有制结构下，商业银行运营的资本主要包括两个方面，第一是发起人申请设立时的出资；另一部分是在银行成立时向社会募集的资本。在申请获得相关主管部门批准后，发起人就可以按照公司的相关章程进行筹资。发起人可以制定招股章程，写明发行规模、股份种类等内容，报送主管机构审批。待批准后就可以进行股份募集。募集资本完毕后，发起人应当向依法设立的验资机构提出申请进行验资。当验资完毕后，即可由发起人召集各认股人召开创立大会，审议发起人关于公司筹备的报告和公司章程，选举董事会、监事会成员。待创立大会召开完毕后，即可进行银行的日常经营活动。

四、我国商业银行设立条件

在我国商业银行设立过程中，主要依照《商业银行法》和 2005 年 10 月修订通过的《中华人民共和国公司法》（以下简称《公司法》）办理。根据《商业银行法》第十二条规定，设立商业银行，应当具备下列条件①。

（一）制定符合本法和《公司法》规定的章程

作为一个独立的法人机构，商业银行应按照《公司法》和《商业银行法》的规定对商业银行的日常经营、管理制度制定规范性的规章制度，以保证商业银行的运营正常、有序、高效，同时也为员工的日常工作提供可参考的合理章程。银行章程是关于银行组织和行为的基本准则，主要包括：银行的名称、住所、注册资本、经营范围、法人代表、内部管理制度、利润分配等，是体现银行性质、地位、权利能力、行为能力、责任能力及银行对内对外关系的规范性文件。银行章程一经有关部门批准，即产生法律效力。银行按照其章程从事经营活

---

① 银行设立条件参考中国人大网，网址 http://www.npc.gov.cn

动，受法律保护；违反章程，将会受到制裁。

（二）注册资本符合本法规定的最低限额

注册资本是商业银行日常运营所需要的资本，也是商业银行吸纳存款、提供担保、应对风险的基础。按照我国《商业银行法》第十三条的规定，设立全国性商业银行的注册资本最低限额为十亿元人民币；设立城市商业银行的注册资本最低限额为一亿元人民币；设立农村商业银行的注册资本最低限额为五千万元人民币。注册资本应当是实缴资本。国务院银行业监督管理机构根据审慎监管的要求可以调整注册资本最低限额，但不得少于前款规定的限额。

（三）具有完整的组织机构和管理制度

健全的组织机构是商业银行进行日常经营的坚实基础，完善的管理制度是商业银行正常运营的重要保障。因此健全的组织机构和管理制度，是商业银行进行日常经营和健康发展的必要因素。

（四）聘用具有任职专业知识和业务工作经验的董事、高级管理人员

商业银行在一国经济运行中具有非常重要的地位，同时商业银行也存在较高的经营风险，它是同金钱打交道的金融机构，因此如何经营好这类机构就需要大量有专业素养、道德素养的高水平管理人员。2000 年中国人民银行发布的《金融机构高级管理人员任职资格管理办法》中就规定，担任金融机构高级管理职务的人员，应接受和通过中国人民银行任职资格审核。金融机构高级管理人员应满足以下条件：能正确贯彻执行国家的经济、金融方针政策；熟悉并遵守有关经济、金融法律法规；具有与担任职务相适应的专业知识和工作经验；具备与担任职务相称的组织管理能力和业务能力；具有公正、诚实、廉洁的品质，工作作风正派。

（五）拥有符合要求的营业场所、安全防范措施和与业务有关的其他设施

银行的营业场所是商业银行日常经营的基础，没有适当的营业场所，商业银行业务开展也就无从谈起。鉴于商业银行在经济中的特殊重要性，其安全防范措施也就尤为重要。应具备相应的防盗、报警、消防等安全防范设施。同时，还应该加强安全防范规章制度的建设，确保商业银行经营环境的安全性。

第二节　商业银行的组织体系

一、商业银行的组织体系构成

商业银行组织体系是指为了实现特定的目标，在商业银行内部各组成部门之间形成的权力分配、业务经营、监督管理的模式。通过建立完善的组织体系，机构内各部门就有了明确的职责与分工，从而可以确保各部门职能的顺利开展，同时也为部门合作提供了依据。总体来看，商业银行的组织体系主要包括决策系统、执行系统、管理系统和监督系统。

（一）决策系统

决策系统是组织体系中的重要组成部分，主要职责是通过搜集信息并进行相应的处理，在备选方案中选出与目标体系最为契合的方案，并在实施过程中密切关注出现的可能影响方案选择的因素，从而对目标的选择进行进一步的反馈调整。商业银行的决策系统主要由股东大会、董事会及董事会以下设置的各种委员会构成。

1. 股东大会

股东大会是商业银行的最高权力机构。凡是购买银行所发行的普通股股票的投资者都是商业银行的股东，具有参加股东大会，并通过投票参与商业银行的重大经营决策的权利。商业银行每年至少召开一次股东大会，股东们通过听取银行的业务报告，了解银行在过去年度的经营状况，并有权对银行的经营方针、管理决策和各种重大议案进行表决。例如，2011年4月25日，中国建设银行发布了《关于召开2010年度股东大会的通知》，其提出审议的议案主要有：关于2010年度董事会报告的议案；关于2010年度监事会报告的议案；关于2010年财务决算方案的议案；关于2011年度固定资产投资预算的议案；关于2010年度利润分配方案的议案；关于聘用2011年度会计师事务所的议案；关于选举董事的议案；关于配置总行业务处理中心的议案。可见，股东大会是银行将以往年度公司经营状况信息披露给投资者的重要渠道，也是了解银行实际经营效果的重要途径。

由于银行股票发行量较大，而且比较分散，所以实际控制人只需要持有相对多数股票即可实现控制权。以我国招商银行为例，截止2010年12月31日，其第一大股东为招商局轮船股份有限公司，持有股份占总股本的12.4%，虽然众多中小股东持有股份总量较大，但是相对分散。2010年底，招商银行股东户数为738 851户。单个中小股东对董事会决策的影响力微乎其微。而且，大部分中小股东对于股东大会的决策也不感兴趣，存在"搭便车行为"，因此表决权实际控制在少数大股东手中。

2. 董事会

董事会是由股东大会选举产生的决策机构。在股东大会休会期间，银行的决策机构实际上就是董事会。当需要进行决策时，由董事长召集董事会作出各项决定。各银行董事会的人数依照银行的规模而定。例如，美国法律规定，一个商业银行的董事最少要有5人，最多可以达到25人，董事的任期一般为1～3年不等，可连选连任。同样以招商银行为例，董事会共有17名成员，其中董事长一名、副董事长一名、董事会秘书一名、执行董事三名、独立董事五名、非执行董事六名。其中，执行董事分别由行长和两名副行长兼任。关于银行董事任职的资格，在美国则须具备以下条件：必须是美国公民，并在本地居住1年以上；在该银行拥有较多股份；本人年收入不少于3万美元。

在我国《商业银行法》第二十七条有如下禁止性规定，有下列情形之一的，不得担任商业银行的董事、高级管理人员：因犯有贪污、贿赂、侵占财产、挪用财产罪或者破坏社会经济秩序罪，被判处刑罚，或者因犯罪被剥夺政治权利的；担任因经营不善破产清算的公司、企业的董事或者厂长、经理，并对该公司、企业的破产负有个人责任的；担任因违法被吊销营业执照的公司、企业的法定代表人，并负有个人责任的；个人所负数额较大的债务到期未清偿的。由于近年来我国银行董事人浮于事，不履行股东大会赋予的神圣的职责，不仅损害了银行的公司治理结构，而且严重损害了广大投资者的利益。为此，2010年12月，银监会出台了《商业银行董事履职评价办法》，引入了董事退出机制，促进了董事在公司治理方面发挥应有的作用。

商业银行的董事长由董事会选举产生，通常由经验丰富、专业基础扎实、具有较强的领导沟通协调能力的优秀管理型人才担任。商业银行董事会肩负以下重要责任。

①确定银行的经营目标和经营策略。商业银行的经营目标是其经营活动的依据，只有确定了经营目标，才能在安全性、流动性、盈利性之间进行取舍，进行日常经营活动。同时，经营策略则是实现经营目标的具体措施，同时还要针对当前的宏观经济情况、行业总体发展趋势、微观个体经营情况中的变化进行动态调整，以期实现前述经营目标。

②选择银行的高级管理人员。银行董事的来源比较复杂，背景不尽相同，董事们各擅专长，不一定熟悉银行的具体业务。而且银行的具体管理工作是一个有机动态的整体，涉及金融、经济、管理、营销等诸多方面。因此就需要另外聘请合格的专门人才来管理银行，以保证银行的健康稳健发展。

③设立各种专业委员会或者附属机构来贯彻董事会的决议，监督银行的日常经营活动。依照我国央行 2002 年 6 月发布的《股份制商业银行公司治理指引》的规定，董事会应该下设以下专业委员会：关联交易控制委员会，主要负责审批商业银行中的关联交易，如果有的关联交易特别重大，还应该提交董事会批准方可实施，同时在关联交易发生时还应该报监事会备案，在关联交易表决时，关联股东也应该进行回避，不能参与表决；风险控制委员会，负责对信贷、市场、操作等风险进行评估，并对管理层的具体交易行为进行监督，防止承担过度风险，同时该委员会还应该密切关注与风险控制有关的内部管理和控制结构，当发现问题时提出相应的整改意见；薪酬委员会，负责制订银行董事、监事和高管的薪酬方案，并监督方案的实施；提名委员会，负责拟定董事、监事和高管的任用标准和选拔程序，定期对董事、监事和高管的任职情况进行审查，在必要时向董事会汇报任免建议。除了上述四个独立委员会以外，该指引还规定，可以依据实际需要，设立其他的专门委员会。以招商银行为例，在董事会中还下设了执行委员会，负责制定该行的中长期发展战略，对重大投资决策和经营管理中遇到的问题进行研究分析，并提出相关的对策建议。

作为董事会的重要组成部分，独立董事近年来在完善商业银行公司治理结构中扮演着越来越重要的角色。独立董事，顾名思义，是指独立于公司股东，除独立董事一职外不担任公司内部其他职务，且与公司经营者和主要股东没有重要的业务联系或者专业联系，能够在公司日常经营和重要决策中作出独立判断的董事。独立董事的设立首先可以降低代理成本，防止内部人控制的问题。随着商业银行规模的不断扩大，其经营权与所有权的分离也不可避免。由于信息不对称的问题，就带来了委托代理问题，比如管理层会基于自身利益扩大银行规模以增加自身价值，投资于净现值为零甚至为负的项目，但过度投资不一定会给股东带来足够的收益；管理层为了满足自身利益扩建办公场所、增加开支以满足个人价值，这些往往与股东利益相违背的。通过设立独立董事，赋予独立董事相应的权利，就可以对管理层起到限制作用，从而降低了代理成本，提高了公司运营的效率。另外，公司聘请的独立董事一般都是经济、法律、金融、财务等专业方面的专家。聘请这类专家型的独立董事，公司还可以在相关问题上得到意见和建议，从而提高了公司的效率。

专栏 2-1　独立董事制度的起源

独立董事制度起源于美国。早在 1940 年美国颁布的《投资银行法》就规定，董事会中应至少有 40% 的独立人士。20 世纪 70 年代美国"水门事件"以后，很多著名公司的董事都涉及了这一贿赂丑闻，导致公众对于董事会中增加独立董事比例的呼声越来越大。到 1976 年，美国证监会通过了新的法律，要求公司必须设立并维持由独立董事构成的审计委员会，从此奠定了独立董事在公司治理结构中的重要地位。我国在 1997 年 12 月由中国证监会颁布的《上市公司章程指引》中初步界定了独立董事设置的有关规定，在 2005 年《公司法》中则明确规定了独立董事制度。另外，在 2001 年中国证券业监督管理委员会发布的《关于在上市公司建立独立董事制度的指导意见》和 2005 年 9 月 12 日中国银行业监督管理委员会印发的《股份制商业银行董事会尽职指引》中对独立董事任职条件、独立董事职责范围等方面进行了更加详尽的规定。

尽管独立董事在公司治理结构中有着极其重要的作用，但是还是存在一些问题：英美等国独立董事的选举首先要通过董事会下设的提名委员会来进行提名，而在我国，独立董事的提名通常是由大股东或者董事推荐，很难做到真正意义上的独立；独立董事并非专职，平时忙于本职工作，只有在召开会议时才对公司具体经营进行关注，无法深入了解公司的具体情况；有些独立董事也缺乏基本的职业道德，对于管理层在经营中侵害股东权益的地方由于没有激励机制也没有动力去纠正，使得有的独立董事流于形式，无法真正发挥独立董事的监督作用。为了解决这一问题，可以逐步推广独立董事职业化的进程。

思考：如何提高我国独立董事的监督作用？

（二）执行系统

执行系统是决策的具体执行主体，其主要职责是对决策的执行进行具体的规划，并按照规划严格执行相应的决策，对执行过程中出现的问题及时反馈给决策、管理、监督部门进行审核。商业银行的执行系统由行长、副行长、财务负责人等组成的高级管理层和下属的相关业务部门组成。图 2-1 所示为招商银行执行系统的组织架构。

在高级管理层中，行长（总经理）是银行的行政主管，其职责是执行董事会的决议，组织银行的日常经营活动。作为银行的第一行政主管，行长负有以下责任。首先，合理制定银行的发展战略与目标。高级管理团队能帮助行长制定银行的战略，投资者能帮助行长审批战略计划可行与否。但是，银行的发展方向最终还是由行长来定，尤其是股份制银行，因为他要为全体股东负责。其次，组织有合作、协调能力团队，积极培养优秀人才。行长负责银行高层管理团队的人员招聘、解雇和领导工作。高层管理团队的成员又担负着组织内其他团队的人员招聘、解雇和领导工作。再次，设立高效运转的行政部门和业务部门。采用适合本行业务开展的组织结构体系，具体要考虑到银行规模、主要营业方向、经营历史等方面的因素。一般将商业银行中贷款、信托与投资、营业、会计等部门称为业务部门，专门办理各项具体的银行业务，而把商业银行的人事、公共关系等部门称为职能部门，主要负责内部管理

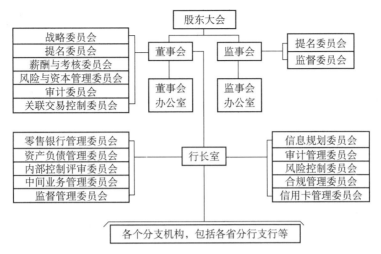

图 2-1　招商银行执行体系组织架构

资料来源：参考招商银行网站

与协调，协助业务部门开展经营活动。最后，树立良好的企业文化理念。通过在银行内形成乐观向上、积极进取的文化理念，可以有效鼓舞员工斗志和加强员工的凝聚力。同时，加强对银行员工的道德素质培训，银行是同货币打交道的金融机构，员工如果没有良好的道德素养，很容易发生违反规章制度，甚至是违反法律的行为，损害股东利益和社会效益。

副行长则是行长下设的负责组织协调具体业务和职能的岗位。根据需要，商业银行可在行长的领导下设置若干副行长职位，每个副行长可以分管不同的工作内容，如按照业务不同划分，可分别管理公司金融、风险控制、金融市场、国际业务等。此外，还包括行政部门，如人事部门、财务部门、组织部门等。

（三）管理系统

管理系统是商业银行内部的管理主体，负责制定经营目标、业务计划和主要政策，并配合执行系统对具体的业务进行管理。商业银行的管理系统主要由以下几个方面组成。

①全面管理，由董事长和行长等高管负责，主要职责是确定银行的总体经营目标，制定业务计划和主要政策，并指导、控制、管理银行内部整体的运营状况。

②业务管理，由具体负责业务部门的高级管理人员和相应业务部门主管负责。主要职责是制定具体的执行策略和运营方式，分析具体操作中遇到的问题并给出解决方案。

③后台管理，主要包括财务管理、人事管理、营销管理等几个方面，由相关职能部门具体解决该部门负责的问题。

（四）监督系统

监督系统是机构内部的监督主体，负责在股东利益最大化的基础上对决策、执行和管理部门的工作进行监督，在出现问题时进行纠正，并对相应责任人进行处罚。商业银行的监督系统由股东大会选举产生的监事会和董事会下设的负有监督责任的专业委员会组成。

为了保证监事会能够更好地实现监督管理的职能，我国 2002 年颁布的《股份制商业银行公司治理指引》中规定，监事会应当由职工代表出任的监事、股东大会选举的外部监事和其他监事组成，其中外部监事的人数不得少于两名。职工代表出任监事，能够从职工的角度审视相关事项的利害关系，从而避免了管理层忽视职工利益的行为，同时也增加了职工对于公司的归属感，能够更好地为公司的发展出谋划策。外部监事与银行的管理层和主要股东之间没有影响其独立性的关系，从而能够更好地从客观角度对相关事宜作出判断。一般来讲，外部监事一般都是由经济、金融、财务、法律等领域的专家或资深业界人士担任，他们可以在自己所擅长的领域，对于银行的日常经营管理进行监督，对出现的问题提出相应的改进要求，从而更好地保证股东利益不受侵犯。

二、商业银行的组织类型

（一）按照组织形式划分

1. 单一银行制

单一银行制又称独家银行制，是最古老的银行种类之一，指的是那些不设立或者不能设立分支机构的商业银行，银行业务完全由各自独立的商业银行经营。这一制度在美国非常普遍，这是由于美国的历史原因。在美国经济发展的早期，经济发展不平衡，东西部差距悬殊，各州之间独立性较强。为了适应经济均衡发展的要求，保护本地信贷资金资源，特别是适应本地中小厂商发展的需要，各州都通过了各自的银行法，禁止或限制其他州银行到本州设立分支机构，以达到阻止金融渗透、反对金融权利过于集中和垄断、防止银行吞并的目的。这是与当时的经济发展状况相适应的。随着商业的繁荣和经济的发展，资金开始变得相对充裕，同时生产力的逐渐发展也就要求分工和贸易更加普遍，各州之间联系也变得越来越紧密，单一银行制也就逐渐变得不适应经济环境的变化。1994 年美国国会通过了《瑞格-尼尔跨州银行与分支机构有效性法案》，允许商业银行跨州设立分支机构。虽然法律壁垒已经被打破，但是单一银行制作为一种传统依旧被保留了下来。

单一银行制之所以有如此顽强的生命力，主要是因为其具有以下优点：可以限制银行业的垄断，有利于自由竞争，同时由于单一银行制下银行规模普遍较小，也就缓解了竞争的剧烈程度；有利于银行与地方政府协调，开发出更适合本地经济发展状况的融资产品，从而更好地为本地区发展服务；由于规模小没有其他分支机构，银行可以在经营管理中更加灵活，有更强的独立性；管理层级少，有利于银行监管当局的监管，而且在货币政策执行过程中更加有效。

尽管如此，单一银行制下的银行还是存在严重的缺陷：由于没有分支机构，银行的规模受到很大程度的限制，很难取得规模经济；由于银行规模较小，业务品种也相对单一，而且多集中于某一地区、某一行业，不利于分散经营风险，抗风险能力较弱。

2. 总分行制

总分行制银行是指那些在大城市设立总行，在总行之下设立由总行统一领导的分支机构，从事银行业务的商业银行。总分行制银行按照总行是否办理具体业务，可以进一步划分为总行制和总管理处制。总行制是指总行除了管理控制各分支行外，也对外营业，办理业务；而总管理处制度则是指总管理处只负责管理控制各分支行，本身不对外营业，在总管理处所在地另设分支行对外营业。

大多数国家都实行总分行制，这是因为总分行制与单一银行制相比优点非常明显：可以设立分支机构，扩大银行的经营规模，可以在更大范围内吸收存款、调剂资金，以保证资金来源的充分，同时可以在更大范围内发放贷款，有利于风险的分散，提高银行的安全性，同时也提高了银行的竞争力；总分行制下银行规模较大，可以保证银行实现规模经济，采取现代化的管理手段和技术手段来降低成本，提高银行的盈利能力；由于总分行制下银行的数量较少，也便于银行监管当局进行监督。

但是，总分行制的一些缺点也比较明显：由于银行规模较大，内部层次比较复杂，管理难度也就相应增加；相对于单一银行制下的银行，总分行制下的银行有较强的资金实力，可以通过兼并收购中小银行易于形成垄断，不利于银行业的健康发展。

3. 银行控股公司制

银行控股公司制又称为集团制银行。由一个集团成立股权公司，再由该公司收购或控制若干独立银行或金融机构组成的金融企业就称作集团制银行。在法律上，这些公司是独立的，但其业务与经营政策都归属股权公司控制。

银行控股公司有两种类型，即非银行性控股公司和银行性控股公司。非银行性控股公司是通过企业集团控制某一银行的主要股份组织起来的，该企业集团可以在控股一家银行后，同时持有其他多家非银行机构的股票。银行性控股公司是指大银行直接控制一个控股公司，并持有多家小银行的股份。

在银行控股公司这一组织形式下，银行可以更方便地从资本市场上筹集资金，并通过关联交易获得税收上的好处，也避免了相应的法律壁垒，提高了应对风险的能力，也提高了银行的竞争力；但是，由于银行控股公司容易造成银行业的垄断，不利于银行业开展合理竞争，同时还在一定程度上限制了银行业的创新活动。

银行控股公司制度在美国最为常见，在 20 世纪 90 年代，美国的银行控股公司曾控制约 8 700 家银行，掌握着美国银行业总资产的 90%。美国花旗集团是世界最著名、规模最大的银行控股公司之一，旗下控制着 300 多家银行等金融机构。花旗集团作为集银行、证券、保险、信托、基金、租赁等金融业务于一身的金融全能公司，其组织结构是非常复杂的，它对全球金融业的影响甚至要超过世界上大多数国家的政府。银行控股公司在美国的快速发展正是为了绕开管制的需要。除了前述早期禁止跨州设立商业银行以外，1933 年颁布的《格拉斯-斯蒂格尔法案》中的严格分业经营的规定也造成了银行业与证券业的分离。经营者通过采取银行控股公司制度设立金融集团，就可以既满足法律对于分业经营的要求，又能在更大程度上分散风险获取利润。

（二）按照业务经营范围

按照业务经营范围划分，商业银行又可以划分为专业银行和全能银行。

1. 专业银行

专业银行是指有特定经营范围和提供专门性金融服务的银行。随着社会经济的发展，社会分工越来越明确，当商业银行专注于某一个领域时，可以取得更好的业绩；同时，社会分工的逐渐明确也要求银行必须具有某一专业领域的知识和服务技能，才能更好地为企业提供良好的金融服务。以上两方面的原因都推动了各式各样专业银行的产生。专业银行主要有以下几种类型。

储蓄银行。储蓄银行的名称很多，如互助储蓄银行、储蓄放款协会、国民储蓄银行、信托储蓄银行、信贷协会等。储蓄银行带有一定的互助性质，其存款人将资金存入银行，在贷款的时候银行就可以给予一定的利率优惠。在我国没有专门的储蓄银行，而在美国则较为普遍。储蓄银行与一般商业银行有一定的区别，表现在：储蓄银行的储户主要是居民，而商业银行的储户主要是企业；储蓄银行的贷款期相对较长，而商业银行的贷款则相对较短。在储蓄银行的资本来源中，除了储户的存款，还可以发行股票的方式融资。如果资金周转出现困难，还可以向商业银行进行借贷。在储蓄银行的资金运用方面，除了长期贷款以外，还可以投资于股票和债券。在许多西方国家，储蓄银行是一个重要的机构投资者。以往，储蓄银行的业务活动受到很多限制，如不能经营支票存款、不能经营一般工商贷款等。但随着金融管制的放松，储蓄银行的业务也不断扩大。如 1982 年美国的加恩·圣·吉曼法案就扩充了储蓄贷款协会（Savings and Loan Associations，简称 S&L）可投资的资产类型。

抵押银行。抵押银行是不动产抵押银行的简称，是指专门以土地、房屋和其他不动产为抵押，办理长期贷款业务的银行，法国的房地产信贷银行、德国的私人抵押银行和公营抵押银行都是抵押银行。抵押银行的资金来源，主要是发行不动产抵押证券募集，也可以通过短期票据贴现和发行债券筹集资金，但是抵押银行不接受存款。抵押银行的资金运用主要是抵押贷款为主。由于不动产抵押品流动性不足、业务品种单一，抵押银行的抗风险能力较低。随着美国次贷危机的逐渐蔓延，不动产抵押的风险也逐渐被人们所认识。

农业银行。农业银行是指专门经营农业信贷的专业银行。由于农业受自然条件影响较大，单个农户对资金的需求数额较小，期限较长，而且利息负担能力有限，抵押品难以集中管理，大多数贷款者只凭信誉，因此农业信贷风险比较大，一般商业银行不愿涉及农业信贷。为此，许多西方国家设立了专门用以支持和促进农业发展的农业银行，以满足政策性融资的要求。农业银行的资金来源主要有政府拨款、吸收存款、发行各种股票和债券。农业银行的贷款业务范围很广，几乎包含农业生产过程中的所有资金需要。鉴于农业贷款风险高、期限长、收益低，大多数西方国家对农业银行的贷款给予贴息或税收优待。

进出口银行。进出口银行是专门经营对外贸易信用的专门银行，一般为政府的政策性金融机构。其主要业务是提供各种出口信贷。出口信贷通常有以下两种方式：一种是卖方信贷，即出口商所在地银行对出口商提供的信贷；另一种是买方信贷，即出口商所在地银行给国外进口商或进口商银行提供贷款，以购买本国设备。一个国家国际贸易的发展，常常是与进出口银行的支持是密不可分的。

开发银行。开发银行是专门为经济开发提供投资性贷款的专业银行。开发银行是一种重要的专业银行，主要有三个层面：国际性的开发银行是由若干国家共同设立的，其中最著名的就是国际复兴开发银行，简称为世界银行；区域性的开发银行主要是指所在区域成员国共同出资兴建的，如亚洲开发银行；本国性的开发银行是指由国家设立的，负责国内经济开发的资金援助的政策性银行。

2. 全能银行

与专业银行的概念相对，全能银行指的是不仅经营银行业务，而且还经营证券、保险、金融衍生业务及其他新兴金融业务的银行，有的银行甚至还持有非金融企业的股权。其本质特征是能利用综合业务平台为客户提供高效率、一站式、多方面的金融服务。德国的银行是全能银行最为典型的代表。

在日益激烈的市场竞争条件下，全能银行具有专业银行不可比拟的优势。

①能够更好地分散风险，有利于提高银行的盈利能力。全能银行的多元化经营为银行开

发新产品和开拓新市场提供了巨大的发展空间，而且也极大地提高了银行的抗风险能力。同时，多样化产品和多样化经营，也为商业银行提高自身竞争力、保持稳健经营、提高盈利能力提供了有力的支撑。

②可以提供全方位的金融服务。全能银行又被称为"金融百货公司"，可以提供全方位的金融服务，从而降低服务成本；同时，一站式服务也方便了客户灵活地选择金融产品，更好地基于个人偏好配置资产，节省了客户的搜寻成本，提高了经济体系内部的整体效率。

③可以更加充分地利用客户资源。由于全能银行与客户之间的关系更加全面，银行也就能够更好地了解客户的需求，从而为新产品的开发铺平了道路。同时，鉴于更加了解客户的需求，在产品营销方面也就更加具有针对性。

（三）按照业务经营的地域划分

按照业务经营的地域划分，可以将商业银行分为地方性银行、全国性银行和国际性银行。地方性银行是以所在地区的客户为主要服务范围，吸收存款和发放贷款主要集中于当地的商业银行；全国性银行是以国内市场上的个人或企业作为服务对象，从全国范围内开展业务；国际性银行是指世界金融中心的银行，以国际性大企业客户为主要的业务对象。

随着我国银行业发展的不断深入，地方性银行也不断开始扩张。地方性银行逐步从省内走向全国，业务扩展速度迅猛，同时资本市场也为地方性银行的扩张提供了便利。2007 年 7 月，宁波银行和南京银行的上市开辟了地方性银行上市的先河，为进一步发展为全国性乃至国际性银行打下了坚实的基础。

（四）按照资本所有权划分

按照资本所有权划分，银行可分为国有、私人和混合持股等类型。从我国来看，具体可以分为国有商业银行、股份制银行、信用合作社等，其中混合持股制银行最为普遍，即国家和企业等机构共同持有银行股份。

我国的国有商业银行包括中国工商银行、中国建设银行、中国农业银行、中国银行、交通银行。原来意义上的国有商业银行意味着国家全资拥有银行。随着五家国有商业银行的陆续上市，国有商业银行业进行了股份制改革，但是改革后银行的国家控股这一性质依旧没有改变。这五家商业银行的最大控股股东为中华人民共和国财政部或者中央汇金投资有限责任公司。这五家银行构成了我国商业银行的主体。2007 年 3 月 6 日成立的中国邮政储蓄银行整合了原国家邮政局和中国邮政集团公司经营的邮政金融业务的资产和负债，成为我国一个新的国有商业银行。

股份制银行又可以分为两类：一类是公开发行股票的股份制银行，如招商银行、福建兴业银行、上海浦东发展银行、中国民生银行等；另一类是进行股份制改革后未公开发行股票的银行，如大部分的城市商业银行。我国股份制商业银行的股份来源主要有三个方面：一是国有股，二是企业股，三是社会公众股。

信用合作社是指由个人集资联合组成，以互助为主要宗旨的合作金融组织。其基本经营目标是以便捷的手续和较低的利率，向社员提供信贷服务，帮助经济力量薄弱的个人解决资金困难的问题。

第三节 西方商业银行的组织体系

一、美国商业银行的组织体系

美国商业银行的组织体系从宏观上讲，包括监管部门、商业银行体系和其他部门组成。具体内容如下。

第一，监管部门。在美国，商业银行的监管体系具有"两级多元化"的模式。"两级"是指在监管方面从联邦政府和州政府两个层面进行。"多元化"是指有多个监管主体对商业银行进行监管。在联邦政府层面上，监管职能主要由美国联邦储备体系、美国货币监理署和储蓄机构监管局负责；在州一级的层面上主要由各州设立的银行业监督管理机构负责。根据2009 年 7 月美国财政部向国会提交的议案，建议合并美国货币监理署和储蓄机构监管局，以提高监管效率，并减少因两者业务交叉而产生的监管真空，防止贷款人利用监管漏洞进行牟利。

第二，商业银行体系。美国的商业银行体系比较复杂，具有众多的主要在所在州开展业务的单一制银行；有覆盖全美国、业务广泛的许多总分行制银行；还有资金实力雄厚的大型银行集团。由于美国的法律制度积极鼓励市场自由竞争，因此，美国拥有世界上最多的商业银行，而银行的类型也多种多样，包括商业银行、储蓄银行、抵押银行、投资银行、零售银行、社区银行、国民银行、州立银行等，这使得美国拥有高度发达的多层次商业银行体系。

第三，其他部门。其他部门主要指为商业银行体系提供支持的部门，在美国，最重要的当属联邦存款保险公司。该机构设立于 1934 年。由于在大萧条中大量商业银行破产倒闭，为了提高商业银行应对风险的能力、恢复人们对于银行业的信心，联邦政府根据《1933 年银行法》（即《格拉斯-斯蒂格尔法》）中的要求建立了联邦存款保险公司。美国法律要求，国民银行和联邦储备体系会员银行必须参加联邦存款保险，而州立银行和其他金融机构则自愿参加该保险。而且，目前新设立的商业银行必须参加。联邦存款保险公司根据商业银行资本充足率等风险指标确定应收取的保费比例，对银行的每个存款账户提供 25 万美元的保险。一旦商业银行陷入资本短缺的困境，无法应付客户的取款要求，则由联邦存款保险公司负责偿付。

从微观层面上讲，美国商业银行的组织体系也与银行采取的组织形式密切相关。采取单一制组织形式的商业银行，其组织结构相对简单。通常其只有一个营业所。在日常运营过程中，除了依照传统模式在营业所内进行经营，还可以依靠自动出纳机、销售业务终端和方便窗口进行经营，不仅扩大了业务范围，而且在很大程度上减少了成本。而与之相比，总分行制和银行控股公司制下，商业银行的组织结构就相对复杂。下面以花旗银行为例对银行控股公司制中的组织结构进行简要介绍。

图 2-2 为花旗集团的组织架构图。2009 年 1 月 16 日，花旗银行为了避免次贷危机造成的倒闭风险，宣布重大重组计划，把旗下业务一分为二，并有意最终将非核心业务剥离出去。通过战略重组，花旗集团将拆分为花旗公司和花旗控股两家公司。花旗由此告别曾引以

为傲的"金融超市"型运营模式,依照"好银行、坏银行"发展战略上路。其中,花旗公司主营传统银行业务,包括商业银行、投资银行、主要为普通消费者和小企业服务的零售银行、为高端个人客户提供服务的私人银行、信用卡业务和金融服务等。花旗控股公司则经营资产管理和消费者信贷等风险较高业务。其中消费者信贷业务由"花旗抵押"和"花旗财务"两个部门负责。

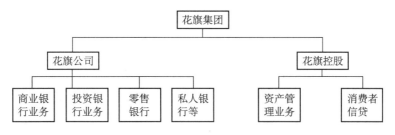

图 2-2　花旗集团的组织结构图

美国商业银行在具体管理上有自己的特色,即按照业务经营的种类实行从上而下的纵向管理。分行行长并不系统管理本行内的所有业务,而是仅以一个地区负责人的身份开展协调工作。它将其不同业务按照业务类型划分为不同层次,然后与之相对应,不同层次的专家负责不同层次的业务类型。每一层次的专家均有不同的授权。如果客户对某项业务发生兴趣,则银行的客户经理会将信息传达给相关层次的专家,如果可以解决,则由该层次的专家负责向客户提供相应的服务;如果不能解决,则需向其上级主管报告,而不必向分行行长汇报。这种管理体系可以使负责开展每个业务的都是相应领域的专家,比在每个业务领域都懂一点皮毛的行长作决定更为准确有效。

在业务经营过程中突出业务部门独立性的同时,美国商业银行还采取了事业部的组织框架。事业部的组织框架是将各业务环节以产品、地区或客户为中心重新组合,每个事业部都有独立的生产、研发、销售等职能,在事业部内部,跨职能的协调增强了;而且因为每个单元变得更小,因此事业部式结构更能适应环境的变化。各事业部享有相应的人财物等资源的分配决策权,并可以在符合全行政策要求的前提下制定本部门的政策。由于采取事业部的组织框架,业务经营的目标性更强,一切经营活动按照业务经营为中心,也就彻底改变了按地区和分支机构设立的利润为中心的弊端。

在保持各部门独立性的同时,美国商业银行还通过制度设定的方式加强了商业银行内部制衡机制,在实际业务运行中实行前中后台分离。对于关键性的后台监督管理部门,如财务部门和风险管理部门,采取了相对独立设置的模式。特别是风险管理部门,独立于前台业务拓展部门,通过构造团体内部矛盾和冲突的方式实现了关键监督管理部门的相对独立,有效地控制了各事业部的本位主义和追求眼前利益而牺牲企业长远利益的做法,保证了企业的稳健经营和持续发展。

不仅如此,在管理层级上,美国商业银行也有新的尝试。在管理中采取了一对一的单线管理汇报模式,即每个管理层级上仅设一名具体负责人,原则上不设置副职。这样一来,汇报关系明确,岗位设置也非常精简。在这种明确分级授权的管理体制下,上级管理人员可以对下级具体操作人员实施精细化管理,具有信息传导速度快、管理成本低等优势。

随着银行业竞争的加剧,贷款类业务的盈利空间也逐渐缩小,很多银行业逐渐开始探索其他的业务类型增强盈利能力。随着次贷危机涉及面的逐渐扩大，银行业整合也逐步开展。2007 年初开始的次贷危机席卷了美国各大金融机构，其中新世纪金融公司、华盛顿互惠公司、雷曼兄弟公司等大型金融机构纷纷倒闭；贝尔斯登被摩根大通收购，美林证券被美国银行收购；以美国银行、花旗银行为代表的大型商业银行业绩也大幅缩水。在这一背景下，美国银行业也加紧了监管的力度，这样势必会带来美国商业银行组织体系的又一大变革。

二、德国商业银行的组织体系

德国商业银行作为欧洲银行业的代表，也有着自己独特的模式。德国商业银行是全能型银行的一个重要代表，即在银行经营过程中没有业务范围的限制，既可以从事商业银行业务，也可以从事投资银行、财产保险等业务。这是由其历史原因决定的。德国作为后起的资本主义国家，其企业必须具有足够的资本实力才能够与英法等老牌资本主义国家的企业进行竞争。加之德国资本市场较为落后，企业无法从资本市场上筹集到足够的资金来满足自身的需求，这也就要求德国的商业银行为企业提供全方位的资金支持，不仅提供短期流动资金贷款，而且也要提供长期固定资产贷款，甚至有的企业也要求商业银行参股。在这一背景下，德国商业银行就采取了全能型银行的发展道路。在大萧条后，德国商业银行也受到强烈冲击，但是德国没有因此而实施分业经营的道路，而是通过加强对于商业银行的监管行为来应对大萧条带来的冲击。第二次世界大战中，德国银行业受到重创，尤其是二战战败后，德国被迫分裂为东德和西德两个国家。屈于当时的政治环境，东德和西德都背离了以前的商业银行发展道路。西德在英法美的占领下，实施了美国式的商业银行制度，即严格的分业经营制度；而东德则走上了银行建设的苏联道路，没收原来的民营金融机构，合并成立新的银行，具体业务的开展要配合中央集权的计划经济政策。在两德统一后，德国商业银行又恢复了混业经营的银行发展模式。

在混业经营的模式下，德国商业银行体系是由全能型银行、专业性银行和特殊信贷机构组成。全能型银行主要负责提供包括商业银行、证券投资等业务在内的综合性的银行，有代表性的银行为德意志银行、德国商业银行及德累斯顿银行等。作为全能型银行的补充，大量专业性银行也填补了一部分全能型银行的业务空白，如抵押按揭银行、投资公司、出口信贷公司等。此外，德国商业银行体系中还有相当一部分由特殊信贷机构组成。主要包括一些保险公司、租赁公司、投资咨询公司等准银行机构和汽车银行等提供融资服务的非银行机构，还有邮政储蓄机构等。

德国银行业的监管最突出的特点就是内部监管与外部监管相结合。在内部监管方面，以建立良好的商业银行治理结构为主要手段，通过董事会、监事会、管理层之间的相互制约，从而保证商业银行审慎经营。在外部监管方面，采取了政府监管和社会监督相结合的方式。在政府监管中，主要由联邦金融监管局和德国联邦银行负责。在德国《信用制度法》中规定，主管权属于联邦金融监管局，在制定有关重大决策和相关制度时要与德国联邦银行协商并取得一致；联邦银行负责对商业银行进行定期的监督，并对其提交的年报和其他报告进行分析；联邦金融监管局和联邦银行之间协调合作，信息互通。在外部监督方面，还有一个很重要的角色是经济审计师协会。该协会负责大多数的现场监管，是银行监管的重要执行人。

在微观组织体系方面，由于德国采取全能型银行，其在经营活动中具有独特的管理体系。下面以德意志银行为例对其进行简要介绍。德意志银行的组织体系为图2-3所示，其集团执行委员会下分三个业务部门。企业和投资银行负责机构客户的资本市场业务，包括交易资本市场产品，包括债权、股权和其他证券，同时还包括公司咨询，公司借贷等业务；个人客户和资产管理又包括资产管理和个人财富管理两个部门，其中资产管理部门负责为全球客户提供共同基金产品，也为机构客户提供养老金基金管理、保险等服务，个人财富管理部门提供传统的银行服务，为个人和中小规模机构客户提供贷款和养老金基金产品；公司投资则负责全球范围内的自营业务。

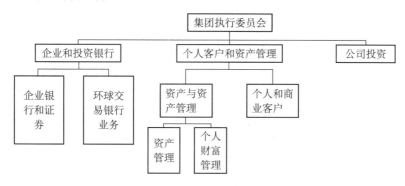

图2-3　德意志银行的组织体系

为了防范经营风险，德国各商业银行都建立了健全的内部控制体系，包括内部审计机构、风险管理机构和证券监察机构。除了设立内部控制机构之外，德国商业银行还建立了有效的内部控制约束机制。德国在内部控制上最突出的特点是"四眼原则"（也称双人原则），就是业务须双人交叉核对，资产双重控制和双人签字。各项日常交易活动必须有明确的职能分工，包括以下四个层次：一是一线交易；二是后台结算；三是会计审计；四是监督管理。一线交易与其他职能部门必须要分开，即使是交易管理人员也必须要遵守这个原则。

三、各国商业银行的组织经营模式

虽然各国国情不同，具体的制度安排也千差万别，但是其组织体系还是有其相同之处的。现代商业银行的组织经营模式是一个典型的层级系统。整个商业银行是由相互联系的若干分支机构组成，同时在每一个分支机构的层面上，其结构又是层级式的。这种结构一直延伸到商业银行的最底层。这种一层层的组织结构就构成了复杂多样的银行经营体系。这种体系的优点就是整个银行的组织体系具有相对较强的稳定性；信息在传输过程中均匀地分布在每个层次上；在体系内部从上到下的管理控制关系明确，可以实现传统组织设计中所要求的指挥明确、命令统一、控制幅度适中、授权完全明确等原则。

但是，随着金融产品更新的不断频繁、客户服务要求的逐步升级、同业竞争的日益激烈、金融法规的日益完善，商业银行若要更好地适应这种环境的变化，其经营组织体系必须采用适当的更富于弹性的分权化组织结构，从而使成员可以更好地了解外在环境的变化，从而在出现新机会时能迅速地转移组织重心以获取利润。

第四节　我国商业银行的组织体系

一、我国商业银行组织体系现状

（一）宏观层面

中国的商业银行体系经过数十年的发展，已经形成了一定的规模，搭建起多层次、多元化的银行体系，目前中国的银行体系主要由如下机构组成。

①中央银行：中国人民银行。依据 2003 年 12 月颁布的《中华人民共和国中国人民银行法（修正案）》，中国人民银行新的职能正式表述为"制定和执行货币政策、维护金融稳定、提供金融服务。"同时，明确界定："中国人民银行为国务院组成部门，是中华人民共和国的中央银行，是在国务院领导下制定和执行货币政策、维护金融稳定、提供金融服务的宏观调控部门。"随着社会主义市场经济体制的不断完善，中国人民银行作为中央银行在宏观调控体系中的作用将更加突出。

②银行业监管机构：中国银行业监督管理委员会（以下简称银监会）。银监会于 2003 年 4 月 28 日正式挂牌运行，其主要职能是依照法律、行政法规制定并发布对银行业金融机构及其业务活动监督管理的规章、规则，审查和监督银行业金融机构的设立、变更、业务活动及风险状况等相关内容，从而实现保护广大存款人和消费者的利益；增进市场信心；通过宣传教育工作和相关信息披露，增进公众对现代金融的了解；努力减少金融犯罪等目标。

③国家政策性银行：国家开发银行、中国进出口银行、中国农业发展银行。1994 年，我国组建了三家政策性银行，成立之初主要目的是让政策性银行承接大量专业银行难以承担和难以商业化的政策性金融业务，促进专业银行的市场化改革，为涉及公共利益的大量公共服务项目给予相应的金融支持，同时承担市场建设和培育特殊职能。随着市场经济的不断完善，对于政策性银行的职能也在不断探讨和改革中，2007 年初召开的第三次全国金融工作会议上，确立了国家开发银行、中国进出口银行、农业发展银行三大政策性银行根据各自条件，按照一行一策的方针实现自主经营、自负盈亏、自担风险。自此国家开发银行走上商业化发展道路。迄今已经完全实现其市场化改革，成为我国重要的国有商业银行。

④四大国有商业银行：中国工商银行、中国农业银行、中国银行、中国建设银行。国有商业银行是指由原国有独资银行在股份制改革后形成的由国家绝对控股的多元化上市公司。这四家银行在 1984 年以前，其业务都由中国人民银行办理。1984 年以后，国家相继将人民银行的商业银行职能加以剥离，逐渐形成了上述四大国有商业银行。在业务剥离之初，四大国有商业银行有严格的业务分工：中国工商银行主要负责城市工商信贷以满足企业流动资金需要；中国银行则主要负责经营外汇业务；中国建设银行主要以负责提供满足固定资产投资需要的中长期贷款；中国农业银行则以开展农村信贷为主。随着金融改革的不断深化，虽然各行的某些业务依旧基于以前的分工，但大多数业务已经没有专业化的分工，传统的业务界限已经打破。

在进行股份制改革以前，四大国有商业银行的资本金全部由政府财政拨付，银行信贷也含有浓重的行政色彩。从 2003 年底开始，政府先后动用外汇储备对四大国有银行进行注资，充实四大行的资本，分别对中国建设银行和中国银行注资 225 亿美元、对中国工商银行注资 150 亿美元、对中国农业银行注资 190 亿美元。在注资完成后，四大行也分别引入了战略投资者以改造银行的组织结构。随着 2010 年 7 月中国农业银行完成上市，四大国有商业银行业全部由原来国有独资银行转变成了国家绝对控股的股权多元化的上市公司。

⑤股份制商业银行：交通银行、深圳发展银行、招商银行、中国民生银行、上海浦东发展银行、华夏银行、中信银行、兴业银行、中国光大银行、广东发展银行、渤海银行等。股份制商业银行是指通过募集资本发起设立的商业银行。其组织结构特点是具有较分散的股权结构，股东持股比例比较低。这些银行的业务范围相对较广，在全国银行业中都有较强的影响力。

⑥城市商业银行：基本上各城市都有自己的城市商业银行，例如，天津市商业银行、大连市商业银行等。城市商业银行和区域商业银行主要是指未上市的其他所有股份制商业银行。城市商业银行通常由原来的城市信用社改组而成。随着改革的逐渐放开，银行业资产重组步伐也逐渐加快。这些商业银行的大股东通常是地方政府，其股份也多由地方政府财政局或国有资产管理公司持有。其股权结构也相对集中，业务范围也主要集中于开设的城市，为地方的经济建设提供融资服务，在地方上有一定的影响力。

⑦农村商业银行、农村合作银行、农村信用社、新型乡村银行等其他银行。这类银行主要负责推动和振兴农村、农业经济的发展，为农村产业化、城镇化提供资金支持。

⑧部分外资银行在华机构：如汇丰银行、渣打银行、花旗银行等

此外，我国还成立了金融资产管理公司。金融资产管理公司是一种特殊的金融机构。在我国，其设立的目的是为了收购国有商业银行的不良贷款，并对不良贷款进行管理和处置。1999 年我国成立了中国华融资产管理公司、中国长城资产管理公司、中国东方资产管理公司和中国信达资产管理公司，这四家资产管理公司分别定向接受中国工商银行、中国农业银行、中国银行和中国建设银行剥离的不良资产。

（二）微观层面

在微观方面，组织管理体系则是指商业银行组织内部各部门之间的排列顺序、联系方式及各要素之间相互关系，是执行管理和业务经营任务的基础。组织体系中内部组织体系主要涉及银行的内部控制和经营管理体系；而外部组织体系主要是指上下级分行及其之间的纵向管理体制。我国的商业银行尤其是在股份制改革以后，在组织体系上就有了重要的进步，明确了完善的公司治理机制，保证了商业银行的运作效率，对提升我国商业银行尤其是国有商业银行的竞争力上有着重要的作用。

以中国建设银行为例来分析商业银行的微观组织体系（参见图 2-4）。在内部组织体系方面，股东大会选举产生的董事会中，下设办公室和战略发展委员会、审计委员会、风险管理委员会、提名与薪酬委员会、关联交易控制委员会五个专业委员会。办公室负责董事会日常事务的管理，协助董事会开展工作；下设的五个专业委员会则在各自职能范围内担负起维护股东利益、保障公司的健康稳定发展的重任。监事会下设办公室和履职尽责监督委员会、财务与内部控制监督委员会两个专门委员会，负责对董事会、管理层在日常经营、关键决策等过程进行监督，确保股东利益不受侵犯。行长下设 7 个专门委员会和 35 个业务部门，分

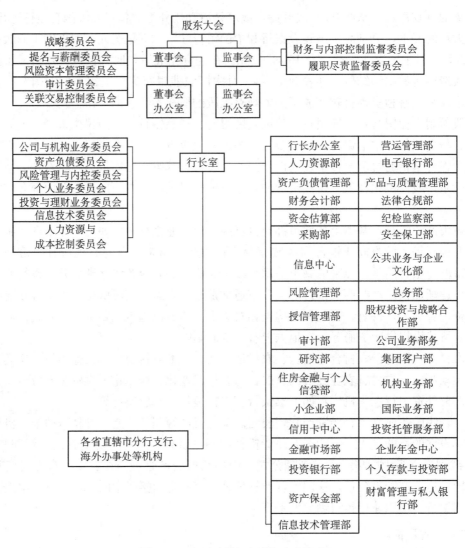

图 2-4　中国建设银行的组织框架图

别负责处理在日常经营过程中各自职能范围内出现的问题。在外部组织体系方面，由于中国建设银行采取了总分行制，因此在总行下设各省、自治区、直辖市分行、直属分行和海外分行，负责各辖区内业务的办理，在各分行下另设各级支行、分理处和储蓄所。上述组织体系看似繁杂，但是各成员部门职责清晰、目标明确，决策、执行、管理、监督各负其责，为实现股东利益最大化而不懈努力。

二、我国商业银行组织体系存在的问题

（一）内部组织体系

在内部组织体系方面，我国国有商业银行的现行组织机构虽然经历了多年的改革，相关部门的设置也开始按照市场化原则进行改革，但依然存在以下问题。

①在内部组织结构方面存在的问题。首先，就董事会而言，相应的规章制度并不健全，

也就导致银行董事及独立董事的选举和任用机制还不够完善，其激励约束机制也相对简单，难以确保其充分发挥职能；董事会下设的专业委员会的目标和责任不明确，还无法最大程度上发挥其在决策中的作用。其次，就监事会而言，其监督作用的发挥受到很多限制，主要原因是监事会权力有限，即使发现了问题也无法对其行为进行制止，因此监事会的监事活动通常就流于形式，而且以事后监督为主，无法充分发挥监事会的重要作用。第三，在有的商业银行中，部门设定有交叉，从而削弱了相应职能的发挥。比如，有的商业银行在董事会、监事会、行长下均设立了风险管理委员会，一定程度上造成了资源的浪费和效率的降低。

②内部监管与外部监管的问题。在我国商业银行内部监管强度相对较弱的背景下，国家为了防范潜在的风险，加强了银行业的外部兼顾。在这种情况下，通常会出现外部监管过度的问题，即监管机构过度介入商业银行的内部管理中，也就在一定程度上阻碍了商业银行日常经营业务的正常开展。

③在激励机制方面，我国商业银行的激励机制相对比较简单。就国有商业银行来讲，虽然经过了多年的改革，国有商业银行还是有很强的行政级别。这也就导致了国有商业银行中的激励机制更多的与行政等级、经营规模、资产总额相联系，而不是与资产运作效率相挂钩。而且，在薪酬形式上，以现金薪酬为主。在实现股东利益最大化、解决委托代理问题方面，这种短期激励机制对高管产生的激励远逊于以股份和期权为主的长期激励机制。

④在风险控制方面，在我国国有商业银行中，其风险控制体系相对较弱。贷款的发放更多的是基于银企关系，而不是资金的利用效率，这样就会产生相应潜在的风险。

（二）外部组织体系

在外部组织体系方面，我国商业银行的管理层级较多，效率较低。在我国商业银行的设立过程中，一般按照行政区域划分设立分支机构，而并不是按照金融服务的需求设立分支机构，在一定程度上造成了金融资源的分散化和低效率，管理层次多，成本高。分支机构层次过多，并且采取从上到下的层层分级的授权管理模式，形成了"总行——一级分行——二级分行——支行——分理处"的管理链条。这种过长的管理链条不可避免地带来了管理信息的逐层漏损，并导致管理效率的相对低下、管理成本的提高和资源的浪费。

除了上述内部和外部组织体系存在的问题，我国商业银行尤其是国有商业银行还存在业务品种单一，对市场需求不敏感的问题。导致这一问题的一个重要方面就是在组织体系内部增加金融创新相关部门，在市场需求的基础上逐渐改进组织体系内部具体的业务部门，以保证商业银行的健康发展。

三、我国商业银行组织体系改革建议

针对我国商业银行存在的上述问题，应该采取以下措施，以提高我国商业银行的效率和竞争力。

①完善商业银行的内部治理结构。限制我国商业银行董事会、监事会职能的充分发挥的一个重要原因就是公司内部治理结构的不合理。内部治理结构的重要目的就是要充分协调不同部门之间的关系，使在协调的基础上各部门最大程度地发挥本部门的作用，为提高商业银行的盈利水平作出贡献。具体而言，首先，要在商业银行内部制定相应的规章制度，明确各职能部门的目标责任制，不仅要保证商业银行内部各实体有法可依，也要对相应的程序作出

明确规定；其次，对商业银行内部的各职能部门进行精简，合并重叠部门、裁撤效率低下部门，提高商业银行的整体运作效率；第三，赋予监事会更大的权力，提高监事会在决策中的重要作用，同时加强监事会建设，提高监事会信息处理和预测判断的能力，以保证监事会能够及时发现问题，防止潜在风险的发生。

②促进激励机制的改革。激励机制首先要以绩效为主要着眼点，在考虑市场竞争的条件下，调整现有薪酬制度的考核目标，从而提高商业银行资本的运作效率。同时要注意对薪酬结构进行调整，以股权或者期权等长期激励为主，从而保证商业银行的长期发展与高级管理人员的薪酬相适应。

③促进商业银行的产品创新，注重商业银行的特色经营，克服银行网点同质性的弊端。金融产品作为商业银行经营的客体，其质量优劣、品种多寡直接影响商业银行的竞争力。同时，在激烈的银行业竞争中，各银行服务功能都比较健全，在这种情况下，客户更关注的是服务的专业化水平、管理的精细化程度和产品的特色化经营。注重银行的特色经营也是防止简单、粗放、低层次竞争的一个重要手段。

④压缩商业银行的分支机构，提高管理效率，营造可持续竞争力的良好外部环境。首先，要坚持和完善总分行制度。在我国现阶段，总分行制是最适应我国现阶段发展状况的银行组织形式。但是，我国设立的过多的分支机构也严重影响了银行的经营效率。因此，应借鉴国外商业银行运营经验，坚持量本利分析的原则，对现有的分支机构进行战略调整，逐步削减盈利能力差的分支机构，集中优势资源向大中城市和效益好的地区集中。盈利能力差的分支机构及其基层经营机构可以按照市场原则进行兼并收购、资产转让或重组。对整合后保留下来的网点要加快推进其升级，逐步改建成功能齐全、具有较强盈利能力的核心业务网点。其次，要按照分类授权的原则，整合总行和各一级分行的管理职能和管理资源，由总行承担起对二级分行的主要监管职能，解脱一级分行部分管理人员，从而加大一级分行的经营作用，提高其盈利能力。

案 例 分 析

穆罕默德·尤努斯和他的格莱珉乡村银行——新型的商业银行模式

穆罕默德·尤努斯出生于孟加拉吉大港的一个富庶的穆斯林家庭，1969年，获美国范德比尔特大学经济学博士学位。1972年，他在孟加拉国独立后不久回国，担任吉大港大学经济系主任。

在1976年的一次乡村调查中，一个名叫苏菲亚的农妇告诉尤努斯，由于没有钱购买制作竹凳的原料，她需要每天向高利贷者获得22美分的贷款用来购买竹子，编好竹凳后依照贷款的条件必须以固定的价格卖给高利贷者。这样，辛苦劳作一天，仅仅能获取2美分的收入。这让尤努斯非常震惊，他写到"在大学的课程中，我对成千上万美元的数额进行理论分析，但是在这里，就在我眼前，生与死的问题是以'分'为单位展示出来的。"他认识到，真正制约贫困人群走向富裕的根源是缺乏资本，而不是懒惰或缺乏智慧等个人原因造成的。从此，他开始尝试向这些赤贫的没有任何抵押品的穷人提供贷款。

通过尤努斯的不断努力，格莱珉银行在1983年成立了。尤努斯相信，每个贷款人都是诚实的，即使贷款者确实没能到期偿还本息，他也认为贷款者本无恶意，只是因为情况窘迫而无力偿还；每个人也都有与生俱来的生存技能，当他们获得资金支持后，就可以更好地发挥这一技能从而使自己脱贫。它的主要业务是向没有任何抵押的穷人提供微型贷款。鉴于其业务的特殊性，为了确保银行稳健经营，格莱珉银行形成了具有自己特色的经营管理模式。

首先，改革了传统信贷业务中到期全额还款的制度。尤努斯认为，在贷款到期时拿出一大笔现金来支付贷款，在心理上是很难接受的，因此就会拖延还款，最终无力偿还导致信用风险。鉴于此，尤努斯提出了每周还款模式。借款人每周只需要偿还较小数额的贷款，日积月累也就完成了所有贷款的偿还。也正是因此，才使得格莱珉银行获得了远高于其他商业银行的98％的偿债率。

其次，尤努斯还创立了五人小组制度。他要求每个贷款申请人都要加入一个有相似经济背景、相似目的的人组成的小组，格莱珉银行鼓励小组内部互相帮助，这样的互助模式也使得贷款人更加可靠。同时，小组内部的竞争意识也激励着每个成员努力劳动，提高了每个贷款人的自立能力。由于每个组员的贷款请求都要由整个小组批准，小组也就为了每笔单款担负了道义上的责任，也就一定程度上减少了银行的违约风险。

第三，格莱珉银行不仅提供微型贷款，而且也鼓励成员存款。格莱珉银行要求每个贷款者将所贷款项的5％存入小组基金，只要满足相应的条件，任何小组成员都可以从这一基金中获得无息贷款，更加体现了互助协作的性质。

目前，格莱珉银行已经成为孟加拉国最大的农村银行。该行拥有650万借款者，并使得其中超过一半的借款人脱贫。而且，格莱珉银行也并非是一个慈善组织，从1983年创办以来，除了创办当年和1991至1992两个水灾严重的年份以外，一直保持盈利，到2005年，其盈利已达到1521万美元。2006年，"为表彰他们从社会底层推动经济和社会发展的努力"，穆罕默德·尤尼斯和格莱珉银行共同获得诺贝尔和平奖。

资料来源：百度百科网站。

思考：

（1）简述格莱珉银行与传统银行的区别。

（2）结合我国目前的状况并参考案例中的相关内容，对我国建立农村合作银行的可行性进行分析，并提出具体的操作策略或政策建议。

本章小结

商业银行的设立是与宏观经济状况、金融发展条件等因素相适应的，鉴于商业银行在一国经济发展中的特殊地位，其设立要遵循审慎、安全原则、适度竞争原则和多元化原则。商业银行的设立要报送相关主管部门审批，在筹资完毕验资无误后方可进行日常经营。我国对于商业银行的设立也有较为严格的规定。商业银行的组织体系是一个由决策系统、执行系统、管理系统和监督系统四个部分组成的有机整体：决策系统主要负责项目的挑选和目标的制定；执行系统是决策的具体执行主体，其主要职责是对决策的执行进行具体的规划，并按照规划严格执行相应的决策，对执行过程中出现的问题及时反馈给决策、管理、监督部门进行审核；管理系统是机构内部的管理主体，负责制定经营目标、业务计划和主要政策，并配合执行系统对具体的业务进行管理；监督系统是机构内部的监督主体，负责在股东利益最大化的基础上对决策、执行和管理部门的工作进行监督，在出现问题时进行纠正，并对相应责任人进行处罚。只有四个部门协调一致才能保证商业银行的健康发展。商业银行的组织类型可以按照组织形式、业务范围、地域范围和所有权归属划分。

关键词

商业银行　组织体系　单一银行制　总分行制　银行控股公司制　专业银行　全能银行

思 考 题

1. 请简要描述股份制商业银行内部的组织体系。
2. 简述单一银行制的优点和缺点。
3. 简述总分行制的优点和缺点。
4. 评价美国商业银行组织体系的特点。
5. 评价德国商业银行组织体系的特点。
6. 描述我国商业银行组织体系的特点，并比较与美国、德国商业银行组织体系的不同，找出造成这些不同的原因。
7. 探讨我国商业银行组织体系现存的问题，并提出相应的改革方案。

商业银行资本管理

【学习目的】

☞ 明确商业银行资本的概念，并了解资本的类型；

☞ 理解商业银行资本的来源和作用；

☞ 熟悉商业银行资本的构成，了解《巴塞尔协议》对资本构成的规定；

☞ 掌握商业银行资本充足性的度量指标及方法；

☞ 说明商业银行资本充足性管理的分子策略和分母策略；

☞ 知道商业银行经济资本的含义和评价方法；

☞ 了解我国监管部门对商业银行资本构成的规定，以及我国商业银行的资本构成状况。

现代商业银行在日常资金交易与结算业务中，必须拥有一定数量的资本金，维持最低资本充足率的要求，以应对可能出现的资本风险和其他风险，维护银行安全乃至整个国家金融体系的安全。商业银行资本与企业资本相比，无论是在内容、形式还是作用上都有很大差异。银行资本的存在保证银行能够顺利开展日常经营业务，同时缓冲未来不确定的损失，并保护存款人利益。银行资本是银行实现稳健经营的基础，而适度的银行资本规模则是银行实现资产安全和效益双向平衡的前提，因此商业银行资本筹集和管理始终是各国银行业经营的最核心问题。本章第一节主要对商业银行资本的概况进行简要介绍，包括资本的概念、类型、构成和作用等方面。第二节介绍了资本管理的理论基础，以及资本充足性的度量指标和方法。第三节是关于资本充足性的管理策略，具体包括分子策略——扩大内源融资和外源融资，以及分母策略——压缩资产规模和优化资产结构。第四节说明了经济资本的管理，包括经济资本的内涵、管理意义、范畴和评价方法等内容。

第一节　商业银行资本概述

一、商业银行资本的概念

（一）商业银行资本的含义

什么是金融机构的资本？对于不同类型金融机构而言，"资本"一词代表了不同的含义。它通常是指金融机构的所有者所投入的资金总和。对于商业银行而言，银行的所有者则主要是其持股股东，包括普通股股东和优先股股东。商业银行的所有者提供了部分财富——货币，以期获得满意的收益率，有时他们能够收到满意的回报，有时却不能。例如金融机构破产，则股东将无法收回投资。资本是商业银行经营的基础，任何银行在申请开业时，均需要提供一定数量的资本金。

商业银行所有者究竟以何种形式对银行进行投资？通常，这些所有者的投资方式包括两种主要方式：一是通过购买银行股份向银行筹措的资金；另一种则是将所获得的经营利润再次投资于该银行。因此，对于商业银行资本的概念可以这样理解：它是银行股东或其他投资人为赚取利润而投入银行的初始资金，与保留在银行的所有未分配利润的总和，这些资金必须可供银行长期保留或较长时间使用。

（二）商业银行资本类型

以上定义只是给出商业银行资本的一个笼统框架。商业银行在使用"资本"一词时，从不同角度出发，会有不同的含义。从财务会计层面出发核算的资本被称为会计资本；从外部监管层面定义的资本被称为法定资本；而从内部管理出发核算的则是经济资本。

1. 会计资本（Accounting Capital）

商业银行会计资本即银行的账面资本（Book Capital），也被称为可用资本或实用资本。它是指银行资产负债会计报表中资产项目扣除负债项目后的余额，实质即为所有者权益，计算方法如下：

$$会计资本＝总资产账面价值－总负债账面价值$$

确定账面资本的标准是其来源和归属。在我国，银行会计资本包括实收资本、资本公积、盈余公积、一般准备、未分配利润等部分。

2. 法定资本（Authorized Capital）

法定资本又被称为监管资本（Regulatory Capital），顾名思义就是监管当局为了满足监管要求、促进银行审慎经营、维持金融体系稳定而规定的银行必须持有的资本，以便维持各项业务安全顺利地进行。由于监管当局一般是规定银行在既定的经营规模下必须持有的最低资本量，因此又被称为最低资本。通常，监管资本还包括一些在会计意义上不能算作资本的附属债务。按照《巴塞尔协议Ⅰ》的规定，监管资本可分为两级：一级资本，又称核心资本，包括股本和公开储备；二级资本，又称附属资本，包括呆账准备、混合资本工具、长期次级债务工具。监管当局总是希望银行能够持有更多的资本，从而提高吸收损失的能力，尽可能降低银行破产倒闭的风险。

我国自 2004 年 3 月 1 日起实施的《商业银行资本充足率管理办法》对我国商业银行的监管资本作了详细规定。根据规定，我国商业银行监管资本包括核心资本和附属资本两部分。核心资本包括实收资本、资本公积、盈余公积、未分配利润和少数股权，附属资本包括重估储备、一般准备、优先股、可转换债券、混合资本债券和长期次级债务。

3. 经济资本（Economical Capital）

经济资本这一概念起源于 1978 年美国信孚银行创造的风险调整后的资本收益率（RAROC）模型。经济资本实际上是一个统计学的概念，它的核算过程相对前两种方法更为复杂，但也更符合现代商业银行对风险控制的要求。它是由商业银行的管理层内部通过评估测算各类资产、各项业务所面临的风险程度，从而估算出用以减缓风险冲击所需的所有资本总和。从统计学角度而言，它描述了在一定的置信度水平上，一定时期内，为了弥补银行的非预计损失所需要的资本数量。因此它描述的是低于银行所承担风险的最低资本需求，用于衡量和防范银行所承担的超出预期损失的那部分损失，是银行预防破产的最后防线。由此，计算经济资本的前提是必须要对银行的所有非预期风险暴露进行模型化和量化，这样才能计算出各个业务部门或各个业务产品所需要的资本。因此经济资本又被称为风险资本（Risk Capital）。

2004 年 6 月修订的《巴塞尔协议 II》，在银行原有信用风险和市场风险资本要求的基础上新增了对于银行操作风险的资本计提要求。并在保持计提市场风险资本方法不变的前提下，采用一系列由简单到复杂的多种方法计算信用风险和操作风险资本需要量。由此，银行经营所面临的风险可划分为三大块：信用风险、市场风险与操作风险。而经济资本的基本计算公式可表示为：

$$经济资本＝信用风险的非预期损失＋市场风险的非预期损失＋$$
$$操作风险的非预期损失$$

（三）不同资本类型的相互关系

会计资本是从财务管理者角度看待银行资本，监管资本是从监管当局角度看待银行资本，而经济资本则是从银行风险管理者的角度出发，用于测度和控制银行业务风险总量的有效工具。究其用途，监管资本主要用于对外满足对商业银行的资本监管、信息披露和资信评级需要；会计资本可以明确资本的各项来源，便于管理者优化资本结构和降低资本成本；经济资本和会计资本一样由商业银行自己确定，但侧重银行内部的各类风险管理与控制。

相比会计资本和经济资本而言，监管资本在一定时期内一般不会发生变化。同样，在一个会计核算周期内，会计资本亦不会频繁变动。但经济资本是银行管理者根据风险状况所计量的银行应该保有的资本，是一个统计与管理上的资本概念，其数值会因银行各项资产风险的变化而随时调整。会计资本和监管资本作为银行经营风险的缓冲器，从抵御风险的角度来看，其数值越大越好；但二者又源自于股东的投资，从投资回报要求来看，其数量应该越小越好。经济资本则等于银行资产风险总量，在资产回报既定的情况下，从控制风险角度而言，经济资本应当越小越好。

经济资本的一个重要特点，就是它代表银行"需要的"资本，而不是银行实际已经拥有的资本总量。由于经济资本注重风险的量化与模型化，因此对于风险控制的精度更高。其次，经济资本的核算基于各项资产业务的风险状况，便于清楚地显示各类资产各个部门的风险状况。当银行测算的经济资本接近或超过实际资本总量时，表明银行面临的整体风险水平已经接近或超过其实际承受能力，需要银行做出必要调整，或者控制其资产风险水平，或者进一步扩充实际资本。因此，对经济资本的管理将是未来银行风险和价值管理的核心，而建立以经济资本为中心的绩效评价系统亦将成为促进中国商业银行改革和发展的必然要求。对于这三项资本的区别和联系更为详细的探讨可以参见本章第四节。

二、商业银行资本构成

(一) 商业银行资本来源

根据资本来源不同，商业银行资本可划分为权益性资本、债务性资本、盈余及其他资本。

1. 权益性资本

商业银行的权益性资本（Equity Capital）是指商业银行通过发行权益性工具这一途径将众多的自然人及法人资本融合而成的银行资本。这类权益性工具主要包括普通股（Common Stock）和优先股（Preferred Stock）。

普通股是商业银行常用的外部融资工具之一。银行普通股的持股人对银行的经营决策拥有表决权、享有股息红利的分配权、有权优先认购新股，并有权要求召开临时股东大会，以及在银行破产清算时依次享有剩余资产分配权利。通常，商业银行在筹建伊始都采用发行普通股的方式获取原始资本金。在随后的经营扩张过程中，当银行重新面临资本金不足的情况时，会根据自身因素及市场和经济因素决定采用何种方式进行再融资。

优先股相比普通股而言，其优先权主要表现在对于股息的分配和剩余资产的分配。这种优先权在银行各类债权人之后，而在普通股持股人之前。优先股通常预先确定股息收益率。由于优先股股息事先固定，所以股息一般不会根据银行经营状况而变动。同样，银行在破产清算时，优先股股东先于普通股股东获得剩余资产分配。但优先股股东一般不能参与公司的分红，也无表决权。由此可见，优先股兼具有权益性和债务性的双重特点。

2. 债务性资本

债务性资本是指商业银行通过发行债务工具所募集到的资本。相比权益性工具，债务性工具提供了支付利息和偿还本金的明确时间点。这些债务工具主要包括各种债券，如可转换债券、混合资本债券及长期次级性债券。

可转换债券大多为普通债券，是指投资者可以选择在未来某个时点将其转化为优先股/普通股的债券。在通常情况下，如果投资者行使转换权，还需另付费。因此此类债券可视为一个普通债券和一个买入期权的资产组合。通过此类债券所募集到的资本一般都属于附属资本。

混合资本债券属于混合型证券（Hybrid Securities），是指那些既具有一定股本性质，又具有一定债务性质（固定的利息支付，有限的持有期或赎回期等）的资本工具。它是针对巴塞尔协议对于混合资本工具的要求而设计的一种债券形式，所募资金可计入银行附属资本，债券期限一般要求在 15 年以上。按照巴塞尔协议的要求，混合资本债券要作为二级资本中的高二级资本（upper tier 2 capital）计入附属资本，要符合相关规定：混合资本工具应该是指无担保的、从属的和全额实缴的；不可由持有者主动赎回；未经监管当局事先同意，也不准赎回；必须用于分担损失，而不必同时停止交易；虽然资本工具会承担支付利息的责任，且不能永久性地削减或取消，但当银行的盈利不敷支付时，应允许推迟支付利息。

长期次级债务是指原始期限最少在五年以上的次级债务，它对银行收益和净资产的求偿权次于其他普通债务。此类债务工具在距到期日前最后五年，可计入附属资本的数量每年累计扣减 20％，而在最后一年，则根本不计入附属资本当中。长期次级债券与混合资本债券有一定的区别。其一，利息递延。在约定情况下，混合资本债券可以延期支付利息。其二，可计入附属资本的比例：长期次级债务的上限仅为一级资本的 50％，而混合资本债券可达到一级资本的 100％，但所有附属资本之和不能超过一级资本的 100％。其三，暂停索偿权。混合资本债券到期时，若出现约定情况，发行人可延期支付债券本金和利息。长期次级债务不具备上述特征，因而无法为商业银行在亏损或出现流动性危机时的持续营运提供支持。

3. 商业银行的盈余

这里所说的盈余是一种广义的盈余，主要包括资本公积、各类盈余公积及未分配利润。它们是商业银行内部融资的最重要来源。

资本公积是银行业在非经营业务中发生的资产增值，包括资本溢价、接受的非现金资产捐赠准备和现金捐赠、股权投资准备、外币资本折算差额、关联交易差价和其他资本公积。盈余公积是银行业按照有关规定从税后利润中提取的公积金，包括法定盈余公积、任意盈余公积及法定公益金。它既可用于弥补亏损，也可用于转增银行资本。未分配利润是商业银行以前年度实现的未分配利润或未弥补亏损。

4. 商业银行其他资本来源

商业银行的其他资本来源是指除以上途径以外所获取的资本，主要是各种准备金，包括权益储备金、贷款损失和证券损失准备金。其中权益准备金是银行按全部贷款余额的一定比例计提，用于弥补可能发生损失的准备。

(二)《巴塞尔协议》对资本的规定

在 20 世纪 80 年代以前，西方国家的银行监管当局在对银行资本额度进行监管时，只将其与银行的总资产数量挂钩，并未考虑到各类资产的质量与风险水平。1986 年美国金融当局首先提出了银行资本额应反映银行资产的风险程度。1988 年 7 月，国际清算银行（BIS）的巴塞尔银行业条例和监督委员会的常设委员会在瑞士的巴塞尔通过的《关于统一国际银行的资本计算和资本标准的协议》（简称《巴塞尔协议Ⅰ》），对银行资本作了明确规定：商业银行的资本应当与资产的风险相联系，银行资本的主要作用就是吸收和消化银行损失，因此银行的资本构成应当取决于资本吸收银行损失的能力。此外，银行面临的风险主要是资产风险，因此银行资本数量与资产相联系能够吸收和消化因客户违约而造成的损失。《巴塞尔协议Ⅰ》要求到 1992 年年底十国集团国家商业银行的资本充足率不低于 8％，核心资本充足率不低于 4％。并鼓励其他各国金融机构采用该构架，通过这种途径消除国际银行业的不平等竞争。同时委员会为该资本架构设定了一个过渡期，使得各国有时间通过灵活的安排对现有环境进行调整。与此同时委员会指出这一资本架构主要用来评估与信用风险有关的资本，但其他风险也应当考虑在内，并且银行在考虑资本充足率的同时也应当注重准备金政策。

此后由于《巴塞尔协议Ⅰ》在实际应用中的局限性，巴塞尔委员会不断地推出修订方案。1996年1月巴塞尔委员会推出《关于市场风险的补充规定》，允许银行在满足定性与定量标准的前提下，采用自己内部的风险管理模型（VAR模型），并将市场风险纳入风险管理体系当中以避免银行遭受市场风险可能带来的高损失。随后伴随东南亚金融危机的爆发，人们开始重新审视并更加重视银行等金融机构所面临的各种风险。巴塞尔委员会也在1997年9月推出《有效银行监管的核心原则》，建立全面风险管理模式。"原则"包括三部分内容：一是审慎法规和要求；二是持续监管的方法；三是各种信息要求。

至2004年6月，为了面对国际银行业金融创新的不断发展和日益复杂的金融风险，巴塞尔委员会几经酝酿，在多次征求意见的基础上，出台了《资本计量和资本标准的国际协议：修订框架》（即《巴塞尔协议Ⅱ》）。《巴塞尔协议Ⅱ》沿袭了《巴塞尔协议Ⅰ》以资本充足率为核心的监管思路，保留了原有协议中关于最低资本充足率的支柱，并提出了监管部门监督检查和市场纪律性两方面的要求，从而构成了新协议的三大支柱体系。与此同时，操作风险也被纳入银行风险体系构架，并为银行所面临的信用风险和操作风险各自提供了三种方法供其参考使用。至此，通过银行三大支柱以应对三大风险的监管体系由此形成。

对于银行资本的具体构成，《巴塞尔协议Ⅰ》有明确的规定。该协议将资本划分为两大类：一类是核心资本，一类是附属资本。

1. 核心资本

银行核心资本包括两个部分：股本和公开储备。它们是银行资本的最重要组成部分，在公开的会计账目中完全可见，也是市场判断银行资本充足率的基础。股本又分为两部分：普通股和永久非累积优先股。这里的普通股是指已发行并完全缴足的普通股。商业银行通过股本发行能够广泛吸纳社会资金，筹措到雄厚的资本金，并以此提高自身在市场中的声誉，从而保护存款人和其他债权人的利益免受损失。但如果发行的股权数量过多，则会稀释银行股权，同时减少原有各股东的每股收益。而且普通股支付的股息无法从税前盈利中扣除，因此股权形式募集资本的成本相对较高。永久非累积优先股是优先股的一种。当银行在某个营业年度，如果所获盈利不足以分派规定的股息，持有永久非累积优先股的股东日后对往年所应支付的股息无权要求补发。对于银行而言，发行非累积优先股使得银行无需按法律义务支付累积未分配的优先股息。在这一点上永久非累积优先股完全等同于普通股。

公开储备是指通过保留盈余或其他盈余的方式明确反映在资产负债表上的储备，如资本溢价、盈余公积与未分配利润。

2. 附属资本

《巴塞尔协议Ⅰ》规定的附属资本包括以下五项。

①未公开储备。未公开储备也称为隐蔽准备，根据各成员国内不同的法律和会计制度，其组成方式也有所不同。在该项目里，只包括虽未公开，但已反映在损益账上并为银行的监管机构所接受的储备。巴塞尔委员会指出，未公开储备与公开的保留盈余可能内在质量相同，但从国际认同的最低标准来看，未公开储备缺乏透明度，而且很多国家不承认未公开储备为可接受的会计概念，也不承认其为资本的合法成分，因此未公开储备不能包括在核心资本中。

②重估储备。有些国家按照本国的监管和会计条例，允许对某些资产进行重估，以便反映它们的市场值，或者使其相对于历史成本更接近其市场值，并把经过重估的储备包括在资本基础中。这种重估包含两种形式：其一，对记入资产负债表上的银行自身房产的正式重

估;其二,来自有隐蔽价值的资本名义增值。这种隐蔽价值来自于资产负债表中以历史成本计价的有价证券。

如果监管机构认为这些资产作价审慎,充分反映了价格波动及强制销售的可能性,那么这种储备可以列入附属资本中。但巴塞尔委员会同时指出:在第二种重估方式中,虽然这些有价证券可以按市场现价出售并用于补偿银行亏损,但必须加上大幅折扣以反映对市场价格波动,以及一旦增值收益实现后可能需要交纳的额外税收。出于这种考虑,应对这些有价证券的历史成本账面价值与市场价值之间的差额打 55% 的折扣。

③普通准备金或普通呆账准备金。普通准备金或普通呆账储备是为防备未来可能出现的亏损而设立的。按照《巴塞尔协议 I》的规定,只要银行不把它们用于某项特别资产,并且不反映某项特别资产值的减少,就可以包括在资本内作为第二级资本。但是,为已确认的损失或某项特别资产值明显下降而设立的准备金,不能用于防备未确定的损失(这种损失还可能在投资组合的其他部分中产生出来),而且不具有资本的基本特征。在普通准备金中,为较低资产价值或潜在但不能确认的账面损失总额部分所提取的普通准备金数额最多不能超过风险资产的 1.25%,特殊情况或临时可达 2%。

④混合资本工具。此类资本工具所具有的股本和债务的双重性质具有影响其作为资本的特征。由于这些金融工具与股本极为相似,特别是它们能够在不必清偿的情况下承担损失,维持经营,因此可以列为附属资本。例如加拿大长期优先股、法国的经常变动的参与证券和从属证券等。

⑤长期次级债务。长期次级债务工具由于其固定期限和若非清偿则无力承受损失,使其作为资本的构成部分存在严重缺陷,因此有理由额外限制资本基础内的这种债务资本的数额。按规定,从最初期至到期为五年以上的次级债务工具可以包括在附属资本之中,但其比例最多仅相当于核心资本的 50%,并应有明确的分期摊还安排。

长期次级债务的发行成本较低,债务利息支付作为费用可以从税前利润中冲减,而股息属于税后净利润分配。但在银行未宣布破产前,银行不能用长期次级债务冲销营业损失。并且其利息支付只有在核心资本充足率小于 4% 才能延迟支付,这使得处于经营困境中的银行破产可能性大大增加。

3. 扣减项

同时,为了使得资本的计算更为准确,《巴塞尔协议 I》规定了必要的扣减项目。

①商誉。商誉是一种无形资产,在银行经营顺利时能够增加其价值,但波动较大,且数额比较模糊。

②对从事银行业务和金融活动的附属机构的投资。如果从事银行业务和金融活动的附属机构的投资在本国的制度下并未综合到集团的资产负债表中,为了避免同一资本来源在一个集团的不同机构中重复计算,将这部分投资从资本中扣除是很重要的。投资的扣除应以整个资本为基础计算。为了计算风险资本比率,对那些资本已经从其母公司的资本中扣除的附属公司的投资资产,不纳入总资产中。这一规定尽量避免银行体系的交叉控股,导致来源于同一集团中的资本重复计算,使得银行资本体系风险加大。

4. 其他规定

对于核心资本和附属资本的比例,以及其中的个别项目占比,《巴塞尔协议 I》也作了明确规定:

①附属资本的总额将不得超过第一级资本成分总额的100%；

②次级长期债务将不得超过第一级资本成分的50%；

③在普通准备金中，包括反映较低资产值或潜在但不能确认的账面损失总额部分，该普通准备或储备的数额最多不能超过风险资产的1.25%，特殊情况或临时可达2%；

④有潜在收益而未实现的以证券形式存在的资产重估准备金需打55%的折扣。

需要补充的是，在1996年的《巴塞尔协议Ⅰ》修订案中，伴随对市场风险提出的资本要求，巴塞尔委员会对资本的定义进行了调整，引入了"三级资本"的概念，并允许各国监管当局决定是否允许银行将三级资本纳入资本构架之中以补充资本金的不足。与之配套的是，巴塞尔委员会将1988年的《巴塞尔协议Ⅰ》中所规定的"核心资本"改称为"一级资本"，"附属资本"改称为"二级资本"。

所谓的"三级资本"，是指银行发行的短期次级债务，这一工具是专门针对市场风险而设的。我国监管当局规定：只有当交易类账户总头寸高于表内外总资产的10%，或超过85亿人民币，才需要在资本中加入市场风险的资本要求。这意味着只有在这种情况下银行发行的短期次级债务才能认定为三级资本计入资本总额当中。由于我国目前符合此种情况的银行数目不多，因此银监会已决定在现阶段不将短期次级债务纳入银行资本。

当然，资本充足率并非越高越好，该指标过高会影响到银行的竞争力。以新加坡为例，新加坡金融管理局（MAS）原先规定商业银行核心资本充足率和资本充足率不得低于8%与12%。至2004年4月，为提高新加坡银行体系的竞争力，新加坡金融管理局降低了有关资本充足率的要求，但核心资本充足率和资本充足率的要求仍高达7%、10%。

（三）我国商业银行对资本构成的规定

作为国际清算银行的成员行，1993年中国人民银行第一次公布了资本充足率的测算标准，但由于当时国情所限，这一标准并未真正落到实处。此后1995年，我国颁布了第一部《商业银行法》，其中第39条提出我国商业银行应该遵循资本充足率不低于8%。1996年颁布《商业银行资本负债比例管理暂行监控指标》，对资产的定义、风险资产及对应权重、表外业务和资本充足率都作了说明。1997年，中国人民银行依据《巴塞尔协议Ⅰ》的精神，给予我国商业银行体系的具体情况规定了我国商业银行的资本构成，随后在2004年2月23日中国人民银行公布《商业银行资本充足率管理办法》（以下简称《办法》）对我国商业银行的资本构成情况作了进一步更新与改进。

根据《办法》的规定，我国商业银行监管资本包括以下组成部分。

1. 核心资本

核心资本包括实收资本、资本公积、盈余公积、税后利润中提取的一般准备、未分配利润和少数股权。

实收资本是指投资者按照章程或合同、协议的约定，实际投入商业银行的资本。股份制银行的股本应该是在核定的股本总额及核定的股份总额的范围内通过发行股票或股东出资所得。

资本公积是指投资者或者他人投入到银行的，所有权归属于投资者，并且投入金额上超过法定资本部分的资本。我国银行的资本公积包括：资本溢价，它是指银行投资者投入的资金超过其注册资本中所占份额的部分；接受非现金资产捐赠准备，是指银行接受非现金资产捐赠而形成的资本；接受现金捐赠，这一概念与非现金资产捐赠相对，是指银行接受的现金资产构成资本；股权投资准备，是指银行在对被投资单位的长期股权投资采用权益法核算时，因被投资单位接受捐赠等原因增加的资本公积，银行按其持股比例增加的资本；外币资本折算差额，是指上市银行在接受外币投资时因所采用的汇率不同而产生的资本折算差额；关联交易差价，是指上市银行与关联方之间显失公允的关联交易所形成的差价计入资本公积，这部分资本公积不得用于转增资本或弥补亏损；其他资本公积，是指上述各项资本公积以外形成的资本公积，以及从资本公积准备项目转入的金额。债权人豁免的债务也在此项目中核算。

盈余公积是指银行按照规定从净利润中提取的各种积累资金。盈余公积根据其用途不同分为公益金和一般盈余公积两类，其中一般盈余公积金又可分为法定盈余公积和任意盈余公积。法定盈余公积，是指银行按照规定的比例从净利润中提取的盈余公积。任意盈余公积，是指银行经股东大会类似机构批准，按照规定的比例从净利润中提取的盈余公积。公益金，是指银行按照规定的比例从净利润中提取的，用于职工集体福利设施的公益金。

银行的未分配利润是指以前年度实现的累积未分配的利润或未弥补的亏损。

少数股权是指金融机构的子公司净经营成果和净资产中不以任何直接或间接方式归属母银行的部分。它包括合并报表中核心资本中非全资子公司中的少数股权。

2. 附属资本

按照《办法》规定，附属资本包括重估储备、一般准备、优先股、可转换债券及长期次级债务。其中，附属资本不得超过核心资本的100％，计入附属资本的长期次级债券不得超过核心资本的50％。

①重估储备。是指商业银行经国家有关部门批准，对所拥有的固定资产进行价值重估时，其公允价值与账面价值之间的正差额。需要注意的是，只有在银监会认为该重估作价是审慎的时候，该类重估储备才可列入附属资本，但计入附属资本的部分不得超过重估储备的70％。

②一般准备。按照财政部2005年发布的《金融企业呆账准备金提取管理办法》，金融企业在每年年终时根据承担的风险及损失的资产余额的一定比例提取一般性准备，它的提取比例由金融机构综合其风险状况而定，原则上一般准备余额不低于风险资产期末余额的1％。

③优先股。是指商业银行发行的，给予投资者在收益分配及清算时剩余资产求偿方面具有优先权利的股票。

④可转换债券。根据规定，商业银行可以依照法定程序发行在一定期限内依据相关条约转换成商业银行普通股的债券。但该类债券必须满足相关条件：持有者在银行破产清算时对剩余资产的求偿权在存款人及其他普通债权人之后，并不以银行资产为抵押或者质押；持有者不可主动回售债券，而发行银行未经银监会同意，不得赎回债券。

⑤混合资本工具。《办法》规定，商业银行所发行的符合以下要求的混合资本工具可计入附属资本。其一，债券期限在15年以上（含15年），并且发行之日起10年内不得赎回。10年后银行可行使一次赎回权，但须得到银监会的批准。若10年之后银行未行使赎回权，则可适当提高债券利率，但次数不得超过一次。其二，当核心资本充足率低于4％时，银行必须延期支付利息，同时递延的利息将根据本期债券利率计算。在满足支付利息条件时，银行应当立即支付利息及欠息。其三，债券到期时，若银行无力支付索偿权在本债券之前的债

务，或支付本债券将导致无力支付索偿权在本债券之前的银行债务，可延期支付本债券的本金及利息。其四，当银行倒闭或清算时，本债券清偿顺序列于商业银行发行的长期次级债之后，先于商业银行股权资本。其五，商业银行若未行使混合资本工具的赎回权，在债券到期日前 5 年，可计入附属资本的数量每年累计折扣 20％。其六，商业银行混合资本工具不得由银行或第三方提供担保。其七，商业银行提前赎回混合资本工具，延期支付利息，或债券到期时延期支付债券本金和应付利息，须事先得到银监会批准。

⑥长期次级债务。在我国，经银监会认可，商业银行发行的普通的、无担保的、不以银行资产为抵押或质押，除非银行倒闭清算，否则不用于弥补银行日常经营损失的长期次级债务工具可列入附属资本。同样，在距离到期日之后五年内，其可列入附属资本的数量每年累计折扣 20％。

最后，根据《办法》的相关规定，我国商业银行在计算资本总额时，同样必须剔除相应的扣减项目，包括：商誉；商业银行对未合并报表的银行机构的资本投资；商业银行对非自用不动产、非银行金融机构和企业的投资；

相比 1997 年的规定，《办法》对于我国商业银行资本构成的定义增加了少数股权、优先股、可转换债券和长期次级债务项目，并用重估储备、一般准备替代了原有的贷款呆账/坏账准备金和投资风险准备金，并对资本的扣除项进行了合并与调整，增加了商誉项目。

尽管《办法》从资本构成上更加多样化、规范化，但在现实中，我国商业银行资本构成仍然较为单一。表 3-1 反映了 2008 年我国四大国有商业银行的资本构成状况。我国四大国有银行资本构成主要来源仍然是股本。除农行以外，其他三家股本占总资本的 50％～60％。而农业银行的股本比重竟然高达 90％，基本上构成了其全部的资本总额。各银行不同的盈利状况也决定了其未分配利润占比的差异。其中以中国银行的比例最高，为 13.21％，建设银行和工商银行紧随其后，分别为 12.75％与 11.88％。而农业银行未分配利润占资本总额的比例仅有 3.69％，显示其盈利能力与其他三家的较大差距。而四家国有银行非常类似的是在其报表中均没有附属资本。对于银行而言，提升附属资本同样能够增加总资本数量，因此附属资本的缺失必然会影响到国有银行资本总额的增长。

表 3-1　中国四大银行的资本构成
亿人民币

	中国银行	中国建设银行	中国工商银行	中国农业银行
股本	2 538.39	2 336.89	3 340.19	2 600
资本公积	836.04	902.41	1 122.43	172.92
盈余公积	220.80	269.22	246.50	11.87
一般风险准备	378.39	466.28	693.55	0.60
未分配利润	602.56	595.93	721.46	106.77
外币报表折算差价	(15.81)	(22.63)	(92.3)	(1.95)
归属于本行股东权益	4 560.37	4 659.66	6 031.83	2 890.21
少数股东权益		15.96	39.55	
股东权益合计	4 560.37	4 675.62	6 071.38	2 890.21

数据来源：《中国金融年鉴 2009》。

三、商业银行资本作用

传统的公司财务理论中认为资本主要有两大功能：所有权的让渡和为公司商业活动提供资金。银行资本同样也具有以上两个功能，但是对于银行而言，其资本所起到的作用和意义远不止如此。

（一）为商业银行的注册、组建和开业提供所需的资金

商业银行与其他类型金融机构的最大区别在于可以吸收公众存款，其经营状况的好坏直接关系到众多存款人的利益，因此各国金融监管机构都对商业银行的设立制定了严格的标准，如经营范围的大小、资本充足水平、贷款集中程度、流动性水平、风险准备金比例等，其中最重要的就是开业资本是否充足，详见表 3 - 2。

表 3 - 2　各国对银行注册资本的要求

国家	美国	英国	日本	德国	荷兰	意大利	瑞士
注册资本	100 万美元	500 万英镑	10 亿日元	600 万德国马克	500 万荷兰盾	250 亿意大利里拉	200 万瑞士法郎

可见，各国都对商业银行的设立制定了较高的门槛。1995 年颁布的《中华人民共和国商业银行法》第二章第十二、十三条规定，在我国设立商业银行应当"有符合要求的营业场所、安全防范措施和与业务有关的其他设施"，"设立商业银行的注册资本最低限额为十亿元人民币……注册资本应当是实缴资本"，远远高于其他企业的最低注册资本要求。

（二）当发生非预期性损失时，资本金可以用来弥补亏损

商业银行的业务会受到经济周期、政治、利率、汇率、公众预期等因素的影响，具有很大的不确定性，主要体现在未来收入的波动性和多变性方面。如果将负的预期收入，如坏账视作经营活动的成本，那么只有净回报部分才是正当合理的实际收入。在这一预期的基础上，银行可以根据自身情况合理配置分红和储备，让权益资本成为不可预见损失的吸收器，消化吸收不可预见的风险。从理论上说，由于尚未分配的利润和备付金可以承担发生的损失或费用，银行的支付能力不需要任何资本就可以维持，但这却是一种不切实际的做法，无法为随时可能发生的意外事件提供充足的应对保障。现实生活中，银行总是在遭受着风险的威胁，持有一定的权益资本就显得非常重要，当负债的增长不能应付外部债务的兑付需要时，权益资本就成为银行安全的最后一道防线，是仅次于利润和储备的第三道防线。

（三）最低资本比率限制了商业银行资产业务的扩张程度

除利用自有资金进行投资以外，商业银行还可以运用存款人的资金，但前提是必须随时持有一定的储备以应对公众的提款要求。虽然单个存款人的资金需求是不确定的，但从整体来看，存款人的资金需求是相对稳定的，银行只需保留一小部分资金就能够满足存款人的取款需求。在这种机制下，银行具有无限扩张资产业务的倾向，即存款准备金越少越好，尽可能地把资金投放出去以获取收益。然而不断变化的内外部环境，使得这种做法存在极大的风险，一旦有突发事件，将给银行带来灭顶之灾。为了有效地规避风险，更好地保护存款人利益，国际银行业制定了统一的资本标准——巴塞尔协议，并规定银行资本与风险加权资产的比例必须要达到 8%，银行要想发放更多的贷款，必须有相应的资本进行支撑，即在扩大分母的同时增加分子，使资本充足率始终保持在 8% 以上。因此，监管机构制定的最低资本标准在一定程度上限制了银行资产业务的无节制扩张，有助于银行实现长期的可持续增长。

（四）资本为商业银行开展新的业务提供资金

银行拓展新的业务、开发新的计划都需要大量的资本，用于承担相应的风险。新资本的

注入使银行能够在更多的地区开展业务，通过建立新的分支机构、开办新的业务来满足扩大了的市场和客户需求。此外，银行开发新的业务、实施新的计划是存在一定市场风险的，一旦项目失败，发生的损失也必须由资本进行弥补。

（五）增强公众信心，防止挤兑发生

公众的信心对于银行来说非常重要，是关系到生死存亡的头等大事。由于普通公众并不具备专业财务知识，因此选择银行时考虑更多的是银行规模是否足够大、信誉是否良好。鉴于资本是银行规模最直接的反映，商业银行总是力图拥有较多的资本，以吸引更多的客户，维持在公众心目中的形象，否则当经济不景气时或发生意外事件时，挤兑行为会给银行带来灭顶之灾，2004年春夏之交发生在俄罗斯的银行危机（参见专栏3-1）就是最好的例证。

专栏3-1　俄罗斯银行的挤兑危机

自2004年5月中旬以来，俄罗斯银行业的局势很不平静。先是几家私人银行被吊销经营许可证，紧接着发生储户蜂拥挤兑浪潮，个别银行因无力支付储户存款而被迫停业。有专家甚至非常担心，1998年席卷俄罗斯全国的金融危机可能会再次重演。

索德商业银行是一家总部设在莫斯科的中型私人银行，去年的"涉黑"官司使它名声大震：去年5月，俄罗斯最大的卡车制造企业——卡马斯汽车制造厂的高层人物遭到绑匪的劫持。俄罗斯警方在卡马斯绑架案侦破过程中发现，1000万卢布的赎金最后打入了索德商业银行的3个账号，该银行某些高层人员涉嫌参与洗钱而被警方拘捕。根据这一线索，俄罗斯中央银行随即对索德商业银行的所有业务进行全面检查。6月24日，莫斯科仲裁法院对此案作出判决：强制性取缔索德商业银行。

这个银行的储户成了银行倒闭的无辜牺牲品，无奈之下，储户们向莫斯科仲裁法院和俄罗斯中央银行提出申诉，要求国家补偿他们的经济损失。当我问道："为什么国家应该为储户提供补偿呢？"他们回答说：如果不满足索德商业银行储户的要求，国家就很难制止银行系统出现的"信用危机"。事态的进一步发展证明，这些储户的预测还真的得到了应验，俄罗斯银行领域果真出现了"信用危机"。

私人银行惨遭挤兑。市场上有消息说，在俄罗斯中央银行的保险柜里，存着一份即将被取缔的银行黑名单。有人通过自己的可靠渠道获知"问题银行"的具体名字——清一色是私人银行。一个似有似无的消息通过"一传十、十传百"的几何速度传播，很快就变成了俄罗斯舆论的主导，给人的感觉就好似俄罗斯真的将要爆发金融危机。可以想像，社会流传的谣言对广大储户造成的心理压力有多大，况且俄罗斯历史上曾经几次有过银行突然倒闭、储户血本无归的先例。银行储户遇到这种情况，第一反应就是"宁信其有，不信其无"，争取以最快速度把自己的存款从银行取出来。

2004年6、7月间，俄罗斯很多私人银行遇到了1998年以来的首次挤兑风潮，阿尔法银行、莫斯科银行和古塔银行等银行的门前排起了长长的队伍。阿尔法银行是俄罗斯最大的私人银行，也是这次挤兑浪潮的重点进攻目标。从6月中旬开始，这家银行利用其后盾——"阿尔法集团"的强大实力，紧急筹集10亿美元的资金注入银行周转，才保证了银行柜台和自动取款机里随时都有充足的资金。

为了防止储户取款达到顶峰，阿尔法银行临时出台了一项违背常规的政策：定期存款提前支取，不仅不给利息，而且要扣掉存款的 10%。这个方法果然奏效，很多储户因为舍不得"扣本丢利"而放弃了挤兑。

据统计，这次集中挤兑一共从俄罗斯银行抽走资金 300 亿～360 亿卢布，而且涉及的都是私人银行。俄罗斯第一大银行——储蓄银行不仅没有受到挤兑的威胁，而且在此期间的存款额还达到最近半年的顶峰。由此看来，俄罗斯银行业出现的信任危机主要是针对私人银行，在多数储户看来国有银行还是可靠得多。

资料来源：岳洪. 环球财经. 2004 年 9 月.

思考： （1）俄罗斯银行发生挤兑的原因是什么？

（2）我国商业银行可以从这次挤兑危机中学到什么？

第二节 商业银行资本充足性度量

商业银行资本对于银行具有特殊的重要性，因为它不同于一般企业资本。银行资本的首要作用在于吸收金融风险，而不是为日常经营提供融资。吸收金融风险是银行在其经营活动中的一个有机部分，因此保证银行资本充足也就成为银行经营的一部分，而依据何种指标来判断银行资本是否充足必然是经营者进行资本管理的第一步。

一、商业银行资本管理要求

正如第一节提到，从不同的角度去看待银行资本，便会得到其不同的定义。同样，从不同的视角出发，对于银行资本的管理也会有所差异。

（一）财务管理者的角度

从银行财务管理者的角度而言，他一方面要考虑资本的来源和成本，另一方面也要关注资本的可用性和可行的投资渠道。同时也要对资本总量进行控制，以保证其达到最优的额度。

在资本金不足时，银行补充资本金的渠道有多种，而通过每种渠道进行融资的成本各有不同。融资成本的高低成为财务管理选择融资渠道的主要因素之一。如果融资成本太高，则意味着要求这部分资金的使用效率（如收益率）相对更高。总的来说，在国外银行更偏向于通过债务渠道满足自身的资本需求。因为相对于权益资本而言，债务渠道更为灵活，且成本更低。如果银行持有的权益资本过多，而投资项目匮乏，则其股票价格便难以提升。但是通过债券融资便可以灵活地对时间期限进行控制，随时根据银行自身经营状况发行不同期限的债券以应对资金不足的情况，并在债券到期时再发行权益性资本工具进行再投资。而可转换债券及可回购债券的兴起则为银行和债券持有人提供了更多灵活选择的方式。

而在资本的投资方式上，财务管理者要确保资本的收益至少不能低于其融资的成本（不考虑其他管理费用），并最终选择最优的投资项目确保其收益。因此，对于财务管理者而言，除了对资本总额的管理外，还要通过优化资本结构降低资本成本，提高股东的收益率和银行整体价值。这是其进行资本管理的重要出发点。

（二）风险管理者的角度

同样作为银行内部的经营管理者之一，风险管理者对于资本的要求则截然不同。相对于资本比率或资本结构等数据而言，风险管理者更关心的是损失风险。既然银行资本的重要功能在于吸收风险，则其与风险管理之间的联系便显而易见。

风险管理者依靠量化风险承担的技术，依靠精密的统计模型及金融数学的最新成果，能够准确地计算出各类资产各项业务所面临的风险和可能遭受的非预期损失。尽管银行都会计提一般贷款损失准备金，但正如《巴塞尔协议Ⅰ》里所提到的那样，"建立这一准备金是为已确定的损失提供准备，他们无法自由地为不确定的损失提供准备，而这种损失可能会出现在其他的投资组合中，因此他们不具有（核心）资本的基本特征"。而风险所带来的不确定损失是目前银行经营面临的最大威胁。因此精确的模型能够为风险管理者有效地量化各类风险，明确资本配置的数额，从而将资本总量控制在一个合理的水平之上。因此能否将所有未预期的风险有效吸收化解成为风险管理者对资本要求的出发点。

（三）外部监管者的视角

无论是财务管理者还是风险管理者，作为银行的内部管理人员，都希望能把资本总量控制到一个合理的水平。一方面，保证充足的资本以应对预期到的及未预期到的各类风险的发生，维持商业银行日常经营的稳定，另一方面，控制资本总量以确保所有闲置资金都能投入到各类业务中以便最大化银行的经营利润，从而使得股东价值最大化。

但对于外部监管者而言，银行的盈利性将让渡于其安全性，商业银行资本对于风险吸收的能力将被放大。监管者最为关心的是银行必须保有足够的资本金以应对各种经营过程中的突发风险。由此监管者可以通过立法或者其他硬性规定要求银行的资本金总量相对其资产总量而言必须达到某一最低要求。最具有代表性的，便是对于经济合作与发展组织会员国的大多数银行而言，《巴塞尔协议Ⅰ》和它随后的各个修正案便是对银行审慎监管的框架基础。

由此可见，对于银行而言，其资本管理的基本要求和方法，就是在基于各种有关资本充足性法规的相关要求上，在确保银行必要收益率的前提下，通过对各项业务（各类资产）所面临风险的准确度量以确定所需要的银行资本总量。而在这一过程之中，更多的研究和讨论便围绕着商业银行资本充足性的度量方法而展开。

二、商业银行资本充足性度量方法

商业银行衡量资本充足性的方法主要是通过设定相应的指标，通过对于这些指标的计算来衡量其资本充足性。因此不同时期商业银行资本充足的指标不同，其度量方法也不尽相同，故而商业银行资本充足性度量方法的演变可以视为其度量指标的演变过程。

（一）商业银行资本充足性度量的基本指标

现今用于衡量商业银行资本充足性使用最多的指标便是资本充足率。自二十世纪八十年代起，资本充足率便是巴塞尔委员会最为关心的问题之一。起初巴塞尔委员会便注意到，当与债务危机有关的国际风险不断增长时，国际上主要银行的资本充足率却呈现出下降趋势。因此在《巴塞尔协议Ⅱ》的制定过程中，巴塞尔委员会便指出"压倒一切的目标是促进国际金融体系的安全与稳健"，而银行的资本充足率正是实现这一目标的中心因素。

根据《巴塞尔协议Ⅱ》的有关规定，商业银行资本充足率主要包括两大指标：核心资本充足率（一级资本）和总资本充足率（一级资本与二级资本之和）。其计算公式为：

$$核心资本充足率＝核心资本/风险加权资产$$
$$＝核心资本/（信用风险加权资产＋12.5×市场风险＋12.5×操作风险）$$
$$总资本充足率＝总资本/风险加权资产$$
$$＝总资本/（信用风险加权资产＋12.5×市场风险＋12.5×操作风险）$$

由此，另一常用的指标是附属资本充足率，其计算公式为：

$$附属资本充足率＝总资本充足率－核心资本充足率$$

除此之外，资本杠杆比率也被视为一种附属手段用来衡量银行的资本充足率，其计算公式为：

$$资本杠杆比率＝\frac{总资本}{总资产}$$

相比巴塞尔协议中所规定的各类资本充足率而言，银行资本杠杆比率的计算则要简单得多。这一指标更多地体现了银行的经营杠杆情况，体现了银行的负债风险状况。但巴塞尔新协议的实施没有导致各国监管当局在衡量资本充足性时废弃使用资本杠杆比率这一指标。例如，美国监管当局规定在 FDIC（Federal Deposit Insurance Corporation）投保的各家银行要同时遵守特定的资本杠杆比率。

（二）商业银行资本充足性基本指标的演变

目前各国大多数银行均采用巴塞尔委员会所制定的资本充足率指标建立相应资本充足性管理体系。但在 20 世纪早期，由于各国银行金融业发展水平不尽相同，因而对其银行资本的管理能力和方式也大相径庭，银行资本充足性指标亦经历了一系列的演变过程。其中较为有代表性的当属美国银行业的资本充足性管理演变过程。

1. 资本与存款比率

早在 20 世纪初，美国银行监管当局对资本的认识较为有限，因此资本充足性的管理指标并没有一个统一的标准。早期的资本主要指产权资本，包括普通股、优先股、盈余、未分配利润、意外损失准备金和其他资本准备金。它主要是着眼于对存款者利益的保护，因此早期的资本管理指标被设定为资本对存款总额的比率。其计算公式为：

$$资本存款比＝\frac{总资本}{存款总额}\geqslant10\%$$

2. 资本与总资产比率

其后，由于监管当局考虑到银行所面临的潜在风险不仅和存款挤提有关，还和贷款、有价证券投资等其他资产活动的风险有关，故而又设立了资本资产比率这一指标来衡量银行资本充足水平。该指标计算公式为：

$$资本资产比＝\frac{总资本}{总资产}\geqslant7\%$$

3. 资本与风险资产比率

在"二战"后期，美国商业银行资产组合中政府债券的比例显著增加。由于在当时，这些政府债券几乎没有违约的可能，即风险基本为 0，因此对于资本充足性的管理便着重于资本对于风险资产的比率上来。需要注意的是，这里的风险资产和日后巴塞尔协议的风险加权资产意义并不相同。这里的风险资产是指包括除现金、银行拆借款及政府债券以外的其他银行资产。在 20 世纪 50 年代初期，这一比率要求不低于 16.7%。其计算公式为：

$$资本与风险资产比 = \frac{总资本}{总风险资产} \geq 16.7\%$$

以上用于衡量银行资本充足性的三类指标都属于总量比例的方法，其优点在于简单明了，易于操作。但各有不足之处：资本存款比只考虑到存款挤兑的风险，而未考虑银行其他资产运作所带来的风险；资本资产比考虑到资产运用的风险，但未考虑不用资产组合之间的风险差异；资本与风险资产比考虑到不同资产种类的风险差异，但是只将风险划分为具有风险和不具有风险的两类资产，对于资产的划分过于粗略，风险测算精度不高。

4. 纽约公式

在 20 世纪 50 年代初，纽约联邦储备银行对于不同种类的资产赋予了不同级别的风险权重。各类资产按照风险级别的不同被划分为六类（如表 3-3 所示），对应的资本比率分别是 0%、5%、12%、20%、50% 和 100%。每类资产按各自的资本比率计提资本金，加总后便为银行的法定资本。而银行的实际资本总额要求保持在法定资本的 115%～125% 之间。1956 年，联邦储备委员会提出资本充足性还应当与银行流动性水平相结合，流动性较差的银行应当保有更多的资本额度。

表 3-3　纽约公式中的风险权重规定

纽约公式	资本比率
实际无风险资产	0%
稍有风险资产	5%
普通风险资产	12%
风险较高资产	20%
有问题资产	50%
亏损资产	100%

5. 综合性管理

20 世纪五六十年代，除了以上两类资本充足性指标外，联邦存款保险公司又提出了另一资本充足性指标，即"调整后的资本/调整后的资产"。根据这一比例，联邦存款保险公司将监管的银行分为健康的银行与有问题银行两大类，其中有问题银行又按照其问题严重程度被分为三类。随后在 1962 年，美国监管当局向社会公众建议通过其他辅助性指标和工具来全面评价银行的稳健程度。这些指标包括八个方面的因素：银行管理质量、银行资产流动性、银行历史收益及收益留存额度、银行股东持股状况、银行营业费用数额、银行经营活动效率、银行各类存款变化情况、银行所在地的市场行情。

监管当局建议公众通过综合银行资本规模、各类资本充足率指标与以上因素相结合，对银行的日常经营作出全面综合判断。同时银行也可以此作为判定资本是否充足的重要依据。

6.《巴塞尔协议Ⅰ》方法

基于1988年《巴塞尔协议Ⅰ》，巴塞尔委员会对于资本充足率指标作出了详细的界定和解释。巴塞尔协议提出的两类资本充足率指标（核心资本充足率和总资本充足率）其基本思想在于资本的数量应当与各类资产的风险加权程度相对应，银行从而通过持有适量的资本，以保证该资本额度能够吸收银行从事表内业务和表外业务时所产生的损失。

由此，巴塞尔协议规定商业银行资本标准化比率的目标为资本与加权风险资产比，即资本充足率。资本协议规定，到1992年年底，签约国中具有一定规模的商业银行，全部资本与加权风险资产的比率应大于8%，而核心资本与加权风险资产的比率应大于4%。其对应的计算公式为：

核心资本充足率＝核心资本/∑（表内风险资产＋表外项目风险转换额度）×100%≥4%

总资本充足率＝总资本/∑（表内风险资产＋表外项目风险转换额度）×100%≥8%

由此可见，计算两类资本充足率的关键在于确定表内风险资产和表外项目对应的风险额度。表内风险资产的总额通过确定不同资产的风险权重加权得出，而表外业务的风险额度则通过风险转化系数计算得出。

①资产负债表内项目的风险权重。巴塞尔委员会要求将资产负债表上不同资产根据其可能面临的风险确定其风险权重，以此得到风险加权资产的额度，计算出资本充足率。表内项目的资产按风险划分为四个等级，从"无风险"到"完全风险"，对应的权重分别为0%、20%、50%、100%，具体如下。

无风险资产：现金；以一国货币计价并以此货币融资的债权；对OECD国家的中央中央政府和中央银行进行融资的债权；以OECD国家中央政府债券作担保，或由OECD国家中央政府提供担保的债权。

风险权重为20%的资产：对多边开发银行的债券及由这类银行提供担保，或以这类银行发行的债券作抵押品的债权；对在OECD国家内注册的受到监管（特别是风险资本要求）的证券公司的债券，以及有这类机构担保的债权；对在OECD以外国家注册的银行，余期在一年内的贷款；对在非本国OECD的公共部门机构（不包括中央政府）的债权，以及由这些机构提供担保的或以其所发行的证券作抵押的贷款；托收的现金。

风险权重为50%的资产：完全以居住用途的房产为抵押的贷款。

风险权重为100%的资产：对私人机构的债权；对在OECD以外国家的法人银行余期在一年以上的公共债权；对OECD以外国家的中央政府的债权（以本国货币机制和以此融资的除外）；对公共部门所属的商业公司的债权；办公楼、厂房等固定资产投资；不动产和其他投资（包括未并表的对其他公司的投资）。

其中，对于国内公共部门（不含中央政府）的债权和由此类机构担保或以此类机构所发行证券为抵押的贷款，各国监管当局可自行选择0%、10%、20%、50%的四等权重。

②资产负债表外项目的转换系数。表外业务的信用转换系数也分为四类：0%、20%、50%、100%。各类转换系数对应的资产项目如表3-4所示。

表3-4　《巴塞尔协议Ⅰ》中对表外业务转换系数的规定

表外业务资产项目	转换系数
原始期限为一年以内的类似承诺，或可以在任何时候无条件取消的承诺	0%
短期的有自行清偿能力的与贸易相关的或有项目	20%

续表

表外业务资产项目	转换系数
与特定交易相关的或有项目（如履约保函、投标保函、认沽权证和为某些特别交易而开出的备用信用证）；票据发行便利和循环承购报销便利；期限为一年以上的承诺（如证实的备用安排和信贷额度）	50%
直接信用替代工具，如一般债务担保（包括为贷款和证券提供财务担保的备用信用证）、承兑（包括具有承兑性质的背书）；信用风险仍在银行的销售和回购协议及在有追索权情况下出售的资产；远期资产购买、远期对远期存款和部分交付款项的股票证券	100%

7. 《巴塞尔协议Ⅱ》方法

2006 年年底在各成员国开始实施的《巴塞尔协议Ⅱ》，不仅包含了原有巴塞尔协议中关于资本充足率的相关要求和定义，同时重新修订了计算风险加权资产的各种方法，从而使得计算出的资本比率更加合理有效。

相比《巴塞尔协议Ⅰ》，《巴塞尔协议Ⅱ》对风险加权资产的修改主要表现在两方面：一是大幅度修改了对旧协议信用风险的处理方法；二是明确提出将操作风险纳入资本监管，将其作为银行资本比率分母的一部分。因此，银行资本比率分母部分包含三个方面：信用风险加权资产、市场风险和操作风险。其对应的资本比率计算公式如下。

核心资本与风险加权资产的比率不低于 4%：

$$核心资本比率＝核心资本/（信用风险加权资产＋12.5×市场风险＋$$
$$12.5×操作风险）×100\% \geqslant 4\%$$

总资本与风险加权资产的比率不低于 4%。此外，附属资本最高不得超过核心资本的 100%。

$$总资本比率＝总资本/（信用风险加权资产＋12.5×市场风险＋12.5×操作风险）\geqslant 8\%$$

在计算信用风险和操作风险上，巴塞尔委员会规定了三种不同方法，以便提高风险敏感度，并允许银行和监管当局选择他们认为最符合本国银行业务发展水平及金融市场状况的一种或几种方法（具体内容参见本书第 11 章）。风险资本计算主要方法参见表 3 - 5。

表 3 - 5　信用风险和操作风险的资本金计算方法

信用风险	操作风险
① 标准法	① 基本指标法
② 内部评级初级法	② 标准法
③ 内部评级高级法	③ 高级计量法

8. 《巴塞尔协议Ⅲ》方法

2008 年发生的次贷危机引起了全球性的金融海啸，大批的商业银行、投资银行倒闭，尤其以美国为代表。这使得巴塞尔委员会不得不重新思考现有规则是否存在缺陷和不足，并于 2010 年颁布了《巴塞尔协议Ⅲ》。协议中规定，全球各商业银行 5 年内必须将一级资本充足率下限将从现行要求的 4% 上调至 6%，而由普通股构成的一级资本充足率则从现行的 2% 提高到 4.5%。同时，协议还规定各家商业银行应该设立"资本保护缓冲资金"，总额不得低于银行风险资产的 2.5%。资本充足率保持 8% 不变，但事实上，资本充足率加上资本保护缓冲资金将达到 10.5%。这些措施充分表明巴塞尔委员会进一步强化银行提高抵御风险能力和资本准备的决心，试图通过让银行准备更多的风险资本的方式来更好地化解和缓冲风险的冲击，防止恶性的连锁性银行危机再次发生。

三、《巴塞尔协议Ⅰ、Ⅱ、Ⅲ》介绍

作为国际银行界的"游戏规则"，巴塞尔资本协议一直在争议中不断发展。20 世纪 90 年代以后，随着银行经营复杂程度的不断增加和风险管理水平的日益提高，1988 年的《巴塞尔协议Ⅰ》已经越来越滞后于风险监管的需要。2004 年 6 月 10 国集团的央行行长一致通过《资本计量和资本标准的国际协议：修订框架》，即《巴塞尔协议Ⅱ》的最终稿，并决定于 2006 年年底在十国集团开始实施。《巴塞尔协议Ⅱ》是对《巴塞尔协议Ⅰ》的继承与超越，但仍然存在一些不足之处。针对直接导致雷曼破产的流动性危机，2010 年 9 月 12 日出炉的《巴塞尔协议Ⅲ》在强调资本充足外，也把加强流动性风险管理作为监管重点，是前两个版本的进一步改进。

（一）《巴塞尔协议Ⅰ》

1974 年年底，在国际货币与银行市场刚刚经历了剧烈的动荡之后，十国集团（G10）的中央银行行长齐聚瑞士巴塞尔，商讨成立了巴塞尔银行监管委员会（Basle Committee on Banking Supervision，BCBS）。委员会成员由比利时、加拿大、日本、法国、德国、意大利、卢森堡、荷兰、瑞典、瑞士、英国和美国银行监管当局和中央银行的高级代表组成，其常设秘书处设在国际清算银行，委员会主席由成员国代表轮流担任。委员会的主要职责是交流金融监管信息、建立各个领域能够认同的最低监管标准、加强各国监管当局的国际合作和协调、维护国际银行体系稳健运行，明确了以"堵塞监管中的漏洞，改善监管水平，提高全世界银行监管质量"为工作目标。巴塞尔委员会自成立以来，先后制定了一系列重要的银行监管规定。鉴于其合理性、科学性和可操作性，许多非十国集团监管部门承认并自愿遵守巴塞尔委员会制定的协议和协定，特别是那些国际金融参与度比较高的国家和银行组织。所以，巴塞尔委员会虽然不是严格意义上的国际监管组织，没有任何凌驾于国家之上的正式监管银行的权力，但实际上已经成为银行监管国际标准的制定者。

20 世纪 80 年代初，巴塞尔银行监管委员会注意到，在与债务危机有关的国际风险不断增长的同时，主要国际银行的资本充足率却呈下降趋势。为了阻止其银行体系资本充足率的进一步滑坡，并争取形成比较一致的资本充足率衡量标准，巴塞尔银行监管委员会于 1988 年 7 月颁布了《统一资本计量与资本标准的国际协议》，即通常所说的巴塞尔资本协议或《巴塞尔协议Ⅰ》。

《巴塞尔协议Ⅰ》界定了银行资本的组成，规定核心资本应占总资本的 50%，附属资本不应超过资本总额的 50%。同时，对不同资产分别给予不同的风险权数，在考核风险资产规模的基础上，要求 1992 年年底从事国际业务的银行资本与加权风险资产的比例必须达到 8%（其中核心资本不低于 4%）的目标。《巴塞尔协议Ⅰ》在理论上的一个重大突破就是把资本和风险挂钩，在资本分类和风险权重的计算标准等方面有机地建立起资本和风险之间的关系，要求银行以资本抵御风险、吸收损失、保护存款人利益。1988 年《巴塞尔协议Ⅰ》问世以来，被国际金融界视为"神圣条约"。可以说，巴塞尔委员会颁布的系列文件虽不具备法律效力，但得到了世界各国金融界的普遍赞同，已经成为国际社会普遍认同的银行管理国际标准。

《巴塞尔协议Ⅰ》是影响最大、也是国际银行业风险监管最有代表性的监管准则之一，它的颁布和实施为国际银行业开展公平竞争，也为国际银行体系的稳定作出了不可磨灭的贡献。可以说，《巴塞尔协议Ⅰ》在推进全球银行监管的一致化和可操作性方面具有划时代的意义。但是，自1988年《巴塞尔协议Ⅰ》颁布以来，国际金融环境发生了巨大的变化，协议所规定的内容已无法适应变化了的市场环境。随着银行业经营日趋复杂化及业务多样化，许多国际活跃银行已经逐渐采用更先进的风险计量方法和管理方式，《巴塞尔协议Ⅰ》因其自身的缺陷已经越来越不适应国际金融的最新发展。

第一，协议对银行业经营环境的变化适应性不强。容易造成银行过分强调资本充足性和偏重于信用风险控制，而忽视了对盈利性及在银行经营中影响越来越大的市场风险、操作风险等风险的管理，这样就可能导致某些银行虽然符合资本充足性的要求，但是因为其他风险而陷入经营困境。例如，巴林银行（Barings）的资本充足率在1994年年底远远超过8%，但1995年2月末由于尼克·里森（Nick Leeson）的违规操作造成巨额损失而最终破产并被接管。

第二，《巴塞尔协议Ⅰ》要求的风险权重只对经济风险进行了粗略的估计，没有考虑同类资产不同信用等级的差别，不能有效地区分不同借款人的信用风险，从而无法准确反映银行资产的真实情况。此外风险权重的级次过于简单且不合理，仅有0%、20%、50%及100%四个档次。没有考虑同类资产不同信用等级的差异，也就无法准确地反映银行资产所面临的真实风险状况。

第三，对于国家信用的风险权重的处理过于粗糙。这主要表现在国家风险在确定风险资产中的影响过大，同时对于不同风险程度国家的风险权重的处理过于简单。《巴塞尔协议Ⅰ》规定，在计算资本充足率时，确认资产风险权重大小主要依靠债务人所在国是否为经合组织（OECD）成员国，对于给主权国家的贷款，OECD国家的权重为0%，而非OECD成员国的权重为100%，带有明显的国别地域歧视。同时也容易对银行产生误导，使其对OECD成员国商业银行的不良资产放松警惕，而对非OECD成员国商业银行的优质资产漠视不顾，从而减少银行的潜在收益，相应扩大银行的经营风险。在理念上，1988年协议仍坚持因循静态管理的主张，未能以动态管理观点来看待国际金融市场的风云变幻。

第四，监管着力点较为单一。协议着重强调信用风险，对市场风险规定过于笼统，对交易风险、利率风险、汇率风险、流动性风险、法律风险和国家风险等，或语句含糊，或缺乏可操作性，或根本没有提及。事实上，由于表外业务尤其是金融衍生业务的快速增长，市场风险、操作风险等已逐渐成为与信用风险等量齐观的风险，8%乃至更高的资本充足率只能防范由于资产质量不良造成的单一信用风险，对防范其他方面的风险来说效果甚微。

第五，许多已有的监管约束推动了国际银行界的资本套利现象。协议中对经济资本和监管资本界定不一致，导致银行利用经济资本与监管资本的差异，通过推进资产的证券化将信用风险转化为市场风险等其他风险来降低对资本金的要求、广泛采用控股公司的形式来逃避资本金的约束等，使整个银行系统风险增大，出现银行间不公平竞争。协议原则上只适用于西方发达国家商业银行和国际性银行。

第六，全面风险管理问题。1988年协议对信用风险、市场风险和操作风险的全面风险管理还停留在理论和方法上的论证和探索阶段，并未对其内容作详尽的解释，更未提出切实可行的具体办法，有关信用风险、市场风险、操作风险的计量，应建立哪些模型，模型中应选择哪些参数及相应的资本金要求又如何设计等问题，几乎都没有涉及。

为了弥补上述缺陷，20世纪90年代巴塞尔委员会对《巴塞尔协议Ⅰ》进行了多次补充、修订，其中比较重要的有 1992 年 7 月的《国际银行集团及其跨境机构监管的最低标准》、1996 年年初的《资本协议关于市场风险的补充规定》、1997 年 9 月的《有效银行监管的核心原则》和 1998 年 9 月的《关于操作风险管理的报告》。修订后的协议仍然难以保证资本充足率的要求与银行实际风险状况的匹配。尤其是 20 世纪 80 年代以来的几次重大金融危机，即欧洲货币危机、亚洲金融危机及拉美金融危机的爆发促使各国政府及金融机构寻求更合理、更高效的风险管理方法，以完善和巩固本国的金融体系，增强抵御风险的能力。在这种背景下，巴塞尔委员会决定制定新的资本协议以取代 1988 年的巴塞尔资本协议。1998 年巴塞尔委员会开始起草《巴塞尔协议Ⅱ》，先后于 1999 年 6 月、2001 年 1 月和 2003 年 4 月发布了征求意见第一稿、第二稿和第三稿，并就征求意见稿进行了定量影响分析，终于在 2004 年 6 月 26 日正式公布了《统一资本计量和资本标准国际协议：修订框架》（*International Convergenee of Capital Measurement Capital Standards：A Revised Framework*），前后历时 6 年。

（二）《巴塞尔协议Ⅱ》

《巴塞尔协议Ⅱ》继承了 1988 年《巴塞尔协议Ⅰ》以资本充足率为核心的监管思路，发展地提出了衡量银行资本充足率的思路和方法，通过内部评级体系等将风险与资本紧密、科学地结合起来。新协议在 1988 年《巴塞尔协议Ⅰ》主要针对信用风险的基础上，将风险扩大到涵盖信用风险、市场风险和操作风险，力求使银行资本更客观、更全面地反映银行面对的各项主要风险，保证银行资本充足率能对银行业务发展和资产负债结构变化引起的风险具有足够的敏感度，形成了由单纯信用风险管理走向全面风险管理的基本框架。《巴塞尔协议Ⅱ》在三大支柱配套协调运用、外部评级应用、信用风险缓释工具、资产证券化、操作风险处理等方面均做出了深入、重大的调整。《巴塞尔协议Ⅱ》的目的在于通过制定资本充足性的指导原则，可以更精确地估计银行的风险，降低套利交易的机会，并为监管机构使用更复杂的风险管理提供更大的灵活性。同时，《巴塞尔协议Ⅱ》鼓励银行根据协议中对资本的要求自行建立更健全、更精确的风险管理体系，使其有效地控制风险，增强盈利能力。为了达到上述目的，巴塞尔委员会设置了构成新协议基本框架的三大支柱：支柱一，最低资本要求（Minimum capitalrequirement）；支柱二，监管当局的监督检查（Supervisory review process）；支柱三，市场纪律（Market discipline）。新协议强调三大支柱必须协调使用、相互支撑，才能真正提高金融体系的安全性与稳健性。

第一支柱，最低资本要求。

对资本充足率的最低要求仍是《巴塞尔协议Ⅱ》的基础。《巴塞尔协议Ⅱ》从信用风险、市场风险和操作风险三个方面，详细介绍了多种用于评估银行最低资本要求的方法。

①信用风险的衡量方法。《巴塞尔协议Ⅱ》对信用风险的计量提供了两种方法：标准法和内部评级法。其中，利用外部信用评级确定资本信用风险的方法称为标准法。它与《巴塞尔协议Ⅰ》一样采用风险加权方法计算银行的资本充足率标准，所不同的是它对风险权重的确定根据借款对象（如主权国家、银行和公司等）的不同有所区别；内部评级法以内部信用评级为基础，根据其复杂程度可分为初级内部评级法和高级内部评级法。初级内部评级法允许银行自行估计和确定客户的违约率，而高级内部评级法在此基础上又允许估算违约客户的违约风险暴露和违约损失率。

②市场风险与操作的衡量方法。《巴塞尔协议Ⅱ》对信用风险的计量提供了两种方法：标准法和内部模型法。由于一些市场风险，如利率风险难以精确量化，《巴塞尔协议Ⅱ》建议对利率风险大大高于平均水平的银行，应根据银行账户中的利率风险提高相应的资本数量。对于操作风险的衡量，《巴塞尔协议Ⅱ》提供了三种方法：基本指标法、标准法和高级计量法。这三种方法都是银行在评估自身经营风险、计算资本金要求时应遵循的基本程序，具体使用的评估和计算方法由银行自主决定，但需要上报相应的银行监管机构认可。具体到资本充足率的计算，《巴塞尔协议Ⅱ》的计算公式虽然保持了《巴塞尔协议Ⅰ》中分子的资本构成和8%的最低资本充足率不变，但对作为分母的加权风险资产的分类与计量标准、方法则作了较大的完善。《巴塞尔协议Ⅰ》的风险加权资产仅包括信用风险，而《巴塞尔协议Ⅱ》所指的风险加权资产不仅包括信用风险还包括市场风险和操作风险，使资本的计量能够更加真实地反映银行面临的风险状况。

第二支柱，监管当局的监督检查。

《巴塞尔协议Ⅱ》提出，金融监管当局要对银行的评估进行检查及采取适当的措施，确保商业银行有合理的内部评估过程，从而正确判断面临的风险并在此基础上及时评估资本的充足状况。监管部门的监督检查不能只注重量的方面。只是对量的方面的监管可能带来虚假的安全感。比如，某家银行的资本是充足的，但它仍然是脆弱的。所以要强化对质的监督检查。对质的监督检查包括：管理层的才能、系统控制的能力、经营战略的活力、潜在的获利能力等。虽然支柱一中计算监管资本的风险包括银行面临的主要风险，但是有些风险，如贷款集中性风险、战略风险、道德风险等，由于难以量化而无法包含在支柱一的计算中，加上支柱一它无法解决像顺经济周期效应这类问题，这就需要支柱二和支柱三来进行补充。支柱二旨在确保各家银行制定有效的风险计量程序，以评估银行在认真分析风险的基础上设定的资本充足率。监管当局要负责监督检查银行的风险管理状况、风险化解能力、所在市场的性质及收益可靠性等因素，全面判断该银行的资本是否充足，其中包括银行是否妥善处理了不同风险之间的关系。

为了达到这些目标，巴塞尔银行监管委员会确立了四项主要原则：原则一，银行应具备一整套程序，用于评估与其风险状况相适应的总体资本水平，并制定保持资本水平的战略；原则二，监管当局应检查和评价银行内部资本充足率的评估情况，以及它们监测并确保监管资本比率的能力，若对检查结果不满意，监管当局应采取适当的监管措施；原则三，监管当局应鼓励银行资本水平高于最低监管资本比率，应有能力要求银行持有超过最低资本要求的资本；原则四，监管当局应尽早采取干预措施，防止银行的资本水平降至防范风险所需的最低要求之下。如果银行未能保持或补充资本，监管当局应要求迅速采取补救措施。关于国际间监管当局合作的问题，巴塞尔委员会于2004年5月指出，《巴塞尔协议Ⅱ》的有效实施有赖于各国监管当局之间的密切合作。巴塞尔委员会将积极推进以国际业务为主的银行集团的母国与东道国监管的合作，尤其是在高级计量法上的合作。母国和东道国监管当局在银行集团信息披露方面上的合作，应避免进行多余及无协调的审批、检查工作，以减少银行集团的执行成本并节约监管资源。

第三支柱，市场纪律。

第三支柱是第一、二支柱的补充。监管当局的监督检查通常是通过现场检查和非现场检查进行的，这往往属于一种事后监管，存在一定的时间滞后，因此必须在监管约束之外再引入其他约束。巴塞尔银行监管委员会认为市场具有迫使银行有效而合理地分配资金和控制风险的积极作用，因为在市场奖惩机制下，经营稳健的银行可以以更为有利的价格和条件从投资者、债权人、存款人及其他交易对手那里获得资金，而风险程度高的银行在市场中竞争则处于不利地位，它们必须支付更高的风险溢价、提供额外的担保或采取其他措施。因此，巴塞尔银行监管委员在《巴塞尔协议Ⅱ》中引入市场纪律作为第三支柱。而市场约束要发挥作用必须以有效的信息披露为前提，为此《巴塞尔协议Ⅱ》通过加强银行的信息披露以达到强化市场约束的目的。为了充分发挥市场约束的作用，促进金融体系的安全和稳定，信息披露必须符合一定的要求，这些要求主要包括及时性、可比性、相关性、重要性和全面性。在《巴塞尔协议Ⅱ》中，巴塞尔银行监管委员会制定了非常具体的定量和定性信息披露要求，并提出了有关信息披露的规定和建议。所披露的信息包括：资本构成、资本状况、盈利水平、风险估价、管理过程等。银行在一个会计年度内至少披露一次财务状况、重大业务活动及风险管理状况。金融监管机构要对银行信息披露体系进行监管。

当然《巴塞尔协议Ⅱ》并非尽善尽美的，它也存在着一些这样那样的问题。例如顺经济周期效应（可参见专栏3-2）、公平竞争、巴赛尔协议统一性，以及高级计量法计算过于复杂等难点。此外，2008年次贷危机的发生，使得美国很多大型金融机构快速倒闭，其中以雷曼兄弟为代表的金融机构就由于流动性风险而陷入困境。为此，2010年9月12日《巴塞尔协议Ⅲ》出台，它在强调资本充足外，也把加强流动性风险管理作为监管重点，以期更好地改进商业银行的资本监管和风险控制。

专栏3-2 资本充足率的顺经济周期效应

资本充足率顺周期现象——在经济向好时，资产盈利性提高，不良贷款率下降，同时外部融资条件有利，资本充足率显著提高；而在经济紧缩时期，不良贷款比率升高，资本补充渠道和来源减少，从而制约了资本充足率的提升。还有许多学者研究发现，经济萧条期与高涨期相比，银行将受到更加严格的资本约束，同时筹集新资本的成本更高了。因此银行有强烈动机在经济繁荣时迅速扩张贷款，而经济萧条时急剧减少贷款，从而加剧信贷周期和经济周期，甚至会危及金融体系和宏观经济的稳定。总体来看，一方面资本充足率状况会随着经济周期而变化；另一方面，银行为了达到巴塞尔协议的资本充足率要求，会通过调节自身的贷款行为加剧信贷周期和经济周期。

客观地说顺经济周期效应并非《巴塞尔协议Ⅱ》的伴生物，只要存在银行信贷资金供给，顺经济周期效应就不可避免。但是，人们担心由于《巴塞尔协议Ⅱ》采用了比《巴塞尔协议Ⅰ》更具风险敏感度的评级制度，其资本要求根据信用评级结果的动态调整进行调整，因此可能比《巴塞尔协议Ⅰ》更富有周期性，从而加剧经济周期的波动。当然，并不是所有人对顺经济周期效应都持悲观的态度，美国联邦储备委员会理事会副主席小罗杰·W·福格森认为，银行贷款之所以出现激烈的波动，是由于缺乏正规化和系统化的信用风险管理。"资本要求的风险敏感性可以抑制贷款供应的波动，即减少贷款过度膨胀和贷款过度萎缩"，"像《巴塞尔协议Ⅱ》这样更加正规化的关注风险暴露的管理体制，有可能使贷款供应更加稳定"。

思考：（1）为什么商业银行容易出现资本充足率顺周期现象？

（2）请尝试设计合理的方案，避免银行出现资本充足率顺周期现象。

（三）《巴塞尔协议Ⅲ》

从某种程度来看，《巴塞尔协议Ⅲ》是 2008 年全球金融危机直接催生的产物。危机发生后，大量美国、欧洲的金融机构倒闭，这迫使巴塞尔委员会重新思考银行资本监管的重点和方向。《巴塞尔协议Ⅲ》以更为严格的资本充足率要求、流动性风险监管等内容来提高商业银行应对风险的能力，从而实现减少银行危机、稳定经济发展的长期目标。《巴塞尔协议Ⅲ》的具体执行时间是从 2013 年 1 月到 2019 年 1 月。

①进一步提高资本充足率要求。根据《巴塞尔协议Ⅲ》的规定，全球各商业银行的一级资本充足率下限将从现行的 4％上调至 6％，而由普通股构成的"核心"一级资本充足率则从现行的 2％提高到 4.5％。此外，《巴塞尔协议Ⅲ》还规定各家商业银行应该设立"资本保护缓冲资金"，总额不得低于银行风险资产的 2.5％，这也就意味着实际有效的"核心"一级资本充足率达到了 7％，比原来的 2％提高了整整两倍多。

具体来看，协议规定全球各商业银行 5 年内必须将一级资本充足率的下限从现行要求的 4％上调至 6％，过渡期限为 2013 年升至 4.5％，2014 年为 5.5％，2015 年达 6％。同时，协议将普通股最低要求从 2％提升至 4.5％，过渡期限为 2013 年升至 3.5％，2014 年升至 4％，2015 年升至 4.5％。截至 2019 年 1 月 1 日，全球各商业银行必须将资本留存缓冲提高到 2.5％。另外，协议维持目前资本充足率 8％不变；但是对资本充足率加资本缓冲要求在 2019 年以前从现在的 8％逐步升至 10.5％。最低普通股比例加资本留存缓冲比例在 2019 年以前由目前的 3.5％逐步升至 7％。此次协议对一级资本提出了新的限制性定义，只包括普通股和永久优先股。会议还决定各家银行最迟在 2017 年底完全接受最新的针对一级资本的定义。

针对《巴塞尔协议Ⅲ》的资本充足率新要求，有些学者认为对资本充足率要求的大幅提升将不可避免地抑制对经济增长和新增就业来说至为关键的资本供应。"既要保证金融系统的稳定和信心，又不能抑制长期经济成长，这并不容易做到。"但欧洲央行管理委员会委员利卡宁指出，新协议将逐步实施，不会妨碍经济复苏，反而会支持未来的可持续增长。

②加强流动性风险监管。针对直接导致雷曼破产的流动性危机，新出炉的《巴塞尔协议Ⅲ》在强调资本充足外，也把加强流动性风险管理作为监管重点。同时，巴塞尔银行监管委员会就引入流动性覆盖率（LCR）和净稳定资金比率（NSFR）的时间表达成一致。对 LCR 的观察期将从 2011 年开始，2015 年 1 月 1 日正式引入。而 NSFR 经过修正后，将在 2018 年 1 月 1 日确定一个最低标准。"流动性危机历来是导致银行破产的直接原因，《巴塞尔协议Ⅲ》引入这两个衡量流动性风险的新指标，将令加强流动性风险管理成为银行监管的新重点。"一位国际金融专家表示。他指出，在危机期间出现问题的主要是投行等非存款机构，就是因为这些机构主要靠市场融资，一旦市场出现紧张，就导致融资困难，造成流动性枯竭。

第一个目标是流动性覆盖率（LCR）。它旨在提高机构抵御短期流动性风险的能力，即确保它们有充足的高质量流动资产来渡过持续一个月的高压情境。对于 LCR 的压力情境，委员会的假设包括一家机构的公共信用评级大幅下降，存款部分流失，无担保批发融资渠道干涸，有担保融资工具大幅折价，衍生品追缴保证金上升，以及合约性和非合约性表外敞口的大量提取。而对于优质流动性资产，委员会规定最好是符合央行工具抵押品的资格，不应混作或用作交易头寸的对冲、用于抵押或结构性交易中的信用增级，且应当明确仅用于应急资金，主要包括现金、央行准备金、主权政府债，以及由非中央政府的公共实体、BIS、IMF、欧盟或多边开发银行等发行或担保的债券等。

第二个目标是净稳定资金比率（NSFR）。它旨在提高机构在更长期内抵御流动性风险的能力。在压力情境下，委员会要求银行一年以内可用的稳定资金大于需要的稳定资金，通过这个指标反映银行资产与负债的匹配程度。引入净稳定资金比例可鼓励银行减少短期融资的期限错配，增加长期稳定资金来源，提高监管措施的有效性。NSFR更强调资金来源的稳定性。委员会对稳定资金的定义是预计在持续压力情境下，银行在一年之内都可以仰赖的股本和债务融资数量。委员会指出，可用的稳定资金包括银行的资本、期限在一年以上的优先股、实际期限在一年以上的负债及其他预计在压力情境下仍将保持稳定的活期或定期存款。央行在常规公开市场操作以外提供的借贷工具不包括在稳定融资渠道中。

总之，对于迫切需要达到新巴塞尔协议要求的中国银行业来说，充足的资本金是提高银行风险管理水平的前提条件，也是银行抵御各类风险的"最后一道防线"。因此，如何充分领会《巴塞尔协议Ⅲ》的要求，进行资本充足率管理和各类风险资本管理将是当前时期各个商业银行所要重点研究的课题。

第三节　商业银行资本充足性管理策略

商业银行资本充足性管理策略主要有增加资本的分子策略和优化资产结构、提高资产质量的分母策略。通过分子和分母策略最终实现提高商业银行资本充足性的目标。

一、分子策略

分子策略主要是通过增加资本的方式完成。资本总额包括核心资本和附属资本两个部分。一般来说，商业银行增加资本的途径有两种：一是扩大内部资本来源，提高商业银行的盈利性，增加内部资金的积累；二是开辟外部资本来源，包括增发普通股或优先股、发行附属票据和公司债、出售资产和租赁设备、债券和票据的互换等方式。

（一）内源融资策略

无论是我国商业银行还是其他国家的商业银行，通过银行自身的留存利润来增加资本都是一条可行的途径。商业银行能否从内部增加资本首先要看银行的创利能力，即银行有没有利润。若银行没有创造更多的利润，从内部增加资本就是不可能的。内源融资有一定的优点：首先，它可以作为一种低成本的补充银行核心资本的方式，银行不用担心未来的像债券等工具的还本付息问题，而且发行债券也只能补充附属资本；其次，内源融资方式有利于促进银行提高盈利能力，促使其创造更多利润，有助于银行转变经营方式，大力发展创新业务；再次，为中小银行提供补充资本金的渠道。在现实中，绝大多数中小银行缺乏再进入市场筹集外部资本的可能性，它们更多地倾向于采取增加内源资本的方式解决资本需求。

从另一方面来看，内源融资方式还存在一定的局限性。第一，利用内源资本补足资本金的方法必将减少股利分配，这将有可能导致股价下跌，致使银行的实际资本价值受损。第二，内源资金规模有限，会限制银行的发展。第三，内源融资会受到经济周期、经济景气状况的影响。通过内部积累的方式来提高银行的资本充足率是比较缓慢的，因为银行创造利润的能力有限，很有可能无法满足银行资产快速扩张的需求。因此，商业银行在考虑运用内源资金方式补充资本金时，要充分考虑银行的股利政策、盈利能力、资产扩张速度等方面因素，制定合理的资本金补充方案。

此外，增提准备金也是增加商业银行附属资本的手段之一。目前我国建立了以贷款五级分类为基础的贷款损失准备金制度，要求商业银行定期分析各项贷款的可收回性，预计可能产生的贷款损失，对预计可能产生的贷款损失提取一般准备、专项准备和特种准备三种准备金。一般准备根据全部贷款余额的一定比例提取，用于弥补尚未识别的可能性损失的准备，提取的一般准备作为利润分配处理，并作为所有者权益的一个项目，可计入附属资本。长期以来，我国贷款损失准备金制度虽然几经调整，但是贷款损失准备金的提取大大低于不良贷款的增长，以致不良贷款到期不能核销。不良资产拨备率反映的是商业银行弥补贷款损失的能力和对贷款风险的防范能力。国际排名前 100 名的大银行，近 10 年不良贷款拨备覆盖率的平均水平约为 100%。《巴塞尔协议 II》颁布以后，中国银监会加大贷款损失准备金的监管力度，要求商业银行资本充足率的计算建立在贷款损失准备足额提取的基础之上，未提足的不允许进行税后利润的分配，极大地推动了商业银行资产拨备率大幅度提高。2007 年年末，中行、建行、工行拨备率分别为 108.18%、97.01% 和 103.5%。股份制商业银行的不良贷款拨备率高于国有商业银行，平均拨备覆盖率达到 114.6%，比年初上升 25.87 个百分点，其中招商银行已达 180%。但需要注意的是，在提取一般准备金以增加附属资本的同时，还要考虑到关于附属资本总额不能超过核心资本的 100% 的限制。另外，一般准备提取过多，必然会侵蚀利润，进而影响到核心资本的积累，因此在提取准备金时，要注意以上两方面的影响。

对于我国商业银行来说，目前的业务还主要是传统的存贷款业务，资产质量不高，风险资产较大，不良贷款比例较高，银行的盈利能力受到影响。商业银行要想增加利润，一是要提高资产质量，二是要大力发展表外业务。相比国外的商业银行表外业务收入占其总收入比重的 50%～80%，中国商业银行表外业务的发展较为缓慢。同时，中国商业银行的表外业务发展存在着品种单一、收费问题突出等各方面的问题。虽然目前中国商业银行与国外商业银行存在着巨大的差距，但是未来也具有较大的发展空间。利用盈利转增核心资本是商业银行提高资本充足率的基本途径。为增加盈利性，我国商业银行一方面要加大市场营销力度，多渠道运用资金，加强风险管理和控制，不断扩大盈利空间；另一方面，在财务管理上要加强核算，实行全面成本管理，开源节流，以创造更多的利润充实资本金。

（二）外源融资策略

外源融资策略主要包括股票融资和债券融资两类。发行普通股可以满足商业银行补充核心资本的需要。监管当局一般也希望银行以发行股票的方式融资，它可以改善商业银行的资本结构。但是商业银行却不这么认为，因为这种方式会稀释银行的股东权益和每股利润。债券融资方式主要用于补充商业银行的附属资本，债券融资有税收递减效应（税盾效应），所以银行会倾向于采用这种方法增加资本总量，同时还可发挥债务融资的杠杆效应。但是，多数国家的监管当局都会对债务融资的额度有所限制，以降低银行的风险。例如，《巴塞尔协议Ⅰ》就规定：附属资本不能超过总资本的 50％，次级长期债务不能超过核心资本的 50％等。所以，商业银行在进行外源融资选择时需要同时考虑自身情况和外在监管的具体要求。

随着巴塞尔委员会对核心资本充足率的要求越来越高，通过发行普通股的外源融资方式补充资本金将成为商业银行经营的重点策略。在成熟的市场经济国家，上市融资是商业银行提高资本充足率、建立持续补充资本机制的有效途径和便捷手段，通过资本市场直接融资，可以筹到巨额股本资金，资本金不足的问题就会迎刃而解。与此同时，商业银行经过股份制改造，在经营管理资本方面，必然会受到出资人的监督，不断提高经济效益。目前，我国四大银行和部分股份制银行已完成在中国 A 股资本市场及其他资本市场的上市融资，有效地提高了资本充足率和核心资本充足率。例如中国建设银行于 2005 年 10 月 27 日在香港联合交易所挂牌上市，首次公开发行募集资金 726 亿元，资本充足率由 11.32％提高到 13.59％，核心资本充足率也由 8.60％提高到 11.08％。2007 年 9 月 25 日，建行回归 A 股市场。此外，上市还可以促使这些商业银行不断完善公司法人治理结构，树立上市公众企业的良好形象，这反过来也有利于商业银行竞争力的提高，为商业银行吸引外资提供了更大空间。

发行次级债券是补充银行附属资本的重要工具。次级债券是指固定期限在 5 年以上（含5 年）的债券，不能用于弥补银行日常经营损失（银行倒闭或清算除外），利息可以免税。它的财务地位低于存款及高级债券，但高于普通股及优先股，被视为第二资本。国外很多大银行的次级债券在附属资本中都占有很大的比重。银监会在 2003 年年底下发了《关于将次级定期债务计入附属资本的通知》，不同程度地提高了我国商业银行的资本充足率。允许商业银行相互持有次级债券有利于拓宽次级债券的发行渠道，降低发行成本，能迅速提升单个银行的资本充足率，但从银行业整体来看，资本总量并没有增加。同时，银行间过度相互持有次级债券可能会导致较大的系统风险。因此，要促进我国商业银行次级债券市场的健康发展，充分发挥次级债券的积极作用，需要做好以下几个方面：完善商业银行信息披露和债券信用评级制度，这将有利于增强次级债券对银行经营行为的约束力；发展我国次级债券的流动市场，减小次级债券发行时的流动性溢价，有利于降低发行成本，同时也能够增强其市场约束力；加强监管，防范次级债券发行中的金融风险；为了降低银行业的系统风险，拓宽筹资渠道，要拓展其他潜在的投资群体。

二、分母策略

分母策略主要是通过缩小分母来实现，具体对于商业银行而言，一方面可以通过适度缩小资产规模来提高资产充足率；另一方面要调整优化资本结构，改善资产风险分布结构，降低不良资产规模，提高商业银行的经营管理水平。分母策略要求商业银行在体制创新和机制转换的基础上建立健全和完善一系列行之有效的资产管理制度。适度控制资产规模、调整资产组合，优化资产结构，降低高风险资产在资产总额中的比重，从而实现提高资本充足率的目标。

（一）适度控制银行的资产规模

商业银行资产规模越大，其对银行资本的需求越强。事实上，资产是传统商业银行重要的利润来源，如果过度的紧缩资产规模，势必会影响银行的盈利情况、行业地位和声誉等；

另一方面，规模太大对商业银行的管理能力有很高要求，否则非但不能实现规模经济，还有可能带来负效应。因此，商业银行应该适度控制银行的资产规模，适度规模有利于银行保证安全性、流动性和盈利性目标的实现。

商业银行还可以通过销售一部分高风险或市价水平较高或有问题的金融资产以减少资产规模，来实现提高资本充足率的目的。由于高风险资产在巴塞尔协议中赋予的风险权重较高，所以如果想提高资本充足率，降低风险资产比重是一个很好的调控方法。例如，我国为了提高四大国有银行的资本充足率就采取了如下方法：一是剥离商业银行的不良贷款，成立四家国有金融资产管理公司来专门管理不良贷款，商业银行把不良贷款出售给这四家公司，调整资产规模；二是进行股份制改造，通过改制成股份制公司上市发行股票筹资，补充资本金。此外，商业银行在调节资产规模时，也要考虑到宏观经济状况的影响，经济不景气时，则可通过缩小贷款规模以降低经营风险。

（二）优化资产结构

商业银行可以通过调整资产结构，在总资产和总资本额不变的情况下，提高资本充足率。贷款和证券投资是商业银行资产中可调节程度较大的部分。对于贷款来说，它是商业银行最为重要的资产收益来源，也是商业银行经营风险的主要所在，因此商业银行在进行贷款管理时要本着积极调整贷款组合、降低高风险贷款以减少风险资产总量的原则。具体包括：首先，坚持市场效益取向，调整信贷策略，由注重贷款数量规模变为注重贷款市场效益，有效降低贷款风险。贷款要向市场效益好的区域、企业、项目和产品转换；由贷款的规模指标供给变为按市场取向，选择贷户，择优扶持；由单纯资金投入变为增加贷款的科技含量，支持企业技术进步，杜绝低水平项目的重复建设。其次，在重点开拓优质信贷市场的同时，坚决退出劣势信贷市场，努力防范和化解贷款隐性风险。商业银行要结合国家的宏观经济政策、产业政策，按照市场政策需要分层次对客户进行分类管理，主动进行信贷结构的战略性调整。同时，对风险大和资金规模较大的贷款可组织银团贷款，避免信用风险过度集中于一家商业银行。商业银行要主动抓住新的市场机遇，积极运用有效的市场营销手段，拓展优质客户，严格把握新增贷款投向，寻求提高经营效益的新的增长点，在进退有度中实现信贷资产区域、行业、品种和客户结构的合理调整，实现新增贷款的进一步优化。

对于证券投资，商业银行可以考虑进一步丰富投资产品、优化投资策略。证券投资既可以满足商业银行的盈利性需求，还可以为商业银行提供流动性，具有较为广阔的发展空间。商业银行可以通过调节投资期限、投资种类、投资数量等方面进行投资组合，有效降低投资风险，减少风险资产的数量和权重，从而实现流动性和盈利性的均衡。投资期限可以分为短期 1 年以内和长期 1 年以上两类，可根据商业银行流动性需求的大小、贷款期限和规模等因素进行适度调整。投资种类可分为货币市场工具、资产市场工具和金融衍生工具，不同市场的工具有不同的特征，商业银行要有效提高证券组合搭配的能力，改善对金融衍生产品的管理能力。投资数量则要根据商业银行的经营需求进行具体规划，过度投资会挤占商业银行从事其他资产业务的资金，因此要根据历史和同业经验进行合理安排。

总之，要通过优化商业银行资产业务的结构，调节风险资产构成，减少风险资产总量，使"分母策略"发挥有效作用，提高商业银行的资本充足率水平。

第四节　商业银行经济资本管理

自二十世纪九十年代以来，始自美国信孚银行及一些大型国际银行的信贷部门，经济资本这一理念在短短近 20 年的时间里，由理论到实践不断发展与成熟，已逐步成为现代国际商业银行普遍使用的先进管理参数。"经济资本"的内涵是我们认识经济资本管理理念的起点和构建经济资本管理体系的基石。

一、经济资本的内涵

(一) 经济资本的概念

由于经济资本的理念首先是来自于许多国际先进商业银行的管理实践，并且是在实践中不断完善与提高的，因此对它的定义目前并不统一，通常有以下几种认识。

①有效资本说。有效资本说认为，经济资本是指维持企业运转最为合理的资本存量，既不造成资本的不足，也不造成资本的闲置，达到充分必要的最优数量界限，所以也可将经济资本理解为有效资本。

②管理资本说。管理资本说则认为，经济资本是指在内部管理中按照一定的规定比例配置到各个部门或者产品的资本金，它能使管理层清晰地了解到各部门或各产品占用的资本量及给银行所带来的收益或风险情况。由于这种资本分配是虚拟的而不需要实际拨付，所以也可将经济资本理解为管理资本。

③风险资本说。风险资本说则指出，经济资本是指为抵御各项资产业务的风险所需的资本支持，或者说是各项业务的风险所产生的资本需求。所以也可将经济资本理解为风险资本。

④非预期损失说。非预期损失说的观点是，经济资本是指用于弥补非预期损失的资本，非预期损失要用资本来弥补，需要多少资本，要通过计量非预期损失来求得。所以，非预期损失的数额就等于经济资本的数额，也可以将非预期损失称为经济资本。

以上几种认识从不同的侧面反映出经济资本的内涵，都具有其合理性。本书采纳非预期损失说的概念界定，即经济资本是指在一个给定的置信水平下，用来吸收或缓冲非预期损失的资本。中国银监会也于 2005 年将其定义为"银行决定持有用来支持其业务发展和抵御风险并为债权人提供'目标清偿能力'的资本，在数量上与银行承担的非预期损失相对应"。简单地说，经济资本是一个"算出来"的数字，即在对未来可能损失的一个概率评估基础上，计算出来配置至单项业务、资产或分支机构，用于衡量和弥补银行实际承担的损失超出预计损失的那部分资本，是防止银行倒闭风险的最后防线。在数额上，经济资本实际上就是信用风险的非预期损失、市场风险的非预期损失和操作风险的非预期损失三者的加总。用公式表示为

经济资本＝信用风险非预期损失＋市场风险非预期损失＋操作风险非预期损失

需要注意的是，上式是根据《巴塞尔协议Ⅱ》所强调的这三类风险进行度量，事实上，在《巴塞尔协议Ⅲ》中已经提出要加强流动性风险的度量，所以未来的经济资本公式就很有

可能会包含更多风险的非预期损失之和。

总之，银行的经济资本是基于银行全部风险之上的资本，也被称为风险资本。它是一种虚拟的、与银行风险的非预期损失相当的资本。经济资本不是真正的银行资本，它是一个估计出来的数字，以抵御银行的非预期损失。经济资本是商业银行为防范非预期损失而"应该有"的资本，是银行业务风险所产生的资本需求。

（二）经济资本的特征及其与会计资本、监管资本的关系

商业银行通常在财务会计、外部监管和内部风险管理三个意义上使用"资本"这个概念，按其不同内涵对应的银行资本可以分为会计资本、监管资本和经济资本。

银行的会计资本是商业银行传统意义上的资本概念，又称账面资本，它是根据会计准则在资产负债表上反映出来具有资本属性的几个会计项目之和，是商业银行账面实际拥有的资本金。根据巴塞尔协议的分类，账面资本包括核心资本和附属资本。会计资本是银行全部资本减去全部负债以后的余额，它代表着银行所有者（股东）享有的剩余权益，因此账面资本又称为所有者权益或股东权益。银行在日常经营管理中直接观察到的资本就是账面资本。

监管资本是银行监管机构为了满足监管要求、促进银行审慎经营、维持金融体系稳定而规定的银行必须执行的强制性资本标准。监管资本是监管当局规定银行必须持有的最低资本量，所以又称为最低资本，它是银行必须持有的资本，其目的在于确保银行能够有足够的资本金以抵抗风险，是监管者进行早期干预的基础。通常情况下，银行监管机构会规定资本充足率的最低额，并将资本划分为不同的等级。2004 年中国《商业银行资本充足率管理办法》对国内商业银行的资本进行了明确的界定，并规定了商业银行的资本充足率不得低于 8%。

经济资本是从银行所有者和管理者的角度来讲用来抵御银行承担的非预期损失所需的资本，它是银行根据自身所承担的风险计算的需要持有的最低资本量。经济资本是随着银行风险管理技术的演进而逐步形成的，它是商业银行在经营管理中考虑经营风险对资本的要求而创造的一项管理工具，可以说经济资本就是银行弥补非预期损失而对应的资本储备，这部分资本储备相当于用来弥补潜在损失的保险准备金。

会计资本是银行当前实际拥有的资本，是银行可以用来抵御风险的资本，损失的发生往往意味着会计资本的减少。而经济资本并不是一个财务概念，不能在资产负债表上直接反映出来，它是人们为了风险管理的需要而创造的一个虚拟资本概念，是一个"算出来的"数字，在数额上应与非预期损失相等。当非预期损失发生后，就需要通过实际冲减相应资本的方式来弥补，经济资本也就转化为账面资本，即实际资本量的概念。

商业银行的监管资本则是指按照监管当局对资本的认定标准计算出来的资本数额，是一个在一定时期内不会变动的"死标准"，这一数额可能等于银行的账面资本，也可能与账面资本不一致。监管资本的计算是按照监管机构设置的参数进行对照计算的，由于它假设相同风险权重资产对资本的要求是相同的，对风险的敏感度较低，无法反映银行资产的风险特点，对银行管理体制要求也不是很高，因此根据监管资本设定业绩目标而在各业务部门之间进行的资本配置充足率应当取决于银行"真正"的风险。而经济资本的计算是以内部评级法为基础确定的，能够比较细致地反映出不同风险水平差异的资产对资本要求的差异。经济资本在精细程度方面远高于监管资本，它可以在现有经营的基础上整合管理信息和财务信息，通过拨备调整后的法定资本回报进行绩效考核，并据此实现监管资本限额的风险管理。经济资本是银行出于内部管理与获得其所期望的信用评级和其债务的风险溢价而持有的资本，它由银行决定但受监管者的监督。监管资本使用简单但并不反映实际风险的规则估算的资本要求，它是监管者为确保银行在作出定价决策时把负外部效应内部化的结果。一般情况下，许多大银行通过精密的内部模型计算出来的经济资本量会小于监管当局所确定的监管资本量。从理论上讲，一家银行的经济资本不应超过监管资本，如果银行拥有大量不良资产，其经济资本要求就会高于用监管资本计算出的资本要求，这说明银行所面临的意外损失的风险超过了监管资本，即超过承受能力，银行则必须采取措施增加权益资本。

（三）经济资本及其分配在银行风险控制中的作用

经济资本能够吸收既定置信水平下未预期到的损失，是与银行风险水平相匹配的资本。对于商业银行和存款人来说，经济资本才是真正重要的，因为它才是银行现有风险实际需要的资本水平。引入经济资本的目的就在于衡量银行经营活动中的实际资本要求，因为相对于传统财务上计算的资本来说，经济资本计量更具有前瞻性。

通过对经济资本进行分配，可以清楚地显示各部门、管辖行和各项业务的风险水平，从而实现资本与风险的匹配。在经济资本分配的基础上，通过对各部门、管辖行和各项业务的资本利润率评价，不仅能够考察其盈利能力，更能充分考虑到该盈利能力背后承担的风险。经济资本作为一种虚拟资本，当它在数量上超过银行的实际资本或监管资本时，说明银行的风险水平已超过了其实际承受能力，这时银行就应该通过一些途径增加实际资本或是缩减其风险承担行为，经济资本就成为了银行确定其风险控制边界的基础。经济资本大大提高了风险的敏感度，能够比较准确地反映出资产的风险特性，并通过差异化的定价吸收资产的各种风险损失，从而使资产收益可以抵补所有分配的成本、获得不同资产或业务单元对股东价值贡献的具体信息，继而调整资产或业务发展结构，帮助银行达到股东价值增值和根据风险调整绩效的目的。

二、经济资本的计量与评价

经济资本管理的根本目标是控制经济资本增长，提高经济资本回报率水平，以实现股东价值最大化目标。为此，银行必须建立一些管理机制和计量、评价方法，在股东价值最大化目标与具体的经营管理活动之间建立适当的联系路径，这就是银行的经济资本管理体系。

（一）经济资本的计量

经济资本的计量是具体计算覆盖风险所要求的经济资本额度。由于银行在经营管理过程中面临的主要风险是信用风险、市场风险和操作风险，因此经济资本计量的核心实际上是对信用风险、市场风险和操作风险三类风险的量化。在计算出这三类风险分别所对应的信用风险经济资本、市场风险经济资本和操作风险经济资本之后，再加总就得到整个银行的经济资本了。详细计算可以参考第11章商业银行风险管理中对《巴塞尔协议Ⅱ》里面规定的三种风险的经济资本计量的介绍。具体步骤基本包括：第一，对商业银行的风险进行分类，按照信用风险、市场风险、操作风险等划分出相应的类别；第二，将分类好的风险采取不同的计量方法进行计算，分别得出各类风险所需的经济资本；第三，将全部风险的经济资本加总，最终得到商业银行所需要的全部经济资本。毕马威会计师事务所在2003年的一项调查显示，在被调查的银行中有73%认为信用风险在经济资本的计量中很重要，72%认为市场风险很重要，有 42% 认为与具体事件相联系的操作风险很重要，35% 认为业务的整体操作风险很重要。这项调查部分地证明了《巴塞尔协议Ⅱ》风险分类的科学性。

经济资本和在险价值（VAR）都是全面风险度量和管理的工具，经济资本的思想是在 VAR 理论基础上发展起来的。VAR 是在一定的置信水平和期限内商业银行的资产组合可能遭受的最大损失，VAR 可以有效度量商业银行日常操作管理中可能发生的情况，其已经被巴塞尔委员会用来计算不同区域的银行的风险资本金。VAR 一般通过资产组合中所有资产的现价、波动性和资产间的相关性系数来确定。

（二）经济资本的分配

经济资本分配是根据银行风险偏好和发展战略，通过年度计划、限额管理、参数设置等方式将经济资本科学地分解到分支机构、业务部门和产品中去，通过资本约束风险、资本要求回报的协调管理机制提高各分支机构、业务部门和产品等维度的风险管理水平。

经济资本分配是银行实施经济资本管理的重要内容，是银行主动运用经济资本进行指导战略和业务决策的体现。经济资本分配，是先计算支持一项业务所需要的经济资本额，再对银行经济资本的总体水平进行评估，综合考虑信用评级、监管当局规定、股东收益和经营中承担的风险等因素，在资本管理的总体规划之下，制定经济资本目标，然后将经济资本在各个机构、各项业务中进行合理分配，使业务发展与银行的资本充足水平相适应。这里主要包括两个方面的内容：一是根据银行资本实力、股东目标与偏好、监管要求，确定整个机构的总体风险水平及相应的抵御风险损失的经济资本限额；二是根据银行内各业务部门的经营绩效测量，在各部门间进行风险资本限额分配，并根据经营绩效评估对经济资本分配进行动态调整。总体来说，经济资本分配的目的在于构建一个与银行的总体风险战略和股东目标相一致的业务风险组合。资本分配并非完全等同于资本的实际投入。由于经济资本量表现的是风险量，因此在银行内部各部门及各业务之间的资本分配实质上是风险限额的分配，是确定与风险限额相当的业务或资产总量。

（三）经济资本的评价

经济资本评价是建立以风险调整后资本回报率为核心的指标体系，对各分支机构、业务部门和产品维度的经营绩效进行考核评价，属于银行绩效考核的范畴。

商业银行实施经济资本管理的最终落脚点，是将经济资本管理的思想融入内部绩效考核，通过建立以经济增加值（EVA）为中心的绩效考核体系，从而促进银行经营管理水平的提升。经济资本的应用，使银行的绩效考核也随之发生了革命性的变化，即从传统的以会计资本为核心的考核，转向以经济资本为核心的考核。传统的绩效考核体系是以会计资本为核心的，会计利润是整个绩效评价与激励的基础，考核的具体指标包括资本利润率（ROE）、资产利润率（ROA）、每股收益（EPS）等。而以经济资本为核心的绩效考核体系，是考虑到银行获得利润时所承担相应风险的绩效考核指标，称为经风险调整的业绩衡量指标（RAPM）。RAPM 是在会计利润指标的基础上，根据银行在经营过程中所承担的风险进行相应调整而得到的指标。

1. 经济资本评价的绝对额指标：EVA

1980 年前后思腾思特咨询公司（Stem Stewart CO.）基于 MM 理论、投资组合理论和资本资产定价模型提出了 EVA（Economic Value Added，简称 EVA）理论。EVA 值是税后利润减去债务和股权成本后的剩余收入，EVA 在一定程度上克服了现有盈利性财务指标的缺陷，体现了银行创造的真实利润。

在以会计资本为核心的绩效考核体系中，会计利润是反映银行及其各业务部门经营绩效的绝对额指标。与此相对应，在以经济资本为核心的绩效考核体系中，反映银行及其各业务部门经营绩效的绝对额指标是经济增加值，通常直接使用其英文缩写 EVA 来表示。相对于会计利润来说，EVA 最为突出的特征是，它充分考虑了银行的权益资本成本，而且是经风险调整后的成本。会计利润只通过以税前扣除利息的方式考虑债务资本的成本，而并没有考虑权益资本的成本，因此高估了银行的实际利润贡献。由于权益资本的成本反映了资本市场对银行未来获利能力和风险水平的预期，从而衡量了银行投入资本的预期净收益。

$$EVA ＝税后经营净利润－资本成本$$
$$＝税后经营净利润－总资本×加权平均资本成本$$

同时，由于加权平均资本成本主要取决于投资者所承担的风险，经济资本正是包含了风险概念的资本，因此上述公式中的资本也可以直接用经济资本来替代，而加权的平均经济资本采用各项经济资本占用比重与相应的经济资本系数的乘积来代替，也就是说，

$$EVA ＝税后经营净利润－经济资本成本$$
$$＝税后经营净利润－经济资本×加权平均经济资本成本$$

作为银行绩效考核指标来说，EVA 有很多优势。首先，计算 EVA 时，要对会计利润进行多项调整，EVA 的创造者思腾思特公司列举了 164 个调整项目。在现实中，所需进行的调整虽然不可能也没有必要达到如此之多，但也需要进行相当多的调整。经过这些调整，比计算 RAROC 所需要的会计利润更加准确，更能反映银行所创造的价值。其次，作为衡量绩效的指标，EVA 的概念要比 RAROC 更加简单，使用者要根据 RAROC 来判断一家银行经营状况的好坏，还必须与其他可比比率（如投资者的要求回报率等）相比较，才能判断银行是否为股东创造财富。但 EVA 更简单，只要根据其正负，就可以判断银行是否为股东创造了财富，因此更容易理解和接受。第三，EVA 不仅仅是一个绩效评价指标，还同时具有提供激励机制、统一思想理念、完善管理体系的功能。正是基于以上优势，EVA 一度成为许多银行采用的以经济资本为核心的绩效考核方法。

2. 经济资本评价的相对指标：RAPM

经济资本能够将风险度量和绩效考核结合起来，通过一定的指标，如目前大多数商业银行使用的风险业绩调整测量法（（Risk Adjusted Performance Measurement，RAPM），根据业务风险状况对经营收益进行调整，进而衡量剔除风险因素后的资本业绩回报水平。RAPM 有四种最常用的模型：ROC、RORAC、RAROC 和 RARORAC（详情参考本书第十四章第三节），这四种模型的共同点是都是检验回报和资本的关系，其中 RAROC 是经常被采用的指标，其是将回报与经济资本进行比较，核心观点是将未来可预计的风险损失量化为当期成本，对当期收益进行调整，衡量经过风险调整后的收益大小。RAROC 就是利用预期损失来对分子中的收益加以风险调整。其公式如下。

$$RAROC＝\frac{风险调整收益}{经济资本（或非预期损失）}＝\frac{收益－预期损失}{经济资本（或非预期损失）}$$

公式中经济资本是指银行用于防范非预期损失所需要持有的资本金。在单笔业务层面，RAROC 可用于衡量一笔业务的风险与经营收益是否匹配，为银行决定是否开展此笔业务及如何进行定价提供理论依据；在风险资产组合层面，银行在考虑单笔业务的风险和资产相关性后，可依据 RAROC 衡量风险资产组合的收益是否能够弥补风险损失，及时对使得 RAROC 指标出现明显不利变化趋势的风险资产组合进行内部处理，为效益更高的部门、产品线等配置更多资源；在银行层面，RAROC 指标可用于战略制定、资本配置、业务决策和绩效考核等。RAROC 是真实风险的利润率，其将报酬和业绩挂钩，可以给各业务单位最大的制约力，约束其只为增加收入而不顾及风险地扩大资产和业务的行为，同时给予业务单位动力去设法采用对冲、转移、出售等方式消除或减少风险，以减少经济资本占用，提高 RAROC。

应用 RAROC 衡量商业银行产品或部门的绩效，需要各个部门的配合，一般来说风险管理部门运用模型获取有关预期损失和非预期损失的风险信息；财务部门提供这些经济资本的成本及确定经济资本的费用成本，并通过资金转移定价系统和作业成本核算系统计算出其他的直接和间接成本费用，最终得出所配置的经济资本的风险调整收益率，如果风险调整资本收益率高于银行股权资本的机会成本，那么商业银行的业务活动就创造了经济利润，实现了银行股东价值最大化目标。

商业银行在应用 RAROC 进行考核绩效时，存在一定的局限性：一是 RAROC 是一种新型技术，对于其计算公式并没有统一的、公认的标准；二是 RAROC 需要大约十年甚至更长时间的历史数据，对商业银行的数据管理、科技水平等提出了挑战；三是 RAROC 评价商业银行的绩效，只能揭示业务的盈利能力，无法衡量业务创造的价值数量或损失的价值数量，所以管理者可能不愿意投资于一些正处于价值上升阶段的项目，因为这些项目会降低 RAROC。所以商业银行在使用该评价方法时应增加一些定性指标来完善绩效考核体系。

三、经济资本管理

（一）经济资本管理的一般内涵

银行必须有效地决定合适的资本量来化解各种非预期损失，并将各种业务活动的利润评估必须同能够抵御风险的资本联系起来。经济资本管理是指在明确经济资本计量范围和方法的基础上，以资本制约风险资产的增长，将经济资本控制在既定范围内，并确保获得必要的回报，使业务发展的速度、效益与风险承担能力相协调。经济资本管理主要包括经济资本的计量、经济资本的预算分配制度，以及以经济增加值（EVA）和风险调整后资本回报率（RAROC）为核心的绩效考核制度。

经济资本的计量是具体计算覆盖风险所要求的经济资本额度，即对信用风险、市场风险和操作风险三类风险的量化，它是有效实施经济资本管理的前提。经济资本的分配是根据银行风险偏好和发展战略，通过年度计划、限额管理、参数设置等方式将经济资本科学分解到分支机构、业务部门和产品，通过资本约束风险，其中通过对不同的产品、部门和区域设定不同的经济资本系数来传导总行的经营发展战略，是经济资本配置的重点。经济资本的评价属于银行绩效考核的范畴，它是建立以风险调整后资本回报率为核心的指标体系，对各维度的经营绩效进行考核。以 EVA 和 RAROC 为核心的绩效考核引入了资本的成本概念，能够更加真实地反映商业银行的利润，克服商业银行传统的绩效考核以利润的绝对额为指标的缺陷。

经济资本管理首先是以商业银行账面资本实际水平和筹集计划为基础，确定银行总分行的经济资本总量控制目标，并据此确定风险资产总量控制目标和各项资产业务的增长计划。按照资本充足率的要求，业务计划应服从于经济资本计划，保证经济资本总量控制在计划目标内。根据业务发展战略和风险程度的不同，确定不同业务的经济资本修正系数、分配系数，以及资本回报率要求，实行不同的管理。通过这种战略性经济资本的安排，引导商业银行对银行进行资产结构、业务结构和收支结构的调整，支持经营发展战略的实现。对于不同类别的经济资本，应当实行不同的计量方法和预算管理方式。分行及各项业务占用的经济资本必须承担相应的资本回报，对占有的经济资本必须提供超过规定期望资本回报率的税后净利润，引导将经济资本配置在资本占用少、实际回报率高的业务，业务及财务计划要根据实现目标资本回报的需要进行安排。在执行过程中，要及时了解和监测经济资本管理的执行情况，对出现的偏差和问题及时进行调整，以保证经济资本管理的总目标的实现。要明确总行各部门、各级分行在经济资本预算制定、传导、执行、调整、监控、考核等环节中的权限和责任，建立权责明确、相互协调、运作有序的经济资本管理流程。

（二）经济资本管理的目标

商业银行进行经济资本管理的总体目标是通过经济资本管理，使银行业务风险的增长与资本承受能力相适应，风险增长与收益增长相协调，最终实现风险管理、资本管理和绩效管理三者的统一。这个总目标又可进一步细化为两个具体目标：第一，保证银行的资本能够达到监管要求和自身需要，它涉及银行经济资本的计量、监测，最终用于解决经济资本的数量约束问题；第二，充分提高资本的使用效率，创造更高的业绩价值，它涉及对现有经济资本的配置及业绩考核，用于解决经济资本的质量约束问题。根据巴塞尔新资本协议，银行承担的风险应当严格限定在自身资本能够承受的范围之内。通过经济资本管理连接财务语言和风险语言，借助 RAROC 等绩效指标统一衡量和评价各维度、各业务条线对股东价值的贡献度，并将资本管理决策转化成业务语言，体现为可实施的经营计划和业务方案。

（三）经济资本管理的意义

资本管理是以利润最大化和资本增值为目的，以价值管理为特征，将企业的各类资本投入到某一经营领域之中或投入多个经营领域之中，通过与其他生产要素的相互组合、优化配置，以达到企业自有资本不断增加这一最终目的的运作行为。资本管理是以资本最大限度增值为目的，对资本及其运动所进行的运筹和经营活动。资本管理强调对资本的运筹、谋求和治理。

对银行来讲，内在的资本约束主要强调的是自主拨备经济资本以应对非预期损失。随着监管当局对资本充足率监管力度的不断加强，使得银行在制定经营决策时既要考虑资产扩张的速度、业务发展的规模及所带来的收益，还要充分考虑由此带来的风险和占用的资本，将收益与风险和成本相统一以实现"资本约束下的盈利能力最大化"的目标。因此，银行管理者必须对经济资本进行有效的管理，使其既能保证有充足的经济资本覆盖风险，又能保证经济资本的使用是经济且有效的。

经济成本的大小直接决定了银行是否具有持续的竞争能力。作为银行资本的一种形态，同样需要对其进行运筹和治理，以优化经济资本的配置，达到资本最大限度的增值。银行的经济资本管理，既是对银行内部管理与外部交易的一种有效运用，更是建立和培育银行核心竞争能力的根本途径。经济资本管理可以优化银行的资源配置效率、降低业务风险、提高经营效益，它是评价、考核银行经营绩效的重要基础。只有通过有效的经济资本管理，银行才能够提高风险管理水平，增加资本积累，优化业务结构，扩大经营规模。

案 例 分 析

花旗银行的经济资本管理

花旗银行创立于 1812 年，是华尔街最古老的商业银行之一。花旗银行是经济资本管理的典型案例，实现了充足的资本缓冲区和为股东创造最大回报之间的最有效平衡。从 1990 年该行开始推行"五点计划"，实现在一两年时间内达到最低资本要求，从 1990 年一级资本比率 3.2％ 达到 1993 年的 6.6％，同时股本回报也从 1990 年的 4.4％ 达到 1994 年的 21.4％。2004 年以前，花旗银行主要采取压力测试和风险矩阵的方式来度量集团和各业务部门的风险承受能力，采用总资产和净资产回报率来度量业务的盈利能力，并根据这两类考评结果决定集团资本的配置方向。不过，这一考评体系也是有问题的，即风险与收益的度量是彼此分离的，集团在给各业务单元配置资本资源时，并不能充分考虑不同业务的风险性差异和由此决定的真实资本、资产占用。实际上，当某个业务单元的风险过大时，尽管他的资本回报率可能很高，但它需要占用大量资本来拨备风险，这就降低了经济资本的回报率，进而拉低了集团整体资本的使用效率。因此，2004 年花旗银行率先提出了"经济资本配置模型"，并以此对各业务部门进行考核评价，以改善资本资源的配置效率。花旗银行认为经济资本配置模型的核心理念是每个业务都应该挣到足以弥补其风险的收益，而且这种收益越高越好。

花旗银行的经济资本管理体系是由一系列的内部模型组成的。例如该行引进和借鉴了穆迪与 KMV 的部分风险计量技术，自主开发并从 1990 年开始应用内部评级模型来进行信用风险计量。经过二十多年的回测检验和数据提炼，风险计量模型具有较强的分析鉴别能力。花旗银行的内部评级模型包括两个层面：客户评级和债项评级。其中，客户评级通过使用已验证过的统计模型、打分模型、外部评级及主观判断方法得出；债项评级以客户评级结果为基础，然后再考虑其他一些影响贷款质量的因素，如押品状态、贷款结构状况等确定最终债项评级结果。花旗银行信用风险管理的核心思想是通过评级尽可能地覆盖住绝大多数的信息，如为反映借款人财务状况，内部评级模型选择九大财务指标和一些定性分析指标，每项指标都根据其重要程度确定权重比例；定性指标主要包括管理层状况、技术、营销、运营、财务灵活性、外部监管和宏观经济环境等，借款人的资产规模也纳入模型当中，并且占有较大的权重。花旗银行内部评级模型的目标是在不同区域和不同行业之间，在缺乏高效率资本市场的情况下，或者在缺乏权威外部评级的情况下，采用内部评级框架来评估借款人的信用风险，在风险评估方面获得了一致性，并通过对区域和行业违约概率及违约损失率的测量，把客户评级和风险损失度量联系起来。

花旗银行主要计量三种主要风险类型的经济资本要求，即信用风险经济资本、市场风险经济资本和操作风险经济资本，以确保单独的业务风险之和不超过整个集团的风险容忍度，然后通过 RAROC 和 EVA 等指标对业务条线进行考核，从分析与管理业务条线的 RAROC 出发，经过战略目标、风险偏好和资产结构组合取向的调整，确定业务条线的发展思路和行动目标，并以业务条线回报率为出发点，经过不同层级的汇总，形成不同业务条线、不同区域等的经济资本配置和回报要求，从而将整个银行的经济资本限额分配到全行所有业务条线和各个区域。

根据经济资本的计量结果，花旗银行开始忙于梳理业务，梳理的核心即经济资本回报率，剔除经济资本回报率低的业务，如剥离了它在 1998 年从旅行者那里买入的保险业务，因为相比于银行业务，保险业务的高额拨备占用了大量的风险资本，使其经济资本回报率只有 20％左右，低于公司总体的 34％～39％的回报率水平，更低于零售银行、财富管理部门 50％以上的经济资本回报率。

资料来源：姜美华．商业银行经济资本管理研究．优秀博士论文，东北财经大学，2010 年 12 月

思考：

(1) 经济资本管理方式的核心观念是什么，它的优点有哪些？

(2) 花旗银行经济资本管理有哪些成功经验可供中国商业银行借鉴？

本 章 小 结

商业银行资本是银行股东或其他投资人为赚取利润而投入银行的初始资金，与保留在银行的所有未分配利润的总和。银行资本的存在保证银行能够顺利开展日常经营业务，同时缓冲未来不确定的损失，并保护存款人利益。银行资本按照角度不同可分为会计资本、法定资本和经济资本，其中会计资本是从财务管理者角度看待银行资本，监管资本是从监管当局角度看待银行资本，而经济资本则是从银行风险管理者的角度出发，用以测度和控制银行业务风险总量的有效工具。资本来源主要为权益性资本、债务性资本、盈余及其他资本。商业银行资本构成按照《巴塞尔协议Ⅰ》的规定分为核心资本和附属资本，其中核心资本包括股本和公开储备，它们是银行资本的最重要组成部分；附属资本则包括未公开储备、重估储备、普通准备金/普通呆账准备金、混合资本工具和长期次级债务。

商业银行资本对于银行具有特殊的重要性，因此准确度量资本充足率十分有意义。目前，多数国际银行对资本充足性的度量基本都遵循《巴塞尔协议》的规定，当然随着时间的发展《巴塞尔协议》也已经更新到了第三版，但是总体指标主要是核心资本充足率和总资本充足率，两者要达到一个国际规定的最低比例标准。核心资本充足率是核心资本与风险加权资产的比率，资本充足率为总资产与风险加权资产的比率，按照《巴塞尔协议Ⅲ》的要求前者最低达到 6％，后者达到 8％。

商业银行资本充足性管理策略主要有分子策略和分母策略。分子策略主要是通过增加资本的方式完成，具体分为内源融资和外源融资方式，其中内源主要是通过利润积累，外源则包括发行普通股或优先股，发行附属票据和公司债等方式。分母策略主要是通过适度控制资产规模和优化资产结构两方面来完成。

　　经济资本有多种概念范畴，本书中主要采用的是非预期损失资本的含义，即经济资本是指在一个给定的置信水平下，用来吸收或缓冲非预期损失的资本。它对于银行的风险管理至关重要。按照《巴塞尔协议Ⅱ》的要求，经济资本的度量公式为"经济资本＝信用风险非预期损失＋市场风险非预期损失＋操作风险非预期损失"。经济资本的评价主要通过 RAROC 和 EVA 等指标对商业银行的绩效体系进行考核。

关键词

　　资本　会计资本　法定资本　经济资本　核心资本　附属资本　股本　公开储备　未公开储备　混合资本工具　长期次级债务　巴塞尔协议　资本充足率　核心资本充足率　风险加权资产　非预期损失

思 考 题

1. 商业银行资本的概念和作用是什么？
2. 简述会计资本、法定资本和经济资本的区别和联系。
3. 巴塞尔协议三个版本对资本充足率和核心资本充足率的规定，具体如何计算？
4. 巴塞尔协议三个版本的核心内容分别是什么，都有哪些改进？
5. 商业银行资本充足率的管理策略有哪些？
6. 简述经济资本的含义及度量。
7. 经济资本的评价方法有哪些，各自的核心观点是什么？
8. 《巴塞尔协议Ⅲ》的出台对我国商业银行提出了哪些挑战？

商业银行负债业务管理

【学习目的】

☞ 了解商业银行负债业务的重要性和构成；

☞ 掌握商业银行存款业务的类别和存款创新的原则；

☞ 熟悉商业银行存款定价的方式，并能运用这些方法对存款进行定价；

☞ 理解商业银行存款准备金制度和存款保险制度的意义；

☞ 知道商业银行短期借款和长期借款的方式及特点；

☞ 能说明商业银行如何选择不同的资金来源方式，并了解商业银行如何进行负债业务管理。

负债业务是商业银行在经营活动中产生的尚未偿还的经济义务，作为金融中介机构，负债业务是商业银行最基本、最主要的业务。对于商业银行来说，如何通过负债筹集到更多的资金，以及如何能以较低的成本筹集到更多的资金，直接制约商业银行的业务开展和盈利空间。通过本章的学习，可以了解到商业银行是怎样获取资金并进行经营管理的。本章第一节介绍了商业银行负债业务的含义、功能和构成，负债业务主要包括存款、同业拆借、向中央银行借款、发行债券、回购证券等方式；第二节介绍了商业银行存款业务管理的内容，包括存款种类、成本构成、定价和相关制度等；第三节是关于短期借款业务的管理，短期借款的形式主要有同业拆借、向中央银行借款、回购协议、转贴现和欧洲货币市场借款等；第四节介绍了长期借款业务的管理，长期借款业务是指商业银行通过发行1年期以上的金融债券进行融资的方式。

第一节　商业银行负债业务概述

一、商业银行负债业务的含义

负债业务是指商业银行融通资金的各种业务，它的数量、规模和结构直接影响到银行的资产业务和其他业务。商业银行的资金来源渠道越丰富，资金成本越低，就越有利于商业银行提高盈利能力。负债业务有广义和狭义之分，广义负债是指除银行自有资本外的一切资金来源，包括资本债券和资本票据等；而狭义负债是指除资本性资金来源以外的一切负债，包括银行存款、借入资金等。本章主要以后者为研究对象。

在商业银行的全部资金来源中，负债占到 90％以上，因此管理好负债业务对商业银行至关重要。由于历史产生的原因，存款业务一直是商业银行最为重要的负债业务，这一点无论在哪一个国家哪一家银行都是一致的。但是随着金融市场的快速发展，证券公司、基金公司及保险公司等其他金融机构逐渐成为银行资金来源的重要竞争对手，为了更好地经营和发展，商业银行已经开始寻求资金来源的多元化，包括同业拆借、发行债券和再贴现等。对于我国商业银行来说，随着我国资本市场的不断发展壮大，为了防止"脱媒"现象发生，如何留住存款、拓宽筹资渠道将是各家银行未来必须面对的严峻挑战。

二、商业银行负债业务的功能

首先，负债业务是商业银行经营的基础。除了自有资本金外，商业银行作为金融中介机构必须通过负债的形式将社会上广泛存在的闲散资金集中到一起，即作为"资金的需求者"；另一方面，再把筹集到的资金通过资产业务等方式使用出去，即作为"资金的供给者"，从而完成其作为间接融资媒介的作用。与此同时，负债业务也成为商业银行开展表外业务的基础，通过将借款者和贷款者集中到一起，商业银行获得了一般机构无法得到的客户信息，利用这些信息商业银行可以便捷地开展其他业务，为客户提供多样化、甚至包括定制类的金融服务。正是认识到负债业务的重要性，商业银行对负债业务的管理模式也逐渐从被动性管理转为主动性管理，通过积极吸收存款、借入资金等方式拓宽资金来源渠道。

其次，负债业务的成本影响到商业银行的盈利能力。负债业务作为商业银行最主要的资金来源渠道，它的成本高低关系到银行的盈利空间和竞争力。如果获取资金的成本较低，则使商业银行在竞争中处于有利地位。因此，如何降低商业银行的资金成本，使银行能从多渠道获取资金，创新负债业务管理模式关系到商业银行的长远发展。

再次，负债业务的好坏与商业银行的抗风险能力息息相关。商业银行作为依靠负债经营的特殊金融机构，其资金来源的稳定性将直接威胁到银行的经营甚至是生存。负债业务是保持商业银行合理流动性的需要。商业银行流动性是指商业银行满足存款人提取现金、支付到期债务和借款人正常贷款需求的能力，流动性高低直接决定着商业银行的安危存亡。1997年爆发的东南亚金融危机中，泰国、马来西亚、印度尼西亚、菲律宾等国家都发生了因客户"挤兑"而引发的流动性风险，并迫使大批商业银行清盘，以致引发了一场波及全球许多国家和地区的金融危机。历史经验告诉我们提高商业银行负债业务的管理能力，就是在提高商业银行抵御风险的能力。商业银行负债的稳定对银行经营稳定，乃至整个国家社会的稳定均有着决定性的影响。

最后，负债业务决定了银行支持经济发展的能力。银行作为间接融资机构主要通过贷款等方式为企业发展提供资金支持，使小规模零散的资金通过存款的形式积聚成大规模资金供企业使用，推动经济快速发展。目前，我国《商业银行法》规定银行的存贷比不得超过75%，这意味着如果没有足够的存款支持，即使企业有资金需求，银行也不能向其发放贷款。因此，商业银行的负债业务能力直接关系到企业成长和经济社会的发展速度。

三、商业银行负债业务的构成

商业银行的负债业务主要由存款业务和非存款业务构成。存款业务作为商业银行最原始的负债业务，始终在商业银行负债业务中处于核心地位。随着各国经济的快速发展，非存款类业务也逐渐呈现上升趋势，追求多元化的结构是现代商业银行负债业务管理的目标之一。表4-1是2009年中国四大国有银行负债构成情况。

表4-1　2009年中国四大国有银行负债构成表　　　　　　　　　百万元

负债项目	中国建设银行	中国工商银行	中国银行	中国农业银行
存款	8 001 323	9 771 277	6 685 049	7 497 618
同业存拆放及对央行负债①	812 911	1 001 634	1 070 577	600 319
借入资金②	98 644	111 060	88 055	163 681
其他负债	151 457	222 148	362 868	278 045
负债合计	9 064 335	11 106 119	8 206 549	8 539 663

注：①同业存拆放包括同业存款，同业拆放和对中央银行的负债；
　　②借入资金包括应付债券、长期借款、卖出回购款项
　　数据来源：根据2009年四大银行年报计算得出。

（一）存款业务

存款业务主要包括活期存款、定期存款和储蓄存款等类别。不同类别的存款主要针对客户的不同需要而设定。例如活期存款有时候也被称为交易存款，这类存款主要是为了给存款者提供支付、转账等服务，而定期存款者对资金的短期需求较少，则主要是利用银行的资金存放服务，同时获取高于活期存款的存款利息。存款业务源于商业银行产生的最初目的，即为客户保管资金的功能。商业银行能吸收存款，也是其与投资银行等其他金融机构的最大区别之一。随着经济的不断发展，商业银行提供的存款服务种类也越来越多。美国商业银行在1933年《格拉斯-斯蒂格尔法案》颁布后（详情参见专栏4-1），为了突破监管约束而创造出多种新型存款业务，如可转让支付命令账户（NOW）、超级可转让支付命令账户（SNOW）、货币市场存款账户（MMDA）等，而这些业务的产生正是为了提高银行存款业务的竞争力，以实现吸引客户资金的目的。

专栏4-1　格拉斯-斯蒂格尔法案

《格拉斯-斯蒂格尔法案》（Glass-Steagall Act，简称GS法案），是1933年美国国会通过的金融监管改革法案，又称《1993年银行法》。该法案确立了美国对商业银行与投资银行业务的划分，结束了30年代以前商业银行与投资银行混业经营的历史，

建立了分业经营基础上的商业银行体系。该法案的出台源于 1929 年的美国经济大萧条，第一次世界大战后，美国经济进入了一个繁荣时期，成为当时世界上最发达和稳定的国家。良好的经济环境和乐观的情绪为 20 世纪 20 年代的股市大发展创造了条件，同时也导致了 20 年代的经济过热和信用泛滥，当时购买证券只需要支付 10% 的保证金（即融资业务），参与证券投机的人大都靠借款来购买大量的证券，2/3 的证券交易是靠银行贷款进行的。美国银行立法对商业银行从事证券业务并没有限制，银行对储户的存款也缺少安全保险制度的管理，导致银行资金大量流入股市。由于信用泛滥，以及证券立法不健全，终于导致了 1929 年的股市大崩盘和经济危机。为避免重蹈 1929 年的经济大萧条，罗斯福总统 1933 年 6 月 16 日签署了《格拉斯-斯蒂格尔法案》，严格实行银行和证券分业经营。1999 年随着《1999 年金融现代化法案》颁布，GS 法案被废除，美国的金融分业经营时代就此结束。

GS 法案的主要内容如下。

① "格拉斯-斯蒂格尔条款" 规定商业银行业务和投资银行业务必须分离，主要在第 16、20、21、32 条款中体现。

第 16 条规定，国民银行不能进行企业的证券承销发行业务及自营企业证券的买卖业务，但可以承销政府债券、政府机构债券、事业机构债券等非企业性债券。

第 20 条规定，国民银行不可以把主营股票、公司债及其他有价证券业务的所有任何形态的法人作为其关联公司。

第 21 条规定，主营股票、公司债及其有价证券的个人或法人，不可以从事存款业务。

第 32 条规定，除经过联邦储备理事会的特别认定，任何从事证券业的人，不得担任成员银行的官员、董事或者雇员，从而禁止商业银行与投资银行之间的管理人员相互兼职。

② "Q 条例" 限制存款利率——禁止联邦储备委员会的会员银行对它所吸收的活期存款（30 天以下）支付利息，并对上述银行所吸收的储蓄存款和定期存款规定了利率上限。1957 年之前利率上限为 2.5%，之后有所调整。"Q 条例" 颁布的主要目的是为了限制银行通过提高利率方式来恶性争夺存款。

③ 存款保险制度。联邦存款保险公司（FDIC）作为一家为银行存款保险的政府机构于 1934 年成立并开始实行存款保险，以避免挤兑，保障银行体系的稳定，存款保险制度也成为美国金融体系及金融管理的重要组成部分。

《1999 年金融现代化法案》颁布后，GS 法案被废除，美国金融业再次进入混业经营的时代。2008 年爆发的次贷危机使监管当局再次思考混业经营的弊端，奥巴马政府提出的限制银行的自营业务，也被很多人认为是重回《格拉斯-斯蒂格尔法案》分业经营态势。2010 年 7 月 16 日美国国会最终通过了新的金融监管改革方案《多德-弗兰克法案》，该法案被认为是自 1929 年大萧条时期以来规模最大、严厉程度也最高的银行业改革法案。"沃尔克法则" 是该法案最引人注目之处，它要求监管者对银行及其附属机构、控股公司实施监管，禁止其开展自营交易、投资和设立对冲基金和私人股权基金，并且限制银行及其附属机构与对冲基金和私人股权基金之间的业务关联。受美联储监管的非银行金融机构在自营交易、对冲基金和私人股权基金方面的投资也受到限制。同时，设置了一个例外条款：在应投资者要求并采取"风险共担"方式下，银行可以对对冲基金进行少量的投资，但是投资金额不得超过一级资本的3%。

思考：（1）从美国的金融监管改革历程中，我们可以得到什么样的启示？

（2）我国目前是分业监管，未来的监管方式会有哪些改变？

我国四大国有银行的负债业务中存款业务是最为重要的组成部分（详见表4-1），2009年中国建设银行的存款业务占全部负债的88.27%，而中国工商银行、中国银行和中国农业银行的这一比例分别为87.98%、81.45%和87.80%，充分表明存款业务在我国银行生存发展中所处的核心地位。对存款总额进行横向比较，会发现中国工商银行的存款总额最多，为97 712.77亿元，负债总额也是最多的，为111 061.19亿元，表明工商银行是四大行中负债规模最大、最有资金实力的银行。相比较之下，美国花旗银行2009年存款总额为8 359.03亿美元，占全部负债的比例仅为49.12%（见表4-3），虽然也同样是最主要的资金来源方式，但是比例远低于我国商业银行，这表明我国商业银行在利用非存款业务融资方面还有巨大的发展空间，进行多元化融资的负债管理模式还需要多向国外先进银行学习。

表4-2 2007—2009年中国银行负债构成表 百万元

负债项目	2009	2008	2007
存款	6 685 049	5 173 352	4 480 585
同业存拆放及对央行负债	1 070 577	856 643	516 715
借入资金	88 055	77 982	77 978
其他负债	362 868	353 816	465 282
负债合计	8 206 549	6 461 793	5 540 560

数据来源：2009年中国银行年报。

表4-3 2009年美国花旗银行负债构成表 百万美元

负债项目	金额	占负债总额的比例
存款	835 903	49.12%
同业拆借及回购协议	154 281	9.06%
短期借款	68 879	4.05%
长期负债	364 019	21.39%
其他负债	278 591	16.37%
负债总额	1 701 673	100%

数据来源：2009年花旗银行年报。

（二）非存款类业务

除了存款业务之外，商业银行常常通过同业拆借、向中央银行借款、发行债券、回购证券等方式筹集资金。同业拆借是商业银行之间融通短期资金的一种方式。由于存款准备金政策使得商业银行每天都可能存在多余法定存款准备或者法定存款准备不足，这就产生了同业拆借行为，而商业银行也可以利用多余头寸获得利息收入。向中央银行借款主要通过再贷款和再贴现两种方式进行，一种是直接借款，另一种就是通过持有的未到期票据进行借款，以实现资金融通的目的。其他的资金融通方式包括发行债券、回购证券和转贴现等，通过多种渠道商业银行获得资金，从而减少对存款的过度依赖，提高负债业务管理能力。

随着金融市场的竞争日益加剧，商业银行不断拓宽资金来源渠道。一方面，如果商业银行仅依赖于一两种资金来源，那么它面临的经营风险也很大，一旦资金来源成本增加就会减少商业银行的利润。另一方面，资本市场的产生使得证券公司、投资银行、基金公司等金融机构快速发展起来，它们都在积极的抢夺客户资金，这使得商业银行不得不寻求其他资金来源渠道。从表 4-1 和 4-2 中可看到，近年来中国银行的非存款业务得到了较快的增长，2009 年底中国银行的非存款业务总额为 15 215 亿元，占全部负债总额的 18.55％，同其他三家银行相比这一比例是最高的；2009 年非存款业务额同上年相比增长了 2 330.59 亿元，增幅为 18.09％，2008 年同上年相比增幅达 21.55％，表明我国商业银行已逐步开始寻求负债业务的多元化管理，以减少经营风险。我国四大行的非存款负债中，占比最大的部分均为同业拆借和向中央银行借款，而其他形式负债筹集的资金占比较小。与此同时，可以看到美国花旗银行的非存款业务总额为 8657.70 亿美元，占全部负债的比例高达 50.88％，其中仅长期负债就占到全部负债的 21.39％（见表 4-3），仅次于存款来源，而同业拆借和回购协议、短期借款等均是美国花旗银行的重要资金来源方式。不难想像在存款资源有限的情况下，哪家银行率先通过其他途径融入更多资金，则必将在经营业务开展方面占据优势。为此，我国商业银行未来还需进一步拓宽融资渠道，多方位补充资金，从而提高商业银行经营资产业务、表外业务的能力，更好地同国外银行竞争。

第二节 商业银行存款业务管理

一、商业银行存款业务的种类

存款业务是指商业银行接受客户存入的货币款项，并承诺存款人可随时或按照约定时间支取款项的一种信用业务。按照传统分类方法，存款业务主要分为活期存款、定期存款和储蓄存款三类。随着经济发展与金融监管的变化，在传统产品基础之上又衍生出一些新兴品种，这一类统称为创新型存款业务。由于种类繁多，下面主要介绍一些有代表性的存款工具。

（一）传统型存款业务

1. 活期存款

活期存款（Demand Deposit）有时也被称为交易存款（Transactional Deposit）或支票存款（Checking Deposit），是指无需任何事先通知，存款户可随时存取和转让的一种无固定存款期限的银行存款。该类存款主要是为客户提供支付、交易和转账等功能，存款客户可以通过开出支票、本票、汇票，ATM 机，银行卡，信用卡，电话转账等多种形式提取存款，使用起来快捷方便，因此也成为商业银行最主要的存款形式。

活期存款占一国货币供应的最大部分，也是商业银行的重要资金来源。鉴于活期存款不仅有货币支付手段和流通手段的职能，同时还具有较强的派生能力，因此商业银行在任何时候都必须把活期存款作为经营的重点。但由于该类存款存取频繁，手续复杂，管理成本较高，因此西方国家商业银行一般都不支付利息，有时甚至还要收取一定的手续费。美国在1933年颁布的《格拉斯-斯蒂格尔法案》中的"Q条例"中曾规定银行不得向活期存款支付利息，虽然此条例在20世纪80年代被废除，但活期存款的利息成本目前仍是银行负债业务中最低的。

活期存款的存款期限较短，流动性很强，但是在存取交替过程中银行总会保有一个相对稳定的余额存量，这部分余额使得商业银行可以将其用于期限较长的高盈利资产业务，从而获得经营收入。

2. 定期存款

定期存款（Term Deposit）是一种事先约定支取日的存款，即银行与存款人双方在存款时事先约定期限和利率，到期后方可支取的存款。存款期限一般为7天、3个月、6个月、1年、5年和10年不等，而我国商业银行的人民币定期存款通常分为3个月、6个月、1年、2年、3年、5年六个利率档次。由于定期存款一般不能提前支取，而且期限较长，所以利率要比活期存款高得多，银行针对期限长短不同设定不同的利率。如果客户需要提前支取款项，依照国际惯例是按活期存款利率进行计息，甚至有些国家的银行还要收取一个罚息。目前，我国商业银行的定期存款支取有如下方式：第一，到期全额支取，则按照事先规定的利率本息一次结清；第二，全额提前支取，银行按支取日挂牌公告的活期存款利率计付利息；第三，部分提前支取，若剩余定期存款不低于起存金额，则对提取部分按支取日挂牌公告的活期存款利率计付利息，剩余部分存款按原定利率和期限执行；若剩余定期存款不足起存金额，则应按支取日挂牌公告的活期存款利率计付利息，并对该项定期存款予以清户。

定期存款主要是为存款人提供一种资金存放服务，对于客户来说是一种收入稳定、风险较小的投资方式。对于银行来说，虽然定期存款的利息成本较高，但是其管理和营业成本很低，而且能为银行提供稳定的资金来源，有利于银行根据固定期限来安排贷款结构，降低经营风险。

3. 储蓄存款

储蓄存款（Savings Deposit）是指银行针对居民个人的储存货币需求而办理的一种存款业务。由于居民个人的交易行为相对于公司来说要少得多，所以此类账户通常不能签发支票，支取时主要通过提取现金、刷卡或转账等方式使用。储蓄存款也分为定期储蓄存款和活期储蓄存款，两者都需要支付利息，通常定期储蓄存款居多。根据我国《储蓄管理条例》的规定，国家宪法保护个人合法储蓄存款的所有权不受侵犯，储蓄机构办理储蓄业务必须遵循"存款自愿、取款自由、存款有息、为储户保密"的原则。同时，规定任何单位不许将公款转为个人储蓄存款。

我国的储蓄存款一直是商业银行的重要资金来源，与美国等发达国家不同，高储蓄率是我国经济的一大特征。由于中国人的传统理财观念就是量入为出，所以一有钱就存到银行是多数老百姓的生活习惯。另一方面，由于我国目前处于经济发展的转型时期，社会保障体系还远未建立起来，而住房、子女教育和医疗方面的大量资金需求也使得百姓不敢将手中的钱花出去，这也是中国储蓄率高居不下的主要原因。此外，我国金融市场可供百姓投资的渠道有限，资本市场处于发展初期，规模较小且不够规范，投资风险相对银行存款较大。可以想像，随着我国资本市场的不断完善和发展，证券、基金和保险等相关产业的投资规模必将逐步扩大，将会有越来越多的居民储蓄分流到资本市场中去。

专栏 4-2 我国高储蓄率的原因

改革开放以来，我国储蓄率一直居高不下，且持续上升。20 世纪 80 年代初，我国储蓄率基本维持在 35％左右，90 年代末上升到 40％以上，2005 年之后超过 50％。高储蓄率问题一直受到极大关注，在目前国际金融危机尚未化解和国内经济面临重大调整的情形下，如何通过降低储蓄率来扩大内需，已成为我国经济走出低谷、保持长期经济增长的关键，而我国高储蓄率问题也再次成为关注的焦点。

我国高储蓄率最主要的原因在于高经济增长。大家知道，对于国家总体经济而言，一国的全部产品只有两种用途，要么被消费，要么被投资。另一方面，由一国产品全部的价值所形成的国民收入也只有两种用途，要么是消费，要么是储蓄。因此，一国事后的总投资总是等于总储蓄，这就是宏观经济学中常讲的"总投资等于总储蓄"的原理。消费总是今天的事情，它对明天的经济影响不大。储蓄代表今天的投资，它可以进一步提高明天的生产能力。从这一点看，今天的高储蓄率意味着明天的高生产能力。反之，如果一个国家要想提高明天的生产能力，今天就必须有一个较高的储蓄率和投资率。因此，经济高增长时期出现高储蓄率是必然的。各国经济发展经验也证明这一点，如 20 世纪六七十年代的日本，90 年代的韩国，其储蓄率都超过 35％；90 年代的新加坡和马来西亚，储蓄率超过 40％，新加坡甚至高达 48％。所以说，高储蓄率和高经济增长率总是结伴同行的，从这一意义上讲，我们现阶段出现高储蓄率是必要的。

第二，我国高储蓄可能同大家的短视性预期和对未来缺乏信心有关。已有理论研究表明，高经济增长本身会通过预期方式来影响储蓄率。在低经济增长率的情况下，个人对未来的经济是否有信心对个人的消费影响不大。因为即使未来没有经济增长，只要没有负经济增长或经济危机，未来的经济至少可以维持现状，未来不会比现在更坏到哪里。但是，对于一个高经济增长的经济而言，未来的低增长就意味着经济状况变差了。因此，如果大家对未来经济的持续增长信心不足，个人就会以现在多储蓄来为未来做准备。

第三，高储蓄率可能同我国老百姓的一些习惯心理特征有关。一般来说，我国的老百姓都具有害怕风险、寻求安稳和看重未来的心理习惯。看重未来的心理使得大家都愿意现在少消费多投资来为未来美好生活而努力，害怕风险和寻求安稳的心理则使得大家总想通过储蓄来为未来可能出现的"苦难时期"做准备。这两种心理习性都倾向于使得我国比其他文化背景的国家具有更高的储蓄率。就目前情况而言，我国正处于改革变动的时期，各种发展机会层出不穷，这一方面会刺激大家多储蓄多投资以改善未来生活的心理；另一方面，改革中各种社会保险体制的不完善甚至缺失也增加大家的风险，特别是医疗、教育和住房等方面的制度改革所带来的不确定性，这些都使得老百姓的预防性储蓄大大提高。

最后，政府高税收和政府主宰的高投资也是我国高储蓄率的原因之一。这一点看看我国税收占国民收入比重的现状及它不断上升趋势，以及我国政府储蓄率的变化情况和现状就不难发现。据我国财政部的资料显示，2003 年至 2007 年，政府财政收入占 GDP 的比重从 24% 上升到 30%。国家税务总局的资料也表明，我国税收收入增长率明显高于同期经济增长率。当然，如果政府税收能够以转移支付的形式回到老百姓手中，或者以政府采购的形式进入消费领域，那也不会导致高储蓄率。但是，如果政府税收都被用于公共建设投资，那么总储蓄率显然就会提高，而政府储蓄的不断攀升也正好解释了我国政府在高储蓄中所起的作用。

相同消费水平和经济增长率下，相对于高储蓄率而言，低储蓄率的经济具有更高的福利水平。因为福利水平总是取决于老百姓消费水平，只有消费水平提高才能使得生活水平不断提高。高储蓄率高投资率只有在它通过经济增长不断提高消费水平的情况下，才能提高福利水平，这样的高储蓄高投资率带来的高经济增长对老百姓的生活才有实际意义。

资料来源：《深圳特区报》，2009 年 8 月 25 日。

思考：（1）你认为我国高储蓄率的原因是什么？

（2）我国储蓄率高到底是好还是坏，应如何解决？

下面以中国工商银行为例，分析我国商业银行的存款结构（见表 4-4）。截至 2009 年年底，中国工商银行的存款总额为 97 712.77 亿元人民币，其中公司存款占比 49%，个人存款占比 47.7%。公司存款中以活期存款为主，数额约为定期存款的 2 倍，公司对交易支付的需求使得其更经常使用的是活期存款账户。个人储蓄存款则主要以定期存款为主，定期存款总额为 28 521.97 亿元，占全部存款的比例为 29.2%，表明居民个人多是为了应付未来支出或资金困难需要，而预先储存一笔钱，这也为银行提供了大量的长期稳定资金。从期限结构上看，个人和公司的活期存款总额为 49 708.96 亿元，占到全部存款比例的 50.9%，定期存款则占比 45.8%。相比之下，根据美国花旗银行 2009 年年报显示，至 2009 年年底花旗银行存款总额为 6 775.34 亿美元，其中美国境内居民储蓄存款为 1 742.60 亿美元，占全部存款总额的 25.7%，远低于我国银行接近 50% 的比例。此外，与其他国家银行最大的不同是，境外存款成为花旗银行最主要的存款来源，占比高达 65.5%。

表 4-4　2009 年中国工商银行存款结构表　　　　　　　　　　　百万元

存款项目	金额	占比/%
公司存款		
定期	1 625 829	16.6
活期	3 162 661	32.4
小计	4 788 490	49.0
个人存款		
定期	2 852 197	29.2
活期	1 808 235	18.5
小计	4 660 432	47.7
境外存款	185 640	1.9
其他存款	136 715	1.4
存款总额	9 771 277	100.0

注：其他存款主要包括汇出汇款和应解汇款。

数据来源：2009 年中国工商银行年报。

（二）创新型存款业务

美国在 1933 年通过的《格拉斯-斯蒂格尔法案》中的"Q 条例"规定禁止银行向活期存款支付利息，而定期存款利率有上限规定。在存款利率受到严格管制的情况下，商业银行面对来自资本市场的其他金融工具的激烈竞争，20 世纪 60 年代末期市场利率上升，导致银行存款流失严重。针对此种严峻情况，20 世纪 70 年代美国商业银行纷纷开始进行存款工具创新，从而既能规避利率管制，又可以让客户享受到便利的活期存款账户服务。

1. 可转让支付命令账户

可转让支付命令账户（Negotiable Order of Withdrawal Account，NOW）是一种可以支付利息的新型活期存款，它以支付命令代替了支票，从而可以随时提现或直接向第三者支付。该账户具有如下特点：第一，它是一种不使用支票的支票账户，即所使用的工具是支付命令书，但实质上同支票一样，可以提款也可以背书转让；第二，商业银行对该账户支付利息，但客户像活期存款一样可以随时提现和转账；第三，它是一种储蓄账户，即只有居民个人和非盈利组织可以开设此类账户。

1970 年，马萨诸塞州的一家互助储蓄银行发现禁止对支票存款支付利息的法规漏洞，他们把支票存款账户来了个改头换面，叫可转让支付命令账户。可转让支付命令账户本质上同支票账户没有任何区别，但是在法律上不作为支票账户，银行可以绕开监管漏洞向该账户支付利息，客户因此可以在拥有支票便利的同时，享有利息的优惠。NOW 账户开设后将大量存款吸引回储蓄银行。刚开始，美国只有少数州认可 NOW 账户的合法性，直到 1980 年，美国法律最终通过允许全美各地的储蓄贷款协会、互助储蓄银行和商业银行开设 NOW 账户。

2. 超级可转让支付命令账户

超级可转让支付命令账户（Super NOW，SNOW）是可转让支付命令账户的创新发展，它是美国 1982 年根据《加恩·圣·吉曼存款机构法案》产生的，超级可转让支付命令账户的出现使得该账户的使用更加灵活，并且收益率更高。它的特点是：第一，利率较高，银行每周调整一次利率，利率高于普通可转让支付命令账户的利率。银行常对开立此种账户的存户提供一定的补贴或奖励，成本高于可转让支付命令账户。第二，可以无限制地开出支付命令，同一般支票账户一样。第三，有最低存款余额的限制，金额起点为 2 500 美元，日常平均余额不得低于起存额，否则按普通可转让支付命令账户的较低利息水平计息。

3. 货币市场存款账户

货币市场存款账户（Money Market Deposit Account，MMDA）是美国商业银行为应对来自货币市场基金的竞争而开发出的新型活期存款品种。20 世纪 70 年代，美国创立了货币市场共同基金，它将小投资者零散资金集中起来投资于货币市场工具，具有风险低、流动性好及投资收益共享等特点，投资者可以签发以其基金账户为基础的支票，这使得货币市场基金实际上具有支票存款账户的性质，但又无需缴纳法定存款准备金，也不受利率上限的管制，这对商业银行造成了很大的竞争威胁，商业银行迫切要求设立一种新型的存款账户以吸引更多的存款。货币市场存款账户于 1982 年 12 月 16 日由美国存款机构管制委员会正式批准商业银行开办。它的特点是：第一，它向客户支付较高的利息，存款利率没有上限的约束，银行每周调整一次利率。第二，客户可以提款、开支票和汇票，但是都有次数限制。按照规定客户每个月最多可开出三张取款支票，六张预先授权汇票，客户自己提款也有最高限额和最多次数限制。第三，个人和企业均可以开设货币存款市场账户，这一点与可转让支付命令不同。

4. 自动转账服务账户

自动转账服务账户（Automatic Transfer Service Accounts，ATSA）是指客户在同一家银行开立两个账户，一个是无息的活期存款账户，一个是有息的储蓄账户。客户一般都将存款放在储蓄账户，一旦需要签发支票时，可打电话通知银行将所需款项转入活期账户，从而实现既获得利息又可以享受支票账户便利的双重目的。1978 年美国联邦储备委员会和联邦存款保险公司授权商业银行提供 ATS 账户，ATS 刚推出时公众反应热烈，但是由于自动转账服务收费较高，而且相当一部分消费者习惯只使用一个交易账户，因此随着 20 世纪 80 年代其他新型存款工具的逐步推广，客户对 ATS 账户的需求有所下降。

5. 大额可转让定期存单

大额可转让定期存单（Large-denomination Negotiable Certificates of Time Deposit，CDs）是一种固定面额、固定期限，可以在市场上进行买卖转让的定期存单。它与普通定期存款不同，特点如下：第一，存款金额有最低限制，美国一般是在 10 万美元以上；第二，存单有固定的面额和固定期限，存款利率较高；第三，持有人在到期前不能提现，但是可以任意在二级市场上买卖多次，从而获得想要的流动资金；第四，发行对象既可以是个人，也可以是企事业单位。

美国花旗银行于 1961 年创造出了大额可转让定期存单，由于客户持有它既可以获得较高的利率又可以在二级市场流通转让，因此该工具一经产生便起到了良好的稳定银行存款的作用。随后为了更好地满足客户的需要，银行不断创造出新的 CDs 品种，如流动性定期存单（Liquid CDs），即允许存款者取出部分资金，而且不收取费用；递升定期存单（Step-up CDs），该存单的定期存款利率以事先约定的利率定期增加；突然提升定期存款（Bump-up CDs），该存单同意存款人在市场利率上升时将资金转入利率较高的账户。

大力发展大额可转让存单市场对企业、银行乃至国家的经济发展都有积极的意义。对于个人和企业来说，CDs 是兼具安全性、盈利性、流动性的存款工具，一方面 CDs 的利率按定期存款支付，收益性高于活期存款，另一方面 CDs 有二级流通市场，可以随时转让融资，而且它是由银行发行的，安全性较好。对于银行来说，通过发行 CDs 吸收的资金数额较大，期限固定，可以作为长期稳定的资金来源，而且发行手续简便，要求书面文件资料简单，费用也较低，将有利于商业银行主动增加负债工具，拓宽资金来源。对于金融市场来说，大额存单进入银行间债券市场，将会活跃市场现券交易，促进回购交易。同时，大额存单进入货币市场，可丰富中央银行公开市场操作工具，已逐渐发展成为货币市场一个不可缺少的组成部分，对促进货币市场的培育具有积极意义。同时，由于 CDs 可自由买卖，它的利率实际上反映了资金供求状况，有利于推进利率市场化进程。目前，世界各国的大额可转让存单市场发展较快，在美国、日本等国大额可转让存单已经是商业银行的主要资金来源之一，CDs 的利率已经是对短期资金市场影响较大的利率，发挥着越来越大的作用。

我国商业银行从 1989 年起曾发行过大额可转让存单，当时中国人民银行颁布了《中国人民银行关于大额可转让定期存单管理办法》，其中规定"大额可转让定期存单的发行单位限于各类银行，其他金融机构不得发行大额可转让定期存单。大额可转让定期存单的发行对象为城乡个人和企业、事业单位。购买大额可转让定期存单的资金应为个人资金和企业、事业单位的自有资金"。至 1993 年累计发行 500 多亿元，但基本是向公众个人发行，而且始终就没有形成一个二级交易市场。1996 年，央行重新修改了《大额可转让定期存单管理办法》，对城乡居民个人发行的大额可转让定期存单面额改为：1 万元、2 万元、5 万元；对企业发行的大额可转让定期存单的面额为 50 万元、100 万元和 500 万元，期限为 3 个月、6 个月和 12 个月。然而由于大额存单出现很多问题，特别是盗开和伪造银行存单进行诈骗等犯罪活动凸现，央行于 1997 年暂停审批银行的大额存单发行申请，大额存单业务实际上被完全暂停，至今已十余年。大额可转让存单在我国一直没有成功发展的原因主要如下。

①二级市场流动性不足。由于 10 多年以前，中国二级证券市场还没有完全形成，人们的投资意识不强，大额存单在很大程度上欠缺流动性，形成可"转让"存单难以转让的状况。而且，由于存单难以转让还导致很多问题，如一些人利用持有人遇有特殊情况急需兑现的心理，乘机低价买进或进行倒买倒卖的投机活动。

②利率市场化程度不足。过去由于中国资金供求关系紧张，出于对高息揽存问题的担心，中央银行对大额存单利率进行了严格管制，导致大额存单的吸引力尽失。由于利率管制，中国以前大额存单市场的发展并非由银行出于自身的需要而进行创新所主导，而更大程度上是由监管机构所主导，银行的创新活动受到严重的限制。其实，很多国家都利用大额可转让存单作为推动利率市场化的工具。日本在货币市场发育程度较低、交易品种不丰富的情况下，也是允许 CDs 利率不受临时利率调整法限制，使其迅速成为货币市场的主要交易工具，为利率市场化找到了最佳途径。目前我国利率市场化的难关是存款利率上限，而大额存单可以作为其突破口。一旦大额存单在利率上放开，由投资者和银行通过市场机制定价，并且实现在大规模发行的基础上保证足够的市场流动性，那么在一定程度上，利率市场化改革就能取得重要的突破。因此，发展大额存单市场对于推动我国利率市场化进程将发挥重要作用。

③缺乏相关的和技术条件保障。由于技术条件所限原发行银行无法掌握大额存单的转让情况，从而给存单到期兑现带来麻烦，而且制度的缺失也导致了银行资金的损失。正是由于技术条件所限，金融基础设施不完备导致当时以大额存单为媒介的各种犯罪活动相当猖獗，难以维持市场秩序。

经过多年的发展，中国的利率市场化已达到一定水平，同时金融基础设施日趋完善，因此发展大额存单市场的时机日益成熟。因此，我们应认真总结经验教训，择机重建大额存单市场，这将有利于推动中国利率市场化，拓宽商业银行融资渠道，完善中国的金融市场体系。

二、商业银行存款业务的成本构成

(一) 利息成本

利息成本是银行存款业务最为直接的成本，是银行按照约定存款利率乘以存款金额后支付给存款人的报酬。存款利率随着期限长短和存款品种的不同而变化，一般来说存款期限越长利率越高；定期存款的利率要高于活期存款的利率。存款利率又分为固定利率和可变利率，两者是以存款利息的计算是以不变利率进行计算，还是以可变利率计算为区分标准。我国商业银行存款一般都是以固定利率计息。

从表 4-5 中可以看到中国工商银行的存款利息成本构成，至 2009 年年底工行的总利息支出为 1 452.46 亿元，占存款总额的比例为 1.6％，占全部利息支出的 90.7％，说明存款利息是银行最主要的利息成本支出。个人储蓄存款的利息成本高于公司存款，个人储蓄存款的利息支出为 856.62 亿元，公司存款的利息成本为 581.61 亿元，而境外存款的利息支出仅占很小的比例。无论是对公司还是对个人来说，定期存款的利息成本都高于活期存款，其中个人储蓄存款以定期为主，利息成本支出为 800.94 亿元，平均付息率为 2.79％，而活期储蓄存款的利息支出仅为 55.68 亿元，平均付息率为 0.36％。企业存款则以活期为主，主要为了享受银行便捷的交易转账服务，企业存款的平均付息率为 1.28％，要低于个人储蓄存款。

表 4-5　2009 年中国工商银行存款利息支出表　　　　　　　　　　　　百万元

存款项目	平均余额		利息支出		平均付息率/％	
	2009	2008	2009	2008	2009	2008
公司存款						
定期	1 618 171	1 227 435	39 705	41 938	2.45	3.42
活期	2 911 786	2 439 832	18 456	24 721	0.63	1.01
小计	4 529 957	3 667 267	58 161	66 659	1.28	1.82
个人存款						
定期	2 869 428	2 276 616	80 094	82 313	2.79	3.62
活期	1 537 701	1 281 000	5 568	7 590	0.36	0.59
小计	4 407 129	3 557 616	85 662	89 903	1.94	2.53
境外存款	166 812	155 429	1 423	3 691	0.85	2.37
存款总额	9 103 898	7 380 312	145 246	160 253	1.60	2.17

数据来源：2009 年中国工商银行年报。

表 4-6　2009 年美国花旗银行利息成本表　　　　　　　　　　　　百万美元

存款项目	平均余额		利息支出		平均付息率/％	
	2009	2008	2009	2008	2009	2008
境内存款						
储蓄存款	174 260	167 509	2 765	2 921	1.59	1.74
其他定期存款	59 673	58 998	1 104	2 604	1.85	4.41
境外存款	443 601	473 452	6 277	14 746	1.42	3.11
总计	677 534	699 959	10 146	20 271	1.50	2.90

数据来源：2009 年花旗银行年报。

与中国不同，美国银行对活期存款不支付利息。从表 4-6 中可以看到 2009 年花旗银行利息成本主要由储蓄存款、定期存款和境外存款构成，其中境外存款的利息支出最大，为 62.77 亿美元，随后是储蓄存款和其他定期存款，这一点同我国银行不同，表明花旗银行主要依靠吸收外国存款来支持投资和经济发展。花旗银行的定期存款的平均付息率最高，2009 年为 1.85％，2008 年则高达 4.11％。无论是中国工商银行还是美国花旗银行 2008 年的平均付息率均高于 2009 年，这主要是因为 2008 年次贷危机爆发后全球经济陷入低谷，2009 年以来各国纷纷采取降息的方式刺激经济复苏，美国和中国均连续调低基准利率。

（二）经营成本

经营成本是指银行除利息支出外的由于日常经营活动而发生的成本，包括银行职员工资、建筑物和设备折旧费、租金和物业管理费、培训费、广告宣传费、办公费等为存款户提供服务而引发的费用。由于商业银行之间的竞争越来越激烈，商业银行为争取更多的存款，除了按市场利率向存款人支付利息之外，还不断地增加针对存款人的各种服务。此项成本正是由银行为了提高金融服务的水平和效率而引发的，尤其在我国存款利率受到管制的情形下，服务效率的差异和营业网点的便利与否都可能影响到银行吸收存款的能力，因此有效管理营业成本是提高银行盈利能力的重要手段。

（三）其他相关成本

其他相关成本主要包括除了以上两项成本之外的其他与增加存款相关的成本。如市场利率的变化可能会引起存款成本的波动，尤其是那些利率敏感性存款，从而增加存款的利率风险成本。银行存款的增加也会提高银行的资产负债率，从而增加其利息支出和资本风险。此外，还有连锁反应成本，它是指银行为吸收新存款所增加的服务和利息支出而引起原有存款开支的增加。例如银行为了吸引新的存款户，可能采取提高利息或提供优惠服务等手段，这样原有的客户也会要求同样的待遇，从而增加了银行的利息支出。

三、商业银行存款业务的定价[①]

在市场经济环境下，银行如何为存款业务定价至关重要。一方面，银行为了吸引资金流入必须支付足够高的利息，另一方面，银行又要避免利息支出过多影响到自身的盈利能力。那么银行到底是如何进行存款业务定价以实现吸引资金和追求盈利的双重目标，这将是我们这部分研究的重点。

（一）加权平均成本存款定价法

加权平均成本是指所有存款资金来源的平均借入成本。这种方法要求银行计算出所有存款来源的单位成本率，并按照该资金来源占存款资金总额的比例作为权重进行相乘，最后加总求和得到银行存款资金的加权平均成本。这种定价方法的思路是认为对于银行来说单项存款资金的成本并不重要，重要的是全部存款资金来源的加权平均成本，它的高低直接决定了银行的盈利空间。

$$加权平均成本 = \sum \left(\frac{每种存款资金量}{存款资金总额} \times 每种存款的单位平均成本 \right)$$

$$每种存款的单位平均成本 = \frac{该存款的利息和非利息成本}{(100\% - 法定准备等费用比率)}$$

加权平均成本法使银行能够估计不同存款条件变化和不同存款方案对资金成本的影响，如利率、通货膨胀率等变化的影响，银行可以根据估算出的成本对存款进行合理的定价，从而寻找最有利可图的最低存款金额。很多情况下可能银行的可用资金总额并没有改变，但是仅仅因为存款人将资金从活期转到定期账户，银行的资金成本就会大大增加，从而影响到银行的资金回报率。

假设一家银行筹集了 5 亿元人民币的资金，资金构成为：1.5 亿元支票存款，利息和非

① 存款业务定价内容参考：彼得·S·罗斯，西尔维娅·C·赫金斯. 商业银行管理. 刘园，译. 北京：机械工业出版社，2007.

利息成本为 9%；2 亿元的定期和储蓄存款，利息和非利息成本为 10%；1 亿元的货币市场借款，利息和非利息成本为 11%；5 000 万元的权益资本，资金成本为 20%。中央银行对活期存款的法定准备要求为 16%，定期和储蓄存款为 6%，货币市场借款为 3%，则该银行存款的税前加权平均成本为

$$加权平均成本 = \frac{支票存款}{存款总额} \times \frac{利息和非利息成本}{(100\% - 法定准备等费用比率)} +$$

$$\frac{定期和储蓄存款}{存款总额} \times \frac{利息和非利息成本}{(100\% - 法定准备等费用比率)} +$$

$$\frac{货币市场借款}{存款总额} \times \frac{利息和非利息成本}{(100\% - 法定准备等费用比率)} +$$

$$\frac{权益资本}{存款总额} \times \frac{利息和非利息成本}{(100\% - 法定准备等费用比率)}$$

$$= \frac{1.5}{5} \times \frac{9\%}{(100\% - 16\%)} + \frac{2}{5} \times \frac{10\%}{(100\% - 6\%)} +$$

$$\frac{1}{5} \times \frac{11\%}{(100\% - 3\%)} + \frac{0.5}{5} \times \frac{20\%}{100\%}$$

$$= 0.1174 \text{ 或 } 11.74\%$$

本例说明银行的资产业务必须至少实现 11.74% 的税前回报率，从而使银行实现盈利，额外的收入将以股利形式发放给股东或作为留存盈余增加银行资本金。

加权平均成本法对评价银行过去的经营状况有重要意义。例如将某银行与同等规模的其他银行的平均成本和资产收益率进行比较，可以从成本方面说明该银行的支出和利润与其他银行不同的原因。但这种分析也有不足之处，即没有考虑到未来利息成本的变动，具体的区别将在边际成本法中论述。

（二）边际成本存款定价法

边际存款成本是指银行新增加一单位存款所增加的成本。一般情况下，银行在选择资产项目时，应该基于银行资产的边际收益率大于资金的边际成本的原则，这样银行才能获得利润。边际成本法的优点是可以随时反映出利率的最新变化，相比之下在利率不断波动时加权平均成本法所计算出的成本就不太可靠。例如，当利率上升时，这时新吸收资金的边际成本可能远高于加权平均成本，可能之前签订的可以盈利贷款项目，现在反而亏损了。当利率下降时，新吸收资金的边际成本可能远低于加权平均成本，导致原先可能按加权平均成本并不能盈利的资金项目现在反而会带来利润。因此，一些学者建议应采用边际成本定价法确定新增存款的利率，而不是加权平均成本法。

$$边际成本 = 总成本变动额 = 新利率 \times 新利率下吸收的资金总额 - 旧利率 \times 旧利率下吸收的资金总额$$

$$边际成本率 = \frac{总成本变动额}{新增资金额}$$

假设一家银行提供 6% 的存款利率可筹集新增存款 40 亿元，6.5% 的存款利率可筹到存款 60 亿元，7% 的存款利率可吸收存款 80 亿元，7.5% 的存款利率可筹到存款 100 亿元，8% 的存款利率可筹到存款 120 亿元。假设银行可以使用新增存款获得 9.5% 的贷款收益率，

这个收益率同时也是边际收益率，即指银行运用新增存款来发放新贷款所增加的营业收入。那么银行应将存款利率定为多少从而获得最大利润呢？

银行将存款利率从6%提高到6.5%，则

边际成本＝总成本变动额＝6.5%×60－6%×40＝1.5亿元

边际成本率＝1.5/20＝7.5%

边际收益率＝9.5%

利润＝总收益－总成本＝存款总额×收益率－存款总额×存款利率

＝60×（9.5%－6.5%）＝1.8亿元

需要注意的是，边际成本率为7.5%远高于6.5%的存款利率，主要是因为银行不仅要为新吸收的20亿元人民币支付6.5%的利息，还要向原有的愿意以6%利率存入银行的存款者支付6.5%的利率。此时，边际收益率高于边际成本率2%，银行可以获得1.8亿元的利润。

从表4-7可以看到，当存款利率为7.5%的时候，边际成本率等于边际收益率，这时利润达到最大值2亿元。达到这个临界点后，银行就不能再提高利率了，因为那样反而会减少银行的利润，可以看到当存款利率为8%时，银行的边际收益率低于边际成本率1%，利润为1.8亿元，反而减少了0.2亿元，可见存款规模并不是越大越好。边际成本法通过确定恰当的存款利率，从而指引银行确定合适的存款规模，当存款规模扩大到增加的存款成本等于增加的存款利润时，即边际成本率等于边际收益率时，总利润就会开始下降。这时银行应考虑要么选择边际收益率更高的贷款项目，要么寻求边际成本率更低的资金来源，以实现利润的增长。

表4-7　边际成本定价法案例

亿元

存款利率/%	存款总额	边际成本率	边际收益率	边际收益率－边际成本率	利润＝总收益－总成本
6	40	7%	9.5%	2.5%	1
6.5	60	7.5%	9.5%	2%	1.8
7	80	8.5%	9.5%	1%	2
7.5	100	9.5%	9.5%	0%	2
8	120	10.5%	9.5%	-1%	1.8

（三）存款的市场定价法

前两种方法可以说是以成本为中心的定价方法，就是以成本和利润为主要定价依据。存款的市场定价法是以市场为中心的定价方法，它并不十分强调成本和利润，要求银行根据自身的市场目标和市场形势进行利率的制定。

① 随行就市定价法。它是指银行根据同业的平均价格水平或竞争对手的价格水平为基准制定存款价格的方法。这种方法的优点是首先能保证银行所制定出的价格很容易被市场接受，有利于保证稳定的存款量。其次，由于它采用与竞争对手一致的价格，至少可以保证银行获得适当的盈利水平。

② 市场渗透定价法。它主要通过为客户提供高于市场平均水平的利率或者提供低于市场平均水平要价的服务，从而占领市场以吸引尽可能多的存款人。这种方法并不关注短期的

利润和成本，它更看重银行长远的市场份额和发展。银行希望由此带来的存款量的增加可以实现规模经济的效用以抵补单位利润的下降。

（四）存款的客户关系定价法

客户关系定价法是指银行根据客户与银行的关系紧密程度进行定价，购买银行多种服务的客户，银行将给予更为优惠的定价；而与银行关系一般的客户则不能享受这种优惠。银行的存款人一般都具有较高的客户忠诚度，也就是存款人轻易不会更换银行，研究表明存款人在选择存款机构时要考虑很多因素，通常将银行的地理位置、信誉和安全性等因素列在价格之前。客户关系定价法旨在扩大服务销售从而赚取更多的服务收入，并提高客户对银行的忠实程度和依赖性，减少客户对其他银行的存款利率和服务费用的敏感度。

（五）存款的细分定价法

存款的细分定价法是指银行根据存款人的存款数额、交易次数、存款期限等方面的不同加以细分，从而进行差别定价的过程。区分存款人主要依据三个方面，分别是：存款人在固定时期内（如1年、6个月、1个月等）的账户平均存款余额；存款人利用该账户进行交易的次数；存款的期限长短。通过比较这三方面的不同，银行就可以针对不同类型的存款人制定不同的存款利率。

对于存款数额较低、稳定性差、占用银行柜面和计算机等资源较多的客户，银行可以给予较低的价格，以促使这些低端客户分流出去，或者鼓励和动员他们使用自助设备，以减少消耗银行的人力成本和柜面资源。相应的，对于那些存款数额较高、稳定性好的客户，银行可以提供较高的利率，以吸引和留住高端客户，稳定银行的资金来源。

四、商业银行存款业务的相关制度

（一）存款准备金制度

存款准备金是指商业银行为了保证客户提取存款而保留的库存现金及按规定存入中央银行的存款。存款准备金分为法定存款准备金和超额存款准备金。法定存款准备金是指依照法律规定商业银行等存款机构必须将其吸收的存款按照一定比率存入中央银行的存款。该存款比例是由中央银行规定的，因此被称为法定存款准备金率。商业银行在中央银行存款超过法定存款准备金的部分，再加上金融机构自身保有的库存现金，构成超额准备金。三者的关系如下。

$$存款准备金＝商业银行在中央银行的存款＋库存现金$$
$$法定存款准备金＝存款总额×法定存款准备金率$$
$$超额存款准备金＝存款准备金－法定存款准备金$$

存款准备金制度产生的最初目的是通过保障商业银行的清偿能力，进而保护存款人利益，在该制度下金融机构不能将其吸收的存款全部用于发放贷款，必须保留一定的资金即存款准备金，以备客户提款的需要，因此存款准备金制度有利于保证金融机构对客户的正常支付。随着中央银行为商业银行提供清算服务的发展，存款准备金还具有了清算资金的功能，即商业银行通过在中央银行准备金账户上资金的划转完成彼此间债权债务的结清。与此同时，法定存款准备金由于具有存款创造的功能，逐渐发展成为货币政策工具。中央银行调低法定存款准备金，代表商业银行的可用资金越多，创造派生存款的能力越强，即采取较为宽松的货币政策；反之，调高法定存款准备金率，则表示采取紧缩的货币政策。由于调节法定存款准备金的对社会货币供应总量有较大的影响，法定存款准备金具有货币创造的功能，因此很多国家尤其是西方国家的中央银行在实施货币政策时往往把重点放在再贴现率的调整和公开市场业务操作上，而对调整法定准备率则比较谨慎。

（二）存款保险制度

存款保险制度（Deposit Protection System，DSP）是指经营吸收存款业务的金融机构向存款保险公司投保并缴纳存款保险费，在投保机构出现经营危机或破产倒闭时，由保险公司向投保人提供财务救援或由保险机构直接向存款人支付部分或全部存款的一种机制。最早的存款保险制度是由捷克斯洛伐克于1924年建立的，但是真正对世界各国产生深远影响的是1933年美国存款保险制度的建立。20世纪30年代在美国发生了严重的经济危机，导致当时有至少三分之一的美国银行倒闭破产，存款公众的利益受到严重损害，金融大恐慌也加剧了社会的动荡不安。为此，1933年美国国会通过了《格拉斯-斯蒂格尔法》，该法案确定由联邦政府成立联邦存款保险公司，负责保护存款人利益和金融体系的稳定。该制度在美国取得了成功，随后各国纷纷仿效，至20世纪90年代土耳其、印度、德国、菲律宾、加拿大、黎巴嫩、日本、英国、法国、瑞士、意大利及韩国等都以美国为蓝本建立了存款保险制度。经过实践检验，虽然存款保险制度的具体运作模式在各国不尽相同，但它的建立确实有助于提升存款者信心，维护金融秩序稳定。

由于美国存款保险制度的标志性地位，下面将对它的主要内容进行简要介绍。1933年《格拉斯-斯蒂格尔法》把建立FDIC的目标确定为：第一，重塑公众对银行体系的信心；第二，保护存款者利益，防止存款户因银行破产而受到损失；第三，监督并促使银行在保证安全的前提下进行经营活动。法案中指明FDIC虽然是公司，但更重要的职责是作为金融管理机构防止银行倒闭而无力偿还存款，并为实现这一目标而监督银行。FDIC的原始保险基金来自于财政部和联邦储备银行拨款，而且有必要时还可向财政部紧急融资。FDIC向每位账户持有人最初提供最高10万美元的承保金额，这一金额在目前已改为最高25万美元，并将持续到2013年12月31日。从2014年1月1日起，除了特定退休账户仍将保持着每位储户25万美元以外，对于所有存款账户，标准保额将返回到每位储户10万美元。自1933年FDIC成立以来，从未有储户损失在FDIC受保的一分钱。

FDIC对于倒闭的银行主要有两种处理方法：第一，偿付法，即FDIC容许银行破产，在25万元的保险额度内偿付存款，用银行支付的FDIC保险费进行支付。银行清算后，FDIC与该银行的其他债权人一样，从资产清理中获得一定的份额。第二，购买接管法。FDIC协调一家愿意兼并该银行的储蓄机构来对该银行进行重组，并由它接管倒闭银行的所有存款，FDIC通过提供补贴贷款或购买倒闭银行较差的贷款来弥补接管者的损失。按照这一方法，FDIC即对全部存款（包括25万美元以上的部分）提供了保证。

存款保险制度虽然在一定程度上保护了存款人的利益，但是有一些学者认为存款保险制度加剧了商业银行的道德风险，并把20世纪80年代后期银行业的危机部分归咎于存款保险制度。道德风险是指商业银行投保后对经营风险的防范意识降低，因而有可能故意造成或扩大经营风险。FDIC中存在的另一个重要缺陷是一直奉行"大银行难以倒闭"的原则，这一政策使得 FDIC 对大银行和中小银行的待遇不公平。FDIC 可以容许小银行倒闭，让小银行的大存款户遭受损失，而大银行的大客户就可以免遭损失。这一不公平的待遇已经引起美国政府的关注，2008 年次贷危机发生后，奥巴马政府于 2010 年 7 月 16 日通过了大萧条时期以来规模最大严厉程度也最高的银行业改革法案《多德-弗兰克法案》，参议院多数派领袖雷德表示"不再有政府救助，不再有'大而不倒'"将是该法案的重要核心，从限制银行的规模和经营范围等角度进行监管，更注重消费者权益保护，从而使美国的金融体系更加稳定和强大。

五、商业银行存款业务的经营管理

商业银行的存款规模一方面受到银行经营的外在条件影响，而商业银行本身很难改变这些外在因素，包括宏观经济环境、金融法规、货币政策等；另一方面商业银行的内在因素也会影响到银行的存款规模，这些内在因素是商业银行可以掌控的，如银行服务水平、地理位置、存款利率等，如何改变内在因素也是商业银行对存款业务经营管理能力的重要体现。

(一) 外在影响因素

外在因素基本上属于不可控因素，单个银行一般不具备影响外在因素的能力。这些因素对商业银行同业存款水平的影响大致相等，故不会改变银行同业竞争存款的均衡和存款市场份额在各银行间的分配水平。但是一些外在因素很可能会改变商业银行与其他非银行金融机构的竞争格局，如金融法规。这种情形下，要么商业银行通过金融创新规避监管，要么商业银行作为一个整体集团对金融监管当局进行游说或施压，从而改变或部分改变不利的外在因素。

① 宏观经济环境。宏观经济环境与存款规模正相关，即经济发展水平越好，相应的存款规模也越大。具体来看有两种情况，一是指国家或地区所处的经济发展周期。一般来说，一国或地区处于经济繁荣时期时，存款规模较大；反之，经济衰退时期，存款规模相对减小。其二，不同国家和地区的经济发展水平也不尽相同。通常经济发展水平越高的国家和地区，存款业务规模也相应越大，因为这种地区的国民收入、商业经济和信用水平都比较高。

② 金融法律法规。商业银行是金融体系的核心，它的经营好坏直接关系到整个金融体系和国家经济的安全稳定，正因如此各国均对商业银行采取严格的管制措施。各国的金融法律法规多有不同，这些差异也导致了各国商业银行存款业务的规模差别。例如，1929 年经济大萧条之后，美国通过法案限制商业银行向活期存款支付利息，这一政策直接导致活期存款向储蓄存款转移，而且削弱了商业银行的市场竞争力，使更多存款流向股票、基金、保险等市场。随后，美国商业银行通过积极的金融产品创新，突破了这一监管限制，迫使美国监管当局最终取消了这一条款。

③ 中央银行的货币政策。货币政策的松紧将直接或间接影响商业银行的存款水平。中央银行肩负着监管金融体系、维护经济安全的重要任务，它运用存款准备金率、再贴现率和公开市场业务三大政策工具来执行货币政策调节任务。当中央银行采取紧缩的货币政策时，可以通过提高再贴现率、提高存款准备金率或在公开市场卖出有价证券，这些政策都会使商业银行的存款减少。反之，当中央银行采取宽松的货币政策时，可以通过降低再贴现率、降低存款准备金率或在公开市场买进有价证券，从而导致商业银行存款减少。

（二）内在影响因素

内在因素主要是指商业银行本身的一些经营特点，这些因素基本属于可控或可改变的，因此它们也是商业银行进行存款竞争的重要手段。

① 银行的信誉和规模。商业银行是靠信用经营的金融机构，可以说没有信用机制的存在就不可能有商业银行产生，因此良好的信誉对商业银行至关重要。银行的管理层可以通过构建高品质的企业文化、员工培训、严格的内部控制机制、高水平的风险管理体系和广告宣传等方式，提升银行在公众心目中的地位，树立诚实、可信的外在形象。此外，银行规模大小也直接意味着银行的可信赖程度，通常认为规模越大的银行越不容易倒闭，这种观念也直接导致相对于中小银行公众更信任大银行。

② 银行营业网点的地理位置。银行营业网点的地理位置很可能是许多存款者在选择银行时首先考虑的问题，便利的地理位置会直接吸引公众进来存款，这样可以节约存款者的鞋底成本、交通成本和时间成本等。因此，对于银行来说，正确选择银行的设立地址非常重要，特别可以考虑在人口密集的地区、交通中心、郊区的居民小区设置分支机构。为了方便存户，银行还应在市区建立起自动柜员机网络。存取的便利能有效地建立存户的忠诚感和吸引老存户周围的企业和居民加入，从而提高银行的存款水平。此外，银行营业网点大楼的外观、宽敞的大厅、便利的停车场都是吸引客户的重要条件，这也是银行管理者在经营过程中要考虑的方面。

③ 银行的服务水平。银行应为存款者提供高水平、多样化的金融服务，不仅仅局限于吸收存款，提供交易功能，还应该想顾客所想，尽可能地为顾客提供便利。例如，缩短办理业务的排队等候时间，提供代客缴费业务，管理咨询及为客户提供理财专家服务等。对于企业存款户来说，能否便利地从银行获得贷款也是他们选择存款银行的重要标准之一。对于在本行存款的企业，尤其是大存款客户争取优先发放贷款；对信誉良好、来往密切的企业提供自动透支便利等，以吸引客户，而且贷款业务又可反过来增加存款，有的银行要求企业把贷款的一部分留在存款账户上，客户必须保持一定数量的活期存款余额才能得到贷款等。此外，与银行服务水平直接相关联的就是银行员工的素质，银行要想为顾客提供高效率、高水平、令人满意的服务，就应该定期对员工进行培训和学习交流，从而体现银行良好的管理素质和经营素质。

为了给存款者提供更优良的服务，中国的银行也在不断提高服务的科技水平和能力。例如，中国工商银行经过 10 年的发展，已经构建起了以网上银行、电话银行、手机银行和自助银行为主体的电子银行服务体系，并能为客户提供 7×24 小时不间断优质丰富的金融服务，电子银行的客户数及业务量一直保持快速增长。截至 2010 年，该行的全部交易中已有54.6％是通过电子银行渠道进行的。与此同时，工商银行提供的优秀电子银行服务也得到客户和社会的广泛认可，稳居同业第一的领先地位，并先后获得了"全球最佳银行网站"、"全球最佳存款服务网上银行"、"亚太最佳呼叫中心"等多个奖项。

④ 存款利率和种类。对于利率完全市场化的国家来说，存款利率是银行竞争存款的有力手段。通过采取高息揽存的方法，可以吸引相当多的存款流入银行。存款种类丰富也有利于吸引不同的存款者，针对不同人的需求设计出不同的存款类别，将有利于增加银行存款。为不同种类的存款制定恰当的价格，直接关系到银行的利润和成本，太高或太低都会影响到

银行的可持续经营，太高会增加银行的利息成本，太低将很难吸引存款资金流入，如何权衡将考验管理层的智慧和能力。此外，一些学者研究表明，由于存款具有很强的固定性，即客户一旦在一家银行开户，很少有人会改存到其他银行，客户的忠实度非常高。这种情形就使得银行的地理位置、服务水平和信誉等其他因素在吸引存款方面可能比存款利率更能发挥效力。

商业银行通过分析影响存款业务的外在因素和内在因素后，就可以结合自身实际情况，制定不同的策略来经营管理存款业务，从而有效降低银行的利息成本，提高存款稳定性，进而增加银行的盈利空间。

第三节　商业银行短期借款业务管理

商业银行负债业务中，存款业务始终占据最为重要的地位，但是随着经济的发展，非存款类业务也开始快速增长，包括同业拆借、向中央银行借款、回购协议、再贴现、发行金融债券等，它们逐渐成长为商业银行除存款外的重要资金来源方式。本节和下一节将介绍商业银行的短期借款业务和长期借款业务，从而对商业银行的非存款负债方式有所了解。

一、商业银行短期借款的特征

（一）高利率风险性

短期借款的利率一般情况下要高于同期存款，而且短期借款利率是由市场上的资金供求决定的，一旦供求关系发生变化，短期借款利率就会发生波动，使银行面临较高的利率风险。频繁的波动会给商业银行的短期借款成本管理带来难度，这要求商业银行更加重视短期借款的成本分析和控制。

（二）主动性

短期借款与存款最大的不同之处在于，商业银行对存款的数量、余额和期限很难主动掌控，因此也就无法准确估计某一时点上存款对于流动性的需求。但是短期借款的期限和金额都是在明确的契约下签订的，商业银行完全可以精确掌握，也可以制定计划进行调控和选择，从而有利于控制流动性风险，提高负债业务的管理能力。

（三）流动性

短期借款由于其期限短的特性，主要是用于弥补商业银行短期头寸的不足，以解决商业银行临时性资金不足和周转困难的需要。因此，短期借款的动机就是为了满足商业银行的流动性需求，而不应该将其用作盈利性及长期性的资产项目中去，否则很容易增大银行的经营风险。

（四）集中性

相对于存款业务，短期借款业务无论是在金额上还是时间上都较为集中，每一笔借款的平均余额要远高于每一笔存款的平均余额。存款业务是吸收众多分散客户的零散资金，每笔金额相对较少，时间也不固定。短期存款业务的这一特性也使得它的偿还时间和金额要比存款业务集中，银行要更加注重流动性风险的控制，否则一旦无法按约定偿还借款，就会大大影响银行的信誉。

二、商业银行短期借款的意义

短期借款丰富了商业银行的非存款资金来源渠道。20 世纪 60 年代负债管理理论兴起之后，商业银行不再局限于被动的吸收存款，而是变为主动地寻求增加负债的渠道，非存款负债日益发展。短期负债的增加有利于银行扩大经营规模，包括同业拆借、向中央银行借款、回购协议等形式都成为现代商业银行的重要资金来源。

短期借款是满足银行流动性的重要方法。银行日常经营中需要相当一部分资金作为周转金，即这部分资金主要是用于可能出现的支付需求。过去银行为了满足周转金的需要，常常要持有很多现金资产，而现代商业银行管理则越来越转向持有短期借款。短期借款既可以快速弥补流动性不足，又可以减少存款波动带来的不利影响，而且由于短期借款的金额和期限均可以事先确定，有助于商业银行合理安排资产负债期限、数量结构的匹配，提高了资产管理的效率，不需要过多地保留无收益的现金，提高了商业银行的盈利性。

短期借款加强了商业银行与其他金融机构和金融市场的联系和交流。通过同业借款，商业银行之间的联系大大增加，熟悉对方的资信状况，可以扩大双方的各项合作，扩展业务规模。商业银行向国际金融市场的短期借款，提高了商业银行的国际化程度，为商业银行了解和融入国际金融市场提供了途径。向中央银行借款则有利于中央银行了解商业银行和金融市场的资金状况，使中央银行可以根据相关信息制定相应的货币政策，及时调节资金市场余缺。

三、商业银行短期借款的主要方式

（一）同业拆借

1. 同业拆借的概念

同业拆借（Inter-bank Lending /Borrowing）也被称为同业借款，是指金融机构之间的短期资金融通行为，它主要是用来弥补商业银行的临时、短期性资金头寸不足。同业拆借行为产生的根本原因在于法定存款准备金制度的实施，它最早出现于 1921 年的美国。

同业拆借行为是通过商业银行在中央银行的存款准备金账户进行的，由于商业银行在中央银行的存款准备金余额每天都在变化，可能有时候法定准备金不足，有时候又会有多余的部分，这时盈余的银行可将多余的资金拆借给法定准备金短缺的银行，贷出资金的一方为拆出方，借入资金的一方为拆入方。通过同业拆借商业银行既可以提高存款准备金账户资金的流动性，又可以获得额外的借款利息收入。

由于同业拆借主要是用于补充商业银行短期性资金不足，一般不允许用于发放贷款和投资，但也有少数国家不对此加以限定。我国 2003 年修订的《中华人民共和国商业银行法》第四十六条规定："禁止利用同业拆入资金发放固定资产贷款或者用于投资。拆出资金限于交足存款准备金、留足备付金和归还中国人民银行到期贷款之后的闲置资金。拆入资金用于弥补票据结算、联行汇差头寸的不足和解决临时性周转资金的需要。"同业拆借已逐步成为我国商业银行除存款外的重要资金来源渠道。据中国工商银行 2009 年年报统计显示，2009

年工行总负债为 105 103.59 亿元，其中存款总额为 91 038.98 亿元，占全部负债的 86.6%，同业拆借总额为 10 025.34 亿元，占比 9.54%，成为仅次于存款的负债来源。这表明我国商业银行的负债管理能力正在增强，开始寻求主动性负债模式，以扩大商业银行经营资产业务的规模。

2. 同业拆借的特点

① 期限较短。同业拆借主要是为了满足商业银行等金融机构的短期资金需求，因此一般是 1 天、2 天或 1 个星期，长的也有 1 个月、3 个月不等，但一般不超过一年，"隔夜拆借"最为普遍。

我国对同业拆借期限的规定是根据不同类型的金融机构设定不同的最长期限：政策性银行、中资商业银行、中资商业银行授权的一级分支机构、外商独资银行、中外合资银行、外国银行分行、城市信用合作社、农村信用合作社县级联合社拆入资金的最长期限为 1 年；金融资产管理公司、金融租赁公司、汽车金融公司、保险公司拆入资金的最长期限为 3 个月；企业集团财务公司、信托公司、证券公司、保险资产管理公司拆入资金的最长期限为 7 天。

② 信用要求高。同业拆借基本上是信用拆借，一般只在金融机构之间进行，而企业、政府和个人不容许进入同业拆借市场。有些国家的法律规定只有商业银行才能进入，而证券、基金、保险等机构则不能进入。我国规定银行、证券、保险等金融机构可以进入同业拆借市场，其他企业、政府和个人不得进入该市场，具体可参见《同业拆借管理办法》第二章。同业拆借市场一般是无形市场，交易双方可通过电话协商或通过中介人协商，达成协议后在中央银行的账户自动划账清算，或在资金交易中心进行撮合成交。我国金融机构同业拆借交易必须在全国统一的同业拆借网络中进行，该网络包括：全国银行间同业拆借中心的电子交易系统；中国人民银行分支机构的拆借备案系统；中国人民银行认可的其他交易系统。

③ 利率由供求双方决定。同业拆借利率可由交易双方协商确定，是一种市场化程度非常高的利率，它可以较充分地反映市场资金供求状况的变化，因此常被视作基础利率，各金融机构的存贷款利率都在此利率基础上进行确定。金融体系的"银根"松紧及整个社会的资金供求情况常常能在同业拆借市场的交易量和价格上有所体现。同业拆借利率一般应低于中央银行的再贴现利率，否则商业银行会竞相向中央银行借款而不向市场借款，不利于中央银行控制货币供应和稳定金融市场。而且如果再贴现利率低于同业拆借利率，会导致能从中央银行再贴现到款项的银行，将其贴现到的资金拆借给同业来获得利差收益，这将有悖于再贴现政策的设计初衷。

在国际货币市场上，伦敦银行同业拆借利率（London Interbank Offered Rate，LIBOR）是国际金融市场中大多数浮动利率的基础利率，它是指伦敦欧洲货币市场上各大银行间进行短期资金拆借所使用的利率。我国同业拆借市场利率是上海银行间同业拆放利率（Shanghai Interbank Offered Rate，SHIBOR），它是以位于上海的全国银行间同业拆借中心为技术平台计算、发布并命名，是由信用等级较高的银行组成报价团自主报出的人民币同业拆出利率计算确定的算术平均利率，是单利、无担保、批发性利率，2007 年 1 月 1 日开始对外发布报价。目前，全国银行间同业拆借中心对社会公布的 SHIBOR 品种包括隔夜、1 周、2 周、1 个月、3 个月、6 个月、9 个月及 1 年。

（二）向中央银行借款

中央银行作为银行的银行，肩负着集中存款准备金、调节货币供给的功能，作为最后贷款人，必要时会为商业银行提供资金融通。中央银行对商业银行资金融通方式主要有两种：一是再贴现；二是再贷款。

1. 再贴现（Rediscount）

再贴现是指商业银行将自己已经贴现的、但尚未到期的票据向中央银行申请再次贴现，也称为中央银行对商业银行的间接贷款。商业银行将未到期的票据交给中央银行（连同票据相关的债权债务关系也转移过去），中央银行付给其相应的贴息款项，等票据到期后中央银行收取票据所载金额。需要注意的是，中央银行不一定会对所有票据进行再贴现，首先，它要考虑当前的货币市场供求状况，根据宏观货币政策的要求调整再贴现额度；其次，票据的期限、质量和种类也是中央银行要考察的内容。由于再贴现率是中央银行执行货币政策的三大工具之一，因此对于再贴现率的调整非常谨慎，其最终目标是为了维持货币和金融市场的稳定。第二次世界大战之后，日本、韩国、德国等国成功运用再贴现政策支持经济重建。再贴现能够如此受到重视和运用，主要是它不仅具有影响商业银行信用扩张并以此调控货币供应总量的作用，而且还具有可以按照国家产业政策的要求，有选择地对不同种类的票据进行贴现，促进经济结构调整的作用。

我国商业银行的再贴现业务是近几年才逐步发展起来的。一方面，之前国内的票据市场很不发达，商业票据发行规模很小，近年来商业银行票据资产规模才开始不断扩大，区域性票据市场已初步形成，如在一些发达地区（北京、上海、广东、天津等）商业票据慢慢成为重要的结算方式和融资渠道，票据的市场运作和价格形成机制初步建立，票据市场的发展初具规模。另一方面，中央银行越来越重视再贴现政策的宏观调控作用，对再贴现政策的控制能力有所增强，使得再贴现正逐渐成为中央银行融出资金的重要渠道之一。

2. 再贷款（Re-lending）

再贷款是指商业银行向中央银行申请贷款，也称为中央银行对商业银行的直接贷款。当商业银行出现临时性资金短缺、周转不灵，从其他渠道又无法获得足够的资金时，可以向中央银行申请贷款。中央银行对贷款的控制比贴现更加严格，不仅要进行严格的审查，审查借款行的财务报表、信用记录等，而且常常还需要抵押，如以商业银行持有证券、票据或符合抵押品要求的资产作为抵押，极少数会发放信用贷款。在美国，联邦储备银行发放的每笔贷款都必须有抵押，而且法律还规定严格限制联邦储备银行向有问题的存款机构提供贷款支持的程度，这些要求都是为了减少中央银行的贷款风险，维护金融稳定。

根据我国银行法规定，凡经中国人民银行批准，持有《经营金融业务许可证》，并在人民银行单独开立基本账户的金融机构，方可成为人民银行对金融机构贷款的对象。除此之外，还必须具备以下条件：信贷资金营运基本正常，贷款用途符合国家产业政策和货币政策的要求；按有关规定及时足额向人民银行交存存款准备金；还款资金来源有保障；归还人民银行贷款有信誉；及时向人民银行报送计划、统计、会计报表及有关资料。中国人民银行对商业银行的贷款期限较短，最长不得超过1年，具体划分为20天、3个月、6个月、1年期4个档次。

（三）其他形式的短期借款

1. 回购协议（Repurchase Agreement）

回购协议类似于一种证券抵押贷款，是指商业银行在向其他金融机构出售证券等金融资产时事先签订协议，约定在未来的一定时期会按约定的价格购回所卖证券，以获得即时可用资金的交易方式。回购协议可以短至隔夜交易，也可以长达几个月。另外，还有一种"连续合同"的形式，该形式的回购协议没有固定期限，如果双方均未表示终止意愿，则合同每天自动展期，直至一方提出终止为止。

回购协议的特点如下：第一，提高了长期证券的变现性。通过将长期证券作为抵押，可以随时获得需要的资金，避免了因急于变现出售长期资产而可能导致的损失。第二，回购协议的利率一般略低于同业拆借利率。由于回购协议下有政府债券等金融资产作担保，资金需求银行所付的利息会稍低于同业拆借利率。第三，安全性较高。回购协议一般期限较短，并且又有百分之百的债券作抵押，所以投资者可以根据资金市场行情变化，及时抽回资金，避免长期投资的风险。第四，回购协议兼具流动性和收益性，会引起投资者的极大兴趣，投资者可以自行组合多种期限的回购协议进行套利。所以一般情况下，回购协议市场的资金交易规模要大于同业拆借市场。

在我国，回购协议分为质押式回购和买断式回购。质押式回购，又称封闭式回购，是交易双方以债券为权利质押所进行的短期资金融通业务。在质押式回购交易中，借款人在将债券出质给贷款人借入资金的同时，双方约定在将来某一日期再由借款方以约定价格购回原同质债券。买断式回购，又称开放式回购，是指借款人在将一笔债券卖给贷款人的同时，交易双方约定在未来某一日期，再由借款人以约定价格从贷款人购回相等数量同种债券的交易行为。质押式与买断式回购的最大区别在于后者是将债券卖给贷款人，债券的所有权发生转移，借款人的债券即被过户到贷款人的名下。因此，贷款人在协议期内可以对债券进行自由买卖，只要保证在协议期满时能够有相等数量同种债券卖给借款人即可。买断式回购活跃了债券市场的交易，为投资者提供了更多的投资机会。

中国人民银行《2009年金融市场运行情况》统计报告显示，2009年同业拆借成交量为19.4万亿元，同比增长28.6%；质押式回购与买断式回购成交量为70.3万亿元，同比增长20.9%。回购市场的交易规模约是同业拆借市场的三倍多。此外，两个市场均以短期交易为主，隔夜拆借成交16.2万亿元，占拆借成交总量的83.5%；1天质押式回购成交54.6万亿元，占回购成交总量的77.7%。

2. 转贴现（Transfer Discount）

转贴现是指除中央银行以外的金融机构将已贴现或已转贴现尚未到期的票据进行转让的行为。商业银行在资金临时不足时，可以将已经贴现但仍未到期的票据转让给其他金融机构，并支付一定的贴息以获得可用资金的行为。转贴现的利率可由双方协商确定，也可根据市场贴现率和再贴现率为参考确定。转贴现的期限是从贴现之日起到票据到期日为止，按实际天数计算。转贴现同再贴现不同，后者是向中央银行申请贴息以获得资金，而再贴现也是中央银行调节货币供给的重要工具。

3. 欧洲货币市场借款

欧洲货币市场（Euro Currency Market）是指以银行为中介在某种货币发行国国境之外从事该种货币借贷的市场，又可以称为离岸金融市场。例如，欧洲美元市场就是指经营存放在美国境外各银行的美元存款交易的国际资金借贷市场，欧洲日元市场就是指交易日本境外的日元存款的国际资金借贷市场。需要注意的是这里的欧洲并不局限于其原来的地域含义，之所以称为欧洲货币市场，是因为该市场最早产生于欧洲，但后来其地域范围逐渐突破"欧洲"界限，扩展至亚洲、北美洲、拉丁美洲等。因此，这里的"欧洲"一词的含义是"境外"、"非国内"或"离岸"。欧洲美元就是指存放在美国境外各银行内的美元存款或者从各银行借到的美元贷款。

专栏 4 - 3　欧洲货币市场的产生和形成

　　欧洲货币市场是于 20 世纪 50 年代产生的。最初是源于前苏联担心在"冷战"期间，美国会对其在美国的美元存款进行冻结，因为美国在朝鲜战争时就冻结了中国存放在美国的资金，所以前苏联将在美国的美元转存到前苏联开设在巴黎的北欧商业银行和开设在伦敦的莫斯科国民银行及设在伦敦的其他欧洲国家的商业银行，以维护本国资金安全。这就形成了最初的欧洲美元，当时规模很小不过 10 亿多美元，存放的主要目的是保障资金安全。

　　至 20 世纪六七十年代，欧洲美元市场才真正开始发展壮大起来。第二次世界大战之后，美国通过对战后损失严重的西欧进行援助和投资，以及巨额的海外军事开支，使得大量美元流入欧洲，美国国际收支出现巨额逆差。美国国际收支逆差是欧洲美元快速增长的最为本质的原因，欧洲美元存在的形式就是境外的美元存款，没有美国负债的增加，就不会有境外美元存款的增加。其二，美国政府采取的管制措施加大了美元流出。从 20 世纪 60 年代美国征收的利息平衡税（规定美国人购买外国证券所得的高于本国证券利息的差额，必须作为税款交给国家，旨在减少美国人对外国证券的投资兴趣，从而达到减少资金外流的情况）导致外国企业减少在美国发行债券，转向去欧洲货币市场筹资，促进了欧洲货币市场的发展。此外，美国《1933 年银行法》限制存款利率上限，使得大批国内存款转移到存款利率更高的欧洲货币市场上，欧洲货币市场对存款利率无上限要求。其三，石油美元大量流入欧洲。1973 年油价提高使得石油生产国的石油美元收入快速增加，其中相当一部分资金存入欧洲货币市场。其四，美元霸主地位动摇。20 世纪 60 年代中后期，美元危机频繁使得人们纷纷抛售美元，购买黄金、德国马克、日元、瑞士法郎等硬货币，国际储备货币趋于多元化，出现了除欧洲美元之外的其他欧洲货币市场，包括欧洲日元市场、欧洲德国马克市场等，从而促进了欧洲货币市场的进一步发展壮大。

　　思考：（1）欧洲货币市场产生的真正原因是什么？

　　　　　（2）欧洲货币市场产生的意义。

　　欧洲货币市场的特点：第一，它是一个完全自由的国际金融市场。由于欧洲货币市场不受到任何国家的政府管制和税收限制，所以该市场的经营环境非常开放，对各国的商业银行、跨国公司、进出口商等有很大的吸引力。例如，借款不限制用途，借款条件灵活等。第二，它有独特的利率体系。欧洲货币市场由于不受法定存款准备金及存款利率最高额的限制，它的存款利率相对较高，贷款利率相对较低，存贷款利率差额较小，无论对存款人或借款人均有很强的吸引力。第三，它的资金周转灵活、快捷。欧洲货币市场同传统的国际金融市场相比，由于该市场的资金不受任何管制，因此交易的手续简便、资金调度非常灵活，通常凭信用就可达成协议，无需担保品，通过电话或电传即可完成。第四，它是一个"批发市

场"，资金交易规模庞大。欧洲货币市场的经营以银行间交易为主，银行同业间的资金拆借占欧洲货币市场业务总量的很大比重，而且大部分借款人和存款人都是一些大客户，所以市场的资金交易规模极其庞大。欧洲货币市场拥有来自世界各地的资金，各种主要兑换货币应有尽有，能满足各国银行及企业对于不同用途和不同期限的资金需求。

四、商业银行短期借款的经营管理

短期借款是商业银行重要的非存款资金来源渠道，如何有效地利用短期借款，合理地选择短期借款的方式、数量和期限，降低借款成本并规避相应的借贷风险，将考验银行管理层的负债业务经营管理能力。

（一）短期借款成本比较

短期借款有多种方式，包括同业拆借、向中央银行借款、转贴现、回购协议和向国际货币市场借款等。在银行需要资金时应该如何作出选择呢，首先要考虑的便是借款成本问题，比较各种方式的相对成本，从而选择最佳的融资渠道。借款成本最重要的组成部分就是利息成本，因此商业银行必须不断地了解不同借款资金来源的现行市场利率，管理者一般会选择最便宜的资金，尽管他们也考虑成本之外的其他因素。除了利息成本之外，非利息成本也是选择短期借款方式时不容忽视的，如签订合约员工所花费的时间、电话电报费及借款交易的谈判难易等。短期借款的基本公式如下。

$$短期借款成本＝利息成本＋非利息成本$$

相比较而言，同业拆借的利率一般较低，而且同业拆借的交易非常便利，通过电话或计算机网络就可以获得需要的资金，期限可长可短。但是由于同业拆借利率波动很大，很难事先制定计划，因此多数商业银行主要是进行隔夜拆借，长期拆借较少。据中国人民银行统计，2009 年我国金融机构进行的隔夜拆借成交 16.2 万亿元，占同业拆借成交总量的 83.5％。向中央银行的借款成本相对稍高，但是获取资金的速度较快。回购协议由于需要签订合同及审查借款者所提供作抵押的证券质量和数量，因此耗时要多于同业拆借。但是，由于回购协议类似于一种有抵押的同业拆借，所以它的利率要略低于同业拆借利率。其他融资渠道，如欧洲货币市场借款耗时更长利息成本更高，所以适合稍长期的资金需求（几天、几周或几个月）。此外，商业银行自身的经营规模和资金需求量的多少也制约了其短期借款方式的选择。如欧洲美元借款要求是 100 万美元的倍数，而且只向信用等级最高的银行发放，这一金额就可能已经超过了小银行的借款需求。总之，商业银行应根据自身的实际情况，认真考虑各种短期借款方式的利息和非利息成本进行比较选择。

（二）短期借款的期限和规模控制

短期借款是一种主动式负债，商业银行可以事先确定借款的期限和规模，所以商业银行应根据自身的资产业务经营需求，来判断是否利用和在多大程度上利用短期借款。短期借款并非越多对银行经营就越有利，因为借入资金付出的代价可能比吸收存款更高。首先，要考虑当前金融市场的利率水平。当市场利率较低时，商业银行可考虑多采用短期借款方式融资。其次，考虑商业银行的流动性需求。如果某段时间商业银行的资产平均期限较短，有一定能力应付流动性风险且市场利率较高，这时就没必要扩大短期借款规模。再次，考虑商业银行资产项目的资金需求和盈利性。如果商业银行目前有一个很好的贷款项目需要资金且利润空间很大，那么商业银行就可以考虑增加短期借款。反之，如果进行短期借款付出的代价超过因扩大资产规模而获得的利润，则不应继续增加借款规模。

（三）短期借款的风险控制

银行选择短期借款进行融资时首先要考虑的就是利率风险，利率的波动会使借贷成本不断变动，从而造成商业银行损失的可能性。短期借款方式的利率中除了再贴现利率外，其他都是由公开市场的供求力量决定的，因此波动频繁。借款的时间越长，相应的利率风险也越大，所以大部分银行同业借款都是隔夜拆借，回购协议也大多是1天的回购协议，从而减少利率波动带来的风险。其次，商业银行还面临信贷风险。信贷风险是指当借款人需要资金时，并不能保证一定会借到资金，即贷款市场不能保证贷款人愿意并且能够贷款给每一个借款人。当货币市场银根趋紧时，贷款人的可贷资金有限，就有可能采取信贷配给的方式，只向信誉最高、最可靠的借款人贷款。因此，商业银行必须做好寻找其他融资渠道的准备。此外，当一家商业银行出现较严重的流动性问题急需资金时，很有可能无法从其他金融机构那里借到钱或要支付很高的价格才能借到，因为其他金融机构为了规避风险会拒绝贷款或者要出高价。

第四节　商业银行长期借款业务管理

商业银行除了可利用短期借款的方式融通资金，还可采取发行债券的方式借入长期资金，以获得期限超过1年的长期非存款资金。发行债券能够有效地解决银行等金融机构的资金来源不足和期限不匹配的矛盾，同时还可以作为商业银行补充资本金不足的重要手段。

一、商业银行长期借款的特点

商业银行长期借款的主要方式就是发行金融债券。金融债券是指银行等金融机构作为筹资主体为筹措资金而发行的一种债权债务凭证，它是银行主动负债的一种形式。在美国、英国等西方国家，金融机构发行的债券归类于公司债券，而在我国及日本等国家，金融机构发行的债券称为金融债券，遵照不同于公司债券的法律法规。

商业银行在吸收存款之外还发行金融债券进行筹资，主要是因为金融债券具有如下特点：第一，主动性长期负债。存款的吸收是被动、频繁和不确定的，商业银行无法决定存款的数额和期限，主动权掌握在存款人手里。发行债券则是商业银行的主动性筹资行为，资金可以集中获得并且数额和期限可确定，有利于银行提高资金筹措速度和数量，方便商业银行合理安排资金用途。第二，资金盈利性和流动性强。金融债券的利率一般要高于同期存款利率，而且金融债券可在二级市场上交易转让，盈利性和流动性很强，对投资者有较大的吸引力。除了大额可转让存单外，存款只能固定于银行和客户之间，收益性和流动性相对较差。第三，资金稳定性强。金融债券有固定期限，在到期之前一般不会偿还，只能在二级市场流通转让，资金的稳定性较强。商业银行可以根据资产项目的需要有针对性的筹集资金，使资产和负债的期限相匹配，有效降低经营风险。存款的期限具有较大的弹性，即便是定期存款，在特定的状况下也可提前支取，因而资金的稳定性较差。第四，发行金融债券筹得的资金不需缴纳存款准备金，有利于增加银行的可利用资金。第五，安全性较高。由于银行等金融机构在一国经济中占有较特殊的地位，政府对它们的运营又有严格的监管，因此金融债券的资信通常高于其他非金融机构债券，违约风险相对较小，具有较高的安全性。

发行金融债券丰富了商业银行的长期资金来源渠道，提高了商业银行的负债管理能力，但是利用金融债券融资也有一些缺点。首先，金融机构的稳定性对一国经济发展至关重要，因此各国政府对金融机构发行债券都采取较为严格的监管措施，金融债券的发行数量、期限和利率都要受到限制和审查。其次，发行金融债券的成本较高。金融债券的利息成本和发行费用都较高，商业银行很容易受到资产项目的盈利空间和成本负担能力的制约。最后，金融市场的发达程度决定了发行金融债券的可行性。商业银行要想通过债券市场融资，前提是债券市场足够发达，有很多的投资者并且规模较大。在金融市场越不发达的国家，商业银行发展的金融债券的种类和数量就越少。

二、商业银行长期借款的功能

发行长期金融债券是商业银行补充资本金的重要途径，这一类债券也被称为资本类债券。根据《巴塞尔协议》的规定，资本性金融债券是银行附属资本的重要组成部分（详见第三章）。在国际上，越来越多的大银行采用发行长期债券的方式充实资本金。巴塞尔银行监管委员会曾对十国集团的一些国际性业务较为活跃的大银行做了资本金构成抽样调查，结果发现在附属资本中，长期债务工具的份额提高很快。

除了用作补充资本金外，发行金融债券也是商业银行扩大资产项目规模、增加长期投资的重要资金来源。负债管理理论的出现推动了商业银行利用非存款资金来源解决资金需求，遇到资金短缺时，商业银行可以通过积极地提高利率吸引更多资金。金融债券突破了银行原有的存贷关系束缚，它使银行不再受自身营业网点、所在地区资金状况等方面的限制，而是面向社会进行广泛筹资。当商业银行有一个好的贷款项目需要资金时，不用局限于存款数额，利用长期借款就可以使商业银行实现盈利性目标。客户关系原则也使商业银行将满足优质客户的信贷要求放在首位，如果存款不能满足客户的资金需求，那么管理者就应当尽可能地运用其他资金来源。

三、金融债券的主要种类

（一）国内和国际金融债券

国内金融债券是指金融机构在国内金融市场发行的面额以本币表示的债权债务凭证，大多数商业银行发行的金融债券都属于国内金融债券。国际金融债券是指金融机构在国际金融市场发行的面额以外币表示的债权债务凭证，主要有外国金融债券和欧洲金融债券。

外国金融债券是指一国金融机构在国外金融市场上发行的以金融市场所在国货币为面额的金融债券。在美国和日本发行的外国债券都有特定的俗称，如美国的外国债券叫做"杨基债券"，日本的外国债券称为"武士债券"。欧洲金融债券则是指一国金融机构在国外金融市场发行的以第三国货币为面额的金融债券。两者的区别通过实例就可以分清，例如我国的银行在日本发行的日元债券称为外国债券，我国银行在日本发行的美元债券则叫做欧洲债券。

（二）固定和浮动利率债券

固定利率债券是指在发行时规定利率在整个偿还期内固定不变的债券。固定利率债券不受市场利率变化的影响，其筹资成本和投资收益可事先确定，但是债券的发行人和投资者都要承担较高的利率风险。如果市场利率下降，则发行人能以更低的利率发行新债券，原来发行的固定利率债券的成本就相对增大，反之同理。

浮动利率债券是指在期限内，债券利率随着市场利率而不断变动的债券。浮动利率债券无论是对发行人还是对投资人都有利于他们规避利率风险。通常期限越长的债券越容易选择浮动利率，因为期限越长面临的利率风险也就越大。浮动利率债券的利率一般是根据市场基准利率假设一定的利差来确定。例如国际金融市场主要以伦敦同业拆借利率为基准，美国浮动债券利率主要参考同期国债利率。浮动利率债券出现于 20 世纪 70 年代，全球的金融自由化浪潮使得市场利率波动相当频繁，利率风险骤增，为了规避利率风险浮动利率债券被金融机构和投资者广为使用。浮动利率债券的品种很多，如上限浮动债券、下限浮动债券、混合浮动债券（一段时间是固定利率，一段时间是浮动利率；或者利率达到指定水平后转换为固定利率）等。

（三）信用、抵押和担保债券

信用债券是指不需要抵押品，完全依靠金融机构的良好信誉而发行的债券。通常只有资信评级较高、规模很大的金融机构才可能发行信用债券。大型商业银行发行的债券一般都是信用债券，因为商业银行对一国经济的地位特殊性，通常都会受到政府严格的监管，而"大而不倒"的现象也使得多数公众对商业银行具有极高的信任度，其金融债券的可靠性要远高于公司债券。但是对于小型的金融机构就很可能需要采取抵押或担保的方式发行债券。抵押债券是指金融机构以自身的动产或不动产作为抵押所发行的债券。担保债券则是指金融机构以第三方的担保为基础所发行的债券。两者同信用债券相比对于投资人的安全性更高。

（四）资本性债券

除了上述介绍的一般性债券外，银行还可以发行资本性金融债券。资本性金融债券是商业银行为弥补资本金的不足而发行的债券，在《巴塞尔协议》中统称为附属资本或次级长期债券，主要包括次级债券、混合资本债券、可转换债券等形式。次级债券是指固定期限不少于 5 年（含 5 年），除非银行倒闭或清算，不用弥补商业银行经营损失，且该项债务的索偿权排在存款和其他负债之后的商业银行长期债务。次级债券是一种债券融资方式。混合资本债券是针对巴塞尔资本协议对于混合（债券、股票）资本工具的要求而设计的一种债券形式，所筹资金可计入银行附属资本，是银行补充资本金的重要金融工具。可转换债券是指公司发行的在一定条件下可以被转换成特定股票的债券，兼具债权和期权的双重属性。最初是以债券的形式发行，对于企业来说是一种债权融资方式，但是在未来的某段时间内债权人可以按照自己的意愿将手中债券转化成股票，从而企业无需再对所欠债务进行归还，这就使可转换债券具备了所有者权益的性质，可以用作补充银行资本金。

此外，金融债券按照支付利息的方式还可分为零息债券、付息债券、累进利率债券等，这里不再逐一进行详细介绍。

四、商业银行发行金融债券的经营管理

（一）金融债券的发行计划

商业银行在决定发行金融债券进行长期融资后，首先需要考虑的便是发行债券的期限、

利率、数量和种类。金融债券的发行在不同国家有不同规定。例如在金融市场极为发达的美国，它把金融债券视作公司债券的一种，不需要经过严格的申报程序，一般采取注册制；而在金融监管较为严格的国家，金融债券的发行则会受到监管机构的严格审查，一般是审批制或核准制。商业银行一方面要结合自身的资金需求状况，另一方面还要结合本国的法律法规制定适当的发债计划，从而才可以顺利地通过审批。我国 2005 年颁布的《全国银行间债券市场金融债券发行管理办法》明确指出"中国人民银行依法对金融债券的发行进行监督管理。未经中国人民银行核准，任何金融机构不得擅自发行金融债券"，办法中还对不同类型的金融机构，包括政策性银行、商业银行、企业集团财务公司及其他金融机构制定了不同的发行条件和要求，以保护债券投资者的利益。

商业银行应准确估计资产项目的资金需求，使债券筹资与项目需求相吻合，不造成资金闲置、浪费的局面。加强对项目的可行性研究分析，项目的领域是否符合国家的政策导向和规定，提高项目的收益性，降低发行债券筹资的风险。

（二）金融债券的风险控制

金融机构发行债券首先就要面临能否成功发行出去的风险。聘请权威的信用评级机构对债券进行评级有利于降低发行风险，合理、可靠的信用评级可以提高投资人对债券的接受程度。债券的发行时机也非常重要，当市场利率较低、资金供给大于需求时，适合发行金融债券进行融资，因为此时市场的资金较为充裕，商业银行可以以更低的成本进行筹资，债券发行也更容易成功。发行国际债券还要考虑到汇率和币种的选择，硬货币的债券虽然相对于软货币的汇率成本较高，但硬货币债券更容易被投资者接受和购买，所以商业银行要全面考虑汇率和利率的变化进行决策。总之，商业银行必须考虑投资者的心理需求，针对需求设计出满足投资者盈利性、流动性和安全性等要求的产品，提高金融债券的市场销售力。

利率风险也是商业银行需要控制的。金融债券的期限较长，因此商业银行面临的利率风险也更大，可以采取浮动利率的方式发行债券，或者设计出创新的金融债券品种以降低利率风险。

（三）金融债券的利率和发行费用

金融债券的利率越高就越容易筹集到资金，但是利率过高又会冲击商业银行的盈利空间，如何在两者之间进行平衡是一个很重要的问题。通常商业银行的信用评级越高，它的金融债券利率就可以相应低一些。除了利息成本外，发行债券也要支付较高的发行费用。债券发行费用是指发行者支付给有关债券发行中介机构和服务机构的费用，主要包括发行手续费、证券印刷费、宣传广告费、律师费、信用评级和资产重估费、抵押担保费、通信费等。债券发行者应尽量减少发行费用，在保证发行成功和有关服务质量的前提下，选择发行费用较低的中介机构和服务机构。

案 例 分 析

工商银行正式推出"宝贝成长卡"

在"六一"国际儿童节来临之际，中国工商银行在北京正式发行了专为少年儿童设计的银行卡产品——"宝贝成长卡"。该卡以家庭为单位，采用"宝贝卡＋父爱卡＋母爱卡"的套卡组合形式，其中宝贝卡是银联标准的"芯片＋磁条"双介质灵通卡，父爱卡和母爱卡则可以选择灵通卡和信用卡两个卡种。记者看到，这套"宝贝成长卡"卡面设计采用了十二生肖卡通形象，新颖活泼、充满童趣，不失为一份特殊的"六一"儿童节礼物。

据介绍，工商银行此次推出的"宝贝成长卡"不仅外型美观，而且在功能上也有诸多创新。首先，这套卡定位于累积孩子的成长基金，父母可以通过父爱卡和母爱卡定期自动向宝贝卡转入资金，而孩子也可以把宝贝卡作为自己的"存钱罐"，将零花钱、压岁钱、奖学金等积攒起来存入卡里，一家人共同累积财富作为孩子的成长基金。当子女成年工作后，则可以通过自己的宝贝成长卡设定的额度定期自动为父母账户转存资金，回报养育之恩。值得注意的是，工商银行为"宝贝成长卡"定制了特别的费用优惠：在提供成长基金积累、感恩回报等服务时，免收宝贝卡与父爱卡、母爱卡之间的异地结算手续费。不仅如此，拥有这套宝贝成长卡还可获得工商银行提供的增值服务，如可以享受专属少儿教育保险产品——"太平快乐宝宝综合理财计划"，在此基础上享受儿科专家预约、健康短信及国内外急难救助服务，以及向持有宝贝成长卡的儿童赠送的人身意外险等。此外，办理"宝贝成长卡"的客户还可以获赠闪存纪念卡一张，内附电子相册软件，可以存储记录孩子成长过程中的照片和视频。

业内人士认为，目前社会对儿童成长越来越关注，父母也更加重视对子女的培养，相应派生出了巨大的金融服务需求。工商银行通过父爱卡、母爱卡和宝贝卡之间的账户关联，强调父母和孩子之间的相互责任，既有助于少年儿童成长基金的积累，又有助于孩子的财商、情商和社会责任感的培育。

工商银行相关负责人介绍说，近年来该行银行卡业务快速发展，产品创新不断加快，截至今年4月末，银行卡发卡量已超过3亿张，消费额超过6200亿元。此次推出"宝贝成长卡"，体现了其零售银行产品个性化和组合化的发展趋势，旨在为儿童成长提供全面的金融服务，同时该行也希望通过提供专门的银行卡产品，帮助父母更好地培养孩子的节约意识、投资理财意识和感恩回报意识。工商银行还将针对"宝贝成长卡"推出预约定制个性化卡面、专属贵金属产品、成长贺卡等配套产品和服务，并通过亲子观影、儿童绘画大赛和编纂出版《宝贝成长卡——我的成长之路》系列丛书等形式不断丰富宝贝成长卡的服务内容，围绕少年儿童的学习、生活、教育、医疗、健康等各方面需求，提供更多增值服务。

引自：中国工商银行网站，2010年5月31日。

思考：

（1）工商银行为什么要设计这样一种创新产品，目的是什么？

（2）请你为工商银行设计出一种新的储蓄存款品种，并为这一产品的推出设计相应的营销策略。

本 章 小 结

负债业务是指商业银行筹措资金、形成资金来源的业务，它是商业银行资产业务和其他业务的基础，具体可分为存款业务和非存款负债业务。存款业务是商业银行的传统业务，也始终是商业银行最重要的资金来源方式。商业银行在管理存款时必须关注两个核心问题，即存款品种和存款定价。传统的存款品种有活期存款、定期存款和储蓄存款三类。在金融市场的竞争加剧和利率管制的情况下，商业银行创新出许多品种来吸引客户，包括可转让支付命令账户、自动转账服务账户、大额可转让存单等。存款的定价方式有加权平均成本法、边际成本法、市场定价法、客户关系定价法，不同的方法有不同的优势和缺点。

非存款负债业务是指商业银行主动性借入款项的形式，它是商业银行除存款外的重要资金补充方式。当存款数量和增长不足以为银行的贷款和投资活动提供资金时，管理层就可以采取借入款项的方法。借款分为短期借款和长期借款，渠道主要有同业拆借、向中央银行借款、回购协议、欧洲货币市场借款、发行金融债券等。非存款负债业务经营管理要注意的就是权衡借款成本与项目收益的关系，借款不是越多越好，如果项目收益不足以弥补借款成本就不应该盲目借款，同时借款行为会面临较大的利率风险和信贷风险，商业银行需要对相关风险进行规避和管制。

关键词

负债业务 存款 短期借款 长期借款 存款定价 存款保证金制度 存款保险制度 大额可转让存单 同业拆借 再贴现 欧洲货币市场 回购协议 金融债券 外国金融债券 欧洲金融债券

思 考 题

1. 为什么负债业务对于商业银行这类机构非常重要？

2. 商业银行的负债业务由什么构成，你了解我国商业银行和国外大银行的负债结构吗，两者有何区别？

3. 商业银行存款品种有哪些，存款品种创新的意义和原则是什么？

4. 商业银行如何对存款进行定价？

5. 商业银行采用哪些经营策略吸引存款流入，存款是否越多越好？

6. 存款保险制度对商业银行和存款者有何意义？

7. 存款准备金制度对商业银行的存款和贷款造成什么影响？

8. 短期借款的方式有哪些，各有什么优缺点？

9. 商业银行发行金融债券融资应注意哪些问题？

商业银行资产业务管理

【学习目的】
- ☞ 熟悉商业银行的资产业务构成和功能，理解资产业务对于商业银行经营的重要性；
- ☞ 知道商业银行的现金资产组成、特点和经营管理方法；
- ☞ 掌握商业银行存款准备金的管理；
- ☞ 了解商业银行证券投资的工具；
- ☞ 说明商业银行证券投资的风险和收益；
- ☞ 明确商业银行证券投资的经营管理策略；
- ☞ 了解我国商业银行现金业务和证券投资业务的经营管理状况。

　　商业银行的资产业务是其获得收入的主要来源，资产业务的经营好坏代表着商业银行盈利能力的强弱。通过负债业务筹集到资金只是完成了商业银行经营的第一步，更为重要的是如何将这些资金变成赚取利润的资产项目，这也是商业银行经营过程的核心环节。商业银行的资产形式主要包括现金、在中央银行存款、同业存款、贷款和证券投资等，不同的资产业务具有不同的功能，如像现金资产类，其主要是用于满足商业银行的流动性需要，而贷款业务则是商业银行最传统的盈利性资产业务，证券投资业务则可以同时为商业银行提供一定的流动性和盈利性。本章将主要介绍现金资产业务和证券投资业务，对于贷款业务将在下一章单独进行详细的介绍。第一节是关于商业银行资产业务概述，主要包括资产业务的含义、功能和种类。第二节介绍了商业银行现金资产业务的管理，现金资产业务包括库存现金、在央行和同业的存款、在途资金等形式。第三节介绍了商业银行的证券投资业务，主要包括业务种类、投资策略和管理等内容。

第一节　商业银行资产业务概述

一、商业银行资产业务的含义

资产业务是指商业银行将其通过负债业务所吸收的资金加以运用的业务，它是商业银行取得收入的主要途径。商业银行的资产主要包括现金资产、证券投资、贷款、票据贴现等类型。商业银行管理层对资产业务的经营管理能力越强，银行的盈利能力也相对越强。尤其对于那些发展中国家的银行来说，由于其中间业务的经营水平较低，因此资产业务一般都是商业银行最主要的收入来源方式。相形之下，像美国等发达国家银行的中间业务收入则一般占到总收入的 40％～50％。但是对于绝大多数国家的银行来说，资产业务仍占据收入来源的核心位置，因此掌握和学习商业银行资产业务的构成和经营管理模式至关重要。

二、商业银行资产业务的功能

第一，资产业务是商业银行收入的主要来源方式。例如发放贷款业务是商业银行产生之初就具有的业务功能，而存贷利差也是商业银行获得利润的基本方式。证券投资类业务是后来兴起的，但也在商业银行的收入来源中扮演着越来越重要的角色。现金类资产业务虽然在收入方面贡献较小，但却是商业银行应对流动性风险的重要手段。

第二，资产质量是银行经营前景的重要预测指标。一家银行的资产分布情况、贷款的对象和期限都影响着银行的资产质量，对资产质量进行分析可以使人们对商业银行的经营前景作出科学的预测，了解商业银行的风险管理能力，从而促使银行进一步提高经营管理，为银行的股东增加利润。同时，资产的规模是衡量一家商业银行实力和地位的重要标志，商业银行的信用高低直接与其资产的规模大小有关。

第三，资产管理不善是导致银行倒闭、破产的重要原因之一。由于银行资产管理在整个银行管理中处于非常重要的地位，银行资产管理不善，导致银行出现流动性危机，不能够及时足额地支付存款人的需要和融资人的融资要求，严重的话会出现银行倒闭现象。

第四，商业银行的资产业务可以促进一国经济发展。商业银行存在的最为重要的意义就是将社会闲散的资金聚集到一起，为企业扩大规模、提高生产技术提供所需要的大规模贷款资金。在很多国家的特定发展时期，政府会以行政等方式引导商业银行的贷款投向，以实现支持重要行业发展、产业结构升级和经济快速增长的政策目标，如中国和日本。在市场化程度较高的国家，商业银行按照利润最大化原则也会自发地寻找收益前景好的行业和项目，从而间接实现推动产业优化、升级的目标。

三、商业银行资产业务的构成

商业银行资产业务主要由现金资产、贷款、证券投资等形式构成。现金资产是指银行持有的库存现金及与现金等同的可以随时支取的银行资产，主要由库存现金、在中央银行存款、在同业的存款和托收中的现金等项目组成。现金资产是银行所有资产中最富流动性的部分，相应的所带来的收益也很低，它的功能是为了应对客户提取现金的需要，也是商业银行抵御流动性风险的主要手段。

贷款是商业银行最为传统的资产业务，也是商业银行最为重要的资产业务，贷款是银行或其他金融机构按一定利率和必须归还等条件出借货币资金的一种信用活动形式。银行通过贷款的方式将所集中的货币和货币资金投放出去，可以满足社会扩大再生产对补充资金的需要，促进经济的发展，并提高资金闲置者的资金使用效率。与此同时，银行也可以由此取得贷款利息收入，增加银行自身的积累。贷款行为涉及贷款对象、金额、期限、贷款利率、偿还方式等要素，这其中的每一个环节商业银行都要认真研究和确定，从而有效降低贷款损失的可能性，在积极控制商业银行的经营风险的前提下，实现银行利润最大化目标。商业银行的贷款种类很多，如工商业贷款、消费者贷款、住房抵押贷款、担保贷款、票据贴现等，不同种类的贷款可以满足不同资金使用者的多样化需求。

证券投资业务开始逐步成为商业银行的主要资产业务，商业银行通过证券投资业务可以实现赚取利息收入和资本利得的目的，同时还可以通过债券进行资产负债管理，调节资产负债的期限结构，为商业银行提供必要的流动性。商业银行在进行证券投资业务时要考虑很多因素，如证券投资的品种、期限、数量、金额等，通过组合不同期限和品种的投资产品，商业银行可以调节资金投向，提高资金使用效率，从而引导资源合理流动，实现资源的优化配置。除了这三种主要的资产业务外，商业银行还可以进行外汇投资、固定资产投资等业务。

根据表5-1可看到，我国国有银行的负债项目中客户贷款和垫款总额是资产业务中规模最大的，客户贷款和垫款主要包括贷款业务和票据贴现业务，其中贷款业务占据绝对主导的地位。以中国建设银行为例，它的客户贷款额为40 920.82亿元，占客户贷款和垫款的91.6%，其他银行也类似如此。客户贷款和垫款占总资产的比例分别为中国建设银行50.1%，中国工商银行47.7%，中国农业银行45.3%。其次是债券投资业务，债券投资占总资产的比例分别为中国建设银行25.9%，中国工商银行28.5%，中国农业银行30.1%。最后便是现金类资产，主要包括存放中央银行款项、存放同业及非生息资产中的库存现金和在途资金等，这部分资产也是各银行比较重要的资产组成部分。横向比较来看，中国工商银行的资产规模是最大的，中国工商银行的负债规模是四大行中最大的，资产与负债规模之间有一定的正相关性，而且分类来看贷款、债券投资、现金等资产业务无一例外都是工商银行的规模最大。从银行市值统计来看，截至2009年12月31日，中国工商银行的市值已达到2 689.82亿美元，成为全球第一大银行，当然部分原因是2008年次贷危机的发生使得美国许

表5-1　2009年中国部分国有银行资产构成表　　　　　　　　百万元

资产项目	中国建设银行	中国工商银行	中国农业银行
客户贷款和垫款总额	4 466 885	5 318 554	3 727 928
证券投资	2 303 673	3 183 562	2 476 586
存放中央银行款项	1 248 222	1 519 055	1 217 240
存放同业及拆出资金①	791 399	837 673	561 961
减值准备	(134 903)	(145 858)	(106 191)
非生息资产	232 659	438 991	355 616
总资产	8 907 935	11 151 977	8 233 140

注：①包括交易性债券投资和投资性债券。投资性债券包括可供出售金融资产中的债券投资、持有至到期投资和应收款项债券投资。

②存放同业及拆出资金包括同业及其他金融机构存放款项、拆入资金、卖出回购金融资产款项。

数据来源：各银行2009年银行年报，其中中国银行的数据无法同这三家银行统一，故未列出。

多银行的市值受到影响，但是规模大并不意味着发展潜力、服务水平也是全球第一，我国商业银行的服务质量、产品技术创新、经营管理能力等各个方面同发达国家的银行相比还有很大的差距，未来仍需不断借鉴和改进。

第二节　商业银行现金资产业务管理

一、现金资产业务的种类

现金资产是指商业银行持有的库存现金及与现金等同的可随时用于支付的资产，主要包括库存现金、在中央银行存款、在同业存款和托收存款等。现金资产是商业银行所有资产中最富流动性的部分，是银行随时用来应付客户提取现金需要的资产。同时由于现金资产是非盈利性资产，通常不能为商业银行带来收益或只带来很少的收益，因此商业银行基本上都会将现金资产的持有量降到必要的最低水平。

（一）库存现金

库存现金是指商业银行为了现金支付需要而保存在金库中的现钞和硬币。任何一家银行都需要保留一定的库存现金用于应付客户提现及银行日常开支，这部分资产完全没有利息收入，它主要作为银行流动性需要的第一道防线。由于保管库存现金还需要付出较高的防护费和保险费，如购买防盗系统、保险箱、雇佣保安人员等，因此商业银行应根据日常需要和经验分析保持适量的库存现金。

（二）在中央银行存款

在中央银行存款是指商业银行根据存款准备金要求而存放在中央银行的资金。在中央银行的存款主要包括两方面：一是法定存款准备金，二是超额存款准备金。

1. 法定存款准备金（Legal Deposit Reserve）

法定存款准备金是指依照法律规定商业银行等存款机构必须将其吸收的存款按照一定比率存入中央银行的存款。法定存款准备金率是由中央银行规定的，并不是由商业银行自行决定。在存款准备金制度下，商业银行不能将其吸收的存款全部用于发放贷款，必须保留一定的资金即存款准备金，以备客户提款的需要，保证商业银行的基本清偿能力，进而保护存款人利益。与此同时，法定存款准备金还具有资金清算功能，商业银行可以通过在中央银行准备金账户上资金的划转完成相互间债权债务的结清。另外，法定存款准备金是重要的货币政策工具之一。中央银行下调法定存款准备金，代表采取宽松的货币政策，商业银行的可用资金越多，创造派生存款的能力越强，从而增加整个社会货币供给量。反之，调高法定存款准备金率，则表示采取紧缩的货币政策。通常情况下，很多国家对于法定存款准备金工具的使用比较谨慎，尤其是那些完全市场化的国家，因为法定存款准备金具有货币创造的功能，会对社会货币供应总量产生较大影响。

2. 超额存款准备金（Excess Deposit Reserve）

超额存款准备金是金融机构自愿存放在中央银行超过法定存款准备金的那部分存款，用于满足支付清算、头寸调拨需要或作为资产运用的备用资金。超额存款准备金是商业银行在中央银行的一种活期存款，可随时支取。法定存款准备金通常无法由商业银行决定，商业银行可以决定的是超额存款准备金。超额存款准备金的多少直接影响到商业银行的信贷扩张能力，所以商业银行应根据存款人的数量、季节因素、社会和经济的稳定情况、银行自身的资产流动性等多方面因素，及时调整超额存款准备金的数额，使其在满足流动性需要的同时，又不会过多占用银行的可盈利的资金。

3. 存款准备金与货币创造

在理解存款准备金与货币创造的关系之前，首先应该了解原始存款与派生存款的概念。原始存款（Primary Deposit/Original Deposit）是指商业银行吸收的现金存款或从中央银行对商业银行获得再贷款、再贴现而形成的存款，是银行从事资产业务的基础。原始存款对于银行而言，是现金的初次注入，是银行扩张信用创造存款通货的基础。这一概念最早由美国经济学家 C·A·菲利普斯在其 1926 年出版的《银行信贷》一书中提出。原始存款不会引起货币供给总量的变化，仅仅是流通中的现金变成了银行的活期存款，存款的增加正好与流通中现金的减少相抵消。由于现金和中央银行签发的支票都属于中央银行向流通中投入的货币量，所以商业银行能吸收到多少原始存款，首先取决于中央银行发行多少货币，其次取决于商业银行对中央银行发行货币的吸收程度。

派生存款（Derivative Deposit）是商业银行将其原始存款运用于资产业务后所形成的存款，是获得银行贷款和票据贴现的顾客将其资金转入该银行的账户中或是转入其他银行账户中的存款，又称转入存款。派生存款产生的过程，就是商业银行吸收存款、发放贷款，形成新的存款额，最终导致银行体系存款总量增加的过程。派生存款的形成需要两个必备的基本条件：其一，存款准备金制度。存款准备金率的高低直接影响到派生存款的创造数量。一般情况下，存款准备金率越低，银行可用资金越多，派生存款数量也就相应增多；相反，存款准备金率越高，银行可用资金就越少，派生存款数量也就相应减少。其二，非现金结算制度。在现代信用制度下，银行向客户提供贷款时是通过增加客户在银行存款账户的余额进行的，客户往往是通过转账汇款等形式完成支付行为。所以，银行在增加贷款的同时，就增加了存款额，即创造出派生存款。但是，如果客户将贷款全部提取现金，那么商业银行就无法创造出派生存款。派生存款的简化公式如下。

$$D = R \times \frac{1}{r} \tag{5-1}$$

$$k = \frac{1}{r} \tag{5-2}$$

其中，D 为派生存款，R 为原始存款，r 为法定存款准备金率，k 为货币创造乘数。公式（5-1）表示派生存款同原始存款成正比，同法定存款准备金率成反比。从公式（5-2）中可以发现货币创造乘数是法定存款准备金率的倒数，因此一旦中央银行提高法定存款准备金率，就会直接影响到货币创造的倍数，对经济起到一种紧缩货币供给的作用。从 2010 年至 2011 年 6 月以来，我国中央银行已经连续 12 次上调法定存款准备金率，而 2011 年年内已连续 6 次上调准备金率，目前，大型银行存款准备金率高达 21.5%，再创历史新高点，中小金融机构的存款准备金率也高达 18%。这一举措充分表明我国政府采取紧缩的货币政策，以实现控制通货膨胀的意图和决心。由于法定存款准备金率对货币供给的影响力较大，所以通常西方发达国家的中央银行在控制货币供给时都会非常谨慎地采用这一手段。而我国目前未完全实现利率市场化，因此利率的传导机制不够通畅，所以仅采用提高货币市场利率的方法来紧缩经济并不是十分有效，在这种情形下，调节法定存款准备金率成为一种常用手段。未来我国要进一步放开利率市场的管制，尽快实现利率市场化，从而增强我国货币政策工具的调节力度和有效性。

进一步考虑到超额存款准备金率和现金漏损率对派生存款创造力的影响，将公式（5-1）修正为公式（5-3），即

$$D = R \times \frac{1}{r+e+c} \tag{5-3}$$

$$k = \frac{1}{r+e+c} \tag{5-4}$$

其中，e 为超额存款准备金率，c 为现金漏损率。现金漏损率是指客户将获得的贷款进行提取现金的比率，这部分资金是游离于银行之外的，无法创造派生存款。所以无论是法定存款准备金率、超额存款准备金率还是现金漏损率，它们的提高都会降低银行的派生存款数量，降低货币创造乘数（如公式（5-4）所示）。此外，像活期存款与定期存款的比率、贷款可得率等因素也都是影响货币创造能力的重要因素。

下面以公式（5-1）为例来看看商业银行到底是如何完成存款创造过程的。假设 A 银行吸收到客户甲存入的 1 万元存款，从而 A 银行增加原始存款 1 万元。目前银行的法定存款准备金率为 10%，那么银行需要将 1 000 元存入中央银行，而剩下的 9 000 元可以贷出。假设 A 银行将 9 000 元全部贷款给客户乙，客户乙将钱存入自己的往来银行 B。同样的，银行 B 上缴 900 元法定存款后，将 8 100 元贷款客户丙，客户丙再将钱存入银行 C，同样的过程会一直持续下去，详细过程见表（5-2）。最终银行用 1 万元的原始存款创造出 10 万元的派生存款，即 $D = (1/10\%) \times 1 = 10$（万元）。此处，为了减化处理，未考虑超额存款准备金率和现金漏损率等因素的影响。

表 5-2　商业银行的存款创造过程

银行	存款	法定存款准备金	贷款
A	10 000	1 000	9 000
B	9 000	900	8 100
C	8 100	810	7 290
D	7 290	729	6 561
⋮	⋮	⋮	⋮
合计	100 000	10 000	90 000

（三）存放同业存款

存放同业存款是指银行存放在其他银行的存款，属于活期存款性质。商业银行在其他银行保持存款的目的，是为了便于银行在同业之间开展代理业务、收付结算等业务。由于存放同业的存款可以根据商业银行需要随时支用，因此可以视为银行的现金资产。同业存款利息较低，商业银行同样需要权衡将多少资金用于获取同业相关服务，而非用于投资盈利性资产。

（四）在途资金

在途资金又叫做托收未达款，是指商业银行通过对方银行向外地付款单位或个人收取的

票据。资金在被商业银行收妥之前，是一笔被占用的资金，收妥后便成为存放同业存款，由于在途时间通常较短，所以将其视为现金资产。

二、现金资产业务的特点和管理原则

（一）现金资产业务的特点

1. 流动性最强

现金资产是商业银行最具流动性的资产，其中库存现金具有完全流动性，可以任何时候满足商业银行客户的提现需要，而在中央银行存款、存放同业存款和在途资金都类似于活期存款性质，银行需要的时候也可以很方便地支取。商业银行通过持有现金资产，可以降低流动性风险，提高银行经营的安全性。

2. 非盈利性

现金资产同贷款、证券投资等商业银行资产业务相比，属于商业银行的非盈利资产，这部分资产通常不会为商业银行带来收益或者收益很低，如库存现金是非生息资产，而在中央银行和同业的存款只有较低的利息收入。商业银行持有它们并不是为了盈利，而是为了保持流动性和安全性，因此这部分资金并不是越多越好，商业银行需要在安全性和盈利性之间寻找适当的平衡点，合理安排银行的资产负债结构。

3. 保证清偿力

商业银行是经营货币的特殊的金融机构。作为特殊的金融机构，商业银行主要依靠负债业务包括吸收存款和借入资金等方式，获得资金以开展资产业务。因此，为了满足客户提取存款需求，商业银行必须随时保有一定的现金资产以维持基本的清偿力，避免发生流动性危机；商业银行的借入资金也要按期还本付息，同样需要一笔资金用于清偿债务，否则就会影响银行的信誉，严重的还会威胁银行的安全。拥有现金资产太少对清偿能力会产生潜在的不利影响，并增加借款成本，故商业银行现金资产应保持一个合理适度的水平。

（二）现金资产业务的管理原则

商业银行在经营过程中要面对复杂的外在环境，外在环境的变化使得商业银行不断调整现金资产的数量和结构，以保证商业银行的安全性、流动性和盈利性。商业银行在经营管理过程中应遵循在维持必要流动性的前提下，尽可能地保持最低现金资产占用量为基本原则。

1. 存量适度原则

现金资产对于商业银行来说并非越多越好，它存在一个最优的适度规模存量。这一规模既可以满足客户提取存款等资金需求，避免出现流动性危机，维护商业银行的声誉；同时又可以满足商业银行进行贷款、证券投资等资产业务的资金需求，降低持有现金业务的机会成本，实现银行盈利性目标。商业银行有必要保持一个合理的现金业务存量，以及恰当的现金资产业务结构，使其与商业银行资产负债规模相匹配，从而实现商业银行的稳健性和盈利性目标统一。

2. 流量调节原则

商业银行在经营过程中的现金流量时常都在变化，因此管理者有必要及时调节资金头寸，实现存量的适度规模。流量调节和存量适度原则两者是不可分的，通过流量调节手段得以保证存量规模适度。一定时期内，现金的流入和流出量常常不会相等，因此就会导致现金存量的变化。当现金流入大于流出使得现金存量高于最优规模时，商业银行可将多余的资金头寸运用出去；当现金流出大于流入使得现金存量低于最优规模时，银行应及时筹集资金补足现金资产。

3. 安全性原则

安全性原则主要是针对商业银行现金资产中的库存现金部分提出的。由于库存现金是以现钞和硬币实物形态存在，很容易受到自然灾害和人为因素影响，包括盗窃、抢劫、清点、包装、地震、洪水等风险的威胁，因此对于库存现金的保管必须建立完善的安全保护制度、高科技的安保系统及严密的业务操作流程，从而保障银行资金安全。

三、现金资产业务的经营管理

（一）库存现金的经营管理

库存现金是商业银行的一项非盈利资产，保持合理的库存现金比率对于提高资产使用效率和防范现金资产风险有着十分重要的意义。库存现金占用过多会降低资金使用效益，削弱资产盈利能力，并且给资金安全带来一定的风险。如何能在保证支付的前提下使库存现金保持在较低的水平，一直是商业银行管理层关注的焦点。

1. 影响商业银行库存现金量的因素

① 现金收支规律。商业银行的现金收支有一定的客观规律，在经营过程中管理层可根据自身的现金需求状况进行总结和判断，设定合理的库存现金规模。例如季节性因素就会影响到银行的现金收支，可能有的季节支出多，有的季节收入多；对公出纳业务，客户现金需求多集中在上午，而现金回笼则多集中在下午；节假日也是重要的影响因素，如黄金周长假和双休日等假期都导致对银行现金需求增加，银行必须在此期间增加库存现金水平。

② 营业网点的地理位置和数量。各个营业网点所在城市及市内地理位置的不同都会影响银行库存现金的多少。如果在经济欠发达及银行业务电子化程度不高的地区，可能对现金交易的需求就较大；有些地区小商品交易发达，私营业主较多，交易大都采用现金，这也会使客户现金提取量不断增加；一些在商贸区、繁华商务区、大型批发市场等附近的网点，现金流量也相对较大。另一方面，商业银行营业网点数量、自主设备的多少也会使不同银行的库存现金需求不同。一般来说，商业银行营业网点、自主设备的数量越多，相应的对库存现金的需求量就越多。

③ 商业银行内部管理水平。库存现金管理首先应引起商业银行经营管理者和实际操作者的高度重视，表现为是否将库存现金指标作为职员工作业绩的考核指标、是否与职员经济利益、升迁挂钩等，这些都会影响银行的库存现金数量。如果重视程度不够，则可能导致个别网点银行的管理人员控制库存现金意识不强，从思想上放松了对库存备付金的控制，造成网点现金库存保留较多。

④ 中央银行发行库的相关规定。中央银行发行库营业时间和缴库次数等客观因素都会影响到商业银行的库存现金数量，如果发行库的营业时间短、出入库时间严格且次数少则必然增加银行的库存现金量。此外，中央银行发行库距离商业银行越远、交通越不便利，也会增加库存现金量。

2. 商业银行提高库存现金管理水平的策略

① 强化商业银行内部管理机制，制定科学的考核办法。商业银行应制定合理、科学的

考核办法，将库存现金的比例指标纳入分行考核体系之中，通过比例与网点的绩效挂钩、管理质量与经营目标挂钩的方式，强化目标约束。与此同时，商业银行应合理核定各支行库存限额，逐步将比例管理转化成限额管理。按照各支行的业务量、网点数量和距离分行库房路途远近等情况，科学、合理地对支行和网点核定前台柜员库存现金限额，直接控制现金留存量，确保库存现金量既能保证客户支付，又能压缩到最低数额。

建立定期通报制度，强化经营单位现金库存管理意识，加大对各网点和中心支行库存现金管理比例及限额的监控，通过预警、通报等形式督促下级经营单位切实履行总行对库存现金管理的目标要求。设立库存现金管理台账，每日统计各中心支行实际现金库存金额，并对各经营单位现金库存指标的执行情况按月进行通报，作为衡量基层负责人业务管理水平的一项重要参考依据。通过定期通报，进一步强化各经营单位负责人控制现金库存的意识，并在此基础上摸索出一定的现金备付管理规律，使得各基层行的库存得到有效控制。

② 掌握现金收支规律。商业银行可根据历史统计数据，运用科学的方法找出现金收支规律。依据规律商业银行可以合理地安排库存现金的数量，尽量减少过多的库存现金浪费，降低资金的机会成本。一般情况下，除非发生经济、政治、自然灾害等特殊事件，现金收支遵循一定的规律。商业银行需要及时了解社会、经济的各种资讯，一旦发现有不利于银行经营的重大事件出现，应提前做好准备防止挤兑发生。

③ 提高现金管理效率。商业银行可考虑设立专门科室负责全行现金库存管理工作的具体实施，同时在基层行设立现金管理员和大库管理员，负责本行范围内的现金管理调度工作和柜员库箱现金的调度和管理，从分行到基层行层层负责，实现对现金库存的有效控制。与此同时，商业银行可以减少现金调缴的中间环节，明确管理职能，分层次落实管理责任，优化整合库存现金管理流程。

④ 加强与外界的沟通和学习。商业银行应加强与客户的沟通与协调，做好客户的引导工作。严格执行客户大额取现的预约登记制度，加强大额现金支取管理，严禁以不合理的用途支取现金；积极引导客户办理转账结算业务，减少现金流量；加强网点柜员之间、网点与自助设备之间现金调配，合理留存现金，提高资金周转效率；加强与外部协调、沟通，争取得到中央银行的理解和支持，延长缴款时间、增加缴款的次数。商业银行应积极同其他银行进行管理经验交流和学习，鼓励员工参加出国培训和高校专业技术培训，提高员工的业务操作水平和管理能力。

（二）存款准备金的经营管理

存款准备金是商业银行现金资产的重要组成部分，它的存在形式表现为在中央银行的存款。存款准备金由两部分构成：一是法定存款准备金，二是超额存款准备金。法定存款准备金是由中央银行规定的，所以商业银行只能被动地满足相关要求，而超额存款准备金则需要商业银行自行决定其适度规模，两者有着不同的经营管理方式。

1. 法定存款准备金的管理

法定存款准备金率是依照法律的要求由中央银行确定的，商业银行无法决定，因此对于这部分资金的管理，商业银行要做到的便是按照法律规定准确计算法定存款准备金的需求量并及时上缴。

各国对法定准备金的计算方法都有相关的规定，其中以美国的法定准备金制度最为完善，此处我们将重点介绍美国的法定准备金计算方法。美国针对交易类账户和非交易类账户有不同的准备金规定。交易类账户主要包括无息活期存款和有息活期存款，无息活期存款如普通支票账户，有息活期存款包括可转让支付命令、货币市场存款账户等，对于这一类账户存款机构要按照累进分级的方法进行法定准备金计算。非交易类账户主要包括储蓄存款和定期存款，如大额可转让存单账户等。

① 存款余额的确定。美国商业银行存款余额确定主要采取滞后准备金计算法，它是指商业银行根据前期存款负债的余额确定本期准备金缴存量的方法，通常是以本期前两周期间内（如从周三至下下周二共 14 天时间，两周为一期）的存款日平均余额为基数。

② 法定准备金率。对于交易类账户，美联储规定了三个等级的法定准备金率。具体如下：如果 NTA≤EXM，则 RR＝0％；如果 EXM＜NTA≤LRT，则 RR＝3‰×（NTA－EXM）；如果 NTA＞LRT，则 RR＝3‰×（NTA－EXM）＋10％×（LRT－NTA）。其中，NTA 代表净交易账户，EXM 代表豁免额，LRT 代表低准备金要求限额，RR 代表法定准备金要求。2005 年 6 月美联储对豁免额的要求为 780 万美元，低准备金要求限额为 4 830 万美元，也就是当存款机构的存款额低于 780 万美元时，免交准备金；当净交易存款额在 780 万～4 830 万美元之间的部分，准备金要求为 3‰；当净交易存款额超过 4 830 万美元的部分，准备金要求为 10％。这一分级化的法定存款准备金率使得商业银行存款规模越大，缴纳的法定准备金也就越多，而对于存款规模较小（如小于 780 万美元）的金融机构则不用缴纳准备金。

例如美国富国银行在 14 天的计算期内的净交易账户余额为 9 000 万美元，计算该银行净交易账户应缴纳的法定存款准备金如下。

法定准备金＝780×0％＋（4 830－780）×3％＋（9 000－4 830）×10％
＝538.5 万美元

需要注意的是，我国目前并没有像美国一样实行分等级的法定存款准备金率，只设定了一个等级的法定存款准备金率，但针对大银行和中小银行实行了有差别的存款准备金率。商业银行的法定存款准备金数额就用存款总额乘以法定存款准备金率即可计算得出。

③ 法定准备金制度的发展。由于法定存款准备金具有货币创造的功能，即货币乘数为法定存款准备金的倒数，因此中央银行将调节法定存款作为三大货币政策之一，但是法定准备金对货币供给的影响过于剧烈，较难控制影响力；而且对金融机构经营震动较大，准备金率变化需要银行重新调整资产组合。此外，由于多数国家对准备金存款不付息，商业银行在中央银行的存款没有收益，这就意味着商业银行同那些不适用法定准备金的金融中介机构相比承担更高的成本，竞争力减弱。基于以上种种原因，越来越多的国家已经开始暂停、取消或越来越少地使用法定准备金这一工具。

美国很早就建立了法定存款准备金制度。在过去的 100 多年的时间里，美国一直在不断强化法定存款准备金管制，同时也不断采取措施完善法定存款准备管制的手段。如根据金融创新的发展而不断扩展应当缴纳法定存款准备的负债项目，根据商业银行吸收的存款金额大小采用实际累进的法定准备比率。1933 年的《银行法》之后，调整法定存款准备比率便成了美联储重要的政策工具之一。但是，在 20 世纪 80 年代的《货币控制法》和《甘恩·圣杰曼法》之后，美国便开始对法定存款准备制度进行调整。尤其是在 1992 年之后，美国开始大幅度降低法定存款准备比率。格林斯潘入主美联储之后，更是将调整法定存款准备金比率这一猛烈的货币政策工具束之高阁了。在欧盟，尽管在欧洲央行的货币政策实施框架中仍然包含有最低法定准备金要求，但事实上，欧洲中央银行并没有将调整法定存款准备比率当作一项货币政策工具来使用。按照欧洲央行的表述，实行最低法定准备的主要目的是稳定货币市场利率。欧洲央行实施最低法定准备金制度，是为金融机构提供激励，平滑临时性流动性波动的影响，从而达到稳定货币市场利率的目的。要求信贷机构在欧洲央行保留一定的准备金，就增加了对欧洲央行再融资的需求，从而使欧洲中央银行更容易通过定期的流动性操作来稳定市场利率。此外，在英国、加拿大、澳大利亚等国，中央银行已经完全取消了法定准备金制度。当然，需要意识到的是，即使中央银行完全不要求法定准备金，存款机构也会自行保留一部分现金，以满足客户提现、新贷款及其他紧急资金需求。

我国的存款准备金制度是在 1984 年中国人民银行专门行使中央银行职能后建立起来的。当时，中国人民银行按存款种类规定了法定存款准备金率，企业存款为 20%，农村存款为 25%，储蓄存款为 40%。过高的法定存款准备率使当时的专业银行资金严重不足，中国人民银行不得不通过再贷款的形式将资金返还给专业银行。为克服法定存款准备金率过高带来的不利影响，中国人民银行从 1985 年开始将法定存款准备率统一调整为 10%。2003 年以来，金融机构贷款进度较快，部分银行扩张倾向明显。一些贷款扩张较快的银行，资本充足率及资产质量等指标有所下降。因此，借鉴国际上依据金融机构风险状况区别对待和及时校正措施的做法，中国人民银行从 2004 年 4 月 25 日起对金融机构实行差别存款准备金率制度，有利于抑制资本充足率较低且资产质量较差的金融机构盲目扩张贷款，防止金融宏观调控中出现"一刀切"。2010 年 2 月 25 日中国人民银行上调存款类金融机构人民币存款准备金率 0.5% 至 16.5%，同时为了体现对"三农"和县域经济的支持力度，农村信用社等小型金融机构暂不上调。从 1984 年至 2010 年 10 月中国人民银行共调整 33 次法定存款准备金率，存款准备金率目前仍是我国重要的货币政策调节手段。

2. 超额存款准备金的管理

超额存款准备金是指商业银行自愿存放在中央银行超过法定存款准备金的那部分存款，它是商业银行在中央银行的活期存款，商业银行可以随时提取。超额存款准备金的计算比较简单，就是将商业银行在中央银行的存款扣除法定存款准备金，剩下的部分就是超额存款准备金。

【例 5-1】 我国某商业银行共拥有存款 1 亿元，其中在中央银行的存款为 1 800 万元。已知中央银行规定的法定存款准备金率为 15%，该商业银行的法定存款准备金和超额存款准备金为多少？

解 法定存款准备金 = 10 000 × 15% = 1 500 万元

超额存款准备金 = 1 800 - 1 500 = 300 万元

该商业银行的法定存款准备金为 1 500 万元，超额存款准备金为 300 万元。

【例 5-2】 我国某银行全部存款为 5 000 亿元，法定准备金为 350 亿元，超额存款准备金为 150 亿元，则（1）法定存款准备金率和超额准备金率为多少？（2）如果法定存款准备金率升为 9%，则银行剩余的超额准备金为多少？（3）如果法定存款准备金率进一步提高

为 11％，则该商业银行准备金状况如何，它该怎么解决这个问题？

    解（1）法定存款准备金率＝350/5 000×100％＝7％

           超额存款准备金率＝150/5 000×100％＝3％

    （2）若法定存款准备金率升为 9％，则

        法定存款准备金＝5 000×9％＝450 亿元

        超额存款准备金＝总存款准备金－法定存款准备金

                  ＝350＋150－450＝50 亿元

    （3）若法定存款准备金率升为 11％，则

        法定存款准备金＝5 000×11％＝550 亿元

此时，商业银行在中央银行的存款准备金 500 亿元不足以缴纳法定存款准备金，所以商业银行至少还需上缴存款准备金 50 亿元。

由于存款准备金中法定存款准备金的部分通常无法由商业银行决定，因此商业银行对超额存款准备金的经营管理就非常重要。对于商业银行来说，到底应保留多少超额存款准备金呢？一方面超额存款准备金并不是越多越好，如果留存比例太高，则商业银行可用于资产项目的资金减少，降低银行的竞争力和盈利能力。另一方面，如果超额存款准备金过低，虽然有利于提高银行的盈利能力，但会使银行面临较高的流动性风险。因此，商业银行超额存款准备金管理的要点就是在满足正常的流动性需求的基础上，保持总量规模适度。商业银行可根据自身的经营状况来判断超额准备金的数额，如可考虑存款人的数量、季节因素、社会和经济的稳定情况、银行自身的资产流动性等，根据各种因素的变化及时调整超额存款准备金。商业银行一旦确定了应提的法定存款准备金和超额准备金后，就可以将其与商业银行在中央银行的存款数额相比较。如果所持的准备金数额大于应提准备金，则可将多余的资金贷放出去或投资出去，以获取更多的收入。

影响超额存款准备金管理的因素如下。

① 存款的波动性。存款的增加和减少直接影响到商业银行所需要的超额存款准备金的数额。当存款增加时，首先表现为商业银行的现金增加，随后商业银行将现金交存中央银行，从而最终引起超额准备金增加；当存款减少时，商业银行的现金支出增加，这时需要从中央银行提取现金，使得超额准备金下降。对于商业银行来说，更为重要的是分析存款下降的情况，因为当存款下降时，会导致商业银行对超额存款准备金的需求增加。存款的下降一般会受到经济发展状况、季节因素、历史规律因素、节假日等方面的影响。根据相关因素的变化，确定适当的超额准备金数额。

② 借款能力和资金调剂效率。商业银行的借款融资能力越强、系统内资金调剂效率越高，则商业银行可以持有较少的超额准备金。一般来看，规模较大的商业银行的借款能力和资金调拨速度都要强于中小金融机构，因为大银行的信誉、规模、可抵押资产等方面都比中小银行有优势，所以对于融资能力相对较弱、系统内部资金调剂效率相对较低的中小商业银行倾向于持有较高的超额存款准备金率，而大银行的超额存款准备金率则处于相对较低水平。

③ 流动性管理偏好。对于流动性偏好较强的商业银行可能倾向于持有更多的超额存款准备金，反之，则可能持有较少的超额存款准备金。金融机构自身流动性管理是一个动态过

程，其准备金需求增加时既可通过货币市场融资方式解决，也可以通过调整资产结构等方式实现。金融机构应根据自身资产负债状况、银行体系流动性、货币市场利率及预期等因素，将超额准备金率保持在相对合理的水平，前瞻性地应对银行体系流动性波动可能带来的影响。

第三节　商业银行证券投资业务管理

一、证券投资的概念和功能

（一）证券投资的概念

商业银行证券投资是指为了获取收益而承担一定风险，对有期限的资本证券的购买行为，它是商业银行资产业务的重要组成部分。商业银行把资金投放于有价证券的目的是为了提高资产的收益性和保持相对的流动性。由于证券投资的风险和收益成正比，因此商业银行对证券投资的管理原则就是在一定风险水平下使投资收入最大化。对于商业银行证券投资的范畴各个国家有不同的规定，一般包括政府债券、金融债券、企业债券、股票类证券等，基本依据该国金融体系实行的是混业经营还是分业经营而有所不同，如果是分业经营模式通常不容许商业银行投资股票类证券。目前我国金融业实行的是较为严格的分业经营模式，在2003年修订的《中华人民共和国商业银行法》第四十三条规定"商业银行在中华人民共和国境内不得从事信托投资和证券经营业务，不得向非自用不动产投资或者向非银行金融机构和企业投资，但国家另有规定的除外。"

我国商业银行的证券投资业务已慢慢成为资产业务的重要组成部分（见表5-3），至2009年年底，建设银行、工商银行和农业银行的证券投资业务占总资产的比重分别为25.9%、28.5%、30.1%，其中以农业银行的证券投资业务占比最高。相应的，证券投资所带来的利息收入也是农业银行最高，总额为752.9亿元，占总利息收入的比例为25.4%。

表 5-3　2009 年部分国有银行的证券投资业务表　　　　　　百万元

	证券投资	证券投资/总资产/%	利息收入	利息收入/总利息收入/%
建设银行	2 303 673	25.9	71 666	21.1
工商银行	3 183 562	28.5	96 230	23.7
农业银行	2 476 586	30.1	75 290	25.4

数据来源：2009 年各银行年报统计得出。

（二）证券投资的功能

1. 收益性

证券投资是商业银行持有的生息资产中除贷款资产以外最大的资产项目，因此它带来的利息收入也是仅次于贷款的银行主要利息收入来源。证券投资的收益来自两个方面：一方面是债券利息收入，另一方面是资本利得，即通过买卖证券获取价差收入。当社会贷款需求减少时，证券投资就为商业银行提供另一种收益来源。

2. 流动性

商业银行经营的一项重要任务就是要时刻保持适度的流动性。商业银行保持流动性最简单的方法就是持有现金资产，但是现金资产没有利息收入，持有过多会增加银行的机会成本，降低银行的盈利性。证券投资的工具既包括短期的货币市场工具，也包括长期的资本市场工具，其中短期类市场工具有很强的变现性，同时还可以获得适当的收益，因此可以作为商业银行十分理想的流动性资产。例如国库券以政府财政资金为保障，信誉高，流通性强，收益率也较高，因而是商业银行证券投资的主要对象。

3. 风险管理

由于商业银行可以对证券投资的期限、利率、品种和买卖时机等方面进行控制，不像贷款资产很难进行调整，因此商业银行可以通过证券投资进行有效的利率风险、信用风险、流动性风险管理，提高商业银行经营的安全性和稳健性。银行可以通过证券投资组合多样化降低信用风险，也可以通过选择和资产负债结构相匹配期限和利率的债券品种降低流动性风险，同时证券资产可以在市场上买卖，有利于实现商业银行的资金缺口管理战略。

二、证券投资的工具

商业银行可投资的金融工具数量众多，每种工具因其预期收益、风险和利率敏感度不同而各具特色。为了方便研究各种不同的工具，我们按照投资期限的长短将其分为货币市场工具和资本市场工具，货币市场工具是指期限在一年以内易于变现且风险相对较低的金融工具；资本市场工具是指期限在一年以上预期收益率更高的金融工具。另外，还将介绍一些近年来产生的新型投资工具。

（一）货币市场工具

1. 国库券

国库券是指期限在一年以内由一国中央政府发行的短期债券。国库券具有低风险性、高流动性和一定的收益性，是商业银行最受欢迎的短期投资工具。国库券的债务人是国家，其还款保证是国家财政收入，所以它几乎不存在信用违约风险，是金融市场风险最小的信用工具。国库券通常以贴现的方式发行，筹集到的资金主要用于弥补中央财政支出不平衡的临时性资金需求。

2. 短期市政债券

短期市政债券是指由各级地方政府发行的期限在一年以下以弥补临时性资金短缺的短期债务工具。短期市政债券是以地方政府的信用为担保，所以风险比国库券稍高，同样的收益率也要高于国库券。在美国，各州和地方政府都容许发行债券，债券种类繁多，而债券利率也根据地方政府信用等级的高低有所不同，利息收入免缴联邦收入税。我国于2009年批准地方政府发行债券，目前市场上对地方政府债券的关注度较低，市场规模较小，未来还有很大发展空间。

3. 政府机构证券

政府机构证券是指由国家政府拥有或发起的机构所出售的可交易票据和债券。在我国常见的如中国人民银行发行的央行票据，其实质是中央银行债券，之所以叫"中央银行票据"，是为了突出其短期性特点，期限最短的3个月，最长的也只有1年。央行票据是中央银行调节基础货币的一项货币政策工具，目的是减少商业银行可贷资金量。商业银行在支付认购央行票据的款项后，其直接结果就是可贷资金量的减少。在美国则包括联邦国民抵押协会、联邦住宅贷款抵押公司、联邦土地银行等政府机构所发行的证券。由于多数人认为这类政府机构如果出现问题，国家一般都会出面援助，所以这类证券的风险较低，相应的利率也较低。

4. 大额可转让存单

大额可转让存单是一种可流通转让的定期存款凭证，是商业银行为了吸引存款资金的一项重要创新工具。由于存单是由银行发行的，信用度相对较高，因此商业银行也常常购买其他储蓄机构发行的存单，将其作为富有吸引力的低风险投资工具。大额可转让存单的二级市场也非常活跃，易于投资者变现。

5. 商业票据和银行承兑汇票

商业票据是指企业为满足流动性需求而发行的短期债务工具。商业银行出于稳健经营的需要，所以通常购买的都是一些有实力的大企业所发行的票据，因为商业票据的可靠程度完全依赖于发行企业的信用程度。一旦企业因经营不善违约，商业银行就会遭受损失。由于商业票据的风险较大，所以收益率也相应的高一些。

银行承兑汇票也是商业票据的一种，只不过银行保证在指定日期无条件支付确定的金额给收款人或持票人，而无论票据发行人是否付款，即银行为该票据的付款提供担保。银行承兑汇票的风险较低，因而被认为是安全性较高的货币市场工具之一。

（二）资本市场工具

1. 中长期国债

中期国债是中央政府发行的期限在 1 年以上、10 年以下（含 1 年）的长期债务凭证，长期国债是指期限在 10 年以上（含 10 年）的国债，两者是商业银行证券投资的重要组成部分。中长期国债同国库券相比期限更长，市场价格的波动性更大，同时收益率也更高。由于债券期限越长对利率波动越敏感，所以商业银行持有中长期国债会面临一定的利率风险。中长期国债一般以附息票的方式定期支付利息。一国政府常常出于弥补财政赤字、建设基础和公共设施、偿还前期国债及筹措战争军费等目的发行中长期国债。

专栏 5-1　为何美国国债市场规模如此巨大？

2010 年 6 月 2 日，美国财政部在其网站上公布了最新的国债总额。数据显示，美国国债自去年突破 12 万亿美元之后再创新高，达到了创纪录的 13 万亿美元，最新发布的国债总额已经占据美国现有经济总量的 89.4％。总统奥巴马在数据公布之前为自己辩解称，政府财政赤字的剧增并非是他的过错，言下之意是巨额的债务应归结为前任布什所采取的不当政策。目前美国国债市场是世界上规模最大、交易最活跃的市场，那么为什么美国国债市场会发展到如此巨大规模呢？

总体来看，其主要原因无非是战争、经济衰退、军备开支的迅速增长及各种社会计划等。美国发行国债的历史超过 200 年，最早的美国国债出现在独立战争时期。1776 年美国政府的前身——大陆会议首次发行国债，为独立战争筹措资金。当时美国需要资金同英国打仗，争取独立。但是，联邦政府发行国债的规模，一直到 20 世纪 30 年代大萧条时期以前都是相对较小的，直到大萧条时期，罗斯福领导下的政府当局才决定用大规模政府"借债消费"的方式来刺激经济增长、增加就业，很多人认

为这一观点主要来源于经济学家凯恩斯的观点。即使这样，到第二次世界大战前为止，美国国债规模也没有超过 500 亿美元。但是到了第二次世界大战时期，美国国债规模增加了 4 倍多，到第二次世界大战结束，就已经接近 2 600 亿美元了。第二次世界大战结束后一段较短的时间内，联邦政府应该是在逐渐清偿国债的。但是在 20 世纪 50 年代朝鲜战争爆发，使得偿还势头发生逆转。随之而来的是一系列严重的经济衰退，政府的税收收入不断减少。20 世纪 60 年代末 70 年代初，越南战争和花销很大的大社会（Great Society）计划及严重的通货膨胀的出现，1970 年国债规模大幅度飙升至 3 883 亿美元。到 1990 年 20 年间国债规模增长了近 9 倍，总国债规模达到 33 648 亿美元。从 2000 年开始，美国政府出现了财政盈余，国债总规模开始下降。但是随后 2001 年的"9·11"恐怖袭击，2008 年的次贷危机，使美国国债规模再次爆发性增长，目前已超过 13 万亿美元。

思考：（1）美国国债规模是否过大，为什么？美国国债的主要投资者是谁？

（2）一国国债规模过大会造成什么样的后果？次贷危机后希腊陷入债务危机，对此该国和欧盟采取何种措施进行拯救，其他欧盟国家又纷纷采取什么措施？

2. 中长期市政债券

中长期市政债券是指地方政府发行的期限在一年及以上的长期债务凭证。同短期市政债券相类似，中长期市政债券的利息收入一般免缴收入税。市政债券所筹资金多用于地方基础设施建设和公益事业发展，它的还款保障主要来自地方政府的财政收入及投资项目的未来收益。中长期市政债券的二级市场流动性和信用等级低于国债，因此收益率要相应高一些。

3. 金融债券

金融债券是指金融机构发行的约定在一定期限内还本付息的有价证券。金融机构的特殊性使得金融机构的信用等级虽然比国家政府低，但是比一般企业还是要高得多，所以金融债券的利率通常低于一般的企业债券，但高于风险更小的国债利率。由于金融债券的安全性很高，同时收益性又好于国债，因此成为商业银行比较理想的长期投资工具。

4. 公司债券

公司债券是指公司依照法定程序发行的，约定在一定期限内还本付息的债务凭证。公司债券由评级机构分为不同等级，如美国标准普尔公司对企业长期信用评级共设 10 个等级，分别为 AAA、AA、A、BBB、BB、B、CCC、CC、C 和 D，其中长期信用等级的 AA 至 CCC 级可用"＋"和"－"号进行微调。公司在对债券进行定价时就要根据自身的信用等级确定不同的利率，一般来讲信用等级越高则债券利率可以越低。由于商业银行在一国经济稳定中所处的特殊地位，因此商业银行为了稳健经营通常选择信用等级高、风险小的公司债券进行投资。

5. 公司股票

公司股票是指股份公司在筹集资本时向投资者发行的所有者权益凭证，投资人持有的股票代表对公司的所有权，每一股同类型股票所代表的公司所有权是相等的，即"同股同权"。每个股东所拥有的公司所有权份额的大小，取决于其持有的股票数量占公司总股本的比重。

由于股票没有到期日，只能买卖转让，所以通常商业银行购买股票是为了获得股息红利或资本利得。股票市场的价格波动剧烈，投资风险较大，因此对于实行金融体系分业经营的国家一般都规定禁止商业银行投资股票。

（三）创新型投资工具

1. 资产证券化

资产证券化是指金融机构（主要指商业银行）将自己所持有的流动性较差的资产，转换为在金融市场上可以自由买卖的证券的行为。具体过程是商业银行将拥有的贷款资金池卖给证券化机构，证券化机构经过组合和信用增级等方式以贷款资金池为标的在货币市场或资产市场发行证券。当前商业银行购买的最常见的证券化资产大多以抵押贷款为基础，其中住房抵押贷款最多。资产证券化虽然是一种新型的投资工具，但是在美国基于贷款资金池的混合型证券成为近年来增长最快的投资工具之一。这也是为什么在次贷危机发生后，美国两大住房抵押贷款机构，联邦国民抵押贷款协会（房地美，Fannie Mae）和联邦住房贷款抵押公司（房利美，Freddie Mac）率先出现经营危机的原因（详情参见专栏 5 - 2）。

专栏 5 - 2　房利美与房地美

房利美（Federal National Association，简称 Fannie Mae），即联邦国民抵押贷款协会，成立于 1938 年，房地美（Federal Home Loan Mortgage Corp，简称 Freddie Mac），即联邦住宅贷款抵押公司，商业规模仅次于房利美。两者是专业的美国住房抵押贷款机构，主要作用是为美国住房抵押贷款的一级市场和二级市场之间提供桥梁，它们在一级市场上买入房地产贷款资产，打包后以此发行贷款支持证券，实现贷款证券化过程，从而提高了美国房地产二级市场的流动性，它们是美国最主要的住房抵押贷款的债权人。

截止 2008 年 9 月，美国住房抵押贷款市场规模约为 12 万亿美元，而房利美和房地美（以下简称"两房"）持有大约 5.3 万亿美元的抵押贷款债权，占整个市场规模的 44%。其中"两房"实际拥有 1.6 万亿美元的债权，同时为 3.7 万亿美元的债权提供了担保。虽然"两房"为私人拥有的上市公司，但作为联邦法律创建的"政府授权公司（GSE）"，它们可以享受一系列的特权，如可以在市场上以接近美国国债的利率发行机构债进行融资，并可以从房地产贷款机构处购买债权进而进行资产证券化。同时，由于"两房"是"政府授权公司"，还有一个重要的隐性特权，即两房如果面临破产倒闭威胁，联邦政府会出手救援。除此之外，"两房"的有序运行也为美国金融市场的健康运行发挥着重要的作用。就贷款商而言，在向居民提供贷款后，可以很快将贷款资产卖给"两房"，加快了贷款商的资金流动。同时，"两房"还通过资产证券化和再证券化，创造出了大量的金融工具，为美国金融市场的发展和深化起到了重要的推动作用。可以说，"两房"是联系房地产市场、房地产信贷和金融市场的一个重要纽带。

受美国次贷危机的影响，2008 年 7 月，房利美出现了 700 亿美元的亏损。房地美在 2008 年的亏损额也高达 501 亿美元，仅 2007 年四季度净亏损额就达到了 239 亿

美元，相当于 2006 年同期亏损额的近十倍。鉴于"两房"在美国国民经济中的重要地位，美国政府 2008 年 9 月宣布接管房利美和房地美。这是美国历史上最大规模的一次金融救援，将对美国金融市场和全球经济带来重大影响。在微观影响上，这一接管行为主要影响了抵押贷款利率、担保费用及在处理贷款方面的规则。接管后，可以保证抵押贷款利率的稳定；担保费用也有可能降低；在贷款规则方面，由于次贷危机的影响，在发放新贷款时会进行更加严格的风险评估，其贷款的利率决定机制也就可能发生相应变化。而在宏观影响上，这一接管行为也使得"两房"的金融市场纽带作用得以更好的发挥，有利于住房抵押贷款市场和信贷市场的正常运行，进而促进了整个金融体系的稳定，也增强了国外市场对于美国市场的信心。在接管后，也会相应产生不利的影响。首先，美国政府成为了次贷危机的最终承担者，其救助的资产范围与规模的扩大及金融机构国有化，实际上使美国政府承担了巨大的信用风险；其次，此次接管行为，一些大型金融机构可以借助政府的隐性担保，盲目扩大其业务活动范围，一旦风险爆发，就可以将风险转嫁给政府，从而纵容了道德风险。

资料来源：郑联盛，何帆. 美国政府接管"两房"：原因、计划及影响. 中国金融，2008（19）.

思考：房地美和房利美的主要功能是什么？

2. 剥离证券

剥离证券（Separate Trading of Registered Interest and Principal Securities, STRIPPED BOND），是指对债务性证券（如长期国债）将利息和本金分开交易，即交易商将本金和利息的支付从原生债务证券分离，单独出售对两种收入流的要求权。对证券本金支付流的要求权称为 PO（仅含本金）证券，而对证券利息支付流的要求权称为 IO（仅含利息）证券。最常被剥离的证券是美国长期国债及抵押支持证券。

（四）中美商业银行的证券投资结构

首先来看美国主要商业银行的证券投资结构。在表 5-4 中列出的六家美国商业银行中，花旗银行的证券投资业务规模最大，为 2 576 亿美元。美国商业银行证券投资构成包括美国政府债券、美国政府机构债券、市政债券、按揭抵押债券、资产抵押债券、共同基金和股票投资等。从 2006 年的数据来看，各家银行都将投资重点放在按揭抵押债券市场，除花旗银行外，其他银行的按揭抵押债券投资量都占到证券投资总额的 80% 左右，从比例来看，摩根大通银行最高，达 85.51%。各银行在按揭抵押债券市场大规模开展投资，这与美国债券市场结构是密不可分的。由于美国按揭贷款市场庞大，而且金融机构不断进行证券化创新，按揭抵押债券二级市场非常发达，因此在美国债券市场中，按揭抵押债券一直是存量最大的市场，超过了国债和公司债券。在这种市场结构中，各种类型的金融机构均积极介入这一市场，商业银行也不例外。从不同银行的投资结构就可以看出每家银行的经营风格，总体上看美国银行更注重盈利性，因为它们在低风险低收益的政府债券和政府机构债券的投资比例较低，更多的资金投资于盈利性高的投资工具，如按揭抵押债券、资产抵押债券和市政债券等，但是对于股票和共同基金各家银行的投资比例都很小，表明控制风险仍然是商业银行的重要议题。

表 5-4　2006 年美国主要商业银行证券投资结构

	Citigroup	BOA	JP Morgan	Wachovia	Wells Fargo	US Bancorp
证券投资总额/亿美元	2 576	2 022	884	1 077	427	401
美国政府债券/%	4.77	0.28	2.69	1.31	0.91	0.01
美国政府机构债券/%	4.76	0.79	0.15	0.2	0.89	1.15
市政债券/%	6.08	3.27	0.74	3.25	8.28	11.5
按揭抵押债券/%	31.99	81.39	85.51	78.01	73.91	84.2
资产抵押债券/%	10.52	5.1	0.73	2.95	8.99	0.02
其他债券/%	40.33	3.83	7.82	12.72	5.14	2.25
共同基金和股票投资/%	1.56	5.32	2.35	1.56	1.87	0.85

资料来源：胡斌.商业银行证券投资业务的国际比较.中国货币市场，2007（11）.

可以从表 5-5 中看到我国商业银行的证券投资结构，以中国工商银行和中国农业银行为例。相比较之下，我国商业银行的证券投资品种要比美国商业银行少一些，主要投资于传统类的证券品种，如政府债券、中央银行票据、政策性银行债券和同业及其他金融机构债等，这些债券占到商业银行证券投资的 90% 左右。从中国工商银行的债券构成来看，中央银行债券的投资比重最大，其次是政策性银行债券和政府债券，它们分别占比为 35.8%、28.1%、21.2%。由于资产证券化在我国才刚刚起步，相关的抵押贷款债券等新兴市场尚未形成，无法成为商业银行的可投资工具。目前，我国商业银行的投资安全性较高，但是盈利能力还有待提高。商业银行要努力开发新的投资品种，实现投资模式多元化，提高证券投资类业务的盈利能力。

表 5-5　2009 年中国银行的非重组类债券构成表　　　　　　　　百万元

项目	中国工商银行		中国农业银行	
	金额	占比/%	金额	占比/%
政府债券	570 952	21.2	535 291	29.2
中央银行票据	967 146	35.8	648 413	35.4
政策性银行债券	759 010	28.1	408 363	22.3
同业及其他金融机构	125 383	4.6	81 049	4.4
其他债券	276 763	10.3	160 105	8.7
非重组债券合计	2 699 254	100.0	1 833 221	100.0

注：银行年报中将债券投资分为重组性债券和非重组性债券，重组性债券包括华融债券、特别国债、应收财政部款项和央行专项票据，主要用于银行资产重组，此处未加分析。

资料来源：中国工商银行和中国农业银行 2009 年年报。

三、证券投资的收益与风险

证券投资的收益和风险是商业银行进行投资工具选择时最为关注的因素。商业银行证券投资的原则就是要在一定的风险水平下实现投资收益最大化。

（一）证券投资的收益

首先应该区分市场利率、票面利率和收益率三个概念。市场利率是反映资金市场整体供求关系的平均利率，它是资金的价格。票面利率是指债券上载明的利率，也叫名义收益率，它在数额上等于债券每年应付给债券持有人的利息总额与债券总面值相除的百分比。收益率泛指投资回报，即证券投资收益与本金之比。证券投资的收益由利息收入和资本损益组成。收益率又分为到期收益率和持有期收益率。到期收益率（Yield to Maturity，YTM）是指银行将证券持有至到期日的收益率。持有期收益率（Holding Period Yield，HPY）是指从证券购买时点到卖出时点期间的收益率，即由于银行常常并不把证券持有到期，而在到期之前将其卖出。在证券市场上，一般情况下债券的收益率与市场利率正相关，债券的市场价格与市场利率负相关。本节收益率无特殊说明都将以复利方式计算。

1. **附息债券的收益率。**

附息债券（Coupon Bond）是指债券的利息支付每年定期进行，要么在债券券面上直接附有息票，要么按照债券票面载明的利率及支付方式支付利息，又被称分期付息债券和息票债券。通常利息会采取半年支付一次或一年支付一次的形式。附息债券的期限一般在一年以上。

① 到期收益率。如果银行将附息债券持有到期，则它的到期收益率的计算公式如下。

$$P = \sum_{t=1}^{n} \frac{C_t}{(1+\text{YTM})^t} + \frac{F}{(1+\text{YTM})^n}$$

其中，P 为债券的买入价格，YTM 为债券到期收益率，C_t 为第 t 期的息票利息，F 为债券面值，n 表示实际持有期。

② 持有期收益率。如果银行在到期前将债券卖出，则此时债券的持有期收益率为

$$P = \sum_{t=1}^{n} \frac{C_t}{(1+\text{HPY})^t} + \frac{S}{(1+\text{HPY})^n}$$

其中，HPY 为债券持有期收益率，S 为债券的出售价格，其他字母含义同到期收益率。

【**例 5 - 3**】　商业银行的投资经理正考虑购买面值为 1 000 元的 5 年长期国债，其息票利率为 8%，每年付息一次，如果债券当前的价格为 900 元，则到期收益率是多少？

解　　　　　　$$900 = \sum_{t=1}^{5} \frac{80}{(1+\text{YMT})^t} + \frac{1\ 000}{(1+\text{YMT})^5}$$

则 YMT＝10.74%。

如果投资经理在持有债券的第四年底将债券卖出，银行共收到 4 年的息票利息，卖出价格为 1 100 元，则此时债券的持有期收益率为多少？

$$900 = \sum_{t=1}^{4} \frac{80}{(1+\text{HPY})^t} + \frac{1\ 100}{(1+\text{HPY})^4}$$

则 HPY＝13.43%。

---

2. **零息债券的收益率**

零息债券（Zero Coupon Bond）是指以贴现方式发行，不附息票，而于到期日时按面值一次性支付本利的债券。零息债券期限较短，一般在 1 年以下。零息债券的收益率公式如下。

$$P = \frac{F}{(1+r)^{t/360}}$$

其中，P 为债券的买入价格，F 为债券面值，r 为债券的收益率，t 为实际持有债券的时间（天数）。

【例 5-4】　某商业银行投资经理以 950 元的价格买入 10 张零息债券，该债券的面值为 1 000 元，实际期限为 260 天，则该债券的收益率为多少？

解
$$950 = \frac{1\,000}{(1+r)^{260/360}}$$

则 $r=7.36\%$。

---

3. 税收与债券收益率

大多数国家都规定购买国家债券的投资者其利息收入可享受税收减免，如我国现行政策规定国债利息可免征所得税。这种情况下，税收因素就成为影响债券收益率的重要因素。因此，商业银行在比较各种投资工具的收益率时，同样要考虑税收对实际收益的影响。

【例 5-5】　商业银行可以选择两种投资工具：一是免税国债，名义收益率为 8%；另一种是应税企业债券，名义收益率为 10%，利息收入的税率为 25%，则哪种债券的实际收益率高？（假设投资收益仅为利息收入）

解　　　　国债的实际收益率＝8%（1-0%）＝8%

企业债券的实际收益率＝10%（1-25%）＝7.5%

通过比较可以看出由于税收的影响，反而使得企业债券的实际收益率低于国债。当然，这里仅列出一个简化的例子，因为债券的收益不仅包括利息收入还有买卖价差，买卖价差的资本利得收入也要缴纳税收。通过举例只是让我们明白税收也是影响收益率的重要因素，商业银行在投资决策时必须加以考虑。

（二）证券投资的风险

商业银行的证券投资业务存在一定的风险，证券投资风险是指商业银行在证券投资过程中遭受损失或达不到预期收益率的可能性，如企业违约、利率变动、通货膨胀等因素都可能造成证券投资损失。证券投资风险按照性质可分为系统性风险和非系统性风险，系统性风险是指由于全局性事件引起的投资收益变动的不确定性，它对所有公司、企业、证券投资者和证券种类均产生影响，因而通过证券投资多元化组合不能分散这样的风险，如经济、政治、战争等因素。非系统风险是指由非全局性事件引起的投资收益率变动的不确定性，它仅对一种或一些证券有影响，可通过分散投资消除或降低风险。

1. 证券投资风险的种类

① 信用风险。信用风险是指证券发行人到期后不能或不愿意偿还本息而给投资者造成损失的风险，也称违约风险。不同债券的信用风险大小不同，国家政府债券的风险最小，因为它以政府信用为担保。金融债券、政府机构债券和市政债券次之，风险最大的是企业债券。企业债券又根据企业信用等级不同而有所差异，一般情况下，评级越高的企业风险越小。由于债券的违约风险与购买者的利益密切相关，这就需要有权威性的评级机构来进行评级。国际上最著名的两大评级机构是标准普尔公司和穆迪投资者服务公司（见表 5-6），它

们依据债券违约的可能性大小对债券作出信用评级，向债券购买者提供有关违约风险的信息。美国监管机构规定商业银行不得购买投机级别证券，即穆迪公司评级 Baa 以下及标准普尔公司评级 BBB 以下的债券，只能购买投资级别的证券，以控制商业银行证券投资的违约风险，更好地保护银行存款人的利益。

表 5-6　投资证券的违约风险评级

	证券的信用质量	穆迪公司	标准普尔
投资级别	优等/最小投资风险	Aaa	AAA
	高等/高质量	Aa	AA
	中上级	A	A
	中级	Baa	BBB
投机级别	中级，略带投机因素	Ba	BB
	中低级	B	B
	资信差/可能违约	Caa	CCC
	高投机性，常违约	Ca	CC
	最低级别的投机证券/前景差	C	C
	已违约证券和由已宣布破产的企业所发行的证券	未评级	DDD, DD, D

资料来源：彼得·罗斯.商业银行管理.刘园，译.北京：机械工业出版社，2007：271.

②利率风险。利率风险是指市场利率变动的不确定性给商业银行债券投资造成损失的可能性。一方面债券价格同市场利率负相关。当市场利率提高时，减少了债券与市场的利率差，债券的收益相对降低，人们购买债券的积极性降低，引起债券价格下跌。如果此时银行刚好需要资金，则证券出售就会造成银行损失。利率上升时期往往贷款需求猛增，银行为了放贷而不得不将债券在此时出售，从而发生资本损失。债券价格波动幅度受到债券期限和票面利率等因素的影响，一般情况下，债券期限越长、票面利率越低，则债券价格的波动幅度越大，相应的利率风险也越大。另一方面，利率变动还会使商业银行面临再投资风险，当利率降低时，如果商业银行的投资时间跨度比金融资产的期限长，则不得不将到期收益再投资于一些市场利率更低的资产，而导致收益水平降低。

③流动性风险。流动性风险是指商业银行将证券投资工具变现成现金而发生损失的风险。商业银行出于流动性需要，常会在证券在未到期前将其售出。如果证券市场的规模较大、交易活跃且短期内价格稳定，银行可以迅速将证券以合理价格变现，否则就有可能发生较大损失。国债是流动性最强的长期债券，任何企业债券的交易量都小于国债的交易量，其流动性都小于国债的流动性。证券的易变现性是商业银行进行投资时要考虑的重要因素，它将直接影响到商业银行抗风险能力，但是由于流动性高的投资工具通常盈利性也较低，所以商业银行要适度平衡流动性需求和盈利性需求。

④通货膨胀风险。通货膨胀风险是针对所有证券都会存在的，一旦发生通货膨胀，债券的本金和利息的货币价值都会降低，从而损害债权人的收益。通货膨胀会使银行资产的实际收益下降。资产实际收益率等于资产名义收益率减去通货膨胀率，通货膨胀率越高，资产实际收益率越低，当通货膨胀率高于资产名义收益率时，资产实际收益率即为负数，资产的实际购买力反而下降了。

美国财政部发行了一种通货膨胀保值证券（Treasury Inflation-Protected Securities，TIPs），可以帮助金融机构防范通货膨胀。TIPs 的息票利率和面值每年都要根据消费者物价指数（CPI）进行调整，以适应通货膨胀的变化。美国财政部从 1997 年 1 月开始发行 5 年、

10 年、30 年期的可交易 TIPs，但是多数金融机构对 TIPs 的投资热情并不是很高，这可能是因为近年美国经济的通货膨胀速度较为温和。次贷危机发生后，美国采取宽松的货币政策和开动印钞机增加货币供给的方式为市场注入流动性，货币流动性过多就容易提高通货膨胀的速度，未来也许 TIPs 会受到金融机构的广泛关注。

⑤ 汇率风险。汇率风险发生在当商业银行购买国外债券时，因外币价值的不利变动导致损失的可能性。例如，一家中国的商业银行在美国债券市场上购买了美国国债，如果在投资期内美元相对于人民币贬值，则这些国债的收益将会严重降低。

除了以上几种风险外，商业银行还会面临提前赎回风险、提前偿还风险、汇率风险等。提前赎回风险是指证券发行人通过设定可赎回条款，在利率较低时采取发行新债券来代替原有利率较高的债券，以节省利息支出。这种情况下，商业银行就会遭受收益减少的风险。提前偿还风险则是贷款抵押支持类证券所特有的风险。一些贷款常常会被提前偿还，从而减少了预期的现金流入，造成银行收益率降低。

专栏 5-3 欧债危机，意大利之后谁会成为下一个？

11 月 10 日，国际评级机构标准普尔突然向部分用户发电邮称已下调法国 AAA 最高评级，市场一片恐慌。两小时后，标普又突然澄清是技术失误造成误报，标普误降风波让法国政府大怒，下令彻查。对面临压力的法国政府来说，这一"错误"难以容忍，但对市场来说，这一"错误"其实无关紧要。因为在许多投资者和经济学家眼中，法国长期信用评级已不再是最优的 AAA 级。

近日，法国《世界报》的报道标题也显得尤为触目惊心——"希腊与意大利之后，法国？"

"误降"折射法国困境

"就算是标普的人为疏失，可是为什么就是法国呢？"一位分析师的问题得到了很多共鸣，认为标普此举耐人寻味。英国《泰晤士报》曾援引美国银行美林国际研究部的投资策略师约翰·雷思的话说，"如果意大利完蛋了，它就会把法国拖下水。这是件很可怕的事。"

"法国银行拥有意大利银行大量股份，并在意大利建立了庞大的分支机构网络，法国的银行持有巨额意大利国债，意大利危机必然冲击到法国的金融系统，对法国造成巨大影响。"财经作家叶楚华在接受《国际先驱导报》采访时说。而此前，受债务危机影响，法国各大银行赢利能力已经大幅下滑。近日，法国巴黎银行、兴业银行、农业信贷和法国人民储蓄银行集团均公布了三季报。季报显示，四大银行第三季度净利润骤减至 24 亿欧元（1 欧元约合 8.54 元人民币），去年同期四家银行的盈利接近 70 亿欧元，银行利润下滑幅度均超 30%。国际信用评级机构穆迪公司在 9 月曾调降法国兴业和农业信贷两大银行评级，10 月 17 日穆迪发出警告：未来 3 个月内有可能将法国主权信用评级置于负面观察名单。

法国是意大利最大的债权国，根据国际清算银行公布的数据显示，截至今年二季度末，法国银行业持有意大利债券风险敞口（注：风险敞口是指因债务人违约行为导致的可能承受风险的信贷余额）为 4 102 亿欧元，是德国的两倍多。随着意大利债务危机发酵，法国 10 年期国债收益率上周超过 3.4%（收益率越高，意味着法国国债发债成本越高），较德国 10 年期国债收益率高 168 个基点，创下欧元问世以来历史新高。

欧洲复兴开发银行创始人雅克·阿塔利评论说，从法国与德国 10 年期国债收益率息差看，法国信用评级已不是 AAA 级。法国外贸银行首席经济学家帕特里克·阿蒂斯今年 10 月在接受记者采访时说，按照标普的评级模型，以及法国官方的公开数据，法国信用评级只有 AA。目前评级机构普遍没有下调法国信用评级，可能是认为法国政府能在短期内对一些问题进行修复。这一次，标普误降法国评级，法国媒体普遍认为，这不是一个小事故，表明标准普尔正在研究给法国降级。

欧债危机像一部漫长的连续剧，每一个国家陷入危机，都是从信用评级被下调开始的。《金融时报》文章称，法国总统萨科齐最担心的是失去法国的 AAA 主权债务评级。新加坡《联合早报》称，"法国 AAA 信贷评级一旦调降，将令准备在六个月后争取连任的萨科齐总统，颜面无光；对一直在想方设法挽救欧元的欧盟领袖来说，也将是个重大打击。"

资料来源：国际先驱导报，2011 年 11 月 19 日

思考：（1）为什么法国四大银行的利润骤减，是哪些风险造成的？

（2）商业银行应该如何控制证券投资的风险？

2. 证券投资风险的度量

证券投资的风险衡量就是要准确地计算投资者的收益和本金遭受损失的可能性大小，虽然有时可能证券投资风险无法进行量化分析而只能推理分析，但是在有些时候投资风险也是可以量化的。测量的基本方法就是标准差法，它主要通过比较投资的实际收益与预期收益之间的差距来衡量风险大小。

① 预期收益率。由于投资的收益率会受到很多不确定因素的影响，因此投资者很难预知实际的收益，但是可以根据各种可能性发生的概率算出预期的收益率。投资的预期收益率就是指某项投资的未来各种可能的收益率乘以相应的发生概率之和。预期收益率的计算公式如下。

$$E(r) = \sum_{i=1}^{n} r_i p_i$$

其中，$E(r)$ 为期望收益率，r_i 为第 i 种结果发生的预期收益率，p_i 为相应的概率，n 为各种可能发生的数量。

② 标准差。标准差是反映各种预期投资收益率与期望收益率偏差的加权之和。证券投资的标准差越大，则相应的投资风险越大。标准差公式如下。

$$\sigma = \sqrt{\sum_{i=1}^{n} \left[(r_i - E(r))^2 p_i \right]}$$

其中，σ 为证券投资的标准差。

标准差方法不仅把证券收益低于期望收益的概率计算在内，而且把证券收益高于期望收

益的概率也计算在内。同时，它不仅计算了证券的各种可能收益出现的概率，而且也计算了各种可能收益与期望收益的差额。当证券预期收益率的分布越集中，则实际结果就越可能接近期望收益率，相应的风险也就越小。标准差方法是一种较为科学的度量证券投资风险的方法。但是标准差法也有缺陷，它无法区分系统性风险和非系统性风险，因此也就无法告诉商业银行通过投资多样化的方式可以在多大程度上实现分散风险的目的。

【例5-6】 假设某商业银行计划投资于某种债券，其可能的收益率和概率分布如表5-7，请问商业银行的预期收益率和标准差为多少？

表5-7 某银行的预期收益率与概率分布

可能的结果	预期的收益率	相应的概率
1	8%	1/4
2	10%	1/2
3	12%	1/4

解

$$预期收益率 = 8\% \times 1/4 + 10\% \times 1/2 + 12\% \times 1/4 = 10\%$$

$$标准差 = \sqrt{(8\%-10\%)^2 \times 1/4 + (10\%-10\%)^2 \times 1/2 + (12\%-10\%)^2 \times 1/4}$$
$$= 0.014$$

四、证券投资的经营管理策略

商业银行的证券投资需要一定的经营管理策略。好的证券投资组合不仅可以为商业银行带来更多的收入，同时还可以满足商业银行的流动性需求；差的证券投资策略不仅不会增加银行资产的收益，反而还有可能给银行带来经营风险。不同经营风格的银行可能会有不同的证券投资策略，针对自身的经营状况选取正确的策略是银行证券投资成功的关键。

(一)证券投资的前期工作

1. 证券投资的目标

首先商业银行应确立本行的证券投资目标，在盈利性和流动性之间进行适当的权衡。一方面银行的经营理念决定其证券投资的目标。有的银行的经营风格较为激进，它就有可能在证券投资组合中选择更多高盈利性的投资工具；有的银行经营风格比较保守，那它的证券投资组合就可能主要由流动性强的投资工具构成。另一方面银行的资产负债构成也会影响商业银行的证券投资目标。如果一家银行持有较多的现金资产能较好地满足流动性需要，则该银行可能会更注重证券投资的盈利性。商业银行负债的结构和期限也会对证券投资组合的策略有所影响。商业银行应充分考虑现实经营状况，确定适当的投资目标。

2. 培养证券投资人才

证券投资人员的投资水平和职业道德素质会直接影响到商业银行的证券投资收益，甚至是商业银行生存的安危。最典型的例子就是1995年英国巴林银行的倒闭，一个交易员的错误行为就毁掉了这家老牌银行。商业银行要培养高水平的投资人才应注意以下几个方面。

第一，熟悉证券投资的相关法律法规和流程。不同国家对商业银行的证券投资范围都颁布了一些法律法规来加以限制，如商业银行不可以投资股票和基金，或商业银行不可以投资低风险的企业债券等。作为证券投资人员首先应该熟悉相关的法律法规，避免在投资过程中违反规定。其次，证券投资人员应了解证券投资过程的每一个环节，熟悉投资程序，以确保证券投资过程的顺利完成。

第二，提高证券投资水平。证券投资人员首先要对证券投资领域有充分的学习和认识，了解证券投资的相关知识，这样才有可能在众多的证券品种中选择合适的投资工具。商业银行可以定期或不定期的将从业人员送入高等学校学习或出国培训，使其快速掌握最新的投资理论、投资品种和投资策略。高水平的投资策略是指证券投资人员能及时对证券市场行情做出准确反应，能对市场未来变化作出一定的预测，有效降低投资决策的失误和盲目性。与此同时，证券投资人员还要合理的安排证券投资结构，使之与商业银行的投资目标相适应，包括不同收益与风险的证券投资组合、投资时间长短决策、分散投资风险等内容。

第三，培养良好的职业道德素质。随着商业银行证券投资业务的不断发展，加强证券投资人员的职业道德建设显得尤为重要。不断加强和深化职业道德教育，是一项具有长期性、经常性的工作，是商业银行稳健经营、科学发展的必要条件。商业银行的行业特殊性，决定了它必须高度重视职业道德建设。首先，明确证券投资人员的岗位职责，强化岗位责任制，确定职业操守，并在制度管理中予以规制和强化，做到赏罚分明。其次，加强职业道德培训。商业银行通过对从业人员进行定期的教育和培训，使其树立正确的职业道德理念，并将相关理念融入到日常工作中。最后，加强对证券投资人员的监管。商业银行应设立独立的部门对相关人员的投资行为进行监管，并定期对证券投资的安全性进行评估和研究。

（二）证券投资的策略

商业银行的管理人员做好了前期的准备工作，并了解了证券投资的风险和收益之后，就需要制定相应的投资策略。由于商业银行总要将一部分资产稳定地投资于证券，因此制定合理的投资策略，有利于提高商业银行的盈利性、安全性和流动性。

1. 利率预期策略

利率预期策略是一种积极主动型策略。商业银行的证券投资人员通过预期利率和经济环境的变化，而不断地调整证券投资组合的期限以实现利润最大化。当预期利率上升时，商业银行应将投资期限向短期转换，提高短期证券的比重，以便利率上升时，能以较高的利率进行再投资；当预期利率下降时，商业银行应将投资期限向长期转换，以减少利率下降导致的再投资收益降低（见图 5-1）。

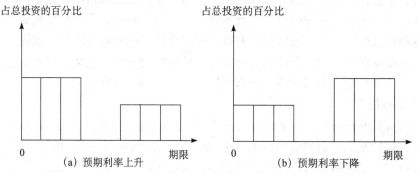

图 5-1 利率预期策略

这种策略可以说是众多策略中最为激进的一种，因为如果利率预测正确，投资者就可以获得最大的资本收益，反之一旦利率预测错误，就可能导致巨额资本损失。商业银行要想采用该策略，就要求相关投资人员必须对市场有深入的了解和准确的把握，否则就会带来很大的投资风险，而且不断调整证券组合也会使交易成本较大。此外，利率预期策略适用于利率周期性规律波动的环境，如果利率波动过于频繁，则不适合操作。

2. 阶梯期限策略

阶梯期限策略是一种相对稳健的投资策略，也称为梯形期限策略或间隔期限策略。阶梯期限策略的主要投资思路是：首先管理者确定一个可以接受的最长投资期限，然后将资金均匀地投资于该期限内不同期限的证券上。例如，商业银行用于证券投资的资金为 6 000 万元，可承受的最大投资期限为 6 年，则它可以将 1/6 的资金投资于 1 年以下的证券，1/6 的资金投资于 1～2 年的证券，1/6 的资金投资于 2～3 年的证券，以此类推，一直到 6 年期限为止（见图 5 - 2）。

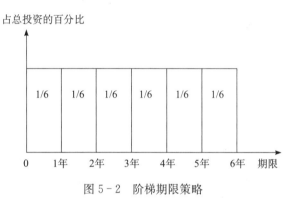

图 5 - 2　阶梯期限策略

这种方法的优点：一是简单易行。该方法不需要太多的投资技巧，也不需要预测利率变化，非常适合于中小商业银行及缺乏高水平证券投资人才的银行。二是可以减少收入的波动性。虽然该方法不会使投资收益最大化，但是由于一些证券总是滚动性变现，商业银行也不会错过任何好的投资机会。三是交易成本较低。商业银行只需定期进行交易，不需要经常调整投资组合而增加交易成本。四是短期和长期证券相结合，有利于同时满足商业银行的流动性和盈利性需求。当然，阶梯期限策略也有自身的缺点，如这种投资策略比较死板，不够灵活，很可能会使银行失去大的盈利机会，同时虽然短期证券能满足一定的流动性，但是对于大规模的流动性需求较难满足。

3. 前置期限策略

前置期限策略是指银行只投资短期证券，不持有长期证券，它是一种很安全的投资方式（见图 5 - 3）。这种策略把证券投资视作保证商业银行流动性的重要来源，而不是收入来源。例如，投资经理可能将全部资金投资于 2 年期以下的证券。这种方式的收益率相对较低，但期限短也使得银行面临的利率风险，尤其当利率上升时，采用这种策略对银行比较有利。

4. 后置期限策略

后置期限策略同前置期限策略相对应，是指银行只投资长期证券，不持有短期证券，它

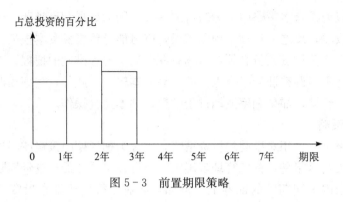

图 5-3　前置期限策略

是一种相对来说风险较高的投资方式（见图 5-4）。这种策略把证券投资作为商业银行的收入来源，它能带来更高的收益，但是银行的流动性就需要依靠其他方式解决，如向金融市场借款或是保有更多的现金资产。此外，由于证券期限较长，因此银行面临的利率风险很大。当利率下降时，采取后置期限策略对银行比较有利。

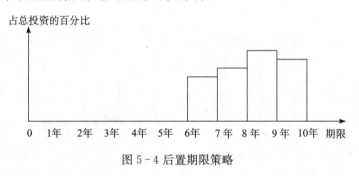

图 5-4 后置期限策略

5. 杠铃期限策略

杠铃期限策略是将前置期限和后置期限策略组合的一种方式，即银行将资金只投资于短期证券和长期证券，不持有或极少持有中期证券（见图 5-5）。商业银行通过持有短期证券获得流动性，通过持有长期证券获得收益性，从而实现了流动性和盈利性的高效结合。杠铃期限策略要经常进行交易，因此对投资经理的交易能力和投资经验要求较高，相对的交易成本也较高。

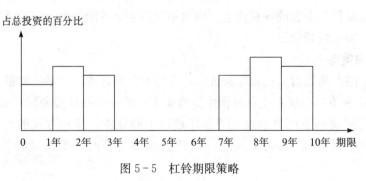

图 5-5　杠铃期限策略

案 例 分 析

招商银行的C十现金管理品牌体系

Asiamoney（《亚洲货币》）发布其2010年度评选榜单，招商银行再次获评"中国本土最佳现金管理银行"。据悉，这是招行第五次获得该奖项。企业现金管理是指对企业现金（准现金）流进行有效的预测、监控及管理，包括：以最合理的成本增加可用现金头寸，避免流动性赤字；降低和控制交易风险；建立理想的现金余额并集约化配置现金资源；优化现金（债务）的投融资；控制跨境现金流等。企业财资管理的实践证明，现金管理凸显出对于增加企业价值、实现企业效益最大化的重要性，"现金为王"长期以来被视为企业财资管理的支柱理念。

商业银行为企业提供的现金管理服务内涵应包括：以交易与供应链为核心的账户及收付款管理，以集中控制与管理为核心的流动性管理，以增加现金流价值为核心的投、融资管理，以及以营运资金安全为核心的风险管理等。招商银行是国内较早意识到现金管理重大意义的商业银行之一，并始终站在现金管理服务创新的最前沿，在企业收付交易、现金集中管理、信用结算和融资、投资理财及跨境现金管理服务等方面，进行了一系列令业界所瞩目的探索与创新，建立了全面、完善的现金管理产品和服务体系。招商银行在国内最早开办外币现金池业务；率先推出网上国内信用证、网上电子票据、企业委托理财、公司借记卡等产品；编辑并发行了国内银行业第一本多角度介绍和分析现金管理新思想、新技术、新方法的专业书籍——《招商银行2007现金及财资管理专刊》；前瞻性地首家推出适应最新现金管理实践需求的"跨银行现金管理平台"。

通过《招商银行现金管理产品索引》，企业伙伴可以更好地理解招商银行现金管理服务理念，认同并使用招商银行种类繁多的现金管理产品；以现金管理产品与服务为纽带，招商银行已经与众多企业伙伴建立了合作，深化了互信，银企之间的和谐合作与交融，促进了企业与招商银行的共赢与发展。招商银行（CMB）个性化、综合化的专业现金管理服务，将增加企业CEO、CFO对现金流良性循环（CIRCLE）的满意度，增加企业对风险管理、成本控制（CONTROL）的信心，更增加企业对下一财年内现金收益（CASH）的期许。所有的增加，都来自企业＋招商银行，这就是招商银行的C十之道。

引自：中国招商银行网站。

思考：

（1）为什么招商银行如此重视企业现金管理业务？

（2）招商银行在现金管理方面有哪些经验可供其他银行借鉴？

本 章 小 结

资产业务是指商业银行运用资金的业务，也就是商业银行将其吸收的资金贷放或投资出去赚取收益的活动。资金运用效率的高低将直接影响商业银行的盈利能力。商业银行的资产业务包括现金资产、贷款和证券投资等类型，由于贷款业务的特殊重要性，将在下一章单独进行介绍，本章主要介绍除贷款业务以外的商业银行资产业务。

现金资产是指商业银行持有的库存现金及与现金等同的可随时用于支付的资产，主要包括库存现金、在中央银行存款、在同业存款和托收存款等，其中在中央银行存款由法定存款准备金和超额存款准备金构成。现金资产具有流动性最强、非盈利性和保证清偿力的特点，在管理中商业银行要注意存量适中、流量调节和安全性原则。

证券投资是指商业银行为了获取收益而承担一定风险，对有期限的资本证券的购买行为，它是商业银行资产业务的重要组成部分，主要包括政府债券、金融债券、企业债券、股票类证券等类别。证券投资的收益和风险是相对应的，商业银行证券投资的原则就是要在一定的风险水平下实现投资收益最大化。证券投资的策略包括利率预期策略、阶梯期限策略、前置期限策略、后置期限策略和杠铃期限策略。

关键词

资产业务　现金资产　库存现金　法定存款准备金　超额存款准备金　证券投资
国库券　国债　资产证券化　利率预期策略　阶梯期限策略　杠铃期限策略

思 考 题

1. 商业银行的资产业务由哪些构成，其主要功能是什么？
2. 简述商业银行持有现金资产的意义和现金资产的种类。
3. 商业银行如何对存款准备金进行管理，影响存款准备金的因素有哪些？
4. 商业银行的证券投资风险有哪些，应如何解决？
5. 为什么各国都对商业银行的证券投资范围进行立法限定？
6. 我国商业银行的证券投资业务同美国相比有哪些不同？
7. 商业银行证券投资策略有哪些，各自的优缺点是什么？

第六章

商业银行贷款业务管理

【学习目的】

☞ 知道商业银行贷款业务的特点和种类；

☞ 了解商业银行的贷款程序；

☞ 掌握商业银行的贷款定价构成和贷款定价的影响因素；

☞ 熟悉商业银行的贷款定价方法；

☞ 具备贷款信用分析的基本能力，说明商业银行在进行信用分析时应注意哪些问题；

☞ 说明商业银行贷款五级分类的内容和意义；

☞ 了解商业银行不良贷款的处理和控制方法。

贷款业务是商业银行最重要的传统资产业务，也是商业银行盈利的主要来源。商业银行之所以被称为间接金融机构正是源于存贷款业务，贷款业务在给商业银行带来利润的同时，也使商业银行面临较大的经营风险，坏账常常是商业银行经营失败的首要原因。20世纪90年代，曾连续20年成为美国首富的保罗·盖蒂（J. Paul Getty）说过这样一句话："如果你欠银行100美元，那是你的问题，如果你欠银行1亿美元，那就是银行的问题了。"商业银行贷款业务管理能力的高低可能直接影响到一家银行经营状况的好坏。更重要的是，贷款绝不仅仅是商业银行自己的事情，贷款业务可以满足社会扩大再生产对补充资金的需要，并有效促进经济的发展。本章我们将深入学习贷款业务的相关知识，从而更好地了解商业银行贷款业务活动。第一节介绍了商业银行贷款的定义、特点、种类及贷款的程序。第二节说明了贷款定价的相关内容，包括贷款价格的构成、影响因素和定价方法。第三节介绍了贷款业务的信用风险分析和贷后损失的管理手段，对于信用风险的具体管理方法可参见本书第十章。第四节介绍了几种比较重要的贷款业务形式的主要内容，包括消费信贷、住房抵押贷款和票据贴现。

第一节　商业银行贷款业务概述

一、商业银行贷款定义和特点

　　贷款是指商业银行或其他金融机构向借款人出借资金，并要求借款人按照约定的利息和期限还本付息的信用活动形式。贷款作为商业银行最重要的资产业务，其贷款利息是商业银行主要的收入和利润来源。由于商业银行是负债经营的机构，所以贷款业务也会为银行带来较大的经营风险。因此，贷款业务的有效管理是商业银行经营管理的核心。

　　贷款业务具有如下特点：第一，贷款的主要条款由银行进行制定。贷款条款中最重要的便是贷款利率，对此以美国为代表的发达国家都是不加以管制的，完全由商业银行自行确定。目前，我国对贷款利率采取的是"下限管制，上限放开"的管理模式。随着利率市场化的进程加快，我国未来也将逐步实现贷款利率完全市场化。此外，需要注意的是，贷款条款由商业银行制定并不代表银行贷款是不受到管制的，恰恰相反，各国金融监管当局对商业银行这类贷款金融机构的监管是最为严格的，包括很多贷款都会受法律法规限制，甚至禁止发放。还有巴塞尔协议中对资本充足率的规定，实际上就是为了控制商业银行的信贷规模，防止其不考虑风险无限度地发放贷款。第二，借贷双方可根据经济环境的变化，灵活地协商调整和变更贷款协议的有关条款。虽然贷款合同有一定的范式，但是具体内容可依据借款人的不同条件而有所不同，贷款内容具有差异性。例如，对于住房抵押贷款，由于借款人的信用等级不同（信用等级的确定会参考借款人的工作稳定程度、收入、信用卡记录、电话缴费记录等），贷款利率自然不同，等级越高贷款利率越低。第三，商业银行已从被动选择贷款转向主动营销贷款。早期的商业银行在开展贷款业务时，常常是借款人需要资金向银行申请贷款，银行可根据不同条件选择合适的借款人。随着银行业的竞争加剧，为了提高盈利性，商业银行开始主动向优质企业推销贷款，甚至提供一些优惠贷款条件以留住优质客户。一些信用状况一般，甚至较差的个人和企业也慢慢成为银行挖掘贷款盈利的对象。第四，商业银行的贷款利息可计入成本，具有税前抵减效应。第五，银行会设置一些保护性条款。为了降低贷款风险，商业银行常会设置一些条款来保护自身的利益，从而提高贷款质量，以约束企业对贷款资金的运用。例如，如果企业未按照预先设定的项目进行投资，银行有权停止贷款的进一步发放并可要求企业归还已发放的贷款。

二、商业银行贷款种类

　　对于贷款业务，商业银行根据管理的不同标准将其分为不同类别，而这种分类有助于提供更多有价值的信息，增强商业银行对贷款业务的管理能力。

（一）按照贷款期限划分

1. 活期贷款

　　活期贷款又称为通知贷款，是指贷款没有固定的偿还期，银行可随时通知归还或是借款人可以随时偿还的贷款。这种贷款对银行比较有利，银行在资金宽裕时可贷出资金获得利息，而一旦银行资金紧张便可收回贷款，相对于定期贷款比较灵活。对于借款人来说这种贷款比较被动，由于偿还期不确定，如果把资金投入生产项目后，银行突然通知收回，就会影响到企业的经营状况，所以活期贷款的利率通常较低。

2. 定期贷款

定期贷款是指有固定偿还期限的贷款。由于此类贷款有明确的偿还期，银行一般不能提前收回，所以这类贷款的利率较高，构成商业银行贷款收入的主要来源。按照期限长短不同，可分为短期贷款、中期贷款和长期贷款。短期贷款是指期限在 1 年（含 1 年）以内的贷款，如对企业发放的短期流动性贷款、票据贴现等。由于这类期限较短，风险相对较小。中期贷款是指期限从 1 年至 5 年（含 5 年）的贷款；长期贷款是指期限在 5 年以上的贷款，像企业项目贷款、技术更新贷款、并购融资、住房抵押贷款等都属于中长期贷款。由于中长期贷款偿还期限较长，因此面临的违约风险相对来说也大一些。

3. 透支

透支是指商业银行允许其活期存款客户在事先约定的限额内，超过存款余额支用款项的一种贷款形式。透支有一个重要的特点就是并非签订透支合约的客户，就一定会透支，有时候还有可能客户会一直存钱。信用卡贷款就是一种十分常见的透支行为。我国刑法对信用卡的恶意透支行为有明确的规定"持卡人以非法占有为目的，超过规定限额或者规定期限透支，并经发卡银行两次催收后超过 3 个月仍不归还的，应当认定为'恶意透支'。恶意透支信用卡，数额在一万元以上的将立案追诉"。

（二）按照贷款对象划分

1. 企业贷款

企业贷款是指商业银行发放给企业，以满足其生产经营需要的贷款形式，也称公司贷款。企业向银行等金融机构申请贷款主要是用于流动性资金需求、新项目投资、固定资产购置、技术更新及改造等方面。企业贷款是商业银行贷款的重要组成部分，也是商业银行贷款促进经济发展的主要途径。

2. 个人贷款

个人贷款，又称作消费者贷款或零售贷款，是指商业银行向个人发放的用于购买自住房、汽车、电器和其他零售物品的贷款。个人贷款业务的产生晚于一般企业贷款，于第二次世界大战后在西方国家兴起，经过数十年的发展已成为商业银行重要的贷款种类。个人贷款可分为个人住房贷款、个人汽车消费贷款和个人耐用消费品贷款等。我国的个人贷款业务出现较晚，1992 年 5 月上海发放了全国第一笔个人住房贷款，1998 年 10 月个人汽车消费贷款在上海和北京问世，而信用卡贷款真正开始被人们所认知是在 20 世纪 90 年代末期。随着中国金融市场的不断成熟，相对于西方国家个人信贷率极高的现状，我国的个人贷款业务还有巨大的发展空间。

3. 金融机构贷款

金融机构贷款是指商业银行对往来银行、证券公司、外国银行、保险公司等其他金融机构发放的贷款。目前，对于美国等国家的银行通常会将金融机构贷款归类到企业贷款中去，并不会将其独立的作为一类贷款列出。

（三）按照贷款还款的保障程度划分

1. 信用贷款

信用贷款是指贷款的发放完全凭借借款人的信誉，无须提供抵押品或第三方担保。信用贷款对借款人的要求条件很高，所带来的信用风险也很大。通常情况下银行只会向熟悉的且信誉良好的大公司提供信用贷款，这类公司一般与银行有着长时间的业务往来，并且经营绩效良好。

2. 担保贷款

担保贷款是指由一定的财产或第三方的信用作为担保而发放的贷款，具体分为抵押贷款、质押贷款和保证贷款三种。抵押贷款和质押贷款都是以一定的财产作为担保，但两者有所区别。按照 1995 年颁布的《中华民共和国担保法》的规定，抵押贷款是指按法律规定的抵押方式，以借款人或第三人的财产作为抵押物发放的贷款。抵押是指债务人或第三人不转移财产的占有，将该财产作为债权的担保。质押贷款是指按法律规定的质押方式，以借款人或第三人的动产或权利作为质押物发放的贷款。质押是指债务人或者第三人将其动产（或财产权利）移交债权人占有，将该动产（或财产权利）作为债权的担保，移交的动产或财产权利成为"质物"。无论是抵押还是质押，当债务人不履行债务时，债权人有权以该财产折价或者以拍卖、变卖该财产的价款优先受偿。保证贷款是指以第三方承诺在借款人不能偿还贷款时，按约定承担连带责任而发放的贷款。第三方就是保证人，一旦成为贷款的保证人，那他就要承担连带的还款责任。

担保贷款最大的优点就是有相关财产和保证人信誉作为还款保障，违约风险较小，有助于提高银行贷款的安全性。不足之处体现在两个方面：首先，对于担保品价值判断有一定的难度，而评估、保管和拍卖担保品都需要花费一定的费用，这会增加贷款的成本；其次，担保贷款的贷款金额受到财产规模和保证人经济能力的限制，不利于企业快速扩张发展。尤其对于中小企业来说，它们很难提供价值量高的担保品以获得贷款。

3. 票据贴现

票据贴现是银行发放给持票人的一种特殊类型贷款，具体是指当票据持有人需要资金时，可将未到期的商业票据拿到银行进行贴现，银行在票据面额的基础上扣除贴现利息后将剩余资金支付给持票人的贷款方式。银行将票据持有至到期日就可从付款人那里得到票款，但有时银行并不一定将票据保留至到期日，很可能在票据到期前就将其转贴现或再贴现出去。票据贴现的风险主要取决于票据的品质，如果票据真实可靠，且有信誉良好的承兑人承兑，那这种贷款的违约风险就相对较小。

专栏 6 - 1　担保贷款的风险

根据我国《担保法》的规定，保证担保有两种方式，即一般保证和连带责任保证。如果是一般保证，法院必须先对债务人财产进行强制执行，如果强制执行债务人以后仍无法履行债务的，方可向保证人执行；如果当事人在保证合同中约定连带责任保证，法院即可以直接要求保证人承担责任。随着我国个人信用制度的发展，担保贷款开始活跃起来，那么在帮他人担保时需要注意哪些问题呢？

2009 年 5 月，李强因公司经营急需 20 万元资金周转，便找张某借款，张某要求李强提供有一定经济实力的人作连带责任担保。于是，李强找到刘勇称自己想向张某借款 2 万元，让刘勇作担保。刘勇不好意思拒绝，便在空白借据上写上"担保人刘勇"的字样，并摁上手印，还向李强提供了身份证复印件。随后，李强在空白借据上填上内容后，向张某借得现金 20 万元，约定期限为 3 个月。借款到期后，李强因生意亏损，无法还清借款本息遂逃之夭夭。张某找不到李强，便将担保人刘勇起诉到法院，要求刘勇偿还 20 万元借款。

城关区法院经审理认为，刘勇对出具空白担保书导致借款数额被扩大具有过错，其在空白字据上签字、摁手印时，应当预见李强可能会超出借款数额，不加核实本身就是一种间接故意过错。出借人张某凭借刘勇的签字、手印、身份证复印件，有理由相信借条中的全部内容是刘勇的真实意思表示，因此担保合同成立，判决刘勇承担 20 万元还款责任。

担保贷款通常发生在熟人之间，很多人碍于面子对于担保借据查看并不仔细，殊不知一旦发生问题，其后果是相当严重的。本案例中，刘勇就是碍于面子而在一张空白的借据上摁了手印，导致自己需要承担 20 万元的巨额负债。

资料来源：华明，银率网，2010 年 10 月 19 日

思考： 为什么担保贷款中的保证贷款的风险这么大，如何降低担保人的风险？

（四）按照贷款的风险程度划分

商业银行依据借款人的实际还款能力进行贷款质量的五级分类，即按风险程度将贷款划分为五类：正常、关注、次级、可疑、损失，其中后三种属于不良贷款（具体内容可参考本章第三节内容）。2001 年我国商业银行开始依照中国人民银行颁布的《贷款风险分类指导原则》全面推行贷款五级分类制度，取消原来商业银行执行的贷款四级分类制度。这种分类方法更加科学和动态，有利于商业银行准确地判断贷款质量和风险，提高抵抗信用风险的能力。

（五）按照贷款的偿还方式划分

1. 一次性偿还贷款

一次性偿还贷款是指借款人在到期日将贷款的本金一次性还清的方式，而利息可以分期偿还，也可到期时一次性还清。一般情况下，期限较短和金额较少的贷款会采用这种还款方式。

2. 分期偿还贷款

分期偿还贷款是指借款人依照贷款协议规定在还款期限内分次偿还本金和利息的还款方式。这种还款方式适用于期限较长、金额较大的贷款。例如，住房抵押贷款常常采用分期付款的方式偿还，主要也是因为贷款期限很长，一般为 15～30 年不等。

（六）我国商业银行的贷款构成状况

前文我们介绍了贷款的各种分类，这里将了解一下我国商业银行的贷款构成状况，主要以中国建设银行和中国工商银行为例。表 6-1 列出了中国建设银行（以下简称建行）的贷

款业务构成，这里主要是按照公司类贷款、个人贷款和票据贴现来列出的。我们可以观察到公司类贷款是银行最主要的贷款形式，占到全部贷款的 69.53%，公司贷款中的中长期贷款规模能达到短期贷款的两倍多，平均收益率也是所有贷款业务中最高的。其次，个人贷款业务占全部贷款的比重为 22.58%，仅次于公司贷款。个人贷款主要包括个人住房贷款和个人消费贷款等形式。据建行 2009 年年报显示，个人住房贷款为 852 531 百万元人民币，占个人贷款的比重为 78.32%。最后，票据贴现业务占全部贷款的比重为 4.74%，而海外业务的占比为 3.15%，两者的平均盈利率都低于公司类贷款和个人贷款。

表 6-1　中国建设银行贷款业务构成

（人民币百万元，百分比除外）	截至 2009 年 12 月 31 日止年度			截至 2008 年 12 月 31 日止年度		
	平均余额	占总额百分比/%	平均收益率/%	平均余额	占总额百分比/%	平均收益率/%
公司类贷款	3 351 315	69.53	5.87	2 689 784	70.90	7.35
短期贷款	915 674	19.00	5.48	855 397	22.55	7.20
中长期贷款	2 435 641	50.53	6.04	1 834 387	48.35	7.42
个人贷款	1 088 459	22.58	4.98	821 531	21.65	7.04
票据贴现	228 361	4.74	2.11	163 161	4.30	6.38
海外业务	151 638	3.15	2.37	119 467	3.15	4.56
客户贷款和垫款总额	4 819 773	100.00	5.37	3 793 943	100.00	7.16

资料来源：中国建设银行 2009 年年报。

　　表 6-2 显示了建行贷款业务按照担保方式不同划分的类别，主要包括信用贷款和担保贷款。不难看出，担保贷款是建行的主要贷款形式，占到全部贷款的 73.19%，而信用贷款在全部贷款中所占比重为 26.81%。担保贷款具体分为保证贷款、抵押贷款和质押贷款，其中抵押贷款所占比例最高，达到全部贷款的 42.80%，表明目前我国商业银行在发放贷款时首要考虑的是贷款风险，贷款行为较为保守，主要依靠抵押品、质押品和担保人的形式来降低信贷风险。这种情形下，自然将多数中小企业排除在外，因为中小企业很难提供抵押品或保证人等形式作为担保，因此，如何解决中小企业贷款难问题依旧是我国商业银行等金融机构所面临的挑战和难点。

表 6-2　中国建设银行贷款业务按担保方式划分

（人民币百万元，百分比除外）	截至 2009 年 12 月 31 日止年度		截至 2008 年 12 月 31 日止年度	
	金额	占总额百分比/%	金额	占总额百分比/%
信用贷款	1 291 942	26.81	947 785	24.98
担保贷款	3 527 831	73.19	2 846 158	75.02
保证贷款	997 157	20.69	811 228	21.38
抵押贷款	2 062 981	42.80	1 650 208	43.50
质押贷款	467 693	9.70	384 722	10.14
客户贷款和垫款总额	4 819 773	100.00	3 793 943	100.00

资料来源：中国建设银行 2009 年年报。

　　中国工商银行（以下简称工行）的贷款种类状况可以从表 6-3、表 6-4 和表 6-5 观察到。表 6-3 列出了工行贷款按照业务类型不同的划分状况，其中境内分行的贷款占比为95.9%，境外分行仅占 4.1%，说明目前我国商业银行主要还是在国内开展业务，而在海外业务领域还有极大的发展空间。公司类贷款也同样是工行贷款的最主要构成，占比高达69.1%，其次是个人贷款，占比 21.1%，最后是票据贴现，占比 5.7%。

表 6 - 3　中国工商银行贷款业务构成

（人民币百万元，百分比除外）	截至 2009 年 12 月 31 日止年度		截至 2008 年 12 月 31 日止年度	
	金额	占总额百分比/%	金额	占总额百分比/%
境内分行贷款	5 494 428	95.9	4 387 759	96.0
公司类贷款	3 957 786	69.1	3 232 102	70.7
票据贴现	329 792	5.7	326 315	7.1
个人贷款	1 206 850	21.1	829 342	18.2
境外及其他	234 198	4.1	184 235	4.0
合计	5 728 626	100.0	4 571 994	100.0

资料来源：中国工商银行 2009 年年报。

从表 6 - 4 可以看到中国工商银行的公司贷款业务种类，主要包括流动资金贷款、项目贷款和房地产贷款。其中，项目贷款是公司贷款的最主要品种，2009 年占比高达 57%。项目贷款是指为某一特定工程项目而融通资金的方法，是工程项目贷款的简称，它是国际中、长期贷款的一种形式。2009 年工行项目贷款增加 5 734.48 亿元，增长 34.1%，主要是国家为应对次贷危机促进经济平稳较快发展出台一揽子计划后，信贷需求显著增加。因此，工行加快信贷政策调整和产品创新，加大对符合国家扩大内需政策导向的基础设施领域中重点客户和优质中长期项目贷款的投放力度，因而增长速度较快。其次，房地产贷款占全部公司贷款的比重为 11%，房地产贷款主要包括公司抵押贷款、房地产开发贷款和土地储备贷款。同 2008 年相比房地产贷款增加 951.37 亿元，增长 27.8%，工行继续优化房地产贷款品种结构，适度增加土地储备贷款。最后，流动资金贷款是为满足企业在生产经营过程中短期资金需求，保证生产经营活动正常进行而发放的贷款，通常是中短期的形式。工行流动资金贷款 2009 年增加 570.99 亿元，增长 4.7%，其中贸易融资增加 1 892.02 亿元，增长 154.9%，主要是工行大力发展贸易融资业务，继续深化一般流动资金贷款分流改造，流动资金贷款结构进一步优化。

表 6 - 4　中国工商银行按品种划分的公司贷款

（人民币百万元，百分比除外）	截至 2009 年 12 月 31 日止年度		截至 2008 年 12 月 31 日止年度	
	金额	占总额百分比/%	金额	占总额百分比/%
流动资金贷款	1 265 782	32.0	1 208 683	37.4
其中：贸易融资	311 354	7.9	122 152	3.8
项目贷款	2 254 893	57.0	1 681 445	52.0
房地产贷款	437 111	11.0	341 974	10.6
合计	3 957 786	100.0	3 232 102	100.0

资料来源：中国工商银行 2009 年年报。

表 6 - 5 则列出了工行的个人贷款业务种类。据年报显示，2009 年个人贷款增加 3 775.08 亿元，增长 45.5%，占全部贷款的 21.1%，比 2008 年年末提高 2.9 个百分点，主要是工行紧密结合国家扩大内需政策，根据个人信贷市场需求变化，及时调整和完善个人信贷政策，加大产品创新力度，有效支持了居民住房、消费和经营领域的信贷需求。其中，个人住房贷款增加 2 768.70 亿元，增长 46.3%；个人消费贷款增加 564.90 亿元，增长 55.9%；个人经营性贷款增加 243.69 亿元，增长 21.4%；信用卡透支增加 197.79 亿元，增长 115.7%，主要是因为信用卡发卡量和交易额持续增加以及信用卡分期付款业务快速发展所致。其中，个人经营性贷款是指借款人以银行认可的房产抵押、人民币有价单证质押、专业担保公司担保或以其他银行认可的担保方式担保，向银行申请的用于其本人为法定代表人或唯一出资人或主要出资人或高级管理人员的个体工商户、个人独资企业、个人合伙企业、一人有限

责任公司、普通有限责任公司、股份有限公司正常生产经营过程中补充流动资金需要的贷款。

表 6-5　中国工商银行按品种划分的个人贷款

（人民币百万元，百分比除外）	截至 2009 年 12 月 31 日止年度		截至 2008 年 12 月 31 日止年度	
	金额	占总额百分比/%	金额	占总额百分比/%
个人住房贷款	874 244	72.4	597 374	72.0
个人消费贷款	157 635	13.1	101 145	12.2
个人经营性贷款	138 095	11.4	113 726	13.7
信用卡透支	36 876	3.1	17 097	2.1
合计	1 206 850	100.0	829 342	100.0

资料来源：中国工商银行 2009 年年报。

以上是对我国商业银行的贷款种类状况的大致分析，下面将对美国商业银行的贷款种类进行简要介绍。表 6-6 列出的是美国所有参保联邦存款保险公司的商业银行的贷款结构，主要是按照贷款目的不同进行分类，包括房地产贷款、对存款机构贷款、工商业贷款等。我们可以观察到，房地产贷款是美国商业银行的最主要贷款种类，占比高达 54.9%。房地产贷款主要是由不动产做抵押而提供的短期和长期贷款，例如不动产包括土地、楼房和其他建筑。类别包括为购买农田、住宅、公寓、商业建筑物和国外不动产提供的贷款，或为土地开发提供的短期贷款等。在美国房地产业是国民经济的命脉，这也是为什么次贷危机发生后，由房地产业引发的泡沫破灭却导致整个美国经济陷入困境。其次，工商业贷款占比达到 19.1%，这类贷款主要是用于企业的经营性支出、商业厂房和设备建筑等。再次，个人贷款在美国商业银行贷款中占有重要位置，占比为 15.9%，主要包括为个人提供的购买汽车、活动房屋、电器等商品的贷款，以及装修住宅和支付医疗保健等费用的贷款。当然，以上仅是对美国整个银行业贷款种类的分析，具体来看，银行的类型、所服务地区的市场区域特征、管理层经营观念等多方面因素都会影响到不同银行的贷款种类。例如，大银行通常是批发贷款人，它们贷款的很大一部分投向了企业的大额贷款，而小银行则更侧重于零售信贷，包括对小企业发放的小额贷款和个人与家庭发放的较小额度贷款等。

表 6-6　2005 年 6 月 30 日美国所有参保银行的未偿还贷款
（包括国外和国外分支机构）

按贷款目的的分类	贷款组合的百分比			
	所有联邦存款保险公司投保的美国银行金额（10 亿美元）	占贷款总额百分比/%	最小的银行，即总资产少于 1 亿美元/%	最大的银行，即总资产超过 10 亿美元/%
房地产贷款①	2 817.6	54.9	62.8	51.9
对存款机构的贷款②	151.6	3.0	0.0⑥	3.5
对农产品生产的贷款	48.2	0.1	10.3	0.4
工商业贷款③	980.3	19.1	16.0	19.7
个人贷款④	813.7	15.9	9.6	17.4
杂项贷款⑤	231.4	4.5	0.9	4.0
应收账款融资租赁	136.6	2.7	0.4	3.1
美国银行资产负债表上贷款总额及租赁	5 132.1	100.0	100.0	100.0

注：①包括建筑和土地开发贷款；对 1~4 个家庭房屋贷款；对多家庭住宅不动产贷款；非农场、非住宅不动产贷款；国外房地产贷款。
②对商业银行和其他国内外存款机构的贷款及对其他银行的承兑。
③包括商业厂房和设备建筑贷款；企业经营费用贷款；企业其他用途贷款，包括国际贷款和承兑。

④包括购买汽车贷款；信用卡贷款；活动房屋贷款；购买消费品贷款；修理和改善住宅贷款；所有其他个人分期付款贷款；单一支付贷款；其他个人贷款。

⑤包括对外国政府、州和当地政府的贷款以及对其他银行的承兑。

⑥小于 0.05%。

资料来源：罗斯，赫金斯. 商业银行管理. 刘园，译. 7 版. 北京：机械工业出版社，2007：416.

三、商业银行贷款程序

商业银行在发放贷款时有一套特定的程序，依照贷款程序来发放贷款有助于提高商业银行控制信贷风险的能力。具体有如下步骤：贷款申请、贷款调查、信用评估、贷款审查、贷款发放、贷后审查和贷款收回。

（一）贷款申请

贷款申请是指企业或个人向银行提出借款申请的过程。早期来看，个人和企业需要自己主动向银行提出申请，银行根据条件来进行筛选。随着金融行业的竞争加剧，商业银行贷款从卖方市场慢慢转向买方市场，越来越多的银行开始主动营销贷款，即银行为了增加收入向个人和企业推销银行的贷款服务。为了安全性考虑，最初银行主要向信誉良好、财务实力雄厚的个人和企业推销贷款，随着这部分资源被逐渐挖空，一些发达国家的商业银行开始转向信誉一般、财务状况一般的企业和个人，甚至最后连信誉不好的企业和个人也被列为银行销售的对象。2008 年美国次贷危机爆发的源头正是次级抵押贷款（详见专栏 6-2），而这种贷款就是商业银行针对信用等级较差的人所设计的。

贷款按照类别不同有对应的贷款申请书，但是总体来看，贷款申请书至少包括借款人名称、性质、贷款种类、贷款金额、申请贷款的原因、计划如何使用贷款和计划如何偿还贷款等方面的内容。此外，个人或企业还要提供一些资料的证明，如身份证、企业注册证、财产报告、审计的资产负债表等。一般情况下，在我国贷款申请人只要符合 1996 年中国人民银行发布的《贷款通则》中关于借款人的规定就可以向商业银行提出贷款申请，并提供相关材料。

> **专栏 6-2　次级抵押贷款与次贷危机**
>
> 什么是次级抵押贷款（Subprime Mortgage Loan）？在了解什么是次级抵押贷款之前，首先需要了解什么是住房抵押贷款。住房抵押贷款是指借款人以其住房为抵押向商业银行借款满足其住房需求而实行分期还款的财务安排，在国内称之为"按揭贷款"。在美国根据借款人的信用等级不同，房地产抵押贷款主要分为三类，不同的信用级别对应不同的利率。第一类是优质贷款市场（Prime Market），这类贷款主要向信用记录良好且有一定收入、资产证明的客户发放，一般要求信用评分高于 660 分，申请人需要出具收入证明，贷款利率通常较低，优质贷款业务大多采用最为传统的 15 年或 30 年固定利率抵押贷款。第二类是 Alt-A 贷款市场（Alternative-A Market），它泛指那些信用记录不错或很好的人，但却缺少或完全没有固定收入、存款、资产等合法证明文件，贷款申请者的信用评分在 620～660 分之间，其利率普遍比优质贷款产品高 1%～2%。第三类是次级贷款市场（Subprime Market），向信用记录较差或信

用记录受限的人提供的贷款就叫次级抵押贷款，一般信用评分低于 620 分，次级市场的贷款利率通常比优惠级抵押贷款高 2‰～3‰。美国信用评分整体标准范围是 300～900 分，大多数人的信用评级都在 650 至 800 之间。

次级抵押贷款的产生正是源自美国银行业的激烈竞争和逐利本性。20 世纪初美国为了刺激经济连续降息（2001—2004 年利率从 6.5‰降至 1‰），货币流动性增加和利息降低使得房地产市场异常火爆，房价节节攀升，银行通过发放次级抵押贷款可以获得更多的利息收入，而投行在次级抵押贷款的基础上又创造出一系列的金融衍生债券以实现更多收益，所以商业银行大力推销次级抵押贷款（投行则大力推销次级抵押贷款衍生证券），通过零首付贷款、无本金贷款（即前几年只付利息，之后再偿还本金）等多种形式吸引借款人，甚至还鼓励借款人重新贷款，获得更"好"的利率，到了最后贷款成交额加起来反而更高。这些行为使得次级抵押贷款市场迅速扩大，而以其为基础产生的金融衍生债券市场更是以几何级数的速度增长。2004 年为了抑制通货膨胀，美联储从 2004 年至 2007 年共连续加息 17 次，使利率从 1‰上升至 5.25‰，这使得贷款买房人的贷款利息负担急剧增加，次级贷款人率先纷纷违约，直接导致相关贷款和衍生债券发生损失，进而爆发成全球性的金融危机。

思考：（1）除了专栏中提到的原因外，请查找其他资料看看还有什么原因导致美国次贷危机发生？

（2）从 2008 年美国次贷危机中可以得到什么启示？我国商业银行是否应该开展次级抵押贷款业务，为什么？

（二）贷款调查

一旦客户提出贷款申请，商业银行对客户进行初步审核并接受其申请后，信贷部门就要派出适当的信贷员（现代银行通常称为客户经理）负责对贷款申请客户进行贷款调查。贷款调查要求客户经理运用专业知识、专业经验等对借款企业的经营状况、财务状况、信用程度和贷款效益等各个方面进行全方位调查。银行的客户经理会通过和客户面谈进行相关调查，以了解客户的信誉和真实情况。客户经理会通过现场考察、面谈、查阅和调出其信用档案或与其他曾向该客户提供贷款的债权人联系，以此了解客户以往的信用状况和客户目前的财务状况。此外，如果客户提供担保，那么客户经理不仅要调查借款企业，还要调查担保企业或担保资产的真实性和可靠性。

贷款调查是整个贷款程序中耗时最长和至关重要的环节，优秀的客户经理不仅需要具有丰富的专业知识，还需要具备敏锐的观察力、卓越的调查分析能力及准确的判断力，有效地掌控信贷风险，并及时发现有问题的贷款项目。商业银行贷款调查做的越完善，就越有利于商业银行批准盈利好的贷款业务或拒绝坏的贷款业务，否则将影响到商业银行的盈利能力和抗风险能力。

贷款调查过程中非常重要的一点便是借款人信息的收集，通过分析各种外部信息银行得以评估贷款客户的品德、财务状况、经营能力和担保品的价值。银行可获得的信息来源主要来自哪里呢？财务报表、报纸杂志、评级公司、信用信息收集机构和其他商业银行等都是商业银行获取信息的重要渠道。信息收集越充分，商业银行对借款人的评价越客观准确，就越有利于降低信贷风险。在表 6-7 中，我们按照借款人的不同，如个人、企业、政府等方面进行划分，详细介绍了各类信息的来源渠道。

表 6-7　商业银行贷款调查的主要信息来源

消费者（个人和家庭）	企业	政府	经济环境
客户提供的财务状况表	借款企业的财务报表	政府预算报告	权威报刊和商会
信用信息收集机构对借款人的信用记录	公司章程、董事会决议等公司资料	权威评级公司（如标准普尔、穆迪等）对政府的评级	中央银行、统计局、商务部等机构发布的经济数据
其他商业银行与该借款人的业务往来情况	其他商业银行与该借款人的业务往来情况	国际互联网	国际互联网
通过消费者雇主核实其雇佣状况	权威评级机构的信用评级		
国际互联网	报刊、互联网的企业信息		

资料来源：罗斯，赫金斯. 商业银行管理. 刘园，译. 7 版. 北京：机械工业出版社，2007：428.

（三）信用评价

商业银行在对客户进行认真的调查后，如果材料和情况属实，那么银行就要进一步对客户的信用进行全面评估，以考察贷款的可行性，并确定借款人的信用等级和信用风险限额。一般银行会要求客户提供更多的相关重要文件，文件收集齐全后，银行的贷款信用评估部就要对客户的财务报表等进行严格的分析和评价，以确定客户是否有充足的现金流和资产用于偿还贷款，并评估出借款人的信用等级，据此确定信贷额度。商业银行对企业的信用分析会以信用评估报告的形式体现，并将其提交至审查机构或贷款审查委员会，由审查机构或贷款审查委员会进行审查和投票决定是否通过该项贷款。

在我国商业银行可独立进行信用评估，评估的结果由银行内部使用；也可由中国人民银行认可的有资质的专业信用评级机构对借款人进行统一评估，评估结果供各家银行使用。我国信用评级市场上目前具有信用评级资格的机构主要有五家，分别为中诚信国际资信评估有限公司、大公国际资信评估有限公司、联合资信评估有限公司、上海远东资信评估有限公司和上海新世纪资信评估投资服务有限公司。除大公国际外，另外 4 家信用评级公司均有外资信用评级公司参股，即只有大公国际一家是我国本土的评级机构。目前来看，美国的标准普尔、穆迪和惠誉三大评级机构垄断着世界近 90％的评级市场，因此对于中国的信用评级机构来说未来还有很艰难的一段发展之路要走。

（四）贷款审查

贷款审查是商业银行在客户经济调查和信用评估的基础上，对贷款项目相关内容和资料完整性、贷款用途合理性、合法性和贷款收益等方面进行审查和认定，最终决定是否发放贷款。审查人员根据调查人员的报告对贷款人的资格审查和评定，重新测定贷款风险度，提出相关意见，按规定权限审批或报上级审批。同时，除了审查贷款项目本身的一些因素外，审查部门还要考虑本银行的贷款总量、贷款结构及国家的产业政策导向等因素。例如，国家倡导发展节能减排等环保行业，抑制发展高污染、高耗能等产能过剩的产业，那么银行就很可能减少对钢铁、化工、有色等行业的贷款，增加对 LED 灯、垃圾处理等环保行业的贷款。

我国商业银行贷款要依照《中华人民共和国商业银行法》（2003 修订版）中要求的"审贷分离，分级审批"的原则进行贷款决策，法律确立这一制度的目的在于保证银行信贷款资产的质量，避免人情贷款、以贷谋私等危及贷款安全的行为。其中，"审贷分离"是指在信贷资产的经营管理过程中，将贷款的管理、调查、审查、决策、检查等环节的职责适当分解，使之由不同层次和相对独立的岗位（或人员）来承担，并按照岗位运作程序要求，建立横向和纵向制约相结合，体现岗位制约机制的一种信贷管理办法。"分级审批"是指贷款人应当根据业务量大小、管理水平、贷款风险度确定各级分支机构的审批权限，超过审批权限的贷款，应由上级审批。同时为了提高贷款决策的科学性，商业银行应考虑建立贷款审查委员会，实现集体决策过程。

（五）贷款发放

贷款经过审查部门的审批后，商业银行要与借款人签订具有法律效力的正式贷款合同，在合同上载明相关的贷款条款，包括贷款金额、期限、利率、担保、还款方式等。贷款人将一定数量的货币资金按照约定的贷款方式、贷款期限和贷款利率提供给借款人使用，借款人按约定的用途使用，到期归还本金利息。

贷款合同的签订关系到借贷双方当事人的权利和义务，因此双方必须遵循一些原则。首先，要遵守国家的法律、法规和信贷政策，这样的合同才具有法律约束力。其次，合同必须以书面形式签订，从而有利于双方执行、管理和监督。同时，合同内容应全面、严谨、具体，要明确借贷双方的权利和义务。最后，合同的签订必须建立在双方诚实信用、平等互利的基础上，不能有强迫对方接受的条款。

贷款合同签订以后，商业银行就应该依照合同规定的内容，按期向借款人发放贷款。如果银行没有按合同约定按期发放贷款，会给借款人造成损失，所以应当支付违约金。如果借款企业没有按借款计划按期支用借款，应当支付承诺费。所谓承诺费，就是贷款人按约定筹集资金以备借款人按计划支用，而借款人未按期支用使资金闲置，从而给贷款人带来损失，借款人为此向贷款人支付的费用。

以下是 ABC 银行的借款合同样本。

借款合同样本

ABC 银行借款合同（样本）

立合同单位：＿＿＿＿＿（简称借款方）ABC 银行＿＿＿＿＿行（简称贷款方）

根据国家规定，借款方为进行基本建设所需贷款，经贷款方审查同意发放。为明确双方责任，恪守信用，特签订本合同，共同遵守。

第一条　借款方向贷款方借款人民币（大写）＿＿＿＿＿元，用于＿＿＿＿＿。预计用款为＿＿＿＿年＿＿＿元；＿＿＿＿年＿＿＿元；＿＿＿＿年＿＿＿元；＿＿＿＿年＿＿＿元；＿＿＿＿年＿＿＿元。

第二条　自支用贷款之日起，按实际支用数计算利息，并计算复利。在合同规定的借款期内，年息为＿＿＿％。借款方如果不按期归还贷款，逾期部分加收利息＿＿＿％。

第三条　借款方保证从＿＿＿＿年＿＿＿月起至＿＿＿＿年＿＿＿月止，用国家规定的还贷资金偿还全部贷款。预定为：＿＿＿年＿＿＿元；＿＿＿年＿＿＿元；＿＿＿年＿＿＿元；＿＿＿年＿＿＿元；＿＿＿年＿＿＿元；＿＿＿年＿＿＿元。逾期不还的，贷款方有权限期追回贷款，或者商请借款单位的其他开户银行代为扣款清偿。

第四条 因国家调整计划、产品价格、税率，以及修正概算等原因，需要变更合同条款时，由双方签订变更合同的文件，作为本合同的组成部分。

第五条 贷款方有权检查、监督贷款的使用情况，了解借款方的经营管理、计划执行、财务活动和物资库存等情况。借款方应提供有关的统计、会计报表及资料。

第六条 贷款方保证按照本合同的规定供应资金。因贷款方责任，未按期提供贷款，应按延期天数，以违约数额的____%付给借款方违约金。

第七条 借款方应按合同规定使用贷款。否则，贷款方有权收回部分或全部贷款，对违约使用的部分按原定利率加收罚息____%。

第八条 本合同经过双方签字，盖章后生效，贷款本息全部清偿后生效。合同正本一式2份，借、贷双方各执1份；副本____份，报送_____、_____、_____等部门各执一份。

借款方：（公章）　　　　　　　贷款方：（公章）

地址：　　　　　　　　　　　　地址：

法人代表：（签字）　　　　　　法人代表：（签字）

开户银行及账号：

签约日期：　年　月　日　　　　签约地点：

（六）贷后检查

贷后检查是贷款过程的重要环节。贷款发放并不意味着贷款程序的结束，因为贷款期间的经济环境是不断变化的，这会影响到借款人的财务实力和还贷实力。银行的信贷管理人员要对贷款进行跟踪检查和定期检查，以防止贷后出现不利因素影响贷款的安全性。跟踪检查是指在贷款发放后一定时期内，要对贷款的直接用途进行跟踪检查，提交检查报告书，对未按规定用途使用资金的客户提出处理意见，甚至采取相关措施进行制裁。除了跟踪检查外，商业银行还要对企业的经营状况和贷款项目进行定期检查。定期检查的主要内容如下。

①借款人的还款记录，是否按期归还贷款本息，确保客户没有落后于事先安排的还款时间表。

②贷款资金的用途，借款人的贷款项目运行状况。

③借款人担保品状况，保证商业银行在紧急时刻获得并以合理价值售出抵押品，保证人的经营状况是否良好。

④对可能影响到借款人经营状况的经济因素和前景变化进行评估和跟踪调查。

⑤定期检查所有类型的贷款。例如，每1个月、2个月或3个月对未到期的大额贷款进行例行检查，同时随机抽查小额贷款。

每次检查后都要写出相应的分析报告，提出意见和建议。对于有问题的贷款银行要根据问题的严重程度及时采取措施，并上报主管部门，降低银行发生实际损失的风险。

（七）贷款收回

贷款到期后，借款人应按照合同规定积极主动足额归还贷款本息。通常情况下，商业银行会在贷款到期前若干天向借款人发出还本付息通知单，要求其归还贷款。借款人在接到银行的通知单后，应及时筹集资金还本付息。如果不能按期偿还贷款，则借款企业应向银行申请展期，由银行决定是否同意展期。如果银行不同意贷款展期，那么银行可以通过处置抵押品、要求保证人承担还款责任或法律手段等方式追回贷款，维护自身利益。如果企业按期归还贷款，那么银行会将担保品归还借款人，结束该项贷款。

第二节　商业银行贷款定价

传统的商业银行一般都会将贷款业务作为自身盈利的主要来源，因此贷款定价成为商业银行贷款管理的重要内容。一方面商业银行希望贷款利率定得越高越好，这样既可弥补贷款资金的成本，也可从中获得更多的利润；另一方面，贷款利率也不能太高，如果客户无法承担就可能转向贷款利率较低的银行，或者通过贷款以外的其他方式进行融资。在现实社会中，当贷款市场竞争激烈时，商业银行往往是价格接受者，而不是价格制定者，所定的贷款利率常会接近于市场上类似的贷款利率。随着越来越多的国家放松利率管制，激烈的竞争使得商业银行从存贷款利差中获得的利润明显减少，因此合理的贷款定价对商业银行经营管理来说至关重要。

一、贷款价格的构成

贷款价格一般由贷款利率、承诺费、补偿余额和隐含价格构成，其中贷款利率是贷款价格中最重要的组成部分，后文也将详细介绍贷款利率的定价方法。

（一）贷款利率

贷款利率是指借款人向商业银行支付的贷款利息和本金的比率，也是贷款价格的主体内容。在市场化程度较高的国家，商业银行通常可以自主确定贷款利率，贷款利率水平一般取决于中央银行的货币政策、资金供求状况、同业竞争状况和相关的法律法规等。我国正处于利率市场化的进程中，目前监管层对我国商业银行的贷款利率定价放开了上限，但贷款利率下限仍未放开。

贷款利率有不同的形式，按照计息时间不同分为年利率、月利率和日利率，其中年利率是最常见的贷款利率形式，通常以百分比表示。按照利率是否变化，分为固定利率和浮动利率，前者是指在借贷期内不作调整的利率，后者则是利率可以根据市场利率变化随时进行调整的贷款。早期的贷款多采用固定利率方式，20世纪八九十年代由于布雷顿森林体系崩溃、金融管制放松及全球经济一体化加快等多方面原因，金融市场利率波动加剧，为了降低贷款风险，商业银行纷纷从发放固定利率贷款转向发放浮动利率贷款业务。按照利息是否计入本金贷款利率可分为复利率和单利率，多数贷款都采用复利方式计息。按照利息是否有优惠分为优惠贷款利率和普通贷款利率，前者是指发放贷款时所收取的比一般同类贷款利率较低的利率，这种贷款通常针对长期信用良好的大客户发放。在我国，优惠利率主要适用于按照国家经济政策需要特别扶持的贷款项目，以及对因客观条件较差，急需发展而收益较低的一些企业所给予的低息优惠照顾。

（二）承诺费

商业银行与客户签订贷款合同后，一般会向客户出具承诺书，承诺在一定额度内提供贷款，如果客户日后并没有动用这笔资金，为弥补银行因承诺贷款而不能随意使用该笔资金的损失，银行向客户收取的费用即为承诺费。承诺费是企业为了获得贷款而支付的费用，因此构成贷款价格的组成部分。对于承诺费率不同银行有不同的标准，一般情况下，在信贷宽松时期承诺费率较低，在信贷紧缩时期承诺费率较高。承诺费按未支用金额和实际未支用天数计算，通常每季、每半年支付一次。

（三）补偿余额

补偿余额是指借款人应银行要求，在银行存款账户上保留一定比例的贷款余额，通常为贷款限额或实际借用额一定百分比（一般为 $10\%\sim20\%$）计算的最低存款余额。补偿余额有助于银行降低贷款风险，弥补其可能遭受的风险；但是，对借款企业来说，补偿余额则提高了借款的实际利率，加重了企业的利息负担。所以目前很多国家的法律规定明令禁止银行要求借款人保留补偿余额。在存有补偿余额的情况下，企业的实际贷款利率公式如下。

$$实际贷款利率 = \frac{名义利息}{实际可用贷款}$$

$$或者 = \frac{名义利率}{1-补偿性余额比率} \tag{6-1}$$

【例6-1】 企业向银行贷款 100 万元，名义利率为 11%，补偿性余额比率为 10%。那么企业可以实际利用的贷款额为 $100\times(1-10\%)=90$ 万元，名义贷款利息为 $100\times11\%=11$ 万元。

解 $$实际贷款利率 = \frac{11}{90}或者\frac{11\%}{1-10\%} = 12.22\%$$

一般情况下，由于企业向银行取得长期贷款的利息是可以在税前扣除的，贷款利息有抵税的作用，因此在考虑税收情况下的长期贷款的实际利率（实际借款成本）公式为

$$实际贷款利率 = 名义利率 \times \frac{1-企业所得税税率}{1-补偿性余额比率} \tag{6-2}$$

对于例6-1，除了前面提到的条件外，这里假设企业所得税税率为 25%，则企业的实际贷款利率变为

$$实际贷款利率 = 11\% \times \frac{1-25\%}{1-10\%} = 9.16\%$$

（四）隐含价格

隐含价格是指商业银行在贷款定价时还需要制定一些非货币条款，以降低贷款违约的风险。虽然这些条款不会给银行直接带来货币收入，但是制定它们有利于保证客户按时偿还贷款，减少银行利益损失的可能性，因此被视作是贷款定价的组成部分。商业银行在同客户签订贷款合同时，常常会在协议中加一些附加条款，从而对客户可能影响贷款安全的活动加以限制，如禁止向某些高风险行业投资、不得更改主营业务和管理层稳定等条款。

二、贷款价格的影响因素

市场供求是影响一般商品定价的主要因素，对于贷款资金来说，由于它是一种特殊的商品，因此贷款价格不仅受到信贷市场资金供求的影响，其他一些因素包括贷款资金成本、经营成本、风险成本、贷款目标利润等也会影响到贷款价格。可以说，贷款价格是多方面因素共同作用的结果。

（一）资金成本

资金成本是指商业银行筹措用于发放贷款的资金的成本，它是商业银行贷款定价需要考虑的核心因素。作为商业银行最主要的盈利性资产，贷款业务的利息收入至少应该超过获得该资金的利息成本，这样才可能使商业银行实现盈利。因此，当资金成本提高时，贷款的价格自然就会上升。例如，现实中常常表现为中央银行一旦提高存款利率，商业银行就要被动地提高贷款利率才能维持原有的收益水平。

资金成本分为平均成本和边际成本。平均成本是衡量平均每一单位资金所花费的成本，而边际成本是指每新增加一单位资金所需花费的成本。前者主要用来反映银行过去一段时间内的经营状况，如果假定当前银行所面临的市场利率、费用等因素都不变，可以按照过去的平均成本对新贷款定价。但现实中，这些因素经常会变化，平均成本法就显得不够科学。边际成本法随时体现的都是新增资金来源的成本，即市场状况的变化都会体现在成本的变化中，因此较适合作为确定新贷款价格的方法。

（二）经营成本

经营成本是指商业银行经营贷款业务所产生的费用，这一成本要比资金成本难确定得多。由于商业银行在发放贷款前，要进行严密的贷款调查；发放贷款后还要保持经常性的检查以控制风险，因此这些相关行为都会产生一定的贷款费用。经营成本主要包括员工的薪金和福利、办公室使用费用、人员培训、业务旅行及其他与业务相关的费用。此外，它还包括保险费、外派访问费及系统评估费等。由于其中许多费用项目逐一确定比较麻烦，通常为了简便，银行会根据贷款种类不同规定相应的费用标准，贷款时根据相应标准进行计算即可，从而使贷款所产生的利差收入足以弥补所有的业务费用。

（三）风险成本

商业银行在发放贷款时要面临一定的风险，这部分风险当然要体现在贷款定价中。风险成本就是指商业银行为了承担贷款风险而付出的费用。一般情况下，贷款的期限、保障程度、种类、贷款对象的信用及市场环境等因素都会影响到贷款的风险程度，从而使贷款的风险成本不同。贷款风险成本通常会随着贷款期限的延长而变大。借款人还款付息的保障程度越高，如提供超额价值的抵押品或有良好信誉的担保人，这会使贷款的风险成本降低。此外，借款人的信誉好坏也会直接影响到商业银行管理风险和损失后风险补偿的费用。而市场环境则是会影响到所有借款人经营状况的重要因素。商业银行通常会根据历史上某类贷款的平均风险率，并结合考虑市场新增加的各种风险因素来确定新贷款的风险成本。

（四）贷款目标利润

贷款目标利润是指商业银行经营贷款期望达到的利润水平。不同的商业银行由于在经营实力、资产负债结构和经营理念等方面存在差别，可能会设定不同的贷款目标利润。对于同一家商业银行，也可能会因贷款对象、贷款种类、金额不同等因素，对不同贷款确定不同的目标利润水平。例如，商业银行通常会对信用良好的大客户提供优惠贷款利率，即设定相对低一些的目标利润，这也正说明对于贷款来说盈利性并不是商业银行唯一的衡量标准，安全性也同样重要。

（五）借贷资金的供求状况

贷款既然是一种商品，其价格也必然受供求的影响。贷款的需求是指借款人在某一时期希望从银行借入的资金量，而贷款的供给则是指所有银行在该时期能够提供的贷款量。当某一时期贷款供给量大于需求量时，银行将不得不降低贷款的价格，贷款利率下降；反之，如果贷款需求量大于供给，银行一般将提高贷款价格，贷款利率上升。中央银行利率、存款利率及同业拆借利率也同样受到资金供求的调节，而后者直接对银行的资金成本产生影响，从而又间接影响贷款的利率。

（六）银行与客户之间的关系

银行在对特定客户的贷款定价时，应全面考虑该客户与银行之间的业务合作关系，如借款人是否是银行的基本客户、在银行的平均存款余额情况、银行为客户提供的其他金融服务给银行创造的收入等。一般认为，客户与银行的业务合作关系越广泛，使用的银行服务越多，对银行的贡献度就越高，对于这样的客户，银行贷款定价时应考虑给予一定的优惠。银行可以通过高附加值产品的高收益来弥补贷款产品的低收益，这样不但实现了银行的利润目标，而且让客户感到得到了很大的让渡价值，从而对银行满意度提高，提高了客户的忠诚度。

三、贷款定价的方法

贷款定价模型只有在一定的条件下才能顺利运作。利率市场化是贷款实行定价的必要条件，但能否很好地运用贷款定价模型，还需要其他条件的配合，如要求有成熟的金融市场、银行经营管理者及时对利率变化作出反应、金融监管充分有效等。以下介绍几种比较重要的贷款定价方法。

（一）成本加成定价法

成本加成定价法认为商业银行在进行贷款定价时，必须要考虑贷款资金的成本。该模型将贷款价格分成四个组成部分。

①资金成本。银行筹集信贷资金的利息成本。

②银行的非资金性营业成本。这是指与贷款业务密切相关的一些费用，包括信贷人员的工资、评估和管理贷款项目的费用等。

③风险补偿费。由于贷款的对象、期限、方式等各不相同，所以每笔贷款的风险程度各不相同，贷款价格中必须考虑风险补偿费。一般来说，贷款定价中风险补偿费包括的因素有：违约风险补偿费，是指借款人不能按期偿还本息的可能性，包括贷款本息因违约而可能遭受的损失，可通过信用评级和银行历史统计数据而获得；期限风险补偿费。一般来说，贷款的期限越长，利率风险也越大，借款者信用恶化的可能性也越大。所以，贷款期限越长，所要求的期限风险补偿费也越高。

④银行的预期利润。这种定价方法下，商业银行的贷款利率可表示如下，其中定价公式

中的每一项都可用贷款额的年百分比表示。

$$贷款利率 = \frac{可贷资金的}{边际成本} + \frac{非资金性}{营业成本} + 风险补偿费 + 银行预期利润 \qquad (6-3)$$

该定价方法可以视为一种"成本导向型"的定价模型，银行在考虑该笔贷款的成本和银行预期利润的基础上，确定该笔贷款的价格。总体来看，成本加成定价法具有简单、实用的特点，采用这种定价模式有利于商业银行补偿成本，确保其目标利润的实现。但这种方法的缺点在于假设银行能准确地了解每项成本，但现实中很难做到。银行除了提供贷款外，还提供多品种其他服务，因此如何分摊营业成本具有一定的难度。此外，银行在定价时只孤立考虑了贷款的自身因素，未考虑其他金融机构竞争等因素对贷款定价的影响，由于忽略了客户需求、市场利率水平、同业竞争等因素的影响，该方法容易导致客户流失和贷款市场份额的萎缩。因此，这种定价方法一般适用于居于垄断地位的商业银行或处于贷款市场需求旺盛时期的商业银行。例如，中小企业贷款就比较适合，因为中小企业信贷市场还保持一定的卖方市场特征，资金供不应求的矛盾比较突出。

（二）价格领导定价法

在 20 世纪 30 年代的经济大萧条时期，一些商业银行就开始使用价格领导定价法。价格领导定价法是指商业银行会在优惠利率或基础利率之上加上或乘以一个风险溢价，从而确定贷款的价格。我们首先介绍价格领导定价法中的优惠利率加成法，它的贷款利率由以下几部分组成。

$$贷款利率 = 基础或优惠利率 + 违约风险溢价 + 长期风险溢价 \qquad (6-4)$$

其中，基础利率包括了银行预期覆盖的所有经营和管理费用的基础利润，违约风险溢价主要是涵盖了非优惠利率借款人的违约风险补偿，长期风险溢价是对长期贷款人收取的期限风险溢价。后两者一起统称为加价。

基础利率如何选择一直是人们关注的焦点。早期西方商业银行一般选择对其优质客户发放短期流动资金贷款时所要求的最低利率作为基准利率。目前，在美国通行的优惠利率是由 25 家定期公布贷款利率的最大型商业银行所普遍使用的基准利率。随着市场利率波动加剧，产生了浮动优惠利率，该利率主要与货币市场上的利率挂钩，如同业拆借市场、大额可转让存单市场和商业票据市场等的利率都可作为贷款基准利率的参照利率。

除了基准利率外，价格领导定价法中比较难的一点就是对加价部分的确定，即对风险进行准确定价。美国公司价值评估领域的专家汤姆·科普兰（Tom Copeland）建议可根据表 6-8 来确定贷款质量等级和风险溢价的关系。商业银行可以通过调整加价的部分，来放松或收缩信贷量，但现实中银行往往倾向于改变贷款拒绝率，而非改变基准利率或调整加价的方式。因为银行认为，对高风险借款者收取与其风险水平相对应的风险溢价并不总是明智的做法，这种政策增加了借方违反贷款协定的概率，使银行在该贷款上的收益甚至低于优良贷款带来的收益。例如，如果一个 AAA 级借款人应付 5％的优惠利率，而另一个高风险借款人应付 13％的贷款利率，后一个借款人可能会被迫采取一些高风险低成功率的经营策略，来偿还如此高的贷款利率。这些高风险策略会加剧违约风险，反而大大降低银行的实际收益。因此，许多银行需要同时使用价格（贷款利率）和信贷配给（即无论价格高低，都拒绝某些贷款申请）来管理其贷款组合的规模和组成。

表 6 - 8　贷款信用等级与风险溢价的关系

风险等级	风险溢价
无风险	0.00
小型风险	0.25
标准风险	0.50
特别注意	1.50
标准以下	2.50
可疑	5.00

有时候商业银行会采用优惠利率倍乘法而不是优惠利率加成法为贷款定价，其具体公式如下。

$$贷款利率 = 基准或优惠利率 \times 风险溢价乘数 \qquad (6-5)$$

这两种方法都属于价格领导法，即在基准或优惠利率的基础上再考虑风险溢价对贷款定价的影响，不同的是一个用加法的方式，一个用乘法的方式，但本质上两者的原理是相同的。例如，商业银行的优惠利率为 10%，对某客户的短期借款报价为风险溢价加价 3%，或是风险溢价乘数为 1.3，则商业银行的贷款利率计算如下。

$$贷款利率 = 10\% + 3\% = 13\%$$
$$或者 = 10\% \times 1.3 = 13\%$$

在这里的假设中两种方法的最初贷款利率相同，但是随着利率不断变化，如果客户获得的是浮动利率贷款，那么用两种方法计算出的贷款利率可能不同。当利率下降时，用优惠贷款倍乘法计算出的贷款利率的下降幅度大于优惠利率加成法；当利率上升时，用优惠贷款倍乘法计算出的贷款利率的上升幅度大于优惠利率加成法。例如，当利率从 10% 下降至 7% 时，优惠利率加成法的贷款利率变为 10%，优惠贷款倍乘法的贷款利率变为 9.1%。当利率从 10% 上升至 13% 时，优惠利率加成法的贷款利率变为 15%，优惠贷款倍乘法的贷款利率变为 16.9%。

总体来看，价格领导法属于一种市场导向型模型，它既考虑了市场风险又兼顾了贷款本身的违约风险，从而具有较高的合理性，制定的价格更贴近市场，更具有竞争性。目前，有不少国家和地区采用这种定价方式，如美国、新加坡等。当然，由于价格领导模型除了要考虑贷款本身的风险（客户违约风险、期限风险）外，还要考虑市场利率风险（各种不确定因素引起的基准利率的增减变化），这就加大了风险管理的难度，所以该模型对银行的风险管理能力要求较高。此外，价格领导模型没有考虑到商业银行贷款的资金成本、管理费用、银行的目标利润，且对于风险溢价因子，银行只是根据历史数据和经验加以确定，一定程度上存在着随意性，没有能够对客户存在的违约风险进行精确的量度。

（三）客户盈利分析定价法

由于前两种定价模型都是针对单一贷款产品的定价方式，仅考虑了成本、风险、竞争及贷款的利息收入等因素，并未考虑客户因结算、咨询、委托代理及其他附带服务给银行带来的中间业务收入。但是这些因素都是银行在定价时需要考虑的，所以客户盈利性分析定价模型在分析每笔贷款的价格时，首先应该考虑银行与客户的整体关系，比较银行为该客户提供所有服务的总收入、总成本及银行的目标利润，以此来权衡定价水平。客户盈利分析定价法是一种"客户导向型"的定价模型方法。其定价公式可表示为

$$预期净回报率 = \frac{A-B}{C} \qquad (6-6)$$

其中，A 代表向客户提供贷款和其他服务所产生的收入，B 代表向该客户提供贷款和其他服务所产生的费用，C 代表超出该客户存款实际使用的贷款资金净额。A 项主要涵盖客户存款的投资收入、提供各种服务（结算、担保、咨询、承兑、代理等）的中间业务收入、贷款的利息收入等。对于 B 项主要包括客户存款利息、银行员工的工资福利、筹集可贷资金的成本、贷款的管理费及贷款违约成本等。C 项（贷款资金净额）是指客户实际使用的贷款金额减去客户的平均存款余额（存款余额中要扣除存款准备金）。

表 6-9 商业银行向某公司放贷的相关收入和费用

服务收入与费用项目	金额/元
为客户服务带来的预期收入	
贷款利息收入（10%，6个月）	50 000
贷款承诺费（1%）	10 000
管理客户存款收费	30 000
资金调拨收费	3 000
信托服务和记账收费	42 000
预期年收入总额	135 000
为客户服务带来的预期费用	
存款利息费用（3%，6个月）	15 000
筹集可贷资金的成本	40 000
作业成本	15 000
资金调拨成本	1 000
贷款处理成本	2 000
记账成本	1 000
年费用总额	74 000
预计客户当年实际使用的贷款资金净额	
向客户承诺的贷款平均额	1 000 000
减：客户平均存款余额（扣去存款准备金）	−180 000
向客户承诺的贷款资金净额	820 000

资料来源：罗斯，赫金斯. 商业银行管理. 刘园，译. 7版. 北京：机械工业出版社，2007：465-466.

从公式计算中，如果银行从客户的整体关系中获得的净收益为正，表明银行的所有成本得到补偿，则这项贷款申请很可能被批准。如果净收益为负，则表明银行的所有成本并未得到有效补偿，则银行很可能否决该项贷款申请或者要求提高贷款价格和其他服务项目的收费标准，以确保银行实现其盈利目标。

下面来看一个具体实例。假定某商业银行打算向 A 公司发放 6 个月期限的 100 万元贷款，存款准备金为 10%，假设客户全额使用该贷款，并在银行保留信贷总额的 20% 的存款，则银行对此客户所发生的收入和费用见表 6-9。

$$\frac{从客户整体关系中}{获得的预期回报率} = \frac{预期收入 - 预期成本}{贷款资金净额} = \frac{135\,000 - 74\,000}{820\,000} = 7.44\%$$

根据客户盈利分析模型，银行从客户整体关系中得到的预期收益率为正值，可以考虑对

该公司发放贷款，因为所有的成本都得到了补偿，而且银行还获得了盈利。

客户盈利分析模型不是仅仅就一项贷款的利息收入和成本来确定其价格，而是试图从银行与客户的全部往来关系中寻找最优的贷款价格，体现了商业银行"以客户为中心"的经营理念和差别定价的经营方式。客户盈利分析模型的前提是银行能够进行精细的客户收益和成本核算，银行不仅要做到分产品核算，还要做到分客户核算，这大大增加了银行贷款定价管理的难度，也加大了银行贷款管理成本核算的复杂性。此外，中间业务收入存在较大的不确定性，这也为贷款定价造成了困扰。尽管如此，客户导向型的定价方法体现出贷款定价"以客户为中心"的新理念，使商业银行的贷款定价考虑的因素更加全面合理。

四、我国商业银行提高贷款定价效率的方法

长期以来，受利率管制影响，我国商业银行对利率敏感度较低，贷款定价机制不够健全。伴随着利率市场化进程的推进，银行业的贷款市场竞争日趋白热化，在这种形势下，建立科学、合理的贷款定价机制是我国商业银行当前亟待解决的问题。

（一）提高金融服务水平

当前我国的金融产品种类较少，金融机构同质化竞争程度很高，因此在贷款定价上各家商业银行更应体现自身特点，要注重根据不同客户采取灵活的定价策略。一方面要通过提供多元化的金融服务，锁定竞争性优质客户，并最大限度地提高贷款效益。另一方面，进一步加大对中小企业贷款风险的研究和分析，灵活运用差别化利率，积极拓展新的效益增长点。

（二）形成合理的贷款定价机制

商业银行可以考虑建立专门的贷款定价部门，从贷款定价的受理、调查、审查和审批等方面设计科学的操作流程，为贷款定价提供有效的制度保障。商业银行需要建立高效的利率分级授权体制。根据市场特点和业务发展要求，对分支机构分别授予相应的利率定价决策权，以便于基层机构根据客户情况、自身成本及竞争状况等合理定价。此外，合理有效的正向激励也非常重要。将客户经理的收益与其创造的效益挂钩，从而使贷款价格的高低成为影响客户经理收益的关键因素，使客户经理在贷款定价过程中充分发挥主观能动性，更好地维护银行的利益。最后，建立利率后续监督机制。对每一客户贷款利率的制定和实施情况进行适时监测，发现问题及时督促纠正。

（三）构建科学的贷款定价模型

在完善贷款定价机制的过程中，不能完全照搬其他银行或国外的定价模式，应根据银行自身实际，包括内部政策框架的健全程度、信息系统的构建能力、客户结构、员工素质等，借鉴其他商业银行的成功经验，仔细分析影响贷款价格的各种因素，灵活地选择贷款定价方式。同时，随着业务的发展和内部管理能力的提高，不断地改进和修正现有定价方法，逐步建立起适合商业银行实际需要的贷款定价体系。

（四）完善内部风险评估系统

首先，商业银行应健全定价风险计量体系。利用内部评级法和客户历史数据，对各种风险的损失概率和损失大小进行测算，合理确定风险溢价参考值和潜在风险管理方案。其次，建立利率风险分析机制。进一步提高风险测算技术，强化风险预警机制，定期监测利率风

险，有效控制贷款定价的盲目行为，切实提高防范利率风险的能力。再次，构建客户信用评级系统。依托信贷登记系统、个人征信系统自身所掌握的资料数据，建立一个包含客户的信用水平、经济实力、所处行业和地位等内容的数据库。同时，进一步强化数据库的动态积累，要随着业务的开展、客户经营的变化和外在环境的变动等，实时、准确地采集和处理相关数据，为贷款定价提供客观依据。

第三节　商业银行贷款信用风险管理

贷款的信用风险是银行家最为关心的问题。一方面，贷款违约会使银行损失贷款利息收入，降低盈利性。更为重要的是，如果贷款金额较大，贷款违约可能会直接影响到银行的生存和安危。随着现代金融市场的复杂化和国际化，商业银行信用风险的管理难度也越来越大。银行在信贷决策上稍有不慎，都有可能因为收不回贷款，引发资金周转困难甚至倒闭的灾难性后果。因此，银行家们创造出许多信用风险的管理方法和技术，本节主要介绍信贷风险管理的基础步骤，主要包括信用分析和问题贷款的控制和处理，对于信用风险管理的技术模型将在第十章商业银行风险管理中进行详细介绍。

一、商业银行贷款的信用分析

信用分析是一个系统有序的调查与评估过程，通过估计、评价客户或借款人信用状况和潜在风险，从而为是否批准向客户发放贷款提供决策支持。西方的商业银行家在经过长期的贷款实践后，形成了许多行之有效的信用分析方法，由最初的评估人主观评价的古典信用分析法，之后发展到比较常见的5C要素分析法、6C要素分析法和针对企业信贷的LAPP原则等（流动性 liquidity、活动性 activity、盈利性 profitability 和潜力 potentiality）。我们将要介绍的就是最为典型的信用分析方法——6C要素分析法（可参见图6-1），具体包括品德（Character）、能力（Capacity）、担保（Collateral）、现金（Cash）、经营环境（Conditions）、监管（Control）[1]。从银行发放贷款的标准来看，一笔好的贷款应该在上述六个方面都表现优异。当然，也有一些书籍将"6C"原则中的现金和监管替换为资本（Capital）和事业的持续性（Continuity），这样的标准也是可行的，因为充足的资本和经营的持续性对于企业的信用分析也同样重要，但本书仅按前一种划分方法进行介绍。

（一）品德

品德是指借款人的还款意愿和诚意。信贷管理员必须通过调查来确定客户是否诚实、可靠、有责任感，对贷款资金有严肃的使用目的和正确的还款态度。品德之所以放在首要的位置，就是因为借款人的品德会直接影响到贷款的安全性。一个品德良好的借款人即使在经营困难时，也会努力筹集资金归还贷款，而一个品德差的人即使有充足的现金流也有可能不归还贷款。对借款人品德的评估，可以通过了解其客户过去的信用记录，看其是否有按期如数还款的一贯做法及其他金融机构的关系是否良好，这一点经常被视作评价客户信用的首要因素。其

---

① 此处，我们的6C原则同彼得·S·罗斯的《商业银行管理》中提及的内容相一致。

次，还可以根据客户的信用等级、受教育程度、道德观念、经营管理理念和生活背景等方面对借款人的品德进行评估。如果信贷员认为借款人的品德有问题或不够诚实，则不应发放贷款。

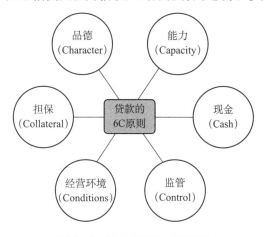

图 6 - 1　商业银行的 6C 原则

（二）能力

如果说品德是判断借款人是否有还款意愿，那么能力则是评价借款人未来是否具有还款能力，两者缺一不可。还款能力主要体现在两个方面：第一，借款人是否具有法律认可的申请贷款资格和行使义务的能力。例如，在多数国家，商业银行不能向未成年人（未满 18 岁）发放贷款，因为未成年人在法律上不能承担贷款协议责任。对于企业，信贷员要明确企业是否具备申请贷款的资格，贷款申请是否有效，申请人确实代表公司授权等方面内容，防止骗贷发生。第二，借款人的财务能力和经营能力。借款人的财务能力是要调查企业生产状况和财务状况，包括资本实力、成本控制、盈利能力、产品竞争力、发展潜力等多方面指标，要将实地调查和财务分析相结合。借款人的经营能力则主要体现在企业管理者的管理能力，包括战略眼光、经营理念、管理风格、选才能力、创新能力和协调能力等多方面，企业拥有高水平的管理人才和完善健全的管理体制将直接影响到企业的经营状况和发展水平。

（三）现金

现金是指借款人能否产生足够的现金流量来归还贷款，它对于商业银行的贷款信用分析非常重要。通常情况下，借款人偿还贷款的资金主要来自三个方面：经营收入或销售收入产生的现金流量；出售或变现资产的收入；发行债券或股票融资。这三种方法都会使借款人获得足够的现金来偿还贷款，但是商业银行最希望借款人以经营收入来还本付息。第二种方法虽然可以获得收入，可它是以降低借款人的资产实力为代价的，会降低该贷款的安全性。发行债券或股票融资则是通过资本市场直接融资方式来偿还银行贷款，这种方式很可能给企业带来更大的经营风险，同时按照融资次序理论（参见专栏 6 - 3），发行股票会向市场传递出企业经营不好的信号，增加银行贷款的风险。

随着"现金为王"理念在公司治理研究领域的逐渐深入人心，企业对于现金流量管理也越加重视。现金流量减少是企业走下坡路和信贷关系出现问题的重要指示器，这也是为什么现代商业银行在贷款管理时将现金作为重要的考察因素。借款人的现金能力可以从借款人的个人可支配收入、企业以往的销售收入、历史和预测的现金流量充裕程度、应收应付账款和

存货的周转率、资金结构和杠杆率等方面进行有效评估。在会计学上，通常认为现金流量的计算公式为

$$现金流量 = 净利润（即总收入减去总费用） + 非现金费用（主要是折旧）$$
$$= 销售收入 - 销售成本 - 相关费用 - 用现金支付的税款$$
$$+ 非现金费用（主要是折旧）$$

假设有一家公司年销售收入为 100 万元，销售成本为 60 万元，相关销售管理费用为 8 万元，税金 10 万元，折旧等其他非现金费用 2 万元，则该公司预计年现金流量为 24 万元。商业银行就要确定企业的这种规模的年现金流量能否充足地偿还贷款，并可以应付一些未预期的费用支出。通过分析和预测企业的现金能力，提高银行对借款人信用能力分析的准确性，降低银行的信贷风险。

专栏 6-3　融资次序理论

融资次序理论（Pecking Order Theory），又称啄食顺序理论，美国经济学家梅耶（S. C. Myers）于 1984 年在全球金融顶级学术期刊《金融杂志》（*Journal of Finance*）上发表的文章《企业资本结构难题》（*The Capital Structure Puzzle*）中做了最初的阐述。文章提出企业的融资方式主要有：内源融资；外源融资；间接融资；直接融资；债券融资；股票融资。融资次序理论认为企业在内源融资和外源融资中首选内源融资；在外源融资中的直接融资和间接融资中首选间接融资；在直接融资中的债券融资和股票融资中首选债券融资。将这一次序简单写出就是：内源融资≻银行贷款≻债券融资≻股票融资。

这一观点的提出主要是基于信息不对称的前提基础上。因为如果按照 1958 年 Modigliani and Miller 提出的 M-M 定理，在不存在破产风险、信息完全、个体可随意以市场利率借贷、不存在税收和交易成本的前提假设下，公司价值与其资本结构无关，因此不存在可以使得公司价值最大化的最优资本结构。如果 M-M 定理是严格成立的，那么各种融资方式之间无差别，啄食理论就不可能成立。但现实中，M-M 的假设过于严格，因此学者们通过放松各种假设进一步发展了这一经典理论。梅耶就放松了信息完全这一假设，认为在资本市场中，假设投资者拥有的关于公司资产价值的信息比公司管理者少，那么公司的股票价值将被市场错误估计。如果公司采用外部融资的方式为公司的新项目融资，会引起公司价值的下降，所以公司发行新股票是一个坏消息，如果公司具有内部盈余，公司应当首先选择内部融资的方式。如果可以发行与非对称信息无关的债券，则公司的价值也不会降低，因此债券融资比股权融资具有较高的优先顺序。

对于这一理论观点有以下几个方面需要注意：首先，当宣布增发新股时，公司原有股票的市价将下跌，因为发行股票传递出公司急需资金的负面信息，代表公司没有足够的内部盈余发展新项目。但是如果通过发行无风险债券融资，并不会传递出内部信息，所以不会影响股票市价。其次，当信息通过年报等方式披露出来时，股票市价低估问题最不严重。再次，新项目将倾向于通过内部融资、银行贷款或低风险债券的发行来融资。

（四）担保

贷款担保也是影响银行贷款信用风险的重要因素之一。担保的形式主要包括抵押、质押资产或保证人的连带保证还款责任，所有这些形式都是为了给银行贷款提供一种保护措施。如果一旦借款人无法归还贷款，银行可以通过处理担保品或向保证人追偿的方式来减少贷款损失，最大限度地收回贷款本息，降低银行的经营风险。在评估借款人的担保时，信贷员应注意准确判断借款人的担保品的价值或保证人的能力，即担保品的质量、市场价值、市场变现性，以及保证人的经营状况和资金实力等方面。这种评估能力需要丰富的经验和技术，如果信贷员判断失误，则会导致当借款人无法还贷时，银行也不能从担保中获得有效的弥补。

（五）经营环境

经营环境包括借款人面临的内部环境和外部环境。内部环境主要包括借款人本身的生产行为、经营方向、经营范围、原材料采购、销售渠道、竞争能力和对市场变化的应变能力、技术创新能力、人员素质、发展前景等方面的内容。这些都属于借款人可以控制调节的，信贷员要密切注意观察借款人所从事的工作，一旦发现问题及时督促借款人进行改正。外部环境则是借款人无法控制的，包括经济发展状况和行业发展趋势等。对于这些方面，信贷员也要正确评估环境变化对企业的影响程度，当然不同企业、不同期限、不同行业的贷款对环境变化的敏感度也不同，所以银行在发放贷款时就要动态地评估环境变化对企业的影响，以减少贷款损失。

（六）监管

监管也是影响银行进行贷款信用分析的重要因素。信贷员在面对监管问题时，主要考虑以下方面：贷款申请是否符合金融监管机构和商业银行对贷款资格和质量的要求；贷款是否符合相关法律法规的要求；签署的贷款文件是否能按照法律规定合理地保护双方利益；法律法规的变化是否会对借款人带来不利影响。通过考察贷款是否符合监管要求，商业银行才能在合法合规的范围内发放贷款，降低不必要的损失和风险。

二、不良贷款的控制和处理

尽管商业银行在发放贷款的过程中做了全方位的安全措施，但是总有一些贷款会成为不良贷款。例如，经营环境的恶化使得企业无法归还贷款、天灾人祸等偶发性事件或抵押品价值下跌等。对于这类有可能发生损失的贷款，商业银行更要加强控制和管理，在最大限度减少损失的情况下防范信用风险，采取相应的解决措施。下面介绍不良贷款的含义和贷款的分类。

（一）不良贷款和贷款分类

不良贷款是指借款人未能按原定的贷款协议按时偿还商业银行的贷款本息，或者已有迹象表明借款人不可能按原定的贷款协议按时偿还商业银行的贷款本息而形成的贷款。之前，我国商业银行根据中国人民银行 1995 年颁布的《贷款通则》（试行），将不良贷款分为逾期贷款、呆滞贷款、呆账贷款（一逾两呆）三大类，主要指不能按协议或合同规定的日期归还的贷款。这种分类方法是从贷款期限管理和会计处理的需要出发，无法实际反映贷款的经营状态和真实质量（可参见表 6 - 10）。

1998 年中国人民银行参照国际管理，结合中国国情，制定了《贷款风险分类指导原则》，要求商业银行依据借款人的实际还款能力进行贷款质量的分类，即将银行贷款分为正常、关注、次级、可疑、损失五类，其中后三种属于不良贷款。

表 6-10　不良贷款按"一逾两呆"和"五级分类"进行分类

划分标准	正常贷款		不良贷款		
"一逾两呆"	未到期资产		逾期	呆滞	呆账
"五级分类"	正常	关注	次级	可疑	损失

注：本表不良贷款分类在数量上不存在对等关系，仅代表不同口径的划分方法。

1. 正常贷款

正常贷款是指借款人能够履行合同，没有足够理由怀疑贷款本息不能按时足额偿还。目前不存在任何影响贷款本息及时全额偿还的消极因素，银行对借款人按时足额偿还贷款本息有充分把握，贷款违约风险较小。

可参考特征包括：借款人经营状况正常，主要经营指标合理，现金流量充足，一直能够正常足额偿还贷款本息；还款意愿良好，一直能按期支付利息。

2. 关注贷款

关注贷款是指尽管借款人目前有能力偿还贷款本息，但存在一些可能对偿还产生不利影响的因素，如果这些因素继续下去，借款人的偿还能力受到影响。

可参考特征包括：宏观经济环境等外在因素发生变化或是企业内部经营管理或财务状况发生变化，对借款人正常经营产生不利影响，但其偿还贷款的能力尚未出现明显问题；借款人还款意愿差，不与银行积极合作；借款人改制（如合并、分立、承包、租赁等）对银行债务可能产生的不利影响；借款人完全依靠其正常营业收入无法足额偿还贷款本息，但贷款担保合法、有效、足值，银行完全有能力通过追偿担保足额收回贷款本息；担保有效性出现问题，可能影响贷款归还；贷款逾期（含展期后）不超过 90 天（含）；本笔贷款欠息不超过 90 天（含）。

3. 次级贷款

次级贷款是指借款人的还款能力出现明显问题，完全依靠其正常营业收入无法足额偿还贷款本息，需要通过处分资产或对外融资乃至执行抵押担保来还款付息。

可参考特征包括：借款人支付出现困难，且难以获得新的资金；借款人正常营业收入和所提供的担保都无法保证银行足额收回贷款本息；因借款人财务状况恶化或无力还款而需要对该笔贷款借款合同的还款条款作出较大调整；贷款逾期（含展期后）90 天以上至 180 天（含）；本笔贷款欠息 90 天以上至 180 天（含）。

4. 可疑贷款

可疑贷款是指借款人无法足额偿还贷款本息，即使执行抵押或担保，也肯定要造成较大损失。

可参考特征包括：因借款人财务状况恶化或无力还款，经银行对借款合同还款条款作出调整后，贷款仍然逾期或借款人仍然无力归还贷款；借款人连续半年以上处于停产、半停产状态，收入来源不稳定，即使执行担保，贷款也肯定会造成较大损失；因资金短缺、经营恶化、诉讼等原因，项目处于停建、缓建状态的贷款；借款人的资产负债率超过 100%，且当年继续亏损；银行已诉讼，执行程序尚未终结，贷款不能足额清偿且损失较大；贷款逾期

（含展期后）180 天以上；本笔贷款欠息 180 天以上。

5. 损失贷款

损失贷款是指在采取所有可能的措施或一切必要的法律程序之后，本息仍然无法收回，或只能收回极少部分。

可参考特征包括：借款人和担保人依法宣告破产、关闭、解散，并终止法人资格，银行经对借款人和担保人进行追偿后，未能收回的贷款；借款人遭受重大自然灾害或者意外事故，损失巨大且不能获得保险补偿，或者已保险补偿后，确实无能力偿还部分或全部贷款，银行经对其财产进行清偿和对担保人进行追偿后未能收回的贷款；借款人虽未依法宣告破产、关闭、解散，但已完全停止经营活动，被县级及县级以上工商行政管理部门依法注销、吊销营业执照，终止法人资格，银行经对借款人和担保人进行清偿后，未能收回的贷款；借款人触犯刑律，依法受到制裁，其财产不足归还所借贷款，又无其他贷款承担者，银行经追偿后确实无法收回的贷款；由于借款人和担保人不能偿还到期贷款，银行诉诸法律经法院对借款人和担保人强制执行，借款人和担保人均无财产可执行，法院裁定终结执行后，银行仍然无法收回的贷款；由于前五项原因，借款人不能偿还到期贷款，银行对依法取得的抵贷资产，按评估确认的市场公允价值入账后，扣除抵贷资产结算费用，小于贷款本息的差额，经追偿后仍无法收回的贷款；开立信用证、办理承兑汇票、开具保函等发生垫款时，开证申请人和保证人授予上述前六项原因，无法偿还垫款，银行经追偿仍无法收回的垫款；经国务院专案批准核销的贷款。

贷款五级分类是国际金融业对银行贷款质量的公认的标准，这种方法是建立在动态监测的基础上，通过对借款人现金流量、财务实力、抵押品价值等因素的连续监测和分析，判断贷款的实际损失程度。也就是说，五级分类不再仅仅依据贷款期限来判断贷款质量，能更准确地反映不良贷款的真实情况，从而提高银行抵御信用风险的能力。

（二）不良贷款的处理

商业银行应该及时对出现问题的贷款进行处理和控制，尽可能地降低问题贷款造成的损失，防止贷款风险的进一步扩大。对于已经发生的损失也应该寻求科学合理的方式解决和处理，提高处理不良贷款的速度和效率。商业银行处理不良贷款的常见措施如下。

1. 分析具体原因，对症采取措施

当商业银行在对贷款人的贷后审查中发现某些问题贷款的预警特征时，就应该立刻深入调查，找出具体原因，与企业共同商讨以便及时采取对应措施。例如，督促企业调整经营方向、理念，帮助企业走出困境、积极催缴贷款等。如果是问题严重、规模较大的贷款项目，银行信贷部门要及时向上级领导汇报，必要时向上级行汇报。对于还款态度较差的借款人，银行可以采取主动上门催款的方式，甚至是从企业在银行的账号上扣收贷款，保证银行贷款最大限度地被收回，使损失最小化。

2. 借贷双方共同协商，签订贷款处理协议

对于银行来说，能尽可能地收回贷款是进行贷款处理的最终目的。对于那些催收后仍未归还贷款的企业，银行应与其共同商讨解决办法，签订贷款处理协议。根据具体情况，商业银行可以采取修改贷款协议、延长还款时间等方式，使借款人有更多的时间和手段来解决出现的问题，提高企业的还贷能力，减少银行的贷款损失。大多数情况下，银行都愿意采用这

种方式来保证问题贷款的偿还。具体方案如下。

①贷款展期。贷款展期是指贷款人在向贷款银行申请并获得批准的情况下延期偿还贷款的行为。贷款到期就要归还，是企业必须遵守的信用原则，也是银行加速信贷资金周转的前提条件。如果企业遇有特殊情况，确实无法按期还款时，应提出申请，说明情况，经银行审查同意后，可延长还款时间，但需办理转期手续，否则按贷款逾期处理。贷款人在贷款期间发生的资金周转困难，致使不能按期偿还贷款本金，且符合展期规定的条件，一般情况下，提前30个工作日向贷款银行申请展期。

②追加新贷款。这种方法要考虑到企业贷款风险增大的具体原因，如果是因为短期内生产资金或项目投资资金不足，使得生产能力不足或不能及时生产出产品造成的，商业银行可以考察产品的销路和利润，切实可行的情况下对企业追加贷款，从而保证企业未来可以归还全部贷款。

③追加贷款担保。具体是指当商业银行发现贷款风险增大，而企业提供的原担保品价值不足以弥补贷款产生的损失时，银行要及时要求企业提供新的追加担保，以降低贷款风险。具体可采用追加担保品或追加担保人的方式。

④借新还旧。借新还旧是指在企业和个人没有资金偿还到期贷款，银行用重新发放新贷款的方式，来保全资产、化解不良贷款、规避监管的办法。它是商业银行从长期的贷款收放实际操作中演变而来的一种贷款称呼。当企业生产情况基本正常时，银行可以采用借新还旧的方式。需要注意的是，该方法可以使原来的不良贷款转化为正常贷款，但贷款形态并没有发生实质变化，因此在使用中要考察企业的具体经营情况，避免产生其他风险，例如道德风险、信用风险和操作风险等。

⑤银行派人员参与企业管理。这种方法适用于那些因为经营管理不佳而导致信贷风险加剧的企业。通过将银行的员工安排进企业的董事会或高级管理层，使银行有效地控制和把握企业的经营方向和理念，参与企业的重大决策，任用高水平的管理团队。最终使企业经营状况好转，归还银行贷款。

⑥限制企业经营范围。该方法主要是为了防止企业将贷款投向高风险行业或购买回报率低的产品设备等，这些经营活动可能会危及银行贷款的安全。如果企业无法按期还本付息，商业银行就可以通过贷款处理协议限制企业的经营活动。

3. 清偿担保品，向保证人求偿

当借贷双方无法通过签订贷款处理协议解决不良贷款或是贷款处理协议最终也没有解决贷款问题时，银行将对有担保的贷款进行清偿。如果借款人提供的是质押品或抵押品，银行可将其出售变卖成现金。如果有贷款保证人，则银行可以向其追偿贷款。担保贷款的安全性相对于信用贷款还是要高得多，至少银行还可以收回部分资金。当然，银行只有在迫不得已的情况下，才会采用这种方式。

4. 采取法律手段，追偿贷款

当借贷双方无法通过签订贷款处理协议解决不良贷款或是贷款处理协议最终也没有解决贷款问题时，银行将采用法律手段追偿贷款。首先，对于担保贷款依法进行求偿。如果借款人提供的是质押品或抵押品，银行可将其出售变卖成现金。如果有贷款保证人，银行可以通过法庭诉讼向其追偿贷款。其次，对于信用贷款或是担保贷款也无法偿还全部贷款的情况下，银行可以通过法律裁决的方式解决问题。需要注意的是，向法庭诉讼也是一件成本较高的事情，如果企业财产收入很少，即使银行胜诉也不能追回贷款，甚至还要付出较高的诉讼费用，所以银行一定要认真权衡。银行首先应对借款人的财产和收入状况进行调查，如果确实存在，则胜诉后可通过没收财产、拍卖资产、扣押收入等方式，弥补贷款损失。

5. 破产索赔

破产是借贷双方解决债务问题的最后方法。如果借款者破产，银行往往难以收回全部贷款，对破产企业的资产清算也要花较长时间，而且还极有可能出现"假破产、真逃债"。具体来看，借款人可以自愿申请破产，贷款银行也可以向法庭申请要求清算借款者的财产。对于企业或个人的破产条件，各国都有相应的规定。从时间成本和效益考虑，银行一般不愿意用这种手段收回贷款。

6. 呆账冲销

经过上述努力，银行最终仍无法收回的贷款，将列入呆账，并运用贷款呆账准备金进行冲销。1996 年 6 月 28 日中国人民银行发布的《贷款通则》规定："贷款人应当按照国家有关规定提取呆帐准备金，并按照呆账冲销的条件和程序冲销呆账贷款。未经国务院批准，贷款人不得豁免贷款。除国务院批准外，任何单位和个人不得强令贷款人豁免贷款。"

（三）我国商业银行的不良贷款状况分析

我国商业银行的不良贷款状况的形成有一定的历史性、制度性原因，从新中国成立以来的 60 年里，经历了不同的发展阶段。分析我国商业银行的不良贷款状况，有助于我们对我国的银行业有更深入的了解。

1. 不良贷款的发展阶段

1983 年以前，完全计划体制下不存在不良贷款的阶段。该时期由国家统一制定国民经济计划，银行根据财政部门的安排，向企业提供资金，无须对贷款效果负责。总地来说，这段时期银行的信贷规模小，1981 年全国工业企业的贷款只有 487 亿元，1982 年为 527 亿元，1983 年为 597 亿元，基本没有形成不良贷款。

1984—1990 年，不良贷款开始产生阶段。1984 年中国工商银行成立，标志着中国银行业告别了"大一统"时期，银行体系开始分化，中央银行和商业银行职能开始确立，银行业进入垄断竞争阶段，出现了市场化的银行与企业之间的信贷关系。1983 年年底政府实行"拨改贷"政策，企业所需的流动资金不再由财政部划拨，而是由银行贷款形成，需要还本付息。但是，拨改贷政策并没有解决国有企业的经营问题，国有企业预算软约束的对象由财政转向银行。这段时期，企业贷款迅速增加，不良贷款也相伴出现。

1991—1998 年，不良贷款快速增长阶段。这个阶段是国内金融秩序比较混乱的时期。一方面多种多样的金融机构开始出现，在利益最大化驱使下，从事和开发一些前所未有的业务；另一方面监管组织不健全，监管水平有限，致使金融业出现无序扩张和恶性竞争等现象，催生出大量的不良贷款。1992—1993 年的经济过热，产生了严重的经济泡沫，大量信贷资金被用于进行房地产、股市和国债投机。据测算，由此产生的不良贷款总额在 2 000 亿元以上。在向社会主义市场经济体制的转轨过程中，许多国有企业不能适应新体制的要求，停产半停产甚至破产，偿还不了银行贷款，形成了 3 000 亿元以上的不良贷款。

1999—2002 年，四大国有银行的 1.4 万亿元不良贷款被剥离。中央决定成立四大资产管理公司（信达、华融、东方和长城），由它们专门负责处理四大国有银行的不良贷款。这一举措的直接结果是使四大国有商业银行的不良贷款率下降了 10 个百分点左右，极大地减轻了四大银行的负担。1998 年国有银行的不良贷款率为 35％，1999 年上升至 39％，2000 年降为 29.18％，至 2002 年为 26.10％，而 2002 年包括股份制银行在内的主要商业银行的不良贷款率为 19.8％。虽然，不良贷款率有所降低，但是平均水平依旧很高，国有银行需要进一步深化改革。

2003 年至今，国有银行股份制改造后上市后的新阶段。2003 年 12 月，国务院批准成立中央汇金投资有限责任公司（简称汇金公司），标志着国有银行的股份制改造进入日程。2004 年开始四大国有银行陆续完成股份制改造，成功上市发行普通股为银行注入了大量资金。与此同时，股份制改造也使得商业银行从原先的低效率经营模式转向先进的公司治理模式，大大地激发了银行的自主意识和盈利意识，不良贷款状况有所改善。国有商业银行的不良贷款率从 2003 年的 16.86％降至 2007 年的 8.05％，至 2010 年年底更是达到 1.31％，当然这其中也不排除有贷款规模扩大的部分因素。从表 6-11 可以观察到，在 2010 年我国商业银行不良贷款率总体呈现下降趋势，反应出我国商业银行资产质量有所提高。其中，外资银行不良贷款率最低，其次是股份制商业银行，大型商业银行和农村商业银行的不良贷款率则分别接近股份制商业银行的 2~3 倍，反映应出我国大型商业银行和农村商业银行的资产质量有待进一步改善。总体上，不良贷款占总贷款的比重控制在 1％~2％左右，代表我国商业银行的不良贷款状况有所改进。

表 6-11　2010 年商业银行不良贷款情况表　　　　　　　　　　亿元

机构名称	一季度末		二季度末		三季度末		四季度末	
	余额	占贷款比重	余额	占贷款比重	余额	占贷款比重	余额	占贷款比重
主要商业银行	4 009.6	1.41％	3 839.8	1.30％	3 674.1	1.20％	3 646.1	1.15％
大型商业银行	3 400	1.59％	3 247.7	1.46％	3 087.3	1.35％	3 081	1.31％
股份制商业银行	609.6	0.86％	592.1	0.80％	586.7	0.76％	565.1	0.70％
城市商业银行	365.9	1.19％	360.7	1.11％	339.1	1.00％	325.6	0.91％
农村商业银行	265.8	2.47％	288.2	2.34％	284.4	2.16％	272.7	1.95％
外资银行	59.8	0.74％	60.4	0.72％	56.6	0.65％	48.6	0.53％

数据来源：中国银监会网站

注：①银行业金融机构包括政策性银行、大型商业银行、股份制商业银行、城市商业银行、农村商业银行、农村合作银行、城市信用社、农村信用社、邮政储蓄银行、外资银行和非银行金融机构。

②大型商业银行包括中国工商银行、中国农业银行、中国银行、中国建设银行和中国交通银行。

③股份制商业银行包括中信银行、光大银行、华夏银行、广东发展银行、深圳发展银行、招商银行、上海浦东发展银行、兴业银行、民生银行、恒丰银行、浙商银行、渤海银行。

2. 不良贷款的控制措施

信用风险是商业银行与生俱来的，要降低风险对银行的不利影响，控制商业银行的不良贷款增长速度，可以关注以下几个方面。

①培养良好的银行信用文化。信用文化是最基本也是最重要的信用风险管理工具，良好的信用文化对信用风险的管理有着巨大的作用。信用文化是一种无形的约束，它使每个银行员工都知道约束的边界在哪里，可以有效地防止员工的道德风险。一个组织即使设立非常完备的风险管理流程和政策，通过检查、报告等手段来控制风险大小，但如果缺乏一个良好的风险文化内核，组织的政策、程序就失去了支撑，设立的制度将难以发挥应有的效果。通过信用文化管理风险，意在明确风险是贷款定价中考虑的一个固有因素，使员工在经营中时刻明确可以接受的风险大小，确保资产一定的风险回报率，有效控制不良贷款的增长。

②完善内部控制，建立有效的激励约束机制。内部控制就是对银行组织内部的管理活动及其内容进行衡量和校正，以保证组织目标及为此而拟定的计划得以实现的过程。商业银行内部控制是一种自律行为，是商业银行为完成既定的工作目标和防范风险，对内部各职能部门及其工作人员从事的业务活动进行风险控制、制度控制和相互制约的方法、措施和程度的总称。在商业银行经营管理中，人是第一重要因素，不能脱离人来研究内部控制。每个人都是经济理性人，对于商业银行信贷经理人和各级监管者来讲，这个假设是成立的。不能奢求每个人都有高尚的道德情操，任何一个商业银行内部工作人员都有可能将存款人的利益置于脑后，为个人效用最大化进行冒险活动，出现道德风险。如何降低信贷经理人和监管者从发放不良贷款过程中获得的收益，或提高双方违规而需付出的成本，对解决不良贷款问题至关重要。因此必须建立有效的内控制度，设计一套对信贷经理人和监管者都有效的激励约束机制。实行有效的内部控制，有利于防范经营过程中出现的无意差错和有意操作违规行为，从而从管理层次上有效降低经营风险。

③建立独立的风险管理部门，运用现代风险管理技术。建立风险管理部门有助于银行能更加专注地且独立地分析银行风险状况，不易受到其他内部因素影响，减少人、环境等外在因素对风险管理的干扰，提高管理的运作效率。在信用风险管理中，应该采用现代信用风险度量方法，建立风险预警机制。我国银行在实践中对现代信用风险技术还处于学习阶段，缺乏运用和研发先进风险管理模型的能力，还需要培养和引进相关优秀人才，学习先进经验，提高风险管理能力。目前，国外银行大都采用了更为先进的现代信用风险度量方法，如 J. P. 摩根的 Creditmetrics 方法、KMV 模型、Creditrisk＋模型和《巴塞尔协议》提出的高级计量法等。现代的风险度量方法具有将过去的定性分析转化为定量分析，将度量方法从指标性形式转向模型形式等优点，故较之传统的方法更能防范信贷风险的发生。同时，建立预警体系，可以将贷后借款人风险减少到最小。

第四节　商业银行重要贷款品种介绍

商业银行贷款有许多品种，包括工商企业贷款、消费者贷款、房地产贷款、担保贷款、信用贷款等，本节将介绍一些比较重要的贷款品种。

一、消费信贷

（一）消费信贷的概念和特点

消费信贷（Consumption Credit），又称消费者贷款或信用消费，是商店、企业、银行或其他信用机构向缺乏货币购买力的消费者提供赊销服务和消费支出贷款而形成的一种新型信贷形式和新型商品销售形式。它是商业银行在其传统的工商企业贷款的基础上，为了促进消费，扩大内需，满足消费者的需求而逐步发展起来的。美国著名科学家、哲学家本杰明·富兰克林（Benjamin Franklin）曾经说过这样一句话："要想知道钱的价值，就想办法去借钱试试。"在美国，消费信贷是每个家庭都会使用到的消费方式，通过借钱补充收入，从而提高生活质量。对于消费信贷的定义一般分为两类：一类认为个人住房抵押贷款不应该包含在消费信贷以内，因为个人住房抵押贷款通常是长期的；另一类认为消费信贷应该包括个人住房抵押贷款。美国于1975年出台的《同等信贷机会法》指出，"消费信贷是指发放给个人并主要用于个人或家庭用途的贷款"。按照这个定义，个人住房抵押贷款也在其内。本书也将采用这一概念，但是由于住房抵押贷款比较重要，所以将在后面单独介绍它。

专栏6-4　消费信贷是如何产生的?

　　如果各位同学有看过中央电视台拍摄的《华尔街》纪录片，那你们就应该知道消费信贷究竟是如何产生的。对于现在的美国人，没有消费信贷他们的生活可能就无法继续，消费信贷已经像每天吃饭、睡觉一样成为他们的生活习惯。但事实上，美国人也并非是从一开始就爱借钱消费的民族，早先的美国人也和我们中国人一样"量入为出"，提倡储蓄是一种美德。直到19世纪中叶，消费信贷作为一种金融创新产品产生，当时人们对这一新产品尚未接受，甚至是美国最老牌、最知名的高档百货公司——梅西公司（Macys）也从不接受赊账销售，只接受现金消费方式。而第一家采用消费信贷的是一个名叫胜家缝纫机的厂商，它提出运用分期付款的方式租购缝纫机，缝纫机在当时是非常受妇人喜爱的消费品，这种方式使得消费者能购买起缝纫机，又不会因此陷入财务危机。1929年经济大萧条使得消费信贷得以扭转逆势之趋，慢慢为美国人所接受。经济大萧条导致人们生活陷入困境，整个社会的现金消费量大大减少，这种情形下梅西百货也迫不得已加入允许信贷消费的行列，以提高商场的销售量。消费信贷的大规模发展是在20世纪80年代，从那时开始美国才真正进入全民消费信贷的时代。

　　思考：（1）美国消费信贷的发展历程给我们什么启示？

　　　　　　（2）中国商业银行应该怎样开发消费信贷的市场？

　　消费信贷有一些自己的特点。首先，消费信贷的利率相对于企业贷款要高得多，这意味着消费信贷是银行很不错的盈利性资产。消费信贷的定价通常要大大高于融资成本，这一点是企业贷款无法比拟的。为什么消费信贷利率会制定如此之高？一是因为消费信贷的利率弹性较低，即借款人对利率的因素考虑并不多，他们更关心的可能是贷款协议要求的每月还款金额，以及个人的收入、教育状况。二是消费信贷有较强的周期敏感性。通常在经济扩张时期，消费者普遍对未来保持乐观，消费信贷增加；相反，在经济下滑时期，许多个人和家庭对未来悲观，消费信贷减少。三是消费信贷的风险较大，因为银行无法对单个消费者进行方方面面的信息调查，获得个人信息的渠道有限，所以信息不对称问题严重，银行要承担较大的风险。其次，消费信贷的品种丰富、设计灵活。消费信贷的品种多种多样，银行可以根据消费者的不同特点设计出不同的产品，不断地进行金融创新，产品开发速度较快。这促使了消费信贷的快速增长。目前，很多商业银行都设有单独的零售业务部门或是个人金融部，以更好、更全面地为消费者服务。

（二）消费信贷的种类

消费信贷按照贷款偿还方式的不同，一般可分为以下几种。

①分期偿还贷款。即指借款人在贷款到期前可以以分期的方式偿还贷款本金和利息，是

比较常用的消费信贷形式。主要适用于金额较大的耐用或奢侈消费品购买。

②一次性偿还贷款。是指借款人要在贷款到期时一次性偿还贷款本息，一般期限较短。这种贷款的金额可能很小，也可能较大。金额较小的主要用于一般的赊购账户。对于较富裕的个人也可发放金额较大的贷款，可用于休假、购买家电、医疗和保健、汽车和住宅修理费等。

③信用卡贷款。信用卡贷款是指银行根据信用卡持卡人的资信状况给予一定的额度，持卡人可以利用信用卡进行刷卡消费。信用卡贷款偿还方式分为一次性还本和分期偿还两种。

此外，消费信贷按照用途不同可分为个人小额贷款、个人住房贷款、个人汽车贷款、个人旅游贷款等；按担保的不同，又可分为抵押贷款、质押贷款、保证贷款和信用贷款等。

（三）消费信贷的作用

消费信贷作为一种金融创新品种，同工商企业贷款相比，它在贷款用途、规模、期限等方面都有一些不同。从贷款用途来看，消费信贷主要用来融资，为个人消费者购买消费品，也有一些贷款用于教育、医疗等方面支出，总的来说是为了促进和鼓励消费，所以贷款规模一般较小，而期限除了住房抵押贷款比较长外，一般都为中短期。企业贷款主要用于企业扩大再生产和流动性需求，为生产服务，增加资产价值，所以企业信贷额度较大，可能从几十万元到上亿元不等，期限则有长有短。

消费信贷之所以会产生，一方面是源于人的本性，因为按照经济学的基本假设，人是理性的且欲望是无止境的。人们对消费的需求是无限度的，但是受到眼前收入的约束，购买力有限；另一方面，消费品的生产者和销售者为了加快资金周转，以促进扩大再生产的顺利进行，需要尽快把商品转化为货币。这样需求和供给之间就因为购买力约束而无法对接，消费信贷的出现使消费者可以购买自己想要的商品，而消费水平的提高促进了社会经济水平的发展，为生产者提供更多资本用于扩大再生产，两者共同推动着社会的进步。但是，消费者能享受商品是因为他预支了未来的收入，对于有偿还能力的消费者来说，这种压力会使他们更加努力地工作，这也从另一方面推动了社会发展。需要注意的是，如果一旦消费者未来收入出现问题，那就可能造成一连串坏的后果，尤其是经济环境变化等宏观因素造成多数人的经济状况发生问题时，不利影响也是巨大的。

（四）消费信贷的风险

1. 宏观经济风险

对于商业银行来说，单个消费者的违约并不会给银行造成较大的影响，因为单笔消费信贷的资金规模一般都很小。但是，如果是很多人同时违约，而贷款本身又被多次的衍生化和证券化，那样带来的风险就是巨大的。通常，能造成集体违约事件发生的重要原因就是经济环境恶化。经济不景气常常会导致大量企业裁员，失业人口增加，人们无法获得固定的收入保障，从而导致违约发生。由于这种宏观经济风险属于一种外在因素，不是商业银行自身能控制的，所以银行只能采取多元化的策略来降低风险。

2. 利率风险

利率风险是指由于利率变动而引起收益下降的可能性。商业银行消费信贷的利率风险来自于中央银行对利率的调整。一般情况下，加息时带来的利率风险较大，因为消费者的还款负担加重，很有可能因为还不起贷款而违约。2008 年次贷危机发生以来，我国已对利率进行多次调节，利率调整较为频繁。随着利率市场化的趋势，面对变化多端的利率，商业银行较难根据对利率的预期来调整自己的经营行为，这必然导致商业银行利率风险变大。

3. 产品设计风险

消费信贷的品种各式各样，还款方式也可以根据消费者的需要而进行选择。这些产品的设计包括贷款对象、期限、金额、还款方式等方面，如果设计不合理，将会给商业银行带来风险。例如，将高风险的人群作为贷款对象，次贷危机从某种程度上讲就是银行将没有较强还款能力的人作为贷款对象，而导致的次级贷款大量违约，给银行造成了不利影响。所以银行产品设计人员在开发一种新型的消费信贷时，应充分考虑贷款风险和收益的关系，在两者间找一个适度的平衡点。

(五) 消费信贷的程序

商业银行在发放消费信贷时，要对借款人的申请进行审查和评估，由于个人的财务状况和资信状况的可得性要比企业低得多，所以信贷风险较大。为了确保信贷安全，商业银行必须坚持按照特定的流程、规定来发放贷款。在发放消费信贷时，最关键的因素要考查借款人的特点和其还款能力。

1. 贷款申请

商业银行主要通过贷款申请确定借款人的道德品质、信用状况、收入能力和家庭财产状况等方面内容，从而将贷款提供给合适的借款人。

①借款的动机和用途。即借款是用于购买或从事什么行为，如买房、买车还是买家电，买房是为了自住，还是为了投资。不同用途和动机都会影响到银行贷款的审批。

②借款的数额和种类。即借款人所需资金多少，申请短期贷款还是长期贷款，采用分期付款还是一次付清。

③借款人的个人情况。主要包括借款人的收入、职业、信用状况、财产等方面内容，具体如下。

第一，收入状况。商业银行认为个人的收入数额和稳定性都是至关重要的。稳定性主要通过考查借款人的职业、年龄、性别、职称、教育水平等方面来验证。通常公务员、教师、律师、医生等稳定行业或高学历的借款人，收入稳定性较高，比较容易获得贷款，同时贷款利率也可能相应较低。

第二，家庭财产。通过调查借款人的存款余额、汽车、房产等内容，了解借款人的消费理念和储蓄状况。同时，还要了解借款人的负债状况，是否从其他银行获得贷款，是否有多笔贷款需要偿还。

第三，居住的稳定性。居住时间长短也是商业银行需要考虑的因素，一般情况在同一地址借款人居住时间越长，其个人状况可能越稳定。相反，住所频繁更换，将是申请贷款的不利因素。

第四，信用状况。这方面可通过调查借款人的信用卡记录，在同业其他银行的还贷记录，以及电话、水电煤气等缴费记录来考查借款人的信用状况。相对于工商企业，普通个人可调查的信用信息来源渠道较少，存在严重的信息不对称问题。

第五，家庭状况。具体包括借款人家庭构成、需要赡养的人口情况、家庭主要劳动力构成、家庭成员健康状况等。

第六，担保状况。借款人可提供的抵押、担保品质量，是否存在重复抵押，是否有保证人，保证人的资金实力和经济状况。

2. 贷前审查和信用评估

银行收到借款人的消费信贷申请后，就需要开始对其进行全面的信用分析，根据评估结果作出贷款决策。贷前审查是非常重要的，因为这将影响到银行发放消费信贷的风险和收益。银行要调查申请人所提供的资料是否真实、完整，具体包括以下内容：借款人的姓名、年龄、住址；借款人职业及其稳定性；借款人收入及其稳定性；借款人家庭财产状况，以及负债状况；借款人信用状况，以往的借贷记录、信用卡消费记录等；借款人承担的赡养义务人口状况和健康状况；借款人的抵押、担保品状况等。通过审查上述内容后，银行还要结合借款人的贷款用途、数量和种类进行分析，对借款人的资信状况作出适当、准确的评估，形成信用评估报告。

对于消费信贷借款人的信用评估并不简单，反而比企业更加困难，消费信贷的违约率也要比企业高出很多。首先，信息不对称更加严重。对于个人来说，隐瞒与还贷相关的个人信息（如健康状况或未来的工作预期）要比企业容易，企业一般必须提供经审计的财务报表等资料。其次，个人承担风险的能力要弱于企业，如健康、财务等问题。信贷员可以依赖汽车、房产等抵押品降低风险。

3. 贷款审批和发放

信贷员对借款人的信用评估完成后，就可以决定是否发放贷款。具体在审批消费信贷时，一种可以利用信贷员丰富的经验积累，根据信用评估结果主观决定是否放贷及数量；另一种就是利用可靠的信贷评分模型，通过输入借款人的特质后得出借款人的信用等级分数，从而决定是否贷款。

4. 贷款检查和收回

消费信贷同其他贷款一样，都要在贷款发放后进行跟踪检查，有助于银行及时发现不利于银行的借款人信息，了解借款人的还款能力变化。具体可以要求借款人定期汇报其收入、财产的变化，有效控制和降低信贷风险，以便贷款到期后可及时收回贷款。

二、住房抵押贷款

（一）住房抵押贷款的定义和特点

住房抵押贷款（Residential Mortgage）是指为支持借款人购买住房而以住房为抵押向借款人发放的贷款，是消费信贷的一个重要产品。住房抵押贷款最初起源于19世纪英国，到20世纪初已成为一种主要的住房金融工具在美国和欧洲等国家广泛应用，目前是世界各地居民主要的购房融资手段。由于住房价值较高，使用时间长，而且属于人类最基本的生活必需品，因此世界各国的购房者大都采用抵押贷款分期偿还的方式购房。

住房抵押贷款具有长期性、零售性、分期偿还和借贷关系复杂等特点。一是长期性。住房抵押贷款一般都是长期贷款，最长可达30年。二是零售性。由于贷款的对象是普通个人，贷款笔数多、投向分散、单笔金额小，属于商业银行的零售业务性质。三是分期偿还。由于购买住房需要较多资金，以个人支付能力短期全部付清有一定难度，所以多数都是采用长期分期付款的方式，一般采取按月还款，也可按季、双月、双周等方式归还贷款。四是借贷关系复杂。一般情况下借贷双方至少存在三种关系：借贷关系、债权债务关系、抵押和受押关系。这其中抵押和受押关系相对复杂。借款人购买的商品本身就是抵押物，在贷款未偿还完之前，抵押物只发生所有权的暂时转移，住房的占有权、使用权、处分权和收益权仍然归借款人所有；当贷款到期偿清后，所有权归还抵押人；如果到期不能偿清贷款，银行将通过取消抵押赎回权的方式，拥有所抵押住房的所有权。

（二）住房抵押贷款的市场构成

住房抵押贷款市场按是否以证券化或转让住房抵押贷款的方式融通资金，分为一级和二级住房抵押贷款市场。住房抵押贷款一级市场是住房抵押贷款的直接发放市场，供给方有商业银行、住房储蓄银行和其他金融机构，它们向满足一定要求的借款人提供住房抵押贷款；需求方是广大的住房消费者，他们通过向金融机构获得抵押贷款来购买住房。

住房抵押贷款二级市场是一级市场上创造出来的住房抵押贷款的再交易市场。贷款机构在发放抵押贷款后有三种管理模式：一是在借款人没有出现主动提前偿还的情况下持有贷款直至到期日；二是在持有贷款一定期限后将其转售给其他组织和机构；三是将具有同种特征的贷款集中起来，通过特定机构发行住房抵押贷款证券，后两种情况就构成了个人住房抵押贷款二级市场（对于资产证券化的具体内容可参见本书第七章）。与非证券化市场相比，证券化市场虽然交易成本较高，但是由于其投资者众多，交易方式更加灵活，可以更有效地分散抵押贷款债权风险、提高抵押贷款债权的流动性，因此抵押贷款证券化是二级市场发展的主导方向。二级市场主要的参与者包括住房抵押贷款机构、抵押贷款证券化机构、保险机构、信用增级与评级机构及社会投资者等。

一级市场和二级市场是相互促进、相互制约的。对于一级市场来说，二级市场为一级市场贷款的商业银行提供了一条风险分散途径。商业银行通过将贷款出售和证券化的方式化解风险，实现信用风险在各类投资者之间的分散，有效控制了抵押贷款的规模和期限。二级市场开辟了新的融资渠道，扩大了一级市场的贷款规模。在二级市场上，贷款机构将其发行的抵押贷款证券出售给各类投资者，获得的资金可继续用于住房抵押贷款的发放，从而为贷款机构提供新的可贷资金。从二级市场的角度来看：一级市场的安全是保证二级市场稳健发展的基础。抵押贷款证券化只是对原有贷款的债权进行重新分割、组合和标准化，使原来缺乏流动性的资产变成可自由转让的资产。但无论如何分割重组，二级市场证券持有人的投资收益来源于一级市场住房抵押贷款借款人的还款。二级市场证券价格受到一级市场影响。由于二级市场上证券价格是由证券所产生现金流决定的，而贷款现金流受制于一级市场上借款人的还款多少和是否有提前偿付行为决定。

（三）住房抵押贷款的风险

住房抵押贷款风险主要有违约风险和提前偿付风险。违约是指借款人终止对贷款的偿还，并已超过规定期限；提前偿付风险是指由于借款人提前归还部分或全部贷款余额。违约风险一直都是住房抵押贷款研究的重要领域，但直到住房抵押贷款二级市场（或住房抵押贷款证券化）发展起来后提前偿付风险才受到重视。因为，在住房抵押贷款一级市场上，若借款人违约，银行即使执行取消抵押赎回权也通常会遭受损失，而若借款人提前偿付，银行却可以通过在其提前偿付时要求支付适当的提前偿付罚金来充分弥补损失。在住房抵押贷款二级市场上，住房抵押贷款证券投入交易的一个重点是对其作出恰当定价，从而必须预计它未来的现金流量，其中最大的困难之一就是，由于借款人提前偿付行为的存在使住房抵押贷款未来现金流具有不确定性，因此对提前偿付的研究是住房抵押贷款证券化的重要一步。

1. 违约风险

违约风险受到以下因素影响：一类是宏观因素，包括利率水平、经济状况、住房价格波动、失业率及城区中位家庭收入水平等，它们都会对贷款违约风险造成影响。例如，失业率越高，贷款的违约率可能也越高。另一类是微观因素，包括个人的收入水平变动、职业、家庭财产等因素。一般情况下，借款人每期还款额占其当期收入的比重越高，其在住房抵押贷款的还款期内出现违约的可能性就越大；收入波动性较大的职业的借款人比从事收入较稳定的职业的借款人更可能在住房抵押贷款的还款期内出现违约。

2. 提前偿还风险

提前还款风险主要体现在以下几个方面。一是提前收回资金的闲置风险。资金提前收回会打乱银行的资产负债计划，银行资金运作部门难以对提前还款增量资金作出准确预测和充分筹划，从资金收回到投资再运用，资金将被闲置一段时间，这段时间银行需要付出管理成本和利息机会成本，并损失机会收益。二是服务成本无法全部补偿。银行会在每笔贷款中付出相应的服务成本，如调查贷款者信用、审批贷款、签订合同、办理抵押权证及贷后服务等各个金融服务环节付，这些成本只能通过贷款期内的抵押贷款利息收入得以补偿。如果借款者提前还款，银行的管理服务成本无法得到全部补偿。提前还款发生越早，银行损失越大。同时，提前还款需要贷款银行办理相关的手续，也增加了银行的成本。三是预期收益减少的风险。住房抵押贷款是银行资金运用业务中的优质业务。提前还款使得该笔优质业务提前结束，银行无法获得此后的安全稳定收益。显然，提前还款减少了商业银行抵押贷款业务的预期收益。

（四）住房抵押贷款发放程序

住房抵押贷款和银行的其他贷款形式相近，都要通过贷款申请、信用评估、贷款审批和发放等步骤。

①借款人向银行提出贷款申请。

②银行调查和信用评估。

③贷款审批与发放。若审批同意后，在申请行开立存款账户或银行卡，并到房管部门办理房产评估。借款人、抵押人的夫妻双方持已评估的产权证书、身份证明、婚姻证明、有关贷款用途证明到银行签订贷款合同，并办理抵押合同登记和保险等手续。上述手续办妥后，将款项转入借款人在银行开立的存款账户或银行卡上。

④贷后审查和回收。银行随时跟踪借款人的还款状况，掌握借款人的还款能力变化，直至贷款全部收回。借款人每月（季）将每期还款金额存入其之前开立的账户，也可直接去银行缴纳现金，并在到期日结清全部本息。

三、票据贴现

（一）票据贴现的概念

票据贴现（Note Discounted）是指商业汇票的持票人为了取得资金，将票据权利有偿转让给银行以获取资金的行为，是银行向持票人融通资金的一种方式。一般地讲，用于贴现的商业汇票主要包括商业承兑汇票和银行承兑汇票两种。一般而言，票据贴现根据贴现形式不同可以分为三种，分别是贴现、转贴现和再贴现。还可以根据票据的不同分为银行票据贴现和商业票据贴现。

票据贴现从本质上来看类似于一种抵押贷款行为，我国的《贷款通则》中第9条指出"票据贴现，系指贷款人以购买借款人未到期商业票据的方式发放的贷款"。但是票据贴现同一般贷款形式又有一定的区别。

①以持票人为贷款对象。票据贴现仅对持票人进行贷款，一般贷款一般不限制贷款对象。

②资金流动性不同。由于票据的流通性，票据持有者可到银行或贴现公司进行贴现融通资金。通常情况下，贴现银行只有在票据到期时才能向付款人要求付款，但银行如果急需资金，它可以向中央银行再贴现。但贷款是有期限的，在到期前是不能收回的。

③利息收取时间不同。贴现业务中利息的取得是在业务发生时即从票据面额中扣除，是预先扣除利息。而贷款是事后收取利息，它可以在期满时连同本金一同收回，或根据合同要求定期收取利息。

④资金规模、期限和利率不同。票据贴现类似于一种短期贷款形式，期限一般较短，资金规模较小，自然贴现利率也较低。因为，持票人通常只是为了获得短期性的资金融通，主要是用于弥补流动性不足。

⑤资金使用范围不同。持票人在贴现了票据后，就完全拥有了资金的使用权，资金用途无任何限制。其他贷款则做不到这一点。

⑥债务债权的关系人不同。贴现的债务人不一定是申请贴现的人而是出票人即付款人，遭到拒付时才能向贴现人或背书人追索票款。而贷款的债务人就是申请贷款的人。

（二）票据贴现的优点

票据贴现可以使一部分闲散资金拥有者互相利用，共同获利。票据贴现在货币市场活动中处于中心地位，票据贴现市场与其他市场相比较，具有许多特殊的优点。

对于企业来说，一方面票据贴现可以缓解资金困难。票据贴现能为票据持有人快速变现手中未到期的商业票据，因为企业在收到票据至票据到期兑现日期间是无法获得资金的。如果充分利用票据贴现融资，就可以现时拿到贴现资金周转使用，对企业来说，其实就是"用明天的钱赚后天的钱"。另一方面，票据贴现融资成本较低。贴现利率也是在人民银行规定的范围内，由中小企业和贴现银行协商确定，通常情况下企业票据贴现利率大大低于商业银行贷款利率，融资成本较低。

从银行角度来看，票据贴现也有其优势：一是银行可以通过提供票据贴现服务赚取一定的贴现利息和手续费（根据《支付结算办法》的规定，银行承兑汇票的出票人应按票面金额的万分之五向承兑银行交纳手续费）；其二，通过票据贴现可以从出票人那里吸收一定的存款（依据不同信用等级收取不等的承兑保证金，通常为票面金额的30%）；其三，对于还未到期的票据，商业银行还可以持票向其他银行办理转贴现或向中国人民银行申请再贴现。

（三）票据贴现的金额计算

实付贴现金额＝票据面额－贴现利息

贴现利息＝票据面额×年贴现利率×（贴现期限（天数）/365）

其中，票据期限有两种表示方式：一是以"天数"表示，即采用票据签发日与到期日"算头不算尾"或"算尾不算头"的方法，按照实际天数计算到期日；二是以"月数"表示。在这一方式中，票据到期日以签发日数月后的对应日期计算，而不论各月份实际日历天数多少。如果票据签发日为某月份的最后一天，其到期日应为若干月后的最后一天。例如9月30日签发的、6个月期限的商业汇票，到期日为下一年3月31日。贴现期限是指从票据贴现日到票据到期日之间的时间。

【例6-2】 某小企业因急需资金，于7月1日将一张6月11日签发的、90天期限、票面价值为30 000元的不带息商业汇票向银行贴现，年贴现率为10％，则企业获得的贴现金额为多少？

解 票据到期日为9月9日（6月份20天，7月份31天，8月份31天，9月份8天），票据持有天数20天（6月份20天，7月份0天）。

$$贴现期限＝90-20＝70（天）$$
$$贴现利息＝30\,000×10％×70÷360＝583.33（元）$$
$$实付贴现金额＝30\,000-583.33＝29\,416.67（元）$$

（四）商业银行办理票据贴现的程序

商业银行在办理票据贴现时要遵守法律法规的要求，不同国家对企业票据贴现的申办条件都有所规定，我国有如下规定。

①按照《中华人民共和国票据法》规定签发的有效汇票，基本要素齐全。

②单张汇票金额不超过1 000万元。

③汇票的签发和取得必须遵循诚实守信的原则，并以真实合法的交易关系和债务关系为基础。

④承兑行具有银行认可的承兑人资格。

⑤承兑人及贴现申请人资信良好。

⑥汇票的出票、背书、承兑、保证等符合我国法律法规的规定。

如果商业银行和企业都符合上述规定的条件，企业可以向银行申请票据贴现。企业在申请票据贴现时，手续相对于其他贷款形式比较简便，具体步骤如下。

①票据贴现申请。贴现申请人持未到期的银行承兑汇票或商业承兑汇票到银行分支机构，填制《银行承兑汇票贴现申请书》或《商业承兑汇票贴现申请书》。同时，提供银行要求的相关资料，包括：贴现申请书；未到期的承兑汇票、贴现申请人的企业法人资格证明文件及有关法律文件；经年审合格的企业（法人）营业执照（复印件）；企业法人代表证明书或授权委托书、董事会决议及公司章程；贴现申请人与出票人之间的商品交易合同及合同项下的增值税专用发票复印件；贴现申请人的近期财务报表。

②银行按照规定的程序确认拟贴现汇票和贸易背景的真实性、合法性。

③票据贴现审批，银行根据调查状况决定是否同意企业进行票据贴现。

④向企业发放票据贴现贷款。银行根据票据到期日计算票据贴现的利息和金额，最后按照实付贴现金额发放贴现贷款。

案 例 分 析

工行"商友贷"助力小商户发展

为进一步满足各类商品交易市场小型经营商户的融资需求，近期中国工商银行依托其"工银商友俱乐部"的服务平台，创新推出了"商友贷"融资产品，受到了广大小商户的欢迎。

工商银行相关负责人告诉记者，近年来服装、皮革、五金、建材、水产、花卉等各类大型商品交易市场在全国范围内蓬勃发展，成为促进消费转型升级和经济协调发展的重要动力。针对这类市场内小商户高度集中的特点，工商银行充分发挥综合金融服务优势，通过组建"工银商友俱乐部"的服务平台，以"商友卡"为服务介质，创新推出了"商友贷"专属融资产品，以超值便捷的服务和产品助力小商户健康发展。

据介绍，考虑到小商户对贷款可随时支取、提款及还款便捷、贷款申请手续简单等实际需求，工商银行"商友贷"重点突出了"一次申请贷款，贷款额度循环使用"的特点，集合了一次授信循环使用、银行卡和个人网上银行自助提款、手续便捷高效等多种优势于一身，商户可以根据贷款资金使用安排，随时通过网上银行提前还款，降低了融资成本，很好地契合了小商户的贷款需求。同时商户可以灵活采用异地房产抵押、自然人保证、商户联保、市场管理方担保、专业担保公司保证等担保方式，有效缓解了融资担保瓶颈。

对于"商友贷"给小商户带来的便利，在浙江台州做生意的小张深有体会。他在浙江台州市商业街经营一家代理某著名品牌服装的商户，每到季节性进货时，都要四处奔走筹措资金周转，苦不堪言。今年春装进货前，小张加入了当地的"工银商友俱乐部"，听别的会员说起"商友贷"产品，便到工行咨询相关情况。客户经理了解相关情况后，确认小张符合贷款条件，当天下午就为其办理了贷款手续，一天后60万元贷款到账，解决了他周转资金短缺的后顾之忧。

资料来源：中国工商银行网站。

思考：

(1) 该创新贷款产品对中小企业有何优势？

(2) 中小企业贷款难是一个亟待解决的问题，请你设计一种新产品来解决中小企业的贷款问题。

本 章 小 结

贷款是指商业银行或其他金融机构向借款人出借资金，并要求借款人按照约定的利息和期限还本付息的信用活动形式。贷款作为商业银行最重要的资产业务，其贷款利息是商业银行主要的收入和利润来源。贷款程序主要包括贷款申请、贷款调查、信用评价、贷款审查、贷款发放、贷后检查和贷款收回。

贷款价格一般由贷款利率、承诺费、补偿余额和隐含价格构成，其中贷款利率是贷款价格中最重要的组成部分。贷款价格不仅受到信贷市场资金供求的影响，其他一些因素包括贷款资金成本、经营成本、风险成本、贷款目标利润等也会影响到贷款价格。贷款定价的方法包括成本加成定价法、价格领导定价法和客户盈利分析定价法。

商业银行贷款的风险控制非常重要。商业银行要对贷款进行详尽的信用分析，最常用的就是"6C"原则。不良贷款是指借款人未能按原定的贷款协议按时偿还商业银行的贷款本息，或者已有迹象表明借款人不可能按原定的贷款协议按时偿还商业银行的贷款本息而形成的贷款。目前，我国商业银行是按照贷款五级进行分类，包括正常、关注、次级、可疑、损失，后三种为不良贷款。

消费信贷是商店、企业、银行或其他信用机构向缺乏货币购买力的消费者提供赊销服务和消费支出贷款而形成的一种新型信贷形式和新型商品销售形式。住房抵押贷款是指为支持借款人购买住房而以住房为抵押向借款人发放的贷款，是消费信贷的一个重要产品。票据贴现是指商业汇票的持票人为了取得资金，将票据权利有偿转让给银行以获取资金的行为，是银行向持票人融通资金的一种方式。

关键词

贷款　担保贷款　信用贷款　消费信贷　住房抵押贷款　票据贴现　"6C"原则
成本加成定价法　价格领导定价法　客户盈利分析定价法　五级分类　不良贷款

思　考　题

1. 简述贷款的特点和种类。
2. 担保贷款有哪几种形式，有何区别？
3. 贷款的程序包括哪些步骤？
4. 贷款价格的构成要素有哪些？
5. 简述贷款主要定价方法的核心观点和内容。
6. 贷款的信用分析中的"6C"原则是什么？
7. 我国商业银行的贷款五级分类的主要内容是什么？
8. 消费信贷的特点和风险是什么？
9. 住房抵押贷款的特点和风险是什么，住房抵押贷款市场的构成？
10. 票据贴现的优势是什么？

商业银行表外业务管理

【学习目的】

☞ 了解商业银行表外业务的产生原因和种类；

☞ 掌握商业银行表外业务的基本概念和特点；

☞ 熟悉商业银行的各种传统型表外业务的基本特点和内容；

☞ 知道商业银行创新型表外业务的构成和特点；

☞ 理解商业银行资产证券化业务的概念、特点和流程；

☞ 说明如何对商业银行的表外业务风险进行管理和控制。

　　表外业务的发展是国际银行业的一个重要趋势，表外业务已经成为商业银行除资产、负债业务以外的第三大支柱，其所创造的非利差收入日益成为商业银行重要的利润来源，而表外业务的发展程度也成为商业银行现代化的重要标志。在经济全球化和我国利率市场化的大背景下，中国银行业依靠传统存贷息差的主要盈利模式正在不断受到严峻挑战。无论是由于外部环境变化所带来的激烈竞争压力，还是内部经营的盈利性需求，对于商业银行来说，大力发展表外业务是大势所趋。本章第一节介绍了表外业务的概念、特点和种类；第二节和第三节则从传统型和创新型两个类别介绍了银行的表外业务工具，详细阐述了各种表外业务工具的特点和操作流程，特别是对于与此次金融危机密切相关的资产证券化有所介绍；第四节介绍了商业银行表外业务风险管理的相关内容。

第一节　商业银行表外业务概述

一、表外业务的概念

商业银行表外业务（Off-Balance-Sheet Activities，OBS）是指商业银行所从事的不在资产负债表上反映且不影响资产负债总额的经营活动。

表外业务通常会有广义和狭义之分。狭义的表外业务是指商业银行所从事的，按照会计准则不列入资产负债表内，不对资产负债总额造成影响，但能改变当期损益及营运资金，从而提高商业银行的资产报酬率的经营活动。它一般只包括那些不计入资产负债表中，但在一定条件下可转化为资产业务或负债业务，从而构成商业银行的或有资产和或有负债项目。例如，对于贷款承诺这一表外业务，在借款人要求银行履行承诺时，这一或有资产就转化为了资产，即贷款，进入资产负债表。更常见的是或有负债转为实际负债的情况。例如银行开立保函或信用证，有的放在资产负债表内列为应收保证款项与保证款项两个科目进行对销，也有的放在表外，当开证的客户不能按期付款，便成为了商业银行的实际负债。因此，商业银行表外业务具有在保持资产负债表良好外观的情形下，拓宽银行的业务规模和范围的作用。

广义的表外业务是指商业银行所从事的不在资产负债表中反映的业务，除了包括狭义的表外业务之外，还包括金融服务类表外业务，这类业务通常只为商业银行带来服务性收入，而不会对银行表内业务的质量产生影响，主要包括与贷款有关的服务、信托与咨询服务、经纪人服务、支付服务、进出口服务等。本章所涉及的内容，除特别强调外，均指广义的表外业务。

二、表外业务的特点

商业银行表外业务是处于不断发展中的银行业务，新型表外业务的产生层出不穷。较之传统的表内业务，表外业务有其显著的特点，这是由其不同于表内业务的本质决定的。

（一）提供服务和提供资金相分离

商业银行的表内活动是银行与其他主体之间直接的债权债务交易。例如，银行向借款人提供资金，借款人按约定收取利息；或是存款人将资金存入银行，银行按约定支付利息，从而取得利差收入。但是银行在从事表外业务活动时，一般不直接运用自身的资金。对于纯粹的金融服务，银行与客户自始至终都不发生资金的借贷关系；对于承担一定风险的表外业务，如贷款承诺、保函担保等，是为支持申请人而承担的或有责任。这种责任只有在一定的条件下，才可能会转化为银行与申请人之间实际的资金借贷关系。例如，申请人违约，银行不得不代替申请人向受益人支付约定的金额，形成实际上的垫款，此时信贷关系成立，银行与表外业务申请人的关系由表外转为了表内。

（二）表外业务形式多样，受限制少

表外业务的种类非常多，操作也非常灵活，商业银行参与表外业务活动可以使用多种身份和方式：商业银行既可以仅充当中介人，也可以直接作为交易者进入市场。而在衍生类交

易业务中，银行可以选择在场内进行交易，也可以选择场外交易。总体来说，商业银行可以自主选择从事表外业务活动的方式，自由度较大，受限制也较少。

（三）表外业务的透明度低，不易监管

根据相关的会计制度，除了一部分表外业务会在资产负债表中以脚注的形式反映之外，表外业务通常都不反映在资产负债表上，这就使得许多业务不能在财务报表上得到真实的、充分的体现，从而外部使用者如监管者、股东、债权人等很难据此了解银行的整体经营水平，这样银行的经营透明度会降低。对于那些即使可以在脚注中予以体现的业务，很多时候由于受到报表篇幅的限制，客观上难以充分、准确反映。这就容易导致对银行表外业务的信息披露不充分，因而可能会隐藏重要的风险信息。

（四）表外业务金融杠杆性高，盈亏波动剧烈

表外业务的杠杆作用力度强，具有"以小博大"的特征，盈亏波动巨大，尤其是对于金融衍生工具类表外业务，杠杆性相当高，可能诱发较高的投机性。相对于传统的表内业务，衍生金融工具的交易具有以较少的实际资金，支持相对较大名义交易金额的特点。例如，金融期货交易，往往只要持有占合约金额很小比例的保证金就可以进行数倍甚至数十倍的交易。如果预测与市场行情一致，则可以用小数目资金获得大收益；相反，如果预测失误，则亏损的数目成倍放大，形成巨额亏损。因此，从事金融衍生工具交易，既存在着获取巨额利润的可能性，也潜藏着巨额亏损的危险。

（五）衍生工具类表外业务结构非常复杂，交易高度集中

衍生产品是一种金融合约，其价值取决于一种或多种标的资产或指数的价值。其种类繁多，包括远期、期货、期权等。由于金融工程技术的大量应用及金融交易的多元化，衍生产品的结构越来越复杂。此次美国次贷危机引发的金融海啸中，很多金融衍生产品过于复杂，因此绝大多数金融机构和投资者实际上对于其购买的衍生产品缺乏可靠认知，盲目购买导致了风险在系统内的累积和传递，进而导致危机爆发。由于表外业务尤其是衍生产品的复杂性和高杠杆性，每笔交易金额巨大，动辄上千万元甚至上亿元，因此衍生品的交易者通常是资金实力雄厚、经验老到的国际大型活跃银行和券商，所以在全球范围内，衍生产品类表外业务出现了高度集中趋势。

三、表外业务的分类

由于各国会计准则、监管规则以及行业惯例等方面的差异，国际上关于表外业务的分类有很多种方法。

（一）按照是否含有风险将其分为或有资产或有负债类表外业务和金融服务类表外业务

1. 或有资产或有负债类表外业务

即狭义的表外业务，在一定条件下可以转化为表内业务，会给银行带来潜在的风险。这类业务主要有以下几类。

①担保和承诺等类似的或有资产和或有负债类。这类主要包括担保、备用信用证、跟单信用证、承兑票据。此类金融工具主要是用于银行为交易活动中的第三方的新兴债务提供担保并承担相应的风险。若第三方无能力履行债务协议，银行承担还款义务。还有承诺类工

具，如贷款承诺，它属于银行的或有资产，银行为客户提供承诺，在客户需要贷款时银行就要向其提供承诺范围内的贷款资金。

②与利率或汇率相关的或有项目。这类主要包括一些金融衍生产品，如远期外汇合约、货币互换、外汇期货、外汇期权、利率互换、股票指数期货等。这些工具的特征是减少金融市场成本和利率的不确定性，使得客户可以利用这些工具对冲自己的风险敞口。

2. 金融服务类表外业务

在金融服务类表外业务中，商业银行只是作为服务中介向客户提供金融服务而不承担任何资金损失的风险，无风险性主要体现在这类业务中，因此金融服务类业务也被称为无风险的表外业务。金融服务类表外业务主要包括结算业务、代理业务、租赁业务、信托业务、咨询业务和银行卡等业务。商业银行通过办理这类表外业务不仅可获取手续费收入，还可巩固客户资源。

（二）按照业务性质可以分为以下几类

按照业务性质对表外业务进行分类是比较通用的一种方法，可将表外业务划分为四类，即中间业务类、贸易融通类、金融保证类和衍生产品业务类，如表 7-1 所示。

1. 中间业务类

这类业务主要包括的是大量的无风险业务，商业银行作为金融中介为客户提供其所需要的服务，并不承担任何资金损失的风险。结算业务、代理业务、信托业务、咨询业务以及银行卡业务等包含在该类业务中。

2. 贸易融通类

在贸易融通类业务下，商业银行介入贸易中，既为买卖双方提供资金结算的中间服务，又以银行信用代替商业信用，承担一定的风险，促进贸易的顺利进行。这类业务主要包括商业信用证业务和银行承兑汇票等业务。

3. 金融保证类

在金融保证类业务下，商业银行给予客户一定的承诺或者为客户提供担保，对客户顺利融资提供了很大的便利。这类业务主要包括担保业务、备用信用证以及贷款承诺等业务。

4. 衍生产品业务类

在衍生产品业务中，商业银行所使用的业务工具大多为金融创新的产物。这类业务主要包括互换、期货、期权、远期等。这类业务既为商业银行提供了管理风险的有效工具，又为商业银行提供了业务收入的来源。

表 7-1　商业银行的主要表外业务种类

性质	中间业务类	贸易融通类	金融保证类	衍生产品业务类
构成	结算业务 代理业务 信托业务 咨询业务 银行卡业务等	商业信用证业务银行承兑汇票等	担保业务 备用信用证 贷款承诺等	互换 期货 期权 远期等

（三）按照传统型和创新型的标准划分

1. 传统型的表外业务

传统型的表外业务相对比较成熟，更多的是服务于实体经济部门，或者为贸易商提供信用担保或者提供一些承诺服务，总体来讲，主要有结算业务、担保业务、代理业务、承诺业务四大类，而每一大类中又有许多详细的、不同的业务类型。

2. 创新型表外业务

创新型表外业务起步相对比较晚，但是发展异常迅速，主要是一些中间业务和衍生品工具。总体来讲，主要有银行卡业务、票据发行便利、金融衍生工具业务三大类。而金融衍生工具中又有远期、期货、期权等种类。在本章的后面内容中，主要是依据传统类型和创新型的标准来对表外业务进行论述的。

四、表外业务的产生与发展

（一）表外业务的产生

商业银行表外业务在西方由来已久，只是直到20世纪80年代才得到飞速发展。金融深化和金融创新成为推动商业银行表外业务发展的直接动因。20世纪80年代，各国日益放松管制，全球掀起了金融自由化的浪潮，商业银行之间及商业银行与其他金融机构之间的竞争逐渐激烈。尤其是80年代后期，西方银行的经营环境更加恶化，存贷款利差收入急剧萎缩。正是在这种背景下，为了摆脱困境，商业银行试图从传统的资产与负债业务之外寻找新的经营领域，从而增加盈利来源。另一方面，各国金融监管当局对商业银行的监管较为严格，对资本充足率有着严格的限制，这严重影响了商业银行对资金的运用，进而影响到商业银行的盈利目标的实现。

表外业务的出现有效缓解了商业银行在这两方面的困境，既规避了监管当局对资本金的管理要求，保持了商业银行资产负债表的良好形象，又扩大了商业银行的收入来源。因此，商业银行的表外业务迅速发展起来，各种表外业务收益在银行盈利中的比重也在不断上升。与西方发达国家的商业银行相比，我国商业银行表外业务的发展水平只能算是起步阶段，与其差距巨大，同时表外业务的种类、规模、质量及发展速度等方面与我国商业银行现有的经营水平也很不相称。尽管如此，我们也不能否认表外业务在我国的发展。近年来，随着我国金融体制改革的不断深入，商业银行不断吸收国外商业银行的先进经验，开发了多种表外业务，如保函、商业票据承兑与贴现、代客外汇买卖、信用证、贷款承诺、远期交易等业务，无论是从数量规模上看，还是业务范围方面，我国商业银行的表外业务都取得了长足的发展。2001年，为了支持商业银行表外业务的发展，推动中国银行业服务功能的完善，中国人民银行发布了《商业银行中间业务暂行规定》，该规定的发布对我国商业银行表外业务的发展必将起到良好的推动作用。

具体来看，推动商业银行表外业务产生和发展的动因主要有以下几点。

1. 规避资本管制、增加盈利来源

这是商业银行表外业务发展的直接动机。20世纪80年代，银行信用状况的下降导致监管部门增强了对银行资本充足率的要求。在1988年7月，西方十二国中央银行行长在瑞士的巴塞尔签署了《巴塞尔协议》（也即《巴塞尔协议Ⅰ》），对商业银行的资本结构和各类资产的风险权重作了统一的规定，资本占加权风险资产的比重不低于8％，其中核心资本不低于4％。一方面，信用状况的降低使得商业银行筹集资本的成本上升，另一方面，银行要满足较高的资本充足率要求。双重压力下，商业银行不得不选择从事不受资本充足率管制的表外业务。因为表外业务对资本几乎没有要求或要求较低，可使商业银行绕过监管机构对资产负债表的各种管制，扩大业务经营规模，增加业务收入，最终提高盈利水平。

2. 顺应金融形势的变化

首先，融资方式证券化的发展分流了银行资金来源。证券的相对高的收益使大量社会资金脱离银行系统，出现了所谓的"脱媒现象"，银行的资金来源减少，生存发展受到威胁。其次，直接融资的快速发展蚕食了银行的贷款需求市场。利率自由化、商业银行之间及商业银行与非银行金融机构之间的竞争加剧，使存贷款利差萎缩，商业银行传统的生存模式受到了严峻挑战，迫使商业银行从事大量的表外业务来扩大业务规模，增加业务收入。

3. 转移和分散风险

20 世纪 70 年代，布雷顿森林体系解体后，利率、汇率波动频繁，浮动汇率制度给各国商业银行的国际业务和外汇头寸管理带来困难，国际金融形势动荡，微观经济主体迫切需要银行提供相关能够规避利率、汇率风险的表外业务工具。由于与利率、汇率相关的各种金融衍生工具拥有保值及转嫁风险的功能，所以很快与之相关的表外业务迅速发展起来。

4. 适应客户对银行服务多样化的需要

表外业务种类繁多，经营灵活，能较好地适应客户多方面的金融业务需要。同时，在利率、汇率自由化的情况下，银行可提供各种防范、转移风险的表外业务服务，满足微观主体规避金融资产价值损失的需要。再者，发展代理客户进行的衍生工具业务，还可巩固银行与客户的关系。

5. 银行具有从事表外业务的有利条件

商业银行拥有发展表外业务的特有优势，如商业银行的信誉高，在表外业务活动中，既可以直接参与，也可以充当中介，风险相对较小。商业银行从事表外业务可实现规模经济效益，降低经营成本，如办理结算业务、代理等业等。此外，商业银行拥有大量的优秀专业人才，易于获得客户的信任。

6. 科技进步的推动

20 世纪 80 年代以来，电子技术、信息技术得到了空前的发展和应用，使得商业银行可获得的信息量前所未有的扩大，资金转移更为便捷，为商业银行进行更为复杂的金融活动提供了有利的手段和途径，提高了银行处理业务的效率，使银行能够在更为广阔的市场上开展多种服务性业务和金融衍生交易。总之，技术进步大力促进和推动了商业银行表外业务的发展。

(二) 表外业务的发展趋势

过去的三十年，西方银行业的盈利模式经历了一场重大变革，传统利差收入的占比在减少，而表外业务收入在总收入中的比例逐年攀升。美国银行业的非利息收入在净营业收入（净利息收入＋非利息收入）中的占比从 1980 年的 22％攀升至 1992 年的 33％，直到 2006年的 43.3％。例如，2005 年花旗银行的非利息收入占比为 51.8％，美洲银行的比重为31％，摩根大通银行高达 63.7％。20 世纪 90 年代以来，欧洲银行业的非利息收入也持续快速增长，1991 年非利息收入占总收入的比重为 26％，到 2000 年就已经达到 39％。比如，从 20 世纪 80 年代至今，英国表外业务收入由最初的 28.5％上升到后来的 41.1％。德国商业银行表外业务收入最初所占份额不足 10％，如今总收入中的 60％来自表外业务。在 20 世纪 90 年代中期亚太地区银行的利润中，表外业务收入也达到了 25％以上，有的甚至达到了 45％，如日本由 20 世纪 80 年代的 24％上升到如今的 39.9％。

相比之下，我国商业银行的表外业务有所发展，但是同西方国家相比还有较大差距。据 2005 年数据统计，中国银行、中国工商银行、中国建设银行和中国农业银行表外业务收入占比分别为 13.5％、8.43％、4.9％、8.38％。而根据 2010 年 6 月的数据显示，像四大银行中的中国建设银行的表外业务收入占比已上升至 22％，而股份制银行如中国交通银行、招商银行的表外业务收入占比分别为 14％和 16％，表明中国银行业加快了表外业务的发展，并初步取得了成效，但仍有巨大的发展空间。

表外业务从产生之初，西方商业银行就将利润最大化作为表外业务管理的准则，因此表外业务在发展初期就是作为金融商品进入市场的，它们形成了一整套以"以客户为中心"客户关系管理系统，即 CRM（Customer Relation Management）。银行管理者非常注重产品创新。不仅仅是推出新产品，而是银行服务水平和竞争力的全面提升。针对不同的客户市场，不断研究开发新产品，开展不同的营销组合，服务规范化、系列化，能够满足社会多方面、多层次的金融需求。发达国家商业银行表外业务品种超过了 1 000 多种。从非利差收入结构变化看，西方商业银行目前已从传统收费和证券业务收费为主的格局转向传统收费、证券业务收费和代理保险、住房基金和养老金收费等多元化格局。而在一些西方发达国家中，衍生工具的业务份额成为表外业务中最大的，如美国大通曼哈顿银行，金融衍生工具的交易量占表外业务的 96.5％，J. P. 摩根银行的比重达 97％，英国巴克莱银行也超过 90％。当然，这一状况也使很多银行在次贷危机中出现经营困境，甚至破产倒闭。为此，奥巴马上台后致力于推行金融监管改革，并在 2010 年 7 月 15 日美国参众两院终于投票通过自 20 世纪 30 年代经济大萧条以来改革力度最大、最彻底的新金融监管改革方案——《多德-弗兰克法案》，该法案中明确提出分离银行利润丰厚的衍生品业务，银行将分离一些非传统的衍生品交易业务，包括金属、能源、大宗商品等。

第二节　商业银行传统型表外业务

商业银行的传统型表外业务主要包括结算业务、担保业务、代理业务及承诺业务四大类，这些业务是商业银行长期以来发展出的表外业务，也是客户最经常使用到的表外业务。下面将对这四大类业务内容逐一进行介绍。

一、结算业务

结算是指通过银行结清因商品交易、劳务供应和资金调拨所引起的货币支付行为。结算业务便是商业银行通过提供结算工具，如本票、汇票、支票等，为收付双方完成货币收付、转账划拨行为的业务。它是由商业银行的存款业务派生而来，具有直接为客户提供服务、接触面宽、影响范围广等特点，有助于商业银行大量吸收客户低成本资金、提高市场知名度和社会声誉。

按照我国的相关规定，企业收入的一切款项，除国家另有规定外，都必须于当日解交银行。所有支出，除规定可以用现金支付的以外，都应按照银行有关的结算制度规定，通过银行转账结算。采用银行转账结算方式有众多优点，如有利于加强对企业货币资金的监督，促进购销双方按期履行合同，有效维护双方的合法权益，加快资金周转，同时也实现了规模效应，降低了资金收付成本。在资金收付频繁和非现金结算方式盛行的趋势下，结算业务已成为商业银行最普遍、最受欢迎的表外业务之一。

（一）结算的原则

商业银行转账结算是一个非常复杂的收付程序，每一笔款项的结算都会涉及收款单位、付款单位、收款银行、付款银行等几个单位的多环节的业务活动和资金的增减变动，其中任何一个单位或任何一个环节不按统一规定办理，都可能给结算业务的进行带来困难。明确银行结算的基本原则并严格遵循这些基本原则是保证银行结算顺利进行的必要条件。这些基本的结算原则如下。

①恪守信用，履约付款。在现行的市场经济条件下，多种交易形式并存，相应的存在着各种形式的商业信用。收付双方在相互信任的基础上，在经济往来过程中，根据双方的资信情况自行协商约期付款。一旦达成了协议，那么交易双方就应该按照事先的约定行事，一方及时提供货物或劳务，而另一方则按约定的时间、方式支付款项。

②保护客户资金的所有权和自主支配权。在办理结算业务的过程中，银行只是作为结算的中介机构，应当保护客户资金的所有权和自主支配权不受到侵犯。各单位在银行的存款受到法律的保护，客户委托银行把钱转入哪家公司的账户，银行就应该把钱转入其账户。同时，客户的钱由客户来自主支配使用，银行维护开户单位存款的自主支配权。银行不代任何单位查询、扣款，不得停止各单位存款的正常支付，国家法律另有规定的除外。

③银行不垫款。在办理结算业务的过程中，银行只提供结算服务，起中介作用，只负责将款项从付款单位账户转入收款单位账户，不给任何单位垫付款项。因为银行给任何一方垫支款项，事实上已经不属于结算业务的范畴，会扩大商业银行的信贷规模及增加货币投放，这属于信贷范畴。因此，中国人民银行颁布的 1997 年《支付结算办法》中规定了银行不垫款原则。

（二）结算的工具

结算工具就是商业银行用于结算的各种票据。票据是记载一定日期、一定金额，向收款人或执票人无条件支付的信用证券，是有价证券的一种，票据上记载的权利与票据本身同时存在，同时转移或占有，不能脱离票据而独自存在。主要包括三种，即支票、本票和汇票。下文非特殊指明，有关法律条文均出自 2004 年 8 月修订的《中华人民共和国票据法》，简称《票据法》。

1. 支票

支票是由出票人签发的，委托办理支票存款业务的银行或其他金融机构在见票时无条件支付确定的金额给收款人或持票人的票据。根据支票上收款人的记载方式的不同，支票可分为记名支票和无记名支票。根据可否提取现金，支票可分为转账支票、现金支票和普通支票三种。其中印有"转账"字样的支票为转账支票，转账支票只能用于转账；印有"现金"字样的支票是现金支票，现金支票只能用于支取现金；支票上未印有"转账"或"现金"字样的为普通支票，普通支票既可以用于支取现金，也可以用于转账。在普通支票的左上角画有两条平行线的支票，称为划线支票，只能用于转账，不得支取现金。

支票由银行统一印制,由企业财会部门签发并加盖企业预留的印章。支票记载的事项包括:出票人签名并表明其为支票的文字,一定的金额,付款银行的名称,收款人的姓名或公司名称,无条件支付的委托,出票地点,出票年、月、日,付款地。支票经背书后可以转让流通。《票据法》中规定支票金额无起点限制,提示付款期为 10 天,自出票日算起,如到期日遇有节假日则顺延。例如,2010 年 11 月 1 日签发的支票,在 11 月 11 日之前都可以到银行申请转账或取现,但是到 11 月 11 日之后就无效了。

2. 本票

本票是由出票人签发,承诺自己在见票时无条件支付确定的金额给收款人或持票人的票据。本票按照其金额是否固定,可分为不定额银行本票和定额银行本票两种。不定额银行本票是指凭证上金额栏是空白的,方便签发时根据实际需要填写金额,再用压数机压印金额的银行本票;定额银行本票是指凭证上预先印有固定面额的银行本票,本票的提示付款期限自出票日起最长不得超过 2 个月。

本票记载的事项包括:表明其为本票的文字,一定的金额,出票人的姓名或公司名称,无条件担保支付,出票地,出票年、月、日,付款地,到期日。银行本票见票即付,但注明"现金"字样的银行本票,持票人只能到出票银行支取现金,注明"转账"字样的银行本票可以背书转让。与其他银行结算工具相比,银行本票具有信誉度高、支付能力强的特点,因为其是由中央银行发行的,各商业银行代办签发和兑付,一般不存在违约的问题。

3. 汇票

汇票是出票人签发的,委托付款人在见票时或在指定日期无条件支付确定的金额给收款人或持票人的票据。根据定义可知,汇票的票据行为包括:出票、转让、提示(承兑提示和付款提示)、付款、追索。汇票是委托付款人付款的信用证券,它经收款人背书后可以转让流通,其流动性的大小取决于关系人的信用程度。汇票须由出票人签名,其依法记载的事项包括:表明其为汇票的文字,一定的金额,付款人的姓名或公司名称,收款人的姓名或公司名称,无条件支付的委托,出票地,出票年、月、日,付款地,到期日。

根据出票人的不同,汇票可以分为银行汇票和商业汇票,商业汇票按承兑人的不同还可细分为银行承兑汇票和商业承兑汇票,其中承兑是指汇票的付款人愿意承担票面金额支付义务的行为,即它承认到期将无条件地支付汇票金额的行为。根据汇票付款时间的不同,汇票可分为即期汇票和远期汇票。即期汇票是指以提示日为到期日,持票人持票到银行或其他委托付款人处,后者见票必须无条件付款的一种汇票。这种汇票的持票人,无须通知付款人,可随时行使自己的票据权利。远期汇票是指约定一定的到期日付款的汇票,可分为定期付款汇票、出票日后定期付款汇票、见票后定期付款汇票三种。

4. 支票、本票和汇票之间的区别

支票、本票和汇票都是用于支付的票据工具,可以解决现金支付在时间上和空间上的不便,有助于提高资金结算效率。但是,具体而言三者又有着一定的区别。

①本票是自付证券,即约定本人付款的证券,是一种支付保证书;而汇票是委付证券,即委托他人付款的证券,是一种支付命令书;支票虽也是委付证券,但其受托人只限于银行或其他法定金融机构。

②票据当事人不同。汇票和支票有三个基本当事人,即出票人、付款人、收款人;而本票只有出票人(付款人和出票人为同一个人)和收款人两个基本当事人。

③追索权限不同。支票、本票持有人只对出票人有追索权，而汇票持有人在票据的效期内，对出票人、背书人、承兑人都有追索权。

④付款期限不同。在我国，支票的提示付款期为 10 天；我国汇票必须承兑，因此承兑到期，持票人不能兑付；本票的提示付款期限自出票日起最长不得超过 2 个月。

⑤在我国，这三种票据在使用区域上也有一定的差异。本票只用于同一票据交换区；支票可用于同城或票据交换地区；汇票在同城和异地都可以使用。

（三）结算的方式

结算方式即货币收付的程序和方法，就是办理结算业务的组织形式。根据货币收付时是否是直接使用现金，结算方式可分为现金结算和转账结算。现金结算是收付双方直接以现金进行货币的收付；而转账结算则是通过银行将款项从付款方划转至收款方的账户的货币收付行为。本节所介绍的结算方式主要指转账结算方式。

按照使用的区域范围不同，结算方式可分为同城使用的结算方式、异地使用的结算方式、同城异地均可使用的结算方式。其中同城使用的结算方式包括支票和银行本票；异地使用的结算方式包括银行汇票、汇兑和托收承付；同城异地均可使用的结算方式包括商业汇票、委托收款和信用卡。

1. 支票结算方式

支票结算是指付款人签发支票给收款人，办理支票存款业务的商业银行或其他金融机构在见票时无条件支付支票金额给收款人或持票人的过程。由于支票结算简便且结算迅速，因此它是我国长期广泛采用的最基本的同城结算方式。支票结算的程序如图 7-1 所示。

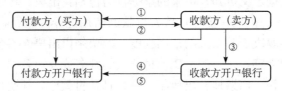

图 7-1　支票的结算程序

注：①出售商品或提供劳务。

②签发支票。

③填写进账单，并将支票送存收款方开户银行。

④现金支票可以从付款方开户银行直接提取现金。

⑤划转款项。

步骤③与步骤④二者选其一，即要么转账，要么提取现金。

2. 银行本票结算方式

银行本票具有现金的性质，使用灵活，既可以用来购物又可以流通转让。银行本票见票即付，适用范围广泛，单位和个人在同城范围内，需要支付各种款项时，都可以使用银行本票结算方式。在银行开立账户的收款人或持票人向开户银行提示付款时，应在银行本票背面签章，签章须与预留银行印鉴相符。未在银行开户的收款人或持票人，凭填写有"现金"字样的银行本票向付款人支取现金，应在银行本票的背面签章，注明本人身份证件名称、号码及发证机关，并交验本人身份证件。银行本票如遇丢失，失票人可以在提示付款期满 1 个月后仍未被冒领时，凭法院出具的其享用票据权利的证明，向出票银行请求付款或退款。银行本票的结算程序如图 7-2 所示。

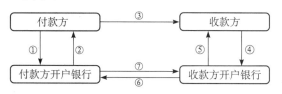

图 7-2　银行本票的结算程序

注：①向银行提交银行本票申请书。

②签发银行本票。

③持银行本票办理款项结算。

④向银行办理收账。

⑤收款入账。

⑥办理结算。

⑦划转款项。

3. 银行汇票结算方式

银行汇票是出票银行签发的，由其在见票时，按照实际结算金额无条件支付给收款人或者持票人的票据。银行汇票结算方式则是指单位或个人将款项交存当地银行，由银行签发汇票给单位或个人持往异地办理转账结算或支付现金的行为。由此可见，银行汇票由签发银行签发后，交给申请人自带往异地，再由异地银行代理签发银行审核后支付汇票款项。因此，异地代理签发银行审核支付汇票款项的银行为代理付款行，而银行汇票的签发银行为付款行。

银行汇票的提示付款期限为自出票日起 1 个月，持票人超过付款期限提示付款的，代理付款银行不予受理。银行汇票的实际结算金额不得更改，否则该银行汇票无效。只有当申请人和收款人都为个人时，银行才可签发现金汇票，银行不得为单位签发现金汇票。银行汇票经背书后可转让，但只有转账银行汇票才可以。银行汇票的实际结算金额低于出票金额的，多余金额由出票银行退回申请人。银行汇票丧失，失票人可凭人民法院出具的其享有票据权利的证明，向出票银行请求付款或退款，填明"现金"字样及代理付款行的汇票丧失，失票人可到代理付款行或出票行申请挂失。

银行汇票结算方式的特点为：信誉高，因为其出票人是银行；适用性强，单位或个人向异地支付款项都可使用；兑现性强，持票人可持填明"现金"字样的汇票到兑付银行取现，这样可免于长途携带现金；灵活方便，持票人既可以将汇票转让给销货单位，也可以通过银行办理分期支付或转汇；凭票购货，多余金额自动退回，钱货两讫，可以有效防止不合理的预付款项和交易尾欠的发生。银行汇票结算程序如图 7-3 所示。

4. 商业汇票结算方式

商业汇票是出票人签发的，委托付款人在指定日期无条件支付确定的金额给收款人或者持票人的票据。商业汇票签发后，必须经过承兑。按承兑人的不同，商业汇票可分为商业承兑汇票和银行承兑汇票。银行承兑汇票由银行承兑，商业承兑汇票由银行以外的付款人承兑。商业汇票的承兑人即为商业汇票的付款人。具有真实的交易关系或债权债务关系是签发

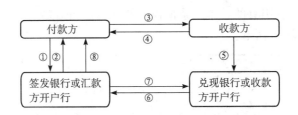

图 7-3 银行汇票的结算程序

注：①填写银行汇票申请书，申请签发银行汇票。
②签发银行汇票。
③持银行汇票往异地办理结算。
④售出商品或提供劳务。
⑤向银行兑付货款。
⑥将实际结算金额随报单寄签发银行。
⑦划转款项。
⑧结清银行汇票金额，多余款项收账通知。

商业汇票的必要条件，禁止签发无商品交易的商业汇票。商业汇票结算方式是同城异地均可使用的结算方式。商业汇票的付款期限由交易双方协商决定，最长不得超过 6 个月，其提示付款期限自汇票到期日起 10 日内。商业汇票允许贴现，也允许背书转让。商业承兑汇票的结算程序如图 7-4 所示，银行承兑汇票的结算程序如图 7-5 所示。

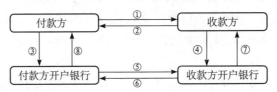

图 7-4 商业承兑汇票的结算程序

注：①签发商业承兑汇票。
②出售商品。
③汇票到期日前将款项交存银行。
④汇票到期日前委托银行收款。
⑤划转款项。
⑥以汇票和委托收款凭证办理结算手续。
⑦通知收款人账。
⑧通知款项已付。

5. 汇兑

汇兑是汇款人委托银行将款项汇给异地收款人的结算方式。汇兑适用于单位、个体经济户及个人汇拨各种款项，使用范围广泛。按凭证传递方式的不同，汇兑可分为信汇和电汇两种，由汇款人选择使用。电汇是银行通过电报或其他电讯工具向汇入行发出付款指令，在途时间较短，但是费用相对较高；而信汇是银行将信汇凭证通过邮局寄给汇入行，虽然费用相对较低，但在途时间较长。如果使用汇兑结算方式的汇款人和收款人均为个人，且需要在汇入行支取现金的，应在信汇、电汇凭证的"汇款金额"大写栏先填写"现金"字样，后填写

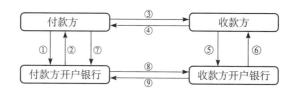

图 7-5　银行承兑汇票的结算程序

注：①持购销合同和银行承兑汇票向银行承兑。

②银行审查后，同意签订承兑协议书。

③将承兑后的银行承兑汇票和解讫通知寄交收款单位。

④出售商品。

⑤到期日前填写进账单连同汇票办理收款手续。

⑥通知入账。

⑦到期日前交存款项。

⑧根据解讫通知和银行承兑汇票办理结算。

⑨划转款项。

汇款金额。未填明"现金"字样而需要支取现金的，由汇入行按照国家现金管理的有关规定审查支付。汇兑款项可以直接转入收款人账户，也可留行待取、分次支取、转汇。汇款人对汇出行尚未汇出的款项可以申请撤销，对已经汇出的款项可以申请退汇，退汇应经过汇入行核实，若确未支付，方可办理。如遇收款人拒收的款项，或者自发出取款通知后两个月无法交付的汇款，汇入行应主动办理退汇。汇兑的结算程序如图 7-6 所示。

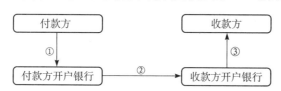

图 7-6　汇兑的结算程序

注：①将款项交付其开户银行，并委托其汇款。

②将款项划转到收款方开户银行。

③将款项交给收款人。

6. 委托收款结算方式

委托收款是收款人委托银行向付款人收取款项的结算方式。这种结算方式便于收款人主动收取款项，没有金额起点限制，同城、异地结算时均可以使用。异地委托收款结算的款项划回方式有邮划和电划两种，由收款人根据需要选用。收款人凭借已承兑的商业汇票、债券、存单等付款人的债务证明委托银行收取款项。委托收款结算方式还使用于同城公共事业费的收取，如收取电费、电话费等。委托收款的付款期限为 3 天，从付款人收到付款通知的次日算起。委托收款是建立在商业信用基础上的一种结算方式，受托收款银行并不承担一定要收到款项的责任。委托收款的结算程序如图 7-7 所示。

7. 托收承付结算方式

托收承付是收款人根据购销合同发货后，委托银行向异地付款人收取款项，付款人验单

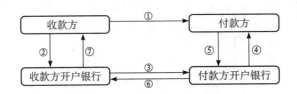

图 7-7　委托收款的结算程序

注：①售出商品或提供劳务。

②持有关单据委托银行办理托收业务。

③传递单证。

④送交单证，通知付款。

⑤承付款项。

⑥划转款项。

⑦通知款项收妥入账。

或验货后，向银行承认付款的结算方式。按款项划回方式的不同，托收承付结算方式可分为邮划和电划；按承付货款的方式不同，分为验单付款和验货付款，由收付款双方协商选用。办理托收承付结算的款项，必须是商品交易，以及因商品交易而产生的劳务供应的款项。使用托收承付结算方式的收付款双方必须签有符合《合同法》的购销合同，并且在合同上注明使用托收承付结算方式。按照托收承付结算方式的定义可知，收款人委托银行办理托收，必须具有商品确实已发运的证件，没有发运证件的，应按照规定凭其他有效证件办理托收。托收承付的结算程序如图 7-8 所示。

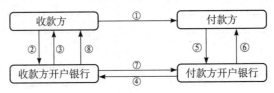

图 7-8　托收承付的结算程序

注：①按购销合同发货。

②委托开户银行办理托收。

③银行受理后向收款人提供托收凭证。

④向付款人开户行传递有关托收单据，后者承付。

⑤验单或既验单又验货。

⑥支付款项。

⑦划转款项。

⑧通知款项收妥入账。

8. 信用卡结算方式

信用卡是指商业银行向个人和单位发行的，凭以向特约单位购物、消费和向银行存取现金，且具有消费信用的支付工具。按使用对象分，可分为单位卡和个人卡；按信誉等级分，可分为金卡和普通卡。

在我国，商业银行（包括外资银行、合资银行）必须经过中央银行批准才可发行信用卡。信用卡只限于合法持卡人本人使用，不得出租或转借。信用卡可透支，但有金额限制。

持卡人使用信用卡不得发生恶意透支行为，即超过规定限额或规定期限，并且发卡银行催收无效的透支行为。信用卡丧失，持卡人应立即持本人的身份证或其他有效证件，按规定向发卡银行或其代办银行申请挂失。单位卡账户的资金一律从其基本存款账户转入，不得交存现金，也不得将销货收入的款项存入该账户。单位卡一律不可支取现金，10万元以上的商品交易、劳务供应款项结算不得使用信用卡结算方式进行结算。

二、担保业务

（一）担保业务的概念

担保业务是指商业银行为客户债务清偿能力提供担保，当债务人不履行债务时，银行按照约定履行或者承担责任，承担债务人违约风险的一种表外业务。担保业务并不占用商业银行的资金，担保只是为了促进债权人与债务人之间的信任，以便双方的交易能够顺利进行。但是担保业务会形成银行的或有负债，当业务申请人不能履行义务违约时，或有负债会转化成银行的实际负债，银行就必须代其承担责任，偿还债务。

（二）担保业务的分类

银行担保业务种类主要包括保函业务、银行承兑汇票业务、备用信用证业务等。

1. 保函业务

银行保函（Letter of Guarantee，L/G）是指银行应申请人的要求作为担保人，向受益人（通常是债权人）开立的一种书面信用担保凭证。如果申请人未能按照双方协议履行其责任或义务，担保银行代其履行一定金额、一定期限范围内的某种支付责任或经济赔偿责任。由其定义可知，银行保函涉及三个基本的当事人：申请人、担保人、受益人。银行保函格式并不统一，通常主要内容包括：当事人的名称和地址；责任条款，如担保所保证的内容、担保金额、承诺条款等；保函的有效期限；其他内容。

由于银行保函可用于任何类型的经济交易合同中，使用范围广泛，种类繁多，按照不同的分类标准可划分为不同类型的银行保函。如按索偿条件划分，银行保函可以分为以下两种。

①无条件保函。无条件保函也称见索即付保函，担保人承担的是第一性的、直接的付款责任。例如保函规定仅凭受益人提供的申请人已违约的证明或其开立的汇票，担保人即需付款，这就是无条件保函。

②有条件保函。有条件保函是指担保人向受益人付款是有条件的，只有在符合保函规定的条件下，担保人才承担责任，予以付款。因此，有条件保函的担保人承担的是第二性、附属的付款责任。

按保函开立方式不同，保函可以分为直接保函和间接保函；按用途不同，保函还可分为投标保证书、履约保证书和还款保证书。

2. 银行承兑汇票业务

银行承兑汇票是商业汇票的一种，是由银行承担付款责任的短期债务凭证，期限一般在6个月以内。票据承兑是一种传统的银行担保业务，银行在商业汇票上签章，承诺在汇票到期日支付汇票金额的一种票据行为。出票人凭交易合同资料向开户银行提出承兑申请，并交纳承兑保证金，银行审查出票人的资信后，与其签订银行承兑协议。这样，银行以自己的名义为汇票的付款责任进行担保，以银行信用替代商业信用，故银行会向承兑申请人按票面金额的一定比例收取手续费。在汇票到期日前，承兑银行会通知承兑申请人按承兑汇票面值将资金存入银行，即使出票人未能在汇票到期日前足额交存票款，承兑银行仍负有到期凭票对持票人无条件付款的义务，并对出票人尚未支付的汇票金额转为借款，计收利息。

3. 备用信用证业务

备用信用证（Standby Letter of Credit，SBLC）又称担保信用证，是指不以清偿商品交易的价款为目的，而以贷款融资，或担保债务偿还为目的所开立的信用证。备用信用证最先在美国产生并发展起来，源于十九世纪初，美国有关法律对银行办理保函业务进行限制，然而随着各项业务的发展，银行确有为客户提供保证业务的必要，这样便产生了备用信用证。

尽管形式上来看，备用信用证承担着见索即付的第一性付款责任，而实质上是第二性的，具有保函的性质。因为在备用信用证中，只有当开证申请人未能履行其应履行的义务时，受益人凭备用信用证的规定向开证行开具汇票，并随附开证申请人未履行义务的声明或证明文件方可得到开证行的偿付。

备用信用证用途广泛，不仅可用于保证贸易支付和工程招标，还可以为债务人的融资提供担保。例如当某个信用等级较低的企业发行商业票据或债券融资时，为了保证发行顺利，它可以向银行申请备用信用证作为担保，如果这家企业无力还本付息，则由该发证行承担债务的偿还责任。虽然银行会收取一定金额的手续费，但由于银行为其提供担保，一定程度上分担了受益人承受的风险，因此会降低企业的融资成本，提高顺利融资的可能性。

备用信用证按可否撤销分为：可撤销的备用信用证（Revocable SBLC）和不可撤销的备用信用证（Irrevocable SBLC）。在可撤销的备用信用证中，当申请人财务状况出现某种改变时，开证行出于保护自身利益的考虑，可以撤销或修改信用证的条款。而对于不可撤销的备用信用证，开证行不可单方面撤销或修改信用证。不可撤销的备用信用证倾向于保护受益人的利益，因此相对而言不可撤销的备用信用证的佣金要高于可撤销的备用信用证。

三、代理业务

（一）代理业务的概念

商业银行代理业务是指商业银行接受客户委托，以代理人的身份，代为办理客户指定的经济事务、提供金融服务并收取一定费用的业务。在代理业务中，委托人与银行通常必须以契约方式规定双方的权利、义务，包括代理的范围、内容、期限、纠纷的处理，由此形成一定的法律关系。委托人接受银行的代理服务，同时也向银行支付一定的报酬。

（二）代理业务的分类

商业银行的代理业务种类很多，如代收代付业务、代理融通业务、代理保险业务、代理行业务等。

1. 商业银行的代收代付业务

商业银行的代收代付业务包括两方面的内容，即代理收款和代理付款。代理收款业务主要是指银行利用自身的结算便利，按照与收费单位和部门签订的委托协议，根据收费部门提供的代收代扣清单，代其收取或扣划某项费用，并通过转账形式转入委托单位的银行账户中。例如，代理各项公用事业收费、代理行政事业性收费和财政性收费等。在这些业务中，收费单位是代理业务的委托人。

代理付款业务主要是指银行利用自身的结算便利，按照与付款单位和部门签订的委托协议，根据收费单位和部门提供的代付款项清单，代理委托单位和部门付款，委托单位以转账形式将所付款项划入银行。代理付款业务主要有：股息红利支付、社会福利养老金发放、代发工资等。

银行开展代理业务的目的往往并不在于赚取代理费用，真正的目的在于争取客户资源和增加银行储蓄。因此，大部分银行在办理代理业务时并不向委托单位收取代理服务费。

2. 商业银行的代理融通业务

代理融通又称为代收账款或收买应收账款，是由商业银行或专业代理融通公司代顾客收取应收款项，并向顾客提供资金融通的一种业务方式。代理融通业务一般涉及三方面的当事人：一是商业银行或经营代理融通业务的公司；二是出售应收账款、取得资金融通的工商企业，它们是银行代理业务的顾客；三是取得商业信用、赊欠工商企业货款的企业。这三者之间的关系是：工商企业赊销货物或劳务给其顾客，然后把应收的赊销账款转让给银行或代理融通公司，一方面银行或代理融通公司向该工商企业提供资金融通，另一方面到期向赊账购取货物或劳务的企业收取账款。

目前，代理融通业务已不局限于账款的代收，而是扩大到了贸易融资、信用风险担保等综合性金融服务。代理融通业务利息收入高，风险相对较小，是商业银行一项具有发展潜力的表外业务。

3. 代理保险业务

代理保险业务是指商业银行接受保险公司委托，代理其向客户销售保险公司产品的服务。银行通过提供代理保险服务从而进入保险领域。银行既可以通过设立自己的保险公司直接销售保险产品，也可以作为保险公司的保险中介人代理销售保险产品，还可以与保险公司建立合资公司经营保险产品。保险代理业务是经济全球化、金融一体化，以及金融服务融合和创新的产物，是银行和保险公司采取的一种相互融合渗透的战略，是充分利用和协同双方的优势资源，通过共同的销售渠道，为共同的客户群体，提供兼备银行和保险特征的金融产品，以一体化的经营形式来满足客户多元化金融需求的一种综合化金融服务。

4. 商业银行的代理行业务

代理行业务是指银行的部分业务由指定的其他银行代为办理的一种业务形式。我国商业银行的代理行业务包括代理政策性银行业务、代理中国人民银行业务和代理商业银行业务。代理政策性银行业务是指商业银行接受政策性银行的委托，代为办理政策性银行因服务功能和网点设置等方面的限制而无法办理的业务，包括代理贷款项目管理等。代理中国人民银行业务是指根据政策、法规应由中央银行承担，但由于机构设置、专业优势等方面的原因，由中央银行指定或委托商业银行承担的业务，主要包括财政性存款代理业务、国库代理业务、发行库代理业务、金银代理业务等。代理商业银行业务指商业银行之间相互代理的业务，如为委托银行办理支票托收等业务。商业银行可以充分利用其业务、网点、结算、人员等方面的优势，从事各项代理行业务，从而取得更多的手续费收入。

代理行业务根据代理行的地域范围还可分为：一类是国内银行之间的代理，即国内银行间相互提供的金融服务，如国内的政策性银行通过国内的商业银行代为办理部分业务；另一类是国际银行之间的代理，如我国四大商业银行的许多海外业务是通过国外的银行代理的。

除了上述代理业务之外，商业银行的代理业务还包括许多其他业务，如代理证券业务、代理保管类业务、代理会计业务、代理清欠业务等。在各类代理业务中，委托人的财产所有权不会发生变化，银行则是充分运用自身的信誉、技能、网络、信息、人员等方面的优势，代委托人行使监督管理权，提供各项金融服务，收取银行代理手续费。

四、承诺业务

承诺业务是指商业银行在未来某一日期按照事前约定的条件向客户提供约定信用的业务，主要指贷款承诺业务。

(一) 贷款承诺的概念

贷款承诺是指银行向客户作出的在未来一定时期内按照事前商定的条件为该客户提供约定数额贷款的承诺。一旦客户获得银行的贷款承诺，意味着该客户未来获得可靠现金来源的可能性大大提高，因此竞争优势也会随之大幅增强。

(二) 贷款承诺的主要类型

1. 按承诺可否撤销，贷款承诺分为可撤销贷款承诺和不可撤销贷款承诺

可撤销贷款承诺附有客户在取得贷款前必须履行的特定条款，如果客户在银行承诺期限内没有履行该特定条款，则银行有权利撤销该项承诺。

不可撤销贷款承诺是指银行未经客户允许不得单方面随意取消的贷款承诺，具有法律约束力。但即使是不可撤销贷款承诺，其协议中也可能附有允许银行在特定条件下终止协议的条款，这种条款称为实质反向改变条款，即银行可以在客户的财务状况发生实质性逆转时，免除提供贷款的责任。

2. 按客户使用贷款额度的灵活程度不同，贷款承诺可以分为定期贷款承诺、备用承诺、循环承诺

在定期贷款承诺下，借款人可以部分或全部地提用承诺金额，但是只有一次提用机会。商业银行为了促使借款人按照计划提用款项，一般情况下如果借款人未在规定时间内提用承诺的全部资金，剩余的承诺金额会自动取消。

备用承诺又可细分为：直接的备用承诺、递减的备用承诺、可转换的备用承诺。

①直接的备用承诺。在该种贷款承诺下，借款人拥有多次提用承诺金额的机会，一次提用部分贷款并不影响在承诺有效期内提用剩余承诺金额的权利。但是，一旦借款人开始还款，即使是在承诺有效期内，已偿还的部分不可被再次提用。

②递减备用承诺。在直接的备用承诺的基础上附加上承诺额度将定期递减的规定，就得到递减备用承诺。当剩余未使用的承诺不足以扣减时，银行可要求借款人提前偿还本金，补足扣减的承诺额。这种承诺存在鼓励借款人尽早提用贷款或提前偿还的激励。

③可转换的备用承诺。与递减备用承诺类似，可转换的备用承诺是在直接的备用承诺的基础上，附加了一个承诺转换日期的规定。在承诺转换日期之前，借款人可以按直接的备用承诺多次提用贷款。如果在转换日期之前一直未提用，则在此日期后，备用承诺就转变成了定期贷款承诺，即只能提用一次。

循环承诺也可进一步细分为：直接的循环承诺、递减的循环承诺、可转换的循环承诺。

①直接的循环承诺。在这种承诺下，借款人在有效期内可多次提用贷款，并且可以反复

使用已偿还的贷款额度，只要贷款余额不超过承诺总额即可。

②递减的循环承诺。在直接的循环承诺的基础上，附加一个定期递减的规定，每隔一定时期扣减承诺额，便得到递减的循环承诺。

③可转换的循环承诺。在直接的循环承诺的基础上，附加一个承诺转换日期的规定，在转换日期前，是直接的循环承诺，在转换日期后，是定期贷款承诺，未提用的承诺额度失效。

（三）贷款承诺的优势

对企业而言，相比普通贷款，贷款承诺有许多优越之处：通过贷款承诺服务，企业可自由选择贷款时间、自主提取贷款；企业可在贷款承诺金额内分次循环使用贷款；企业还可将一年期贷款拆分成先借半年，半年期满后再续借，执行时可按半年期的贷款利率计算利息，从而可节约不少成本。

贷款承诺是典型的含有期权的表外业务，可以为中小企业锁定贷款利率的风险，如果市场利率高于贷款承诺中所规定的利率，企业可以按照贷款承诺中规定的利率贷款；反之，如果市场利率低于贷款承诺中规定的利率，客户就会选择放弃使用贷款承诺，而直接以市场利率借入所需要的资金，但需交纳一定的承诺费。由此可见，在贷款承诺中，客户拥有一个选择权。

对于银行来说，在贷款承诺履行之前，其属于表外业务，银行没有实际的资金支出发生，银行也不需要相应数额的存款支持，也就意味着在这段时期内，贷款承诺业务对银行的法定准备金不产生任何影响，如此银行在无须用额外资金来支持贷款承诺的情况下便可取得可观的费用收入。实际上，在贷款承诺业务中，提供贷款承诺的银行既面临着流动性风险，又面临着潜在的信用风险。为了有效地防范这些风险，银行在客户提出贷款承诺申请之后，会按照贷款发放规程对该客户进行信贷审查，如符合银行要求，方可与客户协商并签订贷款承诺协议。具体实践中，银行通常只对自己比较熟悉的信誉等级高的客户提供贷款承诺，以便进一步降低资信调查的成本及防范客户的违约风险。

第三节　商业银行创新型表外业务

随着资本充足性监管越加严格，商业银行不得不将视角转向传统的资产负债业务以外，通过不断创新和开发多种多样的表外业务产品以提高自身的盈利性。本节将介绍最典型的三类创新型表外业务，具体包括银行卡业务、票据发行便利、金融衍生品工具。

一、银行卡业务

银行卡是由商业银行向社会公众发行的一种信用支付工具。从其功能上讲，具有存取现金、转账结算、消费信贷等全部或部分功能；从其分类上讲，根据其发卡对象和透支功能等的不同标准，其分类也不相同；在其业务程序上，从申请、使用到挂失支付，也有一套流程。

（一）银行卡业务的功能

银行卡主要有转账结算、储蓄、汇兑和消费信贷功能。

1. 转账结算功能

持卡人在特约指定的商户等购物消费后，无须以现金支付款项，只要递交银行卡进行转账即可，这是银行卡最主要的功能。

2. 储蓄功能

持卡人可以在银行卡发行银行所指定的分支机构，通过银行工作人员在终端设备上进行刷卡等操作，办理存款或支取现金；还可以凭卡在发卡银行所属的自动柜员机上进行操作，密码认证后，可以享受存款、取款、查询余额、更改密码、转账等业务。

3. 汇兑功能

持卡人可以凭银行卡在各地该发卡银行的银行卡分支机构或自动存款机上通存通兑现金。同时，持卡人可以在该银行向所在地或外地本银行及其他银行进行从事汇款业务。

4. 消费信贷功能

如果持卡人持有的是具有透支功能的银行信用卡，则持卡人在消费过程中，当持卡人的消费总额度超过其存款时，发卡人可以在规定的限额范围内进行短期的透支，从本质上来看，这是发卡行向客户提供的短期消费信贷。银行发卡行的借记卡并不具备这种功能。

（二）银行卡业务的种类

依据不同的分类标准，银行卡业务的分类情况也各不相同。

1. 根据发卡对象的不同，银行卡可以分为单位卡和个人卡

单位卡的发卡对象是各类企事业单位、机关、团体等法人机构，需由法人组织名义申领并由其授权指定具体的个人使用，并由单位承担持卡人用卡的一切责任。个人卡的发卡对象是具有稳定收入来源的社会各界人士。个人卡由个人申领并由本人承担用卡的一切责任，这是与单位卡之间的最大区别。

2. 根据是否有透支功能，银行卡可分为信用卡和借记卡

信用卡是具有消费信贷的银行卡。银行是发卡人，它与特约指定的商店、旅馆、饭店、娱乐场所等约定，特约商户可接受持卡人凭卡消费，商户可以凭持卡人签字的账单向银行收取款项，银行可定期汇总向持卡人收款。根据持卡人是否需要向持卡人交存款准备金，信用卡还可以分为贷记卡和准贷记卡。贷记卡是指持卡人可以在发卡银行给与的一定额度内，"先消费，后付款"。而准贷记卡则要求持卡人在开户后，当备用金账户金额不足时，才可以在发卡行规定的信用额度内透支。比较而言，贷记卡的权限更大。

与信用卡不同，借记卡是一种"先存款、后消费"的无透支功能的银行卡。借记卡按照功能也分为多种，包括转账卡（含储蓄卡）、专用卡和储值卡等。转账卡是使用较多的借记卡，具有转账结算、存取现金和消费的功能。专用卡则是具有专门用途的卡，主要是用于除百货、餐饮、酒店、娱乐行业以外的特定区域。储值卡则是一种预付钱包式的借记卡，发卡银行根据持卡人要求将资金转至卡内存储，以便以后直接从卡内扣款。借记卡最主要的作用就是减少了社会现金货币的流通量，提高了资金的周转速度。

3. 根据载体材料的不同，银行卡可分为磁卡和 IC 智能卡

磁卡的特征是在塑料卡的背面附有一条磁条，磁条内存储着与银行卡业务所必需的数据信息，使用时必须由专门的读卡设备读出其中的存储数据信息，是一个应用非常广泛的载体材料。IC 智能卡则是在银行卡内嵌入 IC 芯片，芯片中存储有银行业务中的相关信息。由于

智能卡既可联机使用，又可脱机使用，显著降低了银行主机资源的占用，降低了通信费用，因此发展前景比较好。

随着银行卡功能的不断延伸，又产生出联名卡和认同卡等附属产品。联名卡是指由发卡行同某一合作伙伴联合发行的银行卡。持卡人在使用该卡时，除了一般银行卡的功能以外，还可享受发卡行与商家提供的某些特别奖励与优惠。联名卡的这种运作方式将持卡人与银行卡商户联系得更加紧密，有利于发卡行使用更加灵活的促销手段，吸引更多的持卡人用卡消费。认同卡是指发卡行与"非盈利"伙伴合作发行的银行卡，持卡人有一定的限制范围，一般是该组织范围内的成员，认同卡对持卡人提供的优惠较少，但强调该组织了共同利益。

（三）银行卡业务的程序

银行卡业务的业务包括一些流程，主要有申请、使用、挂失止付等几个环节。

1. 银行卡的申请

银行信用卡与银行借记卡的功能差别在于是否能够透支，所以在申请上二者的差别也比较大。客户若想持有银行信用卡，首先得向发卡行提出申请，填写信用卡申请书。因为银行信用卡含有透支功能，所以申请书的主要目的是对申请人的财务、信誉状况进行审核。申请书的主要内容包括：申请人的姓名或名称、性别、年龄、地址、联系方式、配偶及家庭情况、个人资产负债情况，还包括个人收入、薪金、职业、职务、主管上司、银行往来、咨询、担保及有关权利、责任等详细情况。需经过银行审查批准、申请人签字做出承诺后，银行才予以发卡。其中，申请书是具有法律效力的合约形式，是持卡人向发卡银行领取信用卡的法律文件，合约对银行和持卡人均有法律效应，都必须遵守约定的有关条款。同时，持有银行信用卡的持卡人还可以另外申请一张或数张附属卡，以供家庭其他成员使用。根据信用等级，银行信用卡有金卡、银卡、普通卡之分。

客户若想持有银行借记卡，程序就相对简单多了。所有银行存款客户经申请后均可享受借记卡服务，而无须关注自身的信誉如何。客户只需凭身份证明和存款证明资料，填写申请表即可获得银行借记卡。

2. 银行卡的使用

客户取得银行卡后，可按照有关规定和使用权限到银行服务网点、特约商户处存取现钞、转账结算或购物消费。特约商户的营业机构经核对验证后开出发票，将有关银行卡业务栏目打印出来后，由持卡人签名，商家、客户各留一份发票备用，第三联汇总送交发卡银行机构办理清算收款。

而对于消费信贷的透支款项在办理结算时，银行首先得向持卡人发出收款通知，持卡人在购物消费或收到通知后主动到银行办理交款手续；若事前与银行约定分期付款的，也可按照规定一次或分次偿付，银行收取相应的本息。

3. 银行卡的挂失止付

持卡人的银行卡若遗失，则应立即向发卡行或代办行提出申请挂失，银行发卡机构应核对、登记、办理挂失登记，采取相应措施防止冒领。在具体采取的措施上，首先，通知同城受理机构及商户予以止付，发现冒领的，应协助保卫人员扣卡。同时上报总部挂失，由总部考虑情况缓急采取下发注销名单、止付、紧急止付等措施通知受理机构。异地的受理机构在报告总部的同时，将银行卡挂失手续一联留代办机构，一联交发卡机构，由发卡机构确认后上报总部。持卡人到银行办理正式挂失手续后，一般不再承担直接经济责任，但在挂失有效期前被冒领，应承担有关经济责任。

（四）商业银行开展银行卡的意义

商业银行推广银行卡业务的意义重大。首先，在社会上推行使用银行卡，可以减少现钞的印刷、投放、流通、保管和调拨过程中的费用支出，节约社会成本。其次，银行卡的推广使用打破了银行服务工作时间和空间的束缚，推动了银行新的服务方式的发展，客户可以随时存款、购物消费，并在异地办理存取、汇兑业务，可挂失的银行卡代替了不可挂失的钞票，也减少了现金使用的不安全性及保管上的麻烦。其次，银行卡业务方便、快捷、准确的结算服务，促进了商品销售的实现，提高了商业、服务业的盈利能力和经济效益，同时能合理引导、刺激消费需求，提高资金使用效率，为银行和社会创造了较高的经济效益。再次，银行卡储蓄具有通存通兑、自动取款、转账结算等功能，可帮助银行吸收存款。同时，各发卡行不断发展银行卡的附加功能，扩张了商业银行代收代付等中间业务。最后，银行卡业务的开展，也有利于国际间贸易合作，促进银行结算业务的国际化。

二、票据发行便利

票据发行便利（Note-Issuance Facilities，NIFs）是一种具有法律约束力的中期周转性票据发行融资的承诺。在该承诺下，银行允许在一定期限内为其客户的票据融资提供各种便利条件。从协议的具体内容来看，票据发行便利是银行与客户签订的一个中期的循环融资的保证协议，协议的期限不等，一般为3～7年。在签订的协议期内，贷款人可以以自己的名义周转性地发行短期票据，循环的短期票据取得中期的融资效果，从而以短期的债券利率成本获得了中长期的资金融通。

（一）票据发行便利的分类

票据发行便利依据不同的分类标准，其分类情况也不同。

依据借款人的不同，所发行的短期票据通常会有区别。如果借款人是银行，票据一般采用短期的大额可转让存单；如果借款人是一般工商企业，票据将采用本票的形式，通常采用欧洲票据。这些欧洲票据多数是欧洲美元票据，面额较大，期限多为3个月或6个月，但也有一部分期限长达1年，或短至1个星期。

若根据有无包销可分为包销的票据发行便利和无包销的票据发行便利，而包销的票据发行便利也分多种。二者的主要区别是银行是否承担票据发行失败的风险。

无包销的票据发行便利是指如果在规定的期限内未能将票据完全销售，银行可以把剩余的票据退还给发行人。无包销的NIFs一般采用总承诺的形式，通常安排银行为借款人出售票据。这种情况下，银行无须承担票据发行失败的风险。

包销的票据发行便利又分为循环包销的便利和可转让的循环包销便利。这种情况下，银行需承担票据发行失败的风险。循环包销的便利（Revolving Underwriting Facility）是最早形式的票据发行便利。在这种形式下，包销的商业银行有责任承包摊销当期发行的短期票据。如果借款人的某期短期票据推销不出去，承包银行就有责任自行提供给借款人所需资金（其金额等于未如期售出部分的金额）。可转让的循环包销便利（Transferable Revolving Underwriting Facility）是指包销人在协议有效期内，随时可以将其包销承诺的所有权利和义务转让给另一家机构。这种转让，有的需要经借款人同意，有的则无须经借款人同意，完全是根据所签的协议而定。可转让的循环包销便利的出现增加了商业银行在经营上的灵活性和流动性，便于相机抉择，更加符合商业银行的经营原则。

同时，还有一种是多元票据发行便利（Multiple Component Facility）。这种票据发行便利方式允许借款人以更灵活的方式提取资金，它集中了短期预支条款、银行承兑票据等提款方式于一身，使借款人无论在选择提取资金的期限上，还是在选择提取何种货币方面都获得了更大的灵活性。

（二）票据发行便利的主体构成

票据发行便利的发行牵涉了多方的参与者，一般而言，包括借款人、发行银行、包销银行和投资者等，有时候为了票据的成功发行，还可有组织银行、票据代理发行机构、担保人等参与进来。

1. 借款人

票据发行便利市场上的借款人一般都有比较高的信用等级，较高的信誉是一种有利条件，也是它们从间接融资转为直接融资的一个非常重要的原因。

2. 发行银行

发行银行的票据发行功能相当于银行贷款中的贷款安排。在票据发行的历史过程中，出现过两种发行形式。最初是由发行银行牵头来承担，发行银行作为独家出售代理人发挥作用，并负责出售所有发行的任何票据。从1983年起出现了由银行投标小组负责的票据发行便利，引入了发行银行之间的竞争机制。

3. 包销银行

包销银行承担了相当于承担风险的票据包销功能。包销银行最主要的职责就是按照协议的约定，提供期限转换便利，以保证借款人在中期内不断获得短期资金，一旦借款人的票据没能按期出售完毕，包销银行就有责任购买未出售的票据或提供同等金额的短期贷款。

4. 投资者

投资者是资金的提供人或者票据的持有人，他们承担着票据的期限风险。当借款人在票据到期前遭受破产可能时，票据持有人就会受到损失。

（三）票据发行便利的特点

票据发行便利的迅速发展，必然是各获利方共同推动的。一般来说，这种创新型的金融工具给银行和客户带来了诸多好处。

从客户的角度来看，客户可获得较低成本资金，提高使用资金的灵活性，客户可通过短期票据获得中长期资金，具有创造信用的功能，并使风险进一步分散，将表内业务表外化；从银行的角度来说，银行从事票据发行便利业务，是利用自身在票据发行中的优势帮助客户售出短期票据以实现筹集资金的目的。该业务在满足客户对资金需求的同时，节约了银行的资金，并通过向大众发售票据，避免了由一家银行单独向客户提供资金、可以分散信贷集中造成的风险。通过该业务，银行获得了手续费收入，同时还维持了银行与客户的良好关系。正是这个原因，票据发行便利在当代获得了迅速的发展。

三、金融衍生工具业务

在银行的创新型表外业务中，一类非常重要的部分就是金融衍生工具。金融衍生产品一般是由债券、股票等基础性资产衍生得来的，基础金融工具、商品等都可以作为衍生产品的基础资产，一些市场指数也可以作为其标的。衍生产品的种类繁多、涵盖广泛，但是从国际金融市场的现状来看，以基础金融资产作为标的的金融衍生品占据绝对比重。

（一）金融远期交易

金融远期交易是指交易双方约定在未来某个特定时间以预先确定的价格交割一定数量的特定金融商品的合约。金融远期交易主要分为远期外汇交易和远期利率交易两类。

1. 远期外汇交易

远期外汇交易是指双方当事人按约定在合同订立后的未来日期，以合同上约定的汇率、币种和数额进行交割的外汇交易，在外汇合同到期时进行实际交割，交易双方无须收付对应货币。对于远期外汇交易的分类而言，根据交割的期限不同，可以分为1个月、3个月、6个月和1年；根据交割的时间是否固定，可以分为交割日期固定的远期交易和交割日期不固定的远期交易。

从远期汇率的计算式来看，主要是基于利率平价理论，在即期汇率的基础上加减升贴水值得到的。在实际远期外汇交易中，两国货币利率是决定升贴水的主要因素，高息货币的远期汇率表现为贴水，反之亦然。

从远期外汇交易的目的来看，主要是交易者为了规避汇率变动的风险，将根据自身已有的外汇资产或负债敞口，在外汇市场上反向操作，卖出或者买入与其币种、数额、期限均相同的一笔远期外汇，来对冲外汇变动的影响。银行根据客户的要求进行期汇的买卖，实际上承担了本来由客户承担的汇率风险。另外，银行也可以在同业间进行外汇买卖。

2. 远期利率交易

远期利率协议是一种协议双方以约定的利率一方购买、另一方出售某项在未来某个时刻开始的一定期限的名义本金、利率也在未来实现的远期合约。合约双方以协议利率与某个参考利率间的利差与本金的乘积作为结算各自应付应收的利息，并在该项未来存款开始的时刻而非结束的时刻以现金结算双方应收应付利息的差额。由于该项远期存款的利息在存款到期时发生，所以在存款开始时即以该远期利率协议结算时，应将该利息差额折现，折现利率就是参考利率。国际上，伦敦同业拆借利率（London Interbank Offered Rate，LIBOR）常常会被作为远期利率协议的参照利率。

从远期利率协议的种类来看，主要有四种：一是普通远期利率协议。交易双方只达成一份远期利率合同，仅涉及一种货币，其中币种、期限、金额、协议利率等均可因交易需要而调整。二是对冲的远期利率协议。交易者同时买入或卖出一系列无期限利率合同的组合，通常一个合同的到期日与另一个合同的起息日一致，但各个合同的协议利率不尽相同。三是合成的外汇远期利率协议。交易中同时达成远期期限相一致的远期利率协议和远期外汇协议。四是远期利差协议。它与普通远期利率协议的区别在于协议中规定的不是利率而是利率差。

从具体的计算来看，尽管远期利率协议双方并不需要交换本金，但依然会各自存在盈亏。其计算公式如下。

$$对冲盈亏＝虚拟变量×（参考利率－远期利率协议利率）×名义本金×期限$$

其中，交易对手是远期利率协议的买方，则虚拟变量为1；若交易对手是远期利率协议的卖方，则虚拟变量的取值为－1。

远期利率协议在很大程度上是以美元计价的银行同业市场，即绝大部分是银行对银行以美元的形式进行的。商业银行可以用远期利率协议对远期利率风险进行套期保值：担心利率上升者可购买远期利率协议，担心利率下降者应出售远期利率协议。

（二）金融期货

金融期货是指交易双方在金融市场上，以约定的时间和价格，买卖某种金融工具的具有法律约束力的标准化合约。金融期货一般分为三类：外汇期货、利率期货和股指期货。金融期货作为期货交易中的一种，具有期货交易的一般特点，但是与商品期货相比，其合约标的物不是实物商品，而是传统的金融商品。

1. 金融期货的特点

金融期货与传统的商品期货有许多相似之处，除了具有一般期货的特点外，它还有一些自身的特点。

①交易标的物的金融属性。与商品期货的最大区别在于，金融期货的标的物是传统的金融商品，如证券、货币、利率等，在进行交割时，大多只是按约定的利率、汇率、指数等转换成货币单位以现金交割。

②金融期货的风险性。金融期货的初衷是为投资者提供套期保值的，但同样可以利用其进行风险投资。其交易的高杠杆性和高收益性吸引了大批的投机者入市，金融期货是一种收益和潜在风险非常大的投资工具。

③在金融市场一体化的大背景下在交易制度改进和通信体系现代化的前提下，以美国为中心的国际性金融期货市场已经形成。世界上几个大的交易所通过联网结算、建立相互对冲机制，实现了 24 小时不间断的全球性金融期货市场。

除此之外，金融期货还具备期货的一般特征，包括：金融期货是一种标准化的场内交易合约；采取保证金交易制度，每日保证金账户结算；高杠杆性交易；以清算所为交易中介，安全性比远期合约要高，交易违约风险较低。

2. 金融期货交易的基本规则

金融期货交易与普通的商品期货交易规则相似，都是在期货交易所或证券交易所中对期货合约进行的买卖。金融期货合约对于交易的金融工具的品种、交易单位、最小变动价位、价格波动限制、交易时间、交割月份、交割地点、交易方式等条件都进行了标准化，只有期货合约的价格可以变动。

在交易过程中，为了防止期货市场的市场参与者发生违约行为，期货交易所制定了保证金制度，所有参与期货交易的投资者必须缴纳保证金，以确保交易者有能力支付佣金和承担可能的损失。保证金又分为初始保证金和维持保证金。初始保证金为交易开仓时提供，一般相当于合约的 $5\%\sim10\%$；同时，由于市场价格的变化，交易者的保证金余额也会发生变化，期货交易所要求的保证金余额的底线称为维持保证金，一般为初始保证金的 75%，若因为价格变化导致保证金账户余额下降低于维持保证金要求，交易所将通知交易者补齐或强行平仓。保证金账户余额超过初始保证金部分则允许支提。

对金融期货的交易必须通过交易所会员进行，该基本的交易程序如下。

①交易者向经纪人下达交易订单，其中列明了投资者的交易意图和委托要求。

②经纪人在接到订单后，通知其交易所内的代表并将订单传递给场内经纪人。

③场内经纪人根据各方客户发盘以公开竞价方式进行交易。

④交易执行完毕后，将交易记录送交结算所。

⑤场内经纪人将合约通知书通知经纪商，经济商通知客户。

⑥客户若要求平仓，则需通知经纪人再经由交易代表由场内经纪人将该期货平仓，并通知结算所结算，以及将核算后的盈亏报表交与客户。

⑦若客户不平仓，则交易所或结算所在交易日结束后都会对当日的交易进行结算。

3. 金融期货的功能及运用

金融市场的一个重要功能是为金融商品的持有者提供转移风险的手段，即金融商品的持有者通过套期保值将价格转移给投机者。从功能上讲，主要是提供套期保值功能。当然，若利用对形势的判断，与前者进行相反的操作，则又为投机者提供了一种工具。

金融期货提供的套期保值主要有两种：卖出套期保值和买入套期保值。卖出套期保值又叫空头期货保值，它是指利用利率期货交易避免未来利率上升引起的持有债券的价值下跌或预定的借款费用上升的风险；或者指利用外汇期货交易避免未来外汇汇率下跌引起持有外币资产的价值下跌，以及将来外汇收入价值减少的风险。买入套期保值也称多头期货保值，是指利用利率期货交易避免未来利率下跌引起的债券投资的预定利益减少（债券的购入价格上升）的风险；或者指利用外汇期货交易避免未来外汇汇率上升引起以本币计价的预定外汇支付额增加的风险（即要多付出本币）。

上述职能由于期货市场上交易的标准化，实际中难以充分实现，为此就须注意两种风险：第一，基准风险，这是由直接保值与相互保值产生的风险，只是前者风险较小些，后者风险较大些；第二，收益曲线风险。这是因收付期不完全一致、收益曲线的变化产生的风险。

投机是指根据对期货市场价格变动趋势的预测，通过看跌时卖出、看涨时买进的方法获利的交易行为。投机者一般利用较少的资金高速运转，利用金融期货市场的价格波动进行卖空买空，并不做现货交易也不进行实物交割，其交易目的是获取高额利润。投机者成为期货市场风险的主要承担者。值得指出的是，也正是因为大量投机者的参与，为市场提供了大量风险资金和交易机会，金融期货市场的流动性才得以提高，从而促进了金融期货市场的繁荣。投机与套期保值一样，都是金融期货市场中不可或缺的部分。

金融期货交易案例：

某年6月1日，美国一出口商将于6个月后向英国出口一批货物，到时将收到62.5万英镑货款。由于担心6个月后英镑对美元的汇率下跌而使他换汇时美元收益减少，因此他在外汇市场上卖出10份6个月的英镑合约（每份6.25万英镑）。出口商在期货市场上卖出了期货进行套期保值，在期货市场上盈利15 125美元，不仅抵消了汇率的变动给出口商在现货市场上造成的亏损15 000美元，而且还在期货市场上获得了盈利为125美元（详见表7-2）。

表7-2 外汇期货交易实例

	现货市场	期货市场
6月1日	1英镑＝1.436 4美元 62.5万英镑＝89.775万美元	卖出10份6个月英镑期货合约 成交价：1.436 2美元/英镑 价值：1.436 2×6.25×10＝89.762 5万美元

续表

	现货市场	期货市场
12月1日	1英镑＝1.412 4美元 62.5万英镑＝88.275万美元	买入10份6个月英镑期货合约平仓 成交价：1.412 0美元/英镑 价值：1.412 0×6.25×10＝88.25万美元
结果	亏损：89.775万美元－88.275万美元＝15 000美元	盈利：89.762 5万美元－88.25万美元＝15 125美元
	总盈亏：15 125－15 000＝125美元	

（三）金融期权

1. 金融期权的定义

期权，是一种选择权，是指一种能在未来某特定时间以特定价格买入或卖出一定数量的某种特定商品的权利。它是在期货的基础上产生的一种金融工具，给予买方（或持有者）购买或出售标的资产的权利。期权的买入者可以在该项期权规定的时间内选择买或不买、卖或不卖的权利，他可以实施该权利，也可以放弃该权利，而期权的卖出者要承担期权合约规定的义务。

期权买方为获得权利须向卖方缴纳一定的费用，称为期权费（Option Premium），通常该费用占标的总价值的10％左右。期权合约中约定的商品买卖价格称为执行价格（Exercise Price）。无论市场价格如何变化，期权买方可以按照预先商定的价值行权或者弃权。若期权买方选择执行期权，则期权卖方则必须无条件完成约定。

金融期权是期权的一种，其特点是交易标的物为金融商品或金融期货合约。一般而言，根据金融期权赋予的是买入权还是卖出权，可分为看涨期权（Call Option）、看跌期权（Put Option）和双重期权（Double Option）。看涨期权是指赋予期权购买者在规定时期内按照敲定价格购买一定数量的某种特定金融资产的权利；看跌期权与其相反，所拥有的权利是在特定条件下卖出某金融资产的权利；双重期权则是同时拥有以上两种权利。

2. 金融期权的特点

金融期权的特点从其定义即可知，主要包括权利交易、权利义务不对等及高杠杆性等特点。

①权利的交易过程。金融期权只是买入或卖出某种金融商品或金融期货合约的权利，并且必须在合约规定的时间期限内进行行权，否则无效。

②权利不对等。期权的买方享有选择是否行权的自由，而期权的卖方则必须依据期权的买方的决定履行相应的义务。买卖双方的风险和收益是不对等的，期权买方的最大风险是期权费，而收益是无限的，期权的卖方则相反。

③高杠杆性。期权的买方可以实现以支付有限的期权费为代价而获得无限盈利的机会。

金融期权和金融期货之间有一定的联系，但是二者之间也有较大的区别：期货交易双方都必须缴纳保证金，而期权要求卖方缴纳保证金；期货交易中双方承担的风险和可能的获利是对等的，而金融期权不是；期权是单向的合约，仅对期权卖方产生约束，而期货合约是双向的，买卖双方都需承担对冲合约或者交割的义务。

3. 金融期权市场的交易机制

金融期权既有严格规范交易制度的集中性固定场所，也包括各类场外市场。本书主要介绍场内金融期权市场的交易。金融期权在交易机制的设计上，与金融期货市场有诸多相似之处，在市场结构上大体相似，都包括卖方、买方、经纪公司、期权交易所和清算所。在交易所交易的金融期权合约均被标准化，合约的具体条款都是统一规定的，具体包括如交易单位、价格波动、敲定价、合约月份等。

金融期权的买卖与金融期货相似，都是通过经纪人完成的。不同的金融期权有不同的履约方式。通常情况下，股指期权依据敲定价格与与市场价格之差进行现金结算，其他的现货期权则以实物交割，期货期权则以敲定价格将期权头寸转化为期货头寸。

金融期权交易案例

英国一个进口商需要以 150 万美元支付货款（发票是以美元标价的），他购买执行价格为 1 英镑＝1.5 美元的英镑看涨期权，从而获得以 100 万英镑买入 150 万美元的权利。此时即期汇率是 1 英镑＝1.5 美元，权利费用为每英镑 2.5 美分，共 25 000 美元。若每英镑升值到 1.65 美元，则只需 90.91 万英镑即可获得 150 万美元，进口商将放弃期权不执行，损失期权费 2.5 万美元；若英镑贬值为每英镑 1.35 美元，则需要 111.11 万英镑才能买到 150 万美元，此时进口商执行期权，以 100 万英镑获得 150 万美元所需货款，节约 11.11－2.5＝8.61 万英镑。

（四）资产证券化

1. 资产证券化的概念

资产证券化（Asset Securitization）是在资本市场上进行直接融资的一种方式，其兴起于 20 世纪 70 年代初期的美国，当时住房抵押贷款被打包起来用于发行住房抵押贷款支持证券。70 年代前后美国"战后婴儿潮"开始成年，对住房抵押贷款的需求激增；随着长期住房抵押贷款一级市场的快速增长，住房抵押贷款发放机构资金来源与运用期限不匹配带来的利率风险和流动性风险不断积累；再加上 70 年代两次石油危机爆发经济环境变化的推动，美国资产证券化开始进入孕育和成长阶段。

与发行其他金融产品（如债券和股票）类似，资产证券化发行人在资本市场交易中是通过向投资者发行贷款支持的证券进行融资。从其本质来看，是通过出售未来可回收的现金流从而获得融资，只要产生未来现金流的资产均可以作为基础抵押资产，从而以此为基础发行债券。因此，广义的资产证券化是指将缺乏流动性的资产，转换为在金融市场上可以自由买卖的证券的行为。只要能将非流动性资产盘活成流动性资产，都可以将其理解成是一种资产证券化行为。当然，这其中有一个较强的条件，就是基础资产未来会产生稳定的现金流，我们才能将这种资产进行证券化。狭义的资产证券化一般是指信贷资产证券化，即仅针对贷款类资产发行证券进行融资，以住房抵押贷款证券化（Mortgage Backed Securities，MBS）为主要代表。

从基础资产来看，其涵盖的范围特别广泛，包括住房抵押贷款、商业房地产抵押贷款、消费贷款、商业租赁合约及其他任何具有可回收现金流的金融工具。近年来，又出现了一些广受欢迎的资产证券化产品，其资产本身就是资产证券化产品。

2. 资产证券化的特点和流程

由于资产证券化产品的机制是组合基础资产的现金流来发行证券，从会计的角度看，发行资产证券化产品与政府、企业或其他组织通过发行债券的方式来筹措资金是不同的。具体来说，主要有以下几个特点。

①盘活存量资产，增加银行资产流动性。首先，资产证券化是一种将现有的静态债权转化为担保证券发行的流动的信用资产，是一种对存量资产进行证券化的过程，提高了商业银行的资产流动性。它同一般的政府债券、企业债券不同，后者是以政府或企业的信用为基础，以此发行股票和债券进行融资的过程。其次，所发行证券的还款来源主要是证券化资产及其所产生的未来现金流，信用评级机构也主要根据证券化资产的质量和交易结构的安全性来评定资产支持证券的信用等级，从而就将证券的风险锁定在特定资产的信用上，而与发起人的信用相分离，这是资产证券化非常重要的一个特征。最后，资产证券化属于一种直接融资方式，资金需求者与资金供给者直接联系，与贷款等通过银行中介的间接融资不同。

②资产证券化产品是通过一个特设机构发行的。资产证券化行为是通过特设机构，即特殊目的实体（Special Purpose Vehicle，SPV）来完成的。具体是指银行将拟证券化的资产通过"真实出售"转移给 SPV，实现了偿付能力与发起人破产风险的隔离。资产证券化产品在基础资产发起人的会计处理上表现为资产出售，而不是债务融资。

SPV 是资产证券化一个最重要的特征，它是一个具有信托性质的特殊机构，其设立的目的是为了从资产出售方（发起人）购买可回收的现金流（基础资产），购买资金来源于向投资者发行受益权证（Certificate of Beneficial Interest），即资产支持证券。偿还证券的本金和利息所需的现金流则完全来自于上述从资产出售方所购买的基础资产，而发行证券的资金也仅用于向资产出售方购买基础资产。其现金流示意图如图 7-9 所示。

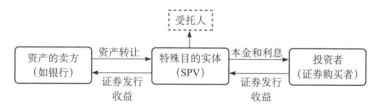

图 7-9　资产证券化现金流示意图

从特殊目的实体的资产负债角度来看，除了从出售方购买的基础资产外，SPV 没有任何其他的资产；同时，除了发行证券带来的债务外，SPV 也没有任何其他的负债。正是基于此特殊的资产结构，SPV 实现了破产隔离。也就是说，如果基础资产的发起人出现破产，不能用 SPV 的资产来清偿债务。

③资产证券化产品通常需要进行信用增级。资产支持证券的评级是投资者选择证券的主要依据，因而构成资产证券化的一个非常重要环节。评级由国际资本市场上广大投资者承认的独立私营评级机构进行，评级主要考虑资产的信用风险，不考虑由利率变动等因素导致的市场风险。资产证券化过程中 SPV 一般会先将资产按照一定条件进行拆分和重组，以便在发起人总体资产质量和信用等级不变的情况下，提高证券化资产的质量和信用等级。而且为了提高证券化资产的质量，增加证券对投资者的吸引力，发起人往往还要在资产信用等级的基础上，由自己或信用良好的第三方对资产进行信用增级。因此，资产证券化比一般的信用融资方式更具优越性。

④资产证券化是一种低成本的融资方式。资产证券化为筹资主体提供了一种融资成本相

对较低的新型筹资工具，丰富了融资方式，可以使筹资主体利用银行信用以外的证券信用筹集资金。虽然资产证券化作为一种融资方式有很多项费用支出，如信用评级和证券承销等费用，但是资产证券化的融资成本仍低于传统的融资方式。由于成功的破产隔离与信用评级可以大大改善资产支持证券的融资条件，使资产支持证券可凭较高的信用等级以更有利的利率条件融资。

总体来看，资产证券化的基本操作流程如下：第一步，根据资产现金流构造资产证券化产品；第二步，组建特殊信托机构（SPV），实现资产真实出售，达到破产隔离；第三步，完成对资产支持证券的信用增级；第四步，聘请国际信用评级机构对资产支持证券进行信用评级；第五步，安排证券销售，将收入支付给发起人；第六步，到期进行利息本金偿付，同时可选择上市挂牌。

3. 资产证券化的分类

①基础资产。根据证券化的基础资产不同，可以将资产证券化分为两类：信贷资产证券化和非信贷资产证券化。前者的基础资产是贷款类资产，后者的基础资产则包括除贷款外的其他资产，如不动产证券化、应收账款证券化、未来收益证券化（如高速公路收费）、债券组合证券化等类别。

②地域不同。根据资产证券化发起人、发行人和投资者所属地域不同，可将资产证券化分为境内资产证券化和离岸资产证券化。国内融资方通过在国外的特殊目的机构（Special Purpose Vehicles，SPV）或结构化投资机构（Structured Investment Vehicles，SIVs）在国际市场上以资产证券化的方式向国外投资者融资称为离岸资产证券化；融资方通过境内SPV在境内市场融资则称为境内资产证券化。

③证券层次不同。根据证券化产品的层次不同，可分为基础证券化和衍生产品证券化。基础证券化就是指以实体性资产为基础资产所进行的证券化融资行为，而衍生产品证券化则是指以已发行的资产支持证券等其他金融资产组合为基础资产而发行证券的融资行为。后者实质上是采用金融工程等方法，对基础证券化的一种创新行为，丰富了资产证券化的品种。

专栏 7-1　次贷危机与资产证券化

在美国，居民住房抵押贷款的一级市场大致可以分为三个层次，优级（Prime）贷款市场、"ALT-A"贷款市场和次级贷款市场（Subprime Market）。其中，次级贷款针对的是信用记录较差（信用分数一般低于620分）、收入较低的次级客户。二十世纪九十年代后期，美国房价开始逐步攀升。"9.11"事件以后，为了刺激经济增长，美联储持续减息，大量资金涌入房地产市场，带来了房价的持续上涨。在房贷市场激烈竞争的情况下，越来越多的原本不具备偿贷能力的次级客户成为银行和信贷公司的新宠，大量的次级贷款由此形成。放款银行或者信贷公司将次级贷款进行资产证券化，由投资银行将贷款打包后做成标准化的债券向各类基金公司、银行和保险公司等机构投资者发售，从而形成了"次级债券"。2005年，由于经济趋热，美国从减息周期进入了加息周期，房地产泡沫破灭，楼市随之萎缩，在一些地区房价甚至出现了下降。由于刺激贷款大多采用浮动利率，购房者的负债压力迅速增大。由于抵押品价值的相对下降，对于困难家庭来说，其唯一的选择就是停止还款、放弃房产，获得次级贷款的投资购房者更是会立即放弃房产。刺激贷款逾期率不断上升，进而导致基于次贷的资产证券化产品及其他金融衍生品贬值。大量投资机构因持有的次级债券贬值及因此引发的连锁反应蒙受了巨大损失。由于许多国家投资了美国的次级债券，危机随之扩散，引发全球性股市下跌和金融机构破产。这就是"次贷危机"。

事实上，根据美联储的统计，截至 2007 年年底，住房抵押贷款一级市场总量约为 11.16 万亿美元，而次级贷款市场总规模大致在 1.3 万亿美元左右，仅占住房抵押贷款市场大约 11％ 的份额。那么我们不禁好奇，仅占住房抵押贷款十分之一的次级贷款又是如何引发全球性的经济危机的呢？与股票、债券市场一样，美国房贷市场也存在一个发达的二级市场，经过多年发展美国房贷二级市场已经包括了 MBS、CMO、CDO 等各种各样的产品。MBS（Mortgage Backed Securities）就是以住房抵押贷款为支持的票据，在现代金融词典里被称为抵押担保支持证券，是房贷二级市场上最初级的金融产品。这种证券的持有人对抵押贷款及其还款现金流拥有直接的所有权，它不反映在发行人的资产负债表上，抵押贷款的管理人按期收取借款人偿还的本息，并将其转给投资者。1986 年一种针对 MBS 的再创新产品出现了，那就是分级偿还房产抵押贷款证券，即 CMO（Collateralized Mortgage Obligation）。这种再创新产品的本质原理就是将原有 MBS 分拆成两个层次的产品，用其中的一部分产品去吸收绝大部分现金流震荡，而另一部分产品则由于得到了有效缓冲，最大限度地消除了现金流的不确定性，在得到更高信用评级的同时降低了发行人的成本——无须为这种不确定性提高发行收益率。随着市场的不断发展，信用衍生品市场的相关理论基础与信用增级技术被逐渐移植到 CMO 产品之中，为千变万化的 CMO 产品提供着丰沛创新动力，各种创新产品不断出现，如 Type I PAC、Type II PAC、TAC、POs、IOs、Accretion Bonds、Accrual Bonds、Floating-Rates，乃至可能包含所有这些产品在内的 CDO 等。这些一层层创造出来的衍生产品导致原来的次级抵押贷款市场的二级市场规模不断扩大，也使得风险从银行转移到债券投资者、金融机构，乃至整个金融市场中去。

这其中，为使美国房贷融资渠道更加通畅，需要通过有效的二级市场提高房贷资产的流动性。为此，三大政府发起住宅抵押贷款专业机构先后成立，它们分别是房利美（Fannie Mae）、房地美（Freddie Mac）和基尼美（Ginnie Mae）。这些拥有政府背景的专业机构设立的主要任务，就是为美国住房抵押贷款的一级市场和二级市场之间提供桥梁，在一级市场上直接买入房贷权益，打包成为以住房抵押贷款为支持的票据。其中，房利美和房地美的市场份额较高，2007 年它们交易的美国住房抵押贷款加起来占市场总量的 90％ 以上，因此通常将它们合称为"两房"。次贷危机发生后，"两房"率先陷入危机，考虑到"两房"对维系房地产金融市场运行的重要性，美国政府于 2008 年 9 月 7 日宣布接管"两房"。随后还有贝尔斯登、美林证券、雷曼兄弟和美国保险集团等金融机构相继倒闭或面临破产困境，甚至是欧洲等国家和金融机构都爆出危机，至于为什么会出现这种状况，有兴趣的同学可以自己进一步去找寻答案。

思考：（1）资产证券化的优点和缺点？

（2）如何有效监管资产证券化行为？

第四节　商业银行表外业务的风险管理

　　表外业务发展的根本动力是商业银行为逃避管制、赚取最大利润，而其契机是二十世纪八十年代金融环境的巨大变化。在这三十多年的发展中，商业银行，特别是大型商业银行的表外业务发展速度远远快于表内业务的发展，成为银行获利的一项重要手段。商业银行表外业务在给银行带来巨大收益的同时，也使银行面临着许多新的风险。由于许多大型银行的表外业务涉及的金额与表内资产相比，份额较大，所以对于表外业务的风险进行评估和管理，也日益得到各国金融监管当局的重视。

一、表外业务的风险

　　商业银行表外业务杠杆率高，自由度大，透明度差，所以表外业务隐含的潜在风险较大。对银行进行监管的国际监管机构巴塞尔委员会有对表外业务的专门规定。根据巴塞尔委员会的文件要求，对商业银行所面临的表外业务风险有详细的论述，我国银监会也颁布了《商业银行表外业务风险管理指引》文件。总体来说，商业银行表外业务主要会面临以下几种风险。

（一）信用风险

　　信用风险（Credit Risk），又称违约风险，是指交易对手未能履行约定契约中的义务而造成经济损失的风险，也即债务人不能履行还本付息的责任而使债权人的预期收益与实际收益发生偏离的可能性，它是金融风险的主要类型。表外业务不直接涉及债权债务关系，但由于表外业务多是或有资产及或有负债，当潜在的债务人由于各种原因而不能够偿付给债权人时，银行就有可能变成债务人。例如，在信用证业务和票据发行便利业务中，一旦开证人或票据发行人不能按期偿付时，银行就得承担赔付责任。在场外期权交易中，常会发生期权卖出方因破产或故意违约，而使买方避险目的落空，在场外期权交易远超过场内交易规模的情况下，银行的信用风险可能会更大。

（二）市场风险

　　市场风险（Market Risk）指因股市价格、利率、汇率等的变动而导致价值未预料到的潜在损失的风险。一般而言，市场风险包括权益风险、汇率风险、利率风险以及商品风险。在银行的表外业务活动中，利率和汇率经常是多变的，银行会因为对利率、汇率的预测失误而遭受资产损失。特别是在创新型的表外业务中，往往会由于利率和汇率的突然变化，银行的操作不但未能够达到避险、控制成本的目的，还可能使得银行暴露了更多的风险敞口，承受更大的损失。

（三）国家风险

　　国家风险（Country Risk）指在国际经济活动中，由于国家的主权行为所引起的损失的可能性。国家不一定是交易的直接参与者，但国家的政策、法规却影响着该国内的企业或个人的交易行为，即通过政策和法规的变动间接构成风险。在银行的表外业务中，国家风险发生的概率并不低，尤其是一些小国债务人，往往会因为一个政治事件、自然灾害、国内的负债规模过大等原因而使得债务人无法履约。此次全球金融危机中的欧洲债务危机、冰岛等国家延长债务支付等就是国家风险的具体表现。国家风险有三类派生风险，即转移风险、部门风险和主权风险。

（四）流动性风险

流动性风险是《巴塞尔协议Ⅲ》中重点强调的内容之一。流动性风险（Liquidity Risk）是指商业银行无力为负债的减少和/或资产的增加提供融资而造成损失或破产的风险。在商业银行表外业务活动中，特别是在进行金融衍生品的交易中，流动性风险是指交易一方想要进行对冲，轧平其交易标的头寸时，却找不到合适的对手，无法以合适的价格在短时间内完全抛补而出现资金短缺所带来的风险。这种风险经常发生在当银行提供过多的贷款承诺和备用信用证时，就蕴藏着银行可能无法提供资金需求的风险。

（五）筹资风险

筹资风险（Financial Risk）主要是因为银行在自由资金不足的情况下，无法以合适的成本从他处融得资金、从而导致交易到期日无法履约的风险。一般情况下，那些从事高杠杆率的表外业务活动的银行更容易发生筹资风险。在银行流动性不足的时候，其信用等级也会下降，其筹资风险也会加剧。

（六）结算风险

结算风险（Settlement Risk）是指因为各种原因，银行在从事表外业务活动时，不能够在交割期时履约而产生的风险。产生结算风险的原因有很多，既包括技术上的操作失误、也包括因为债务人的情况恶化而导致的，结算风险极易导致流动性风险、市场风险和信用风险等。

（七）操作风险

操作风险（Operational Risk）是指银行由于内部控制缺陷、系统或控制失败以及不可控制的事件所引起的银行的损失。由于表外业务透明度较差，其运用中存在的问题不易及时发现，因此，操作风险存在的可能性风险比较大，而且一旦发生，其损失比较大。著名的巴林银行倒闭案即为一典型的例子。

（八）定价风险

定价风险（Pricing Risk）是指因为市场相对狭小、市场信息披露有限等原因，无法完全识别表外风险状况，而对产品错误定价，丧失了或者部分丧失了弥补风险能力的损失。表外业务能否正确定价关系到银行能否从或有交易的总收入中积累足以保护银行交易利率的储备金，从而有能力在风险初期及时抑制其对银行的不良影响，或使银行能够在事发后弥补部分损失。

（九）经营风险

经营风险（Business Risk）是指与银行经营相关的风险，是指银行的决策人员和管理人员在经营管理中出现失误而导致银行盈利水平变化，从而产生投资者预期收益下降的风险，或由于汇率、利率等因素的变动而导致未来收益下降和成本增加的风险。对于表外业务而言，经营风险可能会体现在对金融衍生品交易的搭配不当，或在资金流量时间上不对应，而导致在一段时间内面临着风险头寸敞口所带来的损失。

除此之外，银行的表外业务可能还会面临着信息风险、道德风险等。表外业务的复杂使得银行的会计处理增加了很多难度，不能及时地反映银行财务状况，对银行的管理者和客户以及银行的投资者而言都不利。随着表外业务的复杂化和多样化，商业银行所面临的风险也更加复杂。

二、表外业务的风险管理办法

商业银行表外业务不反映在商业银行资产负债表中，而且表外业务本身又相当复杂，透明度也相对比较差，这些都给银行的管理者和银行监管机构的有效监管增加了难度。对商业银行的表外风险管理，总体来看，表外业务风险管理主要包括基于商业银行自身对表外业务的管理和基于金融监管机构对其表外业务活动的监管两个层次。

（一）商业银行对表外业务的管理

商业银行主要通过一些制度建设来加强对表外业务的管理，主要有三个方面，信用评估制度、业务风险的识别评估制度和双重审核制度。

①信用评估制度。商业银行的表外业务常常需要在市场上选择交易对手进行主动操作，所以，为了防范交易对手风险，在进行交易之前，应当加强对交易对手的信用调查和信用评估，避免与信用等级较低的交易对手进行交易。同时，在交易过程中，在确定具体的交易规模、价格日期和交易价格时，也应该重点考虑交易对手的信用等级。对于一些期限较长的表外业务，应该建立动态的评估机制，定期对交易对手的信用进行评估，并且定期的重新协商合同中的条款，避免风险转嫁或者防范交易对手的道德风险。

②业务风险的识别评估制度。对表外业务进行准确的识别和评估是银行对其表外业务进行有效监管的前提。对表外业务的风险建立一整套机制和测量方法，在定性分析的基础上进行定量分析，根据每笔业务的具体风险状况来收取佣金。对于表外业务信用风险的度量，《巴塞尔协议》提供了一套度量方法，该方法通过规定的信用转换系数，把表外业务折算为一定金额的表内业务，然后根据表外业务交易对手和资产的性质来确定转化后资产的风险权数，其汇总值就是表外业务信用风险的信用风险资产额，然后利用表内业务信用风险的度量方法来度量表外业务的信用风险。

③双重审核制度。因为表外业务潜在风险比较大，实行双重审核制度，即前台交易员和后台管理人员严格分开来对交易进行监管。前台交易员主要是根据市场变化调整风险敞口，而后台管理人员则主要是做好跟踪结算、及时汇报和采取必要措施等工作。

（二）银行监管机构对表外业务活动的监管

正是因为商业银行表外业务不反映在商业银行资产负债表中，与表内业务相比，对其信息披露的要求并不高；同时，表外业务的复杂性也在客观上降低了产品的透明度。因此监管部门的首要工作是加强银行表外业务的信息披露。由于银行的表外业务一般都是高风险高收益项目，对银行从事表外业务进行有条件的限制，也是降低潜在风险的一种手段。例如，监管当局可以对银行的表外业务设置最低资本要求。

①增强信息披露，完善报告制度。巴塞尔委员会要求商业银行建立专门的表外业务报表，定期向金融监管当局报告交易的协议总额、交易头寸，使得金融机构尽可能多的及时了

解掌握全面、准确的市场信息。不少国家金融监管机构还要求银行对表外业务的场外的具体交易情况做出详细的说明，对表外业务如期权交易的经营收入也要做出披露。

②依据银行的信用状况，有条件的限制市场准入。银行表外业务是一个收益大风险大的业务，并不是每个银行都有足够的风险控制技术和充足的资本来从事表外业务。在这方面，银行监管部门应当有所区分，有所管制。通常情况下，金融监管部门需设置一定的门槛，具体包括对银行的风险管理能力、资金实力等因素的要求，对于一些例如远期利率协议、期权等交易活动而言，商业银行须达到金融监管部门的要求才能够从事相关的活动。这样做的目的是使这些表外业务能够被限定在一些资金实力雄厚、信誉卓著的交易者之间，以降低信用风险。

案 例 分 析

美国长期资本管理公司事件

在华尔街乃至全世界金融领域，长期资本管理基金（Long Term Capital Management，简称 LTCM）声名显赫，与量子基金、老虎基金、欧米伽基金一起被称为国际四大"对冲基金"。舆论界称它是一家由超级富豪和金融精英组成的俱乐部。因为 LTCM 是由前所罗门总裁约翰·梅里韦瑟创立，他曾被誉为能"点石成金"的华尔街债务套利之父，其声名直逼著名投资大师沃伦·巴菲特和乔治·索罗斯。此外，LTCM 还聚集了华尔街一批证券交易的精英加盟：美林公司的主席戴维·康曼斯基、美联储前副主席戴维·穆林斯、因创立期权定价公式而享誉国际金融界并于 1997 年诺贝尔经济学奖得主默顿和斯科尔斯、前财政部副部长及联储副主席莫里斯、前所罗门兄弟债券交易部主管罗森菲尔德、和希利布兰等。凭借这样的实力，尽管该基金开户条件很苛刻，一般不得低于 1 000 万美元，除收取 2% 的管理费外，还要抽取 25% 的盈利分红，三年内不得赎回投资，不能过问基金的经营和投资组合，但众多投资者还是蜂拥而至。

从 1993 年创立至 1997 年，该公司确实取得了骄人的成绩，资产净值净增长 2.84 倍，几年间对投资者的年均回报率高达 40%。而且其大宗交易也给有关的银行和金融机构带来了丰厚的佣金收入。虽然该公司的名字上有长期资本的字样，但该公司主要从事短期投机。舒尔茨和默顿将金融市场的历史交易资料、已有的理论和市场信息有机结合在一起，形成了一套较完整的电脑自动投资模型（即市场中立差价套利模型），形成了"通过电脑精密计算，发现不正常市场价差，放大资金杠杆，入市图利"的投资策略。然而投资领域中永远不存在所谓的"终极真理"，这套投资模型也不例外：一是该模型的假设前提和计算结果都是在历史统计基础上得出的，但历史统计不可能完全涵盖未来现象。二是该投资策略是建立在投资组合中两种证券价格波动的正相关基础上的。尽管该公司所持的两种核心资产——德国债券与意大利债券的正相关性已被大量历史统计数据所证明，但是历史数据的统计过程往往会忽略一些小概率事件，亦即上述两种债券的负相关性。这些小概率事件一旦发生，就会出现统计学中的"长尾"现象，从而改变整个系统的风险。

按照该公司的估计，随着欧洲实行统一货币日期的临近，欧盟内部弱势货币国家的债券价格将上扬，而强势货币国家的债券价格将趋于下降，两种债券之间的价格差将会逐步缩小，最终消失。于是该基金大量买进意大利、希腊和丹麦等国债券，沽空德国等国债券，以期在这些债券价格上涨后获利。这是典型的信贷差价交易，该公司以前也做过类似的交易，并获利颇丰。但梅里韦瑟万万没有料到，从 1998 年 8 月开始，俄罗斯陷入严重的经济困境，俄政府被迫宣布卢布大幅度贬值，并暂停偿付外债，导致俄政府债券价格大跌，从而引发了大规模的市场恐慌，投资者纷纷将资金从风险较大的市场撤出，转而投向美、德等国债券，结果沽空的德国债券价格上涨，做多的意大利债券价格下跌，正相关变为负相关。而电脑系统面对这种原本忽略不计的小概率事件，错误地不断放大运作规模。基于这样的形势判断，该基金在操作上不是缩小交易规模以降低风险，而是出售其他资产获取现金来追加投资，以继续保持其庞大的交易数量。但随着时间的推移，行情却未见好转。从 5 月俄罗斯金融风暴到 9 月全面溃败，短短的 150 天该公司资产净值下降 90%，投资者也接连赎回投资，公司资本最后仅余 6 亿美元，已走到破产边缘。并且，LTCM 公司有交易往来的一些银行也损失惨重。在 1998 年 9 月 23 日，一向主张金融自由化，坚决反对干预微观经济活动的美国政府一反常态，由美联储出面组织大规模的抢救行动，协调全球数家大银行和金融机构共同出资 36.25 亿美元，以购买该基金权益的方式进行收购，使其免于破产倒闭的命运。

资料来源：刘国强. 商业银行表外业务的研究. 东北农业大学优秀博士论文，2003 年。

思考：

（1）请思考是什么原因导致 LTCM 发生如此之大的危机？

（2）对于商业银行表外业务的风险管理，此案例有怎样的借鉴意义？

本 章 小 结

商业银行的表外业务是指商业银行所从事的不列入资产负债表且不影响资产负债总额的经营活动。其实质是在保持资产负债表良好的外观条件下，扩大银行的业务规模和业务范围的商业银行业务。商业银行经营表外业务是通过提供非资金的服务完成的。

在商业银行的传统型表外业务中，结算业务是商业银行最普遍也是最受欢迎的表外业务之一，从结算工具来看，主要有支票、本票和汇票三大类。结算业务、担保业务、代理业务和承诺业务是服务于传统贸易生产过程中的典型的表外业务，与创新型业务相比，是风险相对较小的业务，也是银行的收入组成部分中比较稳定的业务内容。它们全部或者部分是或有负债类的业务，只是在一定条件才会转化为银行的实际负债。

商业银行创新型表外业务主要三大类，银行卡业务、票据发行便利、金融衍生工具业务。金融衍生工具是银行创新型表外业务中非常重要的组成部分。其种类繁多、涵盖广泛，从具体的品种来看，包括金融远期交易、金融期货交易、金融期权和资产证券化四类。往往因为金融衍生工具的高杠杆性、不透明性，而集聚了大量的风险。此次全球金融危机在某种程度上来看，就是衍生品的监管跟不上衍生品的发展的监管缺失的金融危机。

商业银行表外业务发展的动机是规避管制、赚取利润，从这个角度来看，商业银行的表外业务将会蕴涵大量的风险。从其风险种类来看，主要有信用风险、市场风险、国家风险、流动性风险等九种风险。从其风险管理的角度来看，主要包括银行自身的风险管理和监管当局对于银行表外业务的监管两大类。

关键词

表外业务　结算业务　担保业务　代理业务　承诺业务　支票　本票　汇票
银行卡　票据发行便利　金融远期　金融期货　金融期权　资产证券化

思　考　题

1. 商业银行的表外业务与表内业务之间的区别是什么？

2. 商业银行发展表外业务的动机是什么？表外业务的主要特点是什么？

3. 结算工具一般有哪几种？各有什么特点？

4. 银行卡有哪些优点？简述银行卡的意义。

5. 金融期权与金融期货有哪些相同点？哪些区别？

6. 在外汇市场上，如何利用远期利率来规避汇率风险？试举一例。

7. 表外业务的风险有哪些？

8. 为什么要对表外业务活动加强监管？如何加强对表外业务活动的监管？

商业银行国际业务管理

【学习目的】

☞ 了解商业银行开展国际业务的重要意义；

☞ 熟悉商业银行国际业务的主要类别和组织形式；

☞ 掌握商业银行国际结算业务的工具和方式；

☞ 知道商业银行国际信贷业务的类别和管理；

☞ 说明商业银行外汇交易的种类和各自的特点。

国际业务作为商业银行的重要业务门类，在商业银行发展过程中起着越来越重要的作用。我国加入WTO后，同外资银行国际业务的竞争日趋白热化，外资银行凭借其良好的信誉、先进的技术手段、丰富的管理经验、优质的客户服务、完善的业务品种及对国际惯例的熟练驾驭能力等优势冲击着我国已有的经营领域，抢占着国际业务市场份额。面对激烈的竞争形势，各商业银行在狠抓本币业务的同时，纷纷将眼光瞄准了国际金融业务。我国商业银行只有面对挑战寻找对策，采取有效措施才能使国有商业银行在国际业务的竞争中立于不败之地。本章第一节介绍了商业银行国际业务的基本概念、种类和组织结构等方面的内容。第二节至第四节具体介绍了商业银行的国际结算业务、国际借贷业务及外汇交易业务，主要包括它们的业务内容、方式及如何进行经营管理。

第一节 商业银行国际业务概述

一、商业银行国际业务的产生意义和经营目标

商业银行的国际业务源于国际贸易的产生和发展，国际贸易融资是银行传统的国际业务。随着金融市场逐步完善并趋于一体化，以及先进技术被广泛应用，商业银行国际业务的发展空间得以拓展，银行业务国际化也成为各商业银行寻求自身发展的手段。商业银行作为现代金融中介的核心，一方面，积极开展和扩大国际业务的经营范围已经成为历史的必然；另一方面，增加在海外的分支机构和代理行数量，积极开拓海外市场也是适应金融全球化、自由化和提高国际竞争力的重要战略手段。

商业银行作为经营货币存放的专业机构，是国际债权债务结算的中心。国际债权债务的顺利清偿有利于促进国际间各种经济、政治、文化、技术合作与交流的顺利进行，推动金融市场的全球化。商业银行开展国际业务有利于其加速向现代企业的转变，提高商业银行的经营效益和经营管理水平，迎接新形势下的各种挑战。国际间进行贸易和非贸易往来而发生的债权债务，要用货币收付，在一定的形式和条件下结清，这样就产生了国际结算业务。国际结算方式是从简单的现金结算方式，发展到比较完善的银行信用证方式，货币的收付形成资金流动，而资金的流动又须通过各种结算工具的传送来实现。例如，汇款结算业务就是付款人把应付款项交给自己的往来银行，请求银行代替自己通过邮寄的方法，把款项支付给收款人的一种结算方式。国际信贷和投资是商业银行国际业务中的资产业务。国际信贷和投资与国内资产业务有所不同，这种业务的对象绝大部分是国外借款者。进出口融资是商业银行国际信贷活动的一个重要方面，它为国际贸易提供资金融通，这种资金融通的对象，包括本国和外国的进出口商人。商业银行为进出口贸易提供资金融通的形式很多，如进口押汇，打包放款，票据承兑，出口贷款等。国际贷款由于超越了国界，在放款的对象、放款的风险、放款的方式等方面，都与国内放款具有不同之处。国际投资是指商业银行可以投资于国际金融市场上的各种产品，如商业银行可进行外国债券投资和欧洲债券投资等。

商业银行开展国际业务的经营目标主要包括：第一，维持和扩大其在国际银行业市场中的份额，积极增加国际贸易融资，外汇买卖及国际借贷活动，促使其资产规模迅速增大；第二，努力获取最大限额的利润，全面开拓各种有利可图的国际金融业务和金融服务，争取获得较高的或有利的信贷利润率；第三，在全球范围内建立和发展与客户的广泛联系，即与其他同行携手协作，互相融通，彼此代理，又必须认真应付其他竞争者的挑战。

二、商业银行国际业务的概念及种类

商业银行的国际业务从广义上说是指所有涉及外币或外国客户的活动，包括银行在国外的业务活动及在国内所从事的有关国际业务。与国内业务相比，商业银行的国际业务在业务的记账单位、交易对象、业务规模及业务空间等方面均有明显区别。商业银行的国际业务是顺应国际贸易的快速发展及跨国公司的崛起，与金融创新活动密不可分，并且依赖现代通信技术和电子计算机的广泛应用，具有盈利率一般高于国内业务的特点。商业银行国际业务的

可分为如下种类。

1. 国际结算业务

商业银行的国际结算业务主要有汇兑业务、托收业务和跟单信用证业务。汇兑业务根据使用的信用工具的不同，可分为电汇、信汇和票汇三种业务；托收业务根据托收时有没有附属票据，可分为跟单托收业务和光票托收业务；跟单信用证业务是商业银行信用证业务中业务量最大的业务，也是整个商业银行国际结算业务中规模最大的业务。而光票信用证业务的规模较小，而且并不常用。

2. 国际贷款

商业银行国际贷款业务是商业银行为争取客源向国外客户开展的跨国信贷业务。根据借款人身份的不同，国际贷款业务分为国外企业贷款业务、国外银行贷款业务和国外政府贷款业务。根据放款行的多少，国际贷款业务可分为单一银行放款业务、参与放款业务和辛迪加放款业务。随着国际资本流动速度和规模的加大，商业银行的国际贷款业务的规模也在日趋膨胀。

3. 国际贸易融资业务

目前，国际上商业银行开展的国际贸易融资业务主要有票据买入、进出口押汇、打包放款、进出口信贷业务等。实际上，国际贸易融资业务是商业银行国际信贷业务的另外一种形态，商业银行在办理这些业务时实际上是向要求办理的进出口企业发放了一笔贷款，在资产负债表内属于资产业务。

4. 外汇买卖业务

现在大多数商业银行开展的外汇买卖业务主要有即期外汇买卖业务、远期买卖业务、套期交易业务、套利交易业务、套汇交易业务、外汇期货交易、外汇期权交易业务等。其中，商业银行的日常柜台外币兑换业务主要是即期外汇买卖业务，用于满足一些居民和非居民日常外汇支付费用的需要。此外，随着金融自由化程度的加深，商业银行不断开发新的外汇交易品种，以适应国际金融市场的变化和发展。

5. 离岸金融市场业务

离岸金融市场业务又称欧洲货币市场业务，是商业银行或其在国外的分支机构在离岸金融市场上向非居民办理的各种资金融通业务。根据期限长短，离岸金融市场业务可分为离岸资金市场业务和离岸资本市场业务，其中离岸资本市场业务又包括欧洲中长期信贷业务、离岸银团贷款业务和欧洲债券业务。金融全球化程度的不断加深使得离岸金融市场已经成为整个国际金融市场的核心，商业银行离岸金融市场的业务规模也在急剧扩张。

除上述业务之外，商业银行还开展了许多其他国际业务，如证券投资、租赁、代理保险、辛迪加包销、投资顾问，以及金融衍生品交易等。商业银行的国际业务在金融全球化的今天扮演的角色日益重要。

专栏 8-1　花旗银行在日本的成功

花旗银行在日本的成功很大程度应归功于其融资部门。它和数百家日本的贸易公司、制造商、保险公司建立了业务联系。这个商业化的融资机构首次在东京对客户推出 24 小时全天服务，营业额达 10 亿美元。花旗银行也是首批推出日元利率互换的银行之一，这也为在东京建立外汇交易市场奠定了稳固的基础。此外，花旗银行在货币期权交易方面也处于领先地位。花旗银行根据对客户提供的服务类别及应用非传统还是传统的业务服务方式来对其新创设的金融业务进行划分。

在进行传统业务的过程中，花旗银行总是辅以其特有的专门技术和其他分支机构的成功经验，以确保其在新的市场上占有一席之地，花旗银行的复合货币账户——简称"复合货币"，就是一个显著的例子。这一业务原为花旗银行在香港的分支机构所创，经过其日本机构修改后，适应了当地的需求。这种复合货币账户不但使客户在六种自由货币中随意选择进行存款，还可以代为客户保管黄金。此外，花旗银行在日本还推出其他一些创新的金融业务和服务，包括信函和电话通知账户、使用客户的本国语言为客户提供服务，以及根据客户多币种账户存款的收支情况自动调整控信额度等。近几年来，花旗银行又在日本市场推出了被称为"一揽子"的业务和一种叫做"高度安全"的业务，作为一种可以避免损失的担保存款业务。它除能确保客户原有的日元资金不因汇率变动而损失外，还可使客户的资金在运动中实现最大的价值。1990年，花旗银行又在当地进一步拓展其日元和外币存款业务，尽可能增加存款者的收入。

花旗银行在日本的金融创新是没有局限性的。位于东京奥地麦齐的花旗银行弗莱格奇波分行有一个自动出纳系统，可随客户用英语、日语两种语言办理支付现钞、转账和接受存款等项业务，闭路电视显示屏遍布分行的各个角落，随时向客户提供利率、汇率及有关银行业务与服务方面的信息。花旗银行在日业务的30%是通过电话办理的。经过一年的调查，银行意识到，越来越多的客户愿意用打电话的方式代替直接到银行办理业务，于是开办了电话办理业务，并广泛地宣传客户可以免费使用长途电话来办理业务，这项业务吸引了大量的客户。同时，通过电话和信函手段办理业务使一年中到银行办理业务的人数减少了30%。客户愿意与超越传统营业方式的银行进行业务往来的愿望为花旗银行带来了不少益处。首先，它利于花旗银行在整个日本市场推广其业务，寻觅新客户，而不像以前那样只在东京地区设立机构，拓展业务。其次，它使花旗银行以比传统银行网络更低廉的运营费用来吸引和服务于客户。

另外，花旗银行成功地将它应用于世界各地的信用卡业务的处理方式加以修改，介绍到日本以满足当地的需要，花旗银行因引入此项业务而迅速占有了大量的市场份额。在这一过程中，花旗银行充分利用了它所持有的现存和潜存客户的内部资料，并通过信函与这些客户建立联系，吸引新客户。花旗银行通过信函方式拓展业务取得的成功，很大程度上归功于其所占有的这些资料。这个被称为西蒂贝丝的资料管理系统，掌握着那些潜在的客户的姓名、地址及其他一些有价值的信息，有一半以上的日本家庭资料被纳入这一信息系统。由于这些资料的内容总是不断地根据客户对银行业务推广信函的最新反映加以修正，因而银行可以按照客户对某项业务的关注程度来建立他们的档案资料。通过这种方式，银行可以获得更多的客户信息并降低运营费用。花旗银行深入的市场调查也是其在日本业务不断拓展的关键。在他们进行的调查中，一些注意了解客户对开立账户手续的满意程度，另一些则调查存户对诸如电话服务中心所提供服务的满意程度，还有一些则试图了解为何有些客户停止使用他们的账户或仅仅保持低水平的收支业务。花旗银行还建立了所谓服务的"监视系统",这一系统既有助于更有效地实施内部管理,也可以确保提供更好的服务使客户满意。目前,总共有50多个这样的"监视系统"在进行工作,监视的项目包括诸如客户排队等待办理业务的时间长短,客户使用银行各种线路打入电话是否遇到麻烦,以及客户对银行提供账户说明是否及时地反映等。

资料来源:姜旭朝,于殿江.商业经营管理案例评析.济南:山东大学出版社,2000.

思考:(1)花旗银行在日本开展国际业务的成功经验有哪些?

(2)试问为什么花旗银行可以持续不断地进行金融创新,你认为花旗银行成功的关键是什么?

三、商业银行国际业务的组织机构

商业银行经营国际业务需要建立一套健全的组织系统,否则国际业务就无法顺利开展。一般来说,商业银行国际业务的组织系统包括三个方面:国外代理行系统、分支机构系统和参与国际银团。这三种组织系统又可以进一步划分为以下几种形式:国际业务部、国外分行、国外代表处、国外代理行、国外子银行及国际联合银行等。

(一)国际业务部

从事国际业务的银行一般在总行设有国际业务部负责全行的国际业务。国际业务部负责制定整个银行国际业务的组织制度、管理模式、业务规范、业务流程和种类等方面内容,办理的国际业务主要包括国际信贷、国际结算、外汇买卖等。

(二)国外分行

国外分行是母国银行在国外营业性机构,是母国银行的一个组成部分。从法律上讲国外分行是总行的一个组成部分,它不是独立法人,是从属于总行的能独立经营业务的分行,其资产、负债等均为总行的一部分。在国外设立分支行要受东道国法规约束,它们可以在当地法律允许的范围内从事存款放款业务、国际结算、贸易融资、证券买卖业务及各项咨询业务等。对许多商业银行来说,设立国外分支行是开展国外业务的较好形式。尽管分支行的开办费用和维持费用都比较高,收入可能要缴纳较重的税,但分支行所获利润也相当可观。

(三)国外子银行

国外子银行是银行控股公司的下属银行,它们在法律上独立于总行,在所在国登记注册,与国外分支行不同。国外子银行尽管在法律上脱离总行,但直接或间接地受总行的控制。国外子银行可以从事所有的银行业务,它可以是新设立的机构,也可以是对现有银行兼并而成立的机构。国外子银行对任何一位客户的最高贷款额是以自己的资本为依据,而不是以总行或联合企业的资本为依据。

(四)国外代表处

代表处是商业银行最简单的驻外联系机构,它是从事业务会谈与联络的场所。代表处通常只有一两名职员,负责联络、沟通所代表的银行与东道国银行之间的业务联系。由于代表处不直接参与传统意义的银行业务，因而设立代表处比较简单，通常在不允许开设分行的国家或地区设立。

（五）国外代理行

商业银行在国外没有建立自己的分支机构的情况下，通过与外国银行合作，以办理国外款项的收付及其他国际业务，由此而建立起代理关系的外国银行就是代理行。这种代理关系一般都是相互的，寻找海外代理行，建立代理行关系，签订合约，相互委托业务。

（六）国际联合银行

国际联合银行是指由几个跨国银行一起投资组建的银行。其与国外子银行的区别在于控股公司对其的控制程度不同。控股公司持有多数股份并直接控制的为国外子银行，仅持有少数股份的为国际联合银行。在美国，国际联合银行被定义为控股公司拥有 20％～50％股权的外国机构，联营银行一般不受某一控股公司的绝对控制。国际联合银行通常办理经营租赁、代理融通和商业业务，存款业务的规模一般都比较小。由于控股公司对联营银行持股较小，因而难以对它实行控制。控股公司对联营银行的控制程度取决于持股状况。

（七）银行俱乐部

银行俱乐部的成员银行间仅是一种国际合作关系，它是一种比较宽松的组织形式。俱乐部成员构成和组织形式使得这类俱乐部建立的主要目的是为了协调和促进成员银行间的国际业务发展，提高抗风险能力，从而提高在银行业的竞争力。目前，这类组织形式在欧洲最为盛行，如欧洲银行国际公司、欧洲信贷银行、欧洲联合合作金库、欧洲联营银行公司等。以欧洲银行国际公司为例，欧洲银行国际公司是由欧洲 7 个国家的各一家重要银行合资组成的金融集团，总管理处设在布鲁塞尔。它成立于 1973 年，成员有英国米兰银行、法国兴业银行、德意志银行、意大利商业银行、阿姆斯特丹-鹿特丹银行、比利时通用银行、奥地利信用准备联合银行。该集团在世界上近 50 个国家设有分支附属机构，集团资产总额达数千亿美元，在 6 家国际联合银行（欧洲信贷银行、欧美银行、欧亚银行、欧洲金融公司、欧洲阿拉伯银行、欧洲太平洋金融公司）中持有股份。

四、商业银行开展国际业务的风险

商业银行经营国际业务比经营国内业务面临着更多更大的风险，其中最重要的风险是国家风险、法律风险和外汇风险。国家风险是指跨越国境进行贷款可能发生的对贷款者的损失，这种损失通常是由于借款国发生某种特殊事件所造成，而且主要是由于政府的责任和政策的变更所致。法律风险是指银行操作人员因对业务相关的国际惯例和规则不够熟悉，以及对所在国相关业务的法律和监管规章缺乏了解，导致发生损失的风险。由于国际业务涉及的法律当事人和权利义务要比国内业务要复杂得多，所以商业银行在开展国际业务时常常会受到较大的法律风险影响。国际业务的外汇风险是指因汇率变动而使商业银行蒙受损失或丧失所期利益的可能性。外汇风险一般包括买卖风险、信用风险和结算风险。其中，外汇买卖风险是指由于进行外汇交易，即由于本国货币与外币的交换所产生的风险，商业银行经营国际业务所担负的外汇风险主要是外汇买卖风险。外汇信用风险是指在外汇交易中由于当事人违约而给银行带来的风险。外汇清算是指因外汇交易的其中一方无法履行对一位或以上的交易对手的支付义务而蒙受损失的可能性。由于外汇交易的跨境及跨时区性质，结算风险一直是外汇市场关注的问题。每种货币都要在其本国交付，基于时区不同，一种货币的支付完成后，可能要相隔几小时另一种货币的支付才完成。外汇结算风险又称为"赫斯塔特风险"（详见专栏 8-2）。

专栏 8-2　赫斯塔特风险介绍

赫斯塔特风险（Herstatt Risk）是因当时赫斯塔特银行在 1974 年接到了德国政府当局清算的命令，却无力向对方银行支付美元而发生的风险。银行遇到了巨额跨境结算的风险，因为一笔外汇交易中各个阶段不可撤销的结算可能是在不同的时间完成的。例如，向一家纽约银行在东京的日本代理行支付日元应在东京的营业时间内完成，而这家纽约银行向在纽约的该日本银行的美国代理行相应地交付美元则是发生在纽约的营业时间内。由于这两个国家的支付体系从不在相同时间开始运作，因此就存在这样一种风险：交易的一方正执行了交易，但另一方却可能已经破产而无力交付用于补偿或冲销的货币。

在赫斯塔特银行倒闭 20 多年后的今天，人们仍未找到能被广为认可的将结算风险数量化的方法。外汇委员会是一家由纽约联邦储备银行资助的私营部门性小组，它首先开始了对外汇交易商的调查，并开发了一种检验结算风险的方法，它在《降低外汇结算风险》这份报告中，提出了一套推荐的最佳作法。在 1996 年 3 月，十国集团的国际收支与清算体系委员会发表了《阿索普报告》，它是根据以前的方法写成的，分析了现有的协议安排，提出了降低结算风险的战略。

《阿索普报告》认为，外汇交易的结算不仅仅是一日之内即可解决的问题，它认为支付起初可以至少有一到两个工作日的时滞；在一家银行确认它已收到了所需的支付之前，另外一至两个工作日可能已经过去了。一家银行的风险总额可能超过三天交易量的价值，所以甚至与一个交易对手的收支差额都可能会超出一家银行的资本。国际上几起著名的外汇交易中支付违约事件，包括国际商业与信贷银行（BCCI）和巴林银行事件，表明外汇结算风险是不容忽视的，人们已经开始重视这一风险并予以数量化研究。

第二节　商业银行国际结算业务

一、国际结算的概念

国际结算是指国际间由于经济、文化、科技交流而产生的以货币表示的债权债务的清偿行为。不同国家的政府、企业、个人都通过货币收付来了解各自债权债务关系。国际间的各种经济交易，如国际贸易往来、劳务的提供与接受、资本和利润的转移、资金借贷交易、政府间的政治、外交及民间的非贸易往来等，是形成国际间债权债务的主要原因，也是国际结算的主要内容。虽然金融交易就结算金额而言目前远远超出国际贸易结算，但从其对国际经济交易的作用的角度来看，国际贸易结算至今仍然排在第一位。对商业银行而言，国际贸易结算虽然比其他结算业务复杂，但其成本低、收益高、风险小，一般也不需要占用银行信贷资金，属于非常重要的表外业务。

国际结算不同于一般的国内结算，前者主要用于实现国际间债权债务的清偿及货币资金的转移，后者一般只涉及一国境内的货币结算及相关事项。与国内结算相比，国际结算具有一些显著特征：结算中需要依照多种国际法规及国际惯例；结算中采用多种货币作为结算货币；结算中需跨国界的多家银行的协调合作。

由于国际结算涉及国际间债权债务关系的清偿及资金的转移，引起跨国货币收付的原因有很多种，具体可以分为四类：第一，有形贸易类，一般是指由于商品进出口所引起的货币收付，如国际商品贸易；第二，无形贸易类，具体是指货币单方面付出或以劳务为背景的货币收付，如出国留学、国际旅游、国外亲友赠款、劳务输出、对灾区的援助、政府间的外交活动及国际间文化、体育、艺术交流等；第三，复合类，这一类既包括商品交易又包括劳务交易的货币收付，如国际工程承包，技术转让等；第四，金融类，主要指货币与货币之间的交易，如对外投资、对外筹资、外汇买卖等。

二、国际结算的方式

由于使用的票据不同，国际结算有三种基本方式：汇票、托收和信用证。从资金与票据的流动方向是否一致来看，汇款属于顺汇，又称汇付法；托收和信用证则属于逆汇，又称出票法。

（一）汇款结算方式

汇款是指银行应客户的委托或自身业务的需要，利用一定的结算工具，如汇票、支付委托书、加押电传等，通过电汇、信汇、票汇等方式，将资金从本国拨付到收款人所在地的分行或代理行转付给债权人或收款人。汇款业务一般有四个当事人，即汇款人、收款人、汇出行与汇入行。

1. 电汇

电汇（Telegraphic Transfer，T/T）是汇出行受汇款人的委托，以加押电报或电传通知汇入行向收款人解付汇款的方式。电汇具有收款快捷、资金安全的特点，适用于金额大、需求急的汇款结算。电汇的基本程序如图 8-1 所示。

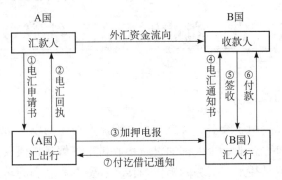

图 8-1　电汇的基本程序

2. 信汇

信汇（Mail Transfer，M/T）是汇出行受汇款人的委托，将信汇委托书或付款委托书，用邮寄（多为航空邮寄）的方式委托汇入行解付汇款的结算方式。信汇业务与电汇业务大致相同，其主要区别在于结算工具及其寄送方式的差异。信汇虽然费用较电汇低廉，但邮寄速度慢，传递环节多，易遗失。

3. 票汇

票汇（Demand Draft，D/D）是汇出行受汇款人委托，开立以汇入行为付款人的银行即期汇票，交由汇款人自带出境或自行寄送收款人，并凭此向汇入行提取款项的结算方式。与电汇、信汇显著不同的是，汇票中的结算工具传递并不通过银行，汇入银行无须通知收款人取款，而由收款人自己凭票向汇入行提示请求解付票款。

4. 汇款的偿付与退汇

汇出行委托汇入行解付汇款后，应及时将所汇款金额拨交给汇入行，叫做汇款的偿付，俗称拨头寸。汇款的偿付按拨款与解付的先后，可以分为先拨后付和先付后拨两种情况。我国绝大多数银行对汇款的解付都在收到头寸之后。

汇款人或收款人某一方在汇款解付前要求撤销该笔汇款叫做退汇。信汇和电汇的退汇必须在汇款解付以前进行，汇款人与收款人均可提出退汇要求。对票汇的退汇，应在汇款人寄出汇票前由汇款人本人持原汇票到汇出行申请办理。汇票如果遗失、失窃或邮寄途中损失，应办理挂失、止付手续，由汇款人向汇出行出具保证书，汇出行据此通知汇入行挂失止付。

（二）托收结算方式

国际托收（Collection）是指是出口商（债权人）为向国外进口商（债务人）收取款项，开具汇票委托出口地银行通过在进口地的联行或代理行代向进口商收款的结算方式，是国际贸易常用的结算方式之一。债权人办理托收时，要开出一份以国外债务人为付款人的汇票，然后将汇票和其他单据交给当地托收银行，委托当地托收银行将汇票及单据寄交债务人所在地的代收银行，由代收行向债务人收取款项并寄给托收行转交委托人（债权人）。托收方式的资金流向与信用工具的传递方向相反，称为逆汇。具体流程如图 8-2 所示。

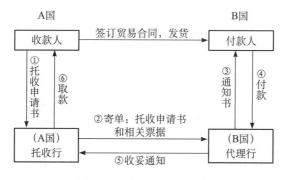

图 8-2　托收的基本程序

托收可根据托收单据的不同，分为两种光票托收和跟单托收。

1. 光票托收（Clean Collection）

托收时如果汇票不附任何货运单据，债权人仅向托收行提交汇票、本票、支票等金融单据，委托其代为收款，叫光票托收。这种结算方式多用于贸易的从属费用、货款尾数、佣金、样品费的结算和非贸易结算等。

托收的主要当事人包括：委托人、委托行、代收行、付款人、提款行。托收是建立在商业信用基础之上的一种结算方式，最大的特点是收妥付汇、实收实付。出口商与托收银行之间、托收银行与代收银行之间仅是一种代理关系。进口商是否按规定的交单条件付款赎单，完全取决于其付款的能力和付款的愿望，银行并不承担付款的责任。

2. 跟单托收（Documentary Collection）

跟单托收是指附有包括货运单据在内的商业单据的托收，国际结算业务的日常托收业务以跟单托收为主。

根据交单条件的不同，跟单托收可分为付款交单和承兑交单两种。付款交单（Documents against Payment，D/P）是指代收行必须在进口人付款后方能将单据交与进口人的方式，即所谓的"一手交钱，一手交单"。出口人把汇票连同货运单据交给银行托收时，指示银行只有在进口人付清货款的条件下才能交出货运单据。这种托收方式对出口人取得货款提供了一定程度的保证。付款交单跟单托收根据付款时间的不同可分为三种：一是即期付款交单，出口商开具即期汇票交付银行代收货款，进口商见票后须立即支付货款并换取单据；二是远期付款交单，出口商开具远期汇票托收，根据远期汇票的特点，进口商要先行承兑，至汇票到期日才能付清货款领取货运单据；三是在远期付款交单条件下，如果进口商希望在汇票到期前赎单提货，就可采用凭信托收据借单的办法。这里的信托收据是进口商向代收行出具的文件，该文件承认货物所有权属于代收行，秘书只是以代收行代理人的身份代为保管货物，代收行有权随时收回出借给进口商的商品。

承兑交单（Documents against Acceptance，D/A）是指在使用远期汇票收款时，当代收行或提示行向进口商提示汇票和单据，若单据合格进口商对汇票加以承兑时，银行即凭进口商的承兑向进口商交付单据。这种托收方式只适用于远期汇票的托收，与付款交单相比，承兑人交单为进口商提供了资金融通上的方便，但出口商的风险增加了。

（三）信用证结算方式

信用证（Letter of Credit，L/C），是指开证银行应申请人的要求并按其指示向第三方开立的载有一定金额的，在一定的期限内凭符合规定的单据付款的书面保证文件。信用证是国际贸易中最主要、最常用的支付方式。信用证是银行有条件保证付款的证书，成为国际贸易活动中常见的结算方式。按照这种结算方式的一般规定，买方先将货款交存银行，由银行开立信用证，通知异地卖方开户银行转告卖方，卖方按合同和信用证规定的条款发货，银行代买方付款。

信用证结算涉及的基本当事人有：开证申请人、开证行、受益人。信用证结算的其他当事人有：通知行、保兑行、议付行、偿付行。信用证结算具有以下显著特点：信用证是一项自足文件，不依附于买卖合同，银行在审单时强调的是信用证与基础贸易相分离的书面形式上的认证；信用证是一种银行信用，开证银行对其负有首要付款的责任，它是银行的一种担保文件；信用证是凭单付款，只要单据相符，开证行就应无条件付款，不以货物为准。

1. 信用证的种类

国际结算中使用的信用证可以从有无单据、形式、性质、付款期限、流通方式等不同角度分成很多类别。

①光票信用证和跟单信用证。这是根据信用证项下的汇票是否附有货运单据进行划分的，在国际贸易的货款结算中，绝大部分使用跟单信用证。光票信用证（Clean Credit）是指银行凭光票信用证付款，受益人在请求议付或者付款时，只需提交汇票或发票，而无须提交货运单据。例如非贸易结算中的旅行信用证和贸易结算中的预支信用证均属于光票信用证。跟单信用证（Documentary Credit）是凭跟单汇票或仅凭单据付款的信用证，具体单据包括代表货物所有权的单据（如海运提单等）或证明货物已交运的单据（如铁路运单、航空运单等）。

②可撤销信用证和不可撤销信用证。这是以开证行所负的责任进行划分的，多数信用证采取不可撤销的形式。可撤销信用证是指开证行不必获得受益人或有关当事人同意有权随时撤销的信用证，需要在信用证上注明"可撤销"字样。《国际商会第 500 号刊物》（简称UPC500）公布的《跟单信用证统一惯例》中规定如果信用证中未注明是否可撤销，应视为不可撤销信用证。而最新出台的 UPC600 则规定银行不得开立可撤销信用证。不可撤销信用证是指信用证一旦开出，只要受益人提供的单据符合信用证规定，开证行必须履行付款义务，在有效期内，未经受益人及有关当事人的同意，开证行不能片面修改和撤销。

③即期信用证和远期信用证。即期信用证是指开证行（或付款行）收到出口方提供的符合信用证条款的跟单汇票或装运单据后，立即履行付款义务的信用证。即期信用证有利于出口方的资金周转，减少汇率变动和货款收不到的风险。远期信用证是指出口方交单后开证行（或付款行）不立即付款，而是根据汇票的期限到期付款的信用证。远期信用证不利于出口方资金周转，但是出口方为了提高销量和市场竞争力，也会为进口方提供开立远期信用证的便捷条件。

④可转让信用证和不可转让信用证。可转让信用证是指信用证的受益人（第一受益人）可以要求开证行将信用证全部或部分转让给一个或数个受益人（第二受益人）使用的信用证。开证行在信用证中要明确注明"可转让"，且只能转让一次，第一受益人赚取差价并仍对原证负责。在国际贸易中，出口方为了保障资金安全，通常较少接受可转让信用证。不可转让信用证是指受益人不能将信用证的权利转让给他人的信用证。凡信用证中未注明"可转让"，即是不可转让信用证。

⑤保兑信用证和不保兑信用证。保兑信用证是指开证行开出的信用证，由另一银行保证对符合信用证条款规定的单据履行付款义务。对信用证加以保兑的银行，称为保兑行。不保兑信用证是指开证行开出的信用证没有经另一家银行保兑。

⑥对背信用证和对开信用证。对背信用证又称转开信用证，是指受益人要求原证的通知行或其他银行以原证为基础，另开一张内容相似的新信用证。对背信用证的开证行只能根据不可撤销信用证来开立，原信用证的金额应高于对背信用证的金额，对背信用证的装运期应早于原信用证的规定。它主要适用于中间商转售他人货物或两国不能直接办理进出口贸易时，通过第三者以此种办法来沟通贸易。对开信用证则是指两张信用证申请人互以对方为受益人而开立的信用证，两张信用证的金额相等或大体相等，可同时互开，也可先后开立。它多用于易货贸易或来料加工和补偿贸易业务。

⑦备用信用证和循环信用证。备用信用证，又称担保信用证，是指开证行保证在开证申请人未能履行其义务时，受益人只要凭备用信用证的规定并提交开证人违约证明，即可取得

开证行的偿付。它是开证行根据开证申请人的请求对受益人开立的承诺承担某项义务的凭证。备用信用证十分有利于受益人，因为有银行信用作为担保，一旦开证人违约，受益人也可以从银行那里获得补偿。循环信用证是指信用证的金额可以不断循环使用，直至达到规定的次数或规定的总金额为止，最常被出口方使用到分批均匀交货的情况。具体的金额循环方式有：自动式循环，是指每期用完一定金额，不需等待开证行的通知，即可自动恢复到原金额；非自动循环，是指每期用完一定金额后，必须等待开证行通知到达，信用证才能恢复到原金额使用；半自动循环，是指每次用完一定金额后若干天内，开证行未提出停止循环使用的通知，自第 N 天起即可自动恢复至原金额。

2. 信用证的业务程序

信用证因其种类及用途不同，在业务和程序上略有差异。现以最常见的跟单信用证为例，简述信用证的一般业务程序。信用证的业务流程要比前两种结算方式复杂一些。跟单信用证业务程序可分为 12 个环节，如图 8-3 所示。

①签订合同，买卖双方在合同中规定使用信用证方式付款。

②进口方按照合同规定向银行申请开证，并提供相关担保。

③进口方银行开立信用证，并将信用证寄交出口方银行。

④通知信用证，出口方银行核对信用证印鉴或密押无误后，通知出口方。

⑤发货，出口方审核信用证与贸易合同相符合，装运发货。

⑥出口方将各种出口单据和汇票提交给出口方银行（或指定行）。

⑦议付货款，出口方银行将单据与信用证核对无误后，按发票金额扣除邮程利息后付款给出口方。

⑧出口方银行将汇票和单据寄交开证行（或指定行），要求其付款。

⑨开证行审核无误后，向议付行付款。

⑩开证行通知进口方付款。

⑪进口方向银行付款。

⑫进口方提取货物。

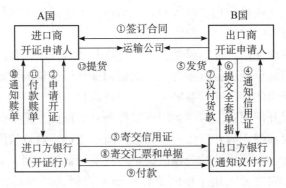

图 8-3　跟单信用证业务的结算程序

三、国际结算业务的管理

国际贸易结算基本上是非现金结算。结算过程中，由于交易双方分处不同国家，涉及银行、运输、保险等业务，工作环节多，手续繁复，使用的单据票证量大、类杂，有关国际规则和惯例要求严格，加上国际市场变化多端，因此加强国际结算业务的管理至关重要。对国际结算业务的管理主要涉及货币、结算方式及国际结算风险的防范等方面。

（一）货币因素

货币因素主要是考虑发生的国际贸易使用哪国的货币进行结算。首先，确定商品的价格货币和结算货币，两者有可能相同或不同。价格货币是指贸易中表示商品价格的货币，可用买方国、卖方国或第三国货币表示；结算货币是指用来支付商品货款的货币。其次，币种的确定。一般情况下，记账外汇贸易的支付协定中已确定了清算货币，只有现汇贸易才需选择货币。在选择币种时要考虑挑选自由兑换、调拨灵活的货币，避免汇价波动和遭受冻结的风险；在平等互利基础上，结合货物的价格、贸易习惯、商品畅滞来灵活选用货币；出口收汇尽量多用硬币，进口付汇尽量多用软币，硬货币是指汇率坚挺的货币，汇率波动性较小可以作为国际支付手段或流通手段的货币，如美元、欧元、日元等。再次，确定贸易外汇类别，分为自由外汇贸易还是记账外汇贸易。自由外汇是指贸易和非贸易项下进行收付时不加任何限制，不采取差别性的多种汇率，在国际外汇市场上可随时兑换所需外汇的货币。记账外汇是指记在清算账户上的外汇，只限于协定双边支付时使用，不能做多边清算，不得自由运用。记账外汇贸易无须逐笔结清，但要求进出口平衡，清算通常一年一次，差额可用商品、现汇或黄金支付。

（二）结算方式

国际结算的主要方式包括汇兑、托收和信用证方式。汇兑方式主要用于侨民汇款、赠与、资本借贷及贸易从属费用的支付。托收结算方式以商业信用为基础，常见的方式是跟单托收和光票托收。信用证多在贸易结算上使用，少数在非贸易中使用。目前，国际结算中的非信用证结算方式正取代信用证结算方式，成为国际贸易结算方式的主流，尤以欧美国家为甚，主要是适应市场向买方市场的转变。非信用证结算方式包括电汇、记账赊销方式、承兑交单、付款交单方式及在记账赊销方式和承兑交单方式基础上发展起来的国际保理业务。这些国际贸易结算方式对买方非常有利，可以降低费用，加速资金周转。

汇兑业务和托收业务都属于银行的中间类业务，银行主要通过提供服务进行收费，风险很小。因此对于这两类业务的管理，银行更应该关注的是如何提高服务的质量和效率，不断增加服务的品种，提供优质服务，以赢得更多的客户。同时，银行在操作过程中一定要严格遵照规章流程制度办事，防止出现挪用款项、垫付款项、骗取款项等操作风险行为，提高业务的盈利性和抗风险能力。

信用证的风险相较于前两类结算业务要大得多，因此银行要对信用证的审批进行严格管理。对银行来讲，尤其是开证行，由于一旦开出信用证，银行就要担负第一付款责任，这会给银行形成或有负债，有一定的风险。所以商业银行需要做好以下方面：第一，开证行必须对开证申请人的资信条件进行全面调查和准确评估，确保资信状况良好；第二，要对开证申请人提交的出口贸易合同的真实性进行核实，确保信用证的签发是基于真实的进出口贸易；第三，开证行在开证前必须落实足额或者规定比例的付款保证，付款保证可采用保证金、质押、抵押、担保等几种形式，保证金必须存入保证金专户管理，不得提前支取和挪作他用；第四，按照不同国家的法律法规开立合法合规的信用证。在外汇管理制度较严格的国家，往往涉及许多外汇管理规定的执行，因此商业银行经办人员应随时掌握现行的外汇管理政策，要按照有关规定要求开立恰当的信用证形式。

（三）国际结算风险的防范

国际结算往往涉及不同的国家、不同的货币、不同的结算方式和不同的结算工具等，由于自然的、政治的、军事的、经济的和信用的原因，可能会导致一系列风险的发生。而常见的风险有政治风险、信用风险、货币风险和法律风险等。商业银行在国际结算中要回避或减少各种风险带来的经济损失，首先要对未来风险状况进行一系列分析、预测和判断，以利于风险承担者相机抉择，作出正确防范。一切风险都是各种主客观因素的综合反映，国际结算风险预测的直接对象或具体内容包括风险影响因素、风险事故和损失三个方面。国际结算电子化、标准化，大大提高了结算效率。但国际结算的单据日趋多样化、复杂化，也加大了结算风险。此外，由于世界经济全球化、一体化的发展，国际贸易领域的竞争日益激烈，促使贸易保护主义重新抬头，出现了新形式的贸易壁垒。国际贸易结算的法律规范日益健全，国际惯例、公约将在结算中起着重要作用，商业银行要及时学习相关的国际管理和各国的法律法规，从而降低国际结算业务涉及的法律风险。

第三节　商业银行国际借贷业务

一、国际借贷的概念

国际借贷（International Credit）是一国的银行、其他金融机构、政府、企业等，在国际金融市场上向另一国的银行、其他金融机构、政府、企业及国际机构进行借贷的行为。国际信贷反映了国家之间借贷资本的活动，是国际经济活动的一个重要方面。国际借贷的发展和变化是世界经济快速发展的必然趋势。国际借贷促进了国际经济、贸易的发展，缓解了资金短缺的问题，推动了生产国际化和经济全球化。

国际借贷资本的运动来源于国际资本的输入与输出。在商品经济发展过程中，资本处于不断流动的状态，流动的目的是尽量使资本增值，根据市场经济规律资本会自发的流向收益率高、利润高的国家和地区。如果具有国内外投资机会均等的条件，当国外投资的预期利润比国内高时，投资者就会通过直接、间接及其他灵活多样的方式使资本流向国外。在国际经济发展的过程中，一方面是发达国家出现了大量的过剩资本，当这些资本在本国找不到有利的投资环境时，就要突破国界，向资金短缺、生产要素组成费用少，而市场又较为广阔的经济不发达国家或地区输出。另一方面，发展中国家为了加速本国经济发展需要大量资本，在自己资金缺乏的情况下，就需要引进外资以弥补不足。也有一些国家，通过国际资本的输入输出来平衡和调节本国的国际收支。

国际借贷一般是在国际金融市场上进行的。国际金融市场的活动范围超越了一国的领土范围，借贷双方当事人往往为不同国家的法人。广义的国际信贷大体上可归纳为四种：国际商业信用、国际银行信用、国际债券信用、政府信用。而商业银行开展的国际信贷业务，一般是以商业银行作为国际信用的提供者，对国内外经济主体开展的授信行为，广义的国际借贷业务通常包括贸易融资和国际贷款两类。

（一）贸易融资

商业银行的国际贸易融资业务是商业银行利用银行自身的资金优势、信息优势、人才优势和技术优势来满足进出口贸易对资金融通的需求，解决贸易者资金短缺，促进贸易发展，增加客户来源、增加收入来源和多样性。贸易融资基本上包括出口信贷、福费廷、打包贷款、进出口押汇、保理业务、票据承兑等多种业务形式。

（二）国际贷款

国际贷款是指一国或地区的借款人（贷款人）跨越国境与另一个国家或地区的贷款人（借款人）之间进行的融资活动。它的参与主体包括银行、非银行金融机构、政府部门、企业和个人等。国际贷款的交易对象是可自由兑换的货币。通过利用国际贷款，借款人可以解决融资、资本短缺、平衡国际收支、偿还国际债务和扩大投资等目的。国际贷款的主要放款形式如下。

①单一制放款。单一制放款是指在国际借贷中只有一家商业银行对贷款人放款，即一对一放款或双边贷款。这种放款形式是最原始的也是最简单的商业银行国际借贷放款形式，和国内的商业银行贷款业务极其类似，它主要用于小额或短期国际借贷，如跨国公司的流动资金贷款、进出口贸易融资贷款等。

②参与制放款。参与制放款是指在国际借贷中当一家商业银行与某一国外借款人签订借贷合同之后，以该家银行为主，并同时邀请其他银行或金融机构参与共同向借款人发放贷款，或向这些参与的商业银行和金融机构借贷资金后再向借款人发放贷款的一种国际借贷放款形式。

③辛迪加贷款（Syndicated Loan），即银团贷款。通常由一家或几家大银行牵头，组成一个银行团，有组织、有计划地向借款人提供贷款的一种国际借贷放款形式。辛迪加放款一般是参加行应牵头行的邀请，以认缴份额的方式共同向借款人提供资金借贷。在国际金融市场上，规模较大的国际借贷一般都采用参与制放款形式或辛迪加放款形式。

需要注意的是，我们在对国际借贷种类的论述中是按照品种逐一介绍，并未按照贸易融资和国际贷款两类进行分类介绍。

二、国际借贷的种类

（一）押汇业务

押汇业务（Bill Purchased）是商业银行向出口商融资的一种方法，由出口方银行和进口方银行共同组织的一种业务，一般是指在不同国家的进出口商之间的交易中，A 国出口商以其所开的汇票，连同货物的提单、保险单及发票等全部有关单据为担保，向银行押借一定比例的款项，而由银行持全部单据到期向 B 国进口商收回贷款本息的贸易融资业务活动。从本质上讲，押汇是一种以运输中的货物为抵押，要求银行提供在途资金融通的票据贴现，其安全程度对银行而言要较一般贷款和贴现要高。由于押汇的货物通常为已经装船在运的货物，付款前途已有着落，所以其风险比一般货物为担保的贷款要低一些。

根据办理押汇业务的银行所处地理位置的不同，可以分为出口押汇和进口押汇。由出口商所在地银行承做的押汇为出口押汇，由进口商所在地银行承做的押汇为进口押汇。根据银行办理押汇业务时有无凭信，还可以把押汇分为有凭信的押汇和无凭信的押汇。有凭信的押汇，是指押汇行除了要求出口商提供全部货运单据以外，还需要进口商提供外地银行对进口商所签发的含有担保性质的凭信，最常见的如信用证和银行担保书。无凭信的担保，则是指押汇行在办理押汇业务时，只依据出口商所签发的汇票和所提交的全部运货单据。

押汇业务的基本要素是由押汇利率、押汇金额和押汇期限等组成，这些要素如何设定将直接影响银行承做出口押汇的风险和收益，银行办理押汇业务时应建立在资信调查的基础上，要对资信良好的申请人提供此项业务。对于押汇利率，商业银行要充分考虑国际金融市场的状况、申请行筹资成本、开证行资信风险等因素进行确定，通常国际市场上最常参照的利率就是伦敦同业拆借利率（LIBOR）。押汇金额比例由银行根据实际情况核定，一般情况为商业银行预扣银行费用、押汇利息后，将净额划入企业账户，最高额可为单据金额的100％。对于押汇期限的确定，即期出口押汇期限按照出口收汇的地区及路线来确定，远期押汇期限为收到开证行承兑日起至付款到期日后的第三个工作日止。如果超过押汇期限，经银行向开证行催收交涉后仍未收回议付款项，银行有权向企业行使追索权，追索押汇金额、利息及银行费用。通过考虑以上几个方面，商业银行在办理押汇业务时便可在有效控制风险的前提下获取相应的利益。

（二）打包放款

打包放款（Packing Credit）又称信用证抵押贷款，是指出口商收到进口商所在地银行开出的信用证后，出口商在采购这笔信用证有关的出口商品或生产出口商品时，资金出现短缺，可以用该信用证作为抵押，向银行申请本、外币流动资金贷款，用于出口货物进行加工、包装及运输过程出现的资金缺口。打包放款是出口地银行在出口商备货过程中因出口商头寸不足而向出口商提供的一种短期资金。由于早期该贷款主要用于解决受益人包装货物之需，故俗称打包放款。打包放款是一种无抵押信用放款，一般放款的期限在180天以内，打包放款的金额不超过信用证金额的80％，利率按照流动资金贷款利率执行。

打包放款的操作流程为：首先，出口商凭进口商开出的信用证向出口地商业银行提出打包放款的申请，银行对申请人的信誉和资产状况、开证行资信及信用证真实合法性的进行严格审核后，决定是否接受申请；其次，在银行接受申请的情况下，银行为出口商办理贷款手续；再次，出口商取得贷款后，立即组织出口商品的原料购买、生产和运输，当然在时间紧迫的情况下可以直接购买符合合同的产品；最后，出口商用发货后取得的货运单据向银行进行议付，将所得款项归还贷款。

（三）出口信贷

出口信贷（Export Credit）是指出口国为了支持本国产品的出口，增强国际竞争力，在政府的支持下，由本国专业银行或商业银行向本国出口商或外国进口商（或银行）提供较市场利率略低的贷款，以解决买方支付进口商品资金的需要。

出口信贷的特点表现为：一是出口信贷是一种政府支持型贷款。出口信贷是政府为了支持某些行业的发展，提高该行业的出口竞争力而发放的贷款，它主要用于解决本国出口商延期付款销售大型设备或承包国外工程项目所面临的资金周转困难，是一种中长期贷款，金额较大。二是贷款利率比较优惠。一国利用政府资金进行利息补贴，增强本国出口商的国际市场竞争力，进而带动本国经济增长。因此，出口信贷的利率水平一般低于相同条件下资金贷放市场利率，利差由出口国政府补贴。三是与出口信贷保险相结合。由于出口信贷贷款期限长、金额大，银行面临着较大的风险，所以一国政府为了鼓励本国银行或其他金融机构发放出口信贷贷款，一般都设有国家信贷保险机构，对银行发放的出口信贷给予担保或对出口商履行合同所面临的商业风险和国家风险予以承保。

出口信贷根据贷款对象不同可分为卖方信贷和买方信贷。

1. 卖方信贷

出口卖方信贷（Supplier Credit）是出口方银行向本国出口商提供的商业贷款。出口商以此贷款为垫付资金，允许进口商赊购自己的产品和设备。出口商一般将贷款利息等资金成本费用计入出口货价中，将贷款成本转移给进口商。卖方信贷是出口商向国外进口商提供的一种延期付款的信贷方式。一般做法是在签订出口合同后，进口方支付 5％～10％的定金，在分批交货、验收和保证期满时再分期付给 10％～15％的货款，其余 75％～85％的货款，则由出口厂商在设备制造或交货期间向出口方银行取得中、长期贷款，以便周转。在进口商按合同规定的延期付款时间付讫余款和利息时，出口厂商再向出口方银行偿还所借款项和应付的利息。所以，卖方信贷实际上是出口厂商由出口方银行取得中、长期贷款后，再向进口方提供的一种商业信用。

2. 买方信贷

出口买方信贷（Buyer Credit）是出口国政府支持出口方银行直接向进口商或进口商银行提供信贷支持，以供进口商购买技术和设备，并支付有关费用。出口买方信贷主要有两种形式：一是出口商银行将贷款发放给进口商银行，再由进口商银行转贷给进口商；二是由出口商银行直接贷款给进口商，由进口商银行出具担保。贷款币种为美元或经银行同意的其他货币。贷款金额不超过贸易合同金额的 80％～85％。贷款期限根据实际情况而定，一般不超过 10 年。贷款利率参照"经济合作与发展组织"（OECD）确定的利率水平而定。

买方信贷的操作流程为：首先，进口商与出口商签订贸易合同后，进口商先缴纳相当于货价15％的现汇定金。现汇定金在贸易合同生效日支付，也可在合同签订后的 60 天或 90天支付。其次，在贸易合同签订后，至预付定金前，进口商再与出口商所在地的银行签订贷款协议，这个协议是以上述贸易合同作为基础的，若进口商不购买出口国设备，则进口商不能从出口商所在地银行取得此项贷款。再次，进口商用其借到的款项，以现汇付款形式向出口商支付货款。最后，进口商对出口商所在地银行的欠款，按贷款协议的条件分期偿付。

（四）保理业务

保理业务（Factoring）是保付代理业务的简称，又称承购应收账款业务或应收账款融资业务，它是指卖方、供应商或出口商与保理商之间存在的一种契约关系。根据该契约，卖方、供应商或出口商将其现在或将来的基于其与买方（债务人）订立的货物销售或服务合同所产生的应收账款转让给保理商，由保理商为其提供下列服务中的至少两项：贸易融资、销售分户账管理、应收账款的催收、信用风险控制与坏账担保。从本质上理解，保理业务是指银行等保理商通过对应收账款进行核准和购买，向卖方在基于买方信用条件下，提供短期并可循环使用的贸易融资、账款催收、坏账担保等服务。

随着市场竞争的加剧，保理业务已经越来越为国际贸易企业所欢迎。国际贸易竞争的日益激烈使得国际贸易买方市场逐渐形成。对进口商不利的信用证结算的比例逐年下降，赊销日益盛行。由于保理业务能够很好地解决赊销中出口商面临的资金占压和进口商信用风险的问题，因而在欧美、东南亚等地日渐流行，在世界各地发展迅速。

在实际的运用中，保理业务有多种不同的操作方式，一般可以分为：有追索权和物追索权的保理、明保理和暗保理、折扣保理和到期保理等。保理业务的手续费一般为应收账款金额的 1%～3%，收益相当客观，是银行一项很好的盈利业务。对于应收账款存在的汇率风险，商业银行通常会采用掉期、远期外汇交易来规避。

（五）福费廷

福费廷（Forfeiting）又称包买票据或票据买断，是指出口商把经过进口商承兑并经过进口地银行担保后，期限在半年以上（一般为 5～10 年）的远期汇票，以贴现方式无追索权地出售给出口商所在地银行或其他金融机构，实现出口商提前取款的目的。福费廷是商业银行为国际贸易的出口商提供的一种中、长期融资方式，客户一旦取得融资款项，就不必再对债务人偿债与否负责，同时不占用银行授信额度。福费廷最常被使用在延期付款的大型机械设备和成套设备的采购贸易中，如船舶、飞机等产品。

1. 福费廷业务的流程

首先，出口商与进口商在洽谈设备、资本货物的贸易时，若要使用福费廷，应该先行与其所在地银行约定。其次，进出口商签订贸易合同言明使用福费廷，进口商提供担保。第三，进出口商签订合同。第四，出口商发运货物后，将全套货运单据通过银行的正常途径寄给进口商以换取进口商银行承兑的付有银行担保的汇票。第五，进口商将经承兑的汇票寄交出口商。第六，出口商取得经进口商银行的附有银行担保的汇票后，按照事先的约定，出售给出口地银行，办理贴现手续。

2. 福费廷业务与一般贴现业务的区别

第一，贴现业务中的票据有追索权；而福费廷业务中贴现的票据无追索权。第二，贴现业务中的票据一般为国内贸易和国际贸易往来中的票据，而福费廷票据则多是与出口大型设备相联系的有关票据，可包括数张等值的汇票（或期票），每张票据的间隔时间一般为六个月。第三，有的国家规定贴现业务中的票据要具备三个人的背书，但一般不须银行担保；而办理福费廷业务的票据，必须有第一流的银行担保。第四，贴现业务的手续比较简单，而福费廷业务的手续则比较复杂。贴现的费用负担一般仅按当时市场利率收取贴现息，而办理福费廷业务的费用负担则较高，除按市场利率收取利息外，一般还要收取管理费、承担费、罚款等费用。

3. 福费廷业务与保付代理业务的区别

首先，福费廷用于大型成套设备交易，金额较大，付款期限长，多在较大的企业间进行；而保付代理用于一般商品的进出口贸易，金额不大，付款期在 1 年以下，通常在中小企业之间进行。其次，福费廷的票据要求进口商所在地的银行担保；而保付代理业务中的票据不要求担保。再次，福费廷业务是经进出口双方协商确定的；而保理业务可由进口商或出口商单边决定。最后，福费廷业务内容单一，主要用于大型成套设备的出口和结算；而保付代理业务内容比较综合，它包括多种金融服务项目。

（六）票据承兑与贴现

票据承兑与贴现是国际贸易融资的重要方式之一，票据承兑是针对进口商提供的，贴现则主要针对出口商。票据承兑（Acceptance of Bill）是商业汇票的承兑人在汇票上记载一定事项承诺到期支付票款的票据行为，其实质就是以未到期票据作抵押向出口企业提供短期资金融通。商业汇票一经银行承兑，承兑银行必须承担到期无条件付款的责任，因此票据承兑属于银行的一项授信业务。具体的业务流程如下：当进出口商双方签订贸易合同以后，进口商向自己的往来银行申请，请其为出口商提供商业汇票银行承兑信用。对于进口商来说获得了以银行信用为保障的远期付款的商业信用；对于出口商来说，当出口商发送货物后发生流动资金周转困难时，他可以持已被银行承兑的汇票向商业银行申请贴现，从而实现票据贴现（Discount of Bill）融资的行为。

票据承兑与贴现在进出口贸易融资中被广泛使用。由于进行承兑的商业银行为企业承担了信用风险，因此银行要收取一定的承兑手续费。商业银行在办理这类业务时重点需要关注承兑申请人和贴现申请人提交的商业汇票是否以真实的商品交易为基础，核查相关的交易合同、发票、货运单据等资料的真实合法性。对于贴现行来说，除了验证票据的真实性外，还要认真考察承兑银行的资信状况，降低贴现风险。当然，在为出口商的承兑汇票办理贴现时，银行也要扣除一定的贴现利息作为风险补偿。

（七）银团贷款

1. 银团贷款的概念和特点

银团贷款，即辛迪加贷款（Syndicated Loan），是指由一家或几家大银行牵头，组成一个银行团，有组织、有计划地向借款人提供贷款的一种国际借贷放款形式。银团的大小是根据项目的筹资规模决定的，银团成员少则几家，多则几十家。一般情况下，借款人会以委任书的形式授权牵头行组织银团向其提供贷款。

银团贷款可分为直接参与型和间接参与型。直接参与型的国际银团贷款是在牵头行的组织下，各参与行直接与借款人签订贷款协议，按照一份共同的协议所规定的统一条件贷款给借款人，参与行与借款人之间存在着直接的债权债务关系。间接参与型的国际银团贷款则是先由牵头行向借款人提供或承诺提供贷款，然后由牵头行把已提供的或将要提供的贷款以一定的方式转让给参与行，参与行与借款人之间一般不存在直接的债权债务关系，某些情况下借款人甚至不知道参与行的存在。

银团贷款具有如下优点：一是贷款风险分散。由于银团贷款是多家银行共同向一个借款人贷款，万一借款人违约，贷款损失的风险也可由所有参与银团贷款的成员分摊，各贷款行只按各自贷款的比例分别承担贷款风险。二是贷款金额较大，贷款由多家银行一起参与，可以为借款人提供规模较大的资金支持。三是贷款期限较长，银团贷款期限从3~20年不等。四是增强银行同业的业务合作，减少同业竞争，参与银行可以共同获利。五是银团贷款所需的筹资时间比较短，收取的费用也比较合理。

2. 银团贷款的成员

①牵头行（Leading Bank/Management Bank）。它是银团的组织者，职能是选择银团的参与银行；组织贷款协议起草、签订和首次提交；协助借款人编制资料备忘录；负责贷款过程的相关法律和操作等工作。牵头行通常是由有实力、有威望的大银行担任。

②副牵头行（Co-leading Bank）。对于大型的银团贷款，仅靠一家牵头行是不够的，还需要副牵头行来协助完成相关工作。

③参与行（Participating Bank）。参与行是指参加银团并按比例认购贷款份额的银行。

④代理行（Agent Bank）。由银团委托作为"贷款管理人"的银行，全权代表银团在贷款协议上签字，按照贷款协议的条款负责贷款发放、回收和管理工作。有时代理行还负责代表银团与借款人谈判，出面处理违约事件，协调银团与借款人之间的关系，沟通银团内各成员行之间的信息等责任。

3. 银团贷款的起源

银团贷款是随着资本主义经济的不断发展而出现的一种融资方式。尤其是第二次世界大战后，一些资本主义国家为了迅速弥补战争创伤，采用多种方式的国际银团贷款，筹措资金发展生产，有效地振兴了经济。与此同时，全球经济一体化促进了生产和市场的国际化，加速了国际贸易的发展，增加了融资需求，所需资金数额也逐渐增大。由于巨额贷款仅靠一家银行的力量很难承担，况且风险也很大，任何银行都不愿独自承担。为了分散风险，有意发放贷款的各家银行便组成集团，每家银行认购一定的贷款份额，由一家代理行统一发放和回收，银团贷款由此产生。20世纪70年代以来，银团贷款有了进一步的快速发展。70年代开始传统的银行双边贷款逐渐被银团贷款所取代，因为银团贷款既能筹得巨额资金，又可分散贷款风险，借贷双方都愿意采用这一借款方式。80年代初期，银团贷款规模大大收缩，主要因为发展中国家因为沉重的债务负担纷纷减少贷款规模，而它们又是银团贷款市场中最庞大的需求者。90年代以来，银团贷款市场又开始重新振兴起来，而且出现越来越多的私人企业成为市场上的主要借款人，取代了政府和官方机构。由于国际债券市场和股票市场的波动加剧、筹资成本提升和包销风险的增大等，使得越来越多的企业愿意采用银团贷款方式来筹集资金。

4. 银团贷款的协议内容

银团贷款由于涉及多个当事人，所以签订严谨完善的贷款协议有利于保障各方当事人的利益。具体包括如下内容。

第一，贷款金额和货币种类。这是贷款协议的核心内容。在国际银团贷款中，货币选择的范围一般包括广泛使用的、可自由兑换的货币，以及借款人所需要的货币。贷款的金额规模较大，从几千万美元到几亿美元甚至十几亿美元都有可能。

第二，贷款期限。银团贷款的期限比较灵活，从3～20年不等，但一般为7～10年。银团贷款的整个贷款期分为三个阶段，包括提款期、宽限期和还款期。提款期一般为2～4年，一般要求在规定提款期内借款人需将贷款全部提取，否则逾期后将视为主动放弃。宽限期从提款期结束开始，一般为半年至1年，在宽限期内借款人只偿付利息，不还本金。还款期视贷款金额的大小、期限的长短而定，一般为5～7年，在还款期内贷款本金可分若干次偿还，直至贷款全部还清为止。

第三，贷款利率。一般分为固定利率和浮动利率。固定利率是指借贷期间贷款利率保持不变。浮动利率则一般选择一个基准浮动利率（如伦敦同业拆借利率），再加上一个利差，作为银团贷款的利息标准。

第四，其他条款。银团贷款协议中还要规定收益分配方案、相关费用条款、税收条款、法律条款等，从而有效保障银团贷款各方的利益和需求。

（八）离岸金融市场业务

离岸金融市场（Offshore Finance Market），是指主要为非居民提供境外货币借贷或投资、贸易结算、外汇黄金买卖、保险服务及证券交易等金融业务和服务的一种国际金融市场，又称境外金融市场或欧洲货币市场。离岸金融市场的特点如下：其一，具有相对独特的利率体系。由于该市场不受所在国法规和税制限制，包括不受法定存款准备金和存款利率最高额限制等，所以该市场的利率更加灵活和自由，既可以通过设定更高的存款利率来吸收存款，也可以发放利率相对较低的贷款。由于利差较小，所以在经营存贷款业务时更有竞争力。其二，市场交易以非居民为主，交易币种多且市场资金规模庞大。离岸金融市场就是为非居民提供金融服务的市场，而且由于该市场资金来源于各国政府、商业银行、跨国公司和石油输出国等，因此市场资金规模非常巨大。其三，基本不受所在国法规政策限制。离岸金融市场不受货币发行国金融、外汇政策的限制，也不受市场所占国的金融法律法规约束，因此它是一种真正意义上的国际金融市场，市场自由度很高，市场竞争非常激烈。其四，同时包括货币市场和资本市场。离岸金融市场既有 1 年以下的短期资金融通市场，也有长期的资金融通市场，可以提供长期信贷，或发行欧洲债券（可参见专栏 8 - 3）等方式进行融资。

离岸金融市场的产生使得资金在全球转移的速度加快，大大提高了资金的运作效率，为促进世界经济的发展起到了十分重要的作用，使国际金融市场的发展进入了一个全新的发展阶段。离岸金融市场作为国际融资的重要渠道，为一些国家的经济复苏和发展提供了必要的资金支持，如日本、韩国。同时，离岸金融市场促进了全球经济一体化的进程，并在一定程度上缓解了全球性国际收支失衡的问题，解决了部分国家国际支付手段不足的问题。但是，离岸金融市场的快速发展也伴随着一些问题产生。首先，离岸金融市场成为传导世界性通货膨胀的中介，通过该市场一国的通货膨胀可能很容易地就被传导到其他国家，从而引起全球性经济危机。其次，离岸金融市场加剧了金融投机行为，因为其更自由，管制更少，资金流动迅速，所以容易刺激各种投机行为，导致市场波动性增大。最后，离岸金融市场也使各国丧失一定的国内宏观经济政策的独立性，使货币政策效果减弱，不利于国内经济发展。

专栏 8 - 3 欧洲债券与外国债券

离岸金融市场的重要融资方式之一便是发行国际债券，其主要类型有两种：外国债券和欧洲债券。外国债券（Foreign Bond）是指外国借款人在某国发行的以发行所在地货币计价的债券融资方式。例如，外国借款人（如中国企业、英国机构等）在日本发行的日元债券，又称为武士债券（Samurai Bond）。外国借款人在美国发行的美元债券，又称扬基债券（Yankee Bond）。还有英国的猛犬债券（Bull-dog Bond）、西班牙的斗牛士债券、荷兰的伦勃朗债券，都是非本国主体在该国发行的债券。

欧洲债券（Euro Bond）并非如同其名字所代表的含义，这里的欧洲并不是地理位置上的欧洲，而是指所有非货币发行国以外的地区。因此，欧洲债券泛指一切在货币发行国以外发行的以该国货币为计价单位的债券融资方式。具体理解，欧洲债券就是指是借款人在本国以外市场发行的，以第三国的货币为面值的国际债券。例如，英国一家企业在中国发行的美元债券，或中国一家机构在澳大利亚发行的欧元债券。欧洲债券产生于 20 世纪 60 年代，是随着欧洲货币市场的形成而兴起的一种国际债券。

欧洲货币（Euro Currency）指存放在货币发行国境外既包括欧洲也包括其他国家银行中的各国货币。60年代以后，由于美国资金不断外流，美国政府被迫采取一系列限制性措施。1963年7月，美国政府开始征收"利息平衡税"，规定美国居民购买外国在美发行的债券，所得利息一律要付税。1965年，美国政府又颁布条例，要求银行和其他金融机构限制对国外借款人的贷款数额。这两项措施使外国借款者很难在美国发行美元债券或获得美元贷款。另一方面，在60年代许多国家有大量盈余美元，需要投入借贷市场获取利息，于是，一些欧洲国家开始在美国境外发行美元债券，当时的发行地以欧洲为主，这就是欧洲债券的由来。70年代后，随着美元汇率波动幅度增大，以德国马克、瑞士法郎和日元为计值货币的欧洲债券的比重逐渐增加。同时，发行地开始突破欧洲地域限制，在亚太、北美以及拉丁美洲等地发行的欧洲债券日渐增多。欧洲债券市场发展迅速，目前在国际债券市场上，欧洲债券市场的比重要远大于外国债券市场。

三、国际借贷业务管理

同商业银行的国内借贷业务相比，商业银行的国际借贷业务不但涉及借款人的信用风险，而且还涉及汇率风险、借款人国家的政治风险和制度风险等。由于国际金融市场瞬息万变的特点，汇率少许变动都意味着巨大的损失或收益，汇率风险对国际贸易融资和信贷业务的影响非常大。因此，从事贸易融资和信贷业务的各国商业银行都必须加强借贷业务管理，否则就会蒙受各种风险损失。

（一）增强对贸易融资和信贷对象资信状况的考查和审核

对于国际借贷业务的放款行而言，为保证贷款不受损失，必须对接受贷款和贸易融资的企业、商业银行及政府部门等借款人进行全方位的考查，包括借款人的声望、信誉、经济实力以及该借款人所在国家政治、经济状况等。同时，对于复杂的贸易融资来说，商业银行不仅要考查进出口商的资信状况，还需要考查开立信用证银行、票据承兑行等金融机构的信誉和实力，当前国际金融市场上存在大量从事投机活动的投机者或中间商，如果兑付行或放款行不进行全方位的考查，就很可能面临较大的经营风险。

（二）选择合理的借贷货币

对于同样一笔借贷业务，由于选择货币的种类不同，借贷双方面临的汇率风险也有所不同，甚至是截然相反。在大多数情况下，放款行愿意采用"硬币"，而借款人更愿意借到"软币"。但在实际业务操作中，则要灵活把握，不能千篇一律，因为在国际金融市场上，软币的利率一般要比硬币的利率高得多，就此而言，贷款行和借款人都要根据具体情况进行具体分析。

（三）要求借款人提供必要的借款担保

国际借贷业务中涉及风险比较多，对于贷款行而言，要求借款人提供相应的债务担保或抵押品是非常必要的。从抵押品来看，以借款人拥有的固定资产最佳。从担保人来看，能为借款人提供担保的可以是借款人所在国家资信较高的商业银行、中央银行和政府等，一般工商企业不适合做银行国际贷款的担保人，这一点与国内信贷不同。

（四）确定合适的偿还方式

商业银行在发放贷款时，要求借款人以何种方式偿还贷款对于银行增加利息收入、提高业务经营水平起着关键性的作用。商业银行国际借贷的偿还方式主要有三种：一是到期一次性偿还本息，适用于短期贷款；二是分次偿还，适用于中长期贷款，规定自贷款后的某一年开始偿还本金和利息；三是逐年偿还，类似于分次偿还，只是偿还的时间提到支取贷款之日起，按年偿还。此外，有些贷款还规定可提前偿还，这一点对在国际借贷中的借款行来说，处在十分有利的位置。因为如果所借贷款汇率预计有上升趋势，提前偿还贷款，可以减少由此而增加的利息负担；如预期贷款汇率下跌，则可等到规定偿还日进行偿还，并将由此相对减少一部分利息负担。

（五）加强对借款人贷款投向的控制

国际借贷业务的风险要比国内借贷大一些，对于贷款投向的控制也更难一些。国际借贷业务中的借款人一般都是非居民，且距离放款行比较远，相应而言放款行也就越难对借款人的行为进行监管。因此，有些借款人就利用这种地理上的优势，把借到的款项并非用到合同规定的用途上，而是转手贷给另外一个借款人，从中赚取利差或是从事高风险的项目。而对于放款行来说，一方面对新的借款人信誉、经济状况等信息获取较难，了解不够全面；另一方面对贷款的最终投向难以掌握，由此增加了贷款风险。因此，放款行要特别重视对贷款投向的控制，密切关注借款人的动向，以便及时降低和消除风险。

第四节　商业银行外汇交易业务

一、外汇交易的概念和特点

外汇交易（Foreign Exchange Trade）是指一国货币与另一国货币进行交换的行为。外汇交易主要是通过外汇市场完成的。外汇市场是金融市场的重要组成部分，是各种不同货币进行相互交换的场所，或者说是从事外汇买卖、外汇交易和外汇投机的场所。在外汇市场上，外汇买卖主要有两种类型：一是本币与外币之间的相互买卖，即外汇需求者按汇率用本币购买外汇，外汇供给者按汇率卖出外汇换回本币；二是不同币种外币间的相互买卖，如中国居民以美元购买日元或售出欧元兑换澳元等。目前，在国际外汇市场上，交易的货币不但有美元、日元、欧元、英镑等发达国家的货币，而且近年来某些新兴工业国家和欧佩克（OPEC）国家的货币也开始进入国际外汇市场。外汇市场交易的币种集中化程度很高，美元、欧元和日元始终保持中心地位，而美元更是占据绝对主导优势，自20世纪90年代以来以美元为单边货币的交易额占全部交易额的比重一直维持在80％以上。据统计，2010年4月以美元、欧元和日元为单边货币的交易额占全部交易额的比重分别为84.9％、39.1％和19.1％。外汇市场上日交易量的大约5％来自于公司及政府在国外市场的商品及服务买卖，因为它们需要将获得的利润转换成本国货币，而其他95％的交易量则来自于以投资盈利为目的的外汇交易。

外汇市场的组织形态主要分为有形和无形两种。有形市场有固定场所和设施，以外汇交易所（Exchange Bourse）为代表；无形市场是电话、电报、电传和计算机终端等各种远程通信工具所构成的交易网络，联系着无数的外汇供给者和需求者，它是无形的、抽象的市场。

外汇交易主要通过询价、报价、成交、交割等步骤来完成。市场参与者在通过各种通信设施获得合适的报价后，与做市商银行达成口头成交，确定买卖价格和数量，随后再发出书面确认书。外汇交易成交后，双方根据是即期交易还是远期交易，立即或在未来一定日期办理交割手续，付出某种货币，买进另一种货币。事实上，外汇交易买卖的是以外币活期存款形式存在的外汇。由于银行一般会将所持有的外汇存放在外国银行的活期存款账户上，因此外汇交割通常采取在银行的国外往来行的活期存款账户进行划拨处理的方式。当银行从顾客或其他银行手中购入外汇时，该活期存款账户的金额就会增加；反之，当银行卖出外汇时，该活期存款账户的金额就会减少。例如澳大利亚的一家银行卖出一笔美元给本国的进口商来支付货款，这笔交易就表现为澳大利亚银行借记进口商的本币（澳大利亚元）存款账户，同时通知国外往来行（可以在美国也可以在其他国家）借记自己的美元存款账户，并贷记出口方银行或其代理行的美元存款账户。

随着外汇市场的快速发展，外汇交易逐渐显现出以下特征。

①外汇市场是个 24 小时不间断的市场。不同时区的包括北美洲、欧洲，尤其是亚洲国际金融中心的出现，使得 24 小时不间断的外汇交易成为可能。另一方面，现代通信设施的发展，遍及全世界的电话、电报、电传线路已形成庞大网络，使全球各地区外汇市场按世界时区的差异相互衔接成为现实，从而实现了全球性的、星期一至星期五无间断的外汇交易。目前世界知名的国际金融中心主要包括北美的纽约、旧金山，欧洲的伦敦、法兰克福、苏黎世、巴黎、米兰、阿姆斯特丹，大洋洲的悉尼，亚洲和中东的东京、新加坡、我国香港等，都有大规模的外汇市场。外汇交易每天从悉尼开始，并且随着地球的转动，全球每个金融中心的营业日将依次开始，首先是东京，然后是伦敦和纽约。伦敦市场与纽约市场同时营业的几个小时是一天中外汇交易的高峰期。

②外汇市场的交易规模不断扩大。1998 年外汇市场的日均交易额为 1.527 亿美元，2004 年上升到 1.934 万亿美元，比 1998 年增长了 26.65%。至 2010 年 12 月，外汇市场的日均交易额超过 4 万亿美元。尽管从 2008 年开始全球经历了国际金融危机和欧洲债务危机，但全球外汇市场交易日趋活跃，三年间交易量增加了 20%。这其中"高频交易"成为外汇交易规模快速增加的最大推手，它以模型为投资策略基础，由计算机自动执行交易指令，可以在极短时间内完成交易。此外，电子交易的普及也极大提升了外汇市场交易量，尤其是非银行机构和普通家庭投资者纷纷参与到外汇交易中来。据统计，2010 年非银行机构和家庭进行的交易量大约占到全球外汇市场交易量的 8%～10%。

③外汇交易地点比较集中。目前全球一半以上的外汇交易集中在伦敦、纽约和东京这三大外汇交易中心。伦敦是世界上最大的外汇交易中心，其外汇交易额占全球外汇交易额的比例不断提高，1995 年为 29.3%，2001 年增至 32%，而 2010 年进一步升至 36.7%，交易额达到 18 536 亿美元，是第二大外汇市场——纽约的外汇交易额的 2.05 倍。此外，其他外汇交易中心也发挥着越来越重要的作用，外汇交易额不断增大，如我国香港、新加坡、苏黎世等。

④外汇交易品种多样化。从交易类型看，主要包括即期、远期、期货、期权、外汇互

换、货币互换及其他产品。其中，即期交易是最为主要的交易品种，其次就是外汇掉期和远期交易，其他类别如期货、期权等则占据较小的份额。至 2010 年 4 月，即期、远期、外汇掉期、货币互换、外汇期权及其他产品日均交易额占全球外汇市场日均交易总额的百分比分别为 37％、12％、44％、1％、5％。

二、外汇交易的种类

(一) 即期外汇交易

即期外汇交易（Spot Exchange Transactions）是指买卖双方成交后在两个营业日内办理交割的外汇买卖，又称现汇交易。双方成交的汇率就是成交当天银行在市场上报出的即期汇率。交割日为成交当天，称当日交割（Value Today）；交割日为成交后第一个营业日，称翌日或明日交割（Value Tomorrow）；交割日为成交后的第二个营业日，称即期交割或即交割（Value Spot）。营业日是指两个清算国银行都开门营业的日期，一国若遇节假日，交割日按节假日天数多少顺延。一笔完整的即期外汇交易一般包括四个步骤，即询价、报价、成交及确认。在交易过程中，外汇交易双方均应明确表示出买卖的金额、买入价和卖出价、买卖的方向、起息日及付汇结算指示等。以下介绍具体的外汇交易过程。

首先，银行确定当天的开盘汇率。确定开盘汇率主要参考的因素包括：前一时区外汇市场的收盘汇率、世界政治和经济领域内的新变化和银行持有的外汇头寸情况。

第二步，银行对外报价。银行确定当日开盘汇率后，银行的交易员就可以对外报价。一方面通过电话、传真等通信设备对其他银行、客户直接报出；另一方面通过屏幕、终端等设备显示给各外汇经纪人。在外汇市场上可供交易者利用的交易工具主要有路透社终端、美联社终端和德励财经终端。银行交易员对外报出某种外汇汇率的同时，也就承担了以这种汇率买进或卖出一定数额外汇的义务。

第三步，银行调整原报价。银行开盘进行交易后，交易员要随买卖中外汇头寸的变化情况，不断修订报出的即期汇率和买卖的币种，避免产生"多头"或"空头"现象。报价完成后，银行就可能接到别的银行的询价，如询价行对报价行的报价答复满意，这笔交易就会迅速成交。然后，银行再报新价，再接受询价，再成交（或不成交）。即期外汇交易就是在这种询价、报价、买卖成交、再询价、再报价循环不断的过程中进行的。

(二) 远期外汇交易

远期外汇交易（Forward Exchange Transaction）是指买卖双方成交后，并不立即办理交割，而是按照所签订的远期合同规定，在未来的约定日期办理交割的外汇交易，又称期汇交易。远期交易与即期交易的主要区别在于交割日的不同。凡是交割日在两个营业日以后的外汇交易均属远期交易，时间从几天、3、6、9 个月，甚至长达 1 年不等，远期交易所适用的汇率就是银行在市场报出的各种不同交割期限的远期汇率。远期汇率可以高于或低于即期汇率。在直接标价法下，如果某货币在外汇市场上的远期汇率高于即期汇率，称为升水；如果远期汇率低于即期汇率，称为贴水。例如即期外汇交易市场上美元兑人民币的比价为 1：6.85，三个月期限的美元兑人民币比率是 1：6.75，此时美元贴水，人民币升水。

远期交易根据未来交割日是否固定，又可分为固定交割日的远期外汇买卖和选择交割日的远期外汇买卖。固定交割日的远期交易，是指双方约定的交割日期是确定的。进出口商从订立贸易契约到支付货款，通常都要经过一段时间，才能获得外汇收入或支付外汇款项。为了确定该外汇兑换本国货币不受损失，它们一般都选择固定交割的远期交易。选择交割日的远期交易，是指没有固定的交割日，客户可以在成交日的第三天起至约定的期限内任何一个营业日内要求银行按双方约定的远期汇率进行交割，但必须提前两天通知报价行，又称择期交易（Optional Forward Transactions）。这种交易与固定交割的远期交易相比，在交割日期上有灵活性，适用于收付款因故不能确定的对外贸易。

远期交易的主要目的是为了避免汇率的过度波动，进行套期保值降低风险。但是，还有一些人会利用远期交易进行投机，获取利润。套期保值（Hedging），是指卖出或买入金额等于一笔外币资产或负债的外汇，使这笔外币资产或负债以本币表示的价值避免遭受汇率变动的影响。而投机（Speculation）则是指根据对汇率变动的预期，有意持有外汇的多头或空头，希望利用汇率变动来从中赚取利润。

（三）外汇期货交易

外汇期货交易（Futures Transaction）是指买卖双方在交易所内，依据标准化的合约，按照规定到期日以约定的汇率进行交割的外汇交易方式。由于外汇期货是在场内进行交易，因此双方都要依照场内制定的交易规则、标准化成交单位、交割期限等进行交易。外汇期货交易与远期外汇交易都是载明在将来某一特定日期，以事先约定的价格付款和交割某种特定标准数量外币的交易。但外汇期货交易与远期外汇交易不同，其区别主要体现在以下几个方面。

①交易场所不同。外汇期货合约是在有形、有组织的市场进行公开交易完成的，在交易市场内有规定的交易时间、交易标的、合约面额和交割期限等，同时交易所会制定较为严格的规章条例，交易双方通过市场上的公开报价完成买卖外汇的业务。远期外汇交易则是交易双方通过电话、电传和计算机等工具直接协商完成交易的，是一种无形的市场，不需要按照规则签订合约。合约的内容是双方协商制定的非标准化合约。

②交易保证金。外汇期货交易双方均须缴纳保证金，并通过期货交易所逐日清算，逐日计算盈亏，而补交或退回多余的保证金。而远期外汇交易是否缴纳保证金，视银行与客户的关系而定，通常不需要缴纳保证金，远期外汇交易盈亏要到合约到期日才结清。

③交易人不同。外汇期货交易，只要按规定缴纳保证金，任何投资者均可通过外汇期货经纪商从事交易，对委托人的限制不如远期外汇交易，因为在远期外汇交易中，参与者大多为专业化的证券交易商或与银行有良好业务关系的大型企业，没有从银行取得信用额度的个人投资者和中小企业极难有机会参与远期外汇交易。

④交易方式不同。外汇期货交易是在期货交易所公开喊价的方式进行的。交易双方互不接触，而各自以清算所结算中间人，承担信用风险。期货合约对交易货币品种、交割期、交易单位及价位变动均有限制。货币局限在少数几个主要币种。而远期外汇交易是在场外交易的，交易以电话或传真方式，由买卖双方互为对手进行的，而且无币种限制，对于交易金额和到期日，均由买卖双方协商决定。

⑤交割方式不同。外汇期货交易通常会在到期前被平仓，很少进行现货交割。由于以清算所为交易中介，外汇期货的金额、期限均有标准化的规定，因此较少实施现货交割，对于未结算的金额，逐日计算，并通过保证金的增减进行结算。期货合约上虽标明了交割日，但

在此交割日前可以转让，实行套期保值，减少和分散汇率风险。当然，实际存在的差额部分应进行现货交割，而且这部分所占比例很小。而远期外汇交易一般都会在交割日进行现货结算或履约。

（四）外汇期权交易

外汇期权交易（Foreign Exchange Options Transactions）是指期权买方在向出售方支付一定期权费后，所获得的在未来约定日期或一定时间内，按照规定汇率买进或者卖出一定数量外汇资产的选择权。外汇期权交易是在 20 世纪 80 年代发展起来的一项金融衍生业务，布雷顿森林体系崩溃后，各国汇率波动加剧，而国际贸易的快速发展使得越来越多的交易商寻求避免外汇风险的有效途径，外汇期权交易应运而生。1982 年 12 月，外汇期权交易在美国费城股票交易所首先进行，其后芝加哥商品交易所、阿姆斯特丹的欧洲期权交易所和加拿大的蒙特利尔交易所、伦敦国际金融期货交易所等都先后开办了外汇期权交易。目前，美国费城股票交易所和芝加哥期权交易所是世界上具有代表性的外汇期权市场，经营的外汇期权种类包括英镑、瑞士法郎、德国马克、加拿大元、法国法郎等。

外汇期权不同于远期和期货外汇合约，后两者有义务在到期日执行买卖外汇合约，外汇期权合约则随合约持有人意愿选择执行或不执行合约。合约的终止日称为期满日。每个期权合约具体规定交易外币的数量、期满日、执行价格和期权价格（保险费）。按合约的可执行日期，期权交易分美国式期权和欧洲式期权。如果期权能够在期满日之前执行，称为美国式期权；若只能在期满日执行，称欧洲期权。外汇期权持有人在期满日或之前执行买或卖期权时的商定汇率称执行价格或敲定价格。外汇期权交易的特点主要包括：一是期权买方获得的是买入或卖出外汇的权利，他可以自由选择执行或不执行。外汇期权交易的买卖双方权利和义务是不对等的，即期权的买方拥有选择的权利，期权的卖方承担被选择的权利，不得拒绝接受。二是不论履行外汇交易的合约还是放弃履行外汇交易的合约，外汇期权买方支付的期权交易费都不能收回。三是期权买方只需付出期权费，不用缴纳保证金，而期权卖方必须要缴纳一定的保证金来确保卖方履约，因为卖方面临较大的违约风险。

（五）外汇掉期交易

外汇掉期交易，是指将货币相同、金额相同，而方向相反、交割期限不同的两笔或两笔以上的外汇交易结合起来进行，也就是在买进某种外汇时，同时卖出金额相同的这种货币，但买进和卖出的交割日期不同。进行掉期交易的目的也在于避免汇率变动的风险。掉期交易通常是为抵补已购入或售出的某种外汇所可能发生的风险而进行的，它通常与套利交易配合进行。例如美国某银行因业务经营的需要，购买 1 亿欧元存放于瑞士的银行，存期为三个月。为防止三个月后欧元汇率可能下降造成损失的风险，该美国银行即可利用掉期业务，在买进 1 亿欧元即期的同时，卖出三个月欧元的远期，从而规避此间欧元汇率下跌而承担的风险。

一般而言，外汇互换交易可以分为三种形式：一是即期对远期，即买进或卖出一笔现汇的同时卖出或买进一笔期汇。期汇的交割期限大都为一星期、一个月、二个月、三个月、六个月，这是掉期交易常见的形式。在短期资本输出入中，如果将一种货币调换成另一种货币，通常需要做这种形式的掉期交易，即在期汇市场上，抛售或补进，以避免外币资产到期时外币汇率下跌或外币负债到期时外币汇率上涨。二是即期对即期，也就是明日对次日，即成交后的第二个营业日（明日）交割，在第三个营业日（次日）再作反向交割的一种交易。这种掉期交易用于银行同业的隔夜资金拆借。三是远期对远期，是指对不同交割期限的期汇双方作货币、金额相同而方向相反的两个交易。

掉期交易实质上也是一种套期保值的做法，但与一般的套期保值不同。掉期的第二笔交易须与第一笔交易同时进行，而一般套期保值发生于第一笔交易之后；掉期的两笔交易金额完全相同，而一般套期保值交易金额却可以小于第一笔，即做不完全的套期保值。

（六）货币互换交易

货币互换（Currency Swap）是指协议双方同意在一系列未来日期根据不同币种的本金向对方支付利息，两种利息的币种不同，计息方式也可以不同，期末双方交换两种不同货币的本金。货币互换起源于20世纪70年代，当时很多国家都实行较为严格的外汇管制制度，限制本国企业在境外融资的机会，跨国公司为了突破外汇管制造成的融资限制，使得货币互换有了快速的发展空间和需求。例如，英国A公司在中国有分公司A1，中国B公司在英国有分公司B1，如果两国都实行外汇管制，而两家分公司都需要向母公司借钱，这时两公司就可以达成协议：由英国A公司向中国分公司B1贷款，而由中国B公司向英国分公司A1贷款。这就是货币互换中的平行贷款形式，可以有效解决公司的资金需求。

随着外汇管制的取消，货币互换由于其优越性依旧在国际金融市场上发挥重要的作用。首先，货币互换可以降低筹资成本。借款人可以利用某些有利条件，通过借入某种利率较低的货币进行货币互换，换成所需要的货币，可以降低融资成本。其次，货币互换是一种表外业务，能够在不对资产负债表造成影响的情况下，使企业获得融资。再次，货币互换可以降低企业等机构面临的汇率风险。最后，货币互换可以使借款人间接进入某些优惠信贷市场，通过兑换成某种货币，使借款人间接进入某些优惠贷款市场。

（七）套汇和套利交易

套汇（Arbitrage）是指利用同一时刻不同外汇市场上的汇率差异，通过买进和卖出外汇而赚取利润的行为。它分为直接套汇和间接套汇两种。直接套汇（Direct Arbitrage），又称双边或两角套汇（Bilateral of Two-Point-Arbitrage），是最简单的套汇方式，是指利用两个外汇市场上某种货币的汇率差异，同时在两个外汇市场上一边买进一边卖出这种货币。间接套汇（Indirect Arbitrage），也称三角套汇（Three-Point Arbitrage），是利用三个不同地点的外汇市场上的汇率差异，同时在三地市场上高卖低买从中赚取汇率差价的行为。

套利交易是指套利者利用不同国家或地区短期利率的差异，将资金从利率较低的国家或地区转移到利率较高的国家或地区进行投资，以获取利差的外汇交易活动。当不同国家或地区之间的短期利率存在差异时，就可能引起套利活动。具体形式可以包括抛补套利和非抛补套利。抛补套利是指套利者在套利的同时做一笔远期外汇交易进行保值的套利交易，它常是在汇率不是很稳定的情况下进行的套利活动，套利者在赚取套利利润的同时，做远期外汇交易，以规避汇率风险。非抛补套利是指套利者在套利的同时没有做远期外汇交易进行保值的套利交易，它则是通常在汇率相对稳定的情况下进行的套利活动。

套利与套汇一样，都是外汇市场重要的交易活动，都具有一定的投机性。套汇活动是利用不同外汇市场上汇率差异赚取汇差利润，套利活动是利用不同货币市场利率的差异赚取利差利润。在汇率波动过小而利率差很大的情况下，套利的收益较高；反之，在汇率波动过大而利率差别很小的情况下，套利的收益相较低。由于目前各国外汇市场联系十分密切，一有套利机会，大银行或大公司会迅速投入大量资金到利率较高的国家。套利活动将外汇市场与货币市场紧密联系在一起。

三、外汇交易业务的管理

布雷顿森林货币体系的瓦解，使得各国货币之间汇率的剧烈波动成为国际金融市场的最明显特征。金融全球化的现实更是使得外汇行情风云莫测，汇率变动风险瞬间就可能给开展外汇交易业务的商业银行带来巨额的损失或收益。因此，商业银行基于审慎经营的原则，加强对外汇买卖业务的经营管理尤为重要。

（一）选择合理的经营范围

商业银行开展外汇买卖业务时要根据防范汇率风险的能力、经营利润水平、从业人员的素质及交易采用的通信工具的情况等适当、合理地选择经营范围。首先，由于各种外汇买卖业务交易的目的不同，给商业银行带来的经营风险也不相同，各银行要根据自身防范汇率变动风险的能力大小对各种外汇业务进行有选择的开展。其次，由于有些外汇业务经营风险小但利润较高，而另外一些外汇业务随经营风险小但利润也小，则应该根据业务规模的大小适当的开展。此外，有些外汇业务，如外汇衍生品交易要求从业人员的素质较高，并且大都以先进的交易通信工具为基础，开展此项业务时应把握审慎适当的原则。

（二）定期核算经营收益和成本

开展外汇买卖业务的商业银行要对经营的收益和成本进行定期核算，以便对经营业务品种进行取舍。但由于许多商业银行的即期外汇交易与远期外汇交易交织在一起，所以核算工作十分复杂。一般来说，外汇买卖业务经营收益与成本的核算方法是：建立外汇头寸账，下设各种货币账，然后对每笔买卖进行逐笔记账，计算出已实现的损益和未实现的损益。

（三）加强经营风险管理

商业银行在外汇买卖业务中一般起中介作用，从而总是处于要么多头要么空头的外汇头寸持有地位。不管是处于多头地位还是处于空头地位，汇率波动时都可能带来一定的风险损失，因此商业银行加强外汇经营风险的防范意识必不可少。具体来讲，商业银行外汇买卖经营风险的防范一是要尽量每天都轧平各种外汇的持有头寸，除非做的是套汇、套利或投机交易业务；二是开展具有保值作用的套期、掉期和互换交易；三是尽量做到业务种类的多样化和货币种类的多样化。

（四）加强内部控制和业务创新

在加强内部控制方面，开展外汇买卖业务的商业银行要有专职的管理部门，从上到下做到信息畅通、快捷、安全有效；对从事外汇交易的交易员，特别是从事风险较大的外汇衍生产品交易的交易员，不但要定期培训，而且要实行严格的授权制度，严禁任何越权交易行为的发生。对外汇业务的交易记录要进行定期稽查和严格的监督，以便及时发现问题和解决问题。

在业务创新方面，要有现代化的激励机制，要对那些能够注意市场开拓，以市场导向为基础开发出新产品的人员进行合理的奖励，以便能够带动整个工作部门的创新动力。此外，商业银行在开展外汇买卖业务时还要加强市场信息方面的管理，以便及时了解和掌握国际金融市场的动态和发展趋势。

案 例 分 析

中国银行荣获"亚太地区人民币业务清算奖"和"中国区贸易金融奖"

2011年《亚洲银行家》杂志举行颁奖典礼，中国银行荣获"亚太地区人民币业务清算奖"和"中国区贸易金融奖"两项大奖。《亚洲银行家》杂志创刊于1996年，旨在为亚洲及中东地区读者提供专业服务，在金融业界具有较强的影响力。

作为我国国际化程度最高的银行，中行近年来在支持企业"走出去"、服务海内外客户方面发展迅速。2010年，中行积极把握跨境贸易人民币结算试点范围扩大的发展机遇，在境内所有试点地区成功办理当地首笔业务，人民币清算网络覆盖全球。目前，中行与1 600多家国外银行总部及其附属机构保持业务往来，共开立跨境人民币清算账户352户，国外代理行与开立人民币清算账户数量均保持市场领先地位，开户银行遍布亚洲、欧洲、美洲、大洋洲和非洲的40多个国家和地区。中行致力于打造全球最佳贸易金融服务银行。2010年，中行完成国际结算量超过1.97万亿美元，列全球银行业首位。境内机构外币贸易融资余额475.02亿美元、外币保函余额562.21亿美元，市场份额保持国内领先。出口双保理业务量24.15亿美元，居全球第一。

中行积极响应国家关于稳定出口、促进进口的政策方针，大力发展贸易金融业务。推出供应链融资产品，帮助供应链上下游企业解决授信难题，规避交易对手信用风险。其中，境内分行与出口信用保险公司合作，开展"出口融信达"业务逾34亿美元，市场份额近37%，居国内同业首位。建立"全球客户经理制"，为重点"走出去"客户和大型跨国企业提供海内外一体化的金融服务支持。2009年，中行选择38家企业进行了首批全球客户经理制试点。完善"全球统一授信"，依托亚太、欧非和美洲三大海外银团贷款中心，为国内企业海外并购等提供融资支持。截至2009年年底，中行通过全球统一授信产品提供的融资合同金额已达138.47亿美元，贷款余额达85.5亿美元。

大力开发国内结算新产品，形成包含7类近50款产品的国内结算产品体系。开发系列贸易融资产品，加快推广银团保函、海事担保、租赁保理、无信保项下保理池融资等创新产品，推出了供应链融资"1＋N"服务模式和"TSU领军银行计划"。率先开办人民币计价货物贸易结算、人民币预结汇等多项新业务，与亚洲开发银行成功办理了中资银行首笔贸易融资业务，与泛美开发银行合作完成国内首笔出口前贸易融资业务，与荷兰欧洲信贷银行成功合作完成国内首笔银行本票项下融资性风险参与业务。中行充分发挥在外汇资金业务领域的传统优势，巩固结售汇交易、贵金属交易、人民币债券交易等国内领先地位。开办美元对卢布自营业务。配合"跨境贸易人民币结算"业务，开展购售人民币和人民币拆借业务。推出双向外汇（黄金）宝、实体金交易业务。为企业跨境业务提供避险方案及交易服务，节约客户换汇成本。

资料来源：中国银行网站。

思考：

（1）案例中所提到的中国银行经营的国际业务类别有哪些？

（2）请思考为什么中国银行可以在国际业务领域形成经营优势。

本 章 小 结

商业银行国际业务从广义上讲是指所有涉及外币或国外客户的经营活动。与国内业务相比，其在交易对象、业务规模以及空间上均有显著区别。常见的商业银行国际业务有国际结算业务、外汇买卖业务、国际信贷业务等。

国际结算业务是商业银行重要和传统的中间业务，虽然较为复杂，但具有成本低、风险小、收益高的特点。由于使用票据的不同，国际结算有三种基本形式：汇款、托收和信用证。汇款属于顺汇，托收和信用证则属于逆汇。

国际信贷业务是商业银行非常重要和基本的国际业务。国际信贷业务一般是在国际金融市场上进行的，以商业银行作为国际信用的提供者，对国内外经济主体开展的授信行为，通常包括贸易融资、国际银团贷款等。作为商业银行重要的资产业务，国际信贷业务的风险管理工作应予以加强。

商业银行的外汇买卖业务主要包括即期外汇买卖业务、远期外汇买卖业务、掉期业务、套汇业务和套利业务。商业银行开展外汇买卖业务，主要是为了满足进出口企业、旅游者和投资者对外汇的需求；也是为了轧平头寸，以规避外汇风险。商业银行开展外汇业务时不但要对经营范围进行适当、合理的选择，还要对经营收益与成本进行定期的核算，加强经营风险的防范、内部控制和业务创新。

关键词

国际结算　国际借贷　贸易融资　汇款　托收　信用证　押汇业务　福费廷　打包放款　保理业务　出口信贷　银团贷款　离岸金融市场业务　外汇交易　外汇期货　外汇期权　外汇互换　套汇交易

思 考 题

1. 商业银行国际业务的种类有哪些？

2. 试述国际结算三种结算方式的主要内容。

3. 说明国际贸易融资业务的概念及种类，并了解各类业务的主要特征。

4. 什么是国际银团贷款，如何操作，银团贷款各当事人应分别承担哪些职能？

5. 请思考商业银行在管理国际借贷业务时应注意哪些问题。

6. 商业银行从事的主要外汇买卖业务有哪些？

7. 外汇期货交易与远期外汇交易有何区别？

商业银行资产负债管理策略

【学习目的】

☞ 了解商业银行资产负债管理的意义；

☞ 知道商业银行资产管理理论的核心理论和方法；

☞ 熟悉商业银行负债管理理论和资产负债管理理论的观点；

☞ 掌握利率敏感性缺口模型，会运用该模型进行计算；

☞ 理解久期的基本内涵和具体公式；

☞ 掌握久期缺口模型的核心内容及相关计算。

　　商业银行的资产负债管理就是指商业银行为实现管理层依据资金流动性、安全性和盈利性所确定的组合目标，按照特定策略进行资金配置的过程。从广义的角度来理解，商业银行资产负债管理既不应局限于资产的管理（即资金的运用），也不应该局限于负债的管理（即资金的来源），而是应该从整体的经营策略出发全面综合管理资产和负债，使两者相互配合，共同实现商业银行的经营目标。商业银行资产负债管理的核心策略是在利率波动的环境中，通过调整利率敏感性资产和负债的配置情况，来达到目标的净利息差额；或是通过改变资产负债的久期，使银行得到正的资本净值。本章第一节介绍了资产负债管理理论的演变，依照产生的先后顺序依次是资产管理理论、负债管理理论和资产负债综合管理理论。第二节和第三节详细介绍了资产负债管理理论中的利率敏感性缺口模型和久期缺口模型的核心内容和管理案例。

第一节　商业银行资产负债管理理论演变

一、资产管理理论

直到 20 世纪 60 年代以前，间接融资一直是经济生活中最主要的融资方式，商业银行作为金融机构的主要组织形式承载着这些融资活动。由于商业银行的资金主要来源于储蓄，而储蓄行为的经济活动主体是个人、企业和政府，其行为不受商业银行的影响，因此一般认为商业银行并不能控制其资金来源的规模和结构。在这种情况下，商业银行管理的重点是维护银行资产的流动性，即在保证银行资产流动性的基础上追求盈利目标，而资金配置的重心自然就落在了资产负债表中资产一方。因此，商业银行资产管理理论（Asset Management Theory）认为，资金来源的规模和结构是独立于银行的外生变量，商业银行应主要通过对资产项目的调整和组合来实现资金的流动性、安全性和盈利性三原则和具体经营目标。

（一）资产管理理论发展历程

1. 商业性贷款理论

商业性贷款理论（Commercial Loan Theory）产生于商业银行发展初期，主要源于 18 世纪英国商业银行所遵循的确定银行资金分配方向的基本原则。该理论认为由于商业银行的主要资金来源是流动性很高的活期存款，存款人的存款决定外生于银行，且随时有提现的可能，因此银行在进行资金分配时要注重保持高度的流动性，资金只能投向工商企业周转性短期贷款。这种短期贷款的特征是贷款期限较短，且以商业票据作为贷款抵押，即使贷款人不能如期还贷，银行所持有的商业票据到期后也能变现为资金从而自动偿还银行贷款，所以商业性贷款理论也被称为自偿性贷款理论（Self-Liquidation Theory）和真实票据理论（Real-Bill Theory）。此外，该理论还认为由于不动产抵押贷款和消费贷款的变现能力较差，银行不宜发放这类贷款，即使发放也应以银行自有资本和现有储蓄存款规模为限。

商业性贷款理论第一次明确了商业银行资金配置的重要原则，即银行的资金运用要注重资金来源的性质和结构，突出了商业银行相当于一般工商企业应保持更高流动性的运作特征，对商业银行进行资金配置、稳健经营提供了理论基础。但很明显，商业性贷款理论具有明显的时代局限：首先，过度强调活期存款流动性和外生性，忽视了活期存款余额具有相对稳定的特征，使银行资金过多地集中于流动性较强但盈利性较差的短期流动资金贷款上，不能使银行利润达到最大化；其次，将银行资金运用限定于商业流动贷款，限制了银行其他业务的拓展，使银行业务过于单一，不利于有效分散风险和银行的进一步发展。此外，尽管以真实商业票据作为抵押能够防范商业贷款的风险，但忽视经济周期的作用，一旦经济进入衰退期，票据违约会随之出现，使真实票据的自偿难以保证。

商业贷款理论的局限源于其产生的时代特征。该理论产生于商业银行发展初期，产业革命刚刚开始，经济生活中占支配地位的依然是工场手工业和发达的商业，机器大工业生产还没有出现，经济生活中的资金需求也多来自商业周转性短期流动资金。在经济理论上，重商主义理论仍占据着重要地位，影响着政府政策制定。从金融业角度看，金融机构的管理水平普遍较低，中央银行还没有产生，缺乏最后贷款人对于银行流动性保护的屏障，商业银行所面临的主要风险源自流动性不足，因此商业性贷款理论成为当时主导银行运作的思想。

2. 资产可转换性理论

随着资本主义经济进一步发展，经济危机频繁发生，商业性贷款理论的局限不断显现。"一战"后，各国迅速恢复的经济再度受到经济危机的重创，政府为发展经济大量发行公债，增加政府借款，商业银行也逐渐将部分资金投向购买政府债券。这些为资产可转换性理论的产生奠定了基础。1918 年，美国经济学家莫尔顿《商业银行及资本形成》一文发表于《政治经济学》杂志，标志着该理论的正式形成。

资产可转换性理论（Shiftablity Theory）继承了商业性贷款理论重视银行资金来源性质和保持高度流动性的传统，但该理论认为可以放宽银行资金运用的范围，银行的资金可用于信誉高、期限短、容易转让的资产上，便于银行在需要流动性时能够随时将这类资产转换为现金。资产可转换性理论突破了商业性贷款理论对商业银行资产运用的限制，使银行在注重流动性的同时扩大了资产组合的范围。随着资产可转换性理论的诞生及时代发展需要，商业银行资产组合中的票据贴现和短期国债占比明显提高。

3. 预期收入理论

第二次世界大战后，美国经济由战时状态转入恢复和发展时期，经济政策转向鼓励消费，生产性企业急需更新生产设备。与此相应，商业银行的贷款需求中，中长期贷款增长迅速，而且贷款还本付息的前景较好、风险较低。商业银行有调整资产组合结构的冲动，增加利率较高、盈利性较好的中长期贷款在贷款中的比重，但缺乏理论支持。1949 年美国金融学家普鲁克诺的《定期贷款与银行流动性》一书的出版标志着预期收入理论的诞生。

预期收入理论（Anticipated Income Theory）认为，商业银行的流动性从根本上讲取决于贷款按期还本付息，这与借款人的预期收入和银行对贷款的合理安排密切相关，与贷款的期限并无绝对的联系。只要贷款的偿还是稳定有保障的，那么银行将贷款期限进行合理组合就能保证资金回流具有可控性，也就保证了银行的流动性。因此，贷款期限是可以进行调整的，并非是一个绝对不能突破的限制因素。

预期收入理论继承了商业性贷款理论和资产可转换性理论中保证银行流动性的传统，但该理论在银行资金运用的期限与方向上都有很大突破，强调借款人的预期收入是商业银行选择资金投向的主要标准之一，丰富了商业银行判断资金组合中流动性和盈利性关系的思维方式，为商业银行在更广泛的领域内进行资产组合提供了理论基础。但预期收入并不是实际收入，且预测与实际相一致的预期收入并不是轻易就能做到的，银行预测的预期收入往往与实际收入相差较大，因此该理论的实施在事实上确实增加了银行的信贷风险。

（二）资产管理的方法

1. 资金池法

资金池法又称资金总库法，是一种以资产为主的管理方法，通过对资产的管理实现信贷资金和银行自身的流动性。该方法既不考虑资金来源的性质和结构，也不考虑每一来源资金各自的流动性需要，而是将所有来源的资金集中起来，根据资金需要的急迫性重新进行各种资产配置。

具体做法是：首先将一部分资金作为一级准备，随时应对顾客提取存款的需要；其次，将一部分资金作为二级准备，投向期限短、质量高、易变现的金融资产以随时补充一级准备或流动性不足；再次，分配部分资金发放贷款，满足客户的资金需求；最后，将剩余资金用于购买长期有价证券或进行固定资产投资。

资金池法打破了对于单一资金来源的过度重视，在保障银行流动性的同时配置资金获取相应收益。但很明显，该方法还处于原则性阶段，没能给出各种资金分配的量的比例，不具有实践的操作性，由于缺乏科学、合理的数量关系，致使银行为保证流动性不得不拨付过多资金用于一二级准备金，从而导致银行盈利性不足。

2. 资金分配法

资金分配法是 20 世纪 40 年代以资产管理理论为基础发展起来的安排银行资金组合的运作策略和方法，是对资金池法的改进和进一步发展。其主导思想是依据各种资金来源的流动性或周转率将其应用于不同期限的资产组合中，使银行资金来源和运用在期限上保持对应关系，因此该方法也被称为资金匹配法或期限对称法。简单讲就是相对稳定或具有较低周转率的资金来源应运用到长期、收益高的项目上；反之，不稳定的或具有较高周转率的资金来源应运用于短期、流动性高的项目。

资金分配法的操作如图 9-1 所示，其中活期存款的周转率最高，随时有提现的可能性，按对称原则，该类资金应运用到流动性较强的资产项目上，因此，与活期存款相对应的是一级准备和二级准备。而银行的资本金既不需偿付也不需缴纳法定准备金，所以该类来源的资金可以应用于盈利性强但流动性最差的固定资产投资上。其余各类资金来源的周转率介于活期存款和资本金之间，其运用也相应介于一级准备和固定资产投资之间的其他项目，如贷款和证券投资等。

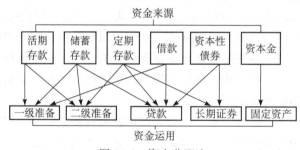

图 9-1 资金分配法

与资金池法相比，资金分配法有了很大的进步。该方法从资产与负债两方面对银行资金进行统筹管理，在流动性为主的前提下兼顾盈利性，在不损害流动性的前提下增加了银行的盈利，而且也更具操作性。但该方法仍没有突破被动负债的思想，在实践过程中易导致将活期存款简单为一级准备的偏误，而且与资金池法相似，也没有从量的角度对资金运用提供科学、合理的分配方法，从而不能达到资金配置效率的最优化。

3. 线性规划模型

随着计算机技术的发展与应用，大规模计算成为可能，银行借由计算机强大的计算功能和线性规划方法，通过在既定约束下确定目标函数解决了资金池法与资金分配法没能从数量关系上确定银行资金管理的缺陷。其主导思想是银行运用计算机将多变量数学方法——线性规划方法——引入银行资金配置决策过程，通过建立模型、计算模型的解来实现资金配置效率的最优化。

线性规划模型的建立包括四个步骤，即确定目标函数、选择变量、确定约束条件、求解。一般来讲，银行在资金管理过程中的目标函数往往被设定为各类资产的收益最大化或净收益最大化。选择变量就是银行在对其资产、负债进行优化组合过程中各类资产与负债的规模、收益率与期限等。其中，既包括可控的变量，如银行可以在不同项目中进行选择，也包括一些银行不能控制的因素，如基准利率、存贷需求状况等。约束条件是银行在资金分配中必须遵循的原则与法定限制等，如流动性要求、资本金状况要求等。在确定了目标函数、变量与目标关系与约束条件后，就可以将具体数据代入模型，最终计算出既定约束下能够实现目标函数的最优解，而这个解就是银行进行资金管理的依据。

例如，银行 A 获得了一笔 2 000 万元的资金，既可以用于发放贷款（x），也可用于购买短期证券（y），但要为了保证流动性，短期证券与总贷款的比例至少为 1/3。贷款的利率为 10%，短期证券的收益率为 6%，那么银行应如何配置这笔资金？其最大收益是多少？

在这个决策过程中，银行要实现的目标函数是使资金的收益最大化，变量包括 x、y 及其相应的收益率，而约束条件则包括流动性要求（确定 x、y 的比例关系）、资金规模与 x、y 的数量限制等，根据这些条件可以确定下面的线性规划模型。

目标函数：$\quad\quad\quad\quad\quad\quad \max R = 0.1x + 0.06y$

约束条件：

（流动性约束）$\quad\quad\quad\quad x \leqslant 3y$

（总资产规模约束）$\quad\quad\quad x + y \leqslant 2\ 000$

（常规约束）$\quad\quad\quad\quad\quad x \geqslant 0, \ y \geqslant 0$

运用图解法如图 9-2 所示。

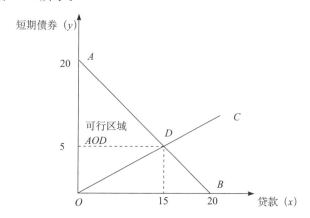

图 9-2　线性规划法下的银行资产组合（单位：百万元）

第一个约束 $x \leqslant 3y$ 要求短期证券至少为总贷款的 1/3，从而保证银行的流动性，从图来看就是资产组合要等于或高于 OC 线。第二个约束 $x + y \leqslant 2\ 000$ 表明银行的资产规模受到资金来源的限制，即资产组合要在 AOB 范围内。第三个约束 $x \geqslant 0$ 和 $y \geqslant 0$，表明贷款和短期证券不可能为负数。从而可以观察到 AOD 区域才是可行的资产组合区域，其中 D 点为最外端交点，是银行的收益最大化点，可以得到该点的解为 $x = 1\ 500$ 万元，$y = 500$ 万元，$R = 180$ 万元。因此，银行应该将 1 500 万元用于发放贷款，500 万元购买短期债券，并可获得

180万元的收益，这样分配既保证了银行的流动性符合要求，又实现了银行收益的最大化。

尽管资产管理理论一直在不断地对其内容和方法进行改进，使得该理论对流动性重视的传统得以延续，同时抓住了银行经营对象——货币资金运行的特殊性。但这类理论都没能突破被动负债的前提，将银行的资金来源视为独立于银行以外的事件而不加考虑。因此，在银行具体操作过程中还是不够灵活，而且一旦经济运行环境发生变化，特别是进入下行通道以后，商业银行在经营上就显得非常被动。但这些理论和方法的存在也有其时代背景，事实上在放松金融监管以前，银行受到严格监管，它们对于控制资金来源的空间非常有限，只能将主要精力放在资产管理上，而这种理念也在相当长的一段时间内影响到商业银行的经营模式。

二、负债管理理论

负债管理理论（Liability Management Theory）是孕育于"二战"结束后，形成于20世纪50年代，在之后的一段时间里负债管理理论成为主导银行经营的主要思想。作为商业银行资产负债管理发展的一个阶段，负债管理理论的主要内容是：商业银行不仅可以管理资产，而且可以主动管理负债业务，通过开拓存款以外的融资渠道主动负债，如进行同业拆借、向中央银行借款、向公众借款或向国际金融市场借款等"购买"资金来实现银行流动性、安全性和盈利性的最佳组合，并实现银行资产的扩张，从而使商业银行不断成长壮大。

负债管理理论的产生也有较强的时代特征。一方面，"二战"后各国经历了快速的经济增长，大规模投资使金融市场上出现了大量资金需求，同时出现了许多非银行金融机构，加剧了金融机构间争夺资金来源的程度，商业银行的主要资金来源方式——存款数量受到了很大冲击。另一方面，屡屡发生的通货膨胀使各国金融监管部门对商业银行实施严格的利率管制，从而使银行出现"脱媒"现象，同时通货膨胀大大降低了银行的负债成本。商业银行长期受资产管理理论影响的弊端不断显现。商业银行需要更为积极的理论指导，从而转变其经营理念。1961年美国花旗银行首创大额可转让定期存单，开创了负债管理在实践中的先河，其后各种含息交易性存款不断问世。

负债管理的主要手段是资金价格——利率及吸纳存款或获得借款时的附加条款，目的是实现预期数额、组合比例与成本的优化。当金融机构面临的贷款需求超过其可贷资金时，就可以采用提高存款利率和货币市场借款利率的手段，使利率超过其竞争者所能提供的利率，吸引资金的流入，从而获得能够满足贷款需求的资金缺口。与此相应的，资金充足但缺乏投资项目的金融机构则可以通过压低存款利率来减少负债，也可以向其他金融机构放款来为闲置资金寻找项目。

负债管理理论彻底摆脱了传统资产管理理论对流动性的过度重视，摆脱了追求盈利性的流动性制约，使银行的流动性不再只局限于保有高额的准备金或出售短期债券来满足，而是采取更为积极主动的在金融市场上通过"购买"资金来满足。通过负债管理，银行有效降低了流动性资产的储备规模，增加了盈利性资产在资产组合中的比重，提高了银行的盈利性和资产的不断扩张。但很明显，负债管理增加了银行的风险。一方面，负债管理提高了银行的资金成本，无论是大额可转让定期存单还是在国际金融市场借款，其利率都高于一般储蓄存款；另一方面，银行为偿付高额的负债成本而造成的利润损失就会将资金投向风险更高、收益更高但流动性更低的项目上去，这无疑增加了银行的经营风险。此外，当金融市场上资金偏紧时，即使银行出再高的价格，也难以获得足够的资金来源，从而使流动性受到威胁。尽管如此，较之单纯的进行资产管理的传统理论，负债理论仍是一种巨大的进步。

三、资产负债管理理论

负债管理理论代替资产管理理论成为银行经营过程中资产负债管理的主导思想以后，银行业乃至整个金融业都得到了快速发展，各种创新产品和交易方式不断涌现，这些产品或显性或隐性地提高了资本价格，突破了监管当局对利率的限制。鉴于监管当局的利率监管已经在实际上被金融机构所冲破，发达国家在20世纪80年代先后放松了对金融的监管，掀起了一股金融自由化浪潮。商业银行在获得融资主动权的同时不得不面对波动更为剧烈的利率市场，增加了银行经营的利率风险。这种状况在20世纪70年代末、80年代初直接催生了当前处于主导地位的资金管理方法——资产负债管理理论（Asset Liability Management）。资产负债管理理论的诞生使商业银行的资产负债管理发展到一个新的阶段。

资产负债管理理论认为在银行的融资计划和决策中，可以通过协调负债与资产的关系来保持净利息的正差额（Net Interest Margin），并控制正所有者权益净值（Net Worth）。也就是说银行既不应单纯地管理资产，也不应单纯地管理负债，而是要将两方面联系起来，将资产和负债同时纳入到决策范畴中，实现资产和负债在规模、结构和利率等方面的相互协调，从而实现银行经营三性的最佳组合。由于银行是依据变化来调整对利率变化敏感的资金以实现对资产和负债进行管理，因此资产负债管理也称相机抉择资金管理（Discretionary Fund Management）。

在市场利率波动的情况下，不可预期的利率波动会给银行的正常经营带来风险，而合理的配置资产和负债的状态会影响银行的利润和经营状况。银行同时对资产负债进行管理的方法主要包括两种：一种是对具有浮动利率资产和负债的管理，一般称为利率敏感性缺口管理（第二节进行详细介绍）；另一种是对具有固定收益或成本的资产和负债进行管理，一般称为久期缺口管理（第三节进行详细介绍）。以管理浮动利率资产和负债为例，首先，具有浮动利率的资产和负债之间存在差额的状态下，利率波动会影响银行净利息差额（或利润）；其次，利率波动会导致固定利率资产和固定利率负债的市场价值发生变化，从而影响按市场价值计算的银行所有者权益净值。当利率上升时，如果银行的浮动利率资产大于浮动利率负债（参见图9-3状态一），那么当利率上升时就有较多的资产获得更高的利率，银行的净利息会随之增加。相反，如果利率下降，那么银行的利差收益将缩小。如果银行的浮动利率资产小于浮动利率负债（参见图9-3状态二），那么当利率上升时，银行将不得不为负债支付更多的利息，在这种状态下，利率的上升将导致银行净利差收益的下降。相反，当利率下降时，银行的净利差收益将上升。鉴于不同状态下的银行在利率波动过程收益状况的差异性，

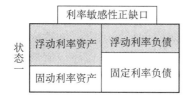

图9-3 银行资产负债的两种匹配状态

银行可以通过改变其所处状态来抵消利率波动带来的不利影响，或扩大利率波动带来的有利结果。即当利率处于上升通道时，银行可以通过增加浮动利率资产、减少浮动利率负债来避免利息损失；而当利率处于下降通道时，银行可以通过减少浮动利率资产、增加浮动利率负债避免因利率下降所造成的损失。

商业银行负债管理理论的发展经历了由资产管理理论到负债管理理论再到资产负债管理理论三个较为明显的发展阶段（如图9-4所示）。在从一个阶段到另一个阶段发展的过程中，经济环境的变化发挥了巨大的作用，三个理论之间并不是简单的扬弃，而是后一理论对前一理论的继承与发展，所贯穿始末的恰恰是商业银行经营过程中所遵循的流动性、安全性和盈利性三个基本原则。

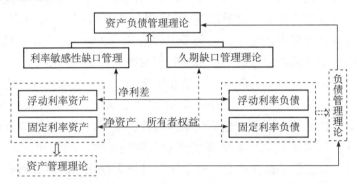

图9-4　商业银行资产负债管理理论的发展脉络

第二节　商业银行利率敏感性缺口管理

对商业银行利率敏感性资金缺口的管理是银行资产负债管理的基本方法之一。银行在对利率波动趋势进行预测的基础上，通过调整利率敏感性资产和负债的配置结构，改变利率敏感性资金缺口状态来实现利润最大化目标。该方法的关键是确定利率敏感性资金缺口，并对该缺口进行管理，以便在利率波动周期中获得较高的或较为稳定的利差收益。

一、利率敏感性缺口模型

(一) 利率敏感性资金：利率敏感性资产和利率敏感性负债

利率敏感性资金（Rate-Sensitive Fund）是指在一定期间内展期或根据协议按市场利率定期重新定价的资产或负债。其中，利率敏感性资产（Rate-Sensitive Asset）包括浮动利率贷款、短期证券、同业拆出资金等；而利率敏感性负债（Rate-Sensitive Liability）包括有息活期存款、短期可转让存单及同业拆入资金等。利率敏感性资产和负债的定价基础是可供选择的货币市场基准利率，主要有同业拆借利率、国库券利率、银行优惠贷款利率、可转让大额存单利率等。除了定期定价的项目外，利率敏感性资产和负债还包括未来现金流会随着市场利率而改变的各类资金项目。表9-1给出了美国金融市场上利率敏感性资产与负债和利率非敏感性资产与负债的项目。

表 9－1　美国利率敏感性资产与负债和利率非敏感性资产与负债

利率敏感性资产	利率敏感性负债	利率非敏感性资产	利率非敏感性负债
政府与私人借款者发行的短期证券（即将到期）	货币市场借款（如联邦资金或回购协议借款）	库存现金或央行的存款（法定准备金）	活期存款账户（无息或固定利率）
向借款者提供的短期贷款（即将到期）	短期储蓄账户	按固定利率提供给借款者的长期贷款	长期储蓄与退休金账户
浮动或可调整利率贷款与证券	货币市场存款（其利率经常每隔几天就调整）	以固定（息票）利率计息的长期证券、建筑物、设备	投资者提供的股权资本

资料来源：罗斯，赫金斯．商业银行管理．刘园，译．7 版．北京：机械工业出版社，2007：179.

（二）利率敏感性缺口（又称融资缺口）

利率敏感性资产和利率敏感性负债在数量匹配关系上存在三种状态：一是利率敏感性资产与利率敏感性负债相等；二是利率敏感性资产大于利率敏感性负债；三是利率敏感性资产小于利率敏感性负债。这三种状态可以用利率敏感性缺口来表示，利率敏感性缺口就是利率敏感性资产与利率敏感性负债之间的差额，也称融资缺口（Funding Gap）。与上述三种状态相一致有三种利率敏感性缺口，即零缺口、正缺口和负缺口，用下述关系式表示

$$利率敏感性缺口＝利率敏感性资产－利率敏感性负债 \qquad (9-1)$$

当利率敏感性资产等于利率敏感性负债时，称为零缺口，此时利率变化对银行的净利差收入没有影响。当利率敏感性资产大于利率敏感性负债时，银行存在正缺口，也称资产敏感性缺口。例如某家银行拥有利率敏感性资产 10 亿元，利率敏感性负债 8 亿元，其正缺口就是 2 亿元，属资产敏感性缺口。如果利率上升，那么银行利息成本将小于利息收入的增长，银行净利差收入将增加；相反，如果利率下降，那么银行净利差收入将下降。当利率敏感性资产小于利率敏感性负债时，银行存在负缺口，又称负债敏感性缺口。例如银行拥有利率敏感性资产 5 亿元，利率敏感性负债 8 亿元，其负缺口则为 3 亿元，属负债敏感性缺口。如果利率上升，则银行利息成本大于利息收入的增长，银行净利差收入将减少，反之同理。

（三）利率敏感性比率

除了利率敏感性缺口以外，还可以通过利率敏感性比率来刻画银行利率敏感性资金状态。利率敏感性比率是利率敏感性资产与利率敏感性负债之间的数量比率关系，用公式表示为

$$利率敏感性比率＝利率敏感性资产÷利率敏感性负债 \qquad (9-2)$$

利率敏感性比率的值有三种可能，即利率敏感性比率等于 1、大于 1 和小于 1。利率敏感性比率等于 1 意味着利率敏感性资产与利率敏感性负债相等，即利率敏感性缺口为零；大于 1 说明利率敏感性资产超过利率敏感性负债，也即利率敏感性缺口为正缺口；小于 1 说明利率敏感性资产少于利率敏感性负债，即利率敏感性缺口为负缺口。如果银行的利率敏感性资产为 10 亿元，利率敏感性负债为 8 亿元，那么利率敏感性比率＝10÷8＝1.25，属资产敏感性缺口。此时，如果利率上升，则银行利息收入将大于利息成本的增长，银行净利差收入将增加，反之同理。利率敏感性比率与利率敏感性缺口的对应关系如表 9－2 所示。

表9-2 利率敏感性比率与利率敏感性缺口的对应关系

利率敏感性比率关系	利率敏感性缺口符号	缺口类型	银行类型
=1	0	零缺口	"免疫"型银行
>1	+	正缺口（资产敏感性缺口）	资产敏感型银行
<1	−	负缺口（负债敏感性缺口）	负债敏感型银行

（四）净利差率与利率敏感性缺口

为了抵消利率波动给银行利润造成不必要的损失，银行管理层往往通过维持净利差的稳定以实现该目标。净利差率是银行利息收入与利息支出之差与总盈利资产之比，用公式表示为

$$净利差率＝（利息收入－利息支出）÷总盈利资产$$
$$＝净利息收入÷总盈利资产 \qquad (9-3)$$

例如一家银行来自贷款与证券投资的利息收入为50亿元，而其存款与其他借入资金的利息支出为30亿元，盈利性资产共500亿元，那么其净利差率则为4%，计算过程如下。

$$净利差率＝\frac{50-30}{500}\times100\%＝4\%$$

在不同的利率敏感性缺口状态下，银行净利差率对利率波动反映也不同。一般来讲，如果银行处于资产敏感性缺口状态时，如果利率上升，银行净利差率将上升，市场利率下降，银行净利差率将随之下降。相反，如果银行处于负债敏感性缺口状态，那么利率上升，银行净利差率将下降，市场利率下降，银行净利差率将上升。如果银行利率敏感性资产与负债相当，也就是说银行处于零缺口状态，那么无论利率怎样波动，银行的净利差率都不会随之变动，这是因为无论利率上升还是下降，银行的超额利息支出总被其超额利息收入所弥补。因此，处于零缺口状态的银行对利率的波动具有"免疫"的功能，如表9-3所示。

表9-3 不同缺口下银行净利差率与利率变化之间的关系

缺口类型	利率变化	净利差率变化
零缺口	上升，下降	不变，不变
正缺口	上升，下降	上升，下降
负缺口	下降，上升	上升，下降

二、利率敏感性缺口管理案例

在实际操作中，银行大多利用利率敏感性资金报表对其敏感性资金进行归类分析并实时进行监测，以便能够及时调整银行的资金配置结构，避免利率风险。利率敏感性报表是一种按时间跨度分段统计资金价格受市场利率影响的期限架构表。该表将一定时期，通常将一年划分为若干相对较短的时间段，并列出相应时间内需要重新定价的资金（利率敏感性资金）的数额。具体分段时间的频率，银行可根据自身需要进行确定。

表9-4给出了某银行按到期日或利率重新调整时间划分的全部资金状况。通过表9-4可知该银行实际上是将时间段按周、月、季度、年对其利率敏感性资金进行了划分。第一列列出了未来1周内的利率敏感性资金状况，其中各种资产项目累计的利率敏感性资产为17亿美元，也就是说银行将有17亿美元的资产需要重新选择投资取向而重新定价；各种负债

项目下累计的利率敏感性负债为 18 亿美元，即该银行在未来一周内有 18 亿美元的负债需要重新定价。根据式（9-1）可计算得到，在未来一周内该银行的利率敏感性缺口为－1 亿美元，属于负债敏感性缺口，将数据代入式（9-2）得到该银行的利率敏感性比率为94.44％。在未来 8～30 天内该银行的利率敏感性资产总额为 3.1 亿美元，利率敏感性负债为 6 亿美元，利率敏感性缺口为－2.9 亿美元，利率敏感性比率为 51.67％。相比于第一周，未来 8～30 天该银行的负债敏感性缺口进一步扩大，利率敏感性比率也进一步下降。类似可以计算未来 31～90 天内的利率敏感性缺口为－1 000 千万美元，利率敏感性比率为 97.78％，负债敏感性缺口大幅度缩小，在未来 90～360 天内银行的利率敏感性缺口为＋3.3 亿美元，缺口类型由负债敏感性缺口转变为资产敏感性缺口，利率敏感性比率也上升至 320％。

如果将时间跨度扩大，如要考察在未来 1～30 天内也就是未来 1 个月内银行的利率敏感性缺口状况，那么就会涉及另一个常用的指标——累积缺口。累积缺口是一种全面实用的利率风险缺口度量法，是某一特定时期内可重新定价资产与负债的总差额。根据这一定义，在未来一个月（未来 1～30 天）内该银行的累积缺口为－3.9 亿美元，未来一个季度内的累积缺口为－4 亿美元，未来一年（1～360 天）内的累积缺口为－7 千万美元。累积缺口之所以实用是因为给定任何具体的利率变动值，都可以近似计算出银行的净利息收入受利率变动的影响，公式如下。

$$净利息收入变动＝利率的总体变动（百分比）×累积缺口规模 \quad (9-4)$$

根据对该银行利率敏感性缺口和累积缺口的计算，可以发现该银行在不同的时间期限内对于利率敏感性资金的配置具有明显的差异。该银行在 3 个月内的利率敏感性缺口都为负，并在随后转变为正的利率敏感性缺口，这说明银行对于利率变化过程作出了先下降而后上升的预测，因此在利率敏感性缺口管理中选择了前三个月保持负债敏感性缺口，而在三个月后调整为资产敏感性缺口以适应利率上升的状况。

表 9-4　某银行利率敏感性分析　　　　　　　　　　　单位：千万美元

资产与负债项目	未来 1～7 天	8～30 天	31～90 天	91～360 天	一年以上	总计
资产						
现金与存款	10	—	—	—	—	10
有价证券	20	5	8	11	46	90
商业贷款	75	15	22	17	21	150
房地产贷款	50	8	8	7	17	90
消费贷款	10	2	2	7	9	30
农业贷款	5	1	4	6	4	20
银行建筑物与设备	—	—	—	—	20	20
利率敏感性资产总计	170	31	44	48	117	410
负债与所有者权益						
活期存款	80	10	—	—	—	90
储蓄账户	5	5	—	—	—	10
货币市场存款	55	15	—	—	—	70
长期定期存款	10	20	45	15	30	120
短期借款	30	10	—	—	—	40
其他负债	—	—	—	—	10	10
所有者权益	—	—	—	—	70	70

续表

资产与负债项目	未来1~7天	8~30天	31~90天	91~360天	一年以上	总计
利率敏感性负债与所有者权益总额	180	60	45	15	110	410
利率敏感性缺口	−10	−29	−1	+33	+7	—
累积缺口	−10	−39	−40	−7	0	—
利率敏感性比率	94.44%	51.67%	97.78%	320.00%	106.36%	—

资料来源：罗斯，赫金斯.商业银行管理.刘园，译.7版.北京：机械工业出版社，2007：182.

如果利率敏感性资产的当前收益率为11%，利率敏感性负债的平均成本为9%，相应的固定资产的收益率为12%，固定负债的成本为10%，在利率不变的情况下各阶段内的净利息收入与净利差率如表9-5所示。

表9-5　在利率不变条件下某银行资金配置策略的收益状况　　单位：千万美元

	未来1~7天	8~30天	31~90天	91~360天	一年以上
年总利息收入	$0.11\times170+0.12\times$ $(410-170)$	$0.11\times31+0.12\times$ $(410-31)$	$0.11\times44+0.12\times$ $(410-44)$	$0.11\times48+0.12\times$ $(410-48)$	$0.11\times117+0.12\times$ $(410-117)$
年总利息成本	$0.09\times180+0.10\times$ $(410-180)$	$0.09\times60+0.10\times$ $(410-60)$	$0.09\times45+0.10\times$ $(410-45)$	$0.09\times15+0.10\times$ $(410-15)$	$0.09\times110+0.10\times$ $(410-110)$
年净利息收入	8.3	8.49	8.21	7.87	8.13
年净利差率	$8.3\div410\times100\%$ $=2.02\%$	$8.49\div410\times100\%$ $=2.07\%$	$8.21\div410\times100\%$ $=2.00\%$	$7.87\div410\times100\%$ $=1.92\%$	$8.13\div410\times100\%$ $=1.98\%$

如果利率发生变化，即利率全部下调1个百分点，此时利率敏感性资产和利率敏感性负债的利率分别下调至10%和8%（参见表9-6）。利率变化后银行在各阶段上的年净利息收入和净利差随之发生了变化，其中在前期，也就是90天内的三个阶段，银行的年利息收入高于利率调整前，年净利差也相应高于调整前，说明银行对于敏感性资金的配置在利率下降的过程中为银行增加了收益，但是在90天以后的两个阶段内的年利息收入比利率调整前减少了。

表9-6　利率下调后某银行资金配置策略的收益状况

	未来1~7天	8~30天	31~90天	91~360天	一年以上
年总利息收入	$0.10\times170+0.12\times$ $(410-170)$	$0.10\times31+0.12\times$ $(410-31)$	$0.10\times44+0.12\times$ $(410-44)$	$0.10\times48+0.12\times$ $(410-48)$	$0.10\times117+0.12\times$ $(410-117)$
年总利息成本	$0.08\times180+0.10\times$ $(410-180)$	$0.08\times60+0.10\times$ $(410-60)$	$0.08\times45+0.10\times$ $(410-45)$	$0.08\times15+0.10\times$ $(410-15)$	$0.08\times110+0.10\times$ $(410-110)$
年净利息收入	8.4	8.78	8.22	7.54	8.06
年净利差率	$8.4\div410\times100\%$ $=2.05\%$	$8.78\div410\times100\%$ $=2.14\%$	$8.22\div410\times100\%$ $=2.00\%$	$7.54\div410\times100\%$ $=1.84\%$	$8.06\div410\times100\%$ $=1.97\%$

三、利率敏感性缺口管理的策略

对利率敏感性缺口的管理是基于银行对于未来利率波动正确预测基础上的，如果银行可以准确预测利率的变化，那么就可以主动对其利率敏感性缺口进行适当调整以增加银行收益；但如果银行不能准确把握利率的变化，那么采取防御性策略对于保证银行利润不受损失将更为有利。如果说主动性缺口管理策略主要关注的是缺口可能为银行带来高的潜在收益，那么防御性缺口管理策略则将重点放在了缺口可能为银行带来的潜在损失上。

（一）主动性策略

主动性策略就是银行在预测利率变化的基础上，通过改变利率敏感性资产和负债数量对比关系来调整银行的利率敏感性缺口状态，从而增加收益、减少损失的利率敏感性缺口管理策略。如果银行预测利率会上升，那么就应该通过增加利率敏感性资产（缩短资产到期日）或减少利率敏感性负债（延长负债到期日），以使银行利率敏感性缺口转正或扩大正缺口，增加银行收益；相反，当预测利率会下降时则应采取相反的措施，增加银行收益，如表 9 - 7 所示。

表 9 - 7　主动性缺口管理策略

预期利率变动	合意缺口类型	调整策略
预期利率上升	资产敏感性缺口	增加利率敏感性资产 减少利率敏感性负债
预期利率下降	负债敏感性缺口	减少利率敏感性资产 增加利率敏感性负债

（二）防御性策略

保持利率敏感性缺口可能为银行带来高收益，也可能使银行损失加倍。因为如果不能准确预测利率变化或预测利率变化过程与利率实际变化过程相反，那么银行的损失将被放大。对于大量中小银行来讲，它们并不像大银行那样拥有雄厚的实力和专家团队，并不能对利率的变化进行准确预测，为了避免因利率波动而给银行造成损失，最佳策略就是尽可能缩小利率敏感性缺口，这样无论利率是上升还是下降，无论缺口为正或为负，银行既不能因利率敏感性缺口获得过多收益，也不会因利率敏感性缺口招致过多的损失。纯粹的防御性缺口管理策略是将利率敏感性缺口缩小到零的状态，此时银行的利息收入将不随利率变化而发生变化。

四、利率敏感性缺口管理的局限性

从理论上讲，恰当的运用利率敏感性缺口调整利率敏感资产和负债的状况可以为银行带来高收益，同时也为银行增加了不确定风险，而且在实践操作过程中也并不能轻易地调整利率敏感性资金状态。首先，影响利率波动的因素很多且非常复杂，而且还有很多偶然因素的作用，因此即使计算机技术非常发达，专家团队专业，也不能完全穷尽影响利率波动的所有因素，因此不能期待对利率波动的预测与利率的实际变化完全吻合。即便是短期利率，其波动更是难以预测，这就意味着对利率敏感性缺口的主动性管理具有明显的局限。其次，一旦利率的实际变动过程向预测利率波动的反方向变化，那么将给银行带来更大的损失。为了能够使对利率的预测与利率实际变化过程相吻合，一些银行采取拉长时间段限的方法，并把利率波动与经济周期相联系，从而减少对于利率敏感性缺口的频繁调整，以在长期内运用利率敏感性缺口。再次，实际中资产与负债的利率变化并不同步，银行资产与负债的利率变化与公开市场的利率变动不一定同步，而且存款利率的变化明显滞后于贷款利率，这也给利率敏感性缺口管理带来了障碍。最后，即使银行能准确预测利率的变化，对于利率敏感性资金缺口的调整也不具有完全的灵活性。因为如果银行客户与银行对利率变化的判断一致，那么银行改变利率敏感性缺口的意图将很难实现。例如，银行和客户都预测利率会上升，此时客户希望获得银行的固定利率贷款，而银行则希望发放浮动利率贷款，银行与客户之间的分歧压缩了银行通过增加利率敏感性资产来调整利率敏感性缺口的空间。此外，主动性缺口管理策略在扩大银行净利差的同时，增加了银行所有者权益的不稳定性，减少了股东的所有者权益在银行资金中的比重，从而会影响股东在银行的地位。因此，有效的资产负债管理必须致力于使净利差和所有者权益同时达到满意状态。

第三节　商业银行久期缺口管理

利率敏感性缺口管理是银行通过调整利率敏感性资金配置结构来化解、利用市场利率波动给银行带来的净利差或利差损失、增加收益的策略方法。然而，受影响的不仅是浮动利率的敏感性资金，即使是固定利率的资产和负债在利率波动中，其市场价值也会随着利率变化而发生变化，从而使银行资产在变现时发生资产损失或导致所有者权益净值发生变化而使股东投资价值受损。因此，固定利率的资产、负债也需要进行合理配置，这就要借助商业银行资产负债管理的另一策略方法——久期缺口管理。

一、久期的概念

久期（Duration）也称持续期或存续期，最早由美国经济学家弗雷得里·麦克莱提出，用于分析固定收益金融产品的实际偿还期限和利率风险，也被应用于分析市场利率变化对债券价格变化的影响。但直到 20 世纪 80 年代后，久期才被应用于金融机构特别是银行的资产负债管理过程中。久期是一种用价值和时间加权度量到期日的方法，它度量的是产生现金流的金融资产的平均到期时间，也即收回一笔投资所需要的平均时间，它综合考虑了盈利资产的现金流收入和与负债相关的现金流支出的时间安排。计算单一金融产品久期的公式如下。

$$D = \sum_{t=1}^{n} \frac{t \times CF_t}{(1+r)^t} \bigg/ \sum_{t=1}^{n} \frac{CF_t}{(1+r)^t} \tag{9-5}$$

式中，D 为该金融产品的久期，t 表示该金融产品各个现金流（如利息、股息、本金等）的发生时间，CF_t 表示该金融产品在第 t 期规定的现金流发生额，r 为该金融产品的当前到期收益率，有时也用市场利率代替。

其中，$\sum_{t=1}^{n} \frac{CF_t}{(1+r)^t}$ 反映的是当前该金融产品的市场价值（价格），令 $\sum_{t=1}^{n} \frac{CF_t}{(1+r)^t} = p_0$，$p_0$ 就是该金融产品初始期的市场价值，因此式（9-5）就可以简化为

$$D = \sum_{t=1}^{n} \frac{t \times CF_t}{(1+r)^t} \bigg/ p_0 \tag{9-6}$$

下面通过举例来看看久期是如何计算的。例如购买一张 4 年期债券，该债券面值为 1 000元，债券持有人每年可获得 100 元利息现金收益，当前市场利率为 10%，根据久期计算公式就可以计算得到收回该投资的时间。由于年收益为 100 元，而市场利率为 10%，所以该债券的市场价值为 1 000 元。需要注意的是在第 4 年，债券持有者的现金流由两部分组成，不仅得到 100 元的利息收入，还会得到债券票面价值 1 000 元，所以第 4 年的现金流不

是 100 元而是（100+1 000）元。将数据代入式（9-6）有

$$D = (\sum_{t=1}^{4} \frac{t \times 100}{(1+0.1)^t} + \frac{1000 \times 4}{(1+0.1)^4}) / 1\,000 = 3\,486.78/1\,000 \approx 3.49 \text{（年）}$$

上述公式中的计算可以由表 9-8 完成，通过计算可知该债券的久期为 3.49 年，也就是说在当前利率下收回这笔 1 000 元的债券投资平均只需要 3.49 年。

表 9-8　金融产品的久期计算

t	CF_t	$1/(1+r)^t$	$CF_t \times t/(1+r)^t$	p_t/p_0	$t \times (p_t/p_0)$
1	100	0.909 1	90.91	0.090 91	0.090 91
2	100	0.826 4	165.28	0.082 64	0.165 28
3	100	0.751 3	225.39	0.075 13	0.225 39
4	100+1 000	0.683 0	3 005.2	0.751 3	3.005 2
合计	—	—	3 486.78		3.486 78
$D = 3\,486.78/1\,000 \approx 3.49$ 年					

如果稍对式（9-6）进行整理，可以得到式（9-7）

$$D = \sum_{t=1}^{n} (\frac{p_t}{p_0} \times t) \tag{9-7}$$

其中，$p_t = CF_t/(1+r)^t$，代表第 t 期现金流的净现值，如果将各期现金流的现值视为返还投资者初始投资的一部分，那么各期现金流现值占该金融工具总现值的比例之和等于 1，即 $\sum(p_t/p_0) = 1$，金融产品久期也就可以通过式（9-7）来计算。在上例中，按照式（9-7）计算久期的过程由表 9-8 最后两列给出。

二、久期缺口模型

根据资产组合理论可知，利率上升会导致固定利率资产与负债市场价值的下跌，而金融机构资产与负债到期日越长，市场利率上升时其市场价值就越容易下跌。因此，利率波动不仅会引起利率敏感性资产与负债之间净利差的变化，还会引起金融机构所有者权益的变化。久期度量的是资产的平均到期日。因此，当利率上升时，资产久期长于负债久期的金融机构所有者权益损失大于资产久期与负债久期差额较短的金融机构，也大于资产与负债久期相匹配的金融机构。基于此，银行可以通过平衡资产与负债久期来稳定所有者权益市场价值的稳定。久期缺口管理就是基于这一思想提出的，对银行资产久期与负债久期进行平衡，使银行在利率波动过程中能够控制或实现一个正的所有者权益净值。

久期缺口（Duration Gap）就是资产组合的久期与负债久期之差，用式（9-8）表示如下。

$$D_{\text{Gap}} = D_A - D_L \tag{9-8}$$

其中，D_{Gap} 为久期缺口，D_A 为资产组合的久期，D_L 为总负债久期。银行资产组合的久期 D_A 是银行各项资产久期 D_{Ai} 的加权值，即

$$D_A = \sum_{i=1}^{m} (W_i^A \cdot D_{Ai}) \tag{9-9}$$

其中，W_i^A 表示第 i 项资产占总资产权重。同理，银行总负债的久期 D_L 是各项负债久期 D_{Lj} 的加权值，即

$$D_L = \sum_{j=1}^{k} (W_j^L \cdot D_{Lj}) \qquad (9-10)$$

其中，W_j^L 表示第 j 项负债占总负债权重。

一般来讲，如果要完全规避利率风险，就应使久期缺口尽可能接近于零，也就是说要使资产久期与负债久期相当，即 $D_A \approx D_L$。但对于银行来讲，其资产总是大于其负债，因此要最小化利率波动对银行的影响就应将银行的资金结构考虑在内，对久期缺口进行调整，使资产和负债的久期达到平衡，经过平衡调整后的久期缺口表达式（9-8）演变为下式。

$$\overline{D}_{\text{Gap}} = D_A - \mu D_L \qquad (9-11)$$

其中，$\overline{D}_{\text{Gap}}$ 为平衡调整后的久期缺口，μ 是银行的资产负债率。由于 $\mu < 1$，因此当 $\overline{D}_{\text{Gap}} = 0$ 时，$D_A < D_L$。这意味着要消除利率波动给银行带来的风险，就必须使负债的变化大于资产的变化。经过平衡调整后的久期缺口 $\overline{D}_{\text{Gap}}$ 越大，银行所有者权益对市场利率变动的敏感程度也就越大。这是因为根据资产负债表，银行的资产、负债与所有者权益之间存在以下关系，即

$$A = L + N \qquad (9-12)$$

其中，A 为银行总资产，L 为总负债，N 为所有者权益。更进一步整理式（9-12），可以得到

$$\Delta N = \Delta A - \Delta L \qquad (9-13)$$

其中，ΔL、ΔA 和 ΔN 分别为所有者权益、总资产和总负债的变化量。

从风险管理的角度看，久期的重要特点在于它度量了金融产品的市场价值对利率变动的敏感程度，因此久期可以近似看做是一项资产（负债）的市场价值相对于利率变化的弹性，即

$$D \approx -(\frac{\Delta p}{p})/(\frac{\Delta r}{1+r}) \qquad (9-14)$$

其中，$\Delta p / p$ 为资产（负债）市场价值的变动的百分比，$\Delta r / (1+r)$ 为资产（负债）利率的相对变化。整理式（9-14）可以得到

$$\Delta p \approx -D \cdot (\frac{\Delta r}{1+r}) \cdot p \qquad (9-15)$$

将式（9-15）代入式（9-13）可以得到

$$\Delta N = \left[-D_A \cdot (\frac{\Delta r}{1+r}) \cdot A \right] - \left[-D_L \cdot (\frac{\Delta r}{1+r}) \cdot L \right] \qquad (9-16)$$

对式（9-16）进行整理，最终得到平衡调整后的久期缺口与所有者权益变化量之间的关系表达式（9-17）：

$$\Delta N = -A \cdot (\frac{\Delta r}{1+r})[D_A - (\frac{L}{A}) \cdot D_L] = -A \cdot (\frac{\Delta r}{1+r})\overline{D}_{\text{Gap}} \qquad (9-17)$$

把式（9-17）等号两边同时除以 N，整理得到

$$\overline{D}_{\text{Gap}} = \frac{N}{A} \cdot [-(\frac{\Delta N}{N})/(\frac{\Delta r}{1+r})] \qquad (9-18)$$

在式（9-18）中，(N/A) 为所有者权益占资产的比重，根据式（9-12）有 $(N/A) = 1 - \mu$，$-(\frac{\Delta N}{N})/(\frac{\Delta r}{1+r})$ 为所有者权益 N 的久期，表示所有者权益的利率敏感程度，因此式（9-18）可以简化为下式

$$\overline{D}_{\text{Gap}} = (1 - \mu)D_N \qquad (9-19)$$

由于 $(1-\mu)$ 在特定期间内为常数值，因此式（9-19）实际表明 D_N 和 $\overline{D}_{\text{Gap}}$ 之间是正相关关系，$\overline{D}_{\text{Gap}}$ 越大 D_N 也就越大。因此，平衡调整后的久期缺口越大，所有者权益对利率变化的敏感程度也就越大。

式（9-17）说明市场利率变化引起固定收入金融产品价值的相反变化。因此，当平衡调整后的久期缺口为正时，银行所有者权益的价值随利率上升而下降，随利率下降而上升；当平衡调整后的久期缺口为负时，所有者权益价值随市场利率变化而同方向变化。当缺口为零时，所有者权益的市场价值不受利率风险影响。这是因为在平衡调整后的久期缺口为正的条件下，利率变化会使资产价值比负债价值变化得更大。如果利率上升，银行资产市场价值比负债市场价值减少得更多，于是所有者权益的市场价值将下降；反之，如果利率下降，资产市场价值比负债的市场价值增加得更多，那么所有者权益的市场价值将上升。而在平衡调整后的久期缺口为负的条件下，利率变化会使负债价值的变化超过资产价值的变化。如果利率上升，负债市场价值比资产市场价值减少得更多，所有者权益的市场价值将上升；反之，当利率下降时，负债的市场价值比资产的市场价值增加得更多，因此所有者权益的市场价值将下降。表9-9列出了利率波动时，平衡调整后的久期缺口的不同状态与所有者权益市场价值变化的各种关系。

表 9-9　平衡调整久期缺口对所有者权益的影响

平衡调整后的久期缺口（1）	利率变化方向（2）	资产价值变化（3）	变动幅度	负债价值变化（4）	差值符号（5）=(3)-(4)	所有者权益变化（6）
正	上升	下降	>	下降	<0	下降
正	下降	上升	>	上升	>0	上升
负	上升	下降	<	下降	>0	上升
负	下降	上升	<	上升	<0	下降
零	上升	下降	=	下降	=0	不变
零	下降	上升	=	上升	=0	不变

三、久期缺口管理案例

下面通过一个案例来了解银行如何计算平衡调整后的久期缺口，并通过调整资产与负债久期避免利率风险给银行所有者权益造成损失。一般来讲，对于银行管理者要首先计算每项

资产和负债的久期；然后根据各项资产、负债占总资产、总负债的比重对各项资产、负债的久期进行加权求出总资产、总负债的久期；最后以资产负债比为权数求出平衡调整后的久期，并分析利率变化可能对所有者权益造成的影响。鉴于资产、负债久期的计算在前面已经给出，这里主要考察资产组合与负债组合的久期及平衡调整后的久期缺口的状态。

表 9-10 给出了某银行的各项资产、负债及其久期的结构，当前资金的市场利率水平为 10%，根据该表计算该银行总资产与总负债久期，并给出银行平衡调整后的久期缺口。如果市场利率发生变化，那么所有者权益将发生怎样的变化？

表 9-10　某银行资产、负债与久期结构

各项资产	资产市值/百万元	收益率/%	资产久期/年	各项负债	负债市值/百万元	利率/%	负债久期/年
国债	90	10	7.49	大额可转让存单	100	6	1.943
企业债券	20	6	1.5	定期存款	125	7.2	2.75
商业贷款	100	12	0.6	所有者权益	25		
房地产贷款	40	13	2.25				

通过表 9-10 可以计算得到该银行的总资产为 $90+20+100+40=250$ 万元，总负债为 $100+125=225$ 万元。由于表 9-10 分别给出了各项资产的市场价值及其久期，因此根据式（9-9）和式（9-10）可以计算得到总资产与总负债的久期。

$$（总资产久期）D_A = \frac{90}{250} \times 7.49 + \frac{20}{250} \times 1.5 + \frac{100}{250} \times 0.6 + \frac{40}{250} \times 2.25 \approx 3.42（年）$$

$$（总负债久期）D_A = \frac{100}{225} \times 1.943 + \frac{125}{225} \times 2.75 \approx 2.39（年）$$

把总资产与总负债的加权平均久期及资产和负债规模代入式（9-11）就可计算得到平衡调整后的久期缺口。

$$（平衡调整后的久期缺口）\overline{D}_{Gap} = 3.42 - \frac{225}{250} \times 2.39 = 1.269（年）$$

正的平衡调整后的久期缺口意味着，银行所有者权益将随利率上升而下降，随利率下降而上升。银行保持正的久期缺口同时意味着银行可能对利率变化进行了下降的预测，但如果利率上升银行将面临利率风险而使所有制权益遭受损失。例如市场利率由 10% 上升至 12%，那么银行的所有者权益将下降多少？

根据式（9-17）$\Delta N = -A \cdot (\frac{\Delta r}{1+r})\overline{D}_{Gap}$，将相应数据代入式中得到

$$（所有者权益变化量）\Delta N = -250 \times (\frac{0.02}{1+0.1}) \times 1.269 = -5.77（百万元）$$

也就是说如果利率上升 2 个百分点，银行的所有者权益将减少 577 万元。同样，如果利率与管理层预测一致出现下降，如下降 3 个百分点到 7%，那么银行所有者权益将上升，具体增加量为

$$（所有者权益变化量）\Delta N = -250 \times (\frac{-0.03}{1+0.1}) \times 1.269 = +8.65（百万元）$$

根据上述分析可知，利率变动对银行所有者权益的影响与三个因素有关：平衡调整后的久期缺口规模、银行资产（负债）规模及利率的变化程度。在其他两个因素不变的前提下，任何一个因素规模越大，银行所面临的风险也就越大。

一般来讲，银行无法控制利率的变化，而只能通过资产、负债配置来调整银行平衡调整后的久期缺口（改变 D_A、D_L 或两个同时变化），或者直接改变资产和负债的数量来规避银行所面临的利率风险。在上面的案例中，如果管理层决定在不改变银行资产负债数量的情况下仅通过调整负债的平均到期时间（久期）来缩小银行平衡调整后的久期缺口以实现规避利率风险的目的，那么银行就必须提高负债的久期，具体程度如下。

令

$$\overline{D}_{\text{Gap}} = 0 = 3.42 - \frac{225}{250} \times D_L$$

整理计算得到负债的久期应为

$$D_L = 3.42 \times \frac{250}{225} = 3.8（年）$$

也就是说，在其他条件不变的情况下规避利率风险，银行应将其总负债的久期从2.39年延长至3.8年。延长总负债久期后，银行平衡调整后的久期缺口将为0，根据式（9-17），利率上升（或下降）将不会使所有者权益发生任何变化，因为无论利率怎样变化，所有者权益变化量 $\Delta N \equiv 0$。

同样，银行也可通过向下调整银行总资产久期来压缩平衡调整后的久期到零的水平，也可通过同时调整总资产与总负债的久期来实现久期缺口的整体平衡。采取何种策略主要取决于在策略实施过程的难易程度。当然，如果银行能够准确预测利率的波动过程，那么就可以采取更为主动的策略，通过配置资产与负债久期来增加所有者权益，具体策略见表9-11。

表 9-11　银行应对利率变化的积极久期缺口调整策略

预测利率变化	合意久期缺口	久期缺口管理策略	所有者权益变化
上升	负缺口	下调 D_A，上调 D_L	增加（预测正确）
下降	正缺口	上调 D_A，下调 D_L	增加（预测正确）

四、久期缺口管理的局限性

尽管从理论上讲通过久期缺口管理可以实现规避利率风险对银行所有者权益的影响，但在实际操作过程中由于金融产品越来越复杂，因此为久期缺口的管理增加了困难。

首先，对于大多数金融产品来讲并非都像一次性贷款及零息政府债券那样实际到期日与久期一致，相反大多数金融产品的实际到期日往往比久期要长，这是因为金融产品往往采取逐次支付款项方式的原因，还本付息越频繁的金融产品的久期就越短，而这无疑增加了久期缺口管理的难度。

其次，银行的现金流往往不能如初始期所规定的那样稳定，这就使初期所确定的久期缺口会随时被不稳定的现金流所打乱。例如，客户提前还款或发生违约，现金流都会发生改变，而这也为久期缺口管理增加了难度。

再次，久期缺口管理是以利率与资产（负债）市场价值之间呈现线性关系为前提的，但是在现实经济生活中，利率与资产（负债）市场价值还受到其他因素的影响，往往不能满足线性关系的假设前提，而这就会造成久期管理的精确程度受到影响。

最后，久期缺口管理还包含了一个假定，即市场上的各种利率（如长期利率、短期利率）的变化方向、变化幅度是一致的，而且利率波动对于各种资产（负债）的市场价值的影响也是一致的。但现实生活中，各种利率的变动幅度往往不同，而且各种资产（负债）针对利率变化也呈现出相异的收益变化，这些都大大降低了缺口管理的准确性和有效性。

案 例 分 析

利率敏感性缺口和久期缺口计算

案例 A

表 9-12 给出了甲银行的利率敏感性资产负债表情况，根据该表测算该银行利率敏感性缺口和累积缺口，判断银行的利率敏感类型。当利率变化时该银行的净利差将发生怎样的变化？如果利率敏感性资产的当前收益率为 10%，利率敏感性负债的平均成本为 8%，相应的固定资本的收益率为 12%，固定负债的成本为 10%，在利率不变的情况下各阶段内的净利息收入与净利差是多少？如果利率发生变化，即利率全部下调 2 个百分点，利率变化后银行在各阶段上的年净利息收入和净利差随之发生怎样的变化？如果银行管理层不想面临利率波动给利率敏感性资产带来风险，应采取何种策略？可以进行怎样的操作？

表 9-12　甲银行利率敏感性资产负债表　　　　　　　　　　百万元

资产与负债项目	未来1~7天	8~30天	31~90天	91~360天	一年以上	总计
资产						
现金与存款	20	—	—	—	—	20
政府债券		7	36	35	17	95
商业贷款	88	60	29	17	21	215
分期偿还贷款	50	88	45	7	10	200
固定资产	—	—	—	—	25	25
利率敏感性资产总计	—	—	—	—	—	—
负债与所有者权益						
储蓄账户	5	5	—	—	—	10
货币市场存款	40	15	—	—	—	55
定期存款	10	15	41	59	30	155
大额存单	19	30	65	76	12	202
短期借款	30	10	—	—	—	40
其他负债	—	—	—	—	40	40
所有者权益	—	—	—	—	53	53
利率敏感性负债与所有者权益总额	—	—	—	—	—	—
利率敏感性缺口						
累积缺口						
利率敏感性比率						—

资料来源：罗斯．商业银行管理．7 版．刘园，译．北京：机械工业出版社，2007：182-183.

案例 B

表 9-13 给出了乙银行的资产、负债及相应资产负债的久期结构，根据该表分别计算该

银行总资产和总负债的加权久期与经过平衡调整后的久期缺口，此时利率的变化将对银行所有者权益造成怎样的影响？假设当前的市场利率为8％，如果利率上升至10％或下降到6％，那么在当前平衡调整后久期缺口条件下，将对所有者权益造成多大程度的影响？如果银行管理层保证所有者权益稳定，那么在其他条件不变的情况下可以采取怎样的策略，如果银行只能对负债进行调整，那么负债的加权久期应调整到怎样的水平？

表9-13　乙银行资产、负债与久期结构

各项资产	资产市值/百万元	收益率/%	资产久期/年	各项负债	负债市值/百万元	利率/%	负债久期/年
国债	100	10	5.4	大额可转让存单	155	6	2.3
企业债券	60	6	1.8	定期存款	135	7.2	3.6
商业贷款	200	12	0.8	其他负债	85	5.3	1.7
房地产贷款	40	13	3.1	所有者权益	25		

资料来源：戴国强．商业银行经营学．3版．北京：高等教育出版社，2007．

本 章 小 结

　　面对经济环境的变化，商业银行可以通过对其资产和负债的管理来规避经济环境变化特别是利率变化给银行带来的风险。商业银行的资产负债管理理论经历了三个发展阶段，先后出现了资产管理理论、负债管理理论和资产负债管理理论。在银行发展的早期，银行管理层主要奉行资产管理理论，包括商业性贷款理论、资产可转换理论和预期收入理论，三个理论分别从不同角度完善了资产管理理论。与资产管理理论相对应的资产管理方法包括资金池法、资金分配法和线性规划模型。由于经济快速增长和金融机构不断涌现，商业银行面临着大规模的贷款需求和激烈的存款竞争，这就使得商业银行逐渐将经营重点从资产管理向负债管理转变。20世纪70年代各国监管当局放松利率管制加大了利率波动幅度，增加了银行的利率风险。单纯的资产管理或负债管理都不能达到规避利率风险的目的，银行必须同时对资产和负债进行合理配置才有可能最大限度降低利率波动给银行带来的损失，而这直接催生了资产负债管理理论。其中，最流行的方法就是对银行资产和负债进行缺口管理，包括利率敏感性缺口管理和久期缺口管理。

　　利率敏感性缺口管理是当前最流行的管理利率风险的金融工具，它通过调整银行利率敏感性资产与利率敏感性负债之间的差额，来保护或最大化银行利息收入和利息支出之间的净利差。其管理策略包括主动性策略和防御性策略两种。对于净利差的过度追求可能会导致银行所有者权益受到威胁，这既是利率敏感性缺口管理的局限之一，也是对银行资产负债进行久期缺口管理的依据。久期度量的是资产的平均到期日。久期缺口是资产组合的久期与负债久期之差，由于银行资产大于负债，因此，应以资产负债率对银行的久期缺口进行平衡调整。平衡调整后的久期缺口与银行所有者权益变化相关，缺口越大所有者权益的变化也越大，因此，对银行平衡调整后的久期缺口管理可以实现所有者权益的最大化。作为风险规避的银行管理层，要规避利率波动稳定所有者权益净值可以通过将平衡调整后的久期缺口压缩到零来实现。

关键词

资产管理理论　负债管理理论　资产负债管理理论　自偿性贷款　一级准备　二级准备　净利差率　利率敏感性资金　利率敏感性缺口　利率敏感性比率　久期　久期缺口

思 考 题

1. 商业银行资产管理理论包括哪些内容？管理商业银行资产的方法有哪些？

2. 商业银行负债管理理论的核心思想是什么？

3. 商业银行资产负债管理理论的方法有哪些，特点是什么？

4. 什么是利率敏感性资金和利率敏感性缺口？利率敏感性缺口有几种类型？

5. 利率波动条件下，不同的利率敏感性缺口与净利差之间有怎样的关系？

6. 什么是久期和久期缺口模型？久期缺口模型有哪些优势和劣势？

7. 商业银行如何利用久期缺口模型进行资产负债管理？当利率波动时，会对银行所有者权益造成哪些影响？

第十章

商业银行风险管理

☞ 理解商业银行进行风险管理的重要意义；

☞ 熟悉商业银行的主要风险类别和各自的特点；

☞ 掌握商业银行信用风险管理的现代技术方法，重点了解 Credit Metrics 模型的信用风险度量方法；

☞ 知道商业银行市场风险中的利率风险、汇率风险和股票价格风险的特征；

☞ 重点掌握商业银行市场风险管理中的 VAR 方法；

☞ 了解商业银行操作风险的管理方法。

经济学中的风险是指各种经济行为所带来结果的不确定性，即发生损失或获得超额收益的可能性。因此，风险是用来衡量对预期收益的背离。同样，商业银行在经营过程中，由于事先无法预料的不确定因素的变化，使得商业银行的实际收益与预期收益相偏离，从而可能遭受经济损失或获取额外收益。当银行面临市场开放、法规解禁、产品创新等各种变化时，这些变化所带来的市场波动程度提高，连带增加经营的风险性。良好的风险管理有助于银行降低决策错误的概率，减少损失的可能性，从而相对提高银行本身的附加价值。风险管理通过研究风险发生的规律，并采用各种技术和方法对其进行有效控制，从而达到以最小成本获得最安全保障的目的。本章将详细介绍了商业银行各种风险类别和管理技术，第一节介绍了商业银行风险管理的进程和总体概述；第二节介绍了商业银行信用风险的定义、传统信用风险管理方法和现代信用风险管理方法；第三节介绍了商业银行市场风险的定义和风险管理方法；第四节介绍了商业银行操作风险的定义和管理方法。

第一节　商业银行风险管理概述

一、商业银行风险管理的历史演进

从商业银行诞生直至二十世纪中期以前，由于商业银行所面临的各种风险集中来源于资产业务，因此风险管理侧重于资产业务的风险管理，强调资产的流动性，因此形成了资产风险管理模式。这一模式经历了真实票据理论、可转换能力理论、预期收入理论、超额货币供给理论及资产结构理论等五个阶段。

而后在二十世纪五六十年代，西方各国经济开始高速增长，对商业银行资金需求旺盛。为了应对自有资金相对供给不足的局面，各银行变被动负债为主动负债。至此银行的风险管理模式也演变成为负债风险管理模式，这一阶段主要产生了银行券理论、存款理论、购买理论和销售理论。

但在二十世纪七十年代末，西方国家通货膨胀加剧，市场利率大幅上扬。无论是单一的资产风险管理模式还是单一的负债风险管理模式均不能实现银行安全性、流动性和盈利性的统一。由此商业银行的资产负债管理综合理论孕育而生。该理论强调资产业务和负债业务的风险协调管理，主张通过资产和负债的共同协调、经营目标替代及资产分散实现总量的平衡与风险的控制。

进入到二十世纪八十年代后期，全球银行业竞争加剧。伴随金融创新的层出不穷，以及金融自由化和全球化特征，银行面临的风险呈现出多样化、复杂化和全球化特征。风险所带来的损失也出现多元化趋势。在这一背景之下，单纯的信贷风险管理已无法应对银行日常所面临的各类风险。由此，巴塞尔委员会重新修订《巴塞尔协议Ⅰ》，将原先单一的信贷风险管理转向包含信用风险、市场风险和操作风险三个组成部分的银行全面风险管理体系。同时，在1996年巴塞尔协议修正案的推动下，国际上出现了以 J. P. 摩根银行等国际大银行为代表开发的新兴信用风险量化管理模型。主要进展包括：市场风险测量新方法——风险价值方法（Value At Risk，VAR）。这一方法最主要代表是 J. P. 摩根银行的"风险矩阵模型"（Credit Metrics）和 KMV 模型等；银行业绩衡量与资本配置方法——信孚银行的"风险调整的资本收益率模型"（Risk Adjusted Return on Capital，RAROC，可参考本书第十四章），以及瑞士第一信贷银行的 CreditRisk＋模型和麦肯锡公司的 CreditPortfolioView 模型等。

二、商业银行风险的类别

商业银行风险是指在经营过程中由于事先无法预料的不确定因素的变化，使得商业银行的实际收益与预期收益背离，从而蒙受经济损失或获取额外收益的机会和可能性。不同的商业银行经营者会对风险有不同的偏好，但总体上来看，由于商业银行在国民经济中的特殊地位，以及商业银行本身高负债经营的特殊属性，使得商业银行面临更多更大的风险挑战，所以无论是哪国的商业银行大部分都会保持审慎安全的经营理念，在有效控制风险的前提下追求理想的收益。商业银行风险的分类标准有很多，这里按照风险性质的不同进行划分，下面加以简要介绍。

（一）信用风险

信用风险是指交易对象无法履约而使商业银行收益遭受损失的风险。信用风险是商业银行最为传统的风险形式，最初起源于贷款业务，由于借款人违约不能归还银行贷款而造成银行损失的可能性。这种风险会导致银行产生大量不良贷款，将严重影响商业银行的资产质量，大规模的信用风险可致使银行倒闭。

事实上，信用风险是普遍存在的，不仅存在于贷款业务，也存在于证券投资业务、负债业务和表外业务等，所以商业银行一直以来都非常重视信用风险的管理。对于传统银行来说，贷款业务依旧是它们的主导业务，其收益是银行的主要收入，因此提高对贷款业务的信用风险控制至关重要，主要可通过风险的识别、判断、确定、预防、处理等多个步骤来有效控制风险。信用风险的管理能力高低将直接决定商业银行经营绩效的好坏和发展潜力。另外，需要注意的是，信用风险对商业银行的影响并不是独立单一的，它往往和其他风险一起影响商业银行的状况。例如，利率大幅提高时，借款人的偿债能力下降，银行信用风险增大，即利率风险可能引发信用风险。信用风险也常常诱发银行的流动性风险，使商业银行流动性降低。

（二）市场风险

市场风险是指由于市场条件的变动（如利率、汇率、资本市场工具价格），从而给银行收益带来的不确定性。市场风险主要包括利率风险、汇率风险和资本市场工具价格风险等。

①利率风险。是指在一段时间内由于市场利率波动造成银行发生损失的不确定性。对于传统银行来说，存贷利差收入是其主要的利润来源，尽管近年来表外业务的快速发展已经为商业银行带来更多非利息收入来源，但是利差收入依旧是多数银行的重要收入来源。因此，一旦市场利率发生大幅度波动，将会给商业银行造成很大影响。市场利率受到一国货币供求、经济增长速度、通货膨胀率等因素的影响。例如，当经济处于衰退期时，中央银行常常采取降息的方式促进经济复苏；而当经济过热、市场通货膨胀率较高时，中央银行将采用加息的方式防止经济产生泡沫。

②汇率风险。是指在一段时间内由于汇率变化导致银行发生损失的可能性。汇率风险是商业银行在经营外汇业务时所面临的主要风险，也是商业银行外汇业务风险的防范重点。汇率是两国货币之间的相对比价，是一个非常重要的经济变量，也是各国政策制定者非常关注的政策中介目标。汇率变动受到很多因素的影响，如两国的经济增长速度变化、相对利率变化、相对通货膨胀率变化、相对国民收入水平变化等。在不同的汇率制度下，汇率风险也有所不同。一般在固定汇率制度下，由于汇率会在一个窄幅空间波动，因此汇率风险相对较小；而在浮动汇率制度下，汇率波动空间增大，所以商业银行要对汇率风险进行重点管理。

③资本市场投资工具价格风险。是指在一段时间内由于资本市场投资工具价格波动所造成的银行发生损失的不确定性，如股票价格波动、债券价格波动等。在商业银行的资产构成中，证券投资占有相当的份额。一方面，适度的投资证券可以增加银行的资产收益；另一方面，购买流动性较高的证券品种也可以作为银行的流动性储备，防范流动性风险。但是，商业银行进行证券投资也要面临股票、债券价格不利波动带来损失的风险，这方面需要银行管理层对投资产品的风险分析、跟踪调查、前景预测等方面进行高水平的管理控制，从而降低投资风险。

（三）操作风险

操作风险是指由于人的因素、技术因素、操作程序和安全因素等方面给商业银行带来损失的可能性。操作风险主要源自商业银行治理机制和内部控制流程的失效，而造成工作人员操作过程的失误、欺诈，商业银行的监督机制未能及时做出反应，导致银行资产发生损失。此外，信息技术系统发生故障、安全系统运行失效、地震火灾等意外事件的发生等也会造成银行财务损失。商业银行对操作风险加强管理的方式主要是提高内部流程的效率和自我反馈、监督机制的有效性，加强对员工的道德素质培养，定期进行信息技术系统、安全系统的检测。

（四）流动性风险

流动性风险是指商业银行的流动性来源不能满足流动性需求，从而引发清偿问题造成损失的可能性。流动性风险会造成银行陷入财务困境，严重时甚至导致银行破产倒闭。由于商业银行主要是通过吸收人们的存款的方式获得资金来源，因此一旦存款人有提现需求，商业银行就必须满足，这使得商业银行面临较大的流动性风险。商业银行要进行有效的现金头寸管理，从而满足客户的各种现金需求，提高银行经营的安全性和稳定性。流动性风险受到银行资产负债结构、利率变化和突发事件等因素的影响，商业银行应根据历史规律和经营现状，对流动性需求进行合理的分析和预测，有效降低流动性风险的影响。本章主要依照《巴塞尔协议Ⅱ》中列出的三大风险——信用风险、市场风险和操作风险的管理进行介绍，对于流动性风险的内容可参考本书第五章中的现金资产管理。

除了以上几种风险外，商业银行在经营中还会遭遇政治风险、经济风险、法律风险、道德风险及意外灾害风险等，这些风险都会对商业银行的日常经营产生影响，都需要管理者进行有效控制和防范。

三、商业银行风险的产生原因

商业银行在经营过程中，一方面会受到外在宏观经济环境的影响，另一方面银行本身的内部经营策略和管理水平也会影响银行的抗风险能力。因此，商业银行的风险主要产生于外部环境和内部环境两方面。

（一）外部环境

外部环境的变化将会给银行经营带来很多的不确定性。从外在经济环境来看，国内经济发展状况、宏观经济政策、国际经济环境、金融监管力度、行业竞争和法律法规等因素的变化都会影响商业银行的经营状况。例如，国民经济处于衰退时期，企业经营状况恶化，会增加银行贷款违约的可能性，银行信用风险增大。与此同时，国家宏观政策的调整、政策工具的变动也会造成银行市场风险的加剧。在全球经济一体化的趋势下，任何国家都不可能独善其身，难免会受到其他国家经济发展状况的影响，这时商业银行就处于一个更加变化多端的外在环境中，不仅要考虑国内经济形势的影响，同时也要考虑国外经济状况变化对经营带来的风险挑战。金融监管的力度、方式和效果也会影响商业银行的经营策略，因为对于监管者更关注的是商业银行的安全性和稳定性，所以严格的监管方式势必会降低银行的盈利性。行业竞争也是商业银行风险的另一来源。例如，金融脱媒现象发生后，商业银行受到来自于非银行金融机构的竞争，经营压力增大也使得银行不得不努力进行金融创新、开发新的金融产品，使银行过于注重盈利而忽视风险的控制。很显然，行业竞争越激烈，商业银行的经营风险也相对越大。

（二）内部环境

事实上，从本质上来讲商业银行的许多风险都是内部环境造成的，否则就无法解释为什么处于同样的外部环境下，有的商业银行发生了严重损失，而有的银行却能较好地防范风险。商业银行的经营管理不善是形成商业银行风险的重要原因。

①经营策略失误。优秀的银行管理者会为银行制定合理的经营策略和发展方向，这将直接影响到商业银行的安全性、流动性和盈利性。如果策略过于偏好盈利，不注重稳健性和安全性，势必会导致银行从事较多的高风险业务，增加银行经营风险；相反，如果策略过于保守，业务品种缺乏创新，经营理念落后于经济发展水平，在行业竞争会处于劣势，不利于银行的长期持续发展，而且盈利性过低也会导致破产风险增加。

②治理结构不完善。商业银行的治理组织结构是其完成具体工作流程的制度保障。治理结构越完善，商业银行的运行效率越高，越容易创造更多的利润，同时减少由于流程失误、管理漏洞带来的操作风险。良好的治理结构应该在内部控制、业务流程、监督机制、应变速度等方面表现优秀。

③人员素质低下。无论是正确的经营策略还是优良的治理结构都需要有高水平的管理人员、技术过硬的工作人员来共同完成，人是所有业务决策和业务操作的制定者和实施者，因此人员素质的高低将直接影响到银行的经营风险高低。在提高人员素质方面，商业银行要制定合理的激励约束机制，同时要定期进行员工素质培训，切实提高员工的管理能力、业务能力和道德素养。

第二节　商业银行信用风险管理

一、商业银行信用风险的概念和特点

信用风险一直是商业银行风险管理的核心问题，也是影响商业银行资本充足水平的支配性风险类别。巴塞尔委员会在《有效银行监管的核心原则》中指出：银行面临的一个主要风险就是信用风险或交易对象无力履约的风险。这类风险不仅存在于传统的信贷业务中，也存在于其他表内业务与表外业务中，如担保、承兑和证券投资业务。

传统上，信用风险主要指商业银行信贷业务中的违约风险。但随着现代商业银行经营环境的变化，银行交易对象履约可能性的变化也会给银行带来风险。因此商业银行信用风险概念应界定为：交易对象违约及交易对象信用评级、履约能力变动而给商业银行带来的潜在损失。

商业银行信用风险具有广泛性的特点。在现代经济金融活动中，信用风险主来要源于交易对象，是一种综合性风险。商业银行的任何授信行为都有可能存在信用风险，它广泛地存在于银行各类表内表外业务中。同时，银行的信用风险也具有非系统性特征。当然一些系统性因素如宏观经济状况、市场资金状况、资源和技术等也会影响交易对象的还款能力，从而导致信用风险。但是总体而言，多数情况下信用风险还是取决于与交易对象相联系的非系统性因素。此外，同市场风险相比，信用风险还具有如下特征。

（一）风险概率分布的左偏性

通常市场风险的收益分布相对来说是对称的，大致可以用正态分布曲线来描述，市场价格的波动是以其期望为中心的，主要集中于相近的两侧（参见图 10-1）。信用风险的概率分布则是左偏的，原因在于企业违约的小概率事件及贷款收益和损失的不对称，造成了信用风险概率分布的偏离。具体来看，在最好的情况下，交易对手不违约，损失为零，银行获得利息；但在最坏的情况下，交易对手违约，违约损失可能是整个交易总价值，故信用风险类似于卖出一个看跌期权的报酬。

信用风险的分布不是对称的，而是有偏的，收益分布曲线的一端向左下倾斜，并在左侧出现肥尾现象。这种特点是由于贷款信用违约风险造成的，即银行在贷款合约期限有较大的可能性收回贷款并获得事先约定的利润，但贷款一旦违约，则会使银行面临相对较大规模的损失，这种损失要比利息收益大很多。换句话说，贷款的收益是固定和有上限的，它的损失则是变化的和没有下限的。另外，银行不能从企业经营业绩中获得对等的收益，贷款的预期收益不会随企业经营业绩的改善而增加，相反随着企业经营业绩的恶化，贷款的预期损失却会增加。

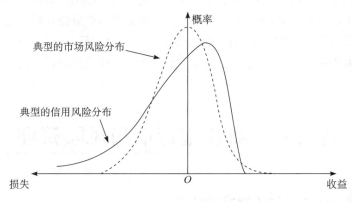

图 10-1　信用风险和市场风险收益分布比较[①]

（二）信用悖论现象

信用风险不像市场风险那样具有数据的可得性，这也导致了信用风险定价模型有效性检验的困难。具体表现在：贷款等信用交易存在明显的信息不对称性，作为贷款人商业银行较难获得具体数据，在贷款交易中处于不利地位；信用资产的二级市场不发达，流动性较差。而且信用产品一般不采用盯市法，其价格数据难以反映信用风险。由于信用风险具有这些特点，因而信用风险的衡量比市场风险的衡量困难得多，也成为造成信用风险的定价研究滞后于市场风险量化研究原因。目前，以 CreditMetrics、KMV、CreditRisk＋为代表的信用风险量化和模型管理的研究和应用获得了相当大的发展，信用风险管理决策的科学性不断增强，这已成为现代信用风险管理的重要特征之一。

---

①　资料来源：Introduction to CreditMetrics™. J. P. 摩根 . 1997，6。

（三）信用风险的非系统性

信用风险具有非系统性的特征。虽然，宏观经济状况、经济周期和市场资金状况等系统性因素会影响交易对象的还款能力，从而导致信用风险。但是总体而言，多数情况下信用风险还是取决于与交易对象相联系的非系统性因素，如借款人的还款意愿、财务状况、经营能力等。传统资产定价模型包括资本资产定价模型和套利定价模型都只对系统性风险因素定价，而信用风险作为一种非系统性风险无法在这些定价模型中加以体现。通常，人们会采取多元化投资的方式来分散非系统风险，缺乏像对冲手段等可以用于市场风险管理的方法。

二、传统信用风险度量方法

传统的信用风险衡量方法主要包括专家制度法、Z 评分模型及信用评级方法等。以下将对三种方法进行简要介绍。

（一）专家制度法

专家制度法是一种最为古老的信用分析方法，其最大特征是依赖于训练有素的专家的主观判断和评价、专业管理人员的专业知识和主观判断等。它的主要内容包括由专家根据借款者的品格、资本、偿付能力、抵押品及经济周期状况这五大因素评定借款者的信用状况，通常叫做"5C 或 6C"原则（具体可参见第七章第三节），或是"5P"原则——包括个人因素（Personal）、目的因素（Purpose）、偿还因素（Payment）、保障因素（Protection）、前景因素（Perspective），并据此作出信贷决策。但是这种方法最大的问题在于，评定不同交易对象所选择的因素及各个权重的确定，都将依靠人为的主观判断，从而使得信贷决策可能缺乏准确和客观性。

（二）Z 评分模型

1. Z 评分模型

Z 评分模型是美国纽约大学教授阿尔特曼（Edward I. Altman）在 1968 年提出的信用风险测量方法。该模型是一种多变量分辨模型，采用数理统计中的辨别分析技术，对银行过去的贷款案例进行统计分析，选择一部分最能反映交易对象财务状况、最具预测或分析价值的财务比率，设计一个能够最大程度上区分信用风险度的数学模型，对交易对象进行信用风险评估。其具体形式如下。

$$Z = 1.2X_1 + 1.4X_2 + 3.3X_3 + 0.6X_4 + 0.999X_5 \qquad (10-1)$$

其中，X_1 为流动资金/总资产（WC/TA），X_2 为留存收益/总资产（RE/TA），X_3 为息前、税前收益/总资产（EBIT/TA），X_4 为股权市值/总负债账面值（MVE/TL），X_5 为销售收入/总资产（S/TA）。

根据式（10-1），银行可计算出一个确定的 Z 值。阿尔特曼经过统计分析和计算最后确定了借款人违约的临界值 $Z_0 = 2.675$。如果 $Z < 2.675$，借款人被划入违约组，该交易对象将被归为信用不佳，贷款要求将有可能被拒绝；如果 $Z \geqslant 2.675$，则借款人被划为非违约组。如果 $1.81 < Z < 2.99$，阿尔特曼发现此时的判断失误较大，称该重叠区域为未知区（Zone of Ignorance）或灰色区域（Gray Area）。

2. ZETA 信贷风险模型

ZETA 信贷风险模型实际上是进化版的 Z 评分模型。阿尔特曼（Altman）、赫尔德门（Haldeman）和纳内亚南（Narayanan）于 1977 年对原始的 Z 评分模型进行修正，推出了第二代信用评分模型——ZETA 信贷风险模型。新模型的变量由原始模型的五个增加到了七个，使其对不良借款人的辨认精度进一步提高，适用范围更加广泛。ZETA 模型的公式如下。

$$ZETA = AX_1 + BX_2 + CX_3 + DX_4 + EX_5 + FX_6 + GX_7 \qquad (10-2)$$

其中，A、B、C、D、E、F、G 分别是 ZETA 模型中七个变量各自的系数。模型中的七个变量分别是：资产收益率、收益稳定性指标、债务偿付能力指标、累计盈利能力指标、流动性指标、资本化程度的指标、规模指标。为了证明新模型的有效性，阿尔特曼等人对 ZETA 模型和原始 Z 评分模型在信用风险判断的准确性方面进行了认真的比较，详见表 10-1。不难看出，由于新模型无论在变量的选择、稳定性和统计技术等方面都有所改进，所以 ZETA 模型要比原模型更加准确有效，尤其是随着破产前预测的年限延长，其优越性就更加明显。

表 10-1 ZETA 模型与 Z 评分模型的准确性比较

破产前预测的年数	ZETA 模型		Z 评分模型		将 ZETA 模型样本用在 Z 评分模型所得出的结果		将 Z 评分模型样本用在 ZETA 模型所得出的结果	
	破产/%	非破产/%	破产/%	非破产/%	破产/%	非破产/%	破产/%	非破产/%
1	96.2	89.7	93.9	97.0	86.8	82.4	92.5	84.5
2	84.9	93.1	71.9	93.9	83.0	89.3	83.0	86.2
3	74.5	91.4	48.3	NA	70.6	91.4	72.7	89.7
4	68.1	89.5	28.6	NA	61.7	86.0	67.5	87.0
5	69.8	82.1	36.0	NA	55.8	86.2	59.2	82.1

资料来源：Caouette, Altman, Narayanan. Managing credit risk. John Wiley & Sons, Inc. 1998：135。

3. Z 评分模型和 ZETA 模型的局限性

首先，无论是 Z 评分还是 ZETA 评分，它们的模型形式均是线性的。但在现实中，影响因素和破产几率之间可能是非线性关系，因此模型形式本身就值得商榷。其次，由于模型缺乏对违约和违约风险的系统认识，理论基础比较薄弱，从而难以令人信服。再次，各变量都是采用财务数据，而财务数据的公布往往都有一定的时滞，因此模型的时效性又是一个问题。此外，两个模型都无法度量商业银行的表外业务的信用风险，所以在实际使用中有一定的局限性。

（三）信用评级方法

信用评级方法则是由美国货币监理署开发的，也最为人们所熟知。这一方法将贷款的投资组合划分为 5 个不同等级，对每一级别分别计提相应的损失准备金比例，再通过加总计算，评估贷款损失准备金的充足性。信用评级方法将各类资产归为 5 类：正常、关注、次级、可疑和损失。在这一方法产生后，实际操作中又根据具体的需要扩展了这一方法，创立了内部评级法，将贷款划分为 9 或 10 个级别，并对正常类别的资产也规定了一定比率的计提准备。

以上的几类方法都属于传统信用风险度量方法。这些方法在诞生之初都为银行信用风险度量提供了有益的帮助。但伴随金融风险的多元化，这些方法已逐步不适应现代银行业对于信用风险度量的要求。由此，巴塞尔委员会总结了国际上较为先进的各类信用风险度量方法，包括 VAR 方法、CreditMetrics、KMV 这几类方法。在对其成熟性和可操作性进行相应调整之后，最终在 2006 年的《巴塞尔协议 II》中确定了信用风险标准法和内部评级法（IRB）。其中，IRB 方法作为新资本协议的核心技术，在风险管理和资本监管中受到高度重视，已成为信用风险管理的主流方法。下面将依次介绍现代信用风险度量模型及《巴塞尔协议 II》中确定的信用风险度量标准法和内部评级法。

三、现代信用风险度量法

信用风险管理的核心是信用风险的度量。在长期的实践中，国际金融界先后开发出多种传统的信用风险度量方法。J. P. 摩根继 1994 年推出著名的以 VAR 为基础的市场风险矩阵模型（RiskMetrics）后，1997 年又推出了信贷风险量化度量和管理模型——信贷矩阵模型（CreditMetrics），随后又产生了瑞士信用银行的 CreditRisk＋模型、KMV 公司的以预期违约率为核心手段的 KMV 模型，以及 Mckinsey 公司的 CreditPortfolioView 模型等，这些现代信用度量方法都在银行业产生了很大的影响。

（一）信贷矩阵模型——基于 VAR 方法

1. 信贷矩阵模型方法介绍

信贷矩阵模型（CreditMetrics）是 J. P. 摩根研发出的信用风险管理量化模型，是以 VAR 模型为基础的信用风险度量工具。风险价值（Value at Risk，VAR）是度量一项给定资产或负债在一定时间里和在一定的置信度下（如 99％、95％等）其价值最大的损失额。这一概念最先起源于 20 世纪 80 年代末交易商对金融资产风险测量的需要，作为一种市场风险测量和管理的新工具（关于 VAR 的具体内容可参见第十章第三节），则是由 J. P. 摩根银行最早在 1994 年提出，其标志性产品为"风险矩阵模型"（RiskMetrics）。由于 VAR 方法以科学严谨的概率统计理论作为依托，而且能够简单清楚地表示市场风险的大小，因此得到了国际金融界的广泛支持和认可。国际性研究机构 30 人小组和国际掉期交易协会（ISDA）等团体一致推荐，将 VAR 方法作为市场风险测量的最佳方法。

1997 年美国 J. P. 摩根与其他合作者（美洲银行、KMV 公司、瑞士联合银行等）首次将 VAR 引入到信用风险的度量方法中，创立了信贷矩阵模型，它主要用于对非交易性金融资产如贷款和私募债券的价值和风险进行度量的，受到欧美银行业的广泛认可。风险矩阵模型要解决的问题是：如果明天是一个坏天气，我所拥有的可交易性金融资产如股票、债券和其他证券的价值将会有多大的损失？而信用矩阵模型则是要解决这样的问题：如果下一个年度是一个坏年头，我的贷款及贷款组合的价值将会遭受多大的损失呢？

信贷矩阵模型的核心观点为信贷资产的价值不仅受到借款人违约所带来的信贷风险影响，而且也会因债务人信用等级降级而引起潜在市场价值损失。该模型将违约概率、损失率、违约相关矩阵和信用等级迁移等纳入统一框架中（可参见图 10 - 2），全面考虑了信用风险度量问题。模型的主要输入参数是风险暴露大小、信用等级转移矩阵、违约贷款收复率、无风险收益率、信贷风险加息差和资产收益率之间相关系数等，模型的输出结果是信贷资产组合的 VAR 值，即商业银行应该准备多少经济资本来应对信用风险。下面将通过具体案例让大家对信贷矩阵模型有更深入的了解。

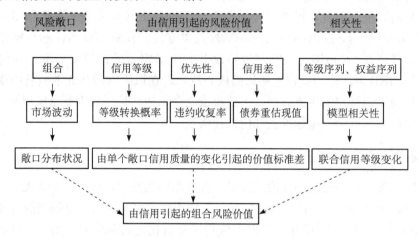

图 10-2　信用矩阵模型的综合框架

资料来源：Introduction to CreditMetrics™. J. P. 摩根. 1997.7.

假设商业银行有一笔 5 年期的固定利率贷款，贷款总额为 100 百万美元，年贷款利率为 6％，借款企业信用等级为 BBB 级①。计算中将涉及的相关变量有：贷款的市值为 P；贷款市值的波动率为 σ；借款企业的信用等级转换概率，这一数据将通过信用转换矩阵获得；远期无风险收益率 (r)，也称远期零息票利率，一般是以财政零息票债券的收益率为标准，可依据国库券收益曲线计算得出；信贷风险加息差 (y)，也称信贷风险报酬率，是不同期限的贷款信贷风险报酬率，这些数据可从公司债券市场相应的债券利率与国债市场相应的国债利率之差中获得；违约贷款收复率。

首先，需要了解借款企业信用等级转换的概率是如何得出的。信贷矩阵方法的优越之处就表现在它不仅考虑借款人违约造成的风险，还考虑由于借款人信用等级下降所造成的贷款潜在市场价值损失。因此，正确估计借款人的信用等级的转换概率非常重要。通常可以从大的信用评级公司（如穆迪、标准普尔）获得借款人的信用等级转换矩阵，矩阵中会列出关于借款人信用评级级别在未来转换的概率。表 10-2 为一年期的信用等级转换矩阵，相当于假设该贷款的信用等级变动恰恰发生在第一年结束的时候，当然也有其他期限的信用等级转换矩阵（如 6 个月、9 个月等）。例如，AAA 级借款人在下一个年度的信用级别有 8 中转换概率，借款人依旧保持 AAA 级的概率为 90.81％，降级为 BBB 级的概率为 0.06％，违约的概率为 0。

表 10-2　一年期信用等级转换矩阵

年初信用等级	年底时的信用评级转换概率/%							
	AAA	AA	A	BBB	BB	B	CCC	违约
AAA	90.81	8.33	0.68	0.06	0.12	0	0	0
AA	0.70	90.65	7.79	0.64	0.06	0.14	0.02	0
A	0.09	2.27	91.05	5.52	0.74	0.26	0.01	0.06
BBB	0.02	0.33	5.95	86.93	5.36	1.17	0.12	0.18

---

① 此案例参考 Anthony Saunders，Linda Allen. Credit risk measurement. John Wiley & Sons, Inc，2002：87-92.

年初信用等级	年底时的信用评级转换概率/%							
	AAA	AA	A	BBB	BB	B	CCC	违约
BB	0.03	0.14	0.67	7.73	80.53	8.84	1.00	1.06
B	0	0.11	0.24	0.43	6.48	83.46	4.07	5.20
CCC	0.22	0	0.22	1.30	2.38	11.24	64.86	19.79

资料来源：Standard & Poor's CreditWeek (15 April 96)。

其次，要估算出信用等级变化后的新贷款市值。贷款市值是通过现金流量贴现法算出的，这其中比较重要的就是贴现率的确定。贴现率由两方面组成：一是远期无风险收益率；二是信贷风险加息差，这一指标会随着贷款信用等级的变化而变化，从而影响到贷款当前市值。如果贷款信用等级下降，自然对贷款要求的信贷风险报酬金也要提高，进而导致贷款市值下降；反之同理。可以得到贷款市值的公式如下。

$$P = 6 + \frac{6}{1+r_1+s_1} + \frac{6}{(1+r_2+s_2)^2} + \frac{6}{(1+r_3+s_3)^3} + \frac{6}{(1+r_4+s_4)^4} \quad (10-3)$$

其中，r_i 为第 i 期无风险收益率；s_i 为第 i 期信贷风险加息差，它可通过公司债券市场相应的债券利率与国债市场相应的国债利率之差中获得。

现在假定借款人在第一年中的信用等级从 BBB 级上升为 A 级，计算贷款市值就需要知道远期无风险收益率和信贷风险加息差。表 10-3 列出了一年期远期无风险利率曲线与信贷风险加息差之和的统计表，根据表中的数值可以计算得出商业银行所发放 100 百万美元贷款在第一年结束时的现值或市值如下。

$$P = 6 + \frac{6}{1.037\,2} + \frac{6}{1.043\,2^2} + \frac{6}{1.049\,3^3} + \frac{106}{1.053\,2^4} = 108.66 \quad (10-4)$$

表 10-3　不同信用等级下的一年远期无风险利率曲线与信贷风险加息差之和　　　%

种类	第一年	第二年	第三年	第四年
AAA	3.60	4.17	4.73	5.12
AA	3.65	4.22	4.78	5.17
A	3.72	4.32	4.93	5.32
BBB	4.10	4.67	5.25	5.63
BB	5.55	6.02	6.78	7.27
B	6.05	7.02	8.03	8.52
CCC	15.05	15.02	14.03	13.52

资料来源：Gupton et al., Technical Document，J. P. Morgan，April 2，1997：27.

从计算结果可知，如果借款人在第一年结束时信用等级从 BBB 级上升为 A 级，那么这 100 百万美元贷款（账面值）的市值可上升为 108.66 百万美元。同理，也可算出第一年后借款人信用等级转换到其他评级后的贷款市值金额（参见表 10-4）。不难看出，借款人信用等级转换后的贷款市值从 51.13～109.37 百万美元之间不等，等级提高则贷款市值增加，等级降低则贷款市值减少，最大值对应的是贷款从 BBB 级升为 AAA 级，最小值对应的是从 BBB 级降至违约状态。贷款市值为 51.13 百万美元的含义是：当借款人宣布破产时，该项贷款的预计能收复的价值，即贷款额减去给定违约概率下的损失额后的余额。

表 10 - 4 不同信用等级下贷款市值状况（包括第一年息票额）

一年结束时信用等级	市值金额/百万美元
AAA	109.37
AA	109.19
A	108.66
BBB	107.55
BB	102.02
B	98.10
CCC	83.64
违约	51.13

资料来源：Gupton et al. ，Technical Document，J. P. Morgan，April 2, 1997：10.

从图 10 - 3 可以看到贷款等级转换后的贷款市值概率分布状况。贷款市值的概率分布并不是完全的正态分布，以均值为界，分布曲线有左偏的特征。因此，在这种概率分布条件下，人们在运用信用度量制方法计算贷款风险价值时就要计算出两种风险价值量：第一，按照贷款市值呈正态分布状时，计算出该贷款的风险价值是多少；第二，按照贷款的实际分布状况，计算出该贷款的风险价值是多少。

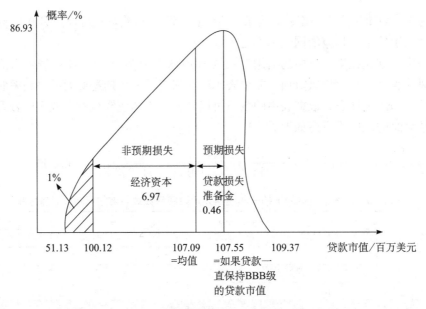

图 10 - 3 5 年期 BBB 级贷款的市值实际概率分布状况

资料来源：Anthony Saunders, Linda Allen. Credit risk measurement. John Wiley & Sons, Inc, 2002：90.

第三，计算风险价值（VAR）。需要计算 5% 或 1% 概率下的 VAR。其中，5% 的最坏情景是指每 20 年发生一个坏年景所造成贷款价值的最大损失额（即 5% 的风险价值）；1% 的最坏情景是指每 100 年发生一个坏年景造成贷款价值的最大损失额（1% 的风险价值）。这一点与市场风险下的 VAR 是相近的，差别在于两者的 VAR 时间单位可能不同（例如市场风险通常可能计算以天为单位的 VAR，信贷风险可能以年为单位）。首先，应该计算出贷款的均值，具体是将每一信用等级下的贷款市值乘以借款人信用等级转换到该等级的概率，再将八种结果加总便可得出。按照举出的案例，贷款市值的均值为 107.09 百万美元（参见表 10 - 5）。

表 10-5　信用等级 BBB 级贷款风险价值计算表（以贷款市值均值为基准点）

年终信用等级	①概率/%	②新的贷款价值加利息/百万美元	③加权价值（百万美元）①×②	④与平均值的差②－ $\sum$ (①×②)	⑤加权差的平方 $\sum$ (①×②²) － ($\sum$①×②)²
AAA	0.02	109.37	0.02	2.28	0.001 0
AA	0.33	109.19	0.36	2.10	0.014 6
A	5.95	108.66	6.47	1.57	0.147 4
BBB	86.93	107.55	93.49	0.46	0.185 3
BB	5.30	102.02	5.41	(5.07)	1.359 2
B	1.17	98.10	1.15	(8.99)	0.944 6
CCC	0.12	83.64	0.10	(23.45)	0.659 8
违约	0.18	51.13	0.09	(55.96)	5.635 8
平均值=107.09（百万美元）				方差=8.9477（百万美元）标准差 (σ)=2.99（百万美元）	

假定在正态分布情况下 { 5% 的 VAR=1.65×σ=4.93（百万美元）

1% 的 VAR=2.33×σ=6.97（百万美元）

假定在实际分布情况下 { 6.77% 的 VAR=107.09－102.02=5.07（百万美元）

1.47% 的 VAR=107.09－98.10=8.99（百万美元）

1% 的 VAR=107.09－92.29=14.80（百万美元）

注释：5% 的风险价值与 6.77%（5.3%＋1.17%＋0.12%＋0.18%）的风险价值相接近；1% 的风险价值与 1.47%（1.17%＋0.12%＋0.18%）的风险价值相接近。

资料来源：Gupton et al., Technical Document, April 2, 1997: 28.

第一种情况下，假定贷款的市值为正态分布，其标准差为 2.99 百万美元（参见表 10-5）。依照正态分布的特征，该笔贷款 5% 的 VAR 为 1.65×2.99=4.93 百万美元，1% 的 VAR 应为 2.33×2.99=6.97 百万美元。但事实上，贷款市值的实际分布并不是正态的，按照正态分布状的假设去计算该贷款的风险价值（VAR）时，常会低估其实际的风险价值量。

第二种情况下，按照实际分布计算贷款市值的 VAR。从表 10-5 中的第①列和第②列可以看到不同信用等级下的贷款市值及其发生的概率，其中有 6.77%（＝5.3%＋1.17%＋0.12%＋0.18%）的概率贷款市值处于 102.02 百万美元以下的水平，包含大约 5% 的实际 VAR 为 107.09－102.02=5.07 百万美元；同时，还有 1.47% 的概率（＝1.17%＋0.12%＋0.18%）贷款市值低于 98.10 百万美元水平，包含着大约 1% 的实际 VAR 为 107.09－98.10=8.99 百万美元。同时，还可以运用线性插值法算出 1% 和 5% 情况下较为准确的实际 VAR 值。例如，在表 10-5 的例子中，1.47% 的贷款市值等于 98.10 百万美元，0.30% 等于 83.64 百万美元，使用线性插值法，可算出 1% 概率下贷款市值大约等于 92.29 百万美元，从而得到实际的 1% 的 VAR 为 107.90－92.29=14.80 百万美元。不难看出，在 1% 的概率下实际分布的 VAR 值要大于正态分布的 VAR 值（14.8＞6.97），表明信贷风险的分布的确是左偏的。

下面研究商业银行为了应对信贷风险所需要的最低资本金。首先，根据 2001 年颁布的《巴赛尔协议 II》的要求，贷款给 BBB 级私人企业 100 百万美元在标准法下所要求的最低资本金为 8 万美元。依据前面计算出的 VAR 值，在 1% 的概率下正态分布要求的 VAR 为 6.97 百万美元，即用于防范非预期损失所需的经济资本为 6.97 百万美元。与此同时，《巴赛尔协议 II》中要求的最低资本金还包括了应对预期损失的贷款损失准备金，在案例中贷款损失准备金为 0.46 百万美元（＝107.55－107.09）。将非预期损失和预期损失加总后，就可以得到资本准备金为 7.43 百万美元（参考图 10-3）。相应的，考虑贷款市值实际分布的情形下，在 1% 的概率时所需要的最低资本准备金为 15.26 百万美元（＝14.8＋0.46），这一数值要远大于正态分布下的资本金要求。

2. 信贷矩阵模型的评价

①信用等级转换概率矩阵。根据信贷矩阵模型，如果想计算 VAR，首先就应该知道贷款信用等级发生变化的概率。这一矩阵的形成需要多方面的要求。其一，直接依赖于信用评级制度。准确的信用评级是建立信用等级转换概率矩阵的前提条件。目前虽然我国在信用评级方面已经取得了较大的发展，但是同国际先进水平相比，我国的信用评级才刚刚起步，缺少像标准-普尔、穆迪这样的权威评级机构，评级的有效性难以保证。而这一相似的问题其实在许多发展中国家都存在。其二，假设条件多。人们在收集、整理和生成金融资产信用等级转换概率矩阵资料时往往设定了许多假设条件，而这些假设往往与现实不符，因而也就影响了所计算出的金融资产风险价值量的准确度。其三，转换概率矩阵的形成需要长期的实践。信贷矩阵模型需要完备的信用等级迁移矩阵，而这需要长期的实践过程才能建立起来，在短期内实现该模型的运用是较困难的。同时，信用等级迁移概率事实上存在跨期自相关的问题。

②数据信息要求高。信贷矩阵模型是现代信用风险管理模型中数据要求最高的，它需要长期的跨行业数据组并严格依赖由评级公司提供的信用评级、国家和特殊行业指数及股票交易数据。同时，在估计贷款市值时还需要违约收复率、远期零息票利率和信用加息差率三个变量。实际上，不同贷款或债券的违约收复率、远期零息票利率和信用加息差率都有所不同，这将直接影响到 VAR 的大小和准确性。

（二）CreditRisk＋模型——基于保险精算

CreditRisk＋模型是 1997 年瑞士信贷银行金融产业部（Credit Suisse Financial Products，CSFP）研发的信用风险组合度量模型。该模型主导思想来源于保险精算学，是财产保险统计理论在信用风险领域的应用，它与出售家庭火险时为评估损失和确定保险费率而使用的模型一致，即损失决定于灾害发生的概率和灾害发生时造成的损失或破坏程度。CreditRisk＋模型不分析违约的原因，将违约看成是外生的不可预知事件，不再是由公司资产价值决定的内生事件。此模型只考虑违约或不违约两种状态。

CreditRisk＋模型认为违约是一种随机行为，违约的概率服从泊松分布（Poisson），通过计算违约事件的频率、损失的严重程度等就可计算出损失的大小。该模型的核心观点认为只要知道贷款组合的违约概率和损失的严重程度就可以计算出其违约损失分布，而违约概率可以通过违约率及其波动性计算出来，损失的严重程度则由风险暴露和补偿率来确定（参见图 10-4）。CreditRisk＋模型与作为盯市模型的 CreditMetrics 不同，它是一个违约模型。它不把信用评级的升降和与此相关的信用风险溢价变化作为一笔贷款的 VAR 的一部分，而只看做是市场风险，并且在任何时期只考虑违约和不违约两种事件状态，计量预期到和未预期到的损失。同时该模型作出如下假定：违约是随机的，在相同时间段内的违约概率相同；特定时间段内发生的违约数目独立于其他时间发生的违约数目；对于包括大量信贷资产的贷款组合来讲，每笔贷款违约的概率非常小，且相互独立。因而在给定时间（通常为 1 年）内，组合中贷款的违约数量服从泊松分布。

CreditRisk＋模型的主要优势是需要相当少的数据输入，获得包括风险暴露水平和债务人违约概率等数据即可，计算较为简便。但是也存在一些劣势：其一，该模型认为违约概率服从泊松分布。CreditRisk＋模型技术文档指出，在债务人违约概率较小时，采用泊松分布近似所引起的误差对CreditRisk＋模型计量贷款组合经济资本所造成的影响可以忽略不计。然而，违约概率较小是一个非常模糊的概念。随着违约概率的增大，所产生的经济资本计量误差也越大。其二，该模型不涉及企业信用等级的变化，而且假设违约与资本结构无关，这种假设与现实存在偏差。

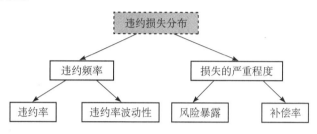

图 10 - 4　CreditRisk＋模型的理论架构

（三）KMV 模型——基于期权理论

KMV 模型是美国旧金山市 KMV 公司于 1997 年建立的用来估计借款企业违约概率的方法。该模型以 Merton 的期权定价理论和 Black-Scholes 的期权定价公式为基础，计算出企业股权的市场价值及其波动性，进而得出企业的违约距离和预期违约率。1974 年 Merton 通过研究银行放贷的报酬函数发现，银行发放一种贷款得到的收益与卖出一份资产的看跌期权结构相似，即银行获得的收益为贷款利息，但是银行却有可能损失全部贷款本金。与此同时，对于公司来说，公司违约与否取决于公司资产的市场价值，如果债务到期时公司资产市场价值高于其债务，公司有动力还款；当公司资产市场价值小于其债务时，公司有违约的选择权。KMV 公司基于 Merton 的这个发现，将银行的贷款问题换个角度思考，即从借款企业的股权所有者角度来看待企业借款偿还问题，从而开发出一种将期权定价理论应用于贷款风险度量的 KMV 模型。

KMV 模型认为贷款的信用风险是在给定负债的情况下由债务人的资产市场价值决定的。但资产并没有真实地在市场交易，资产的市场价值不能直接观测到。为此，模型将银行的贷款问题换一个角度，从借款企业所有者的角度考虑贷款归还的问题。在债务到期日，如果公司资产的市场价值高于公司债务值（违约点），则公司股权价值为公司资产市场价值与债务值之间的差额；如果此时公司资产价值低于公司债务值，则公司变卖所有资产用以偿还债务，股权价值变为零。KMV 模型在计算违约概率时需要以下几个步骤：首先，根据Black-Scholes 期权定价公式，利用企业资产的市场价值、资产价值波动性、无风险借贷利率、负债的账面价值及到期时间等变量估算出企业股权的市场价值及其波动性；其次，计算出公司的违约距离（Default Distance，DD），主要依据公司的负债价值确定违约实施点（Default Exercise Point），一般会采用公司 1 年以下短期债务的价值加上未清偿长期债务账面价值的一半；最后，求出公司的预期违约率（Expected Default Frequency，EDF），主要利用企业的违约距离与预期违约率之间的对应关系来求解。

KMV 模型的优点表现在：第一，具有较强的理论基础，它以现代期权理论基础作依托；第二，该模型是一种动态模型，它充分利用资本市场数据信息，而股票市场的数据和结果更新很快，能反映上市企业当前的信用状况，具有前瞻性，是一种"向前看"的方法；第三，计算较为简便。在给定公司的现时资产结构的情况下，一旦确定资产价值的随机过程，便可得到任一时间单位的实际违约概率。当然，KMV 模型也存在一些缺陷：首先，假设较为严格，许多无法符合现实条件。例如，假设资产收益分布符合正态分布，实际上多数资产收益存在肥尾现象。其次，只考虑企业负债变化对违约的影响，忽略了企业信用等级变化等其他因素的影响。再次，对于非上市公司的预测能力较差，因为无法获得相关的股票价格信息。

（四）CreditPortfolioView 模型——基于宏观环境

CreditPortfolioView 模型是麦肯锡公司（McKinsey）于 1998 年推出的用于分析信贷组合风险的一个离散型多时期模型。该模型充分考虑了宏观经济环境对信用等级迁移的影响，其将信用等级迁移矩阵与经济增长率等宏观经济变量之间的关系模型化，通过模拟迁移矩阵来获取损失分布。该模型可适用于测算单个债务人的 VAR 和资产组合的 VAR。该模型以经济周期、失业率、利率、汇率、产业因素等数据为前提，在很多发展中国家完整获取和精确计量这些数据存在很大难度，直接在实践中运用存在较大风险。

CreditPortfolioView 模型的核心观点认为宏观经济状况会对企业的违约概率、信用等级转移概率有影响，在经济周期低迷时降级和违约的概率将会变大，而在经济周期高涨时降级和违约的概率将会变小。它以历史的宏观经济变量数据及平均违约率时间序列数据，将违约概率及信用等级转移概率与诸如汇率、经济增长率、失业率、政府支出及总储蓄率等宏观因素联系起来，通过模拟宏观因素对于模型的冲击来测定一个国家不同产业不同信用等级的信贷资产违约的联合条件概率分布和迁移概率，进而分析不同行业的不同等级的信贷资产的信用风险程度。CreditPortfolioView 模型策略分以下几个步骤：首先，确定宏观经济状况；其次是通过一个转换函数估计每一个行业部门的条件转移与累计转移概率，其中的转换函数是一个多元经济计量模型；最后模拟整个信贷组合的损失分布。

CreditPortfolioView 模型的优点表现在：它纳入经济周期的影响，把宏观因素对违约概率和评级转移概率的影响纳入模型，克服了一些模型把不同时期转移概率假定为固定的所带来的问题。该模型的局限性表现在：首先，模型的输入数据有赖于每个国家甚至国家内部的每个行业的违约数据；其次，模型本身不能计量出完整的等级转移矩阵。CreditPortfolioView 模型可以看做是 CreditMetrics 模型的一个补充，因为该模型虽然在违约计量上不使用历史数据，而是根据现实宏观经济因素通过蒙特卡洛模拟计算出来，但对于那些非违约的转移概率则还需要历史数据来计算，只不过将这些基于历史数据的转移概率进行了调整而已。该模型本身并不能计量出完整的等级转移矩阵。此外，对于转移概率的调整是否合理，学术界和实务界也存在争议。

四、《巴塞尔协议Ⅱ》的信用风险度量法

2006 年颁布的《巴塞尔协议Ⅱ》中，要求银行使用信用打分模型及其他技术建立信用评级体系。因此以现代信用分析方法为基础的《巴塞尔协议Ⅱ》中的标准法和内部评级法成为现代商业银行进行信用风险管理的重要参考方法和手段。

（一）信用风险标准法

标准法是根据银行外部评级结果，以标准化处理方式计算信用风险。巴塞尔委员会在新

资本协议中规定标准法，其目的是为了实现巴塞尔协议间的平稳过渡。该方法对《巴塞尔协议Ⅰ》中有关银行账户风险敞口的风险权重计算方法进行了修改，其余则进行保留。

1. 对单笔债权的处理

①对主权国的债权。标准法对主权国家及其中央银行债权风险权重的设定与外部评级相对应，分为五个档次，如表10-6所示。

表10-6　主权国家及其中央银行债权的风险权重

信用评级	AAA至AA-	A+至A-	BBB至BBB-	BB+至B-	B-以下	未评级
风险权重	0	20%	50%	100%	150%	100%

在确定主权国家风险权重时，《巴塞尔协议Ⅱ》建议各国金融当局可采用出口信贷机构做出的国别风险评级。经合组织成员国1999年公布了国家风险打分法，对出口信贷机构采用打分方法进行评级，对此方法新巴塞尔协议予以认可。经合组织制定的评级方法包括七个级别的风险档次，可参见表10-7。

表10-7　出口信贷机构的风险等级

出口信贷机构	1	2	3	4～6	7
风险权重	0	20%	50%	100%	150%

②对非中央政府公共部门实体的债权。《巴塞尔协议Ⅱ》规定国内公共部门实体债权由该国自行决定。各国还可以自行决定别国公共部门的债权是否可视为对主权的债权，其前提是这些公共部门是该国政府授权成立。

③对多边开发银行的债权。信用等级高的多边开发银行如果能够满足巴塞尔委员会的规定，则其债权可按0的风险权重。这些银行包括世界银行、亚洲开发银行、非洲开发银行、欧洲复兴开发银行、欧洲开发银行、欧洲投资银行、北欧投资银行、美洲开发银行和加勒比发展银行，这些银行均达到巴塞尔委员会规定的资格标准。

④对银行的债权。对银行的债权标准提供了两个方案（表10-8和表10-9）可供选择：第一个方案是对银行的债权将得到比所在注册国家债权差一个档次的风险权重，对主权评级在BB+至B-之间及未评级的银行，对其债权的风险权重最高不超过100%；第二个方案是以银行的外部评级为基础来确定风险权重。其中原始期限在3个月以内的短期债权可以比照银行的评级结果选择一类风险权重，但最低不能低于20%。需要注意的是，无论采用上述哪一个方案，对未评级银行债权的风险权重都不得低于注册地主权国的风险权重。

表10-8　银行债权的第一个方案

主权评级	AAA至AA-	A+至A-	BBB至BBB-	BB+至B-	B-以下	未评级
风险权重	20%	50%	100%	100%	150%	100%

表10-9　银行债券的第二个方案

银行评级	AAA至AA-	A+至A-	BBB至BBB-	BB+至B-	B-以下	未评级
风险权重	20%	50%	100%	100%	150%	50%
短期债权的风险权重	20%	20%	20%	50%	150%	20%

⑤对证券公司的债权。对证券公司的债权可以按照对银行的债权来处理，其前提是对证券公司的监管安排与《巴塞尔协议Ⅱ》规定的监管要求一致；否则对证券公司的债权应当按

照对公司的债权来处理。

⑥对公司的债权。这里包括对保险公司债权的风险权重。对未评级公司债权的标准风险权重一般为100%，如表10-10所示。如果公司未评级，就不能获得低于所在注册过债权的风险权重。

表 10 - 10   公司的债权评级

信用评级	AAA 至 AA-	A+至 A-	BBB 至 BB-	BB-以下	未评级
风险权重	20%	50%	100%	150%	100%

⑦对居民房产抵押的债权。对完全由借款人占有或者将要占有或出租的住房抵押的贷款，给予35%的风险权重。但在采用35%的风险权重时，监管当局应当确保该项优惠风险权重严格限定于住房抵押贷款，并且符合严格的审慎标准。

⑧对商业房地产抵押的债权。巴塞尔委员会考虑到许多国家商业房地产业一直是银行不良资产问题的重要诱因，所以标准法原则上对商业房地产抵押贷款只适合给予100%的风险权重。

⑨对表外资产的风险权重。资产负债表外项目将会通过信用风险换算系数转化为等额的风险敞口。对衍生品场外交易的交易对手的风险权重将不设定最高限额。原始期限不超过一年和一年以上的任何承诺的信用风险转化系数为20%和50%。如果银行在任何时候不需要实现通知可以无条件取消承诺，或者由于借款人的信用状况恶化，承诺可以自行取消，此时承诺的信用风险转化系数为0。对于回购交易及回购交易中的证券借贷，其信用风险转化系数是100%，当银行在债券回购中提供担保时，同样也要进行信用转换。

2. 标准法下的信用风险缓释

银行可以利用很多技术对信用风险进行缓释，这些技术包括抵押、担保、信贷衍生品等方法对债务人的净头寸轧差等。如果这些技术符合新协议标准法所规定的法律确定性，在计算监管资本时可在更大范围上适用。所谓的法律确定性，是指银行为使信用风险缓释技术获得资本减让所必须满足的一些最低标准，如所有抵押交易、表内净扣、担保和信用衍生工具所使用的法律文件，必须对所有交易方都有约束力，并确保在所有相关的辖区内可执行。银行必须经过有效的法律审查对以上要求确认，确保有坚实的法律基础能作出上述结论。

①抵押。在《巴塞尔协议Ⅱ》中，对抵押合同的处理方法提出了简单法和综合法。

第一，简单法。简单法类似于1988年《巴塞尔协议Ⅰ》中提出的简单法。即用抵押品风险权重代替其所覆盖的风险敞口部分的风险权重。采用简单法的抵押品必须满足两个条件：抵押品必须覆盖风险敞口的整个时限；必须盯市和至少按6个月的频率进行评估。

已被抵押品市场价值抵补的债务部分，风险权重为抵押工具的风险权重一般不低于20%。剩余部分风险权重为交易对象的风险权重。按标准法规定，满足《巴塞尔协议Ⅱ》第141、142项规定条件下的交易风险权重可以为0。如果该交易的交易对象不是核心市场参与者，该交易风险权重10%。

第二，综合法。综合法是指银行更全面地考虑抵押品对风险敞口的风险缓释作用，以所认定抵押品市场价值降低风险敞口。根据综合法的要求，银行在考虑抵押品风险缓释计算资本要求时，需计算交易对象风险缓释后的风险敞口。银行需使用折扣系数，对交易对象的风险敞口和交易对象提供的抵押品价值进行调整，以考虑市场发生波动后调整过的价值。具体计算方式可参见《巴塞尔协议Ⅱ》。

②表内净扣。巴塞尔委员会给出了表内净扣的具体条件：有扎实的法律基础能保证净扣协议在相关的辖区范围内，无论交易对象是无力偿还或是破产，均可实施；在任何情况下，能确定同一交易对象在净扣合同下的资产和负债；监控和控制后续风险；在净头寸的基础上监测和控制相关风险敞口。

③担保和信用衍生工具。如果担保和信用衍生工具是直接、明确、不可撤销和无条件的，并且银行在风险管理程序方面满足监管当局最低操作要求，监管当局可允许银行在计算资本要求时考虑这种安排。

④出现期限错配时的情况处理。计算风险加权资产时，当风险缓释的期限比当前的风险敞口期限短，则产生期限错配。如果有期限错配且风险缓释的剩余期限不到1年，则风险缓释在资本要求上的作用将不被承认。

风险敞口的有效期限将尽量按照借款人约定的债务最长时间计算。同时要考虑所有可能降低期限的因素，使得抵补期限使用有效的最短期限。如果期权由信用保护的出售者自行选择出售或持有，则期限的计算应当从第一个买入期权开始计算。期限错配剩余期限不满1年时，抵押品、表内净扣、担保和信用衍生工具提供的信用保护按照以下公式调整。

$$P_a = P \times t/T$$

其中，P_a 为按错配因素调整过后的信用保护价值；P 为调整任何折扣系数后的信用保护价值；t 为信用保护剩余期限（T）的最小值，以年为单位；T 为风险敞口的剩余期限，以年为单位。

（二）信用风险内部评级法（IRB）

内部评级法（Internal Rating-Based Approach，IRB）是以银行内部风险评级为基础的资本充足率计算及监管方法。而内部评级是指银行专门的风险评估部门和人员运用一定的评级方法对借款人或交易方履行合约能力进行综合评价。根据《巴塞尔协议Ⅱ》的相关要求，在满足某些条件和要求的前提下，有资格使用 IRB 方法的银行可以基于自己对风险要素的估计值设定特定风险敞口的资本要求。目前，中国工商银行对信用风险管理就已经采用了内部评级法。随着《巴塞尔协议Ⅱ》的进一步贯彻实施，未来我国所有商业银行都将运用这一方法对信用风险进行评估。

1. IRB 法基本框架

①风险敞口类别。由于各种业务和资产组合在评级标准方面有较大的不同，因此按照巴塞尔协议的规定，银行必须按照银行账户潜在风险特征的不同，将其划分为五大类别：公司、主权国家、银行、零售和股权。而在公司资产类别中，又将专业贷款划分为五个子类别：项目融资、物品融资、商品融资、产生收入的房产和高变动性商用房地产。零售资产又细分为：住宅担保贷款、合格的循环零售敞口和所有其他零售贷款。对于以上的每一种敞口，巴塞尔委员会都作了详细说明。同时，巴塞尔委员会规定，对于无法划入以上任何一种定义的敞口，委员会都将其划分入公司敞口，以防监管资本套利的可能。

②风险因素。以上五大类资产所对应的资本要求依赖于特定的风险因素而决定。这些风险因素主要包括违约概率、违约损失率、违约敞口和期限。

违约概率（Probability of Default，PD）是指未来一段时间内借款人发生违约的可能性。巴塞尔委员会将其定义为债务项所在某一信用等级下 1 年内的平均违约率。巴塞尔委员会要求所有银行监管部门都必须针对每一级的借款人违约概率进行内部评估。同时为了便于定量分析，评估的准备及风险管理程序和其后赋予的评级级别必须能与监管的最低要求一致。

违约损失率（Loss Given Default，LGD）是指预期违约的损失占风险敞口的百分比。它与关键交易有关。当与特定借款人相关的违约概率不依赖特定债务项时，特定违约损失就因债务项情况而定。此处的损失是指经济损失而非会计损失，包括折扣因素、融资成本及在确定损失过程汇总时发生的直接或间接成本。

违约风险敞口（Exposure at Default，EAD）是指由于债务人的违约所导致的可能遭受信用风险的信贷业务余额。同样，违约敞口也是针对特定债务项而言的。在大部分情况下，违约敞口等于债务项的名义价值。但对于某些特定的债务项而言，还应包括违约前对未来持续贷款的估计。

期限（Maturity，M）被认为是最明显的风险因素。这里的期限是指银行向监管当局提供的合约规定的有效期限。

③初级法和高级法。IRB 法的各项资产类别都包含 3 个关键因素：风险构成要素、风险权重要素和最低要求。对于许多类资产，委员会规定了两种方法：初级法和高级法。因此以上四类风险因素在使用初级法的银行中，银行只需自己估计出违约概率，而其他风险因素则由监管当局估计。而采用高级法的银行则在满足最低标准的前提下可以自己估计违约概率、违约损失率、违约风险敞口和期限。

④风险权重。运用以上四种风险因素就能推导出一组法定资本风险权重。IRB 法对 PD、LGD 和 M 分别估计，然后作为产生相应风险权重的因素，以此构成确定最低资本要求的基础。因此无论是初级法还是高级 IRB 法，都通过使用风险权重的连续函数替代标准法的离散风险档，从而更全面地反映信贷质量全貌，更具有风险敏感性。

通常，对于 PD、LGD 及某些情况下的 M 一起生成风险非常低的借款人敞口，其风险权重要低于使用标准法在同样情况下给定的风险权重。类似地，在生成非常高的借款人风险敞口时，其风险权重要远高于标准法下给出的风险权重。

2. IRB 评级体系

①评级维度。以往的风险评级维度通常是一维，即只对借款人或者交易对象进行评级，而在 IRB 方法下，合格的评级体系应包括两个独立的截然不同的维度：借款者违约风险（以 PD 为核心变量）和特定的交易风险（以 LGD 为核心变量）。

第一维度针对借款者是否有违约风险进行评级。IRB 法要求对同一借款人在不同贷款下的评级必须一致，不管交易标的是否有差异。但有两种例外：对国别转移风险，银行必须根据贷款是以本币标价还是外币标价，而给予不同的借款人评级；对贷款相关担保的处理，可以反映在调整后的借款人评级中。第二维度必须反映交易本身特定的风险要素，如抵押、优先性、产品类别等。对于采用初级法的银行，这一要求表现为贷款评级，而贷款评级反映了借款人和交易的特殊风险要素。

②评级标准。银行必须依靠具体的评级定义、过程和标准将借款者划入不同等级，因此评级的定义和标准必须合理、直观，必须能对风险进行合理的区分。级别的描述和标准必须

十分详细，以便评级人员能对具有相同风险的借款者给予同样的级别。

评级的书面定义必须足够清晰、详细，以便第三方独立评审机构或监管当局能够理解如何评级、重复评级过程，判断评级是否合适。银行对借款人和借款类别评级时，必须考虑到所有可能的信息，信息必须是近期的，银行拥有的信息越少，给予借款人和贷款的评级或贷款池就必须越保守。

巴塞尔委员会要求，采用监管规定标准的银行在符合最低要求下，可以根据自己的标准、体系和过程，对专业贷款给予一个内部评级，然后银行必须将内部评级映射到五个监管级别中去。

③计算方法。计算一个授信组合主要分为两个阶段，首先计算其中每笔授信的风险权重，进而计算出风险资产，将所有风险资产加总即为基本的风险资产总额。其次，根据组合内容在银行总体授信资产中的风险集中度做进一步调整，风险集中度高的风险资产，银行所提准备相对也较高。对于公司授信而言，风险敞口相对稳定，而单笔风险资产等于风险权重乘以风险敞口。因此风险权重的计算更为重要。

对于初级 IRB 而言，由于所有敞口的平均期限均为 3 年，因此风险权重函数仅包括违约概率（PD）、违约损失率（LGD）两个变量。其公式为

$$RW_c = (LGD/50) \times BRW_c (PD) \text{ 或 } 12.5 \times LGD \text{（取其中较小的值）}$$

其中，BRW_c 是 PD 的函数，是指在标准状态下的风险权重，以其中较小的值为准的原因是保证银行提取的风险准备不会大于损失时的金额。

对于高级 IRB 或有明确期限组合的初级 IRB 下，在初级法的基础上增加了期限因素，风险权重计算公式则变为

$$RW_c = (LGD/50) \times BRW_c (PD) \times [1+b (PD) \times (M-3)] \text{ 或}$$
$$12.5 \times LGD \text{（取两者中较小的值）}$$

能够使用 IRB 高级法的银行通常必须向监管当局证明其以满足了所有必须的最低要求，包括：银行对风险因素的评估和量化、银行内部评级体系和整个信用风险管理程序的稳定性。因此银行的评级、风险评估体系及过程必须能够有意义地评估借款人交易特征，准确一致的量化风险，使得风险评估体系与过程和银行内部对这些估计值的使用保持一致。

第三节　商业银行市场风险管理

一、商业银行市场风险定义和主要形式

商业银行市场风险的定义可参见巴塞尔委员会于 1996 年颁布的《资本协议市场风险补充规定》：市场风险是指由于市场价格的变动，银行表内和表外头寸面临遭受损失的风险。巴塞尔委员会根据导致市场风险因素的不同将市场风险划分为利率风险、汇率风险、股票风险和商品风险。由于目前我国银行业从事各类权益资产和商品业务有限，因此其面临的市场风险主要表现为利率风险和汇率风险。

（一）利率风险

利率风险主要包括：重新定价风险、收益率曲线风险、基准风险和期权风险。

重新定价风险也称为期限错配风险，是最主要和最常见的利率风险形式，源于银行资产、负债和表外业务到期期限（就固定利率而言）或重新定价期限（就浮动利率而言）之间所存在的差异。这种重新定价的不对称性使银行的收益或内在经济价值会随着利率的变动而发生变化。重新定价的不对称性也会使收益率曲线的斜率、形态发生变化，即收益率曲线的非平行移动，对银行的收益或内在经济价值产生不利影响，从而形成收益率曲线风险。

基准风险也称为利率定价基础风险，也是一种重要的利率风险。在利息收入和利息支出所依据的基准利率变动不一致的情况下，虽然资产、负债和表外业务的重新定价特征相似，但是因其现金流和收益的利差发生了变化，也会对银行的收益或内在经济价值产生不利的影响。而期权性风险源于银行资产、负债和表外业务中所隐含的期权，是一种越来越重要的利率风险。

利率风险是整个金融市场中最重要的风险。由于利率是资金的机会成本，同时由于信贷关系是银行与其客户之间最重要的关系，因此利率风险是银行经营活动中面临的最主要风险。在我国，由于利率市场化进程正在逐步推进，利率风险问题方才显露，利率风险将逐步成为我国金融业最主要的市场风险。

（二）汇率风险

汇率风险又称外汇风险，是市场风险的重要组成部分，主要包括外汇交易风险、信用风险和结算风险。银行的外汇交易风险主要来自两方面：一是为客户提供外汇交易服务时未能立即进行对冲的外汇敞口头寸；二是银行对外币走势有某种预期而持有的外汇敞口头寸。信用风险是指在外汇交易中由于当事人违约而给银行带来的风险。外汇清算风险，又称"赫斯塔特风险"（可参见本书第八章第一节），即因外汇交易的其中一方无法履行对一位或以上的交易对手的支付义务而蒙受损失的可能性，外汇交易的跨时区跨地域特征导致了这一风险的存在。由于每种货币都要在其本国交付，基于时区不同，一种货币的支付完成后，可能要相隔几小时另一种货币的支付才完成，从而造成了交易一方无法完成结算的风险。随着我国经济持续增长，越来越多的国内企业将走出国门投资海外，随着人民币汇率形成机制的进一步完善，市场因素在汇率形成机制中的作用会进一步加大，我国银行业的汇率风险也将进一步提升，加强汇率风险管理和监管变得越来越重要。

（三）股票价格风险

股票价格风险是指由于商业银行持有的股票价格发生不利变动而给商业银行带来损失的风险。

（四）商品价格风险

商品价格风险是指商业银行所持有的各类商品的价格发生不利变动而给商业银行带来损失的风险。这里的商品包括可以在二级市场上交易的某些实物产品，如农产品、矿产品（包括石油）和贵金属等。

中国银行监督管理委员会 2007 年颁布的《商业银行资本充足率管理办法》修订版中指出，市场风险是指因市场价格变动而导致表内外头寸损失的风险，具体包括以下风险：交易账户中受利率影响的各类金融工具及股票所涉及的风险、商业银行全部的外汇风险和商品风险。而在《商业银行市场风险管理指引》中，银监会进一步界定市场风险是指因市场价格（利率、汇率、股票价格和商品价格）的不利变动而使银行表内和表外业务发生损失的风险。由此可见，市场风险存在于商业银行的所有交易和非交易业务中。

在 20 世纪 70 年代布雷顿森林体系崩溃之前，银行业及监管当局对市场风险的关注程度远远低于对信贷风险的关注度。在 1988 年的巴塞尔协议中，甚至没有提到市场风险对银行资本充足率及稳健经营的影响。直到后来，随着金融全球化、自由化步伐加快，银行所处的金融环境发生了巨大变化，市场风险才逐渐成为银行业的最主要风险之一。

二、商业银行市场风险诱因

（一）金融市场波动

20 世纪中叶以来，国际金融市场出现价格不确定增强的状况。除了通胀的不确定性增强以外，汇率、利率等价格因素的不确定性也在增强。如布雷顿森林体系崩溃之后，汇率的波动性凸显；20 世纪 70 年代末美联储放弃以利率为货币政策中介目标而转用货币供给增长率，金融市场利率波动增加。此外，国际市场上基本商品价格，如原油、黄金价格等在进入 20 世纪七八十年代后波动性凸显，甚至超过了利率和汇率。这些因素波动性增强的直接后果就是市场主体面临的市场风险激增。

（二）金融创新发展

金融创新的高速发展使得银行信贷资产逐步暴露在金融市场风险冲击之下。最典型的就是资产证券化，它是 20 世纪 70 年代以来市场发达国家金融创新的重要产品，在各国的金融发展中起了重要作用。资产证券化使银行信贷资产与金融市场联系紧密，提高了银行信贷资产的流动性。但同时，进入二级市场的银行信贷资产会受到金融市场价格波动的影响，并迅速反映到商业银行的损益和资产负债中，强化了市场风险的传染性。此外，20 世纪 90 年代以来，世界著名银行从事金融衍生品交易导致破产或遭受严重损失的事件接二连三地发生，衍生品的两面性得以充分暴露，而银行在进行金融衍生品交易时也将更多地暴露在市场风险中。

（三）银行混业经营和金融全球化与自由化

自 20 世纪 80 年代以来，欧美各商业银行纷纷放弃传统的分业经营体制转向混业经营。商业银行经营更多地涉及各种投资、理财及资产管理业务。同时金融全球化和自由化浪潮，技术进步、放松管制等因素引发金融并购浪潮，在这一全球背景之下，各商业银行将面临更加复杂和集中的市场风险。

三、商业银行市场风险管理

（一）市场风险管理工具及方法

目前商业银行主要采用各种金融衍生品来对金融市场风险进行管理与规避，这些衍生品主要包括远期、期货、期权及互换合约。通过这些金融衍生品，银行能够有效防范利率及汇率变化带来的资产价值的潜在损失，规避市场风险。

20世纪90年代各国银行都遭遇了金融市场的利率汇率频繁波动造成的不利影响，为此它们纷纷研发出各种新的工具和方法来防范、抵御金融市场风险。在银行所有的风险管理中，市场风险管理是最为成熟和发达的。目前市场风险计量主要包括两种方法：一是测定市场价格变化和资产组合之间的关系，从而明确资产价值与市场风险之间的定量关系；二是通过计量方法测度资产组合因市场价格变化而导致的收益率的波动。在众多方法之中，VAR方法将不同的市场因素和不同市场的风险集合成一个数值，能够较为准确地测量由不同风险及其相互作用所产生的潜在损失。这一方法能够更好地适应金融市场发展的动态性、复杂性，因此成为计量金融市场风险的主要方法之一。

VAR方法是由G30集团和J. P. Morgan研究发展出来的。当时J. P. Morgan的董事长Weatherstone要求下属在当天交易结束后，提交一份报告说明公司在未来24小时内全球业务潜在的损失有多大，由此风险价值（VAR）孕育而生。由于该方法具有对市场风险衡量的科学性、准确性和实用性等特点，所以一经产生便受到金融界包括巴塞尔委员会的认同和欢迎。

（二）风险价值（VAR）方法

巴塞尔委员会在《关于市场风险资本要求的内部模型法》及《关于使用"返回检验"法计算市场风险要求的年内部模型法的监管构架》中，同意具备条件的银行可采用内部模型为基础，计算市场风险的资本需求，并规定将银行利用内部模型计算出来的VAR值乘以3，可得到适应市场风险要求的资本数额的大小。国际清算银行允许各国银行使用自己的内部模型来衡量针对市场风险的资本充足率，前提是这些模型必须以VAR风险模型为基础。

1. 风险价值的含义

风险价值（Value at Risk，VAR）又称受险价值，是衡量在未来特定的一段时间内，某一给定的置信水平下，投资组合在正常情况下可能遭受的最大损失。《中国银行业监督管理委员会市场风险管理指引》规定："风险价值就是在一定的持有期和给定的置信水平下，利率、汇率等市场风险要素发生变化时可能对某项资金头寸、资产组合或机构造成的潜在最大损失。"事实上，VAR是一种对可能实现的价值（市值）损失的估计，而不是一种"账面"的损失估计。VAR定义隐含两个假设：一是假设投资组合的构成在持有期间内维持不变；二是VAR计算的最大损失值是在正常的情况下，它不包含崩盘或突发事件。VAR的数学定义如下。

$$\text{Prob}(\Delta P > \text{VAR}) = 1 - C$$

其中，ΔP为金融资产组合在持有期T天内的损失，C表示置信水平，VAR为置信水平C下的风险价值。该数学公式的含义为在T天结束时，投资组合的损失大于VAR的概率是$1 - C$，换句话，即在C的置信水平下，在T天结束时，投资组合所遭受的潜在损失小于VAR。举例说明，假设1个基金经理希望在接下来的10天时间内，在95%概率上其所管理的基金价值损失不超过1 000 000美元，则可以将其写作

$$\text{Prob}(\Delta P > 1\,000\,000) = 1 - 95\%$$

不难看出，VAR回答的问题就是：在C的置信水平上，在接下来的T个交易日中损失程度不会超过的金额。与传统风险度量手段不同，这一方法基于统计分析基础，对市场风险

作出评估。它考虑了金融资产对某种风险来源的敞口和市场逆向变化的可能性，根据资产组合价值变化的统计分布图，直观地找到与相应置信度对应的 VAR 值。其后，以 J. P. Morgan 为代表的金融机构开发了基于 VAR 理念的风险管理技术和软件产品，并引用到信用风险管理领域。

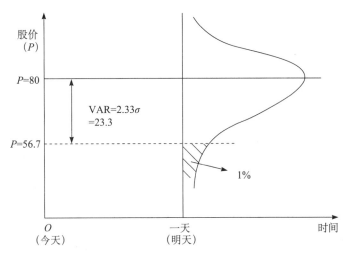

图 10-5　一支交易股票的风险价值

资料来源：Anthony Saunders，Linda Allen. Credit risk measurement. John Wiley & Sons，Inc，2002：85.

下面将用一家上市公司的股票为例来说明 VAR 方法的应用（参见图 10-5）。假定该上市公司股票今天的市价 P 为 80 美元/股，股价变动标准差 σ 为 10 美元，请问明天在 99% 的置信区间上，该股票的最大损失是多少？事实上，股票投资经理可能每天都会思考这样一个问题：如果明天的股票市场是一个坏天气，那么我所负责的股票的风险价值（在一定的置信水平下股票价值遭受的最大损失额）是多大呢？这里假设该股票价格今后每天都是围绕着 80 美元的价格呈正态分布，并且平均来看每 100 天会出现一天的坏天气，那么用统计学的语言来讲明天就有 1% 的概率出现坏天气。如果是正态分布，就可以较容易地知道相关概率（可查询正态分布表）。例如，股票价格有 95% 的概率处于均值正负 1.96 个标准差之间，有 98% 的概率处于均值正负 2.33 个标准差之间。此处，设定的置信水平为 99%（注意是单边分布，即只剔除发生损失的小概率事件，即阴影区域）。这样就可以计算出 VAR 为 2.33σ，也就是 23.3 美元，代表股票持有人明天发生价值损失小于 23.3 美元的概率为 99%，有 1% 的概率损失大于 23.3 美元。换言之，股价有 1% 的概率可能跌倒 80－23.3＝56.7 美元以下，即图 10-5 中的阴影区域。

从上面的案例中发现可交易金融资产的风险价值只需要输入几个变量便可算出，主要包括：金融资产的市值（P）、该资产的市值变动率或标准差（σ）、在给定的风险时段和所要求的置信水平下（如 99%）、金融资产市值的概率分布。VAR 方法特别适用于对可交易的金融资产风险价值的计量，因为人们可以很容易地从资本市场中获取这类资产的市值和它们的标准差。但是，若将这种方法直接用于度量非交易性金融资产（如贷款）的风险价值则会遇到一些问题。例如，非交易资产的市值无法观察，也就无法计算均值和标准差。但是，J. P. Morgan 于 1997 年研发的 CreditMetrics 模型则很好地突破了贷款这种非交易资产无法观察市值的问题，而将 VAR 成功运用到了信用风险的度量。

2. 风险价值（VAR）衡量方法

风险价值（VAR）的衡量必须要考虑三方面要素：一是目标估值期限（T），也称持续期。根据期限的不同可以得到不同的 VAR，如一天、一周、一月等。总体来说，目标估值期限长短的选择取决于资产组合调整的频率及其头寸清算的速度。由于金融资产的波动性与时间长度呈正相关，时间长度越长，未来的不确定性就越高，风险就越大，因此获得的 VAR 也越大。巴塞尔银行监管委员会出于谨慎考虑，要求银行以 10 个交易日（即两周）为目标估值期限。二是置信水平的选择（C）。置信水平的选择体现了投资者及金融机构对风险的厌恶程度。置信水平是投资者或金融机构自己设定的，置信水平越高，投资者对风险的厌恶程度越大，愿意冒险的程度也就越小，计算出来的 VAR 也越小。相应地，置信水平越低，投资者对风险的厌恶程度越小，愿意冒险的程度也就越大，计算出来的 VAR 也越大。一般情况下，最常见的是置信水平选择 95%～99%。金融监管当局为保持金融系统的稳定性，会要求金融机构设置较高的置信水平。例如 1997 年年底，巴塞尔委员会在资本充足性条款中要求置信水平为 99%。三是资产收益的分布情况。资产收益的分布情况是计算 VAR 的三个基本要素中最重要的因素，它是指投资组合在既定的持有期内回报的概率分布，也就是概率密度函数。正态分布是最常见的一种分布，主要是由于它在统计上有很多优良特征，所以在实际应用中多采用对数正态分布的形式。而且使用正态分布的假设对各种金融风险进行建模估计和计算方法都很简单，在对工作日内的风险或者隔夜风险进行估计时也很有效。在最初的计算 VAR 的研究中大部分都是采用正态分布。但是，从长期来看，收益率的分布是尖峰肥尾的，而正态分布的假设下将会导致对极端事件 VAR 值的严重低估。

VAR 的计算过程包括三块：一是映射过程，将组合中的每一种资产头寸表示为各种因素的函数；二是各种因素的波动模型；三是估值模型。不同的波动性模型和估值模型构成计算 VAR 的不同方法，如历史模拟法、方差-协方差法、蒙特卡洛模拟法、GARCH 模型、RiskMetrics 方法等。《中国银行业监督管理委员会商业银行市场风险管理指引》第 20 条规定市场风险内部模型调整技术采用历史模拟法、方差-协方差法和蒙特卡洛模拟法这三种方法。

历史模拟法是根据市场因素的历史样本模拟资产组合的未来收益分布，利用分位数计算出给定置信度的 VAR 值。其核心在于用给定历史时期所观测到的市场因素波动性来表示市场因素未来变化的波动性。在这种方法下，VAR 值直接取自于资产组合收益的历史分布，而资产组合收益的历史分布又来自于组合中每一种资产表示为风险因素收益的函数。因此，基于风险因素收益的历史数据是 VAR 模型的主要数据来源。历史模拟法简单直观、易于解释，可有效地处理非线性组合。但该方法假设市场因素未来变化与过去变化完全一致，服从独立同分布，而概率密度函数不随时间变化，但这一假设可能与实际相违背。

方差-协方差法是 VAR 计算中最为常用的方法，它假定风险因素的收益变化服从特定分布，然后通过历史数据分析计算该风险因素概率分布的参数值，从而得到整个资产组合收益的概率分布特征值。根据资产组合函数形式的不同，该方法分为两大类：Delta 模型和 Gamma 模型。与历史模拟方法相比，方差-协方差法的一个重要区别是该方法只考察了风险因素对整个资产组合价值的一阶线性影响，而非线性的则没有考虑进去。方差-协方差法不需要定价模型，数据易于收集，但其现金流的分解可能会很复杂，不能进行敏感性分析，不能对期权提供可靠的风险衡量。

蒙特卡洛模拟法也称随机模拟方法，是将所求解的问题同一定的概率模型相联系，用电子计算机实现统计模拟或抽样，以获得问题近似解。其原理与历史模拟方法相近，不同之处在于不是根据历史观测值，而是通过模拟市场因素的随机变化来计算不同场景下的可能收益率。由于蒙特卡洛模拟法的全值估计、无分布假定等特点及处理非线性非正态的能力，可产生大量假设情景，可处理非线性、大幅波动和肥尾问题；能模拟回报的不同行为和不同分布，因而被认为是计算 VAR 最全面最有效的方法。

3. 风险价值（VAR）方法的有效性检验

VAR 方法在实际应用中具有一定局限性，如它的计算需要假定市场收益率变动服从正态分布，需要从过去的数据引申出未来资产价格变化的标准差。但当市场远离正常状态时，如市场发生危机，实际发生的市场价格波动会超过在正常概率下的损失值，资产价格的关联性被割断，这时就无法用 VAR 有效地衡量市场风险。此外，VAR 方法无法体现风险管理者的风险偏好，无法决定风险管理者在面临一定风险时愿意承受和应该规避的风险数额。鉴于 VAR 模型的缺陷，目前国际金融界主要使用压力测试来弥补其不足，用事后检验来验证 VAR 模型的有效性。

①压力测试。当金融市场处于某种极端情况下，如市场崩溃、金融危机、政治剧变或自然灾害时，VAR 赖以成立的假定和计算的参数就会发生巨大变化，VAR 估计值就会存在较大误差。因此，压力测试就是将资产组合置于某一特定的极端金融环境中，测试该资产组合在某些市场因素发生突变的情况下的表现状况。考察金融机构在这种极端环境下能否经受这种突变。《中国银行业监督管理委员会商业银行市场风险管理指引》第 22 条规定：商业银行应当建立全面严密的压力测试程序，定期对突发的小概率事件，如市场价格发生剧烈变动或者发生意外的政治、经济事件可能造成的潜在损失进行模拟和估计，以评估本行在极端不利情况下的亏损承受能力。压力测试的主要方法有：情景分析、历史模拟、压力 VAR 和系统压力测试。

情景分析是最常用的压力测试方法，目的在于评估金融市场中的某些特殊情境或事件对资产组合价值变化的影响。情景分析给出了特殊事件背景下资产组合的损失，但没有指明损失发生的概率。而 VAR 指明了不利事件发生的概率，但没有给出具体损失是多少，因此两者可以互补。

历史模拟是运用真实的历史极端事件来模拟资产组合的价格波动。借助历史模拟的情景检验只需要确定过去的某一段时间，这段时间的价格变动将对今天资产组合价值产生大的改变。这一方法使得判断何种价格变动导致极端损失变得准确和简便。

压力 VAR 是指构造一些关键参数的极端情景，从而估计极端情景下的 VAR 值。决定 VAR 的关键参数包括波动性、相关性、持有期。压力 VAR 包括变化着的各种价格变动集合的波动率和相关系数。获得压力 VAR 值对于资产管理者准确理解其资产面临的潜在风险具有重要意义。

系统压力测试是用不同资产、不同程度的大幅波动构造出一系列的极端情景，并评估这些极端情景对于资产组合的影响，从而产生一系列压力测试实验结果的集合。通过这种方式可以鉴别可能使得银行蒙受巨大金融损失的情景。

②事后检验。比 VAR 敏感性更重要的是进行 VAR 的事后检验（Back Testing，又称返

回检验)。《中国银行监督管理委员会商业银行市场风险管理指引》第21条规定：商业银行应当定期实施事后检验，将市场风险计量方法或模型的估计结果与实际结果进行比较，并以此为依据对市场风险计量模型进行调整与改进。事后VAR是指将实际的数据输入到被检验的模型中，然后检验该模型的预测值与现实结果是否相同，并根据检验结果对计量方法或模型进行调整和改进的过程。通过实际结果和VAR产生的极端值相比较，风险管理者可以了解该模型是否合适。目前，事后检验作为检验市场风险计量模型的一种手段还在发展过程中，不同银行采用的事后检验方法及标准均有所不同。

关于事后检验，巴塞尔委员会建立了解释事后检验结果的监管框架。该框架根据事后检验的结果偏离模型预计值的幅度，将模型的有限性分为绿色、黄色和红色三种区域，分别表示未显示模型质量和准确性存在问题的检验结果。鉴于该方法对于评估VAR方法越来越重要，巴塞尔委员会要求使用内部模型的金融机构定期采用该方法以保证VAR模型的有效性和金融监管的有效性。

第四节　商业银行操作风险管理

操作风险是银行业最为古老的风险之一，伴随现代金融的发展，这一风险已给全球金融机构带来严重的经济损失。但是，操作风险无论是在理论研究还是在实际应用方面都远远落后于信用风险和市场风险。2006年《巴塞尔协议Ⅱ》的公布，将操作风险纳入了风险管理框架，要求金融机构为操作风险配置相应的资本金水平。作为新巴塞尔协议的一项要求，这标志着操作风险日益引起国际金融界的密切关注，国际金融界对操作风险的监控和管理进入了一个新阶段。

一、商业银行操作风险定义

国际金融界对操作风险的定义有许多版本，总体来看，对操作风险定义得到最为广泛认可的是英国银行家协会（BBA）的版本。BBA认为，操作风险是由于内部程序、人员、系统的不完善或失误，或外部事件造成直接或间接损失的风险。这一定义得到巴塞尔委员会的认同。在《巴塞尔协议Ⅱ》中，对于操作风险规定如下：操作风险是指由不完善或有问题的内部程序及系统或外部事件所造成的风险。本定义包括法律风险，但不包括策略风险和声誉风险。

操作风险与信用风险和市场风险最大的区别在于，操作风险存在的同时不能给金融机构带来潜在收益，它是一种管理成本，是金融机构纯粹的损失，不能带来利润。目前，常见的操作风险类型主要包括以下几种。

①交易处理风险。由于交易处理过程中，交易员没有精确地按照相关程序进行操作，从而未能提供精确的报告、抵押证明、收入证明及可靠的客户信息，由此可能会给银行带来损失。

②欺诈事件。这里的欺诈包括内部欺诈和外部欺诈，内部欺诈是指银行内部员工欺骗盗用财产或违反规则、法律、银行政策的行为而造成的损失；外部欺诈则是指第三方故意欺诈、盗用财产或违反法律的行为而给银行造成的损失。

③信息系统风险。是指银行计算机系统出现的问题给银行业务带来的风险，包括安全性风险、系统应用风险和客户风险。安全风险是指银行重要的财务系统和风险管理系统在访问控制、与他方通信中所形成的操作风险。由于计算机处理能力的增强，访问地点的分散、通信渠道多样化，使得银行计算机访问控制越来越复杂，未经授权的访问会给银行带来额外的经济损失。客户风险是指客户有意或无意的误用引发的风险。

④技术风险。由于技术升级、换代等原因，可能给银行带来的风险，如国家技术划拨风险。例如美国国内支付系统的创新造成的对其他国家金融系统的不可划转风险。

⑤模型风险。是指在操作风险模型的构建过程中，没有对市场状况和风险识别进行全面的判断和认识，导致模型判断的低效。

⑥会计风险。是指金融会计业务损失发生的不确定性。即金融会计业务中，因制度安排、组织管理、技术方法和人员素质导致经济损失的可能性。该类风险可划分为表内业务风险和表外业务风险。表内业务会计风险来源于会计制度内在固有的局限导致信息与实际发生偏离；会计组织与管理的不完善，增加了会计风险的发生；会计处理方法具有多样性，带来了会计信息的不确定性；会计人员素质不高、会计法律政策不完善等客观因素也会带来会计风险的增加。表外业务会计风险是来源于表外业务的风险。由于表外业务不在资产负债表内反映列出，且自由度大，连续性弱，规范性不强，因此诱发的风险比表内业务更突出。

⑦法律风险。是指违反或不遵守法律法规、规章制度或其他职业道德标准而给银行带来的风险。当银行产品管理或客户行为管理规范不明确时，也会产生法律风险。

专栏 10-1　巴林银行倒闭案

1995 年 2 月 26 日，英国中央银行英格兰银行宣布了一条震惊世界的消息：巴林银行不得继续从事交易活动并将申请资产清理。10 天后，这家拥有 233 年历史的银行以 1 英镑的象征性价格被荷兰国际集团收购。这意味着巴林银行的彻底倒闭。

巴林银行是历史显赫的英国老牌贵族银行，其客户也多为显贵阶层，伊丽莎白女王——世界上最富有的女人之一也信赖它的理财水准，并是它的长期客户。尼克·里森是英国一个泥瓦匠的儿子，从未上过大学，1987 年他加入摩根斯坦利，这一资历足以使他被巴林银行录用。他号称国际金融界的"天才交易员"，曾任巴林银行驻新加坡巴林期货公司总经理、首席交易员，以稳健、大胆著称。在日经 225 期货合约市场上，被誉为"不可战胜的里森"。

1994 年下半年，里森认为，日本经济已开始走出衰退，股市将会有大涨趋势，于是大量买进日经 225 指数期货合约和看涨期权。然而"人算不如天算"，事与愿违，1995 年 1 月 16 日，日本关西大地震，股市暴跌，里森所持多头头寸遭受重创，损失高达 2.1 亿英镑。这时的情况虽然糟糕，但还不至于能撼动巴林银行。只是对里森先生来说已经严重影响其光荣的地位，他将所有的损失悄悄放在被总部遗忘的 88888 错误账户中。为了反败为胜，里森再次大量补仓日经 225 期货合约和利率期货合约，头寸总量已达十多万手。要知道这是以"杠杆效应"放大了几十倍的期货合约。当日经 225 指数跌至 18500 点以下时，每跌一点，里森先生的头寸就要损失两百多万美元。

"事情往往朝着最糟糕的方向发展"，这是强势理论的总结。2月24日，当日经指数再次加速暴跌后，里森所在的巴林期货公司的头寸损失已接近其整个巴林银行集团资本和储备之和。融资已无渠道，亏损已无法挽回，巴林银行面临覆灭之灾，银行董事长不得不求助于英格兰银行，希望挽救局面。然而这时的损失已达14亿美元，并且随着日经225指数的继续下挫，损失进一步扩大，最终导致巴林银行倒闭。

一个职员竟能在短期内毁灭一家老牌银行，究其各种复杂原因，其中不恰当地利用期货"杠杆效应"，并知错不改，以赌博的方式对待期货是造成这一"奇迹"的基本因素，而其背后更深层次的原因则是巴林银行内部控制和治理结构的松散和低效。例如，巴林银行没有将交易与清算业务分开，允许里森既作为首席交易员，又负责其交易的清算工作。在大多数银行，这两项业务是分立的，因为让一个交易员清算自己的交易会使其很容易隐瞒其交易风险或亏掉的金钱。这是一种制度上的缺陷。

思考：(1) 巴林银行倒闭的原因有哪些，对于中国银行业有何借鉴？
      (2) 商业银行进行操作风险的管理重要吗，为什么？

二、商业银行操作风险计量方法

在《巴塞尔协议Ⅱ》中，巴塞尔委员会给定了三种复杂性和风险敏感性方面渐次加强的方法计量操作风险资本，即基本指标法、标准法和高级计量法并鼓励商业银行提高风险管理的复杂程度，采用更为精确的计量方法。

(一) 基本指标法 (The Basic Indicator Approach)

巴塞尔委员会要求，采用基本指标法的银行持有的操作风险资本应等于前三年总收入的平均值乘以一个固定比例。其计算公式如下。

$$K_{\text{BIA}} = \text{GI} \times \alpha$$

其中，K_{BIA} 为基本指标法确定所需要的资本，GI 为前 3 年总收入的平均值，$\alpha = 15\%$，该值由巴塞尔委员会所设定，将行业范围的监管资本要求与行业范围的指标联系起来。总收入定义为净利息收入加上非利息收入，以各国监管当局或各国会计规定为准。这种计算方法的宗旨就是：第一，反映所有准备（如未付利息的准备）的总额；第二，不包括银行账户上出售证券实现的利润或损失，总收入定义中也不包括"持有至到期日"和"可供出售"证券实现的利润或损失，这两个科目一般是银行账户的科目；第三，不包括特殊项目及保险收入。

基本指标法计算的资本比较简单，因此新巴塞尔协议没有提出采用该方法的具体标准。巴塞尔委员会鼓励采用这种方法的银行遵循委员会 2003 年发布的《操作风险管理和监管的文件做法》。

(二) 标准法 (The Standardized Approach)

在标准法中，委员会将银行业务分为 8 个产品线：公司金融（Corporate Finance）、交易和销售（Trading & Sales）、零售银行业务（Retail Banking）、商业银行业务（Commercial Banking）、支付和清算（Payment & Settlement）、代理服务（Agency Services）、资产

管理（Asset Management）和零售经纪（Retail Brokerage）。每种业务的具体内容如下。

①公司金融，包括兼并与收购、承销、私有化、证券化、研究、债务、股本、银团、首次公开发行、配股。

②交易和销售，包括固定收入、股权、外汇、商品、信贷、融资、自营证券头寸、贷款和回购、经纪、债务、经纪人业务。

③零售银行业务，包括零售银行业务、私人银行业务、银行卡业务。

④商业银行业务，包括项目融资、不动产、出口融资、贸易融资、保理、租赁、贷款、担保、汇票。

⑤支付和清算，包括支付和托收、资金转账、清算和结算。

⑥代理服务，包括第三方账户托管、存托凭证、证券贷出、公司行为。

⑦资产管理，包括可支配基金管理与非可支配基金管理。

⑧零售经纪，是指执行指令的零售业务群。

计算各类业务类别资本要求的方法是，用银行的总收入乘以一个该业务类别适用的系数（用 β 表示）。该值表示行业在特定业务上的操作风险损失经验值与该业务类别总收入之间的关系。应该注意到，标准法是按各业务类别计算总收入，而非整个机构层面。

总资本要求是各类业务监管资本的简单加总，其公式如下。

$$K_{\text{TSA}} = \sum (\text{GI}_{1\sim 8} \times \beta_{1\sim 8})$$

其中，K_{TSA} 为标准法计算的资本要求；$\text{GI}_{1\sim 8}$ 为按基本法确定八种业务类别过去近 3 年的年均总收入；$\beta_{1\sim 8}$ 为由委员会设定的固定百分比，如表 10-11 所示。由此建立八种业务类别的总收入和资本之间的联系。

表 10-11　八种业务类别的 β 系数

银行业务类别	公司金融	交易和销售	零售银行业务	商业银行业务	支付和清算	代理服务	资产管理	零售经纪
β 系数	18%	18%	12%	15%	18%	15%	12%	12%

巴塞尔委员会认为，银行采用标准法必须符合以下要求，而对于银行来说，推荐使用这些标准，是否强制使用则由各国根据自己实际情况来定。具体要求包括：银行操作风险管理系统必须对操作风险管理功能进行明确的职责界定；作为银行内部操作风险评估系统的一部分，银行必须系统地跟踪与操作风险相关的各类数据，包括各产品线发生的巨额损失；必须定期向业务管理层、高级管理层和董事会报告操作风险敞口情况，包括重大操作损失；银行的操作风险管理系统必须文件齐备；银行的操作风险管理流程和评估系统必须接受验证和定期独立审查；银行操作风险评估系统（包括内部验证程序）必须接受外部审计师和监管当局的定期审查。

此外，巴塞尔委员会还向各国监管当局推荐另一种标准法。委员会指出，如果银行能够说服本国监管当局该方法有所改进，如可以防止风险重复计算等，各国监管当局可根据本国情况决定是否采用这种标准法（ASA）。

ASA 标准法的计算方法是：除零售银行业务和商业银行业务外，其他业务的收入计算和上一种标准法相同。对于这两类业务，用贷款和垫款乘以一个固定系数 "m" 代替总收入作为风险指标。零售银行和商业银行业务的 β 值与标准法一样，由此可得到零售银行和商业

银行在 ASA 方法下的操作风险资本公式为

$$K_{RB} = \beta_{RB} \times m \times LA_{RB}$$

其中，K_{RB} 为零售银行或商业银行业务的资本，β_{RB} 为零售银行业务的 β 值，LA_{RB} 为零售业务贷款和垫款之和的前三年年均余额，m 的值为 0.035。

在使用另一种形式的标准法时，零售银行业务的贷款和垫款总额数从以下信贷业务组合中提取：零售业务、按零售业务处理的中小企业贷款和购入公司应收账款。商业银行业务的贷款和垫款总额则从以下信贷业务组合中提取：公司贷款、主权贷款、向银行贷款、专业贷款、按公司贷款处理的中小企业贷款和购入的公司应收账款。银行账户上持有的有价证券账面价值也包含在其内。与标准法一样，ASA 将 8 类业务的资本要求简单加总得出总资本额。

需要注意的是，标准法仍然有很多争议的地方。第一，标准法依旧缺乏风险敏感性，每条业务线的操作风险和操作风险要求的监管资本之间没有因果关系；第二，标准法选择的规模指标甚至可能与银行执行管理有冲突，因为选择的指标像总收入需要最大化，然而总收入的增加也将导致监管资本要求的增加；第三，标准业务线的匹配比较困难，因为标准业务线的动机可能是逃避当前组织结构变革和竞争的干扰，但是实践中大多数案件中金融机构的内部组织与这些标准业务线不相匹配，这自动减少了这种方法对银行业资本的内部管理价值。因此，标准法可以看作是操作风险由基本指标法向高级计量法的过渡阶段，也可以理解为采用操作风险高级计量法的准备阶段。

（三）高级计量法（Advanced Measurement Approach）

高级计量法包括内部衡量法（Internal Measurement Approaches，IMA）、计分卡法（Scorecard Approaches，SA）、损失分布法（Loss Distribution Approaches，LDA）等多种处理方法。

1. 内部衡量法（IMA）

内部衡量法是比基本指标法和标准法更为复杂的操作风险计量方法。这一方法根据银行自身内部损失数据，通过建立适当的风险管理模型来计算操作风险资本金配置要求。主要步骤包括：将银行业务划分为不同种类（Business Line），并制定操作风险损失分类，其中 i 代表银行业务种类，j 代表操作风险种类；对每一业务种类/操作风险类型规定一个风险指标（EI），它代表每个业务类型操作风险的大小；除风险指标外，银行根据内部损失数据为对每一业务种类/操作风险类型计算出一个代表损失事件发生概率的参数（PE）和一个代表损失程度的事件损失程度值（LGE），三个参数值相乘就可得出每一业务种类/操作风险类型的预期损失（EL），即 EL＝EI×PE×LGE；对每一业务种类/操作风险类型，监管机构规定一个系数 γ，这个系数可以把预期损失转换成资本要求，它由监管当局按照行业数据确定。因此，可以得到资本计算公式如下。

$$C^{IMA} = \sum_i \sum_j \left[\gamma(i,j) \times EI(i,j) \times PE(i,j) \times LGE(i,j) \right]$$

即

$$C^{IMA} = \sum_i \sum_j \left[\gamma(i,j) \times EL(i,j) \right]$$

其中，C^{IMA} 代表用 IMA 法计算出的操作风险资本，$\mathrm{EL}(i,j)$ 表示商业银行第 i 种业务类别在面临第 j 种操作风险时的预期损失，$\gamma(i,j)$ 代表监管机构设定的针对 $\mathrm{EL}(i,j)$ 的系数。

2. 记分卡法（SA）

记分卡法主要是包括多项前瞻性的关于操作风险的指标。记分卡法是对风险和内控的一个自我评估。在采用记分卡法时，银行先要决定每条业务线起始的一个操作风险水平，然后随着时间的推移在记分卡的基础上修改这些量，以发现不同业务线中的潜在风险和控制环境。记分卡法主要包括风险事件、风险拥有者、风险发生可能性、风险影响力、缓解风险的控制措施、控制的实施者、控制设计和控制影响等，这些判断都是基于公司未来发生事件的预期，而不是过去发生事件的总结。金融机构运用这种方法来分配使用其他方法测算出来所需的资本金。用记分卡法计算操作风险的方法可表示为

$$K(i,j) = \mathrm{EI}(i,j) \times \omega(i,j) \times \mathrm{RS}(i,j)$$

其中，EI 代表风险敞口，RS 代表风险评分，ω 是一个比例因子。SA 法必须建立在良好的定量基础之上，并用历史数据验证其风险评估结果。

3. 损失分布法（LDA）

LDA 是《巴塞尔协议Ⅱ》衡量操作风险中最为复杂的，是高级计量法中的更高版本。银行根据过往内部数据，估计每一业务种类/操作风险类型的以下两种可能性分布：单一事件影响及次年事件发生的频率。基于这两项估计数据，银行可以计算累计操作损失的分布概率，将所有业务种类/操作风险类型的风险值（VAR）相加，即为银行总操作风险资金配置要求。

（1）LDA 模型的基本设定

《巴塞尔协议Ⅱ》要求，银行首先要区分不同业务种类和操作事件损失种类，现以 i、j分别表示业务种类和操作事件损失种类，$\xi(i,j)$ 表示第 i 类业务线、第 j 类操作损失类型一个损失事件的损失量。将 $\xi(i,j)$ 的损失程度分布表示为 $F_{i,j}$。在损失分步法中，第 i 业务线、第 j 损失类型在时间 t 和时间 $t+1$ 之间的损失为

$$\theta(i,j) = \sum_{n=0}^{N(i,j)} \xi_n(i,j)$$

令 $G_{i,j}$ 是 $\theta(i,j)$ 的分布，$G_{i,j}$ 是一个复合分布。当 x 大于零时，$G_{i,j}(x) = \sum_{n=1}^{\infty} p_{i,j}(n) F_{i,j}^{n\forall}(x)$；当 x 等于零时，$G_{i,j}(0) = p_{i,j}(0)$。其中，$F_{i,j}^{n\forall}$ 表示自身的 N 重卷积。

（2）计算单个业务线、单个损失种类的风险资本

根据损失分布方法，资本要求或风险资本反映了操作风险的大小，可以作为操作风险的风险值指标。

给定置信水平 α，在此水平上操作风险的非预期损失 $\mathrm{UL}(i,j)$ 是

$$\mathrm{UL}(i,j;\alpha) = G_{i,j}^{-1}(\alpha) - E[v(i,j)] = \inf[x \mid G_{i,j}(x \geqslant \alpha)] - \int_0^\infty x \mathrm{d}G_{i,j}(x)$$

巴塞尔委员会根据以上公式定义非预期损失概念，将风险资本直接定义为非预期损失，即

$$\mathrm{CAR}(i,j;\alpha) = \mathrm{UL}(i,j;\alpha)$$

（3）计算整个银行的操作风险资本

《巴塞尔协议Ⅱ》建议的方法是将整个银行每一条业务线的风险资本加总，即

$$\text{CAR}(\alpha) = \sum_i \sum_j \text{CAR}(i,j;\alpha)$$

（4）使用高级计量法的资格标准

使用高级计量法的资格标准包括定性标准、定量标准和风险缓释三个方面。

第一，定性标准。巴塞尔委员会要求银行在采用高级计量方法之前，必须符合以下定性标准：银行必须具备独立的操作风险管理岗位，用于设计和实施银行的操作风险管理框架；银行必须将操作风险评估系统整合入银行的日常风险管理流程，评估结果必须成为银行操作风险轮廓监测和控制流程的有机组成部分；必须定期向业务管理层、高级管理层和董事会报告操作风险敞口和相关情况；银行的风险管理系统必须文件齐备；银行的操作风险管理流程和计量系统必须定期接受内部和外部审计师的审查，这些审查必须涵盖业务部门的活动和操作风险管理岗位情况。

第二，定量标准。鉴于操作风险计量方法处于不断演进中，巴塞尔委员会没有规定用于操作风险计量和计算监管资本所需的具体方法和统计分布假设，并赋予银行在开发操作风险计量和管理方面很大的灵活性，但要求银行在系统开放时必须有操作风险模型开发和模型独立验证的严格程序。

巴塞尔委员会描述了一系列定量标准，用于计算操作风险最低监管资本的内部计量方法。包括：任何操作风险内部计量系统必须与委员会有关操作风险和所谓的损失事件类型一致；银行通过加总预期损失和非预期损失得出的监管资本要求，除非银行表明在内部业务实践中能足以准确计算出其损失；银行的风险计量模型必须足够分散，以便能够将影响损失估计分布尾部形态的主要操作风险因素考虑在内；在计算最低监管资本要求时，应将不同操作风险估计的计量结果加总；任何风险计量系统必须具备一些关键要素。

巴塞尔委员会要求银行必须对外部数据配合采用专家的情景分析，求出严重风险事件下的风险敞口，应当采用情景分析来衡量偏离银行操作风险计量框架的相关假设时造成的影响有多大。

第三，风险缓释。巴塞尔委员会允许银行出于计算最低监管资本的需要，在计量操作风险时认可保险的风险缓释影响。保险的缓释作用不超过操作风险总资本要求的20%。银行能否使用这种风险缓释工具，取决于以下标准：保险人的理赔支付能力评级最低为A；保单的初始期限必须不低于一年；对撤销保险合同或对合同不进行续保的情况，保单上需规定最少多长时间通知；无论是对监管当局对银行采取的监管措施而言，还是对破产银行的接管方而言，保单都不规定除外条款或限制条件；保险覆盖的项目与银行的实际操作风险损失敞口之间对应关系明确；在涉及银行的专属保险公司或附属保险公司的情况下，风险敞口应划到符合标准的独立第三方实体。

（5）高级计量法的评价

高级计量法为不同的商业银行度量操作风险提供了一定的灵活性，但在实际运用中存在许多问题，如由于 γ 参数的设定主要反映地是行业整体的风险分布状况，不一定符合特定机构和特定业务的风险分布状况；大多数银行都缺少与估计操作风险所需资本相关的内部历史数据；外部数据经常并不具有与本银行潜在损失严格的可比性；而且，也没有考虑保险作为

操作风险转嫁工具的影响等。此外，操作风险的非预期损失决定是通过 γ 参数将预期损失转化为非预期损失。然而，操作风险的损失分布具有明显的肥尾特征，说明非预期损失和预期损失之间没有线性关系。所以，内部衡量法虽然形式上是有效的，但是其实际价值受到极大怀疑，监管者和银行业的主要关注已经转移到其他高级测量方法上，如损失分布法。

案 例 分 析

我国第一家银行倒闭案——海南发展银行

海南发展银行（以下简称海发行）于 1995 年 8 月 18 日正式开业，是当时海南省唯一一家具有独立法人地位的股份制商业银行，其总行设在海南省海口市，并在其他省市设有少量分支机构。它是通过向全国募集股本，并在兼并了原海南省 5 家信托投资公司的基础上建立的股份制商业银行，注册资金为 16.77 亿元，股东有 43 人，其中海南省政府以出资 3.2 亿元成为其最大股东，其他主要股东还包括中国北方工业总公司、中国远洋运输集团公司、北京首都国际机场等。

成立之初，海发行取得了不错的经营业绩，据 1997 年《海南年鉴》记载，海发行收息率为 90%，未发生一笔呆滞贷款，与境外 36 家银行共 403 家分行建立了代理关系，外汇资产规模 1.7 亿美元，总资金规模发展到 106 亿元。与此同时 1997 年由城市信用社引发的海南金融问题第一次大规模显现。20 世纪 90 年代，海南房地产市场崩盘，导致包括信用社在内的金融机构出现大量不良资产。5 月，海口人民城市信用社主任陈琪作案潜逃，这一事件导致储户恐慌并出现集中提款现象。随后，支付危机波及全省十几家城市信用社。当时海南省政府为挽救这些城市信用社，不顾股东大会的强烈反对执意要求海南发展银行实施兼并，将 28 家资不抵债的城市合作信用社收入旗下，接管的城市信用合作社总资产为 137 亿元，总负债却为 142 亿元，而资产又几乎全是无人问津的房产。很多人将海发行 1997 年 12 月兼并 28 家城市信用社的行动，视为引发海南发展银行关闭的导火线。

兼并完成后，那些在城市合作信用社存款的原以为取款无望的储户很快在海发行营业部的门口排起了长队，这成为当时海南的热门话题。由各种传闻引发的恐慌很快演变成挤兑风潮，海发行只能依靠人民银行再贷款艰难度日。1998 年 3 月 22 日，中国人民银行在陆续给海发行提供了 40 亿元的再贷款后，决定不再给予资金支持。此时，海发行已无法清偿债务。其后，据说海南省政府也动用了 7 亿元资金企图挽回局面，但已是无力回天。

为控制局面，防止风险蔓延，国务院和中国人民银行当机立断，1998 年 6 月 21 日，中国人民银行发表公告，关闭刚刚诞生 2 年 10 个月的海南发展银行，这是新中国金融史上第一次由于支付危机而关闭一家有省政府背景的商业银行。同时指定中国工商银行托管海发行的债权、债务。对于海南发展银行的存款，则采取自然人和法人分别对待的办法，自然人存款即居民储蓄一律由工行兑付，而法人债权进行登记，将海南发展银行全部资产负债清算完毕以后，按折扣率进行兑付。6 月 30 日，在原海南发展银行各网点开始了原海南发展银行存款的兑付业务，由于公众对中国工商银行的信任，兑付业务开始后并没有造成大量挤兑，大部分储户只是把存款转存工商银行，现金提取量不多，没有造成过大的社会震动。

引自：王化成．财务管理教学案例．北京：中国人民大学出版社，2001．

思考:

(1) 海南发展银行倒闭的原因有哪些，涉及哪些风险？

(2) 海南发展银行倒闭案暴露出我国商业银行监管存在哪些漏洞？

本 章 小 结

商业银行的核心能力是风险管理能力，它是决定商业银行在长期内能否生存下去的根本因素。商业银行风险是指在经营过程中由于事先无法预料的不确定因素的变化，使得商业银行的实际收益与预期收益背离，从而蒙受经济损失或获取额外收益的机会和可能性。商业银行风险可分为信用风险、市场风险、操作风险和流动性风险等。

信用风险是指交易对象违约及交易对象信用评级、履约能力变动而给商业银行带来的潜在损失。商业银行信用风险管理方法分为传统方法和现代方法。传统方法主要包括专家制度法、Z评分法和信用评级法；现代方法主要包括 CreditMetrics 模型、Credit Risk＋模型、KMV 模型、CreditPortfolioView 模型，以及《巴塞尔协议Ⅱ》中的标准法和内部评级法。

市场风险是指由于市场条件的变动（如利率、汇率、资本市场工具价格），从而给银行收益带来的不确定性。市场风险管理中最为重要的方法便是风险价值（VAR）方法，VAR 是衡量在未来特定的一段时间内，某一给定的置信水平下，投资组合在正常情况下可能遭受的最大损失。

操作风险是指由不完善或有问题的内部程序及系统或外部事件所造成的风险，其中包括法律风险，但不包括策略风险和声誉风险。操作风险的计量方法主要介绍了《巴塞尔协议Ⅱ》中的基本指标法、标准法和高级计量法。

关键词

风险管理　信用风险　市场风险　操作风险　流动性风险　CreditMetrics 模型　Credit Risk＋模型　KMV 模型　Credit Portfolio View 模型　VAR 方法

思 考 题

1. 商业银行风险管理的重要意义？

2. 商业银行风险管理的主要类别有哪些？

3. 商业银行信用风险的特征是什么？

4. 简述 CreditMetrics 模型的核心观点及具体的信用风险管理步骤。

5. 简述商业银行现代信用风险四种管理方法的特征和优缺点。

6. 简述《巴赛尔协议Ⅱ》中对信用风险管理的标准法和内部评级法的主要观点。

7. 商业银行市场风险管理中 VAR 方法的核心思想是什么？

8. 商业银行操作风险管理重要吗？具体有哪些方法？

商业银行的财务报表管理

【学习目的】

☞ 理解商业银行财务管理的意义和基本内容；

☞ 说明商业银行财务报表的特点和管理步骤；

☞ 熟悉商业银行资产负债表、损益表和现金流量表的构成、作用和功能；

☞ 能通过分析商业银行的财务报表，了解商业银行的经营状况；

☞ 知道商业银行财务管理的方法，包括成本管理、利润和收入管理等方法；

☞ 了解商业银行作业成本法的基本内容和优点。

财务管理研究商业银行如何筹集并配置银行的经营资源——货币资金，从广义上讲，财务管理涉及商业银行的所有业务，与银行的整个经营管理过程相关。科学有效的财务管理能够帮助银行在收益和风险之间作出更好的权衡，从而实现安全性、流动性和盈利性的经营目标，提高银行的竞争力。商业银行进行财务管理的前提是要全面准确地了解自身的财务现状，知道自己"在哪里"，在此基础上制定"将要去哪里"的战略目标和"如何去那里"的发展计划，执行这一"指路标"任务的是商业银行的财务报表。本章第一节阐述了商业银行财务管理的意义、内容、特点和步骤；第二节着重讨论了商业银行的三大财务报表——资产负债、损益表和现金流量表；第三节介绍了商业银行的成本管理和收入、利润管理，这属于狭义范畴上商业银行财务管理的内容。

第一节　商业银行财务报表管理概述

一、商业银行财务管理的意义

商业银行是经营货币资金的企业，以对资金的筹集、使用和分配为内容的财务活动贯穿于银行经营和管理的全过程。财务管理是商业银行根据自身发展的需求和内外部社会经济环境的变化，科学有效地计划、组织、监督资金的来源与运用的一系列管理活动的总称，在商业银行的经营管理中处于核心位置，对提高银行的经营效益、控制银行的经营风险，从而实现银行管理的宗旨有着重要意义。

银行经营管理的宗旨是在考虑了资金的时间价值和风险价值后，最大化银行的股东价值，实现这一目标的根本路径在于银行资金的安全性、盈利性和流动性的统一。商业银行的财务管理涉及成本-收益的权衡和风险管理的决策，所以银行加强财务管理，选择最优的财务决策有助于银行实现股东价值的最大化。

随着市场经济的发展，金融业的竞争也在逐步加剧，商业银行要想在市场竞争中扩大盈利空间，增强自己的竞争力，必须制定有效的财务管理战略和目标，掌握现代化的财务管理方法，通过金融创新扩展资金的来源渠道，优化资金的配置和使用，以达到降低经营的成本费用和增加资产收益的目的。另外，商业银行是以负债为主要资金来源的高财务杠杆企业，因此控制经营活动中的风险对于商业银行的生存和发展有着特殊的重要意义。商业银行经营的是货币资金，其面临的风险主要是财务风险，包括资本风险、流动性风险、信用风险、市场风险和操作风险，这属于银行经营中的非系统风险，而像法律风险、政策风险和国家风险等则属于系统性风险。银行对风险的管理和控制主要是针对财务风险，尤其是在市场化和全球化的背景下，商业银行越来越多地参与到衍生金融工具的交易中，市场波动给商业银行的经营带来了更多变数，财务风险管理在银行经营管理过程中的地位也更加重要。

二、商业银行财务管理的内容

从狭义上理解，可以认为财务管理只包括成本、收入和利润管理。但是根据上面提到的商业银行财务管理的定义，从广义上讲，财务管理则涉及商业银行经营管理的方方面面：在对资金来源的规划上包括资本管理和负债管理，在对资金使用的规划上包括资产管理和表外业务管理等。同时，如前所述，商业银行在筹集和运用资金活动中会遇到各类财务风险，对这类风险进行识别、度量和控制也是商业银行财务管理的重要内容。下面主要对商业银行的成本管理、利润和收入管理、固定资产管理和财务风险管理作一个简要说明。

（一）成本管理

商业银行的成本主要包括以下几类：作为筹资成本的利息支出，这是银行成本中比重最高的部分；业务管理费，指银行在组织和管理各项业务活动时产生的支出，如电子设备运转费、职工工资和福利费等；银行在办理金融业务过程中支付的手续费；业务宣传费；业务招待费；补偿性支出如固定资产折旧、无形资产摊销等；准备金支出，主要指银行计提的各类资产减值准备。传统的成本管理是从这些费用项目出发，在制定的总体利润目标下倒推出各类费用支出的限额，然后通过若干指标考察费用支出计划的完成情况，偏重于事后核算和控制。这种管理方法可以适用于产品种类与客户群体较为单一的情形，但是在当前激烈的竞争环境中，银行为了占据一定的市场份额，纷纷推出多样化的产品以适应不同客户的个性化需求，如果仍然依赖传统的成本管理方法，会扭曲银行的成本信息，不利于银行找到控制成本的关键因素，降低了银行的获利能力。现在流行的以作业成本法为核心的全面成本管理适应了商业银行经营机制的转变，将成本管理与银行业务结合起来，建立起以产品和服务为对象的成本核算体系，不仅关注事后的成本核算，还强调成本的事前和事中控制，使成本管理渗透到银行经营的各部门和全过程。

（二）利润和收入管理

商业银行的收入是补偿经营活动成本，形成利润的重要保障。利息收入是银行收入中最重要的组成部分，它主要来源于银行贷款和证券投资，银行在与其他金融机构往来时也会产生一定数量的利息收入，如存放中央银行和同业的款项、在拆借市场上拆出的资金等。近年来，商业银行越来越注重开拓手续费收入业务，这部分业务占用银行的资源较少，丰富了银行取得收入的来源。商业银行在确定收入时遵循的是权责发生制原则，这使得银行记录的收入和实际的现金流入之间存在一定的差距。如果这一差距数值过大，说明收入质量不高，银行应通过加强收入管理来确保获得的收入不仅仅是停留在账面上的数字，而且能够用来拓展业务和满足客户的流动性需求。同时需指出的是，银行在衡量产品收益时不能忽略风险因素，应当在收入和风险之间作出权衡，防止收入的泡沫化现象。在从收入中扣除了相应的费用之后就得到了银行的利润，对于股份制商业银行来讲，利润管理中的一项重要内容是如何分配股利。

（三）固定资产管理

商业银行的资产管理另有专门的章节进行讨论，这里重点说一下银行的固定资产管理。从实物形态上来看，商业银行的固定资产主要包括房屋、交通运输工具、电子机器设备等。伴随着信息技术的不断更新，电子设备在银行的固定资产中占据了越来越重要的位置。自动柜员机（ATMs）、销售点终端机（POS）和网上银行是银行业技术创新的代表，极大地丰富了银行的电子转账系统。商业银行固定资产管理的内容主要包括日常管理、折旧管理和减值准备的计提。在对固定资产的日常管理中，应当严格固定资产的定期盘点制度，确保固定资产的正常运营。固定资产的折旧分为有形损耗和无形损耗两种，计提折旧的方法有多种，如平均年限法、工作量法、双倍余额递减法和年数总和法，商业银行应根据固定资产的性质以及外界环境的变化选择固定资产折旧方法，做到科学地反映固定资产的有形和无形损耗。固定资产的减值准备是在折旧的基础上，以更加及时灵活的方式反映固定资产的现时价值，避免对资产价值的虚夸。

（四）财务风险管理

商业银行的财务风险管理由风险的识别、度量和控制三个环节组成，是一个持续进行的动态循环过程，根据财务风险的来源可以将银行的财务风险管理划分为资本风险管理、流动性风险管理、信贷风险管理、操作风险管理和以利率风险、价格风险和汇率风险为主要管理内容的市场风险管理。资本风险是指银行的资本不充足、结构不合理，从而无法在最终的清偿时发挥作用。商业银行应当加强内部的自我约束，防止过度的资本杠杆作用，通过开辟内外部资本来源渠道充实资本金，将资本比率和资本充足率维持在安全水平。流动性风险是指银行无法在不增加成本的情况下，及时满足客户的提存和贷款需求。银行在管理流动性风险时应当从资金的来源和使用两方面考虑，通过流动性缺口等指标识别和预测流动性风险，并采取积极措施应对可能发生的流动性风险。信贷风险是商业银行的传统风险，它来源于借款人无法按照约定偿还贷款。银行对信贷风险的管理包括决定向谁发放贷款、定期审查贷款的使用和借款人的经营状况直到完全回收贷款。操作风险是指由于内部系统和操作流程的不完善、人员失误及外部因素给银行带来直接或间接损失的可能性，如银行在运用信息技术和系统方面出现问题，员工的差错和欺诈等。《巴塞尔协议Ⅱ》中对度量操作风险的方法作出了说明。内部控制和内部审计流程是商业银行操作风险管理中最重要的工具，合理划分员工职责，及时报告发现的差错和遗漏，定期检测内部控制的有效性并做出必要调整可以帮助银行控制操作风险给经营业绩带来的不利影响。利率市场化条件下，频繁变动的市场利率会给银行的经营成本和收益带来很大的不确定性，从而导致银行的利率风险。银行的利率风险管理是在预测利率变动的基础上，通过调整资产和负债的数量和期限来扩大收益，同时，由于影响利率的因素很多，银行很难对利率做出准确地预测，利用衍生金融工具来套期保值或者从中受益也是利率风险管理的重要内容。在金融创新和国际化的过程中，市场风险对银行的资产价值产生了巨大影响，目前度量市场风险的一个常用方法是受险价值（VAR）。另外需指出，这几类财务风险并不是孤立存在的，各风险敞口之间会相互作用，因此银行在对每一类财务风险进行管理时不应忽视其他财务风险的影响。

三、商业银行财务报表构成

商业银行进行财务管理，首先要了解自身的财务状况，日常的会计账册记录是对银行业务经营和管理活动的最直接和详细的反映，但其包含的内容比较零散，需要对之作进一步的整理、分类和计算，这就形成了商业银行的财务报表，它是对银行一定时期内财务活动和经营状况的系统总结，主要包括资产负债表、损益表和现金流量表。商业银行财务报表提供的信息是评价银行业务活动和风险状况的重要依据，有助于银行管理者制定科学合理的财务管理战略和计划。

商业银行的资产负债表反映的是某一特定时点银行的资金来源与资金运用的总量及构成，由于商业银行只是经营特殊产品的企业，因此其资产负债表的编制依据仍然是会计恒等式"资产＝负债＋所有者权益"。资产代表了银行的累计资金运用，是为银行带来收入的基础，通常可以分为四类：现金及在其他金融机构中的存款、投资型证券、贷款和其他资产；而负债和所有者权益则代表了银行的累计资金来源的两类渠道——债务和股权资本，负债主要有两种：核心存款和主动负债，股权资本为银行的所有者提供的长期资金。

损益表又称利润表，它反映了商业银行在一定时期内的收入来源和成本支出。与资产负债表不同，损益表是动态报表，记录的是一段时期的财务流量状况，但损益表又和资产负债表紧密相关——资产带来大部分的收入，而负债则带来大部分的成本支出。银行的收入主要靠贷款、投资这部分收入资产获得，由收入资产获得的收益与从服务中收取的手续费及佣金一起构成了银行的营业收入，此外，银行还有少量的营业外收入。银行的成本支出在取得收入的过程中产生，主要包括向存款者支付的利息、非存款借款的利息支出、向员工支付的薪金和福利、设备的管理费用、贷款损失的预提和税金等。收入与成本支出的差额为银行的净利润。可见银行净利润的大小是由资产与负债各构成部分的规模和资产与负债的利率水平等因素综合决定的。银行可以通过提高收入和降低成本的方法来增加净利润，其中，提高收入的途径主要有：提高收入资产的收益率、调整收入资产的构成比例，增加高收益资产在总资产中的占比、增加服务的种类和数量已适应客户的需求。降低成本的方法主要包括：根据市场利率的变化调整资金来源的比例，提高低成本借款和存款的占比、降低雇佣成本、管理费用和贷款损失预提的数量、提高赋税的管理水平。

资产负债表是一张静态报表，反映的是一个时点银行的资产、负债和所有者权益在期初与期末的存量构成情况，但并没有说明引起存量变化的原因。损益表虽然是动态报表，但它是以权责发生制为基础编制的，对同一事项可以采用不同的会计方法确认收入和费用，存在为了利润目标人为调账的可能，导致无法客观准确地评价银行的实际运行状况。即使银行损益表的账面上一直显示盈利甚至是高利润，但如果实际可以支配的现金很少，则依然潜藏着支付风险。同时，损益表没有将银行业务中的各种资源区别开来，无法反映经营活动之外的投资和筹资活动引起的现金变动情况。而以收付实现制为原则编制的现金流量表，将资产负债表和损益表联系起来，弥补了两者的不足，它既说明了资产负债变化的原因，又揭示了损益的变动如何影响现金的变化，是对资金运动最原始、直接和系统的反映。

现金流量表由三部分构成：经营活动现金流量、投资活动现金流量和筹资活动现金流量。经营活动产生的现金流量反映了银行自身创造现金流量的能力；投资活动现金流量是指银行通过购买和处置非流动资产而产生的现金流入与流出；筹资活动现金流量是指导致银行资本和经营活动以外的债务变化所产生的现金流量。对商业银行来讲，现金流量表中的现金范围应包括现金及银行存款、存放中央银行款项、存放同业及其他金融机构款项以及其他现金等价物，这样能够全面反映银行的支付能力。通过现金流量表分析银行在一定时期内的现金流入与流出状况，有助于正确评价银行变现和获取现金的能力，并由此预测其未来的现金流动趋势，判断银行偿还债务和支付股利的能力。

四、商业银行财务报表的特点

商业银行的财务报表虽然在编制原理和格式上与一般企业相似，但由于其经营对象的特殊性，又呈现出以下几个主要特点。

在商业银行的资产负债表中，自有资本占总资产的比重很小，一般都在10%以下，银行主要依赖借款（比如存款和在金融市场上借入的资金）开展业务，这意味着银行的财务杠杆较高，如果经营得好，可以大幅度地增加股东收入，然而一旦无法到期偿还这些借款，银行的收入风险就会急剧增加，甚至威胁到自身的生存，所以银行应当根据资产的风险水平保证一定数量的自有资本以抵御经营风险，同时需要持有一部分变现力强的高质量资产以偿还债务和应对临时出现的流动性需求。

商业银行资产负债表的另一个特点是其资产中固定资产的比重很小，经营杠杆不高。银行经营的是货币信用业务，资产中的绝大部分是以贷款和证券为主的金融资产，办公楼和设备等固定资产只占总资产的一小部分。低经营杠杆说明与其他的一般企业相比，银行收入对销售量和经济周期波动的敏感度较低，但其潜在收入也会受到影响。

在银行的损益表中，贷款和证券的利息收入构成了商业银行收入的大部分，借款的利息支出则是主要的费用项目，因此商业银行的收入和费用对利息的变动十分敏感，银行的管理者需要准确预测利率的变动趋势，调整资产和负债的期限结构以增加收入、控制费用，或者运用利率套期的衍生金融工具来减少或避免银行损失。

商业银行现金流量项目的归类与一般企业有很大不同。由于商业银行的基本业务是吸收存款和发放贷款，所以这部分利息的支出与收入是放在经营活动而不是筹资活动现金流量部分。商业银行筹资活动现金流量中一个较为特殊的项目是债务规模，在一般企业的现金流量表中，债务指的是企业对外借入的所有款项，然而对商业银行来讲，其筹资活动中的债务指的是银行业务经营范围以外如发行金融债券等引起的债务变化。吸收客户存款、向同业及其他金融机构拆入资金、向中央银行借款等行为虽然会形成债务，但这些都属于银行日常业务中的主营活动，因此不放在筹资活动现金流量中。

五、商业银行财务管理的步骤

确立财务制度是商业银行进行财务管理的第一步。我国商业银行应根据 2007 年实施的《企业会计准则》和《金融企业财务规则》，结合自身的具体情况和实际运行环境的变化，确定财务收支的会计核算方法和原则，这是银行接下来各项财务管理活动的基本依据，也决定了银行财务管理的有效性。

商业银行在具体组织财务活动时，首先要编制财务预算和计划。在对影响自身未来发展的经济变量进行预测的基础上，根据长期发展战略和目标，银行便可以编制财务预算，以全面反映经营活动中的预计支出和预计收益。银行财务预算体系有总预算、日常业务预算和特种预算三类。总预算包括对资产负债表、损益表和现金流量表的预计，在预编资产负债表时，只需注意主要的资产、负债和表外项目即可。各项财务报表应同时预编，以保证总体上的平衡与协调。日常业务预算与银行日常经营服务相关，包括对各项收入和指出的预算。特种预算又称资本支出预算，是对银行偶尔发生的一次性支出的预算，如购建固定资产预算。银行在编制财务预算的过程中，需要为保证各项管理目标的实现而制定总体财务计划。银行的总体财务计划包括资本计划、资金来源计划、资金使用计划、表外业务计划、流动性计划和风险水平管理计划，这一系列综合计划反映了银行的各项具体管理目标，而目标的实现情况则反映在银行未来的资产负债表、损益表、现金流量表中。最近三到五年的经营状况和成果是银行制定总体财务计划的依据和出发点，另外，由于外部环境的重大变化会对银行的经营造成很大影响，银行在制定第一选择计划的同时，还要有适应环境变化的备选计划。

在编制好财务预算和计划之后，便进入日常财务管理阶段，也就是对计划的执行和控制。银行应当完善各项内部管理制度，把计划目标分解并落实到具体的部门和个人，同时注意对计划执行过程的记录和整理，为将来编制计划提供真实资料。银行在执行财务计划的过程中，要定期对各部门的计划执行情况进行检查和监督，及时发现影响计划目标实现的各种主客观因素，并采取办法解决，必要时还应按照程序对计划作出补充和修改。

财务核算是银行依据已确立的财务制度，运用会计科目将原始凭证的内容填到记账凭证中，并登记会计账簿，从而连续、全面和系统地记录银行的日常经营活动。银行财务核算的最终结果是编制出资产负债表、利润表和现金流量表，这是对银行财务状况的真实总结，为下一步的财务分析提供了最基本的资料。

商业银行的财务分析是以财务报表和其他与银行管理相关的资料为依据，运用一系列的分析技术、方法和财务指标，对银行一定时期的经营状况进行分析与评价，并预测银行未来的发展趋势。商业银行财务分析的内容包括资金实力分析、流动性分析、安全性分析、盈利能力分析和经营效率分析。分析的方法主要有比较分析法和杜邦分析法（可参见第十四章）。比较分析法又分为两种：以自身的历史数据为比较对象的纵向比较，以同类银行为比较对象的横向比较。比较的内容均涉及各财务报表中重要项目的绝对值、项目的百分比构成和各项财务指标。纵向比较应确定变动的方向和数额，并重点关注和研究其中的显著变化，横向比较有助于银行了解自己的相对经营状况，发现经营过程中的问题和不足。杜邦分析法是通过分解衡量普通股收益的净资产收益率，利用几种主要的财务指标之间的关系综合分析银行的经营状况，这一方法在后面的章节中还会详细论述。通过财务分析，银行可以对财务计划的执行情况和财务管理的效果作出全面、准确地评价，发现财务管理中存在的问题，并为解决问题提供帮助。

除了财务分析之外，财务检查也是评价商业银行财务活动的一种方法。银行根据内部财务监督的要求，组织专门人员，对银行的账务和财务活动的现场进行实地查看，检查银行财务管理工作的质量。财务检查包括会计检查、现场检查和实物检查，其中会计检查是对银行的会计凭证、账簿和财务报表的审核，它可以检验财务报表中反映的财务信息质量，是财务分析有效性的保障。

第二节　商业银行财务报表分析

一、资产负债表分析

（一）资产负债表

与其他类型的企业一样，商业银行的资产负债表有三大要素：资产、负债和股东权益，每个要素下的具体项目都依据流动性由大到小排列。资产负债表是一个存量表，反映的是财务状况的时点特征，银行的年报时间一般选择 12 月 31 日，并且提供去年 12 月 31 日的数据以便于比较，即同时显示期末数和期初数。不同银行资产负债表的组成和复杂程度不同，表 11-1 列出了商业银行资产负债表的主要组成部分。

表 11-1　商业银行的资产负债表

资　产	期末数	期初数	负债和股东权益	期末数	期初数
现金及存放中央银行款项			向中央银行借款		
存放同业和其他金融机构款项			同业和其他金融机构存放款项		
拆出资金			拆入资金		
指定以公允价值计量且其变动计入当期损益的金融资产			指定以公允价值计量且其变动计入当期损益的金融负债		
衍生金融资产			衍生金融负债		
买入返售金融资产			卖出回购金融资产		
应收利息			应付利息		
贷款和垫款			客户存款		

续表

资　　产	期末数	期初数	负债和股东权益	期末数	期初数
可供出售金融资产			应付职工薪酬		
长期股权投资			应交税费		
持有至到期投资			应付债券		
应收款项类投资			预计负债		
固定资产			其他负债		
无形资产			股本		
其他资产			资本公积		
资产减值准备			盈余公积		
			一般风险准备		
			未分配利润		

（二）资产负债表项目

1. 资产项目

①现金及存放央行、同业和其他金融机构的款项。这类项目的流动性最强，一般被称为一级储备，是银行应对存款人取款的第一道防线，也是满足客户非预期贷款需求的第一个资金来源。这部分资产占银行总资产的比重较低，因为它几乎不会给银行带来收入。

②流动性金融资产。包括指定以公允价值计量且其变动计入当期损益的金融资产和买入返售金融资产，这是应对现金需求的第二道防线，被称为二级储备，介于现金资产和贷款之间，能给银行带来一些收入，但银行投资于这类资产的主要目的是能在短期内将之转化为现金以应对流动性需求。指定以公允价值计量且其变动计入当期损益的金融资产可进一步分为交易性金融资产和直接指定为以公允价值计量且其变动计入当期损益的金融资产。有的银行在其资产负债表中将两者分别列示，有的则只列一个，但在财务报表的附注中说明两者的具体数量。

③收入性金融资产。包括可供出售金融资产，长期股权投资、持有至到期投资和应收款项类投资，持有目的主要是为了获得预期收益。可供出售金融资产以公允价值计量，持有期限不确定，有可能根据利率、汇率和权益价格等市场情况的变动或者是流动性需求而被出售。长期股权投资、持有至到期投资和应收款项类投资按照取得时的成本计量，其中特别国债、中央银行专项票据和购买的资产管理公司的债券等资产被列入应收款项类投资。

④贷款。贷款是银行最大的资产项目，一般占到银行总资产的一半或更高。银行贷款项目的具体划分有不同的方法，一种是把贷款分为公司类贷款、票据贴现和个人贷款，另一种是按担保方式把贷款分为信用贷款、保证贷款、抵押贷款和质押贷款，银行在分析其不良贷款时，会按照五级分类进行管理。不良贷款的资金将来可能收回来，也可能收不回来，对这类放款，银行要加收罚息，或者通过重新调整以适应借款者的变动情况。此外，也可以根据分析的需要按照行业或者地区划分银行贷款。

⑤固定资产。这一资产项目包括银行拥有的建筑物和日常业务所需的各种设备及办公物品，在资产负债表中列示的固定资产值是考虑了折旧和贬值因素后的净价值，固定资产的贬值以固定资产减值准备来衡量。固定资产不直接创造收入，是银行的非盈利资产，只占银行总资产的很小部分，因此银行的经营杠杆小，其利润变动率受销量变动的影响不大，银行难

以通过经营杠杆增加收入。由于银行资产的绝大部分是金融债权即贷款和证券，所以银行提高收入的主要方式是财务杠杆。

⑥资产减值准备。这一项目通常在商业银行资产负债表的附注中予以具体的说明，资产负债表中所列的各资产值是已经考虑过减值准备后的净值。这里重点讨论贷款减值准备，也称贷款损失准备金（loan-loss reserve）。银行根据最近的贷款损失情况和经济环境从收入流量中划拨一部分资金，作为贷款减值准备进入资产项目的减项，同时表现为股东权益的减少。从总贷款中扣除贷款减值准备后得到净贷款，这有助于银行按照市值更准确地报告贷款价值。对确认已收不回来的贷款，通过贷款减值准备予以冲销，除非此类贷款数量大于贷款减值准备，坏账的冲销只体现为贷款减值准备的减少，而不会影响银行目前的收入。贷款减值准备是通过每年从收入中的扣减累积而成的，是一个存量指标，当某一期划去的坏账很多而造成贷款减值准备的大幅下降时，银行应提高每年从收入中划拨的贷款损失拨备以将贷款减值准备维持在安全水平。贷款损失拨备（provision for loan losses）是流量，属于损益表中作为费用处理的一个项目，在下面对损益表的分析中会对贷款损失拨备做进一步的说明。

⑦衍生金融资产。伴随着我国商业银行市场化和国际化程度的提高，银行越来越需要用利率合约、外汇合约等衍生金融工具来规避和抵御利率风险或外汇风险。在 2006 年 2 月 15 日颁布的新会计准则实施之前，衍生金融合约并不直接写入资产负债表，而是在表外项目中披露。但是从 2007 年 1 月 1 日以来实行的新会计准则将作为表外业务的衍生金融工具表内化，并且一律以公允价值计量，公允价值为正数的衍生金融工具确认为资产，公允价值为负数的确认为负债，这样可以及时充分地反映银行在衍生金融工具方面的风险。衍生金融合约曾给世界上一些金融机构带来巨大损失，如 1995 年尼克·里森的期货交易合约的约 14 亿美元的损失导致了有 242 年历史的英国巴林银行的倒闭。衍生金融工具的表内披露和以公允价值计量也是国际趋势，它有利于银行谨慎地对待具有高风险的衍生合约，及时控制衍生金融工具的使用给银行带来的可能的巨大损失。

专栏 11-1 美国衍生金融工具的会计核算演进

美国是世界上最早制定衍生金融工具会计准则的国家。1990 年 3 月，美国财务会计标准委员会（FASB）公布了财务会计准则 SFAS105 号《对衍生金融工具表外风险和信用风险的信息披露》，要求银行在财务报表的附注中披露衍生金融工具的持有状况。1991 年 FASB 公布了 SFAS107 号《关于金融工具公允价值的披露》，要求在会计报表或附注中披露衍生工具的公允价值。1998 年 6 月，FASB 公布了 SFAS133 号《衍生金融工具和对冲活动的会计核算》，规定衍生和对冲交易必须在公司的财务报表中显示出来，这标志着美国衍生金融工具的会计核算完成了从表外披露到表内披露的过程。

---

⑧无形资产。银行一般会拥有或控制一些没有实物形态的可辨认的非货币性资产，比如土地使用权和计算机软件。当银行以高于另一家公司净资产的市场价值购买该公司时就获得了商誉，商誉既可以单独列示，也可以并入无形资产。

⑨其他资产。该账户包括递延所得税资产、长期待摊费用、抵债资产和其他应收款等。

2. 负债项目

①存款。存款是银行资金的主要来源，具体可分为公司存款、个人存款和其他存款。其中公司和个人存款可以分为活期和定期两种，其他存款主要包括汇出汇款和应解汇款。存款一般可以支撑 80％以上的银行资产，数额比股东权益大得多，体现了银行高财务杠杆经营的特点。相对于主动负债而言，存款给银行提供了低利息成本且较为稳定的资金，但是高财务杠杆意味着银行随时处于破产的危险之中，一旦存款人认为银行没能处理好信用风险和利率风险而大规模地取款时，银行就会面临流动性风险，这种压力迫使银行谨慎地对贷款和其他资产作出选择，避免挤兑产生的破产危险。

西方商业银行在金融创新的过程中，推出了可转让提款单（NOW）、货币市场存款账户（MMDA）以及大额可转让定期存单（CDs）。可转让提款单为付息的活期存款，是商业银行为规避 Q 条例对活期存款不准付息的限制而发明的。大额可转让定期存单实际上是银行存款的证券化，其面额和期限固定，可以在二级市场上流通，它是商业银行为应对 Q 条例设置的定期存款利率上限而推出的存款种类，体现了银行负债管理的资金配置策略。货币市场存款账户是商业银行为应对来自货币市场基金的竞争而开发的存款种类，银行对该账户自行制定具有竞争性的利率，法律没有对最低限额及期限作出规定，但银行要求客户在提款时必须提前 7 天通知。

②非存款借款。这是银行资金来源的另一个重要渠道，虽然数量上远小于银行存款，但伴随着银行业务规模的扩张，非存款资金越来越受到银行的重视。这种借款没有准备金的要求，从这一角度来说，它降低了银行的筹资成本。非存款融资渠道可以分为短期和长期两种。短期融资渠道主要包括向中央银行借款、拆入资金和卖出回购金融资产。与拆出资金相对，拆入资金是银行出于流动性的需要，在同业拆借市场上借入其他银行的超额准备金，一般属于隔夜性质，拆借利率由拆借市场上超额准备金的供求决定，比如到上海银行间同业拆借市场拆入资金所用利率为 Shibor（Shanghai Interbank Offered Rate，上海银行间同业拆借利率）。如果银行在回购协议下以所持有的证券作为抵押向其他银行或金融机构借款，则获得的资金记为卖出回购金融资产。长期借款体现在应付债券账户中，如银行发行的次级债券、可转换公司债券等，经银监会认可的不以银行资产为抵押或质押的长期次级债券可以列为附属资本，在到期前的五年内按一定折扣比例计入。

③股东权益资本。银行账面的资产与负债之差为银行的所有人权益，这种权益包括普通股票、优先股票、资本公积、盈余公积、一般风险准备和未分配利润。银行在成立之初首先需要所有者的资本投入，这是向公众借款筹资的基础。普通股票代表对银行的所有权，其账面价值为股票发行时的面值，普通股的市场价值高于面值的溢价部分计入资本公积账户。优先股的股利支付在普通股之前，但其股利不能在税前利润中扣除，导致资金从普通股东收入中流失。我国商业银行的股本中均不包括优先股，但国外一些大的银行控股公司已通过优先股的发行扩大了资本来源。未分配利润是在提取盈余公积和一般风险准备之后所保留的没有在股东间分配的盈利。盈余公积和一般风险准备均从净利润中扣除，一般风险准备只能用于弥补亏损，而盈余公积还可以用于转增资本。

银行的经营性质决定了其资本账户占总资产的比重较低，因此财务杠杆较高，为了防范财务风险，根据《巴塞尔协议Ⅰ》，监管当局要求商业银行的资本与风险加权资产的比例（即资本充足率：Capital Adequacy Ratio）不得低于 8％，其中核心资本在风险加权资产中所占比例不得低于 4%。在金融危机之后重新修订的《巴塞尔协议Ⅲ》更加强调核心资本的作用，要求核心资本充足率在 6% 以上，其中普通股占银行风险资产的比率不得低于 4.5%。同时需要着重指出的是，当商业银行越来越多地运用贷款销售和资产证券化等监管资本套利方法来操纵资本充足率以达到监管要求时，资本充足率可能无法充分反映商业银行的经营风险，这一点在此次金融危机中体现得尤为明显。《巴塞尔协议Ⅲ》中的一项重要内容是引入了对商业银行资本比率（Capital Ratio）或称杠杆比率（Simple Leverage）的限制，要求核心资本占表内外总资产的比例不得低于 3%。这一指标将作为最低风险资本比例监管指标的补充，以防范银行内部计量模型存在偏差而带来的风险。通过设置与具体资产风险无关的杠杆率监管指标，一定程度上可以防止银行从事大量表外产品交易引发的风险，特别是复杂衍生品投资所带来的风险。杠杆率监管指标的提出，为银行体系的杠杆经营设置了风险底线，缓释了去杠杆化行为可能对金融体系和金融稳定带来的负面冲击，有效避免了银行内在脆弱性的负面影响。

专栏 11-2 杠杆比率的重要性

在由 2007 年的次贷危机演变而成的金融危机中，瑞士银行（UBS）和英国的北岩银行（Northern Rock）损失惨重。如果仅从以风险加权资产为基准的核心资本充足率指标来看，2006 年两家银行的这一指标值分别为 11.9% 和 8.5%，远远超出了《巴塞尔协议》监管所要求的标准。但如果从以表内外总资产为基准的杠杆比率来看，2006 年两家银行的这一指标值分别为 2.4% 和 3.18%，在同类银行中处于低位。

资本充足率在反映银行经营风险方面的不足与商业银行可以通过监管资本套利（Regulatory Capital Arbitrage）来提高资本充足率有很大关系。核心资本充足率是核心资本与风险加权资产的比值，以资产证券化和贷款销售为主要工具的监管资本套利可以降低风险加权资产的值，从而提高资本充足率，但实际上商业银行的风险并没有减少。由于监管资本套利并不会降低银行的资本比率，所以将核心资本充足率与资本比率结合起来可以更好地衡量商业银行的经营风险，当银行的核心资本充足率上升但资本比率下降时，很有可能说明银行在进行监管资本套利。

---

3. 表外项目

资产负债表并没有展现商业银行业务活动的全部，银行从事的某些活动虽然创造了收入或增加了支出，但没有反映在资产负债表中。由于衍生金融工具的投资已经表内化，目前银行的资产负债表外项目主要包括承诺事项、委托贷款业务、未决诉讼及纠纷等其他或有事项。

①承诺事项。承诺事项有多种形式，比如信贷承诺、财务承诺、承销及兑付承诺。其中，信贷承诺包括贷款及信用卡承诺、承兑汇票、财务担保及信用证。贷款与信用卡承诺属于银行未履行的授信承诺，在贷款承诺和信用卡承诺下，银行将收取一定的费用并在一段时期内向借款者发放一定的资金。承兑汇票是银行对客户签发的汇票作出的兑付承诺，信用证及财务担保服务是银行为客户向第三方的履约提供担保。财务承诺包括资本性支出承诺和经营租赁承诺，商业银行的承销及兑付承诺的一个典型例子是受财政部委托作为其代理人发行国债。

②委托贷款业务。银行接受政府部门、企业或个人的委托签订委托协议，以其提供的资金发放委托贷款，银行不承担任何信贷风险，只以代理人的身份根据委托方的指示持有和管理这些资产，并就所提供的服务收取手续费。

（三）资产负债表比较

商业银行的资产负债表一般都包括上面所讨论的项目，但是这些项目的相对重要性会随着银行的资产规模和所有权结构的不同而出现差异。在我国，四大国有商业银行的资产规模远大于其他股份制商业银行，下面从股份制商业银行中选取了招商银行，光大银行和民生银行三家与四大国有商业银行的资产负债表作比较，比较角度为贷款与证券投资的比例、贷款损失准备占总资产的比例、存款与借入负债的比例以及股东权益占总资产的比例。

表 11－2 商业银行资产负债表的构成比较

（2010 年年底银行资金来源与运用比例）

资产	占总资产比例/%						
	工商银行	建设银行	中国银行	农业银行	招商银行	光大银行	民生银行
总资产/百万元	13 133 490	10 714 805	9 108 539	10 338 652	2 288 429	1 479 935	1 780 310
现金及存放							
中央银行款项	17.3	17.19	14.57	20.14	12.8	12.55	14.92
存放同业及其他							
金融机构款项	1.37	0.73	6.33	0.74	1.08	3.57	7.01
拆出资金	0.61	0.64	1.87	0.92	1.82	1.61	2.05
流动性投资	1.81	1.72	1.01	5.57	8.25	13.00	6.68
收入性投资	28.68	27.01	18.88	24.00	17.19	11.20	9.97
总贷款	49.67	51.99	55.68	47.94	58.82	52.62	59.21
贷款损失准备	1.27	1.33	1.32	1.63	1.26	1.23	1.11
衍生金融资产	0.08	0.09	0.21	0.09	0.07	0.20	0.03
固定资产	0.73	0.77	0.72	1.17	0.49	0.69	0.44
无形资产	0.18	0.17	0.12	0.25	0.06	0.11	0.01
其他资产	0.85	1.02	1.92	0.80	0.68	5.68	0.80
负债与股东权益	占总资产比例/%						
存款	83.10	84.13	72.48	85.96	79.05	69.57	79.30
非存款借款	8.87	7.88	18.96	6.97	12.79	18.54	13.43
其他负债	1.79	1.54	1.86	1.83	2.00	6.40	1.46
股东权益资本	6.24	6.45	6.70	5.24	6.17	5.50	5.82

注：表中的数据是根据各银行 2010 年年度报告中的财务报表整理而得，由于四舍五入的问题，比例相加之和可能不等于 1。

从表 11－2 可以看出，在资产运用方面，规模较小的股份制银行更倾向于贷款，而规模较大的国有银行持有的收入性金融资产（如前所述，包括可供出售金融资产，长期股权投资、持有至到期投资和应收款项类投资）占总资产的比例要明显大于规模较小的银行。现金及存放央行、同业和其他金融机构款项与流动性投资分别是商业银行应对流动性风险的一级储备和二级储备，上表显示，国有银行的一级储备占总资产的比例高于股份制银行，但二级储备占总资产的比例明显比股份制银行低，说明股份制银行更加注重运用流动性证券投资来应付现金需求。由于与一级储备相比，流动性投资可以给银行带来更多的收入，股份制银行对二级储备的重视使得其在应对客户流动性需求的同时也能获取一定的收入，虽然这不是银行持有此类资产的主要目的。另外注意到，中国农业银行 2010 年的总贷款规模在进入比较的银行中最小，但是贷款损失准备却高于其他银行，同时农业银行的固定资产占总资产的比例较高。中国银行的衍生金融资产占总资产的比例在进入比较的银行中是最高的，这与其经营外汇业务较多而需要更多地运用外汇远期和掉期等外汇合约有关。

在资金来源方面，从总体上看，规模较大的国有商业银行比规模较小的股份制商业银行更多地通过存款来支撑其资产业务，而较小规模的银行的非存款借款的比例要明显高于较大规模的银行（中国银行是个例外），说明股份制银行对用来支持资产的存款依赖性比国有银行低，它们更注重开拓存款之外的资金来源渠道。上表显示的我国商业银行的股东权益资产占总资产的比例都在 5% 以上，已符合《巴塞尔协议Ⅲ》新增的对杠杆比率不得低于 3% 的要求，且总体来看，除中国农业银行外，资产规模较大的国有商业银行的资本比率高于资产规模较小的股份制银行。

二、损益表分析

（一）损益表

损益表反映商业银行的收入（资金流入）和支出（资金流出）。银行的收入来源可以大致分为两种：利息收入与非利息收入，与银行的收入相似，银行的成本支出也可以分为利息支出与非利息支出。按照这种分类思路，商业银行的净收入可以按下述步骤计算：第一步，利息收入－利息支出＝净利息收入；第二步，净利息收入－贷款损失拨备＝预提贷款损失后的净利息收入；第三步，非利息收入－非利息支出＝非利息净收入；第四步，预提贷款损失后的净利息收入＋非利息净收入＝纳税前的利润总额；第五步，纳税前的利润总额－所得税支出＝纳税后的净利润。而我国商业银行实际的损益表采取的是另一种归类方式，具体结构见表 11 - 3。

表 11 - 3　商业银行的损益表

收支项目	本年度	上年度
利息收入		
利息支出		
利息净收入		
手续费及佣金收入		
手续费及佣金支出		
手续费及佣金净收入		
投资收益		
公允价值变动净收益/损失		
汇兑净收益/损失		
其他业务收入		
营业收入合计		
营业税金及附加		
业务及管理费		
资产减值损失		
其他业务成本		
营业支出合计		
营业利润		
加：营业外收入		
减：营业外支出		
利润总额		
减：所得税费用		
净利润		

这张损益表是从营业收入开始，按照"营业收入－营业支出＝营业利润，营业利润＋营业外收入－营业外支出＝利润总额，利润总额－所得税支出＝净利润"三个步骤计算得到最后的净利润。其中，利息收入和利息支出在营业收入中列出，非利息收入和非利息支出则分列在营业收入，营业支出、营业外收入和营业外支出中。下面按照利息收支和非利息收支的方式对损益表的具体项目做进一步的说明。

（二）损益表项目

1. 利息收入

利息收入是银行的第一收入来源。创造银行利息收入的资产有贷款、证券投资类的生息性资产、存放和拆放同业及其他金融机构款项和存放中央银行款项。由于存放中央银行款项、存放和拆放同业及其他金融机构款项的利率较低，它们给银行带来的利息收入也较少，占据银行利息收入绝大部分的是贷款利息和证券投资账户带来的利息。其中，因为贷款是银行最大的资产项目，贷款收入在银行利息收入乃至总收入中的比例也最高。

2. 利息支出

利息支出是银行总支出的主要构成之一，与利息收入相对应，银行的利息支出包括对存款和其他借款性负债的利息支付，其中存款占了利息支出的绝大部分。不过伴随着商业银行主动负债意识的逐步增强，银行越来越注重从货币市场上通过同业拆借或者是证券回购协议等方式获取短期资金，同时通过发行如次级债或可转换公司债券等长期债券来筹集长期资金，因此这部分借款的利息支付规模也在迅速增长。

3. 非利息收入

收入中除去利息收入之外的剩余部分都属于非利息收入，从表11－3可以看出，非利息收入包括手续费及佣金收入、投资收益、公允价值变动收益、汇兑收益和营业外收入等。西方商业银行对非利息收入尤其是其中的手续费及佣金收入越来越重视，并把它作为未来扩张的一个关键因素。手续费及佣金收入的种类很多，比如银行卡手续费、结算与清算手续费、咨询服务、代理业务、信托业务等，同时银行可以根据自身优势和客户的需要进行创新以实现收入来源的多样化，这不仅可以增加净收入，还有助于银行缓解贷款和证券投资中的信用风险和利率风险对收入带来的不利影响。投资收益核算的是银行获得的股利收入以及通过证券投资实现的资本利得，而公允价值变动净收益/损失是对损益表发布时银行仍然持有的金融工具的公允价值变动的衡量，如果变动总额为负，则极为公允价值变动净损失。营业外收入是指商业银行产生的与其业务经营活动无直接关系的各项收入，具体包括固定资产盘盈、处置固定资产净收益、处置无形资产净收益、处置抵债资产净收益、罚款净收入等。

4. 非利息支出

在非利息支出中，除了与非利息收入相对应的手续费及佣金支出和营业外支出等，还包括业务及管理费和营业税金及附加。业务及管理费的构成部分有员工成本，物业管理费、房屋维修费、经营租赁费和审计费等业务费用及折旧和摊销费。随着银行业竞争的加剧和高学历人才比重的增加，银行在员工成本这部分的支出规模也在迅速增长。营业税金及附加主要包括营业税、城市维护建设税和教育费附加。

5. 利润

净利息收入在扣除资产减值损失之后与净非利息收入的和为银行的利润总额或称税前利

润，在支付所得税之后，便得到银行损益表的最后一个重要项目：银行的净利润。银行对其净利润的处理方式与其股利政策有密切关系，银行的董事会将决定净利润中有多少以现金分红的形式发放给股东，有多少进入盈余公积和未分配利润来为银行未来的发展提供内源资金支持，这一决定对银行价值有着重要影响，也是银行财务管理中收入管理的主要内容之一。

6. 提取贷款损失拨备

银行每年都会从其收入中扣除一部分作为资产减值准备，以避免损失真的发生时收入和资产的剧烈波动，由于贷款收入在银行收入中的比例最高，贷款损失准备的提取对银行收入有着重要影响。在损益表中，贷款损失准备实际上是一种费用流量，不同于资产负债表中作为存量的贷款损失准备，因此，此处用贷款损失拨备做出区分。贷款损失拨备可以被银行用来作为盈余管理的一项工具，由于贷款损失拨备的水平是由银行自主决定的，银行可以用它来熨平收入的波动，在收入增加时，多从收入中提取贷款损失拨备；当收入下降时，减少贷款损失拨备的提取，这样，从财务报表中体现出来的收入波动就不如实际中的剧烈。然而收入的波动是银行经营风险的一个测度，因此银行的这种做法有时会被批评为是操纵利润，降低了财务报表的透明度。对于银行监管机构来讲，它们更关注银行在收入下降时减少贷款损失准备提取的情况。

（三）损益表比较

商业银行的损益表一般都包括上面所分析的项目，但是各类收入和费用的相对重要性会因为银行规模的不同而出现差异，这点与资产负债表相似。下面的损益表比较中仍然选取资产负债表比较所用的四大国有商业银行和三家股份制银行，从以下几个角度进行对比：利息收入尤其是贷款收入占总收入的比例、利息支出尤其是存款利息支出占总支出的比例、提取的贷款损失拨备占总收入的比例、效率比例（不包括资产减值损失的总费用支出/总收入）。另外，根据银行股东权益变动表中的股利支付情况，计算各银行的分红率（红利/净收入）。

表 11 - 4　商业银行损益表的比较（2010 年度）

	工商银行	建设银行	中国银行	农业银行	招商银行	光大银行	民生银行
总资产/百万元	13 133 490	10 714 805	9 108 539	10 338 652	2 288 429	1 479 935	1 780 310
收入项目	占总收入的比例/%						
利息收入	84.90	83.54	82.02	87.21	83.19	89.88	88.46
其中：贷款收入	57.67	58.88	60.65	58.74	65.86	60.51	72.18
非利息收入	15.10	16.46	17.98	12.79	16.81	10.12	11.54
其中：手续费及							
佣金收入	14.04	14.85	13.29	11.71	11.96	8.36	10.70
投资收益	0.55	0.70	3.24	−0.27	1.17	0.74	−0.08
营业外收入	0.41	0.54	0.17	0.44	0.34	0.32	0.09
贷款损失拨备	5.08	5.67	4.40	10.62	5.44	5.40	6.80
收入总额/百万元	534 321	448 346	355 669	410 052	98 124	60 190	77 699
支出项目	占总支出的比例/%						
利息支出	52.40	50.73	53.09	46.91	44.76	59.81	47.59
其中：存款利息	46.63	43.58	41.16	41.67	34.26	36.31	36.96
非利息支出	47.60	49.27	46.91	53.09	55.24	40.19	52.41
其中：业务及管理费	38.20	39.98	37.00	45.36	46.22	31.69	42.18
营业外支出	0.46	0.39	0.29	0.22	0.15	0.18	0.34
支出总额/百万元	297 223	247 650	217 616	246 254	58 733	39 659	50 189

	工商银行	建设银行	中国银行	农业银行	招商银行	光大银行	民生银行
效率比例	55.63%	55.24%	61.18%	60.05%	59.86%	65.89%	64.59%
净利润/百万元	209 941	171 799	125 434	121 379	34 103	17 068	22 298
股利支付/百万元	56 783	47 205	35 537	52 077	4 531	3 825	1 113
分红率	27.05%	27.48%	28.33%	42.90%	13.29%	22.41%	4.99%

注：表中的数据是根据各银行2010年年度报告中的财务报表及附注整理而得。

国有商业银行的资产规模要远大于其他股份制银行，从表11-4中的数据可以看出，总体来讲，国有商业银行的利息收入占总收入的比例要小于股份制商业银行。同时，股份制商业银行资产规模较小，其贷款收入占总收入的比例比国有商业银行高，收入来源对贷款的依赖性较强。与资产规模较小的股份制商业银行相比，国有银行的手续费及佣金收入占总收入的比例更高，另外，在非利息收入中，中国银行的投资收益明显高于其他银行。贷款损失拨备方面，中国农业银行预提的贷款损失明显高于其他银行。就支出项目而言，资产规模小的银行对存款利息的支付比大银行要少，说明在我国规模大的国有商业银行在吸收存款方面更有优势。上表还显示，国有商业银行的分红率明显高于其他股份制商业银行，也就是说，在净利润的分配方面，国有银行发放的现金股利较多，而股份制银行则把净利润的更多部分划为留存收益以增加内源资本，这有利于银行在不增加外源资本的情况下扩大经营规模。作为衡量银行经营效率的一种方法，效率比例越低，表明银行的效率越高，根据这一指标判断，国有商业银行的效率总体上高于其他股份制银行。

三、现金流量表分析

（一）现金流量表

现金流量表的编制可以从账户资料出发进行编制，这被称为"T形账户法"，但这种方法计算复杂，操作起来较为烦琐。在实际编制过程中，多是从损益表出发，根据资产负债表和相关的账户记录进行调整，将资产负债表和损益表中涉及现金流入和流出的项目重新加以分类计算从而得到现金流量表。这种根据报表资料编制现金流量表的方法又分为直接法和间接法两种，两者在投资活动现金流量和筹资活动现金流量两部分的编制上是相同的，区别在于对经营活动现金流量的计算方式。直接法是以营业收入为起点，直接根据相应的账户记录调整与经营活动有关的现金支付，因而能够显示出经营活动现金流量的各项流入流出内容。间接法是以本期净利润为起点，通过：①加：减少利润但与经营活动无关的项目；减：增加利润但与经营活动无关的项目，将净利润调整为经营活动产生的净利润。②加：经营活动中减少利润但不减少现金的项目；减：经营活动中增加利润但不增加现金的项目，得到收付实现制下的净利润。③加：经营活动中与利润无关但增加现金的项目；减：经营活动中与利润无关但减少现金的项目，最终得到经营活动产生的现金流量净额。间接法有助于对净利润和经营活动现金流量进行比较，找到两者出现差异的原因并分析净利润的质量，但是间接法不能列示出各项现金流入的来源和现金流出的用途，所以不如直接法更能体现出现金流量表的目的。按照我国的企业会计准则要求，银行应当用直接法编制现金流量表，但同时还应在补充资料中披露将净利润调节为经营活动现金流量的信息，或者至少应单独披露对净利润进行调节的项目。表11-5列出的是用直接法编制的银行现金流量表的格式。

表11-5 商业银行的现金流量表

	本年度	上年度
一、经营活动产生的现金流量		
客户存款净增加额		
向中央银行借款净增加额		
存放同业及其他金融机构款项净增加额		
拆入资金净增加额		
卖出回购金融资产净增加额		
交易性金融负债净增加额		
收取的利息、手续费及佣金的现金		
处置抵债资产收到的现金		
收到的其他与经营活动有关的现金		
经营活动现金流入小计		
客户贷款及垫款净增加额		
存放中央银行款项净增加额		
同业及存放其他金融机构款项净增加额		
拆出资金净额		
买入返售金融资产净增加额		
交易性金融资产净增加额		
支付的利息、手续费及佣金的现金		
支付给职工以及为职工支付的现金		
支付的各项税费		
支付的其他与经营活动有关的现金		
经营活动现金流出小计		
经营活动产生的现金流量净额		
二、投资活动产生的现金流量	本年度	上年度
收回投资收到的现金		
取得投资收益收到的现金		
处置子公司、联营企业及合营企业投资收到的现金		
处置固定资产、无形资产和其他长期资产收到的现金		
收到的其他与投资活动有关的现金		
投资活动现金流入小计		
投资支付的现金		
取得子公司、联营企业及合营企业投资支付的现金		
对子公司增资所支付的现金		
购建固定资产、无形资产和其他长期资产支付的现金		
支付的其他与投资活动有关的现金		
投资活动现金流出小计		
投资活动产生的现金流量净额		
三、筹资活动产生的现金流量		
吸收投资收到的现金		
发行债券收到的现金		
收到的其他与筹资活动有关的现金		
筹资活动现金流入小计		
分配股利支付的现金		
偿还债务支付的现金		
偿还已发行债券利息支付的现金		
支付的其他与筹资活动有关的现金		
筹资活动现金流出小计		
筹资活动产生的现金流量净额		
四、汇率变动对现金及现金等价物的影响		
五、现金及现金等价物净增加/减少额		
加：年初现金及现金等价物余额		
六、年末现金及现金等价物余额		

从表 11-5 可以看出，构成现金流量表的三个主要部分——经营活动现金流量、投资活动现金流量和筹资活动现金流量均分别按照现金流入和现金流出列示，然后再加计出各部分的现金流量净额，从而全面揭示出银行现金流量的结构、方向和规模。同时注意到，由于商业银行的存取、借贷和日常收付结算的业务发生频繁，有周转快、期限短的特点，所以经营活动现金流量中的很多项目都是以净额列出的。

（二）现金流量表项目

1. 现金流入

①经营活动现金流入。由于存款在银行的负债中占比最大，因此客户存款的净增加额对银行的经营活动现金流入贡献最大，其次是收取的利息、手续费及佣金的现金。此外，商业银行向中央银行的借款、在同业拆借市场上拆入的资金、日常结算往来产生的同业及其他金融机构的资金短期存放、通过卖出回购金融资产和交易性金融负债等渠道获得的现金也是银行经营活动现金流入的重要组成部分。

②投资活动现金流入。收回投资收到的现金占了投资活动现金流入相当大的一部分，这一项目反映的是银行出售、转让或者到期收回的除现金等价物以外的投资而收到的现金。投资活动现金流入中的投资收益包括股权性投资收到的现金股利和债权性投资收到的现金利息，另外，处置子公司、联营及合营企业所收到的现金，处置固定资产、无形资产和其他长期资产收到的现金也构成了投资活动的现金流入。

③筹资活动现金流入。筹资活动有发行股票和债券两种形式，因此筹资活动现金流入主要由两部分构成，即吸收投资收到的现金和发行债券收到的现金。其中，吸收投资收到的现金形式主要是配股收到的现金和股东注资收到的现金，发行债券收到的现金主要是发行可转换公司债券收到的现金和发行次级债券收到的现金。

2. 现金流出

①经营活动现金流出。银行资产中占比例最大的是贷款，因此贷款的净增加额在银行的经营活动现金流出中占比最高，其次是存放中央银行款项和同业及其他金融机构存放款项。银行对存款利息的支付以及手续费和佣金的支出、在同业拆借市场上拆出的资金、作为商业银行二级储备的各种流动性投资的净增加额、支付给职工的现金等构成了银行经营活动现金流出的其他部分。

②投资活动现金流出。银行的投资活动现金流出主要是权益性和债权性投资支付的现金，包括银行取得现金等价物以外的短期股票投资、长期股权投资和债券投资所支付的现金。银行在购建固定资产、无形资产和其他长期资产支付的现金也属于投资活动现金流出的一部分。

③筹资活动现金流出。同筹资活动现金流入一样，构成银行筹资活动现金流出的主要部分是由银行与投资者和债权人的筹资性交易而产生的。由于我国的商业银行没有发行优先股，因此筹资活动现金流出中的分配股利支付的现金是指分配给普通股股东的现金股利，银行对债权人的现金支付包括偿还债务的支付和对已发行债券的利息支付。

（三）现金流量表比较

现金流量表揭示了银行的现金来源和使用情况，是分析银行流动性状况的一个重要窗口。下面在比较不同商业银行现金流量表的时候，首先比较经营活动、投资活动和筹资活动在各银行的现金流入和现金流出规模中的相对重要性，然后对每一部分的现金流量构成作进一步的分析。比较的商业银行与资产负债表、损益表中的相同。

表 11-6 显示的是现金流入和现金流出的构成。可以看出，筹资活动占现金流入和流出的比例都很小，影响商业银行现金流量变化的主要是经营活动和投资活动，这两部分在现金流入和流出中的相对重要性因银行而异。现金流入和流出的规模并不受资产规模和利润规模的限制，三家股份制商业银行的资产和利润规模虽然小于四大国有银行，但是招商银行的现金流入和流出却远高于另外两家股份制银行，其中的原因可以由表 11-7 解释，招商银行投资活动的现金流入和流出的规模比其他六家银行都高，资产规模会限制经营活动的现金流量，但是商业银行可以通过投资业务扩大现金流入，并以此增强自己的实力。表 11-7 还对构成现金流入和流出的三部分的具体项目作了比较。在经营活动现金流入中，客户存款及同业存放款项和收取的利息、手续费及佣金的现金占了绝大部分，但是国有商业银行在这两个项目上比例要小于其他股份制银行。在经营活动现金流出中，三家股份制银行的存放中央银行和同业款项小于国有商业银行。对于筹资活动来讲，如果现金流入中吸收投资占的比重大，说明银行的偿债压力和财务风险降低，不同银行在不同时期对两种主要的融资方式的侧重点不同。另外，筹资活动现金流量净额并不是为负就不好，负的筹资活动现金流量净额可能是因为融资本身有困难，也可能是其他两部分活动带来的现金流量充足因而有意减少外源融资，需要进一步分析具体的原因。

表 11-6　商业银行现金流量表的比较 1（2010 年度）

	工商银行	建设银行	中国银行	农业银行	招商银行	光大银行	民生银行
现金流入	4 098 406	3 279 817	2 694 653	3 383 000	2 447 725	637 177	548 167
组成	占现金流入的比例/%						
经营活动	53.42	56.35	60.75	53.35	15.89	52.56	74.73
投资活动	44.34	41.79	34.46	41.82	83.08	44.10	24.21
筹资活动	2.24	1.86	4.79	4.83	1.03	3.35	1.05
现金流出	4 009 744	3 362 722	2 695 639	3 294 568	2 450 712	662 350	537 474
组成	占现金流出的比例/%						
经营活动	47.50	47.43	57.37	57.43	15.38	48.45	69.70
投资活动	49.18	50.98	40.16	40.93	84.10	50.40	28.55
筹资活动	2.27	1.59	2.47	1.64	0.52	1.15	1.75
现金流量净额	88 662	-82 905	-986	88 432	-2 987	-25 173	10 693

注：①现金流入、现金流出和现金流量净额均以百万元计。②表中的数据是根据各银行 2010 年年度报告中的财务报表整理而得。

表 11-7　商业银行现金流量表的比较 2（2010 年度）

	工商银行	建设银行	中国银行	农业银行	招商银行	光大银行	民生银行
经营活动现金流入	2 189 450	1 848 093	1 637 079	1 804 757	389 053	334 874	409 671
项目	占经营活动现金流入的比例/%						
客户存款和同业存放款项	60.98	52.83	57.75	77.44	81.04	82.22	82.47
收取利息、手续费及佣金	23.57	23.04	17.59	17.82	21.58	17.59	17.29
经营活动现金流出	1 946 710	1 594 774	1 546 577	1 892 177	377 016	320 914	374 636
项目	占经营活动现金流出的比例/%						
发放贷款及垫款	51.34	52.45	43.25	43.27	57.48	40.91	46.27
存放中央银行和同业款项	30.75	30.69	34.74	31.77	21.00	27.29	24.60
支付利息、手续费及佣金	7.67	7.40	6.81	5.74	6.26	6.53	5.51

续表

项目	工商银行	建设银行	中国银行	农业银行	招商银行	光大银行	民生银行
经营活动现金流量净额	242 740	253 319	90 502	−87 420	12 037	13 960	35 035
投资活动现金流入	1 817 108	1 370 565	928 569	1 414 695	2 033 512	280 980	132 725
投资活动现金流出	1 972 024	1 714 445	1 082 561	1 348 326	2 060 984	333 849	153 435
投资活动现金流量净额	−154 916	−343 880	−153 992	66 369	−27 472	−52 869	−20 710
筹资活动现金流入	91 848	61 159	129 005	163 548	25 160	21 323	5 771
项目	占筹资活动现金流入的比例/%						
吸收投资	48.83	100.00	45.97	100.00	85.72	100.00	0.00
发行债券	51.17	0.00	54.03	0.00	14.28	0.00	100.00
筹资活动现金流出	91 010	53 503	66 501	54 065	12 712	7 587	9 403
项目	占筹资活动现金流出的比例/%						
支付股利	62.39	88.23	58.00	—	35.62	15.38	—
偿还债务及已发行债券利息	27.03	11.77	42.00	—	64.38	84.62	—
筹资活动现金流量净额	838	7 656	62 504	109 483	12 448	13 736	−3 632
现金流量净额	88 662	−82 905	−986	88 432	−2 987	−25 173	10 693

注：①表中的数据是根据各银行2010年年度报告中的财务报表整理而得。②各现金流入、现金流出和现金流量净额均以百万元计。③缺省值的出现是由于报表中未给出具体信息。

第三节　商业银行财务管理

一、商业银行成本管理

成本管理是指银行根据财务计划中对成本预算的要求，在业务经营过程中监督、指导和调节与成本形成有关的活动，将成本受控对象限制在预算范围内，以保证目标成本的实现。商业银行成本管理是全方位、全过程和全员的管理，需要银行所有人员的共同努力，对成本形成的各个方面和环节进行计划、核算、分析、控制和考核。

在进行成本管理时，银行首先应遵循《企业会计准则》和《金融保险企业财务制度》中对成本开支范围的要求，严格划分成本与营业外支出的界限；资本性支出和收益性支出的界限；本期成本和下期成本的界限；按照权责发生制和谨慎性原则，正确摊销跨期费用和预提资产减值准备金。银行应当把成本与业务量、收入和利润结合起来考虑，利用成本效益分析方法，通过计算盈亏平衡点找到利润最大化的最佳业务量和成本。在日常的成本控制过程中，及时完整地记录、计算和分析执行成本，将其与成本计划对比，找到关键性差异和差异产生的原因，并提出具体的改进措施。下面对商业银行成本管理的主要方法作出说明。

（一）定额成本控制法

定额成本控制法是传统的商业银行成本管理中经常采用的方法。在这种方法下，银行首先制定出各项费用支出的定额，以此为标准来审核实际费用开支，并对实际成本和定额进行比较，对超支的项目分析超支产生的原因，采取措施予以控制。定额标准的种类主要有利息定额、费用定额和劳动定额。在利息定额成本控制时，若发现利息支出有超支，应当检查资金的来源结构，降低吸收成本高的资金所占比重，另外，银行也可以对不同的资金来源制定不同的利息定额。伴随着利率市场化的逐步推进，利息定额的控制作用会越来越重要。费用定额的控制范围包括手续费和佣金支出、业务管理费、固定资产修理费，银行还可以根据自身经营的需要制定其他种类的与成本有关的定额。费用定额控制要求按照各费用项目将定额分配到各部门中去，并定期检查各项费用定额的执行情况，惩优罚劣。在劳动定额中普遍采用的是工作量定额，根据劳动定额可以考察业务人员和部门的效率，通过保证劳动效率控制成本。

（二）指标成本控制法

指标成本控制法是指商业银行根据确定的成本指标，考察并控制实际成本的产生，以达到降低经营成本的目的，这也是一种传统的以事后管理为主的成本管理方法。成本控制指标主要有成本降低率、综合费用降低率、资金损失率和业务量。成本降低率指标又分为局部费用成本降低率和资金分类成本降低率，银行制定出这两项降低率的标准后，下达到各部门并定期检查指标的完成情况。综合费用与定额控制中的费用定额包含的内容相同，在指标控制方法下，银行在上期实际综合费用的基础上规定个费用明细的降低标准，分解到各部门作为考核的标准。资金损失率指标的制定应根据不同业务部门分别制定，对于现金出纳部门，其资金损失率为出纳短款与现金收入额和现金付出额的比值。商业银行在采用业务量指标时，是根据个部门的业务性质制定不同的业务量，在业务量一定的情况下，费用开支越少，成本水平越低。

（三）相对成本控制法

相对成本控制法又称保本点分析或盈亏平衡点分析，是对银行经营的成本、业务量和收入综合起来分析从而控制成本的一种方法。银行要想提高经济效益，不能仅仅盯着成本支出绝对量的大小，还应该控制好成本与业务量和收入的相对关系，这样的成本控制才对银行有实际意义，单纯的绝对成本控制是不能实现利润最大化目标的。

（四）弹性成本控制法

弹性成本控制法依据弹性预算对银行的成本进行控制。弹性预算是按不同的业务量水平编制的，弹性成本控制可以根据经营活动的变化对成本定额作出调整，与定额和指标成本控制相比，具有更大的灵活性。弹性成本控制主要用于间接费用的管理，比如固定资产修理费和业务管理费中的一部分间接费用。

（五）作业成本法

传统成本法在分配间接费用时，是单纯按照人工、机器工时和产量等数量指标，将产品和服务的成本归集到各职能部门，这种成本核算方法不能准确反映间接费用与产品和服务之间的关系。上面所讲的定额成本控制法、指标成本控制法等传统的成本管理方法均是以这种传统成本法为基础来控制成本的，对于间接费用开支占比较大的商业银行来讲，传统的成本管理模式无疑会较严重地扭曲产品和服务的成本信息，降低成本控制的质量。在商业银行越来越注重差别化服务和市场开拓的今天，作业成本法逐渐成为了较流行的成本核算方法，以此为基础的成本管理也能够对成本进行更加科学有效的控制，从而提高银行的经济效益。

作业成本法核算的基本原理是"产品消耗作业，作业消耗资源"，作业是银行为提供某一数量的产品和服务而进行的耗费资源的工作；资源是在执行作业的过程中消耗的费用，一般将银行的资源分为五大类，即人事费、事务费、场地费、折旧费和其他非作业性费用。在应用作业成本管理时，银行应根据自己的业务活动范围确定作业中心，又称作业成本池，如存款业务、贷款业务、交易业务、资金管理、投资管理、人事管理、销售营销、财务会计和办公服务等，然后在各作业中心下确认相关作业，比如在存款业务下界定存款吸收、存款管理和存款提取，对于每项作业还应继续分析其业务流程，把作业分解为细目作业。在明确了资源、作业中心、作业和细目作业之后，要想准确地将资源耗费分配到各产品和服务中，需要确认成本动因。成本动因包括资源动因和作业动因，资源动因将资源与作业联系起来，用于把间接资源成本分配到作业；作业动因联系作业和成本对象，是将作业中的成本分配到产品和顾客中的标准。银行通过资源动因把资源消耗分配到各作业，再依据每一产品和服务所涉及的作业动因计算出该产品或服务的成本。这种方法反映了成本产生的真实过程，能够将各类成本准确地分配到各经营活动中去，银行以作业为基础考察成本，可以使成本控制点多样化且更具有针对性。利用资源与作业的关系，可以在保证经营活动的质量下降低资源的消耗水平，利用作业与产品的关系，可以识别作业的增值性，通过减少不增值的作业来控制成本。基于作业成本的管理思想使成本管理渗透到财务会计、业务运营和人力资源各个部门，更好地实现了全员、全方位和全过程的全面成本管理。

二、商业银行利润和收入管理

商业银行为了实现利润最大化的目标，除了对成本费用支出实行有效的控制之外，还应加强对收入和利润的管理。商业银行确认和计量收入时应当遵循权责发生制和配比原则。权责发生制是以权利取得或责任解除的时间为标准来确认收入，凡是当期实现的收入，不论是否收到款项都应计入当期；凡是不属于当期的收入，即使在当期收到款项，也不能作为当期的收入。确认当期收入实现的条件有三个，一是已经收到款项，二是获得了将来收取款项的权力，三是产生收入的交易行为已经发生或商品所有权已经转移。配比原则包括因果关系上的配比和时间上的配比，因果关系配比用来确认与各项收入相关的成本和费用，时间配比要求将收入和与其相关的成本在同一期间计入账户，不能只登记收入而不登记成本。

收入的确认和计量原则有助于正确反映和考核商业银行的利润，银行在进行利润管理时的一个重要目标是通过业务创新和市场开拓，增加收益来源的渠道，在传统的贷款业务之外，利用自身的资源和信息优势，积极发展中间业务，提高手续费和佣金净收入在利润中的比重；在信息技术高速发展的今天，银行可以扩大电子商务的应用，改进服务手段来增加客户群体。利润管理中要注意风险和收益的权衡，合理利用衍生金融工具进行套期保值，以在追求高收益的同时防范可能发生的损失。银行应当分析利润的来源结构，明确能够带来高收益的资产和客户，将资金尽可能像这类领域倾斜；对于不良贷款要采取有效的催收措施，或者借助资产证券化等方式对之进行处理以控制风险，提高收益。

股利分配政策对于股份制商业银行来讲，也是利润管理中的一项重要内容，银行股利分配政策是在银行的净利润和股利之间确定一个合理的比例，其基本原则是实现银行股东权益的最大化。银行的股利分配政策主要有以下几种方式：稳定的股利政策，是指银行不论当年净利润的多少，都将股利发放数量维持在一定的水平上，这样可以降低持有银行股票的不确定性，提高股票价格，但是这种政策需要较好地判断银行自身的支付能力，一般情况下固定的股利发放量不应太高；固定股利支付率政策，即根据固定的百分比从净利润中提取现金股利发给股东，采取这种方法的银行较少，因为支付率的固定会使得银行的股利分配额变化频繁，对于投资市场来说是一个消极信号；低正常股利加额外股利政策，银行每年支付给股东较少数额的被称为正常股利的现金，但当银行盈利较高时还会向股东发放额外股利，这使银行在发放股利时有较大的灵活性，同时可以较好地配合银行的股利和净利润；剩余股利政策，这一政策以满足银行的资金需求为出发点，需要银行首先确定出最佳的资本结构，在从净利润中提取资金满足最优的资本需求后，剩余部分用来发放现金股利。在现实中，银行需要综合考虑法律因素、债务契约约束、银行自身的因素和股东因素等来确定具体采取哪种股利分配政策。

案 例 分 析

作业成本法案例

这里以一个假设的公司贷款业务为例，来具体说明第十一章第三节商业银行成本管理中提到的作业成本法。贷款业务是银行的作业中心之一，公司的贷款业务一般可以分解为以下几个作业内容：客户接待、贷前调查、信贷审批、信贷管理、贷款发放，根据成本动因进行归类和计算，每一作业内容的具体成本如表 11-8 所示。

表 11-8　公司贷款业务的成本

作业内容	成本/元
客户接待	10.00
贷前调查	50.00
信贷处理	
信贷审批	87.00
信贷管理	12.00
贷款发放	14.00
小计	113.00
合计	173.00

其中每项作业内容可以继续分解，形成细目作业，如信贷审批过程可以分解为如下细目作业，各细目根据成本动因计算资源耗费和成本支出，加总可得信贷审批的作业成本。如表 11-9 所示。

表 11-9　信贷审批细目作业及成本核算

序号	细目作业	资源耗费			成本支出/元	占总成本的比例/%
		资源库	时间耗费/分钟	每分钟成本/元		
1	打开申请表	普通职员	10	0.50	5.00	5.75
2	输入数据	普通职员	25	0.50	12.50	14.37
3	对不完整信息的事后处理	普通职员	23	0.50	11.50	13.22
4	输入不完整信息	普通职员	10	0.50	5.00	5.75
5	信用评估	普通职员	12	0.50	6.00	6.90
6	决策：批准/否决申请	副行长	8	4.00	32.00	36.78
7	将申请文件归档	普通职员	20	0.50	10.00	11.49
8	电子设备成本		25	0.20	5.00	5.75
	总计				87.00	100

通过对信贷审批作业的细目分解可以看出，第六个环节即决定是否发放贷款这个过程占用的资源最多，耗费 32 元，为该作业项目总成本的 36.78%。这时成本管理的重点应放在分析此细目产生高成本的原因并提出相应的解决措施。决策环节之所以有这样高的成本是因为所有贷款项目都需要由副行长把关，在这种情况下，为了降低成本，一个可行的调整方法是按额度大小对贷款申请分类，将 20 万元以下的审批权限下放给信贷部门经理，由于 70% 以上的贷款申请都在 20 万元以下，这样的调整能够大幅度地降低决策环节的成本。如表 11 - 10 所示。

表 11 - 10   对决策环节的调整

序号	细目作业	资源耗费			成本支出/元	占总成本的比例/%
		资源库	时间耗费/分钟	每分钟成本/元		
6	决策：批准/否决申请	信贷部门经理	8	2.00	16.00	22.53
	调整后的总成本				71.00	100
	结余				16.00	

与上述简化的例子类似，管理者可以对各种产品和服务所涉及的作业项目进行细分，了解每个环节所需的资源和时间，确定需要控制成本的环节，考察其资源消耗分布，区分能够产生价值的积极作业动因和不能产生价值的消极作业动因，并尽量消除消极作业动因，同时明确增值作业的资源消耗分布，重新分配资源以控制和降低成本。

思考：

（1）在上面的案例中，公司贷款业务作业中心的资源动因和作业动因分别是什么？

（2）根据表 11 - 9 所列的信贷审批细目作业和成本核算的内容，找出其他可能的成本控制点。

本 章 小 结

　　商业银行的财务管理涉及银行经营活动的全过程，财务管理水平的高低与银行的竞争力息息相关。商业银行的财务报表包括资产负债表、损益表和现金流量表，与一般工商企业相比，银行的财务报表有着自身的特殊之处。商业银行资产负债表的特点是自有资产和固定资产在总资产中的占比都很低，这使得银行的财务杠杆较高而经营杠杆较低。损益表是流量表，记录的是银行在一定时期（如一年）内的经营成果。在商业银行的损益表中，利息收入和利息支出分别构成了银行收入和支出的主要部分，因此银行的净收入对利率变动的敏感度较高。商业银行的现金流量表将资产负债表和损益表联系起来，将现金流入和流出的项目按照经营活动、投资活动和筹资活动重新分类，真实、直接和系统地反映银行的资金运动情况。通过分析现金流量表，可以评价银行变现和获取现金的能力，从而判断银行的债务清偿和股利支付能力及银行未来的增长潜力。

　　商业银行成本管理的主要方法有定额成本控制法、指标成本控制法、相对成本控制法、弹性成本控制法和作业成本法。其中作业成本法适应了银行进行业务创新和市场开拓的要求，能够更加合理地将成本分配到各种产品和服务中去，这种更准确的成本核算方式提高了成本管理的针对性和有效性，尤其适用于银行这种间接费用较多的企业。

商业银行在进行收入和利润管理时应根据权责发生制和配比原则确认和计量收入，并严格监督各项收益，保证收入按正常渠道纳入核算，防止收益的流失同时应注意通过金融创新来控制收益的风险，扩大收益的来源。

关键词

资产负债表　损益表　现金流量表　成本管理　利润和收入管理　杠杆比率　定额成本控制法　指标成本控制法　作业成本法

思 考 题

1. 简述商业银行财务管理的内容和步骤。

2. 下列各项交易将影响商业银行资产负债表中的哪些项目？

①第一银行将 30 万元准备金拆借给第二银行，次日收回贷款。

②A 君刚刚开立了三年期的定期存款，金额为 5 万元，银行立即将这笔存款作为汽车消费贷款贷给了 B 君。

③银行计划几天后购买 1 亿元的长期国债，但是担心目前 6% 的市场利率会跌至 5%，从而导致利息收入的减少，为了降低这一潜在损失，银行决定购买长期国债看涨期权，期权费为 1 000 元。

④银行确认贷给 C 公司的 100 万元为坏账。

⑤银行新发行了 10 万元的普通股，用于安装 ATM 机。

3. 第一银行现在的总贷款额为 6 亿元，贷款损失拨备为 1 000 万元。两年前，银行向 D 公司提供了 200 万元贷款，在 D 公司拖欠贷款前已偿还了 50 万元。第一银行认为 D 公司将会以 1 500 万元的价格被拍卖，并打算在拍卖之后立即收回贷款。

①收回贷款前的贷款净额为多少？

②假定没有其他交易发生，银行收回贷款后，总贷款数额、贷款损失准备和贷款净额为多少？

4. 假设法定存款准备金率为 10%，银行没有超额准备金，贷款占总资产的比重为 60%，试完成下列资产负债表（表 11 - 11）。

表 11 - 11　某银行的资产负债表

准备金	?	存款	70
贷款	?	非借入存款借款	20
证券	30	净值	?
其他	?		
合计	100	合计	100

5. 假设上题中银行的准备金和其他资产收益为 0，证券收益为 8%，贷款收益率为 9%，存款利率为 5%。贷款减值准备占贷款比率为 1.5%，非利息收入占总资产的 0.05%，非利息支出占总存款的 0.2%，所得税率为 10%，分红率为 30%，银行没有其他收益和损失。试编制银行的损益表。

6. 第一银行刚刚公布了年度财务报告，试填写下列现金流量表（表 11 - 12）中未填写的项目（单位：百万元），并分析其现金流量结构。

表 11 - 12　第一银行的现金流量表

现金流量表					
客户存款和同业存放款项净增加额		收回投资收到的现金	1200	吸收投资收到的现金	160
向其他金融机构拆入资金净增加额	16	取得投资收益收到的现金		发行债券收到的现金	25
收取的利息、手续费及佣金的现金	300	收到其他与投资活动有关的现金	13		
收到其他与经营活动有关的现金	70				
经营活动现金流入小计	1 560	投资活动现金流入小计		筹资活动现金流入小计	
客户贷款及垫款净增加额	1 000	投资支付的现金	1 300	分配股利、利润和偿付利息支付的现金	
存放中央银行和同业款项净增加额		购建固定资产、无形资产和其他长期资产所支付的现金	20	支付的其他与筹资活动有关的现金	2
支付利息、手续费及佣金的现金	108				
支付其他与经营活动有关的现金	500				
经营活动现金流出小计		投资活动现金流出小计		筹资活动现金流出小计	54
经营活动产生的现金流量净额	－90	投资活动产生的现金流量净额	80	筹资活动产生的现金流量净额	

7. 简述商业银行如何依据作业成本法进行成本管理，并概括作业成本管理相对于传统成本管理的优点。

本章部分思考题参考答案：

2.①第一银行：资产项目中现金及存放中央银行款项减少，拆出资金增加。

第二银行：资产项目中现金及存放中央银行款项增加，负债项目中的拆入资金增加。

②银行资产项目中的贷款增加，负债项目中的客户存款增加。

③银行资产项目中的现金及存放中央银行款项减少，衍生金融资产增加。

④银行资产项目中的贷款减值准备作为减项存在，确认 100 万元为坏账，贷款将减少，同时贷款减值准备减少。

⑤银行股东权益中的股本增加，资产项目中的固定资产增加。

3.①收回贷款前贷款净额＝总贷款额－已偿还的部分贷款－贷款损失拨备＝60 000 万元－50 万元－1 000 万元＝58 950 万元。注：只是拖欠，并未确认坏账，因此贷款损失拨备尚不减少

②收回贷款后，总贷款数额为 60 000 万元－200 万元＝59 800 万元，贷款损失准备为 1 000 万元，贷款净额为 58 800 万

4. 准备金：7；贷款：60；其他：3；净值：10。

5.

主要组成			
1		利息收入	5.40
2		利息支出	3.50
3＝1－2		净利息收入	1.90
4		贷款减值准备	0.90
5＝3－4		贷款减值准备计提后的净利息收入	1.00
6		非利息收入	0.05

主要组成		
7	非利息支出	0.20
8＝6－7	净非利息负担	－0.15
9	证券投资收益	2.40
10＝5＋8＋9	税前利润	3.25
11	所得税费用	0.325
12＝10－11	净利润	2.925
13	现金红利	0.877 5
14＝12－13	未分配利润	2.047 5

6. 客户存款和同业存放款项净增加额：1 174；存放中央银行和同业款项净增加额：42；经营活动现金流出小计：1 650。

取得投资收益收到的现金：187；投资活动现金流入小计：1 400；投资活动现金流出小计：1 320。

筹资活动现金流入小计：185；分配股利、利润和偿付利息支付的现金：52；筹资活动产生的现金流量净额：131。

从现金流量净额上看，虽然第一银行总的现金流量净额为正，但其经营活动现金流量净额为负，正的现金流量净额由投资活动和筹资活动带来，这说明第一银行在经营管理方面存在问题。从现金流入来看，经营活动和投资活动构成了现金流入的主要部分，现金流出的结构也是如此。第一银行经营活动现金流入主要是客户存款和同业存放款项的净增加，而经营活动现金流出主要是客户贷款的净增加，这体现了存贷款是商业银行最主要的经营业务。影响第一银行投资流入和流出的主要是收回投资收到的现金和投资支付的现金。从第一银行筹资活动现金流入的构成来看，吸收投资占了主要部分，这可能说明第一银行在这一年进行了首次公开发行从而吸收了大量的权益资本。

商业银行绩效评价管理

【学习目的】

☞ 明确商业银行绩效评价管理的概念和意义；

☞ 掌握商业银行绩效指标管理的各类指标；

☞ 熟悉商业银行杜邦分析法和平衡计分卡绩效评价方法的核心内容；

☞ 知道商业银行风险调整绩效度量方法（RAPM）的基本内容和观点，重点掌握 RAROC 方法；

☞ 了解我国商业银行绩效评价现状和问题，能运用相应的绩效评价方法对我国商业银行的经营绩效进行实证分析。

　　为了在激烈的竞争中得以生存，商业银行都加强了绩效评价的研究和实践。绩效评价可以为金融监管者和商业银行经营管理者及时发现和处置金融风险提供良好的早期预警信号，为监管者提供监管依据，有效地推动了商业银行加强和改进经营管理，防止和化解金融风险，更好地维护市场经济的正常运行。本章通过以下几个方面对我国商业银行绩效评价进行介绍。第一节对绩效评价管理的概念、意义、作用和方法作了一个初步的概述；第二节从盈利性指标、流动性指标、安全性指标、成长性指标及风险指标五类评价指标来详述绩效评价的指标；第三节主要介绍了绩效评价的比率分析法、杜邦分析法和风险调整绩效度量方法；第四节介绍了我国商业银行绩效评价的现状和问题、方法及改善对策。

第一节　商业银行绩效评价管理概述

一、商业银行绩效评价管理的概念

　　绩效评价管理的发展始于 16 世纪以后，而真正意义上的银行绩效评价起源于 19 世纪初的西方经济发达国家。商业银行经营绩效评价，是指银行运用数理统计和运筹学方法，采用特定的指标体系，依照统一的评价标准，按照一定的程序，通过定量与定性对比分析，对银行在一定经营期间的经营效益和经营者业绩作出客观、公正和准确的综合评判。绩效存在于现在或过去，因此至少在原则上是能够观察和测量的，制定有效的绩效评价体系首先要明确绩效的内涵。绩效既是一种产出，又是一种行为，两者不可分割（参见表 12-1）。绩效作为产出是行为的结果，是评估有效性的重要方法。若只把绩效作为一种产出来管理，容易导致银行行为短期化，忽视银行整合和资源的有效配置，挫伤员工积极性；若只把绩效作为一种行为，似乎把结果导向公平、合理，但它缺少了目标激励，预期产出将无法实现，银行最终无法运作，而且从现实操作性来看，单纯地行为评判尚无有效的评判标准，实施困难。因此任何一个良好的评价体系都应当寻求绩效产出与绩效行为之间的适度平衡。

表 12-1　绩效评价的含义

角度	观点
绩效产出论	产出、目标、核心成果、成功关键要素
绩效行为论	为实现绩效所表现的努力、工作态度、组织纪律、工作熟练程度

二、商业银行绩效评价管理的意义

　　商业银行为了在激烈的竞争中求得生存，使自己立于不败之地，它们都加强了绩效评价的研究和实践。这不仅为投资者和商业银行创造了一个公平的金融环境，对金融资源的优化配置发挥指示器的作用，而且还为金融监管者和商业银行经营管理者及时发现和处置金融风险提供了良好的早期预警信号。与此同时，商业银行绩效评价结果还可以为金融监管者提供基本的监管依据，有效地推动商业银行加强和改进经营管理，防止和化解金融风险，更好地维护市场经济的正常运行，促进经济资源的合理流动与优化配置，充分调动广大员工的积极性，从而提高经营效益。

　　①有利于提高银行核心竞争力。商业银行绩效评价体系可以使银行对自身运营状况进行科学评价，同时根据评价结果对银行的运行机制进行调整和改革，从而提高银行的核心竞争力。资金是商业银行经营过程中最主要的资源，能够合理有效地利用有限的资源将会使商业银行获取最大的收益，对商业银行进行客观的经营绩效评价，有助于管理者发现资金运用过程中存在的优势和不足，从而合理地调整资金的运用，优化资源配置，同时也有助于发现经营过程中的存在的问题，提高经营管理水平增加收益。

　　此外，对于投资者来说，通过考察商业银行的绩效指标，可以据此作出投资决策，包括投资的方向和规模等。对于银行的监管者来说，根据银行的经营绩效结果，可以随时调整监管的力度、方向和重点，有利于维持银行业的稳定和安全。从总体来看，建立和完善高水平的绩效评价体系有利于提高商业银行的盈利能力和经营能力，有利于提升整个银行业的竞争力。

②有利于与国际银行接轨，保护国内银行业的安全性。金融市场对外开放和金融国际化是适应全球经济一体化的需要。如何在国际化和市场化的进程中，保护国内银行业的安全稳定，提高银行的竞争力是我国银行业面临的紧迫问题。我国在加入世界贸易组织后，国内的金融市场逐步进行对国际开放，政府也逐步履行在金融领域的承诺，越来越多的外资银行进入我国境内设立分行发展金融业务，挤占中国金融市场，造成了银行业的竞争日趋激烈，我国国内的商业银行面临着前所未有的挑战。因此只有加强商业银行经营绩效的评价，不断完善管理机制，提高经营管理水平，才能尽快建立起适应国际化发展、多元化竞争的现代商业银行，与国际接轨的现代商业银行。

在全球经济一体化和知识经济迅猛发展的强有力的冲击下，新技术、新知识所带来的创新正以前所未有的速度迅速拓展。面对历史性的机遇和挑战，全球顶级的商业银行正进行一场管理革命，迅速从原有"经营型管理"向"绩效型管理"的转变，通过建立以绩效为核心的商业银行管理模式，来优化经营行为，提高自身的竞争力。银行家们建立了以绩效为核心的现代商业银行管理模式，先进的管理方式和绩效评价体系层出不穷，保持了商业银行旺盛的市场竞争力。面对国际冲击，中国商业银行必须以全新的姿态来面对，学习和汲取优秀先进的管理理念。

③有利于建立科学的激励约束机制，完善银行的内部控制机制。公司金融领域中的的代理理论认为，在所有权和经营权相分离的情况下，由于委托者和代理者的目标函数不同，同时委托者很难进行观察和监督，从而出现代理人损害委托人利益的现象。现代商业银行大多采用股份公司制度，因此，如何设立有利于激励和约束银行经营者行为的机制，将直接影响到经营者的努力程度和工作的积极性，进而影响到银行的安全性和盈利性。如何避免道德风险和内部人控制，设计合理激励和约束机制是委托人调动经营者积极性的重要手段。同时，随着两权分离的程度越高，合理的激励与约束机制在缩小所有者与经营者之间的利益差异，降低所有者的监督成本方面的作用就越高，可以有效的降低代理成本，提高银行的盈利能力。

三、商业银行绩效评价管理的作用

①有助于商业银行准确评估自身的经营业绩。通过对各种评价指标的测算，可以反映考核期内商业银行经营管理的状况；工作人员根据考核结果，对比历史数据、计划目标、同业水平等进行综合分析，从而可以客观、公正、全面地反映商业银行的经营管理水平。

②方便商业银行及时发现和防范风险。商业银行绩效评价体系中的一些财务指标和非财务指标比如资产收益率、不良贷款率，客户满意度等，可以起到早期预警的作用，促使管理者和投资者及早发现银行存在的各种问题，并采取必要措施防范和降低风险。

③可以发挥激励约束作用。商业银行绩效评价的目的是为了引导商业银行的经营行为，调动员工的积极性，提高经济效益。通过对银行经营业绩的科学评价，确定该银行的最佳及最差经营行为，作为银行所有者对管理层的业绩考核的标准。科学的绩效评价可以激励管理者提高努力程度，找到奋斗的目标，使自己的工作趋于实现价值最大化的经营目标。同时，银行利用绩效评价结果来确定银行职工的薪酬，可以使激励约束机制充分发挥作用。

四、商业银行绩效评价管理的方法

目前对商业银行绩效评价的方法主要有传统的财务指标评价方法、以经济附加值为核心的财务绩效评价方法、平衡计分卡绩效评价方法和风险调整绩效度量方法。

（一）以杜邦模型和沃尔评分法为代表的传统财务绩效评价方法

早期比较先进的财务绩效考评方法以杜邦模型和沃尔评分法为代表。其中杜邦模型的核心指标是权益收益率，并以此分解为总资产收益率（净利润/总资产）和权益乘数（总资产/净值），再将资产收益率分解为银行利润率（净利润/总收入）和资产利用率（总收入/总资产），银行利润率又分解为税负支出管理效率（净利润/税前利润）和资金运用和费用控制效率（税前利润/总收入），从而对银行的绩效进行评价。

沃尔评分法是 1928 年亚历山大·沃尔（Alexander Wole）在其出版的《信用晴雨表研究》和《财务报表比率分析》中提出的。他提出了信用能力指数的概念，主要选择了 7 个财务比率即流动比率、产权比率、固定资产比率、存货周转率、应收账款周转率、固定资产周转率和自有资金周转率，分别给定各指标的比重，然后确定标准比率（以行业平均数为基础），将实际比率与标准比率相比，得出相对比率，将此相对比率与各指标比重相乘，得出总评分。沃尔评分法的核心就是将选定的财务比率用线性关系结合起来，并分别给定各自的分数比重，然后通过与标准比率进行比较，确定各项指标的得分及总体指标的累计分数，从而对企业的信用水平作出评价的方法。

1995 年我国财政部根据我国商业银行的特点，参照沃尔评分法，制定了适合我国银行的绩效评价方法：以销售利润率、总资产报酬率、资本收益率和资本保值率作为反映获利能力的指标，以资产负债率、流动比率或速动比率作为反映偿债能力的指标，以应收帐款周转率和存货周转率作为反映营运能力的指标，以社会贡献率和社会积累率作为反映履行社会责任的指标，并分别赋予 15%、15%、15%、10%、5%、5%、5%、5%、10% 和 15% 的权重。

（二）以经济增加值为核心的财务绩效评价方法

经济增加值（（Economic Value Added，EVA），是美国 Stern Stewart 咨询公司 1991 年在剩余收益指标的基础上建立起来的一种全新的财务绩效评价指标。从计算方法看，EVA 等于税后净利润减去权益资本成本后的剩余收入。由其计算方法可以看出，EVA 是对真正"经济"利润的评价，它包含了权益资本的成本，因为权益资本作为一种机会成本更加客观地评价了一项资产或者投资对整个银行的价值的贡献。EVA 具有以下优点：其一，EVA 考虑了权益资本的成本，而其他方法则往往忽略其成本；其二，EVA 提供了单一的评价办法，它改变了传统上多指标、多挂钩比例的绩效评价方式，为商业银行提供了比较明确的政策导向；其三，以 EVA 为核心的评价和激励机制，可以准确地计算经济增加值增长额及与之挂钩的激励工资，能够有效激励员工在追求个人收入最大化的同时，也在不断地为商业银行创造价值，从而促使经营达到效益最大化。

（三）平衡计分卡绩效评价方法

平衡计分卡（Balanced Score Card，BSC）保留了银行中原有财务评价控制系统的成功做法，注入了有关资产、无形资产和生产能力的内容，形成了一项全新的经营绩效评价系统。BSC 是一系列财务绩效衡量指标与非财务绩效衡量指标的综合体，包括 4 个方面：财务、顾客、内部业务和学习与成长。BSC 以远景和战略为中心，从上述 4 个方面综合考虑影响银行绩效的各类指标。BSC 综合了财务指标和非财务指标，而且强调组织战略目标的实现，突破了传统业绩评价的局限性，把传统意义上的绩效评价与组织的长远发展紧密联系起来，避免管理者为了追求短期利益和局部利益而牺牲了更为重要的长期利益和整体利益。

（四）风险调整绩效度量方法

为了全面考虑收益和风险的关系，衡量银行真实盈利水平，20 世纪 90 年代以来，国际银行界开始将风险调整后的资本收益（Risk-Adjusted Return On Capital，RAROC）作为绩效考核的重要指标，并用于指导业务调整和战略决策。风险调整绩效度量方法（Risk Adjusted Performance Measurement，RAPM）是由银行家信托（Banker Trust）于 20 世纪 70 年代提出来的，其最初的目的是为了度量银行信贷资产组合的风险，随后它在不断完善的过程中得到了国际先进商业银行的广泛应用，已逐渐成为当今公认的最为核心、最有效的风险管理技术和手段。第三节将详细讲述风险调整绩效度量方法。

第二节　商业银行绩效评价指标

事实上，任何一个绩效评价指标都有一定的局限性，一个绩效评价指标不可能在任何情形下都适用。通常，绩效评价指标的原则有以下两个方面：其一，绩效评价指标必须和银行目标相一致或者正相关。银行目标就是通常所说的商业银行股东价值最大化。商业银行绩效评价指标的最终目的就是为了促进商业银行最终目标的实现，并激励员工以及管理者来为商业银行的最终目标而努力。其二，要在财务指标和非财务指标间达成平衡。由于财务指标往往只是一种结果指标，并不能完全反映各项行为的业绩，因此要想客观全面地评价客体的行为必须要辅之以非财务指标。一般情况下，按照实现银行经营总目标过程中所受到制约因素，可将绩效评价指标分成以下五类：盈利性指标、流动性指标、安全性指标、成长性指标及风险指标。

一、盈利性指标

盈利性指标是用来衡量商业银行运用资金赚取收益同时控制成本费用支出的能力的指标。盈利性指标的核心是总资产收益率和股东权益收益率，利用上述两个财务指标和它的派生财务指标可以较为准确地认识银行的获利能力。

（一）总资产收益率（Return On Asset，ROA）

总资产收益率又称投资报酬率，是银行净利润与总资产之比，其计算公式为

$$总资产收益率 = \frac{净利润}{资产总额} \times 100\%$$

总资产收益率指标同时涉及资产负债表和利润表，它是银行运用其全部资金获取利润能力的集中体现。资产收益率是商业银行盈利能力的关键。虽然股东的报酬由资产收益率和财务杠杆共同决定，但提高财务杠杆同时会增加商业银行风险，往往并不增加商业银行的价值。而且，财务杠杆的提高有诸多限制，商业银行经常处于财务杠杆不可能再提高的临界状态。因此，驱动权益净利率的基本动力是总资产收益率。资产收益率越高，表明银行越善于

运用资产，反之，则资产的运用效果越差。

上述公式中"总资产"的计算有三种方法可选：一是年末总资产，其缺点就是如果年内指标变化较大，那它的代表性就较弱；二是年末与年初平均数，对于季节性银行其表现不是很理想，因为它的期末数较低；三是 12 个月末的平均数，如果外部分析人的数据来源有问题，也比较麻烦。通常情况下，只要涉及的财务比率的分子和分母，一个是期间流量数据，另一个是期末存量数据，那么在确定存量数据时都会遇到相近的问题。依照惯例，多数银行在计算时会选择总资产年末与年初的平均值。

(二) 股东权益收益率 (Return On Equity, ROE)

股东权益收益率又称净值收益率、股东投资报酬率，其计算公式为

$$股东权益收益率 = \frac{净利润}{股东权益} \times 100\%$$

该指标反映了商业银行股东投资的获利程度，是银行管理者资金运用效率和财务管理能力的综合体现，最常用于衡量管理层运用股东资金状况的指标。大多数投资者都偏好股东收益率高的企业，对于银行也不例外，较高的股东回报率有利于吸引更多的投资者。但是，该指标也存在较为严重的缺点，即无法反映公司的负债状况，因为高的股东权益收益率可能由于高的净利润或是较低的股东权益所造成的。所以在观察该指标的同时，还要关注银行的负债状况，例如观察杠杆比率指标（即银行的债务/股东权益），从而全面评价商业银行的盈利能力，降低投资风险。

(三) 营业利润率

营业利润率是指银行税后营业利润与总资产之比，更真实地反映了银行的经营效率和经营状况，其计算公式为

$$营业利润率 = \frac{税后营业利润}{总资产} \times 100\%$$

营业利润率表明在不考虑非营业成本的情况下，银行管理者通过经营获取利润的能力，该比率越高代表银行的盈利能力越强。税后营业利润是指营业收入减去营业支出、税收等剩下的余额。从银行的损益表不难看出，银行的营业利润来自于经营活动中各项利息收入和非利息收入，而营业支出包括营业成本、营业税费、销售费用、管理费用、财务费用和资产减值损失等项目，该指标可以比较准确地体现出银行的经营效率。

(四) 净利息收益率

净利息收益率 (Net Interest Margin, NIM) 是净利息收入和银行总资产或盈利资产之比，它的计算公式为

$$净利息收益率 = \frac{净利息收入}{总资产} \times 100\%$$

$$= \frac{利息收入 - 利息支出}{总资产} \times 100\%$$

银行净利息收益率反映了银行的利差收入在银行总资产中的盈利能力。利差收入是传统银行最主要的利润来源，也是影响银行经营状况的重要因素。由于息差率的增大是利润增加

的基础，银行为得到最大的利息净收入，就必须降低利息支出而扩大利息收入，即寻求最便宜的资金来源来实现收益的最大化。对于像中国这类发展中国家来说，利差收入依旧是商业银行最重要的利润来源，也是商业银行经营所关注的焦点问题。与此同时，令人高兴的是我国商业银行也越来越重视表外业务的发展，努力通过提高服务效率和增加服务种类扩大非利息收入，拓宽利润来源渠道，这一现象我们从专栏 12 - 1 就可以观察到。

需要注意的是，对于该指标的分母项既可以使用总资产，也可以使用盈利资产。盈利资产是指能带来利息收入的资产，通常在银行中，除去现金、固定资产外，均可视为盈利资产。如果采用盈利资产作为分母项，则更准确的反映了银行运用盈利资产获得利差收入的效率。

（五）非利息净收益率

非利息净收益率不只是银行获利能力的标志，同时也反映了银行的经营管理效率，它的计算公式为

$$非利息净收益率 = \frac{非利息收入 - 非利息支出}{总资产} \times 100\%$$

非利息净收入等于非利息收入减去非利息支出，其中，根据损益表可知，银行的非利息收入来自于手续费和佣金收入，获得这类收入不需要相应增加资产规模，较高的非利息收入会提高银行资产收益率。非利息支出主要包括员工薪金、设备折旧和维护费用、贷款损失准备等，这项支出直接反映出银行的管理效率，较低的非利息支出代表银行管理效率很高，各种费用支出较少，有利于提高银行的利润水平。2008 年次贷危机的发生就与商业银行为了达到《巴塞尔协议Ⅱ》的资本充足率要求来尽力拓展表外业务有巨大关系。事实上，现代化的商业银行已经越来越依赖于非利息收入了。但是由于表外业务难以监管，其经营存在潜在的风险，而且非利息收入的获得很多不在财务报表中明确表示出来，使用该指标时应多注意银行其他相关的业务信息，了解相应风险状况。

（六）银行利润率

银行利润率直接反映出净利润在总收入中的占比，银行收入中有多大比率被用于各项开支，又有多大比率被作为可以发放股利或再投资的利润保留下来。该指标有利于股东监督银行管理层是否有效的控制成本并且最大化收入，从而提高银行的盈利性和股东的回报率。它的计算表达式为

$$银行利润率 = \frac{净利润}{总收入} \times 100\%$$

（七）每股收益

每股收益（Earning Per Share，EPS）是指公司税后净利润与发行在外普通股的比值，它是投资者衡量股票投资价值的重要指标之一。该指标反映出商业银行每股创造的税后利润，该比率越高，代表银行的盈利能力越强。每股收益代表了普通股股东每持有一股所能享有的企业净利润或要承担的企业净亏损，通常被用来衡量普通股的收益水平及投资风险，可以反映企业的经营状况，是投资者据以评价商业银行的盈利能力，预测商业银行成长性的重要财务指标之一。它的计算公式为

$$每股收益 = \frac{税后净利润}{普通股股数} \times 100\%$$

专栏 12 - 1　招行 2010 年净利 258 亿元增 41%　净利息收益率大涨

上市银行 2010 年年报披露逐入尾声，招商银行（600036）今日公布了 2010 年度业绩，全年实现归属于股东净利润 257.69 亿元，同比增长 41.32%。而去年净利息收益率大幅提升 42 个基点至 2.65%，成为招行年度业绩最抢眼之处。

去年，招行实现每股收益 1.23 元，较上年增长 29.47%；实现营业收入 713.77 亿元，较上年增长 38.74%；归属于股东的平均净资产收益率为 22.73%。招行称，经营效益提升，一方面缘于生息资产规模稳步增长，净利息收益率持续提升，净利息收入增幅较大；另一方面是努力拓展中间业务，手续费及佣金净收入持续较快增长。

2010 年，招行生息资产平均收益率为 3.93%，较上年上升 28 个基点，计息负债平均成本率为 1.37%，较上年下降 13 个基点。2010 年净利息收益率为 2.65%，比 2009 年大幅提升 42 个基点。招行全年实现非利息净收入 143.01 亿元，同比增长了 29.05%，占营业收入的比重为 20%，在已公布年报的多家银行中处于较高水平。手续费及佣金净收入为 113.30 亿元，比 2009 年增加 33.37 亿元，增幅 41.75%，主要是银行卡手续费、代理服务手续费增加。去年全年，招行营业费用列支 271.44 亿元，增幅 25.16%；成本收入比为 39.79%，较 2009 年下降 4.52 个百分点。截至 2010 年年末，招行资本充足率和核心资本充足率分别为 11.47% 和 8.04%，与第三季度末的 11.47% 和 8.03% 相当。截至去年年末，招行不良贷款 96.86 亿元，比上年年末减少 0.46 亿元；不良贷款率 0.68%，比 2009 年年末下降 0.14 个百分点；不良贷款拨备覆盖率为 302.41%，比 2009 年年末增加 55.75 个百分点，不过较第三季度末的 304.02% 略微下滑。

招行的国际化进程深入。年报显示，永隆集团（即 YUSEI 及其附属公司）综合税后净利润为 13.49 亿港元，较 2009 年大幅增长 52.5%，主要由净利息收入带动，非利息业务收益亦有显著增加。截至 2010 年年底，永隆集团总资产为 1 370.75 亿港元，较 2009 年年底增长 16.85%；净资产为 127.50 亿港元，较 2009 年年底增长 11.80%。

　　资料来源：第一财经日报. 李隽. 2011 年 4 月 1 日.

思考： 招商银行净利息收益率快速上涨的原因是什么？对于其他银行有哪些经验可以借鉴？

二、流动性指标

保持充分的流动性对于任何银行都是至关重要的，它就像一个人要保持充足、流动的血液一样。其实很多银行即使在资不抵债时，仍然能够存活下来。但是如果没有充分的流动性，银行就很难存活下来。商业银行由于自身不寻常的资产负债表结构（相对于其他行业有更高的杠杆），所以它更容易受到流动性风险的威胁，这也是银行将流动性指标从一般风险指标中分离出来的原因。2010 年颁布的《巴塞尔协议 Ⅲ》建立了流动性风险量化监管标准，包括短期压力情境下单个银行流动性状况的衡量指标——流动性覆盖率（Liquidity Covered Ratio，LCR）和度量中长期内银行解决资金错配的能力的指标——净稳定融资比率（Net Steady Finance Ratio，NSFR），这充分体现了流动性的重要性。

流动性指标反映了银行的流动性供给和各种实际的或潜在的流动性需求之间的关系。流动性既包含流动性的供给，也包含流动性的需求，因而在设计流动性指标时应综合考虑银行资产和负债两个方面的情况。

（一）现金资产比例

现金资产比例反映出银行所持现金资产与全部资产之比，现金资产是银行所持的具有完全流动性的资产，它可以满足银行随时的流动性需求。该比例越高的话代表银行的流动状况越佳，抵御流动性风险的能力越强。但是，持有现金资产也意味着盈利性的损失，因为现金资产一般不会带来收益，所以持有比例越多，则会影响到银行资产的盈利性。它的公式为

$$现金资产比例 = \frac{现金资产 + 国库券}{总资产} \times 100\%$$

（二）国库券持有比例

该指标反映出银行持有的国库券资产占全部资产的比例。国库券是银行二级储备资产的重要组成部分，是银行重要的流动性供给资产。国库券常被称为是一种准货币，因为国库券以国家信用为基础，到期期限短，几乎不存在违约风险，所以国库券的变现能力极强，银行只要出售国库券就可获得流动性的供给。更为重要的是，国库券是一种广为接受的抵押品，银行可以用其进行质押贷款，从而产生间接流动性供给。但是，国库券的利息收入也较低，持有较多的一二级储备的机会成本很高，银行的盈利资产会下降，从而影响银行收益。它的公式为

$$国库券持有比例 = \frac{国库券}{总资产} \times 100\%$$

（三）持有证券比例

证券投资资产是商业银行资产组合中的重要组成部分，它们可以在二级市场上变现，为银行提供一定的流动性供给。但是，由于不同的证券资产的流动性有较大的差异（受期限、交易量等因素的影响），同时，市场状况的好坏也会直接影响到证券资产的变现性，因此，同前两个指标相比，持有证券比例对银行流动性的评价能力有一定的局限性。比如，像在中国这种股票市场具有高风险性和高波动性的国家（股票市场波动率相对发达国家更高），证券资产变现的不确定性更大。因此，在分析持有证券给银行提供流动性时，应该结合"市值/面值"指标评判。通常如果"市值/面值"比例越低，表明银行所持有证券的变现力越低，从中可获得的流动性供给越小。它的公式为

$$持有证券比例 = \frac{证券资产}{总资产} \times 100\%$$

（四）贷款资产比例

贷款资产比例是指贷款占总资产之比。贷款是银行重要的盈利性资产，但流动性较差。

银行本质上就是一个流动性创造部门，通过吸纳流动性负债而创造出较不流动性的贷款，因此具有期限错配的风险。显然，贷款资产比例越高，银行的流动性越差。另外，由于不同期限的贷款具有不同的流动性，一年内到期的短贷在一个营业年度内就能清偿，可以带来相应的现金流入，供给一定的流动性。因此，商业银行可以把一年内到期贷款与总贷款的比例作为一个补充指标，该指标越高，代表银行贷款中流动性较强部分所占比例越大，银行资产的流动性越强。它的公式为

$$贷款资产比例 = \frac{净贷款}{总资产} \times 100\%$$

（五）易变负债比例

易变负债主要包括银行吸收的可转让定期存单（Negotiable Certificate of Deposit，NCD）、经济人存款和各种借入的短期资金。这类负债很容易受到市场利率、资金供求状况和银行信誉等多方面因素影响，可以说是银行最难控制的资金来源，稳定性较差。该指标反映了银行负债构成中的流动性风险状况，该指标越大，代表银行负债方面的稳定性越差（即资金来源稳定性越差），未来面对的潜在流动性风险越大。它的公式为

$$易变负债比例 = \frac{易变负债}{总负债} \times 100\%$$

（六）短期资产与易变负债比例

易变负债是银行最不稳定的流动性需求来源，而短期资产则是银行最可靠的流动性供给，可以较好地应付各类流动性的需求。银行短期资产主要包括同业拆借、存放同业，回购协议下的证券持有、交易账户证券资产、1 年内到期的贷款等。该指标衡量了银行最可靠的流动性供给与最不稳定的流动性需求之间的对比关系，该指标越高，代表银行的流动性越佳。它的公式为

$$短期资产与易变负债比例 = \frac{短期资产}{易变负债} \times 100\%$$

（七）预期现金流量比例

预期现金流量比例是预期现金流入与现金流出之比，设计时考虑了一些表外项目的影响。银行现金流入包括贷款收回、证券到期所得或偿付、预期中的证券出售及各类借款和存款的增加等。银行现金流出包括正常贷款发放、证券投资、支付提存等项目，还包括预计贷款承诺需要实际满足的部分及预计的其他或有负债一旦发生需要支付的部分。该指标大于 1 的不同值，代表该银行未来流动性可能有所提高的程度。

总体来看，前 4 个指标主要是从资产变现性的角度来考察银行的流动性状况，5 和 6 指标则是从负债角度分析银行的流动性供给，7 指标是从预期的现金流入流出量来评价银行的流动性状况，该指标考虑到表外项目的影响，从而可以补充前 6 个指标的不足。商业银行在进行流动性管理时，应充分考虑自身的经营状况来合理的设计流动性指标，因为规模不同或经营理念不同的商业银行，对同一指标要求的标准可能相差很大。例如，对于规模较小的商业银行，它的借债能力要比大银行弱一些，因此，可能更多的依靠保有流动性强的资产来

维持流动性需求。相较之下，大银行的选择可能会多一些，在经营中可以较多的利用短期负债等形式获得流动性。

三、安全性指标

银行的安全性指标体现在其清偿力上。银行的清偿力主要是指银行运用其全部资产偿付债务的能力，反映了银行债权人所受保障的程度，清偿力充足与否也极大地影响银行的信誉。从资产负债表来看，银行清偿力不足或者资不抵债的直接原因是资产损失过大，导致无法完全偿还负债。具体有以下指标可以反映银行的经营安全性状况。

（一）所有者权益/总资产

该指标实际上就是1减去杠杆率（又称资产负债率，公式为总负债/总资产）。所有者权益为银行全部资金中属于所有者的部分，可以在商业银行发生资产损失时，起到保护债权人权益的功能。该比率通过将所有者权益和总资产结合起来，可以体现出商业银行在不损害债权人利益的前提下动用自有资金应付资产损失的能力。因此，该指标越高，代表银行的清偿力越强，相应的银行安全性越好。但是，随着商业银行各类业务的发展，例如衍生业务等，资产的规模和资产可能遭受的损失间不再保持简单的比例关系，因此，在评价银行清偿力时，不能单一的依靠该指标，应结合多方面因素进行考察。

专栏 12 - 2　杠杆率与次贷危机

随着2008年次贷危机的发生，杠杆率指标再次受到重视。由于《巴塞尔协议Ⅱ》带来的资本充足率顺周期现象（可参见本书第四章专栏4 - 2），引入传统的杠杆率指标有利于减少顺周期现象。在微观审慎层面，由于银行内部风险管理模型的准确性和可靠性受制于模型参数和假设前提的合理性，运用不具有风险敏感性的杠杆率指标，正好能与采用内部评级和内部模型的新协议形成有益的补充，弥补银行内部风险管理模型可能存在的缺陷，削弱新协议的顺周期效应。在宏观审慎层面，此次国际金融危机表明，金融机构的过度投机和高杠杆率既是系统性风险不断增加的一个重要指标，也是系统性风险发生的重要原因。因此，杠杆率限额本身就是一个重要的宏观审慎监管工具，可以防止金融机构资产负债表的过度扩张和过度承担风险，控制金融体系杠杆程度的非理性增长和系统性风险的不断累积，同时，还可以为金融机构和金融体系设置一个资本下限，确保随着金融创新的发展和可能出现的资本套利行为，即使对具有风险敏感性的资本要求大幅降低，整个金融体系也能保持一定水平的合格资本。长期以来，美国监管当局在基于风险的资本监管之外，一直对银行控股公司运用了杠杆率指标。而对投资银行等非银行金融机构未采用这一监管指标，导致这类机构在2003—2007年间的杠杆程度大幅增加，表内外总体杠杆倍数高达50倍，房利美和房地美的杠杆倍数甚至超过了60倍，这些高杠杆率的金融机构，如房利美、房地美、贝尔斯登、美林证券都在次贷危机中纷纷陷入困境甚至是破产倒闭。加拿大和瑞士也采用了杠杆率指标。由于加拿大的投资银行一般由商业银行控股，因此适用于商业银行的杠杆率指标在并表的基础上也适用于投资银行，从而有效控制了金融机构的过度扩张风险。

次贷危机发生后，"去杠杆化"（Deleveraging）已经成为全球基金经理和经济学者口中的热门词汇。从南至北，从华尔街到中国香港中环，从美联储主席到一线的对冲基金操盘者，嘴里念叨的都是这个词，以及隐藏在它背后的那个风雨飘摇的市场。而在其中一些人眼中，"去杠杆化"已经是未来一个时代的主题词，它是全球金融市场的重大变化，是对过去三十年世界金融发展路径的"修正"。何谓"去杠杆化"？综合各方的说法，"去杠杆化"就是一个公司或个人减少使用金融杠杆的过程。把原先通过各种方式（或工具）"借"到的钱退还出去的潮流。单个公司或机构"去杠杆化"并不会对市场和经济产生多大影响。但是如果整个市场都进入这个进程，大部分机构和投资者都被迫或主动的把过去采用杠杆方法"借"的钱吐出来，那这个影响显然不一般。一些机构认为，如果这股风潮蔓延，那么原先支持金融市场的大量复杂的组合、杠杆放大的投资工具会被解散。衍生品市场萎缩、相关行业受创，市场流动性因此大幅缩减，并导致经济遭遇衰退。甚至有机构投资者认为，美国（即将）进入大规模去杠杆化的过程，这种影响将逐步向实体经济扩散，导致美国陷入衰退，整个经济调整期或许将需要十年。美国债券之王比尔·格罗斯的最新观点是，美国去杠杆化进程，已经导致了该国三大主要资产类别（股票、债券、房地产）价格的整体下跌。但同时，去杠杆化又被普遍认为是走出这场国际金融危机的必由之路。这也就形成了一个"去杠杆化悖论"。我们认为虽然去杠杆化过程在短期内可能会对资产价格有所影响，但从更长远的角度来看，降低金融机构的杠杆率水平有利于减少全行业的经营风险，维护整个金融体系的安全和稳健。

思考：（1）为什么投资银行等金融机构愿意提高杠杆率？

（2）请问你认为整个金融体系有必要去杠杆化吗？为什么？除了高杠杆率之外，还有哪些原因导致危机发生？

（二）所有者权益/风险资产

随着经营环境变化，商业银行资产组合越来越复杂，并且各种资产的风险程度相差较大，简单地运用所有者权益/总资产已无法真实反映银行清偿力状况，于是人们把对银行清偿力的考核方式转向了所有者权益对风险资产的比率。风险资产是扣除了无风险的现金资产、政府债券和对其他银行的债权后的资产。排除了无风险资产后，该指标更多地体现资本弥补风险资产损失的保护性功能，同前一指标相比，它能更为准确地反映银行的清偿力状况，反映银行经营的安全性。

（三）巴塞尔协议中的资本充足率指标

前两个指标均着眼于资本充足情况下的传统清偿力指标。由于传统的安全性指标不利于银行的风险管理，对所有的资产同等看待，不能有效地激励银行投资于低风险的资产（因为无论是高风险的资产还是低风险的资产，都需要同样多的资本金），使得银行愿意持有更多的风险资产来赚取更高的利润。因此资本充足率指标通过对不同资产按照风险程度加权，从而有助于规避这种缺陷。《巴塞尔协议Ⅱ》规定银行资本对加权风险资产的目标比率为8％，其中核心资本成分至少为4％。最新颁布的《巴塞尔协议Ⅲ》规定普通股与风险加权资产的比例至少为 4.5%，核心资本与风险加权资产的比例至少为 6%，从中可以看出一级资本尤其普通股的重要性上升，而二级、三级的资本重要性下降。而且《巴塞尔协议Ⅲ》引入了全新的资本留存缓冲（Capital Conservation Buffer），它要求商业银行在最低的资本充足率的基础上必须保证有银行风险加权资产的 2.5% 的资本留存缓冲。另外，为了降低银行监管的顺周期性及实现更广泛的宏观审慎监管，协议Ⅲ提出了 0~2.5% 的逆周期资本缓冲（Countercyclical Capital Buffer）。与上述两指标相比，《巴塞尔协议Ⅲ》规定的新指标能够更加科学、确切地反映银行的安全性。

此外也应该注意到，对银行经营而言，由于面临的风险较大，因此较高的资本充足率是必要的，但是过高的资本充足率会导致部分资本闲置，从而降低银行的盈利能力。商业银行需要利用其综合经营平台，进行多元化经营和业务创新，通过有效的资本管理实现银行的安全性和盈利性的统一。

（四）资产增长率与核心资本增长率

该指标着眼于体现银行清偿力变化的情况，而不像之前的是一种静态指标。通常认为，银行资产增长率较快即资产规模扩张较快，往往意味着银行承担了较大的潜在风险，因为快速的扩张代表银行的资产基础可能并不很牢靠，商业银行未来的清偿力很可能下降。在分析银行经营状况时，我们应将资产增长率和核心资本增长率结合考虑，例如，银行核心资本增长加快而资产增长维持原速时，代表银行的清偿力水平提高。对于银行同业的比较，也要考虑两方面因素，从而更加准确的把握不同银行的安全性状况。

（五）留存盈利比率

留存盈利比率即留存盈利与净利润的比率。留存盈利是指净利润减去全部股利的余额。留存盈利在商业银行净值中比重最大，又称为未分配利润项目，该项目来自于银行历年累计的留存盈利，是决定商业银行资本充足与否及清偿力高低的重要因素。现金股利是银行利润的净流出。较高的现金股利分配率降低了银行内部积累资本的能力，而较高的留存盈利比率则提高了银行内部积累资本的能力。因此，留存盈利比率太低，意味着银行分配过多的现金股利导致银行现金资产减少，风险资产比重相对加大，从而降低了银行的清偿力水平。

四、成长性指标

商业银行成长性分析的目的在于观察商业银行在一定时期内经营能力的发展状况。成长性指标是衡量商业银行未来成长潜力的重要指标，一般包括以下几种。

（一）总资产增长率

总资产增长率是商业银行本期总资产增长额同期初资产总额的比率，体现出商业银行的资产规模增长情况。商业银行所拥有的资产是其取得收入的资源，也是商业银行偿还债务的保障，资产增长是银行发展的一个重要方面，成长性好的银行一般能保持资产的稳定增长。但是，如果增长速度过快，投资者也要警惕银行的经营风险。银行资产扩大主要来自两方面：一是所有者权益的增加，二是银行负债规模的扩大。对于前者，如果是由于银行发行股票而导致所有者权益大幅增加，投资者需关注募集资金的使用情况，资金是高效使用还是闲置浪费。对于后者，银行往往是在资金紧缺时向其他银行拆借资金或发行金融债券，资金闲置的情况会比较少，但它受到资本结构的限制，当银行资产负债率较高时，负债规模的扩大空间有限。

总资产增长率越高，表明银行一定时期内资产经营规模扩张的速度越快。但在分析时，需要关注资产规模扩张的质和量的关系，以及银行的后续发展能力，避免盲目扩张。其公式为

$$总资产增长率 = \frac{期末总资产 - 期初总资产}{期初总资产} \times 100\%$$

（二）主营业务收入增长率

该指标是商业银行的本期主营业务收入增长额同上期主营业务收入的比率。一般来说，具有成长性的银行多数都是主营业务突出、经营比较单一的银行。主营业务收入增长率高，表明银行主打产品的业务扩张能力强。通过分析主营业务收入增长率，可以判断商业银行的成长性。其公式为

$$主营业务收入增长率 = \frac{本期的主营业务收入 - 上期的主营业务收入}{上期的主营业务收入} \times 100\%$$

（三）主营利润增长率

主营利润增长率是商业银行的本期主营业务利润增长额同上期主营业务利润的比率。该指标让我们了解到银行盈利能力的成长性，主营利润稳定增长且占利润总额的比例呈增长趋势的银行正处在成长期。一些银行尽管年度内利润总额有较大幅度的增加，但主营业务利润却未相应增加，甚至大幅下降，这样的银行就可能增长质量不高，为此要具体分析银行的利润增长的来源，区分是短期性还是长期性原因导致。其公式为

$$主营利润增长率 = \frac{本期的主营业务利润 - 上期的主营业务利润}{上期的主营业务利润} \times 100\%$$

（四）净利润增长率

净利润增长率是商业银行的本期净利润增长额同上期净利润的比率。净利润是银行经营业绩的最终结果。净利润的连续增长是银行成长性的基本特征，如其增幅较大，表明银行经营业绩突出，市场竞争能力强。反之，净利润增幅小甚至出现负增长也就谈不上具有成长性。其公式为

$$净利润增长率 = \frac{本期净利润 - 上期净利润}{上期净利润} \times 100\%$$

五、风险指标

商业银行自身的特点决定了其具有多方面的风险。银行风险是指预期或非预期事件可能对银行资本金或收益的负面影响。风险指标将影响到银行经营状况的多种因素进行分类，定量的反映出商业银行面临的风险程度和抗风险能力。下面仅简要讨论银行主要的三大风险：信用风险、市场风险和操作风险所对应的风险指标，其他有关风险管理和度量的详细内容可参见本书第十二章商业银行风险管理。

（一）信用风险

商业银行面临的主要风险是信用风险，即交易对手不能完全履行合同的风险。这种风险不只出现在贷款中，也发生在担保、承兑和证券投资等表内、表外业务中。如果银行不能及时识别损失的资产，增加核销呆账的准备金，银行就会面临严重的风险问题。由于银行持有的股东资本相对于资产总值来说很小，只要资产中一小部分变为坏账就会使银行处于破产边缘。以下几个指标反映了银行面临多种实际和潜在的信用风险程度及银行为此所作的准备情况。

①贷款净损失/贷款余额。贷款净损失是已被银行确认并冲销的贷款损失与其后经一定的收账工作重新收回部分的差额，代表了信用风险造成的贷款资产真实损失情况。该指标衡量了银行贷款资产的质量状况，比值越大，说明银行贷款资产质量越差，信用风险程度越高。

②不良贷款率。不良贷款率指商业银行不良贷款与总贷款余额的比率，它是评价商业银行信贷资产安全状况的重要指标之一。不良贷款是指出现违约的贷款，不良贷款率越高，代表商业银行收回贷款的风险大；不良贷款率低，表明贷款收回的风险小。中国人民银行在1998年颁布了《贷款风险分类指导原则》，按照国际标准取消原来商业银行执行的贷款四级分类制度，全面推行五级分类制度。贷款五级分类是指在评估银行贷款质量时，把贷款按风险基础分为正常、关注、次级、可疑和损失五类，其中后三类合称为不良贷款。关于五级贷款分类和不良贷款的详细内容可参见本书第七章。

③贷款损失准备/贷款损失净值。贷款损失准备是商业银行为抵御贷款风险而提取的用于补偿银行到期不能收回的贷款损失的准备金，用来应对未来对银行资本的潜在需求，具有防范银行信用风险与补充银行资本的特性。该项指标越高，表明银行抵抗信用风险的能力越强。

④贷款损失保障倍数。该指标是当期利润加上贷款损失准备金后与贷款损失之比。该比值越大，说明银行有充分的实力应付贷款资产损失，可以减少贷款损失对银行造成的不利影响。

以上指标主要考查了银行贷款资产的风险状况，并未对证券投资进行信用风险评估，这是因为银行所持有的证券以政府债券为主，信用风险程度相对较低。但是，对于混业经营的银行来说，证券投资的所带来的违约风险也很大，在分析银行的信用风险状况时也需要加以考虑。

（二）市场风险

市场风险主要可分为汇率风险和利率风险。银行在汇率波动时可能面临头寸损失的风险，尤其是在多头的情况下。银行在外汇市场上通过向客户报价和持有外汇敞口头寸充当做市商，当汇率不稳定时会加剧银行所面临的外汇风险。利率风险是指银行在不利的利率变动中暴露出的财务风险。这种风险既会影响银行的收益，也会影响银行资产、负债和表外业务的价值。银行面对的利率风险主要包含几种形式：再定价风险，它产生于银行资产、负债和表外业务的期限不匹配和利率调整的幅度不一致；收益曲线风险，它产生于收益曲线的斜率和形状发生的变化；选择权，它产生于银行资产、负债、表外业务中存在的或明或暗的选择权；基本点风险，与再定价风险相似，它主要来自对不同金融工具收取和支付的利率不成比率的变动。衡量市场风险的主要指标如下。

①利率风险缺口。其公式为

$$利率风险缺口＝利率敏感性资产－利率敏感性负债$$

②利率敏感比例。其公式为

$$利率敏感比例＝利率敏感性资产/利率敏感性负债$$

利率敏感性资产是指收益率随市场利率波动而重新调整的资产，如浮动利率贷款；利率敏感性负债则指成本支出随市场利率波动重新调整的负债。当一定期限内利率敏感性资产大于利率敏感性负债，利率下降会导致银行损失，利率上升会导致银行收益上升；当一定期限内利率敏感性资产小于利率敏感性负债，则反之。这两个指标是一致的，当利率风险缺口为0或利率敏感比例为1时，银行无利率风险暴露，利率收益不受利率变动影响，其他情况均存在利率风险暴露。

③未保险存款/总存款。在美国，政府和公司存款保险最高金额为25万美元，超过保险金额的存款为未保险存款，它们通常对利率十分敏感，当竞争对手提供的收益率稍微提高一点，这些未保险的存款就会转移到收益率更高的银行。

此外，还有一些指标也可以有效地衡量银行市场风险的大小，包括银行账面资产/该资产估计的市场价值、固定利率贷款和证券/浮动利率贷款和证券、固定利率负债/浮动利率负债、股本资产的账面价值/股本资产的市场价值等。市场利率的复杂多变给银行固定收益的证券和固定利率贷款的管理带来很大困难。如果利率上升，固定收益证券和固定利率贷款的市场价值就会下降，需要在利率上涨时出售这些资产的银行会遭受损失。相反，利率下跌，会使固定收益证券和固定利率贷款价值上升，出售时就可获得较高的资本利得。

（三）操作风险

操作风险是指由于不完善或有问题的内部操作过程、人员、系统或外部事件而导致的直接或间接损失的风险，这一定义包含了法律风险，但是不包含策略性风险和声誉风险，这是巴塞尔协议对操作风险的正式定义。操作风险中的风险因素很大比例上来源于银行的业务操作，因此，这种风险一般很难用一个指标来度量，现代商业银行的管理者常常采用多种指标、高级的风险度量模型和统计工具来考查操作风险状况，这些指标包括交易的失误次数、职员流动比率、错误和遗漏的频率及严重程度等。当这些关键性操作风险指标参数值发生变化，达到或是突破一定限额时，银行就需要对该参数所反映或是代表的操作风险潜在领域实施预警管理。

第三节　商业银行绩效评价方法

一、比率分析法

比率分析法，是将同期财务报表上的若干个重要项目之间的相关数字相互比较，用一个数据除以另一数据以求出比率，用于说明报表上所列各有关项目的相互之间的关系，进而评价其财务状况和经营效益的方法。显然，第二节所介绍的各类财务指标就是比率分析法的具体体现。但是，需要注意的是各个指标本身的数值意义并不大，只有在比较的过程中才能发挥作用。比较的方法有趋势比较和同业比较。趋势比较是指同一家银行通过比较连续时期的绩效评价指标值，从而发现自身的经营状况变化和发展趋势，并对未来作出预测。同业比较是指一家银行与同行业的其他银行或行业平均水平进行比较，寻找出该银行经营中的优势和劣势，有利于调整自身的经营模式和方向。事实上，很多银行是同时运用趋势比较和同业比较，两者可结合起来使用。

比率分析法属于静态分析，是财务分析的最基本工具。用比率分析法获得有关财务信息比较符合实际。比率分析法的优点在于，使用它分析的各项目之间的关系较易确定，不会使财务报表的使用者感到迷惑。在财务分析中，比率分析用途最广，最为简便，但是也存在一定的缺点：比率分析属于静态分析，对于预测未来并非绝对合理可靠。比率分析所使用的数据为账面价值，难以反映物价水准的影响。可见，在运用比率分析时，要注意将各种比率有机联系起来进行全面分析，不可单独地观察某种比率，否则便难以准确地判断公司的整体情况。由于银行的经营活动是错综复杂而又相互联系的，因而比率分析所采用的比率种类很多。作为银行财务分析人员，最重要的是能选择对银行经营管理有实质意义的、决策阶层感兴趣的、互相关联的项目数值来进行比较，根据实际需要比较商业银行的各种能力，包括盈利能力、成长能力、抗风险能力、流动性和安全性等方面，从而选择相应的财务指标。

二、杜邦分析法

由于银行的经营业绩是包括多个因素的完整体系，而比率分析法将银行业绩分为多个方面，割裂了相互间的联系。综合分析法则弥补了这种不足，将银行盈利能力和风险状况结合起来对银行业绩作出评价。杜邦分析法是一种典型的综合分析法，考核的核心是权益收益率（Return on Equity，ROE）。由于这种分析方法最早由美国杜邦公司使用，故名杜邦分析法。1972 年，著名的金融分析家大卫·科勒（David Cole）在银行绩效分析中引进杜邦财务分析方法，对银行进行综合分析，在实际应用中，这种方法又不断细化（两因素变为三因素、四因素）以适应更加严格的要求。该方法是一个多层次的财务比率分解体系，通过在每个层次上与本银行历史或同业的财务比率比较，比较之后向下一级分解，逐步覆盖银行经营活动的每一个环节，可以达到系统、全面评价银行经营成果和财务状况的目的。

（一）两因素杜邦分析法

两因素方法是杜邦分析法的基本方法，它体现了其核心的分析理念。以下我们将所有者权益简称为权益，具体公式如下。

$$权益收益率（ROE）=\frac{税后净利润}{权益}=\frac{税后净利润}{总资产}\times\frac{总资产}{权益}=资产收益率\times权益乘数$$

由于 ROE 是银行股东和管理层所关心的最重要指标，是经营业绩的综合反映，所以杜邦分析法从权益收益率开始分析。杜邦两因素模型显示，ROE 受资产收益率、权益乘数的共同影响。资产收益率是商业银行资产盈利能力的代表性指标之一，它可以反映管理者运用受托资产赚取盈利的业绩，是最重要的盈利能力，该指标提高会带来 ROE 的提高。因此，不难发现，ROE 指标间接反映出银行的盈利能力。

ROE 分解出来的权益乘数（即财务杠杆）可以反映银行的财务政策和风险状况。在资产收益率不变的情况下，提高财务杠杆可以提高权益收益率，但同时也会增加财务风险。因为，如果权益乘数加大，代表商业银行的所有者权益比重下降，清偿能力下降，清偿性和安全性风险增大。与此同时，权益乘数还会增加资产收益率的波动幅度，使得 ROE 指标不稳定性增加。一般说来，资产收益率较高的银行，财务杠杆较低，反之亦然，当然这种现象并不是偶然的。假设为了提高权益收益率，银行倾向于尽可能提高财务杠杆。但是，存款者不一定会同意这种做法，因为存款者不分享超过利息的收益，他们更倾向于把钱存到预期未来经营现金流量比较稳定的银行。为了稳定现金流量，银行的一种选择是提高存款利率以减少竞争，另一种选择是增加营运资本以防止现金流中断，这都会导致资产收益率下降。这就是说，为了提高流动性，只能降低盈利性。资产利润率与财务杠杆在某些情况下可能会表现出负相关关系，而它们又共同决定了银行的权益收益率，因此银行必须使其经营战略和财务政策相匹配。

两因素杜邦分析法揭示了商业银行盈利性和风险之间的制约关系，因此，商业银行在进行绩效评价管理时，要充分考虑两方面因素，科学客观的评价经营状况。

（二）三因素和四因素杜邦分析方法

两因素模型是将权益收益率分解为资产收益率和权益乘数两个方面，但是银行资产收益率也取决于多个因素，因此可将其进一步分解，从而扩展为三因素分析模型，具体公式为

$$\text{ROE} = \frac{税后净利润}{总资产} \times \frac{总资产}{权益} = \frac{税后净利润}{总收入} \times \frac{总收入}{总资产} \times \frac{总资产}{权益}$$
$$= 银行利润率 \times 总资产周转率 \times 权益乘数$$

无论提高其中三个比率的哪一个，权益收益率都会提高。其中，"银行利润率"是利润表的概括，"总收入"在利润表的第一行，"净利润"在利润表的最后一行，两者相除可以概括全部经营成果；"总资产周转率"把利润表的和资产负债表联系起来，使权益收益率可以综合整个银行的经营活动和财务活动的业绩；"权益乘数"是资产负债表的概括，表明资产、负债和股东权益的比例关系，可以反映最基本的财务状况。

第一，如何提高银行利润率。提高该指标的关键在于当银行收入增加时，要使费用开支的增长速度小于收入增长速度。银行收入的提高可以通过扩充服务种类、合理定价和扩大资产规模等方式实现。费用的降低则可通过提高员工工作效率、严格控制各项支出等方式达成。

第二，资产周转率是衡量企业资产管理效率的重要财务比率，体现了银行经营期间全部资产从投入到产出的流转速度。通过该指标的对比分析，可以反映银行本年度及以前年度总资产的运营效率和变化，发现与同类银行在资产利用上的差距，促进商业银行挖掘潜力、积极创收、提高产品市场占有率、提高资产利用效率。一般情况下，该数值越高，表明商业银行总资产周转速度越快。对于商业银行来说，短期收益性资产的周转速度快，长期资产的周转速度慢，但是长期资产的盈利性又要好于短期资产，两者都是商业银行的重要资产构成，缺一不可，商业银行可以在保证正常经营的基础上努力提高资产周转率，从而改进资产管理效率。

通过以上分析，我们可以将上述的三因素模型进一步理解为以下公式，从而可以更准确的把握解 ROE 指标的决定及其变化原因，准确评价银行业绩。

$$\text{ROE} = 资金运用和费用管理效率 \times 资产管理效率 \times 风险因素$$

由于银行利润率不只是同其资金运用及其费用管理效率相关，也同银行的税负支出有关。因此，如果我们将银行利润率进一步分解，我们就可以得到银行的四因素杜邦分析模型，具体公式为

$$银行利润率 = \frac{净利润}{总收入} = \frac{纯利润}{税前利润} \times \frac{税前利润}{总收入}$$

$$ROE = \frac{净利润}{税前收入} \times \frac{税前利润}{总收入} \times 资产利用率 \times 权益乘数$$

从银行的损益表可以观察到，银行税前利润是其营业中的应税所得，不包括免税收入和特殊的营业外净收入。所以纯利润/税前利润越高，反映银行的税负支出越小，其税负管理较为成功。税前利润/总收入也反映了银行的经营管理效率。我们可以进一步将 ROE 指标理解为以下公式。

$$ROE = 税负支出管理效率 \times 资金运用和费用控制管理效率 \times 资产管理效率 \times 风险因素$$

从杜邦分析模型中可以看出，ROE 指标涉及银行经营中的方方面面。杜邦分析法透过综合性极强的 ROE 指标，间接地体现了银行经营中各方面情况及相互之间的制约关系。

（三）杜邦分析法评价

杜邦分析法的核心是股东权益收益率最大化，这符合股份公司的股东财富最大化目标。因此，我们不难看出杜邦公司把股东权益收益率作为杜邦分析法核心指标的原因所在，在美国股东财富最大化是公司的管理目标，而股东权益收益率又是反映股东财富增值水平最为敏感的内部财务指标，所以杜邦公司在设计和运用这种分析方法时就把股东权益收益率作为分析的核心指标。随着各国纷纷建立起股份公司制度，杜邦分析法也开始被应用到各国企业的绩效评价中去。杜邦分析法通过将 ROE 指标逐级分解为多项财务比率乘积，这样有助于深入分析比较企业经营业绩，从而使企业管理层更加清晰地看到权益资本收益率的决定因素，给管理层提供了一张明晰的考察公司资产管理效率和是否最大化股东投资回报的路线图。

但是，杜邦分析法只包括财务方面的信息，不能全面反映银行的经营实力，有很大的局限性，在实际运用中需要结合银行各方面因素进行综合分析。具体表现如下：其一，过于重视短期财务结果，有可能助长银行管理层的短期行为，忽略企业长期的价值创造，不利于银行的长远发展；其二，财务指标反映的是企业过去的经营业绩，较难反映未来的经营趋势和因素变化。随着电子计算机的出现及信息技术的快速发展，消费理念、经济全球化和技术创新等因素对银行经营业绩的影响越来越大，而杜邦分析法在这些方面是无能为力的；其三，在目前的市场环境中，商业银行的表外创新层出不穷，而相伴而来的就是风险也与日俱增，杜邦分析法很难对这部分业务内容准确反映。

三、"平衡计分卡"绩效评价模型

作为一种综合性的业绩评价系统，"平衡计分卡"（Balanced Score Card，BSC）绩效评价模型既包括财务指标又包括非财务指标，它主要从财务、客户、企业内部流程、学习与成长四个方面评价企业的业绩（可参见表 12-2）。通过对四个方面运用一系列相关指标进行描述和测度，并通过四者相互之间的因果关系构成一个完整的评价指标体系。平衡计分卡的四个维度中，财务角度是最终目标，客户角度是关键，内部流程角度是基础，学习与成长是

核心，它克服了传统业绩评价体系（例如比率分析法和杜邦分析法）只注重财务指标不注重其他业务指标的不足，打破了传统的绩效管理模式，并为企业管理人员提供一个全面的框架，将企业的战略转化为一套系统的业绩评价指标。该方法是 1992 年由哈佛商学院的教授罗伯特·S·卡普兰（Robert S. Kaplan）和复兴全球战略集团的创始人兼总裁戴维·P·诺顿（David P. Norton）在《平衡计分卡：良好的绩效的评价体系》一文中提出的一种新的绩效评价体系。

（一）平衡计分卡的四大要素

1. 财务要素

财务要素是商业银行经营的结果体现，通过观察财务指标可以了解到银行的最终经济收益，因此可以认为财务要素是其他三要素的出发点和最终归宿，财务目标是与企业发展的战略目标相一致的。通常会考察到的财务指标包括权益收益率、资产收益率、银行利润率、不良贷款率、利润增长率等，主要体现了银行的盈利能力、流动性、安全性和成长潜力等多个方面。需要注意的是，财务因素不是孤立的，而是作为其他三个要素的衡量标准和最终目标，并贯穿于平衡计分法的四个方面，从而使企业在财务与非财务业绩之间形成一种因果关系，促进经营绩效的提高，这是平衡计分法的主要目的。

2. 客户因素

客户是商业银行的生命之本，也是现代商业银行的利润来源，因此，商业银行理应将客户感受作为银行经营的关注焦点。商业银行进行客户管理的目标市场包括现有和潜在的客户，管理者设计一些衡量指标来追踪企业在目标市场上创造客户满意度和忠诚度的能力。所设计指标包括客户满意度、客户印象、新客户需求、客户盈利能力和在目标市场上的份额等，用以反映客户的忠诚度。通过从客户的角度来看商业银行，有助于银行从质量、服务、时间和成本等多个方面关注市场份额及客户的需求和满意程度。需要注意的是，尽管这些客户衡量指标对各家银行来说都很普遍，但银行可以进行个性化的选择，根据自身优势和发展战略，吸引相应的客户群，提高银行的盈利能力。

①客户满意程度。作为金融服务业，银行业务的目标就是要满足客户的多元化需求，从而使客户越来越多地使用银行的金融服务，使银行获得更多收益。但是，该指标也是最难量化度量的指标，主要可以通过问卷调查、顾客投诉率等形式进行了解。

②客户保留率。该指标主要反映客户对银行的忠诚度，即银行通过建立自身的数据库，统计客户对银行业务的依赖程度。例如，考察存款客户在该银行的存款持续时间、数量，以及使用服务的种类、次数等。该指标同满意度指标一样，比率越高代表银行的服务越让客户满意。

③客户获取率。该指标反映银行获取新客户或业务开发的状况，可以使用新增客户数量或业务量来衡量。例如，银行新开发出一种住房抵押贷款形式，通过考察贷款业务规模就可以知道客户的认可度。

④市场占有率。用来衡量银行在同业市场中所占的份额，如贷款占市场的百分比、国际业务占市场的百分比等，说明银行在市场中的地位，资料可以从市场内统计获得。前面介绍的三个指标都会直接影响银行的市场占有率。

⑤客户的盈利性。客户的盈利性是商业银行开发客户，提高客户满意度的最终目的。因

此，客户的盈利性直接影响到银行的经营策略和关注重点，商业银行当然愿意为盈利性高的客户提供更高水平的服务，使其更加满意。但是，客户的盈利性并不是一成不变的，它随着经济环境和市场环境的变化而变化，所以商业银行要及时调整自身的经营策略。例如，次贷危机前，许多美国银行致力于开发所有潜在的住房抵押贷款客户，以获得丰厚的利润。危机爆发后，房地产市场泡沫的破灭和萎靡使得银行减少对这一行业客户的开发。表12-2是商业银行平衡计分卡样表。

表 12-2　商业银行平衡计分卡样表

	某财年		第一季度		第二季度		第三季度		第四季度	
	标杆	实际	标杆	实际	标杆	实际	标杆	实际	标杆	实际
财务										
权益收益率										
资产收益率										
银行利润率										
……										
客户										
客户满意度										
客户获取率										
市场占有率										
……										
内部流程										
贷款审批时间										
新产品投产时间										
售后服务效率										
……										
学习与成长										
员工创新性										
员工流动比率										
新产品订货量										
……										

3. 内部流程因素

内部流程因素主要着眼于银行的核心竞争力，事实上，无论是财务因素还是客户因素都要依靠内部业务流程来完成，是以内务业务流程为客观基础的。每家银行都有一套独特的客户创造价值和产生超额财务回报的流程。内部过程是商业银行改善经营业绩的重点，因此，商业银行应当挑选出那些对客户满意度有最大影响的业务程序，明确自身的核心竞争能力，并把它们转化成具体的测评指标。卡普兰及诺顿所提出的内部价值链模型提供了一个便利的模型帮助公司制定其目标与内部业务流程的衡量手段，一般的价值链包含创新流程、运营流程和售后服务流程这三个主要的业务流程。该模型指出企业以确认客户的需求为起点，然后通过创新程序、生产营运程序和售后服务程序，最后以满足客户的需求为目标。

①创新流程。银行的创新能力表现在开发新市场，发掘和培养新客户，开发和创造新的金融产品及服务，以及采用创新的经营管理理念和模式等。主要的考查指标有：商业银行在市场上领先的产品数量、新产品开发数目、新上市产品的销售程度、新业务利润率等。

②运营流程。对于一般工业企业来讲，运营流程是指按客户订单生产产品开始，到把产品发送给客户为止，主要强调效率、连贯、及时性。从银行角度来看，由于银行是一种金融

服务业，所以生产运营流程可以视为从客户提出金融需求开始，直至把金融产品或服务提供给客户的过程。我们可以从金融产品的质量、服务时间、服务成本等方面制定相关的衡量指标：处理业务的时间（例如，客户开通新账户时间，客户申请贷款至获得贷款所需时间）、金融产品或服务的质量（例如，投资理财产品是否能获得稳定回报）、服务成本（例如，银行开发一种新产品的成本和风险）。

③售后服务流程。售后服务是指商业银行在向顾客提供金融服务或产品后，所给予客户的后续服务项目。例如，为客户提供有关产品或服务的最新信息，及时解决客户在使用相关产品和服务所遇到的问题等。

4. 学习和成长因素

学习和成长因素直接决定了商业银行的未来持续增长潜力。银行能否将现有的良好业绩维持下去，甚至进一步提高发展空间，都取决于这一因素。商业银行学习和成长过程包括三部分：人员、信息系统和程序，如果商业银行想实现长远的目标，则不能只看见短期的利益而忽略长期持续发展的需要，就必须重视这些方面的投资。

①人员。只有充分发挥员工的积极性和创新能力才能使银行立于不败之地，可使用职工的满意程度作为重要参考指标。职工满意是提高利润率，提高市场占有率的前提条件。评价方法可采用年度调查或滚动调查的方法进行。调查项目可分为：决策参与程度、工作认可程度、创造性的鼓励程度、充分发挥才能的程度及对银行总的满意程度等，指标设定要结合考虑职工的稳定性和创新性。其一，职工的稳定性，是以保持员工长期被雇佣为目标。因为银行在职工身上进行了长期投资，职工辞职则是企业在人力资本投资上的损失，尤其是掌握了银行经营过程的高级雇员。具体可通过人事变动百分比计量，尤其是高级雇员的人事变动是考核的重要指标。其二，职工的创新性。该指标反映银行的发展潜力，可用职工每年开发的新产品数量或研制出的专利或非专利技术数计量，也可用职工获得的奖金额计量。日本部分企业职工每年的创新奖金超过了他们的年工资，这充分鼓励了职工的创新性。同时，要为职员提供定期高水平培训的机会，使他们能不断的提高业务能力。

②信息系统。信息系统的运作能力可以通过及时准确地把关键客户和内部经营的信息传递给制定决策和工作的一线雇员所用的时间来计量。银行金融业是对信息高度依赖的行业，要使银行员工在竞争的环境中发挥最大的贡献，就需要使他们及时快速的获得足够的信息，例如，关于客户的数据、经济市场信息、财务决策资料等。只有掌握充分的资讯，员工才可以落实各项工作，减少时间、成本的浪费现象。

③程序。工作程序可以检查员工激励与全面的银行成功因素及内部经营效率的情况。即使有高素质的员工，但如果不能启发其积极性，不能给予其工作上适当的自由度，则无法保证员工以最好的方式为企业服务，因此企业须建立建全的激励机制及内部授权制度，就银行而言，合适的授权制度更可直接影响其经营运作的顺畅及风险。良好的工作程序有利于提高银行的经营效率，降低经营成本，提高银行获利能力。

（二）平衡计分卡的基本原理

财务、客户、内部流程、学习与成长四大要素构成了平衡计分卡的主体内容，这四大要素间并非是各自独立的，而是呈互相影响、互相制约的因果关系（可参见图 12-1）。这种因果关系也成为平衡计分卡绩效评价方法的核心特点。平衡计分卡贯穿于企业战略管理的全过程。由于在应用平衡计分卡时，我们是把组织经营战略转化为一系列的目标和衡量指标，因此，企业合理的制定发展战略和远景是平衡计分卡方法实施的前提条件。在企业制定好发展战略后，平衡计分法就把组织经营战略转化为一系列的衡量指标，具体包括财务、客户、内部业务流程、学习与成长四个方面的衡量指标，从而使战略成功实施。同时，平衡计分卡还能使管理层时常对战略进行重新的审视和修改，这样平衡计分卡为管理层提供了就经营战略的具体交流的机会。同时，因为战略制定和战略实施是一个交互式的过程、在运用平衡计分卡评价组织经营业绩之后，管理者们了解战略执行情况，可对战略进行检验和调整。

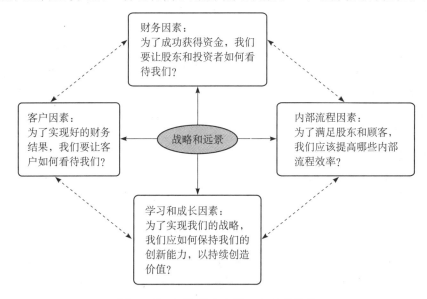

图 12-1　平衡计分卡的四大要素关系

　　优秀的平衡计分卡不仅仅是重要指标或重要成功因素的集合。一份结构严谨的平衡计分卡应当包含一系列相互联系的目标和指标，这些指标不仅前后一致，而且互相强化。例如，投资回报率是平衡计分卡的财务指标，这一指标的驱动因素可能是客户的重复采购和销售量的增加，而这二者是客户的满意度带来的结果。因此，客户满意度被列入计分卡的客户层面。通过对客户偏好的分析显示，客户比较重视按时交货率这个指标，因此，按时交付程度的提高会带来更高的客户满意度，进而引起财务业绩的提高。于是，客户满意度和按时交货率都被纳入平衡计分卡的客户层面。而较佳的按时交货率又通过缩短经营周期并提高内部过程质量来实现，因此这两个因素就成为平衡计分卡的内部经营流程指标。进而，企业要改善内部流程质量并缩短周期的实现又需要培训员工并提高他们的技术，员工技术成为学习与成长层面的目标。这就是一个完整的因果关系链，贯穿平衡计分卡的四个层面。

　　平衡计分卡通过因果关系提供了把战略转化为可操作内容的一个框架。根据因果关系，对企业的战略目标进行划分，可以分解为实现企业战略目标的几个子目标，这些子目标是各个部门的目标，同样各中级目标或评价指标可以根据因果关系继续细分直至最终形成可以指导个人行动的绩效指标和目标。以商业银行为例，假设银行以利润增长率作为其财务目标，为了实现这一目标，银行需要提高客户满意率和客户获取率。这时银行就要考虑优化内部操作流程，改进服务效率，同时，研发新的金融产品和服务，以全方位满足客户的需求，这两方面即内部流程因素和学习与成长因素都有助于增加客户对银行服务的满意度，从而保留和吸引更多的客户使用银行服务和产品，达成银行利润增长的财务目标，提升自身的声誉和影响力，最终实现银行的发展战略和远景目标。

(三) 平衡计分卡的评价

平衡计分卡的四个维度中，财务角度是最终目标，客户角度是关键，内部流程角度是基础，学习与成长是核心，克服了传统业绩评价体系只注重财务指标不注重其他业务指标的不足。平衡计分卡是一项全新的公司业绩评价系统。从已实行该系统的美国公司来看，大都收到了良好的效果，给予了较高的评价。像美孚公司美国营销与炼油分公司，自 1993 年起，从公司到公司内部各有关专业公司和服务部门，再到员工个人，都全面地实行平衡计分卡，有效地推动了全公司及其各单位经营业务的顺利开展。但就总体来说，在美国推行平衡计分卡评价系统的公司还只是一小部分，并且实行的时间也不算长，这种业绩评价系统还处于实验过程中，还需要在更广泛和较长时间的实践中加以补充和完善。具体局限性表现如下：

1. 评价指标体系设计复杂

平衡计分卡的指标体系设定是一件比较复杂的事情，如何使指标便于考核且不会重叠，这都考验管理者的能力。这其中最难的就是关于非财务指标体系的设立，所设指标能否收集到相关数据进行定量分析，结果是否准确可靠等方面都要考虑。例如，平衡计分卡中的评价指标，与原有的公司日常业绩指标系统是何关系，它们之间有无重叠和矛盾的地方；对平衡计分卡中的一些目标、指标，究竟应如何进行具体评价和考核，特别是对那些像客户忠诚和满意程度、员工满意程度之类的指标，如何进行定量评价；一个公司里，从公司到各经营和服务单位、再到员工个人，在制定平衡计分卡的各项目标和指标时，如何协调和保持它们之间的平衡、统一的问题；内部流程和学习成长因素常常有重叠或不易区分的指标。

2. 指标实施难度大、成本高

平衡计分卡的实施也有一定的难度。首先，企业要设立合理明确的战略目标。其次，管理层要具备沟通各方保证指标有效实施的能力，同时，还要具备相应的分解指标能力和创新能力等。因此，对于管理效率较低的企业不可直接引入平衡计分卡绩效评价方法，必须先提高自身的管理水平，才有可能使平衡计分卡有效实施，发挥应有的效力。

平衡计分卡要求企业从财务、客户、内部流程、学习与成长四个方面考虑战略目标的实施，并为每个方面制定详细而明确的目标和指标。在对战略的深刻理解外，需要消耗大量精力和时间。同时，要把恰当的指标分解到各个部门，最终落实下的指标可能会多达 15～25 个。平衡计分卡的执行也是一个耗费资源的过程，而在到期进行数据收益和考核时，也是一项很耗时耗力的负担。一份典型的平衡计分卡需要 3～6 个月去执行，另外还需要几个月去调整结构，使其规范化。从而总的开发时间经常需要一年或更长的时间。平衡计分卡对战略的贯彻基于各个指标间明确、真实的因果关系，但贯穿平衡计分卡的因果关系链很难做到真实、可靠，就连它的创立者都认为"要想积累足够的数据去证明平衡计分卡各指标之间存在显著的相关关系和因果关系，可能需要很长的时间，可能要几个月或者几年。在短期内经理对战略影响的评价，不得不依靠主观的定性判断"。而且，如果竞争环境发生了激烈的变化，原来的战略及与之适应的评价指标可能会丧失有效性，从而需要重新修订。

专栏 12 - 3　平衡计分法的成功案例

美孚石油（Mobil Oil）美国营销及炼油事业部——在 1993 年引入平衡计分卡，帮助美孚从一个高度中央集权的、以生产为导向的石油公司转变为一个分散的、以客户为导向的组织。产生的结果是迅速和富有戏剧性的。1995 年，美孚的行业利润率从最后一名跃居第一名，并连续四年保持了这个地位（1995—1998）。不良现金流发生了戏剧性转变，投资回报率位居同行业榜首。

信诺保险集团（CIGNA Insurance）财产及意外险事业部——于 1993 年引入平衡计分卡，帮助信诺从一个亏损的多元化经营者，转变成一个位居行业前列、专注主营业务的企业。其结果同样迅速和富有戏剧性。两年内，信诺扭亏为盈。1998 年，该公司的绩效迈入行业的前四分之一强。

Brown & Root 能源服务集团（Brown & Root Energy Services）Rockwater 分公司——1993 年，该分公司总裁为管理团队引进了平衡计分卡，用以帮助两个新合并的工程公司明确战略并达成共识，将他们从低成本的小贩转变为有高附加值的合作伙伴。计分卡的设计过程被用于构建团队、鉴别客户价值目标的不同观点以及为企业目标达成共识。1996 年，该公司的增长和获利率均在本行业位居榜首。

汉华银行（Chemical Retail Bank）（现在的汉华大通）——平衡计分卡于 1993 年被引入，以帮助银行吸收一家并购银行，引进更为一体化的金融服务，加速电子银行的使用。平衡计分卡明确地说明了战略的重点，并为在战略与预算间建立联系提供了构架。3 年内，其获利率增长了 20%。

中石油华北油田——平衡计分卡于 2008 年被引入，以帮助油田改善管理，提供集团公司的战略执行力，加速信息化油田建设。平衡计分卡明确地说明了战略的重点，并为在战略与预算间建立联系提供了构架。1 年内，其执行力，利润等分别增长了 12%。是目前中石油系统里面管理比较卓越的一家集团企业。

资料来源：百度百科词条平衡计分卡.

四、风险调整绩效度量方法（RAPM）

风险调整绩效度量方法（Risk Adjusted Performance Measurement，RAPM）与传统绩效度量方法的最大区别就在于将业务的收益与风险直接挂钩，强调了风险衡量在银行这类特殊行业的重要性。20 世纪 70 年代末，美国信孚银行（Bankers Trust，1999 年被德意志银行收购）首次提出风险调整资本配置的观念，设计初衷是用它来衡量银行投资组合的风险，以及使银行的储户和债权人能够有效规避风险的股权资本总额。从此，该技术被国际上活跃的各大银行广泛应用，他们通过对信用风险的量化管理来平衡业务的风险和收益，并形成了以此为核心的全面风险管理模式。目前，RAPM 已成为金融理论界与实务界公认有效的核心经营管理手段，很多知名银行的风险经理都认为 RAPM 是风险收益度量的最前沿问题，它能为银行的业务决策、绩效考核等多方面经营管理提供统一的标准依据。

风险调整绩效度量方法是一个风险收益均衡模型，在对不同投资方案进行比较时，该方法不同于传统的主要以权益收益率（ROE）为中心的绩效度量和资本分配模式，而是将银行获得的收益与其所承担的特定风险直接挂钩，更明确地考虑到风险对商业银行的巨大影响。风险调整度量方法可以帮助业务管理者进行投资决策，制定不同层次上的长期战略计划，例如风险量化和管理、交易评估、利润提升、绩效度量和资本分配。同时，该方法还能对新引入的交易工具进行有效定价，从而实现具有更高增值潜力的投资。

（一）RAPM 度量指标的计算方法

计算 RAPM 度量指标时需要对分子（收益项）和分母（资本项）进行调整，四个常用的 RAPM 度量指标的计算方法和含义各不相同，使用时必须严格加以区分。标准 RAPM 方法的应用条件与现实情况有很大差距，对计算公式的修正可有效避免因此而导致的偏差。RAPM 通常有四个度量指标，它们分别是：资本收益（Risk On Capital，ROC）、风险调整资本收益（Return On Risk-Adjusted Capital，RORAC）、资本的风险调整收益（Risk-Adjusted Return On Capital，RAROC）和风险调整资本的风险调整收益（Risk-Adjusted Return On Risk-Adjusted Capital，RARORAC）。这四个绩效度量指标基本形式类似，都是由风险调整的或未被调整的收益除以必要监管资本或经济资本得来的，只是风险调整的位置各不相同。下面以 RAROC 这个最为常用的指标为例详细介绍 RAPM 的基本理念。

RAROC 模型：该方法的核心思想是将未来可预计的风险损失量化为当期成本，对当期收益进行调整，衡量经过风险调整后的收益大小，从而考虑为非预期损失做出资本储备，用以衡量资本的使用效率，使银行的收益与所承担的风险挂钩。RAROC 最终衡量的是占用风险的每单位的资源创造的效益。其基本表达式为

$$RAROC = \frac{风险调整收益}{经济资本（或 UL）} = \frac{收益（R）-预期损失（EL）}{经济资本（或 UL）}$$

其中，"风险调整的收益"就是利用预期损失来对分子中的收益加以风险调整。在商业银行的实际操作中，风险调整收益的计算为

$$风险调整收益 = 总收入-资金成本-营运成本-预期损失$$
$$= （银行各项业务收入-费用支出）-预期损失$$
$$= 未提拨备的账面利润-资产减值准备$$

总收入可以包括利差收入和非利息收入。成本包括银行资金成本、运营成本等各项经营管理成本。公式中经济资本（CAR，Capital at Risk），又称风险资本，是根据银行承担的风险计算的最低资本需要，用以衡量和防御银行超出预计损失的那部分损失（关于经济资本的详细介绍可参见本书第三章）。

风险资本的经济学原理在于：银行业务发展所带来的风险可以分解为三个层次的损失（如图 12-2 所示），即预期损失（Expected Loss，EL）、超出预期平均水平的非预期损失（Un-Expected Loss，UL）及超出银行正常承受能力以外的异常损失。其中预期损失（EL）是在正常情况下银行在一定时期可预见到的平均损失，这类损失要通过调整业务定价和提取相应的一般损失准备金来抵补，从业务的收益中作为成本来扣减。此部分不用提取风险资本金。不同风险类型的预期损失有不同的计量方法，但它的要素有四个方面，即违约概率、违约损失率、违约风险值和期限。预期损失的计算公式为

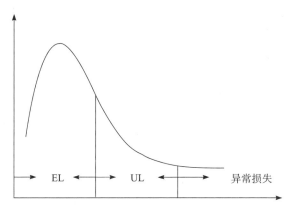

图 12-2 银行业务风险的损失分布

$$EL = AE \times LGD \times EDF$$

其中，AE 为调整的风险暴露（Adjusted Exposure），它由未清偿贷款，贷款承诺与既定违约提用比例的乘积组成。EDF（Expected Default Frequency）为预期违约频率，它等价于违约概率，LGD（Loss Given Default）为违约损失比例。违约概率可以使用外部评级机构的数据来估计，也可以直接利用内部信用评级模型来计算。

非预期损失（UL）是指超过 EL 的损失。这部分损失，银行必须有充足的资本来抵补，以尽可能降低存款人的损失，因此风险资本主要是用来针对非预期损失。风险资本就是一道与银行实际承担的最大可能损失直接联系的风险防线，这如同防洪堤坝的设计，要根据一定时期内最大水位超出一般平均水位的情况来设置。

贷款的非预期损失（UL）可以由下式表示。

$$UL = AE \times \sqrt{EDF \times \sigma_{LGD}^2 + LGD^2 \times \sigma_{EDF}^2}$$

其中，AE 为调整的风险暴露（Adjusted Exposure），它由未清偿贷款，贷款承诺与既定违约提用比例的乘积组成。EDF（Expected Default Frequency）为预期违约频率，它等价于违约概率，LGD（Loss Given Default）为违约损失比例。σ_{LGD}^2 为违约损失比例的方差，而 σ_{EDF}^2 为违约概率的方差，若贷款只有违约与不违约两种状态，则违约概率的方差为：

$$\sigma_{EDF}^2 = EDF \times (1 - EDF)$$

对于超过银行正常承受能力的异常损失，属于那种发生频率极低却损失很大的事件，一般发生时往往能使得银行直接遭受破产的威胁。由于其发生频率极低，所以对于这部分损失，只要通过外界途径如购买保险等来予以防范即可。

（二）RAPM 度量指标的比较和选择

尽管 RAPM 的四个常用度量指标（ROC、RORAC、RAROC 和 RARORAC）在形式上十分类似，但是在做绩效评价比较时，采用不同的指标会得出不同的结果。银行必须选择合适的 RAPM 指标才能做出正确的绩效评价。表 12-3 是对 4 种 RAPM 度量指标的详细比较。

银行在选择 RAPM 指标时，既要对上述指标的概念内涵有清晰的认识，又要将指标与其所从事的具体的各项业务相结合。下面是对四种 RAPM 度量指标的简单总结。

①由 ROC 的名字即可看出，ROC 指标没有包括任何风险调整过程，所以它单纯地只强调收益，而忽视风险的重要性。在长期来看，如果商业银行只重视 ROC，可能会导致较高的信用损失，从而降低股东价值。

②RORAC 相对于 ROC 的优势在于其对分母项引入了风险调整。即考虑了非预期损失下的经济资本的收益率。一般来说，风险和收益都相对较低的交易会具有较高的 RORAC 值。偏好高"缓冲"资本的银行会据此选择那些风险较低的交易，构建风险很低且收益也较低的资产组合。

③RAROC 的计算全面考虑了分子和分母项的风险因素。不仅仅对资本进行风险调整，同时对银行的收益也进行了市场风险修正，使用该指标的银行会倾向于持有能对市场风险进行弥补的资产。RAROC 具有较高的实用性和有效性，因为它试图实现市场监管限制下的风险调整收益最大化。

④RARORAC 技术以风险原理和坚实的经济理论为基础，为了使得其达到最好的效果，通常要将其与其他一些目标结合起来，如收益和获利目标。由于它的分子和分母中均考虑了风险因素，同时分母项采用边际经济资本来衡量，因此使用 RARORAC 时需要对风险进行精确的判定和调整。商业银行需要用精湛的理论基础及完备的风险度量和跟踪系统以便恰当地实施这种方法。

表 12 - 3　四种 RAPM 度量指标比较

	计算公式	含义	优点	缺陷
ROC 资本收益	收益/必要监管资本	计算与监管资本相关的收益率	简单直观易于实施	没有包含风险因素
RORAC 风险调整资本的收益	收益/经济资本	计算与经济风险资本相关的收益率	对分母进行了风险调整	倾向于持有低风险资产
RAROC 资本的风险调整收益	风险调整的收益/经济资本＝（收益－预期损失）/经济资本	将经济资本需求和市场风险成本相结合	分子和分母都进行了风险调整	经济资本只能对风险进行有限划分，影响了指标的准确性
RARORAC 风险调整资本的风险调整收益	风险调整收益/边际经济资本＝（收益－预期损失）/边际经济资本	根据商业银行要求的资本缓冲额和市场风险进行调整所得出的边际经济资本收益率	可用于不同等级资产的风险决策	忽略了业务的监管成本

资料来源：Sanjeev Punjabi, Many happy returns, Risk, June 1998, pp：71 - 76.

（三）RAPM 的评价

RAPM 作为一种先进的风险绩效度量方法，该系统的优点如下。

第一，RAPM 是向前看的度量指标，它基于对未来风险与利润的预期。RAPM 改变了银行过去主要以权益收益率（ROE）为中心来考察经营业绩模式，同时它考虑了收益、风险和资本因素，在银行的实际收益与所承担的风险之间建立了直接联系，与银行最终盈利目标相统一。

第二，RAROC 促使商业银行更积极地通过"战略贷款"等手段来扩大有效业务。它不单纯地追求信贷总量扩张，如果单笔贷款不能满足 RAROC 目标，业务人员必须努力发掘那些有较少风险成本而且少占用经济资本的业务以便改善业务组合的风险与收益配比关系。RAROC 克服了商业银行风险的滞后性和隐蔽性，要求业务发展与风险控制的内在统一。

wang ying jing
sheng ye yin hang
374

RAROC 同时还克服了商业银行过去在绩效考核中存在的盈利目标与潜在的可能损失在不同时期反映的时间错位问题，促进了股东利益与经营者行为的统一，经营目标与业绩考核的统一。

第三，RAROC 能够有效衡量各利润中心和个人绩效，而传统资本回报率对风险与收益缺乏有效的平衡，鼓励追求高风险、高收益行为，不利于商业银行审慎经营。该方法改变以前的以账面价值为主的利润中心管理模式为信用风险调整后的利润中心管理模式，体现了业务发展与信用风险管理的统一，规避了出于贷款期限的错位导致的经营目标与业绩考核目标的不一致性。从以规模扩张为主衡量业务账面利润的效益考核模式转变为由信用风险计量为主衡量资产实际价值的质量考核模式，规避了由于长期利润与个别年度利润评价的不一致性，而产生的不良贷款逐年增加的怪圈，达到了业务发展与信用风险控制的协调统一。

第四，RAROC 强调银行资本对信用风险的最终抵补作用，以信用风险作为确定资本需求量的重要参照值，凸显了对资本充足率的要求，符合国际通行的商业银行监管原则（巴塞尔协议），因而也符合我国商业银行在加入世贸组织后不断与国际惯例和规则接轨的要求。

RAPM 的缺点体现在以下两方面。

第一，由于模型比传统的 ROE 指标更为复杂，其对相关水平和其他统计参数高度依赖，容易受模型设定偏差的影响。信用风险绩效度量计算公式的分子和分母中均考虑了风险因素，因此使用该指标时需要对风险进行精确的判定和调整。此外，由于该模型的复杂性，它需要高水平的风险管理人员和配套的跟踪系统等方面的软硬件配合。

第二，由于其对精确性追求增加了成本，而且无论适合与否均纳入模型，只能带来一定程度精确。同时，风险度量是一个非常复杂的问题，它受到很多随机因素的影响。信用风险绩效度量技术以风险原理和坚实的经济理论为基础。该指标能够做到以最小的经济资本获得最大的风险调整收益，但是要达到最好的效果，最好结合其他一些目标，如盈利性目标。

第四节　我国商业银行的绩效评价

一、我国商业银行经营绩效现状和存在的问题

（一）我国商业银行经营绩效的现状

1984 年以前，我国金融市场始终是中国人民银行一统金融业的"大一统"状态，人民银行既要充当商业银行的职责，又要发挥中央银行的作用。当时，对银行的考核和计划经济体制相匹配，主要以计划的完成情况为主，银行绩效完成的好坏与直接责任人没有直接经济联系，所以银行经营绩效缺乏激励机制。自 1984 年中国工商银行成立之后，商业银行逐步从中国人民银行独立出来。因此，对银行绩效的考核也向着更科学的方向发展。从 20 世纪 90 年代中期开始，我国金融监管部门已经在认真研究"如何更科学合理的评价商业银行的绩效"问题，取得了许多成果。由于我国的金融体制尚处于改革和发展时期，商业银行绩效评价体系也不免处于变动和调整之中，我国当前仍然缺乏一套公认的商业银行绩效评体系。

（二）我国商业银行绩效评价存在的问题

目前，商业银行绩效评价存在的问题大多为技术方面的问题。由于商业银行经营理念、

具体的业务范围都不尽相同，它们的绩效评价体系差别比较大。尽管银行绩效评价体系差别都不尽相同，但是这些绩效评价体系都存在着以下几个共同的问题。

①评价体系缺乏系统性考虑。由于在考评体系设计上缺乏系统的思考，从而导致考评的各个环节配合不好，达不到预期的目的。例如，当总行对各个分支行进行绩效考评时，由于各分行所处地理位置不同而造成的"级差地租"[①]问题，在考评体系中就没有反映。

②评价体系与战略目标脱节。评价体系与战略目标脱节成为当前银行考评体系面临的突出问题。很多银行各部门、各岗位的绩效考评不是从银行总体战略逐层分解得到的，而是根据各自的工作内容提出的，绩效考评与银行战略目标相脱节，不能有效激励员工向组织的目标努力。单个个体（部门）与整体利益不能完全一致，使得银行评价体系低效率。

③重视最终结果指标的考核，而忽视驱动指标的监控。银行的最终结果指标反映银行在一定时期内开展业务经营和市场开拓的最后结果，是银行在短期内完成的经营成果。结果指标由于属于滞后目标，从政策制定到结果指标的实现需要中间"驱动指标"的落实，必须通过对"驱动指标"的监控来引导最终结果目标的实现。因此，必须同等重视驱动指标和结果指标。

④风险隐患约束不够，短期行为突出。目前各行基本实行的是按季考核，逐季兑现，年终统一结算的方法，当期考核结果与费用、季奖直接挂钩，年度考核结果与年度经营费用、年度奖金直接挂钩。由于银行贷款收益在权责发生制下为贷款发放后按季度确认，然而贷款本金的损失却要等到贷款形态发生变化、损失实际发生后才予以确认，而这期间往往有比较长的时滞，因此贷款的风险具有潜伏性和滞后性。这种当期给予物质奖励、却不计量其对应的潜在风险的做法，激励着业务人员采取短期行为来完成考核任务，使得商业银行累计较大的潜在风险。

⑤绩效评价中忽视员工参与。员工是绩效考核的主要对象和载体。好的绩效评价应该强调员工在银行总体战略制定、绩效计划、绩效辅导、绩效评价和反馈的全过程参与。通过让员工全过程的参与银行战略制定、绩效管理的建立能够帮助他们全面理解和把握银行的战略意图、考核的目的，从而提高员工对绩效管理的认同度和满意度，使得他们更有动力为了银行的整体利益而努力奋斗。然而当前各商业银行绩效考核制定过程中，往往事先没有自上而下地广泛征求意见，从而导致大部分基层员工对现行考核办法的目的和作用不甚清楚，使得他们简单地将考核办法理解为完成上级行任务的工具和手段，并认为考核仅仅只是员工的工资奖金发放以及晋升的依据而已，对考核办法缺乏认同感。

二、我国商业银行绩效评价方法

目前，银监会对国有商业银行（中、农、工、建）的绩效考评办法主要有以下两种。

（一）商业银行绩效的考评办法

该办法包括单项考评和综合考评两部分。单项考评包括不良贷款余额升降、比例升降、余额升降幅度、税前拨备前经营利润及当年提取呆账准备金充分情况5项指标，从增量角度对各行单项指标值变化进行打分排名。综合考评则包括资产质量、流动性比率、盈利能力、

---

① "级差地租"是指处在经济金融比较发达、经营环境比较优越的地区的银行分支机构所获得的高于在其他经济金融欠发达、经营环境相对恶劣的地区的分支机构的经营绩效。

资本比例 4 大类 13 项指标，并根据国际先进银行的中等水平来确定考核指标标准值，从存量角度对银行的绩效进行打分排名，并同上年考评结果来比较分析每个银行的绩效变化状况。

（二）商业银行股份制改造的考评办法

为了全面考察中行、建行、工行、农行的改革效果，银监会从经营绩效、资产质量、审慎经营 3 个方面设置 7 项考核指标，并按国际排名前 100 家大银行的平均水平来确定四家银行的股改目标，持续跟踪各行达标状况。

下面以四家国有商业银行的绩效考核指标为例来阐述我国商业银行绩效评价的方法。

第一，中国工商银行的绩效评价方法。工行的绩效考评办法突出了分类指导及资源的整合，强化了绩效考评与内部等级管理、政策资源配置的联动性。其特点如下：统一考评（指标、标准值、指标权重都必须统一）与分类差别考评相结合的考评方式，加大了分类指导力度；建立涵盖效益管理、业务发展、资产质量、案件控制 4 大类 14 项指标体系，突出了利润价值量和风险价值量的考评；构建内部等级管理体系。依据考评结果将分行分为 5 类 25 级，淡化行政级别色彩；完善以预算为先导、以考评为核心、以资源优化配置为目标的绩效管理体系，采取绩效考评的横向整合（综合考评与专业考评的制约与配合）与纵向整合（考评预算的衔接与互动）力度，最大化资源利用效率；统一全行考评模式。要求一级分行必须按总行确定的考评指标和计分标准考核辖内分支机构的经营绩效和管理水平，增强了分行间考评结果的可比性。

第二，中国农业银行的绩效评价方法。为了客观考评各行经营绩效，激励全行加快有效发展，农业银行 2001 年出台了针对经营效益、集约经营、信贷风险三大突出问题的综合考评办法。2002 年以后，农业银行根据形势变化及人民银行、银监会对国有商业银行考核评价要求作了以下调整：设置考评指标标准值，完善地区差异调节系数及指标计算口径，淡化地区差别和历史包袱；增设不良贷款余额下降率指标，建立不良资产模拟拨备制度，逐步加大考评结果与效益增资分配的挂钩力度；出台以绩效考评为主、经营规模为辅的等级行管理办法，加快全行政策资源的整合步伐，确立绩效考评在全行业务经营资源配置中的主导地位。

第三，中国银行的绩效评价方法。中国银行实行行长任期考核和分行绩效考核合一的绩效管理制度。中行根据分行的经营规模、单位规模和所在地宏观经济状况，采用定量考核与定性考核相结合，以定量考核为主及现场考核与非现场考核相结合，以非现场考核为主的方法，对分行经营绩效和行长当期业绩进行分组考核。定量指标主要采取非现场考核，它包括财务、资产质量、业务发展和专项扣分等 11 项指标；定性指标和定量指标不同，它以现场考核为主，它主要包括业务经营状况、领导班子业绩评价等指标。

第四，中国建设银行的绩效评价方法。建行实施以部门、条线业务经营计划管理为基础的经济增加值（EVA）考核，建立了体现长期激励的效益工资分配制度。其特点是：建立内部资金转移价格体系；以 EVA 指标考核分行经营绩效，并从贷款、存款、中间业务、资本成本、风险控制等多个方面分析、评价各项业务对 EVA 的贡献状况；按照"锁定存量、考核增量"的思路，重点考核 2002 年以后各分行经济增加值增长情况；依据分行所在地的金融资源、竞争状况确定分行经济资本回报系数，降低地区差异对分行考核结果的影响；建立效益工资奖金池制度，确保分行经营绩效与效益工资的同步增长。

从上述分析可知：工商银行的绩效考评的优点在于分类指导力度大，资源整合程度高，其缺点是由于其利润价值指标仅按模拟拨备缺口而非全部风险资产计算资本成本，因此，其并没有达到现代商业银行的资本约束要求。农业银行的绩效考评的优点在于确立了"以业绩论英雄，凭效益挣工资"的经营理念，激励动机非常明显，它的缺点恰恰来源于其优点，由于其过度重视业绩，而忽视风险，使得其不能有效地解决业务增长速度和控制风险、提高效益三者之间的协调统一问题。中国银行的绩效考评优点在于其系统管理职能整合和现场考核力度大，但其考评体系较为松散，部门协调成本较高。建设银行的考评理念先进，激励政策到位，但其受管理体制、组织架构改革滞后的影响，一级分行统筹安排存量资源和增量资源降低了政策实施效果。

三、我国商业银行绩效改善的对策

（一）建立内部资金转移价格体系

内部资金转移价格可以为商业银行资金管理提供政策导向和激励导向。对于我国商业银行而言，内部资金转移定价体系的建立是银行的内部管理更加科学化、合理化的必要条件。建立内部资金转移价格体系有以下 3 个步骤。

①建立资金中心以便统一管理内部资金。传统的内部资金管理是总行到分行再到支行的多级管理模式，由于其资金的管理半径过长且资金配置主体多元化、配置手段和方式落后、配置决策层次较低，已经无法满足内部资金转移定价体系的需要。为了适应新的经营管理需要和较大的外部环境变化，中国银行业必须选择新的资金运作管理模式，以先分行、后总行的实施步骤来建立资金中心的组织模式。对于五大主要银行（中、农、工、建、交）和分支机构较多的全国性股份制商业银行由于网点众多，遍及全国各地，汇集管理所有营业机构的资金是很难实现的，因此可以只在总行设一个资金管理中心，再根据经营管理的实际需要设立若干个地区性资金中心，其向上直接对总行资金中心负责，向下直接负责区域内分支机构的资金运用。对于分支机构较少的全国性股份制商业银行和城市商业银行而言，一般只需在总部设立一个资金管理中心，负责管理全行的内部资金定价，全行资金的统一调度由总行资金中心负责完成。

②确定内部资金转移定价模式及调整规则。转移价格的制定是内部资金转移价格的核心。商业银行应从客观实际出发，结合自身资产状况、业务模式等来选择合理的定价模式，在此基础上确定合适的内部资金转移价格，并做定期或不定期的调整以保持内部资金转移价格的时效性。同时，还要以文件形式规范、明确内部资金转移定价体系，使之制度化、规范化和有序化。

③建立内部资金转移价格体系信息的反馈机制。由于商业银行的每笔资产负债业务都会对内部资金转移定价体系有所涉及，因此银行在经营管理和发展过程中，应该高度关注该体系的合理性、适时性、可行性。一般来说，反馈机制有以下两个方面：一方面通过考察资金供给部门与运用部门的信贷资金筹集和运行，以便建立各业务部门的行为偏好与业绩考核指标，从而以此来评判内部资金转移价格的合理性、有效性和完善性。另一方面，严密考察各业务部门对资金中心制定的内部资金转移价格的认同程度，并广泛征求实施内部资金转移价

格的业务部门的意见，以便渠道畅通。

（二）完善我国商业银行内部信用评级模型

由于国内外同行日益激烈的竞争，商业银行必须建立起完善的内部信用评级模型。由于巴塞尔新资本协议的要求，商业银行应该建立自己的内部信用风险评级模型。通过建立的内部信用风险评级模型，为银行授信、信用风险日常管理与其他的重大经营政策的制定提供具有重要价值的依据。

科学的内部评级模型的建立是内部评级体系工作的重中之重。一般来说，在模型建立过程中，一要借鉴国外模型的理论方法，学习借鉴最新的信用风险管理技术；二要结合本国实际，制定适合我国经济环境的模型框架与参数体系，且设计模型过程中要充分考虑到我国基础数据库不足与利率市场化程度不高的特有因素。

（三）系统考虑评价体系及设计体系时要考虑到战略目标

由于我国评价体系只是从各个具体的环节考虑，而缺乏整体性考虑，从而使得我国评价体系缺乏系统的思考。评价体系只考虑具体的环节虽然比较容易实施，但由于只是采取局部利益的考虑难免会有"一叶障目，不见泰山"之嫌，而银行的整体的利益才是每个管理者最应该关注的。因此，设计评价体系应更多地从银行的整个大局观来考虑。而银行的大局观就是每个银行的战略目标。所以，必须设置一套紧扣商业银行战略目标的评价体系。

（四）应该让员工更多地参与到绩效评价当中来

员工作为绩效评价体系的主体，他们必须了解上级的明确的意图，而在当前我国的大环境下，这方面却做得不是很理想。应该通过管理层与员工持续不断的沟通，积极引导员工参与绩效评价。员工的"主人翁"认同感会使得整个银行更有活力，员工才能真心地为银行的整体利益做出自己最大的努力。

案 例 分 析

RAROC 的计算

由于我国商业银行面临的最主要的风险是信用风险。为简化起见，本案例中经济资本仅考虑了信用风险的非预期损失，这也是合乎我国商业银行实际的。

假设某商业银行资产组合 P 由三笔贷款组成，分别表示为 A、B、C。这三笔贷款的基本信息均是已知的，具体如表 12-4 所示。

表 12-4　资产组合 P 中各笔贷款资产的信息

序号	资产	行业	风险评级	EDF/%	EAD/元	净利润/元
1	A	建筑业	AA	0.95	10 504 487	13 247
2	B	制造业	BBB	4.85	2 166 929	70 181
3	C	零售业	BB	19.25	3 166 667	129 404

并且假设，这三笔贷款资产的违约相关系数是已知的 ρ_{ij}，如表 12-5 所示。

表 12-5　资产 A、B 和 C 的违约相关系数

	资产 A	资产 B	资产 C
资产 A	1	0.05	0.1
资产 B	0.05	1	0.08
资产 C	0.1	0.08	1

由上表已知 EDF_i、EAD_i 及资产之间的相关系数 ρ_{ij}。

假设：违约损失率 $LGD_i=0.5$，且其方差 $\sigma^2_{LGD_i}=0$；资本乘数 $k=3$，预期损失公式为

$$EL_i=EAD_i\times EDF_i\times LGD_i$$

损失波动性 $\sigma_i=EAD_i\times\sigma_{EDF}\times LGD_i=EAD_i\times\sqrt{(1-EDF_i)\times EDF_i}\times LGD_i$

组合 P 的预期损失：

$$EL_P=\sum EL_i=\sum(EAD_i\times EDF_i\times LGD_i)$$

组合 P 的损失波动性：

$$\sigma^2_P=\sum_i\sum_j\sigma_i\sigma_j\rho_{ij}=LGD^2\times\sum_i\sum_j\left[\rho_{ij}\times(EAD_i\times\sigma_{EDF_i})\times(EAD_j\times\sigma_{EDF_j})\right]$$

所以组合 P 的非预期损失或经济资本 $CaR_P=UL_P=k\times\sigma_P$，其中 k 表示资本乘数。

利用上述模型和各个参数，可以计算得到如表 12-6 所示。

表 12-6　各个资产及资产组合的 RAROC

资产	净利润/元	预期损失/元	风险资本/元	RAROC/%
A	132 470	49 896	995 874	8.29
B	70 181	52 548	240 251	7.34
C	129 404	304 792	1 450 767	−12.09
组合 P	332 055	407 236	2 686 892	−2.80

表 12-6 显示，资产 A 和资产 B 的 RAROC 的值分别为 8.29%、7.34%，均为正值。资产 C 及资产组合 P 的 RAROC 值分别为−12.09%、−2.80%，均为负值。如果设定银行资本的最低收益率为 6%，则上述数据表明，资产 A 和资产 B 均能为银行创造价值；而资产 C 则会减少银行得整体价值；资产组合 P 也无法为银行带来价值增值。如果设定银行资本的最低收益率为 9%，则所有资产及组合 P 均无法给银行创造价值，反而会缩减银行股东价值。

模型的分子在计算收益中，剔除了预期损失风险；在分母计算中，采用经济资本更精确地度量了其非预期损失及为了缓冲该非预期损失而需要准备的资本数额。所以，从理论上和实际计算公式来看，模型能够更好地度量银行资产收益和风险的平衡。

资料来源：赵江波，胡凯. RAROC 在商业银行绩效评估中的运用. 广西财经学院学报，2008（10）.

思考题：

（1）在银行资本的最低收益率已知的情形下，商业银行应该投资何种资产才能为银行创造价值？

（2）在银行投资资产时，资产之间的相关性起到什么样的作用？如何更好地利用相关性来提高资产（资产组合）的 RAROC？

本 章 小 结

绩效既是一种产出，又是一种行为，两者不可分割。银行的绩效评价为金融监管者和银行经营管理者及时发现和处置金融风险提供了良好的早期预警信号，为金融监管者提供基本的监管依据。绩效评价有如下作用：可以准确判断衡量商业银行的经营业绩；帮助银行及时发现和防范风险；可以发挥激励约束作用。

商业银行的绩效评价指标可分为多个方面。盈利性指标用来衡量商业银行运用资金赚取收益同时控制成本费用支出的能力；流动性指标反映了银行的流动性供给和各种实际的或潜在的流动性需求之间的关系；安全性指标，主要是指银行运用其全部资产偿付债务的能力；成长性指标，反映商业银行在一定时期内的经营能力发展状况；风险指标反映银行面临的风险程度和抗风险能力。

比率分析法以指标体系为核心，从不同角度对银行业绩进行评价。综合分析法是将银行的经营业绩作为一个系统进行分析。风险调整绩效度量方法衡量经风险调整后的收益大小，计算银行为缓冲非预期损失而保有的资本金，将收益与其所承担的特定风险直接挂钩，衡量资本收益率。

我国商业银行绩效评价还处在初步阶段，存在较多问题。工、农、中、建四行借鉴国外先进商业银行的经营理念和管理方法，建立了符合自身实际、各具特色的绩效考评体系。为改善银行的绩效评价应该建立内部资金转移价格体系，完善内部信用评级体系，提高信用风险度量水平，系统考虑评价体系及设计体系时要考虑到战略目标，绩效评价应该让员工更多地参与。

关键词

绩效评价　盈利性指标　流动性指标　安全性指标　成长性指标　风险指标　比率分析法　杜邦分析法　风险调整绩效度量方法

思 考 题

1. 商业银行绩效评价指标体系主要有哪几类？
2. 什么是杜邦分析法？
3. 风险调整绩效度量方法有哪几种，各自的优缺点是什么？
4. 商业银行绩效评价的意义是什么？
5. 简述商业银行绩效评价的方法。
6. 简述我国商业银行绩效评价的现状。
7. 我国商业银行绩效改善的对策有哪些？

商业银行监管

【学习目的】

☞ 了解对商业银行进行严格监管的必要性；

☞ 掌握商业银行监管的主要原则和内容；

☞ 理解商业银行监管的相关理论；

☞ 熟悉商业银行监管的各种组织模式和特点；

☞ 比较各国商业银行的监管模式，主要包括美国、英国、日本和中国。

　　银行体系的安全是金融市场安全的核心保障。由于存在市场失灵现象，加之银行业自身特殊的行业属性决定了银行业是一个高风险行业，银行破产或发生危机常常会对国民经济带来不可估量的损失和破坏，给人民生活带来巨大的不利影响。美国第三任总统托马斯·杰弗逊（Thomas Jefferson）曾经写道："我由衷地相信银行机构要比常备军还危险得多。"因此，鉴于对银行业安全和稳定性的担忧，以及银行业在国民经济和人民日常生活中的重要地位，各个国家和地区都对境内商业银行施加了较为严格的监督和管理。本章第一节介绍了商业银行监管的内涵、意义、目标和原则等内容，使大家对商业银行监管的主要内容有一个初步认识；第二节介绍了商业银行的监管理论，主要包括公共利益、金融脆弱性和管制俘获等理论；第三节介绍了关于商业银行的组织形式，具体包括功能模式、机构模式、一体化模式等；第四节则简要介绍了各国商业银行的监管类型和特点。

第一节　商业银行监管概述

商业银行监管是一个国家或地区金融监管的重要组成部分，是政府干预在银行业的体现，具体涉及监管目标、监管主体、监管对象、监管原则和方法等多个方面。

一、商业银行监管的内涵和必要性

商业银行监管是指中央银行或其他监管组织对银行的监督与管理，它们针对商业银行运营活动制定出相关的要求、限制和规范，通过法律法规和行政措施对银行进行的监督与指导。其内容包括审查批准商业银行的设立、变更、终止及业务范围，设定和监督商业银行按照审慎经营原则开展业务。审慎经营原则包括风险管理、内部控制、资本充足率、资产质量、损失准备金、风险集中、关联交易、资产流动性等内容。这些要求、限制和规范由法律法规或商业银行监管组织的规范性文件来规定，监管组织依法履行监管职责。

商业银行监管是政府干预商业银行系统的体现，其必要性源于市场失灵，具体而言包括外部性、道德风险、垄断等。需要注意的是，商业银行监管的必要性是从一般化角度来看待商业银行监管的，或者说一般而言，商业银行监管是有一些合理依据的，但是这并不是说现实存在的或即将正式生效的任何一项具体的商业银行监管措施都是必要的或合理的。

外部性（Externality）指的是某个经济主体的经济行为对他人和社会造成了影响，但没有从中受益或承担成本。一是正外部性（Positive Externality），即某个经济主体的活动使他人或社会受益，而受益者无须花费代价。二是负外部性（Negative Externality），即某个经济主体的活动使他人或社会受损，但没有为此承担成本。商业银行是一个依靠外部资金来经营的金融机构。较高的负债水平使得它们具有较大的脆弱性，在面临经济衰退或者一些大规模的意外事件冲击的情况下，它们很容易发生流动性危机或者陷入清偿能力不足的境地。一旦发生类似事件，会对其他商业银行和非银行金融机构、存款人和其他债权人、实体经济和其他消费者，带来重大的影响，而且这些银行并不会给商业银行带来额外的收益或者产生额外的费用。换言之，商业银行没有把这些外部性内部化，从而使得政府干预或对商业银行进行监管成为必要的事情。

道德风险（Moral Hazard）一词源于保险业，是指当签约一方无须承担风险的全部后果时所采取的自利行为，简单地说就是由于机会主义行为而带来更大的道德风险。道德风险源自信息不对称，从委托-代理关系看，由于双方之间存在信息不对称，代理人倾向于利用信息优势，采取委托人无法观测和监督或者需要付出很高的成本才能进行观测和监督的行为，从而以损害委托人利益为代价来获得最大化收益。对于商业银行而言，商业银行自身及其股东、管理层和一般工作人员在不完全承担风险后果时，倾向于为最大限度增进自身效用而做出不利于其他利益相关者和整个社会的行为。如果缺乏监管，这种倾向随时都可能变成现实，发展成银行信用风险、操作风险、市场风险、法律风险或金融犯罪，甚至是银行破产倒闭。此外，在建立了存款保险制度的情况下，存款人也会减少对商业银行的监督，因为存款人对商业银行的监督不能使他们获得更多的收益；商业银行在其经营活动中也会更为激进。同样地，中央银行的最后贷款人便利也会引发商业银行的道德风险。道德风险不利于商业银行审慎经营，会破坏商业银行系统稳定的基础，降低道德风险问题是对商业银行加强监管的另一依据。

在市场经济条件下，当资本集中和资本集聚达到一定程度时就会形成垄断。从经济学的角度看，垄断是企业追求垄断利润的结果，但是垄断会导致资源闲置和浪费，因此是低效率的。对于少数处于垄断地位的商业银行而言，它们为了赚取更多利润，往往会利用各种手段，实现市场操纵。对于银行业整体而言，垄断会弱化竞争机制的作用，扭曲资金配置，导致金融风险在局部的积累，削弱创新动力，降低经济效益，提高金融产品和金融服务的价格，抑制商业银行功能的发挥，不利于为实体经济发展和消费者便利提供质优价廉的金融产品和金融服务，不利于商业银行系统整体的长期稳定。历史上数次金融危机给我们的经验教训表明，许多商业银行仗着"大而不倒"而采取冒险经营的策略，最终引起了银行倒闭、金融系统崩溃、经济危机发生的连锁反应。这意味着，需要监管组织对商业银行的市场行为和市场结构进行监管，尽可能促进商业银行之间的适度竞争。

二、商业银行监管的目标

确保商业银行系统的安全和稳定、保护存款人，特别是保护中小存款人，是商业银行监管的两个重要目标。商业银行一方面吸收社会公众、企业和政府盈余部门的资金，另一方面将所筹集的资金配置到需要资金的家庭、企业和政府部门。由于自有资金很少，商业银行是一个高度依赖外部债务的行业。因此，相比较于其他行业，它们具有更高的风险和脆弱性，一旦商业银行在经营管理活动中发生问题，就会对广大存款人、一般债权人和国民经济造成很大的冲击。监管组织通过银行业立法和严格的监督和管理，促进商业银行合规经营，保持适度的资本金和流动性，计提充分的贷款损失准备金，保证清偿能力和经营安全性。

保护消费者也是商业银行监管的目标。一般消费者并不具有关于金融产品和金融服务的充足的金融知识，在与商业银行建立业务联系之前，他们不能确定金融产品和金融服务的真实价值。监管组织往往通过银行业立法来规范商业银行的经营活动，打击金融犯罪，维护公平竞争，避免损害消费者利益。

商业银行监管还被用于促进银行业公平竞争。适度竞争是商业银行系统之所以具有效率、能够充分发挥其资金配置作用、为消费者提供质优价廉的金融产品和金融服务的前提，有利于促进商业银行系统的长期稳定发展。

以上几个目标是相互联系、相互促进的。比如，银行系统的安全和稳定有利于存款的安全，对存款人的保护也有助于提高存款信心，从而促进银行系统的稳定。再比如，促进适度竞争能够为商业银行改善经营管理活动，提供外部压力，从而在长期中实现优胜劣汰，维护商业银行系统稳定，进而还能起到保护存款人的作用。此外，避免垄断还有助于消费者获得便利和高质的金融产品和金融服务。

从实践来看，不同国家或地区的商业银行监管组织对自身目标的具体表述和划分不完全相同，即使是同一国家或地区，在不同时期的商业银行监管组织的具体目标也可能是不同的。比如，中国银行业监督管理委员会（以下简称银监会）监管的目标是促进银行业的合法、稳健运行，维护公众对银行业的信心，具体工作目标包括四条："通过审慎有效的监管，保护广大存款人和消费者的利益；通过审慎有效的监管，增进市场信心；通过宣传教育工作和相关信息披露，增进公众对现代金融的了解；努力减少金融犯罪。"再比如，美国货币监理署（Office of Comptroller of Currency，OCC）为了实现一个稳定和富有竞争性的国民银行系统，肩负着四个目标：确保国民银行系统的稳定和稳健；通过许可银行提供新的金融产品和金融服务来促进竞争；提高监管效率和有效性，包括减少监管负担；确保美国人公正、平等地使用金融产品和金融服务。

此外，商业银行在国民经济中的主要作用还体现在它们是中央银行货币政策的重要传导载体。因此，一般的看法还将促进商业银行的经营活动与中央银行的货币政策目标的一致性，作为商业银行监管的目标之一。

三、商业银行监管的原则

为了完成自身使命，商业银行监管者必须遵守以下基本原则，这些原则是从监管的理论研究和实践经验总结中得到的。1997年9月，巴塞尔银行监管委员会（Basel Committee on Banking Supervision，BCBS）颁布了《有效银行监管核心原则》，成为国际银行监管领域里的一份重要文献。为了达到良好监管实践的基本要求，许多国家都将核心原则作为评估本国监管体系的质量和明确未来工作要求的标杆。

2006年，巴塞尔银行监管委员会对该文件进行了修订。根据修订之后的《有效银行监管核心原则》，有效银行监管体系应遵循二十五条原则。这些原则总体上可划分为七个方面的内容：目标、独立性、权力、透明度和合作（原则1），许可的业务范围（原则2至5），审慎监管规章制度（原则6至18），持续监管的各种方法（原则19至21），会计处理与信息披露（原则22），监管当局的纠正及整改权力（原则23）和并表及跨境监管（原则24至25）。[①] 具体内容可参见专栏13-1的介绍。

从根本上看，商业银行监管应该遵循以下几个基本原则。一是目标性原则，有效的银行监管体系要求每个银行监管组织都有明确的责任和目标。二是独立性原则和透明度原则，每个监管机构都应具备操作上的独立性、透明的程序、良好的治理结构和充足的资源，并就履行职责情况接受问责。三是公平原则，监管安排应该公平对待不同商业银行，使它们负担相同的监管成本。四是依法监管原则，对于商业银行监管而言，适当的银行监管法律框架也十分必要，其内容包括对设立银行的审批、要求银行遵守法律、安全和稳健合规经营的权力和监管人员的法律保护。五是外部监管与内部控制相结合的原则，外部监管不能替代内部控制，外部监管和内部控制需要协调配合。六是监管协调与合作原则，还要建立监管当局之间信息交换和保密的安排，针对跨国银行的监管，需要在母国监管组织和东道国监管组织之间建立良好顺畅的合作机制，实施共同监管。

专栏13-1　有效银行监管的25条核心原则（2006年修订版）

原则1——目标、独立性、权力、透明度和合作：有效的银行监管体系要求每个银行监管机构都有明确的责任和目标。每个监管机构都应具备操作上的独立性、透明的程序、良好的治理结构和充足的资源，并就履行职责情况接受问责。适当的银行监管法律框架也十分必要，其内容包括对设立银行的审批、要求银行遵守法律、安全和稳健合规经营的权力和监管人员的法律保护。另外，还要建立监管当局之间信息交换和保密的安排。

---

① Basel Committee on Banking Supervision，Core Principles for Effective Banking Supervision，October 2006.

原则2——许可的业务范围：必须明确界定已获得执照并等同银行接受监管的各类机构允许从事的业务范围，并在名称上严格控制"银行"一词的使用。

原则3——发照标准：发照机关必须有权制定发照标准，有权拒绝一切不符合标准的申请。发照程序至少应包括审查银行及其所在集团的所有权结构和治理情况、董事会成员和高级管理层的资格、银行的战略和经营计划、内部控制和风险管理，以及包括资本金规模在内的预计财务状况；当报批银行的所有者或母公司为外国银行时，应事先获得其母国监管当局的同意。

原则4——大笔所有权转让：银行监管当局要有权审查和拒绝银行向其他方面直接或间接转让大笔所有权或控制权的申请。

原则5——重大收购：银行监管当局有权根据制定的标准审查银行大笔的收购或投资，其中包括跨境设立机构，确保其附属机构或组织结构不会带来过高的风险或阻碍有效监管。

原则6——资本充足率：银行监管当局必须制定反映银行多种风险的审慎且合适的最低资本充足率规定，并根据吸收损失的能力界定资本的构成。至少对于国际活跃银行而言，资本充足率的规定不应低于巴塞尔的相关要求。

原则7——风险管理程序：银行监管当局必须满意地看到，银行和银行集团建立了与其规模及复杂程度相匹配的综合的风险管理程序（包括董事和高级管理层的监督），以识别、评价、监测、控制或缓解各项重大的风险，并根据自身风险的大小评估总体的资本充足率。

原则8——信用风险：银行监管当局必须满意地看到，银行具备一整套管理信用风险的程序；该程序要考虑到银行的风险状况，涵盖识别、计量、监测和控制信用风险（包括交易对手风险）的审慎政策与程序。这应包括发放贷款、开展投资、贷款和投资质量的评估，以及对贷款和投资的持续管理。

原则9——有问题资产、准备和储备：银行监管当局必须满意地看到，银行建立了管理有问题资产、评价准备和储备充足性的有效政策及程序，并认真遵守。

原则10——大额风险暴露限额：银行监管当局必须满意地看到，银行的各项政策和程序要能协助管理层识别和管理风险集中；银行监管当局必须制定审慎限额，限制银行对单一交易对手或关联交易对手集团的风险暴露。

原则11——对关联方的风险暴露：为防止对关联方的风险暴露（表内外）所带来的问题并解决利益冲突问题，银行监管当局必须规定，银行应按商业原则向关联企业和个人发放贷款；对这部分贷款要进行有效的监测；要采取适当的措施控制或缓解各项风险。冲销关联贷款要按标准的政策和程序进行。

原则12——国家风险和转移风险：银行监管当局必须满意地看到，银行具备在国际信贷和投资中识别、计量、监测和控制国家风险和转移风险的有效政策和程序，并针对这两类风险建立充足的准备和储备。

原则13——市场风险：银行监管当局必须满意地看到，银行具备准确识别、计量、监测和控制市场风险的各项政策和程序；银行监管当局应有权在必要时针对市场风险暴露规定具体的限额和/或具体的资本要求。

原则14——流动性风险：银行监管当局必须满意地看到，银行具备反映银行自身的风险状况的管理流动性战略，并且建立了识别、计量、监测和控制流动性风险及日常管理流动性的审慎政策和程序。银行监管当局应要求银行建立处理流动性问题的应急预案。

原则15——操作风险：银行监管当局必须满意地看到，银行应具备与其规模及复杂程度相匹配的识别、评价、监测和控制/缓解操作风险的风险管理政策和程序。

原则16——银行账户利率风险：银行监管当局必须满意地看到，银行具备与该项风险的规模及复杂程度相匹配的识别、计量、监测和控制银行账户利率风险的有效系统，其中包括经董事会批准由高级管理层予以实施的明确战略。

原则17——内部控制和审计：银行监管当局必须满意地看到，银行具备与其业务规模和复杂程度相匹配的内部控制。各项内部控制应包括对授权和职责的明确规定、银行做出承诺、付款和资产与负债账务处理方面的职能分离、上述程序的交叉核对、资产保护、完善独立的内部审计、检查上述控制职能和相关法律、法规合规情况的职能。

原则18——防止利用金融服务从事犯罪活动：银行监管当局必须满意地看到，银行具备完善的政策和程序，其中包括严格的"了解你的客户"的规定，以促进金融部门形成较高的职业道德与专业水准，防止有意、无意地利用银行从事犯罪活动。

原则19——监管方式：有效的银行监管体系要求监管当局对单个银行、银行集团、银行体系的总体情况及银行体系的稳定性有深入的了解，工作重点放在安全性和稳健性方面。

原则20——监管技术：有效的银行监管体系应包括现场检查和非现场检查。银行监管当局必须与银行管理层经常接触。

原则21——监管报告：银行监管当局必须具备在单个和并表基础上收集、审查和分析各家银行的审慎报告和统计报表的方法。监管当局必须有手段通过现场检查或利用外部专家对上述报表独立核对。

原则22——会计处理和披露：银行监管当局必须满意地看到，银行要根据国际通用的会计政策和实践保持完备的记录，并定期公布公允反映银行财务状况和盈利水平的信息。

原则23——监管当局的纠正和整改权力：银行监管当局必须具备一整套及时采取纠改措施的工具。这些工具包括在适当的情况下吊销银行执照或建议吊销银行执照。

原则24——并表监管：银行监管的一项关键内容就是监管当局对银行集团进行并表监管，有效地监测并在适当时对集团层面各项业务的方方面面提出审慎要求。

原则25——母国和东道国的关系：跨境业务的并表监管需要母国银行监管当局与其他有关监管当局，特别是东道国监管当局之间进行合作及交换信息。银行监管当局必须要求外国银行按照国内银行的同等标准从事本地业务。

资料来源：Basel Committee on Banking Supervision, Core Principles for Effective Banking Supervision, October 2006.

四、商业银行监管的内容

商业银行监管的内容可以从不同的角度进行划分，比较流行的方法是将商业银行监管分为市场准入监管、审慎监管、市场行为监管、市场退出监管等几个方面。

（一）市场准入监管

市场准入是确保商业银行系统安全和稳定的第一道关口，指的是通过对商业银行进入市场的条件、所提供的金融产品和金融服务依法进行审查和批准，将那些有可能对存款人利益或银行业健康运转造成危害的金融机构拒之门外，保证银行业的安全稳健运行。在市场准入环节进行监管，能够防止过度竞争，维护商业银行的特许权价值，防止投机冒险者进入银行业，同时促使商业银行审慎经营，防止过度冒险行为。

市场准入监管涉及商业银行的所有权结构、组织结构、分支机构的设立、经营计划、内部控制制度、董事和高级管理人员的资格及一些重要的财务指标。有效的银行监管体系应明确界定被监管对象，也就是对什么是商业银行进行界定，成立一家商业银行需要满足哪些标准。此外，还要对商业银行业务范围进行限制或规范，即规定商业银行可以从事哪些业务、有限度地从事哪些业务、禁止从事哪些业务。只有那些持有合法经营牌照并且接受商业银行监管组织的监管的金融机构才能办理吸收公众存款的业务，未经批准吸收公众存款的行为均属于非法行为。

在市场准入监管方面，中国银监会开展了一系列工作，对规范我国商业银行市场发挥了重要意义。一是明确了新设商业银行的标准，鼓励城市商业银行根据自愿和市场原则实施兼并重组。二是发布《境外金融机构投资入股中资金融机构管理办法》，鼓励民间资本和外国资本入股现有商业银行。三是制定了《商业银行与内部人和股东关联交易管理办法》，加强对投资人及其关联方入股金融机构的管理。四是制定了《关于调整银行市场准入监管方式和程序的公告》、《商业银行服务价格管理暂行办法》、《金融机构衍生产品交易业务管理暂行办法》和《关于非银行金融机构开办新业务有关审批事项的通知》等部门规章，通过对银行业务行政审批事项的规范和清理，减少和简化行政审批手续，促进银行业的发展和对外开放。

（二）审慎监管

审慎监管是以资本充足率监管为核心的一整套监管安排。从商业银行监管的实践看，资本充足率监管形成于 20 世纪 80 年代，目前已为世界主要国家和地区普遍采用。在银行业全球化过程中，产生了对统一资本充足率监管国际标准的要求，其目标是确保国际商业银行系统的安全和稳定，并为它们提供一个公平的竞争环境。1988 年 7 月，10 国集团达成了统一的资本计量和资本标准的国际协议国际标准，即《巴塞尔协议Ⅰ》。该协议第一次建立了一套完整的国际通用的、以加权方式衡量表内与表外风险的资本充足率标准，有效地扼制了与债务危机有关的国际风险。

从 1998 年开始，巴塞尔银行监管委员会（BCBS）着手修改资本协议。1999 年 6 月，巴塞尔委员会提出了以三大支柱——资本充足率、监管部门监督检查和市场纪律为主要内容的新资本监管框架草案第一稿，并广泛征求意见。经过多次修改，《巴塞尔协议Ⅱ》于 2004 年 6 月正式颁布，2006 年全面实施。

与 1988 年资本协议相比，《巴塞尔协议Ⅱ》的内容更广、更复杂。新协议充分考虑了银行风险管理的新发展、银行业惯例和监管经验，力求把资本充足率与银行面临的主要风险（信用风险、操作风险、市场风险）紧密地结合在一起，并为发展水平不同的银行和银行监管组织提供多项可选择办法。

《巴塞尔协议Ⅱ》强调三大支柱：一是最低资本要求（Minimum Capital Requirements），即最低资本充足率达到 8%，而银行的核心资本的充足率应为 4%，同时对合格资本工具进行了界定；二是监管当局的监督审查程序（Supervisory Review Process），监管组织对银行的资本充足率情况、风险管理程序进行监督审查，通过监测后决定银行能否合理运行，并对其提出改进的方案；三是市场自律（Market Discipline），要求银行加强信息披露，提高透明度，使外界对其经营活动、财务、管理等有更好的了解。对于信用风险、操作风险的资本分配，提供了复杂程度不同的可选方法，鼓励银行开发先进的风险管理模型，提高自身的风险管理水平。

《巴塞尔协议Ⅱ》仍然存在很多不足之处，监管资本的充足性、吸收损失的能力、一致性等都需要进一步改进。目前国际社会正在围绕的《巴塞尔协议Ⅲ》对新资本协议进行修订，强化资本监管。

在中国银监会的积极推动和参与下，在认真总结中国银行业监管实践经验、充分吸收借鉴《有效银行监管核心原则》等国际先进做法的基础上，2003 年 12 月 27 日颁布了《银行业监督管理法》；在资本充足率方面，2004 年制定了《商业银行资本充足率管理办法》。2006 年这两个银行业立法都得到了修订，中国银行业审慎监管标准逐步确立和完善。

2007 年全球金融危机以来，国际社会对进一步加强对银行业的监管进行了广泛深入的探讨。目前，以巴塞尔委员会和金融稳定理事会（FSB）为代表的国际监管合作组织正在就新的银行业审慎监管标准进行磋商和改革。2010 年 12 月 16 日，巴塞尔委员会公布了《巴塞尔协议Ⅲ》的最终版本，拟从 2013 年开始在银行业金融机构引入该协议，并计划于 2019 年完全生效。2010 年年底，中国银监会及时推出了四大监管工具，包括资本要求、杠杆率、拨备率和流动性要求，及时跟进国际银行业监管的最新认识，完善中国银行业监管的框架。这被业界称为中国版的"巴塞尔协议Ⅲ"。

（三）市场行为监管

市场行为监管旨在规范商业银行的经营行为，保护消费者。市场行为监管往往通过银行业立法来实现，包括信息披露、反内幕交易、反市场操纵、反洗钱、反垄断、消费者信贷法律等内容。在与商业银行建立交易关系的过程中，消费者处于信息劣势，他们不但缺少对商业银行所提供的金融产品和金融服务的认识，而且无力执行对商业银行经营行为的监督，或者说监督行为的成本过高，以至于执行这些监督不具有经济上的可信性。监管组织代替消费者执行对商业银行经营行为的监管，能够避免重复监管，降低监管成本。

市场行为监管还有助于确保普通公众对商业银行的信心。只有消费者能够确信，商业银行会合理地对待自己，他们才会与商业银行建立交易关系，或者当自身的利益遭到侵害时，他们能够向特定的司法机关申请保护，他们才会对商业银行的行为保持信心。

（四）市场退出监管

淘汰落后商业银行是系统保持活力和效率的重要机制，应该强制那些经营不善和存在违法现象的商业银行退出市场。这是市场机制的重要组成部分，是约束商业银行的风险承担行为的重要外部力量。在《巴塞尔协议Ⅱ》中，市场纪律得到了很大的重视。

商业银行退出市场的原因和方式可以分为两类：一是主动退出；二是被动退出。前者是指商业银行因分立、合并或者出现公司章程规定的事由需要解散而选择主动退出市场的行为；后者则是指由于法律方面的原因，如资不抵债、破产倒闭或因严重违规等原因而遭强制关闭。因此市场退出监管是指商业银行监管组织对商业银行退出银行业、破产倒闭、兼并、收购、变更等实施的监管，也包括终止存在违规现象的商业银行经营的行为。

五、商业银行监管的方法

从银行监管实践来看，不同国家和地区对商业银行的监管方法存在一些共同之处，也存在很多差异。这反映了银行监管的一些基本原理和各监管组织对银行业的认识及自身的监管技术的限制。一般而言，现场检查和非现场检查是两种重要的监管方法。

（一）现场检查

现场检查是指由商业银行监管组织指派监管人员直接进入商业银行，依照法定程序，在商业银行及其所属实体的经营管理场所及其他相关场所，采取查阅、复制文件和资料、查看实物、与相关人员谈话及询问等方式，对检查对象的信息披露、公司治理、信息系统、风险管理、内部控制、资产质量、业务和风险状况等情况，非现场检查和既往现场检查发现的问题的整改情况，以及商业银行的合规经营情况进行监督检查的行为。

中国银监会及其派出机构遵循依法、公正和效率的原则对商业银行开展现场检查。现场检查包括检查准备、检查实施、检查报告、检查处理和检查档案整理五个阶段。在实施现场检查时，检查组应根据被查单位的规模、业务范围和业务的复杂程度，选择相应的检查程序。

根据检查范围，现场检查分为全面现场检查和专项现场检查。前者是指对商业银行在某一时期内的全部业务活动进行实地检查，全面地掌握相关情况，作出总体评价，并对存在的问题提出整改意见，并依法给予处罚。后者是指针对被查对象可能或已经出现问题的业务进行实地检查，如内部控制检查、贷款业务检查、存款业务检查、现金检查等。专项检查能够突出重点，抓住那些对被查对象经营管理活动影响大、涉及广的业务或问题来开展检查工作。

（二）非现场检查

非现场检查是指商业银行监管组织对监管对象报送的经营管理和财务数据及资料，就银行的经营活动、风险管理和合规情况进行分析评估，以发现银行风险管理中存在的问题，评价银行的风险状况。非现场检查应该在单一和并表的基础上收集、检查、分析和评估相关数据和资料。通过非现场检查，能够定期监测银行的经营和风险状况，对于商业银行评级、风险预警和指导现场检查等具有重要作用。

中国银监会的非现场检查突出强调了风险为本的监管理念。非现场监管是非现场监管人员按照风险为本的监管理念，全面、持续地收集、监测和分析被监管机构的风险信息，针对被监管机构的主要风险隐患制定监管计划，并结合被监管机构风险水平的高低和对金融体系稳定的影响程度，合理配置监管资源，实施一系列分类监管措施的周而复始的过程。一套完整的非现场检查程序应该包括制定监管计划、监管信息收集、日常监管分析、风险评估、现场检查立项、监管评级和后续监管七个阶段。非现场监管人员可以根据被监管机构风险实际状况、规模、业务复杂程度，并结合监管资源的现实情况，调整或简化上述非现场监管程序。

第二节　商业银行监管理论

尽管现代商业银行监管已经广泛且深入地渗透到商业银行经营管理活动的各个方面，但是在历史上，是否需要或应该对商业银行进行监管、如何进行合理的监管等问题都是具有很大争议的问题，这一过程中产生了诸多的商业银行监管理论。现代商业银行监管实践在理论发展中逐渐得到完善，并对银行业的稳定和发展产生了积极重要的作用。

一、商业银行监管理论的发展历程

20 世纪 30 年代之前，资本主义处于自由竞争阶段，学术界和政治家们倾向于让商业银行自由经营。在此过程中，特别是在中央银行相继出现之后，银行监管的必要性问题也引发了一系列讨论。尽管如此，由于受到经济自由主义思想的影响，这一时期的理论主要关注货币管理和预防银行挤兑方面，很少关注对金融机构的经营行为的管制。

1929—1933 年经济大萧条改变了人们对自由市场机制作用的认识，对市场失灵的强调促使人们关注银行业的安全，大萧条以后出现的一些银行监管政策主要是确保商业银行系统的安全和稳健。1929 年股市崩盘之后引发大批银行倒闭，当时人们普遍认为，是由商业银行与投资银行之间的混业经营导致的。市场失灵的发生促使人们思考经济自由主义思想的局限。随着罗斯福政府积极财政政策的实践和 1936 年凯恩斯《就业、利息和货币通论》的问世，国家干预主义思想一步一步取得了主流地位。对于金融体系，人们逐渐认识到政府应该在维护金融稳定方面发挥作用，或者说对金融机构和金融市场的监管有助于促进金融稳定。罗斯福政府以实施新政为契机，颁布了一系列法律法规，包括《国民复兴法》、《1933 年证券法》、《1934 年证券交易法》、《1933 年银行法》等。特别是，《1933 年银行法》，即《格拉斯-斯蒂格尔法》，禁止银行包销和经营公司证券，只能购买由美联储批准的债券，从而将投资银行业务和商业银行业务分开，将商业银行从证券业风险中隔离。这一规定促进美国金融业形成了银行、证券分业经营的模式。美国还建立了存款保险计划，保护存款人利益。

在美国金融立法的引领之下，一些重要的发达经济体也通过金融立法来加强对金融体系和商业银行的监管和管制。随着监管实践的发展，人们逐渐总结出金融监管必须实现的几个目标，包括促进银行体系安全和稳健、保护存款人利益、确保公众对银行体系的信心、促进银行体系公平竞争。大萧条之后逐步确立的金融监管理念和方法与现代金融监管理念和方法之间存在着重要的差别，这一时期形成的监管主要关注市场准入、行为规范和市场退出。

20 世纪 70 年代之后，"滞胀"问题引发了人们对于政府干预的批评，管制俘获理论也对政府干预金融体系提出了严厉的批评。经济自由主义在银行监管领域的表现是通过放松管制，改革监管安排，提高银行业效率。金融压抑和金融深化理论主张放松对金融机构的管制，包括业务范围、利率、跨区域经营、分支机构的设立、兼并收购行为等，恢复金融业的自由竞争，提高金融体系的活力和效率，这为金融自由化奠定了理论基础。尽管自由化过程受到石油危机的干扰，但是主要经济体对金融机构的管制均得到了很大的放松。

随着自由化进程的不断推进，金融体系的效率得到了很大提高，然而随着汇率风险和利率风险的加剧，自由化的负效应逐步显现。20世纪80年代之后，金融危机频频发生，再次引发人们对银行系统的稳定性的关注，银行监管逐步转向协调银行系统的安全和效率。在自由化过程中，汇率和利率管制及分业经营的樊篱逐渐被打破。而且自由化过程与全球化的重叠，使得20世纪80年代以来的金融危机具有显著的全球化特征，一个经济体发生的金融危机常常会传播到其他经济体。

金融全球化和维护银行体系稳定的需要促进了统一国际银行监管的实践。特别是1974年，德国赫斯塔特银行和美国富兰克林国民银行的倒闭，最终使国际银行监管合作从理论层面上升到实践层面。1975年2月，来自比利时、加拿大、法国、德国、意大利、日本、卢森堡、荷兰、瑞典、瑞士、英国和美国的代表聚会瑞士巴塞尔，商讨成立了"巴塞尔银行监管委员会（BCBS）"，旨在通过促进国际银行监管统一，维护国际银行体系稳定。1988年的《巴塞尔协议Ⅰ》，以及经过多次修改并于2004年正式发布的《巴塞尔协议Ⅱ》和2010年发布的《巴塞尔协议Ⅲ》等协议在指导相关国家和地区规范自己的银行监管实践，促进国际银行体系稳定方面发挥了重要作用。2008年全球金融危机进一步促进了国际银行监管理论和实践的发展。如前所述，当前国际社会正在进一步改革和完善巴塞尔协议所倡导的审慎监管规则。

二、商业银行监管理论

在对政府管制的目标、必要性和效果等方面的研究中，形成了一系列重要的理论成果，这些理论对于商业银行监管具有重要意义。

（一）公共利益理论

公共利益理论认为，银行监管作为政府对银行系统的干预，是缓解和解决市场失灵的手段。市场失灵包括三种情况，分别是自然垄断、外部性和信息不对称。经济理论表明，在完全竞争条件下，"看不见的手"能够导致有效率的资源配置和等于生产者边际成本的市场价格，在这一点上消费者、厂商和社会的利益达到最大。然而，市场失灵会损害市场效率。

对于那些固定成本在生产成本中占据较大部分的产品或行业，如公用事业、通信业、航空等基础设施行业，在一定的产出范围内，这些行业面临着向下倾斜的平均生产成本曲线，容易产生自然垄断。自然垄断导致资源闲置和高价格，不利于最优地使用资源和消费者福利。福利经济学研究表明，政府干预在一定程度上能够缓解这一问题。

在这里，我们需要关注的是银行业，也就是说，银行业是否存在自然垄断倾向，或者说是否存在显著的规模经济。一些研究表明，银行业具有一定的自然垄断倾向。为了开展业务，商业银行往往需要建立大量的物理网点和营业部，进行大规模的信息技术投资，将这些固定支出在更大量的金融产品或金融服务上分散，有利于降低商业银行所提供的金融产品或金融服务的价格。换言之，商业银行存在自然垄断倾向。一旦垄断地位建立起来，商业银行就能够在交易中获得市场地位，损害消费者利益，而且为了保持这种市场地位，它们还要保持大量的闲置资源，以威慑潜在的进入者，导致资源配置不当和低效率。

前文已经讨论过外部性是商业银行监管的重要依据。由于存在外部性，商业银行在决策过程中无须考虑自身决策的全部影响，这导致低效率，或者说从事过多风险的经营活动。理论上，可以通过明确产权来解决外部性问题，但是对于银行业的外部性问题，市场参与者之间的协商成本过高使得这一方法是不理想的。政府干预或对商业银行进行监管有助于抑制商业银行的风险承担行为，控制它们的风险状况，缓解外部性问题。

信息不对称是信息在交易双方的非均衡分布所导致的。信息不对称是银行业的一个典型特征，消费者、商业银行和银行业监管者之间都存在信息不对称现象。一些研究者认为，商业银行作为一种金融中介，其作用之一就是缓解信息不对称，或者说信息不对称是商业银行存在的依据。然而在消费者、商业银行及其监管组织之间存在多重信息不对称现象。在与商业银行建立交易关系的过程中，消费者处于信息劣势；在监管者与商业银行之间，商业银行也拥有信息优势；消费者委托监管组织执行对商业银行的监督，但是消费者并不能完全确定监管组织是否称职。信息不对称可能导致商业银行侵害消费者利益、不称职的监管组织、监管组织被商业银行绑架等现象。解决这些问题，需要对商业银行进行监管。

（二）金融脆弱性理论

商业银行的资产负债结构决定了它们具有较高的风险，或者说较大的脆弱性。商业银行扮演着创造流动性的功能，它们主要依靠外部资金来从事经营活动，将流动性较低的长期贷款转变为流动性较高的短期存款或借款。它们面临的风险种类也非常多，包括信用风险、市场风险、流动性风险、操作风险、通货膨胀风险、宏观经济冲击、来自政策、法律和声誉等方面的风险，这些风险之间也是相互联系、相互强化的。而且由于商业银行具有较高的外部性，因此这些风险还会传染给实体经济。这种传染现象被称为"多米诺骨牌"效应。

正是由于这些特征，使得商业银行非常容易陷入"挤兑"问题。研究认为，银行挤兑可能产生于多种原因。Diamond 和 Dybvig（1983）所建立的模型表明，银行"挤兑"可能完全由存款人对某些完全不相关的因素（如太阳黑子）的心理反应而引起。后续研究对 Diamond 和 Dybvig 所建立的模型进行了扩展。Jacklin 和 Bhattacharya（1988）也尝试将银行挤兑模型化，他们提供了另外一个更为合理解释，他们强调了存款人对银行业绩的预期在引发银行挤兑方面的作用，由于预期发生改变，挤兑可以是存款人的理性反应。Chari 和 Jagannathan（1988）所建立的模型强调了信息不对称，他们的模型将银行贷款的收益看作一个随机变量，而且只有一少部分信息灵通的存款人能够观察到该随机变量，其他存款人采取"跟风"策略。也就是说，当处于信息劣势的存款人观察到大量的存款被提取时，他们无法判断这是因为信息灵通的存款人是想提早消费，还是他们发现了银行贷款质量的恶化造成的。在均衡的状态下，贷款质量恶化引起的挤兑和恐慌引起的挤兑都可能发生。[①]

需要注意的是，挤兑的原因可能包括两种：一是商业银行的贷款质量恶化；二是恐慌。由于贷款质量恶化导致的银行挤兑对于商业银行整体的长远发展是有好处的，挤兑构成一种威胁，从而形成一种有益于商业银行系统长期稳定和市场约束力，提高整个商业银行系统的效率。但是，由于恐慌引起的挤兑是需要尽可能避免的，因为这种挤兑会造成不必要的损失，不利于商业银行的稳定和为消费者提供金融产品和金融服务。

（三）管制俘获理论

管制俘获理论产生于人们对公共利益理论和政府管制本身的考察。公共利益理论解释了

---

① 类承曜. 银行监管理论：一个文献综述. 管理世界，2007（6）.

管制的必要性和目的。但是，现实中政府管制出现了许多低效率现象，如腐败、僵化、技术创新缓慢、成本过高等。这些无效率现象，促使经济学家对以公共利益理论提出疑问，并对一些管制措施的有效性进行实证性研究。研究发现，实施管制与管制的必要性或实际效果并不是一致，管制的实际效果与公共利益并不总是一致的。

经济学家们从关注"市场失灵"转为考察政治过程，特别是公共政策制定过程，来研究政府管制的动机，由此产生了管制俘获理论。该理论认为，随着时间的推移，管制会越来越有利于接受监管的机构和部门，管制组织被私人部门"俘获"，即使管制者最初的目的是要维护公共利益。当然，这并不排除这样的情况，即在政府管制实施过程中，管制组织和私人部门都得到收益，被管制行业越来越规范。

管制俘获理论将管制理论研究的注意力转移到对管制者的实际行为效果和行为动机的研究，对于研究商业银行监管者的行为和动机、分析现实中一项具体的银行监管安排的成因具有重要价值。

（四）经济监管理论

经济监管理论是经济监管理论的代表人物——施蒂格勒在《经济监管理论》一文中提出的。该理论将政府管制看作是由管制者所提供的"商品"，认为管制是利益集团对管制的需求与管制者对管制的供给之间的结合，是管制者响应利益集团最大化其收益的需要而产生的。这一结论源于两个假设：一是政府的基本资源是强制力，各利益集团通过说服政府使用其强制力，来增加自己的福利；二是各个组织在选择效用最大化的行动过程中都是理性的。

利益集团可以通过游说或贿赂政府实施有利于自己的管制，而把社会上其他成员的福利转移到自己的利益集团中来，从而实现利益再分配目标。施蒂格勒更是明确指出，公共利益动机只是一种理想主义观念，政府管制的真正目的是政治家与产业部门谋求各自的利益结果。政府官员实施管制可以获得产业部门的选票和支持，以获得留任或是其他回报，被管制的产业部门也可以此谋取自己的利益。

经济监管理论认为，监管或管制最有可能发生于这些措施能够发挥显著影响的部门；市场失灵的存在使得管制成为必要；由于受到消费者的压力，即使监管或管制是有利于生产者的，监管或管制也不会设定在促使生产者集团收益最大化的水平上。

经济监管理论是在公共利益理论和管制俘获理论的基础上发展起来的，它是保留了市场失灵的假设，同时也利用了这样一个观点，即私人部门对管制有需求。正是以此为基础，经济监管理论分析了监管产生的原因、监管组织与私人部门之间的相互作用、监管导致的收益分配等。

（五）金融管制失灵理论

管制失灵理论属于政府失灵范畴。政府失灵指的是政府在处理"市场失灵"而对经济生活进行干预的过程中，由于自身行为的局限性和其他因素的影响而产生的缺陷，无法实现资源配置效率。可以从不同的角度来看待政府失灵，如个人对公共产品的需求得不到充分满足；政府在提供公共产品时产生浪费和滥用资源，致使政府支出过大和低效率；政府干预缺乏效率。

金融管制失灵的典型表现是金融危机。20世纪70年代以来，浮动汇率制的流行和利率管制的放松，使得金融风险日益加剧，金融危机频频发生，其影响越来越广泛，越来越具有全球性。比较典型的包括 20 世纪 80 年代的拉美债务危机、90 年代的欧洲汇率机制危机、墨西哥金融危机、日本房地产泡沫崩溃、东亚金融危机、俄罗斯债务违约事件、美国长期资本管理公司倒闭危机，以及进入 21 世纪发生的美国互联网泡沫破裂和 2008 年以来的美国次贷危机。这些金融危机说明，不论是发展中国家或地区，还是发达国家或地区的金融监管都存在失灵现象。

导致金融管制失灵的原因有很多，其中一个重要原因是商业银行等金融机构规避管制的活动。金融监管措施旨在维护金融体系的稳定，在微观上则是对个别金融机构的行为的限制，这会减少它们的盈利机会。为了追求自身利益，商业银行等金融机构具有强烈的动机，绕开各种监管措施，而且这种规避监管的行为本身并不在法律限制范围之内，因此是合法的。

在规避监管的过程中，商业银行等金融机构往往要借助金融创新。金融机构通过各种金融创新活动，来获得管制范围之外的盈利机会，从而威胁金融稳定。当发生金融危机之后，金融监管组织会加强金融监管，将这些金融创新纳入监管范围之内。金融机构在新的监管安排下，再次进行金融创新，规避监管。金融创新导致监管失灵，诱发金融危机。

其次，特别历史时期的监管安排本身也会存在一些缺陷。不同监管组织所采取的监管理念和方法取决于自身对金融体系的认识、所在国家或地区的政治体制、人力财力和物力的限制等。同时，监管本身也不能事无巨细，不能扼杀金融体系的活力，监管安排需要为金融体系留下空间。

（六）监管成本理论

任何一项监管措施都是有成本的，监管措施的合理性必须建立在成本与收益的比较分析上。比较流行的方法是，将监管成本分为直接成本和间接成本两类：相比较而言，前者可以较为准确地衡量，后者则无法获得准确的计量。

直接成本包括监管机构执行监管的执行成本和被监管者因遵守监管条例发生的遵从成本。一方面，执行金融监管需要设立适当的监管组织，负责制定和实施相关监管安排。这一过程要大量的人力、财力和物力等资源。另一方面，被监管的私人部门为满足监管组织的监管要求，不得不向监管组织提交报告、聘请专业的会计师和律师、向消费者提供相关资料及达到特定的操作标准等，这些行为都需要大量的费用。

间接成本是指由于金融监管对被监管金融机构的激励、业务发展和创新等方面的限制而产生的经济损失。间接成本可能通过以下途径产生。一是道德风险。金融监管会影响公众和商业银行等金融机构的经营行为，有可能促使公众有意或无意地降低对商业银行等金融机构的监督，金融机构也可能会采取更为激进的行为。二是效率损失。金融监管往往以限制商业银行等金融机构的风险承担行为来实现。对于一家银行而言，金融监管使得它们的盈利活动受到限制，如分支机构的限制使银行无法在异地开展贷款业务获得盈利。这构成了金融机构自由选择的限制和对市场运行的干扰，导致低效率和社会福利损失。此外，金融监管还会带来其他成本。比如，金融监管过于严厉可能导致商业银行等金融机构重新考虑其业务选址，转移开展业务的地区，降低监管服从成本。

第三节　商业银行监管组织

商业银行监管组织是商业银行监管措施的执行机构。没有高效率的执行，再好的监管理念和方法都不可能得到理想的效果。近年来，商业银行监管组织与中央银行之间的关系受到广泛重视，对此问题的探讨至今仍然没有画上句号。

一、商业银行监管组织的含义和构成

在狭义上，商业银行监管组织是依据相关法律法规对一个国家或地区的商业银行实施监督管理的组织或机构。作为一个政府部门，商业银行监管组织是金融监管组织的一个构成部分，专司对商业银行的监管。商业银行监管组织可能是一些专业的银行监管组织，也可能是中央银行，还可能有这些机构的组合。

从广义来讲，银行业的自律组织也属于银行监管组织的构成部分。在银行业历史上，银行业的行为规范最初是由银行业组织在长期发展和博弈过程中自发形成的，这些不成文的惯例或规范对于稳定商业银行的行为，减少不确定性，降低交易成本发挥了重要作用。这些自律组织的监管在某些国家，如英国曾经取得了很大成功。英国直到 20 世纪 70 年代末才建立起制度化的银行业监管组织，来规范银行等金融机构的经营活动。

总体上看，20 世纪 30 年代之前尽管也存在一些监管安排，如在美国存在限制银行跨州开设分支机构的限制，但是除了一些国家，如英国存在一些行业自律组织之外，各国并没有建立制度化的银行业监管组织。1929—1933 年大萧条之后，美国银行业立法改变了这一趋势，美国成立了联邦存款保险公司（FDIC）、货币监理署（OCC），与 1913 年创立的美国联邦储蓄委员会（FED）一起负责对美国银行业的监督管理。其他国家和地区也相继建立了类似的法定监管组织。

在现代金融体系中，通过金融立法，建立法定的银行监管组织来负责维护金融稳定，特别是银行体系的稳定，成为普遍的现象。在这一部分内容，我们主要关注法定的银行监管组织问题。

二、商业银行监管组织模式

在大部分情况下，商业银行监管从属于一个国家或地区对自己的金融体系的监督管理，有些国家或地区成立了专业化的商业银行监管组织，有些国家则建立了一体化的金融监管模式，负责全部金融部门的监管。此外，对商业银行的监管还涉及监管组织与中央银行之间的关系。鉴于各自的历史、法律、政治、金融体系的发展水平等各有不同，每个国家或地区都根据自身情况建立适合自己的监管组织模式。

（一）机构监管模式下的商业银行监管

机构监管模式是指按照金融机构的类型设立监管机构，不同监管机构分别管理各自的金融机构，但某一类别金融机构的监管主体无权干预其他类别金融机构的业务活动。在机构监管模式中，监管组织的设置是按照金融机构的法定类型。比较流行的方法是按照银行、证券和保险分别设立三家监管组织，它们拥有各自的职责范围，但银行的监管机构却无权干预保险公司或证券公司的银行业务活动。在这种模式中，对银行业的监管可能是由中央银行负责，也可能是一家专业的商业银行监管组织。

机构监管模式适应于分业经营模式。在分业经营模式的管制下，金融机构的法定类型决定了它们所能够开展的业务类型和范围。比如商业银行能够经营存贷款业务，但不能从事证券类和保险类业务，但是证券类金融机构和保险业金融机构则不允许从事存贷款业务。更现实的情况下，金融机构的业务类型和范围可以在监管组织的许可下有所拓展。

（二）功能监管模式下的商业银行监管

功能监管模式是基于金融体系基本功能而设计的，更具连续性和一致性，并能实施跨产品、跨机构、跨市场协调的监管。功能性监管概念由哈佛商学院罗伯特·默顿最先提出，它关注的是金融机构的业务活动及其所能发挥的基本功能，而非金融机构的名称，给定相同的金融业务活动由同一个监管者进行监管，而无论这个活动由哪一个机构来从事。这样，一个金融业务多元化的金融集团要同时面对许多个监管部门。原则上，功能监管模式有助于减少存在于机构监管模式下的监管职能冲突、交叉重叠和监管盲区，从而实现对金融体系的跨区域、跨业务的全面监管。因此，相比较而言，功能监管模式适合于混业经营的金融体系，而机构监管模式则适用于分业经营的金融体系。

功能监管模式一般存在于混业经营的金融体系，在此模式下从事经营活动的商业银行已经不再是传统意义上的商业银行，而是一个金融超市，它们向客户提供包括银行、证券和保险在内的多样化的金融产品和金融服务。因此在典型的功能监管模式下，银行要接受来自负责不同业务的监管组织的监督和管理。但是，各种监管组织仅负责自己职责范围之内的监督管理职能，如银行业监管组织负责银行业务的监管，而不承担对证券业务和保险业务的监管，后两种业务也由专业的监管组织负责。

功能监管模式相较于机构监管模式具有如下优点：第一，功能性监管关注的是金融产品所实现的基本功能，并以此为依据确定相应的监管机构和监管规则，从而能有效地解决混业经营条件下金融创新产品的监管归属问题，防止监管"真空"和多重监管现象的出现。第二，功能性监管强调实施跨产品、跨机构、跨市场的监管，主张设立一个统一的监管机构来对金融业实施整体监管，这样可以使监管机构从整体上把握金融业的风险，从而更好地维护金融体系的安全、完整与稳定。第三，功能性监管的监管归属划分依据是金融产品所实现的基本功能，不同背景的金融机构从事同样的金融活动将面对同一监管部门，这有利于为金融业创造一个公平的竞争环境，有利于促进金融市场的健康稳定发展。第四，由于金融体系的基本功能很少发生变化，因此据此而设计的监管模式和监管规则更具有连续性和一致性，无须频繁变更政策和监管规则，能够灵活地适应新发展，对多国监管合作具有特殊的意义。第五，功能性监管的一致性和连续性减少了金融机构进行"监管套利"的机会主义行为，减少了这种机会主义行为导致的资源浪费。从监管趋势来看，功能监管将是各国未来监管模式的发展方向。

（三）一体化监管模式下的商业银行监管

在典型的一体化监管模式之下，不同的金融业务和金融机构由单一监管组织负责监管，而且这一角色可以由中央银行来承担，但更常见的是，如在英国、韩国和日本是由专门设立的金融监管组织承担的。一体化监管模式的典型代表是英国在 20 世纪 80 年代和 90 年代的金融监管体制改革后建立的金融监管模式。英国于 1997 年 5 月成立了金融服务局（FSA），统一行使对金融机构的监管职权，英格兰银行即英国中央银行不承担监管职能，但是获得了制定政策利率的独立性。1997 年东亚金融危机之后，日本和韩国也转向一体化监管模式。

一体化监管模式比较适应混业经营深入发展的金融体系。这种模式有助于发挥规模经济，降低监管成本，避免监管盲区、空白和漏洞及重复监管问题，还能够促进金融创新。然而，这种模式并不适应所有实行混业经营的经济体，因为它对透明度、权力的约束、问责制、法律秩序等的要求比较高。在一体化监管模式之下，商业银行监管由一体化的监管组织负责。商业银行的市场准入、审慎监管要求、商业行为及促进银行业的竞争等都由该单一监管组织负责，像其他金融机构一样。

（四）"双峰"监管模式下的商业银行监管

"双峰"监管模式是指根据监管目标设立两类监管组织：一家监管组织负责对全部金融机构进行审慎监管，控制系统风险；另一家对不同金融业务经营进行监管，保护消费者，促进竞争。"双峰"监管模式的典型代表是澳大利亚和奥地利。澳大利亚于 1998 年开始实行新的监管框架，审慎监管由新成立的澳大利亚审慎监管局负责，接替了储备银行即澳大利亚中央银行对银行业的监管职责；同时澳大利亚证券与投资委员会负责促进市场一体化和保护消费者。

在"双峰"监管模式之下，商业银行要接受两家监管组织的监管。它们一方面要接受来自审慎监管组织的审慎监管要求，另一方面要遵守消费者保护组织的规则。在这种模式下，更有利于保护消费者的利益，减少商业银行对消费者的欺骗、欺诈行为。

（五）商业银行监管组织与中央银行之间的关系

按照中央银行是否承担对商业银行的监管职能，可以将监管模式划分为三类：一是独立于中央银行的监管模式；二是中央银行与其他监管组织分工监管的监管模式；三是以中央银行为监管组织的银行监管模式。需要注意的是，在这三种模式中，除中央银行之外的监管组织可以监管商业银行，也可以负责对证券和保险类金融机构的监管。

第四节　各国商业银行监管模式比较

商业银行监管模式是一个国家或地区金融监管模式的组成部分，除了那些实行分业经营、分业监管的国家或地区之外，银行和其他金融机构往往需要接受相同监管组织的约束。尽管存在一些普遍的监管模式，但是即使是被归为同一类别的监管模式之间也还是存在一些显著的区别。各个国家和地区的监管模式往往是受到既有监管模式、金融体系的发达程度，以及政治、法律、文化等因素的影响。通过比较不同国家或地区的金融监管模式，有利于我国监管者更好地吸收它们的经验，更好地完善和改革我国商业银行的监管模式。

一、美国商业银行监管模式

当前美国的银行业监管基本框架大致形成于 1929—1933 年大萧条之后的金融立法。这一监管框架对于美国银行业成长和发展起到了重要作用。新中国成立之初，美国实行的是自由银行业政策，美国没有成立中央银行，全国性的银行也很少。各州政府接受银行的登记注册，并对它们进行监管，监管内容更多的是市场准入，如限制跨州设立分支机构。1861年，美国联邦政府批准设立了一批全国性银行，也称为"国民银行"。1863年，货币监理署（OCC）成立，它是美国联邦政府的第一家金融监管组织，负责监管国民银行注册登记、分支机构设立和合并、业务活动、破产关闭等。

1913年，美国联邦储备体系（Federal Reserve System，FRS），即美国的中央银行成立，负责制定和执行货币政策，监管银行业，并承担最后贷款人职能。此后，在各州注册的银行（州银行）可以自由选择是否成为美联储体系的成员银行。

1933年的大萧条导致众多银行破产倒闭，美联储和货币监理署并没有很好地完成它们的监管职责。随后，罗斯福政府的一系列金融立法，促进了美国进入分业经营时代，并为美国金融业奠定了新的监管架构。美国成立了联邦住宅贷款银行委员会、联邦储蓄与贷款保险公司、证券交易委员会、联邦存款保险公司。其中，联邦住宅贷款银行委员会和联邦储蓄与贷款保险公司主要负责储蓄贷款机构的监管和存款保险，联邦存款保险公司则负责对非美联储体系成员银行，包括州银行进行监管，美联储体系成员银行必须购买存款保险。

20世纪80年代后期，美国发生了储蓄贷款机构危机。之后，美国制定了金融机构改革和促进法案，联邦住宅贷款银行委员会和联邦储蓄与贷款保险公司被撤销，联邦住宅贷款银行委员会的职责由美国财政部下设立的储蓄机构监管局继承，同时成立储蓄协会保险基金，归联邦存款保险公司管理。此外，美国还成立了全部信用社管理局，负责对信用社的监管。

20世纪中后期，美国的分业经营模式逐渐被打破，美国通过了《金融服务现代化法案》，从法律上扫除了分业经营限制，进入混业经营时代，出现了一批金融控股公司。美国的监管模式也进行了调整，从机构监管模式逐步过渡到功能监管模式。

在一系列金融立法的基础之上，美国建立了独特的监管体制。美国对银行业的监管是比较松散的，一家银行的主监管组织可能是美联储、货币监理署、储蓄机构监管局或50家州银行监管组织的一家，这取决于该银行的注册地或牌照类型。[①] 为了从总体上对金融控股公司进行监督，《金融服务现代化法案》规定，美联储是金融控股公司的"伞型监管者"，从整体上评估和监管金融控股公司，必要时对银行、证券、保险等子公司拥有仲裁权；当各具体业务的监管机构认为美联储的监管措施不当时，可优先执行各监管机构自身的制度，以起到相互制约的作用。

2007年，美国发生了次贷危机，并由此引发了全球金融危机。美国再次对自己的金融体制进行了改革，成立了金融稳定理事会、消费者金融保护局等一些新的监管组织，尝试着在现有的框架之下进行修补和完善。2010年7月15日美国参众两院终于投票通过自20世纪30年代经济大萧条以来改革力度最大、最彻底的新金融监管改革方案——《多德-弗兰克法案》（详情参见专栏13-2），它标志着美国金融服务业将会发生根本性的改变，更预示着美国企业和消费者对待金融产品的方式将产生重大变化。

---

① 霍华德·戴维斯，大卫·格林.全球金融监管.北京：中国金融出版社，2009.

专栏13-2　《多德-弗兰克法案》的核心内容

　　《多德-弗兰克法案》系统地提出了五方面的改革措施，从机构、市场、消费者保护、政府和国际合作等多个角度（可参见图13-1），对美国金融监管体系作出了全面彻底的改革安排。具体内容包括：第一，加强对金融机构的监管。次贷危机发生后，美国金融机构接连倒闭，而其中一些大型的、举足轻重的金融机构的倒闭对整个金融体系的稳定性造成了无法想像的冲击，甚至对其他国家的金融体系的稳定也造成了不利影响。第二，建立对金融市场的全方位监管机制。提高资产证券化的透明度和监管标准，要求信用评级机构在评级过程中加强信息披露，并在证交会下设立专门的评级业监管机构等。第三，保护消费者和投资者的权益免受侵害。新方案提出在美国联邦储备委员会下设立新的"消费者金融保护局"（Consumer Financial Protection Agency, CFPA），其职能主要是保护消费者免受不公正和欺骗性交易的侵害。第四，为政府提供对付金融危机的工具。政府需要应对危机的工具，以便一旦危机发生，政府不会在紧急救援和金融崩溃之间作出被动选择。第五，提高国际监管标准和国际合作。新方案期望加强监管的国际合作，努力在以下四个方面达成一致：资本金标准、全球金融市场监管、跨国金融机构监管、危机防范和管理。

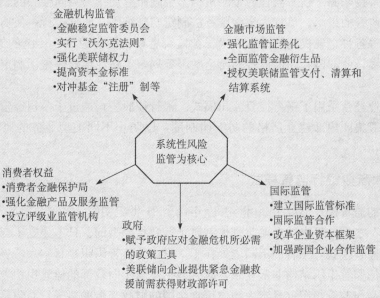

图13-1　美国金融监管方案的核心内容

　　此外，"沃尔克法则"是该法案最引人注目之处，它要求监管者对银行及其附属机构、控股公司实施监管，禁止其开展自营交易、投资和设立对冲基金和私人股权基金，并且限制银行及其附属机构与对冲基金和私人股权基金之间的业务关联。受美联储监管的非银行金融机构在自营交易、对冲基金和私人股权基金方面的投资也受到限制。同时，在最后版本中"沃尔克法则"也设置了一个例外条款：在应投资者要求并采取"风险共担"方式下，银行可以对对冲基金进行少量的投资，但是投资金额不得超过一级资本的3%。

　　资料来源：张晓明，陈静．美国金融监管改革的新方向．中国流通经济，2010（12）．

二、英国商业银行监管模式

通过 20 世纪 90 年代后期和 21 世纪初的一系列金融改革，英国建立了单一的金融监管组织，即英国金融服务局（Financial Services Authority，FSA）。在金融服务局组建之前，特别是根据 1986 年的《金融服务法》，英国实行的是政府监管与行业自律相结合的分业监管体制。

1998 年 6 月金融服务局成立之前，英国实行的是"分业监管"，共有 9 家金融监管组织，分别是英格兰银行的审慎监管司、证券与投资管理局、私人投资监管局、投资监管局、证券与期货管理局、房屋协会委员会、财政部保险业董事会、互助会委员会和友好协会注册局，分别对银行业、保险业、证券投资业、房屋协会等金融机构实施监督管理。其中，对英国银行业的监管由英格兰银行负责。

1997 年工党政府执政之后，顺应混业经营模式的不断发展，相继推出了一系列金融改革措施。根据《2000 年金融服务和市场法》的规定，英国建立了一体化的金融监管模式，在整合原来的独立的九家金融监管组织的基础上成立了单一监管组织，即金融服务局。英国的监管体系逐步由分业监管过渡到统一监管。根据有关法律，金融服务局从 2001 年 12 月 1 日起开始行使其全部监管职能，但其并不是政府机构，而是一个独立的非政府的监管组织，它的经费收入直接来源于它所监管的金融机构。金融服务局作为英国唯一的、独立的、对金融业实行全面监管的组织，负责为金融服务法制定实施细则，监管银行、住房基金、保险公司、证券公司等各种金融机构的活动，给予被监管者以指引和建议。传统的银行监管组织，即英格兰银对银行业的监管职能被转移给金融服务局，英格兰银行获得了制定和实施货币政策的独立性。

英国的混业经营采用了银行控股公司模式。银行控股公司通过子公司经营证券、保险等业务。银行控股集团内部建立严格的防火墙制度，以防止不同类型业务的风险在集团内部扩散。

三、日本商业银行监管模式

当前日本的监管模式形成于 20 世纪 80 年代至 21 世纪初的一系列金融改革。在此之前，特别是"二战"之后，日本的金融监管体制属于行政指导型的。日本建立了与美国类似的分业经营、分业监管模式，二者的不同之处在于，日本的监管组织是日本大藏省，即日本的财政部，而美国的监管组织结构非常复杂，既有包括隶属于财政部的监管组织，也有独立于财政部的美联储和州监管组织。日本大藏省负责全国的财政与金融事务，对包括日本银行在内的全部金融机构进行监管。日本大藏省下设了银行局、证券局和国际金融局，其中银行局对日本银行、其他政府金融机构及各类民间金融机构实施管理。在这种监管模式下，日本的监管行为具有非常浓厚的行政色彩，大藏省在监管过程中经常对金融机构进行行政干预。

20 世纪 80 年代中后期，日本开始着手进行金融改革，但是改革的进程很慢，效果也不十分显著。1994 年，日本房地产市场泡沫破裂，1997 年东亚爆发了金融危机，日本金融体系的问题逐步暴露出来。随后，日本加快了金融改革，取消了对银行、证券、信托子公司的业务限制，允许设立金融控股公司进行混业经营。1997 年 6 月，日本颁布了《金融监督厅设置法》，成立了金融监督厅，专司金融监管职能，证券局也从大藏省划归金融监督厅管辖。1998 年年末，又成立了金融再生委员会，与大藏省平级，金融监督厅直属于金融再生委，大藏省的监管权力大大削弱。2000 年，金融监督厅更名为金融厅，拥有原大藏省检查、监督和审批备案的全部职能。金融厅成为单一的金融监管机构，从而形成了日本单一化的混业金融监管体制。

四、我国商业银行监管模式

我国现行的金融监管模式产生于集中统一的金融管理体制，属于分业监管模式或机构监管模式。新中国成立不久，全国实际上只有中国人民银行一家银行，有些银行虽然在名义上存在，但这些银行和金融机构实际上没有独立或真正意义上的银行业务，中国人民银行同时具有中央银行和商业银行的双重职能，既行使货币发行、经理国库和金融管理等中央银行职能，又从事信贷、储蓄、结算、外汇等商业银行业务，并在金融业中具有高度垄断性。总地来看，那时中国的银行体系基本上是单一式的银行体系，从中央银行制度说，则是复合性的中央银行制度，又称为"大一统"银行体制时期。

1983 年，中国工商银行作为国有专业银行从中国人民银行中分离出来，实现了中央银行与商业银行的分离，计划经济下"大一统"的银行体制被以中央银行为领导和四大专业银行配套为主的二元银行体制取代，我国开始建立自己的监管模式。当时，人民银行既负责制定和执行货币政策，又负责对银行业、证券业和保险业进行监督管理。

1984 年到 1993 年，我国金融体系基本上属于混业经营、混业监管。尽管专业银行有着较为严格的业务分工，但它们的分支机构可以办理附属信托公司，因此事实上属于混业经营模式。20 世纪 90 年代，随着金融产品种类的日益增加，资本市场和保险业也取得了快速发展，沪深证券交易所相继成立。伴随着金融体系的发展，1992 年 10 月 26 日成立中国证监会，1998 年 11 月 18 日成立中国保监会，人民银行在对证券业、保险业的监管职能得到进一步分离。

2003 年年初，中国银监会成立，标志着中国金融业"分业经营、分业监管"的框架最终完成，由此形成了由"一行三会"构成的金融监管体制。其中，中国银监会主要负责银行业的监管，中国人民银行负责指定和执行货币政策。根据《中华人民共和国银行业监督管理法》，中国商业银行监管中"银行业金融机构"是指在中国境内设立的商业银行、城市信用合作社、农村信用合作社等吸收公众存款的金融机构及政策性银行，以及在中国境内设立的金融资产管理公司、信托投资公司、财务公司、金融租赁公司及经国务院银行业监督管理机构批准设立的其他金融机构。

2004 年 6 月，中国银监会、中国证监会和中国保监会公布了金融监管分工合作备忘录，确立了三家监管机构之间的"监管联席会议机制"和"经常联系机制"，确立了针对金融控股公司的主监管制度。根据备忘录，对金融控股公司的监管仍坚持分业经营、分业监管的原则，对金融控股集团的母公司按其主要业务的性质，归属相应的监管机构，对子公司和各职能部门，按业务性质实行分业监管。

在多年的监管实践中，中国银监会获得了许多重要的工作经验，建立了"管法人、管风险、管内控、提高透明度"的监管理念。"管风险"，即坚持以风险为核心的监管内容，通过对银行业金融机构的现场检查和非现场监管，对风险进行跟踪监控，对风险早发现、早预警、早控制、早处置；"管法人"，即坚持法人监管，重视对每个银行业金融机构总体金融风险的把握、防范和化解，并通过法人实施对整个系统的风险控制；"管内控"，即坚持促进银行内控机制的形成和内控效率的提高，注重构建风险的内部防线；"提高透明度"，即加强信息披露和透明度建设，通过加强银行业金融机构和监管机构的信息披露，提高银行业金融机构经营和监管工作的透明度。

案 例 分 析

信用卡套现"二次创业"梦断"新兴产业"

今年 46 岁的天津人陈征，在对"套现行业"进行初步了解后，与男友孟福军萌发了"二次创业"的雄心，他们发现仅需向银行申请一台 POS 机，取得的套现手续费远比此前自己从事的正常经营活动更加快捷、高效和有利可图，而且为境外银行信用卡持有人刷卡套现的手续费更高达每笔刷卡金额 6％～7％。之后，二人将该想法告诉了朋友高志刚（男，27 岁，河北人，个体经营者），高志刚正为自己在天津的事业不顺利犯愁，便爽快地答应了。三人一拍即合，决定共同投身到该"新兴产业"中去。但毕竟是初涉此行的新手，为了寻找"客源"，陈征委托高志刚利用在网络上发布信息，寻找有提现需求的境外银行信用卡持有人。

庄彦（男，27 岁，福建人，无业）和梁帅（男，28 岁，福建人，无业）作为有过留学经历的"海归"，对在回国后的工作和生活并不满意，二人在辞去工作后不约而同地选择了"信用卡套现"作为发展方向，但与陈征、孟福军、高志刚这些"新人"不同，二人具备精湛的计算机操作水平，而且海外求学的经历让二人了解到互联网的信息资源优势，他们不再满足挣取套现手续费的蝇头小利，而是开始关注每张小小的信用卡内记载信息的潜在价值，他们通过互联网从"卖家"处以不菲的价格购进真实存在的境外信用卡持卡人的信息，再使用读卡器将上述信息读入白色磁条卡，就这样一张张内含真实信息的"境外信用卡"就做好了，庄彦、梁帅正急需检验自己的"工作成果"。

刘文博（男，22 岁，吉林人，无业）也是对"信用卡套现"产生浓厚兴趣的人员之一，在了解到该行业在天津市发展较快的形势后，毅然从敦化老家来津"学习考察"，按其本人的话说，"我来看看这个行业好不好赚钱，以便回老家也干这行"，无意中刘文博认识了庄彦、梁帅，立即被二人手中的白色磁条卡所吸引，并自愿给庄彦跑腿、打下手。

通过在网络上形成的"套现论坛"，陈征、高志刚与庄彦、刘文博于 2008 年 9—10 月间在天津市内的一家咖啡厅见面了，在交谈中，庄彦向陈征和高志刚出示了其所持有的境外银行信用卡，即"白色磁条卡"，出于对信用卡基本常识的了解，陈征和高志刚第一时间意识到了庄彦要使用伪卡，但二人此时非但没有知难而退，反而是放弃了挣取刷卡手续费的最初意愿，而是提出了要从每笔刷卡金额中提取 50％份额的大胆要求，庄彦因为知道自己做的是"无本买卖"，只要能套出现金即可，"手续费"的高低并不重要，于是双方迅速达成共识。至此，本案中套现活动的组织者、伪造信用卡的提供者悉数登场，只差另一重要人物——POS 机的提供者出场了。

2008 年间，在天津地区可找到的 POS 机大多只开通了境内银行信用卡的操作业务，而并不具备境外银行信用卡刷卡功能，陈征、孟福军将寻找 POS 机的方向盯在了经济较天津更为发达的北京。

当孟福军得知田福豪（男，49 岁，河北人，北京天恩桥商贸有限公司法定代表人）于当年 9 月间刚以企业名义向交通银行北京分行申领了 POS 机后，立即向田福豪提出了借用该 POS 机刷境外银行信用卡刷卡套现的要求，而田福豪直接向孟福军提出了要以收取每笔刷卡金额的 20% 作为条件。陈征意识到田福豪也是"信用卡套现"行中的老手。

既然都是"圈内人"，陈征一方面接受了该价码，另一方面通过孟福军向田福豪提出了在银行付款到账后及时将款项的 80% 向自己和孟福军支付的要求。田福豪同意并立即向银行申请开通了 POS 机境外银行信用卡服务功能。

经过上述一系列精心准备后，刷卡套现的各个环节均已具备，从 2008 年 11 月 6 日至 29 日，二十多天内，陈征、高志刚、庄彦、梁帅、刘文博等人在北京、天津等地疯狂进行刷卡操作，他们使用伪造的境外银行信用卡，通过孟福军从田福豪处借来的 POS 机，共进行刷卡交易 336 笔，其中成功交易 126 笔，不成功交易 210 笔，成功交易累计总额人民币 1 469 660 元，其中人民币 667 880 元已进入由田福豪实际控制的账号。

2008 年 12 月初，当境外发卡银行在发现不正常信用卡交易嫌疑后，上报了 Visa 国际组织的欺诈交易报表，交通银行北京分行在接到信息反馈后，也意识到了问题的严重性，一方面将成功交易的余额进行拒付，另一方面停止了涉案 POS 机的境外银行信用卡服务功能，并将相关情况通报公安机关。

资料来源：经济参考报，2010 年 08 月 06 日．

思考：

（1）该案例暴露出商业银行监管的哪些漏洞？如何弥补？

（2）什么是信用卡套现，为何持卡人要进行套现行为？信用卡套现对银行来说存在哪些监管风险？

本 章 小 结

本章探讨了商业银行监管相关问题。商业银行监管好坏不仅直接关系到银行业的稳定发展，而且也关系到整个经济的稳定和发展。商业银行监管的必要性源自于市场失灵。商业银行监管的目标有四个：确保商业银行系统的安全和稳定、保护存款人、保护消费者和促进银行业适度竞争。对于商业银行监管的内容主要集中于市场准入、审慎监管、市场行为和市场退出等方面，实施的方法有现场考查和非现场考查两种。商业银行监管理论是在人们探讨和争论监管必要性的过程中逐步发展起来的，依次产生了公共利益理论、金融脆弱性理论、管制俘获理论、经济监管理论、金融管制失灵理论、监管成本理论等观点。商业银行监管组织则是指依据相关法律法规对一个国家或地区的商业银行实施监督管理的组织或机构。根据监管组织模式的不同，可分机构监管模式、功能监管模式、一体化监管模式和双峰监管模式等，长远来看，功能监管模式将是各国金融监管的发展方向。目前，我国商业银行监管采取的是适用于分业经营的机构监管模式。

关键词

商业银行监管、商业银行监管理论、监管组织、监管模式、公共利益理论、金融脆弱性理论、管制俘获理论、机构监管模式、功能监管模式、一体化监管模式、"双峰"监管模式

思 考 题

1. 商业银行监管的必要性是什么？

2. 商业银行监管的原则是什么，巴塞尔委员会是如何规定的？

3. 商业银行监管的基本内容包括哪些？

4. 公共利益理论的核心观点是什么，为什么会有监管的产生？

5. 金融脆弱性理论和管制俘获理论有何区别？

6. 商业银行监管组织模式中的功能监管和机构监管有何区别？

7. 探讨美国、英国、日本的商业银行监管模式，中国银行业的监管模式同它们相比有何区别？

第十四章

商业银行内部控制

【学习目的】
- ☞ 掌握商业银行内部控制的内涵和目标；
- ☞ 说明商业银行进行内部控制的重要性；
- ☞ 了解内部控制理论的主要内容和发展历程；
- ☞ 比较和借鉴西方各国商业银行的内部控制方法；
- ☞ 简要评述我国商业银行的内部控制状况，并对改进方法提出相关建议。

　　随着金融自由化的不断加剧，金融业的风险问题日益突出，商业银行由于其从事的经营活动的特殊性，使得商业银行呈现出高风险的特征。商业银行内部控制作为现代企业管理的重要组成部分，是商业银行的一种自律行为，是商业银行内部为完成既定目标和防范风险，通过制定和实施一系列制度、程序和方法，对风险进行事前防范，事中控制、事后监督和纠正的动态过程和机制。商业银行要实现资金营运"安全性、流动性、盈利性"相统一，就必须不断推进和完善商业银行内部控制管理，建立和健全商业银行内部控制是防范商业银行经营风险，保障银行体系安全、稳健运行的关键。本章第一节介绍了商业银行内部控制的定义、重要性和原则；第二节说明了商业银行内部控制理论的相关内容和内部控制的方法；第三节是关于西方商业银行内部控制经验的介绍；第四节则主要说明了我国商业银行的内部控制管理的现状和问题，并提出相关的政策建议。

第一节　商业银行内部控制概述

商业银行内部控制是内部控制理论在银行业的实践和发展，自巴塞尔委员会成立以来先后颁布了许多包含商业银行内部控制思想的重要文件，其吸收了各成员国家的经验，参照内部控制理论，颁布了旨在适用于银行表内表外业务的规范性文件《银行内部控制系统的框架》，对商业银行的内部控制进行了基本的描述。内部控制在银行领域得到了广泛的发展，维护了商业银行的稳健经营，确保了商业银行体系的有效正常运转。

一、商业银行内部控制的定义和目标

内部控制是随着社会经济的发展而建立并不断更新，是现代企业管理不可缺少的一个部分。内部控制比较权威的定义是由美国联邦反舞弊性财务报告委员即 Treadway 委员会下属的 COSO 委员会 1992 年在专题报告《内部控制——整体框架》（*Internal Control—Integrated Framework*）中提出来的，COSO 将内部控制定义为：内部控制是一个过程，由企业的董事会、经理层和其他员工实施的，为了提高经营绩效、增强企业财务报告的可靠性和遵守适用的法规等目标提供合理保证而实施的程序，是一种自行检查、制约和调整内部业务活动的自律系统。该报告认为内部控制是由五个基本要素组合而来：控制环境、风险评估、控制活动、信息与沟通和监督，这五个要素共同构成了内部控制的整体框架，具体是指以控制环境为基础，以风险评估为依据，以控制活动为手段，信息与沟通为载体，监督为保证。COSO 的定义了内部控制概念，但主要针对财务、会计、审计等方面，其主要致力于提高财务报告质量、减少财务欺诈，在一定程度上改善了投资环境。从银行领域来看，许多金融企业的破产并不是完全由不完善的财务报告所引致的，企业的外部环境、经济形势的变化是银行损失的主要原因之一，所以相对于欺诈的财务报告而言，与银行等金融机构经营相关的战略制定和风险管理的内部控制流程更应该受到关注。尤其是在安然公司倒闭之后，西方企业掀起了加强企业风险管理的热潮。为此，COSO 委员会在 2004 年 9 月发布了《风险管理——整体框架》，将内部控制框架扩展为"企业风险管理框架"。企业风险管理框架提出了新的风险组合观念，要求企业管理者以风险组合的观点来看待企业，为企业目标的实现提供合理保证。这是内部控制发展史上的一次飞跃，对于商业银行内部控制的研究具有重大的意义。

商业银行内部控制理论是在企业内部控制理论的基础上发展起来的，巴塞尔委员会 1998 公布了《银行内部控制系统的框架》（*Framework for Internal Control Systems in Banking Organization*）认为："商业银行内部控制是一个受银行董事会、高级管理层和各级管理人员影响的程序。它不仅仅只是一个特定时间执行的程序或政策，它一直在银行内部的各级部门连续运作。"

中国人民银行借鉴了美国 COSO 委员会关于国际内部控制的最新理论，于 2002 年 9 月公布了《商业银行内部控制指引》，其中规定了"内部控制是商业银行为实现经营目标，通过制定和实施一系列制度、程序和方法，对风险进行事前防范、事中控制、事后监督和纠正的动态过程和机制"。这一定义表明商业银行内部控制的核心应该是为了降低商业银行的经营风险而进行的一系列操作程序、管理方法与控制制度的总称。

根据《商业银行内部控制指引》的规定，商业银行实行内部控制的目标主要可以概括为四个方面：首先是确保国家法律规定和商业银行内部规章制度的贯彻执行；其次要确保商业银行发展战略和经营目标的全面实施和充分实现；第三是为了保证风险管理体系的有效性，最后是为了保证业务记录、财务信息和其他管理信息的及时、真实和完整。

二、商业银行内部控制种类

（一）按控制的时间先后进行划分

①事前控制。又称前馈控制，是指商业银行在发生损失等行为前，就已经开始采取相关防范措施予以预防。商业银行进行事前控制管理的要求较高，需要管理者能对管理过程和各种行为后果的可能性进行比较准确的估计和预判，从而作出相应的预防策略。

②同步控制。又称内馈控制，是指商业银行在业务或行为发生的同时，采取自控措施进行控制的方法。同步控制是一种较难进行操作的方法，因为商业银行在采用同步控制时，要实行双向对流程序，及时调整和修正相关行为。

③事后控制。又称后馈控制，是指商业银行在业务或行为发生后，采取补救和修正的措施来降低或减少因风险造成的损失。事后控制的行为相对于前两种方法来说要更易操作些，商业银行进行事后控制时，要注意策略的及时有效性，以最快的速度控制银行的损失状况，防止损失进一步扩大。

（二）按照功能划分

①业务控制。是指商业银行按照不同种类的业务，设置不同的内部控制流程，具体包括业务的研发、推销、实施、风险管理等内容。由于商业银行业务种类较多，具体采用业务控制的内容较广，且难度较大。

②会计控制。是银行根据一般公认的会计制度和原则，设立银行的会计制度，以会计制度为准则来控制银行的会计流程，使商业银行的会计资料能准确真实地反映银行的现金流量、盈利和财务状况。

③人事控制。是指商业银行对人事任用相关的内容和程序进行控制和管理，具体包括员工的编制、任用、工资、奖惩、调动、培养和提拔等方面。

④组织控制。是商业银行对组织机构设置、组织指责、组织职能、组织层级等内容进行控制，设计合理有效的组织体系，保证商业银行业务运营的效率。

除了以上四种类型，商业银行还可以进行物品控制、财务控制和审计控制等方面进行分别管理，从而提高内部控制的有效性。

三、商业银行内部控制的原则

商业银行内部控制是一项与实践联系相当紧密的管理手段，通过构建完善的内部控制机制来实现商业银行经营的既定目标。在具体设计上既不能闭门造车，也不能生搬硬套，而是应当具体问题具体分析，真正建立一套适合现代商业银行的内部控制制度，这是进行内部控制设计的最为基本的出发点。具体的内部控制设计应遵循以下原则。

①全面性原则。内部控制应当渗透到商业银行的各项业务过程和各个操作环节中，覆盖所有的部门和岗位，并由全体人员参与，任何决策或操作均应当有规章可查。内控体系的各

个环节是相互联系、相互制约的，只有坚持全面性原则，才能使内控体系完整地发挥作用。

②独立性原则。内部控制的监督、评价部门应当独立于内部控制的建设、执行部门，并有向董事会、监事会和高级管理层直接报告的渠道，从而保证内部控制切实有效的被执行。

③审慎性原则。内部控制应当以审慎经营、防范风险为出发点，通过内部控制降低商业银行的经营风险是根本目标，所以商业银行的经营管理应体现"内控优先"的要求。

④成本收益原则。严格的内部控制有利于提高银行的安全度，但是过于严刻的内控机制又会降低银行的经营效率。所以商业银行在控制制度足以影响效率的提高，或者实际上已使效率下降的情况下，要及时调整控制强度，做到兼顾安全与效率。

⑤有效性原则。内部控制必须通过健全的组织结构予以保证，具有高度的权威性，任何人不得拥有不受内部控制约束的权力。内部控制应当适应内外部环境的变化，及时反馈和纠正存在的问题。

四、商业银行内部控制的特征

商业银行的内部控制从全面性、有效性、前瞻性和对风险的注重性等方面都较其他企业更为突出，因此对商业银行内部控制的研究在整个内部控制理论体系中更具有代表性，其特征表现如下。

①商业银行内部控制的核心是风险防范。商业银行是经营风险的企业，由于高杠杆率的经营方式使得商业银行的风险要远远大于一般企业，对于商业银行来说，内部控制的最大意义在于减少风险因素对银行造成的损失，所以良好完善的内部控制制度对于银行来说非常重要。商业银行的内部控制是一种事前防范，内部控制从技术类型上可划分为事后控制、同步控制和事前控制。商业银行经营风险的多发性、连带性与易于扩散性的特点，决定了商业银行的内部控制必须努力做到事前防范，所以制度体系和控制程序的设计必须建立在前馈控制的基础之上，并广泛运用信息管理技术和预测技术。

②商业银行内部控制更加系统和全面。商业银行内部控制不仅仅是内部某些单独的管理制度和办法，也不是内部各种管理制度的综合，而是商业银行经营管理活动自我协调和制约的一种机制，是存在于各种管理制度中的一种有机控制的体系。关键之处在于：一是内控制度本身的全面、科学、完整；二是内部控制要素的齐备；三是内控制度运作的环境有利于系统的正常运行，从而让内部控制的功能得以有效发挥。

③商业银行内部控制具有较强的灵活性。商业银行内部控制既针对经常性的、预期的事项，也能对突发性事件作一些原则性的规定，进行基本控制。商业银行内部控制的设计既是基于对经营管理现状特别是问题与风险的认识与处理，更是为了防止问题的发生，所以它具有常规性与预期性特点。同时，完善的理想化内部控制还要具有灵活性的特点，即使在计划发生了变化，出现了未预见的情况或计划全盘错误的情况下，也能发挥作用。一个真正有效的控制系统，还要能够预测未来，及时发现可能出现的偏差，预先采取措施，而对于突发性的全局性事件，还要能够提供原则性规定，并配合有关手段进行特殊处理。

五、商业银行内部控制的重要性

在世界各国金融业竞争日趋激烈的今天，经济全球化已是不可避免的趋势。银行的跨境业务不断增长，并购活动不断增多，多样化和专业化趋势日益明显，金融创新的步伐不断推进。这些都使得商业银行发生金融风险的可能性急剧增加，后果也更加严重。内部控制问题已经成为关系到商业银行稳定和发展的核心要素。商业银行具有资金杠杆率高、信息不对称性高、利益相关度高、失败容忍度低的"三高一低"特征，使得各国监管机构对商业银行内部控制的监管都尤为重视。随着中国银行业对外开放程度的加深，商业银行有必要建立和执行健全的内部控制制度，防范降低内控风险，以应对来自内部和外部的刚性监管。没有发展的内部控制，等于是慢性自杀；而没有内部控制的发展，则发展越快损失越大。如果不能依法稳健经营并建立有效的内部控制制度，商业银行势必在日趋激烈的市场竞争中丧失竞争力，甚至面临存亡抉择的境地。因此，只有建立和健全适应市场经济要求并兼顾本国国情的内部控制制度，才能确保商业银行经营和管理的安全运行，才能有效防范和化解金融危机。

①保证国家政策和法律法规的贯彻实施。在现代市场经济条件下，严格遵守国家的各项政策、法律规章制度是商业银行得以持续、稳定发展的先决条件。如果违反国家或金融机构的政策和法规，银行不仅可能损害整个社会的利益，而且损害自己在政府和社会公众中的形象与信誉，从而降低自身无形资产的价值，导致商业机会受到限制，扩张潜力变小，妨碍日后的经营和竞争能力的提高。健全完善的内部控制，可以对商业银行内部的任何部门、任何流转环节进行有效的监督和控制，对所发生的各类问题都能及时反映、及时纠正，从而有利于保证国家方针政策和法规得到有效的执行。

②有效防范风险。由于商业银行在社会支付体系和资金体系中的特殊地位，其经营一旦出现失败，对整个社会经济的稳定极具破坏力。有效的内控机制通过对风险的有效评估，不断加强对薄弱环节的控制，把商业银行的各种风险消灭在萌芽之中，是风险防范的一种最佳方法。现代商业银行的规模越来越大，业务种类繁多，完善的内控体系将有助于各项业务高效、有序地进行，保证银行内各部门之间既相互配合、协调，又相互制约、监督，提高资源的利用效率和员工的工作效率。

③保证信息的真实性和准确性。商业银行因为其在社会经济中所处的特殊地位，还是金融信息的主要提供者之一，其提供的信息不仅是银行内部决策的重要依据，而且也是政府部门、投资人、债权人和其他利益关系人，乃至社会公众进行决策的重要依据。健全的内部控制，可以保证信息的采集、归类、记录和汇总过程的真实可靠、完整迅速，并及时发现和纠正各种错漏，从而保证了信息的真实性和准确性。

④提高商业银行的经营效率。健全有效的内部控制，可以利用会计、统计、业务等各部门的制度规划及有关报告，把商业银行的各部门及其业务结合在一起，从而使各部门密切配合，充分发挥整体的作用，以顺利达到商业银行的经营目标。同时，由于严密的监督与考核，能真实地反映工作实绩，再配合合理的奖惩制度，便能激发员工的工作热情及潜能，提高工作效率，从而促进整个银行经营效率的提高。

第二节 商业银行内部控制的管理

一、内部控制理论的发展历程

(一) 内部牵制理论

18 世纪末期，美国铁路公司为了考核和管理遍布各地的客货运业务，采用了内部稽核制度，由于效果显著，各大企业纷纷效仿。20 世纪初期，西方资本主义经济得到了较快发展，股份有限公司的规模不断扩大，生产资料的所有者和经营者相互脱离。美国一些企业在非常激烈的竞争中，逐步摸索出一些管理、调解和检查企业生产活动的方法，为了降低错误发生的概率和风险，依据人们的主观设想，建立了"内部牵制制度"。这种设想认为：两个或两个以上的人或部门，无意识犯同样错误的可能性很小；两个或两个以上的人或部门，有意识的合伙舞弊的可能性也大大低于单独一个人或一个部门舞弊的可能性。按照这种设想建立起来的，即企业进行经济业务活动，处理经济事项都要有两个或两个以上的人或部门经手的会计工作制度，这就是内部控制的雏形。

到了 20 世纪 40 年代，美国著名审计学家蒙哥马利在其所著的《审计学》一书中首次正式提出了"内部牵制制度"的理论，即凡涉及财产和货币资金的收付、结算及其登记的任何一项工作，规定须由两人或两人以上来分工掌管，即"四只眼"原则，以起到相互制约、内部牵制的作用。《柯氏会计辞典》对内部控制这样描述："以提供有效的组织和经营，并防止错误和其他非法业务发生的业务流程设计。其主要特点是以任何个人或部门不能单独控制任何一项或一部分业务权力的方式进行组织上的责任分工，每项业务通过正常发挥其他个人或部门的功能进行交叉检查或交叉控制。设计有效的内部牵制以便使各项业务能完整正确地经过规定的处理程序，而在这规定的处理程序中，内部牵制机能永远是一个不可缺少的组成部分。"

内部牵制理论主要强调了不相容岗位要加以分离和内部分工牵制的思想，以避免由于管理制度上的漏洞，使一个行为人行使两个或两个以上不相容岗位职责，由此导致该行为人利用不适当的职权配置而进行舞弊和非法侵占公司利益的行为，使公司利益发生损失。实践证明，内部牵制机制确实能有效地减少错误和舞弊行为，因此在现代的内部控制理论中，内部牵制仍占有相当重要的地位，是有关组织规划控制的基础。但是内部牵制理论涉及的管理手段过于简单，控制范围有些狭小。

（二）内部控制制度理论

20 世纪 40 至 70 年代，内部控制理论发展到内部控制制度阶段。1949 年美国会计师协会 AAA（美国注册会计师协会 AICAP 的前身）的审计程序委员会发表了一份《内部控制——协调系统诸要素及其对管理层和注册会计师的必要性》的专题报告，该报告指出：内部控制是企业所制定的旨在保护资产、保证会计资料可靠性和准确性，提高经营效率，推动管理部门所制定的各项政策得以贯彻执行的组织计划和相互配套的各种方法及措施。这一定义对于加强企业管理具有非常重要的意义，但是对于注册会计师的审计工作来说显得太宽泛了，所以 1958 年美国注册会计师协会 AICAP 的审计程序委员会发布其第 29 号审计程序公告，发展了内部控制的概念，将内部控制分为会计控制（internal accounting control）和管理控制（internal administrative control）两类，又被称为"两点论"的内部控制。

内部会计控制理论由组织计划及与保护资产和保证财务资料可靠性有关的程序和记录构成，一般来说包括批准和授权系统、保管记录和会计报告的任务与经营或资产保管的任务相分离、对资产的实物控制和内部审计等控制手段。会计控制旨在保证：经济业务的执行符合管理部门的一般授权或特殊授权的要求。经济业务的记录必须有利于按照一般公认会计原则或其他有关标准编制财务报表，以及落实资产责任；只有在得到管理部门批准的情况下，才能接触资产；每隔一段合理的时间，记录的资产应该和实际的资产进行比较，出现任何差别都要采取适当的行动。

管理控制包括但不限于组织计划及与管理部门授权办理经济业务的决策过程有关的程序及其记录。这种授权活动是管理部门的职责，它直接与管理部门执行该组织的经营目标有关，是对经济业务进行会计控制的起点。

（三）内部控制结构理论

20 世纪 80 至 90 年代初，内部控制进入内部控制结构阶段。1988 年美国注册会计师协会发布的《审计准则公告第 55 号》报告中，首次将"内部控制结构"取代了"内部控制"。将内部控制结构的定义为："企业的内部控制结构包括为提供取得企业特定目标的合理保证而建立的各种政策和程序。"在此基础上，内部控制结构由控制环境、会计制度和控制程序组成，又称为内部控制的"三点论"。

所谓控制环境，是指对建立、加强或削弱特定政策和程序效率发生影响的各种因素。例如，管理者的思想和经营作风，企业组织结构，管理者监控和检查工作时所用的控制方法，人事工作方针及其执行等因素。

会计制度规定各项经济业务的鉴定、分析、归类、登记和编报的方法，明确各项资产和负债的经营管理责任。

控制程序是指管理当局所制定的用于保证达到一定目的的方针和程序。例如，经济业务和经济活动的批准权，明确各个人员的职责分工，防止有关人员对正常业务进行舞弊的行为等。

（四）内部控制整体框架理论

1992 年，内部控制进入整体框架理论阶段。美国反欺诈财务报告委员会所属的内部控制专门研究委员会（又称发起机构委员会，Committee of Sponsoring Organizations of the Treadway Commission，COSO）提出专题报告：《内部控制——整体架构》，重新界定了内部控制的概念及其包含的要素。COSO 报告认为，内部控制是受董事会、管理层和其他人员影响的，为达到经营活动的效率和效果、财务报告的可靠性、遵循相关法律法规等目标提供合理保证而设计的过程。内部控制整体框架理论主要包括控制环境、风险评估、控制活动、信息和沟通及监控五个要素，又称内部控制"五点论"。

第一，控制环境。控制环境是推动控制工作的引擎，是所有内控组成部分的基础，反映董事会、管理者、业主和其他人员对控制的态度和行为。主要包括以下内容：管理哲学和经营作风、组织机构、职权与责任的确认方法、董事会和审计委员会的职能设置、管理者检查监督工作所用的控制方法，还涵盖经营计划、预算、预测、利润计划、责任会计和内部审计制度、人事制度和程序等。

第二，风险评估。每个企业都面临来自内部和外部的不同风险，风险会直接或间接地影响企业的生存和发展，所以对于风险都应当加以评估。评估风险首先要制定目标，然后在经营过程中不断识别和评估实现所定目标可能发生的风险，并有针对性地采取必要的措施。

第三，控制活动。控制活动是确保管理方针得以实施的一系列制度、程序和措施，它存在于企业内的各管理阶层和功能组织之间。主要包括：高层检查分析，对信息处理的控制、会计控制和绩效指标的比较，直接部门管理、审批和授权，资产保全及职责分工等。

第四，信息和沟通。企业在其经营过程中，必须按某种形式在一定时期内取得适当的信息，并及时沟通，以使员工能够更好地执行、管理和控制作业过程。信息包括企业内部所产生的信息及企业外部的事项、活动及环境等有关的信息。企业所有员工必须从管理层清楚地获得自己应承担控制责任的信息，而且必须有向上级部门沟通传递重要信息的途径，并对外界如顾客、供应商、政府主管部门和股东等作有效的沟通。

第五，监控。监控是确保内部控制得以有效运作的重要措施，它是一个不断评估系统的质量的过程。监控是经营管理部门对内部控制的管理监督和稽核部门对内部控制的再监督和再评价活动的总称。只有持续不断地、经常性地对内部控制进行监控才能维护和提高整个内部控制系统的有效性和可靠性。

（五）企业风险管理框架

20 世纪末期，以风险管理为核心的审计开始成为审计实务界的一个新方法，并逐步形成了以风险导向的模式。以美国安然、世通公司等为代表的一系列财务丑闻发生后，使得实务界和学界认识到风险管理的重要性。在早期的 COSO 的报告中也体现了风险管理的这个重要因素，风险评估是内部控制的五大基本要素之一。2004 年 9 月，在美国《萨班斯-奥克斯法案》的直接影响下，COSO 及时充实了内部控制框架，颁布了《风险管理——整体框架》，将内部控制框架扩展为"企业风险管理框架"，使内部控制上升至全面风险管理的高度来认识。基于这一认识，COSO 提出了八要素理论，即内部环境、目标设定、事项识别、风险评估、风险应对、控制活动、信息与沟通、监控。根据 COSO 的这份研究报告，内部控制的目标、要素与组织层级之间形成了一个相互作用、紧密相连的有机统一体系；同时，对内部控制要素的进一步细分和充实，使内部控制与风险管理日益融合，拓展了内部控制的内涵和外延。总体上看，企业风险管理框架提出了新的风险组合观念，要求企业管理者以风险组合的观点来看待企业，为不同的利益相关者提供有效的借鉴和指导。

二、巴塞尔委员会对银行内部控制的要求

内部控制框架理论提出后，得到了巴塞尔银行监管委员会的认同。1998 年 9 月，巴塞尔银行监管委员会颁布了《银行内部控制系统的框架》的报告，提出了银行内部控制十三条基本原则。

（一）控制环境

原则 1：董事会应当负责批准并定期审查整体经营战略和银行的重大政策；理解银行经营的主要风险，确定这些风险的可接受水平，保证高级管理层采取必要步骤，识别、衡量、评审和控制风险，并确保高级管理层不断评审内控系统的有效性。在确保建立和维护充分与有效的内控系统方面，董事会负有最终的责任。

原则 2：高级管理层负责执行由董事会批准的策略和政策，维护组织结构，能够明确责任、授权和报告的关系；确保所委派的责任能有效地执行；确定适当的内控政策，并监督评审内控系统的充分性和有效性。

原则 3：董事会和高级管理层负责促进在道德和完整性方面的高标准，在机构中建立一种文化，在各级人员中强调和说明内控的重要性。银行机构中的所有人员都需要理解他们在内控程序中的作用，并在程序中充分发挥他们的作用。

(二) 风险评估

原则4：有效的内控系统需要识别和不断地评估有可能对达到银行目的起负影响的有关风险。这种评估应包括银行和银行组织集团所面对的全部风险（即信贷风险、国家和转移风险、市场风险、利率风险、流动性风险、经营风险、法律风险和声誉风险），需要不时调整内控，以便恰当地处理任何风险。

(三) 控制活动

原则5：控制活动应当是银行日常工作的不可分割的一部分。有效的内控系统需要建立适当的控制结构，明确规定各经营级别的控制活动，这些活动应当包括高层审查；对不同部门或处室的活动的适当控制；检查对敞口限额的遵从情况；对违规经营的跟踪及处理情况；批准和授权制度；查证核实与对账制度。

原则6：有效的内控系统需要适当分离职责，人员的安排不能发生责任冲突；要识别和尽力缩小有潜在利益冲突的地方，并遵从谨慎和独立的监督计审。

(四) 信息与交流

原则7：一个有效的内控系统需要充分的和全面的内部财务、经营和遵从性方面的数据，以及关于外部市场中与决策相关的事件和条件的信息。这些信息应当可靠、及时、可获，并能以前后一致的形式规范地提供使用。

原则8：有效的内控需要建立可靠的信息系统，涵盖银行的全部重要活动。这些系统包括那些以某种电子形式存储和使用数据的系统，都必须受到安全保护和独立的监督评审，并通过对突发事件的充分安排加以支持。

原则9：有效的内控系统需要有效的交流渠道，确保所有员工充分理解和坚持各项政策和程序，行使他们的职责，并确保其他的相关信息传达到应被传达到的人员。

(五) 监督与纠正

原则10：应当不断地在日常工作中监督评审银行内控的总体效果。对主要风险的监督评审应当是银行日常活动的一部分，并且各级经营层和内部审计人员应当定期予以评价。

原则11：内控系统应当进行有效和全面的内部审计。内部审计要独立地进行，应有通过适合的培训和得力的人员进行。内审作为内控系统监督评审的一部分，应当向董事会或其审计委员会直接报告工作，并向高级管理层直接报告。

原则12：不论是经营层或是其他控制人员发现了内控的缺点都应当及时地向适当的管理层报告，并使其得到果断处理。应当把有关内控的缺陷报告给高级管理层和董事会。

原则13：监管人员应当要求所有的银行，不论其规模如何，都具有有效的内控系统，而且其内控系统符合它们的表内外活动的性质、复杂性和内在的风险；内控制度应当随着银行所处环境和条件的改变而得到调整。

三、商业银行内部控制的管理

(一) 商业银行内部控制管理的程序

商业银行在实行内部控制时需要制定相应的程序，从而保证内部控制能有效发挥其功能。具体的流程安排如图14-1所示，主要包括制定控制目标、衡量实际工作绩效和调整偏差三个基本步骤。

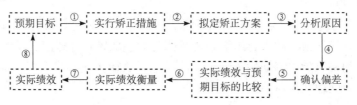

图 14-1　内部控制的流程

首先，设定标准目标时要灵活多样，因为不同的业务其标准可能并不一致，如有价值标准、功能标准、数量标准等。同时，设置的目标应该具体和明确，使得控制者能够比较容易地衡量实际绩效是否符合预期目标，进而及时进行调整和纠正。其次，衡量实际工作绩效是指采用标准对银行客观业绩作出公正客观的评价。对两者的偏差银行要认真分析其存在的原因，根据相关因素是否可以控制进行不同的处理。对于可控制因素，银行应该采取有效的工作方式或手段进行改进，消除偏差。对于不可控制的因素，银行可以修改原有目标。最后，调整偏差主要是以可控因素引起的偏差为对象。一方面，银行可以从改善业务功能入手，如改进业务操作流程、采用新的技术手段、研发新的产品等方式实现；另一方面，可以从改进组织功能入手，如增设、重新委派、撤销机构，调换相关主管人员等。

（二）商业银行内部控制管理的方法

商业银行内部控制是风险管理的重要环节，此处我们将按照内部控制的功能不同对控制方法进行分类介绍，主要包括经营控制、业务控制、组织控制、人事控制和财务控制。

1. 经营控制

经营控制是指对组织开展的各项业务活动的相关经营事项所采取的控制方法。

第一，制定计划。对于商业银行来说，制定计划是首要的经营步骤。计划的形式多种多样，一般都要包括总体计划和具体计划，同时按照计划周期的长短也可分为长期计划、中期计划和短期计划。当然，计划可以是正式的书面文件，也可以是制定相关计划的会议记录，无论哪种形式，都要对计划做好记录和保存。

第二，编制预算。商业银行通常每年根据计划编制相应的财务和经营预算。预算是对商业银行在一定时期内的财务和经营作出估计和进行预先的安排，从而实现有效控制和管理组织资源的目的。预算一般包括整体的总预算和针对各个部门的分预算，具体的数额和详细程度要根据不同的实际情况进行确定。

第三，设立会计和信息系统。会计和信息系统有助于银行对组织的各项经营活动进行跟踪、监控、记录和报告，它可以完整全面地反映组织的各种活动。管理者可以通过定期阅读相关信息报告了解银行的经营状况，并为相关决策提供依据。商业银行也要采取各种内部控制措施保证会计和信息系统的稳健运行。

第四，授权。商业银行在开展任何业务前，都应当进行授权。同时，为了防止权力滥用，还需要监管部门定期地对各部门的流程进行审查。为了保护组织的利益，要对授权做好记录，并存档证明文件。

以日本住友银行为例，它的授权审批制度可概括为逐级授权审批制度。300亿日元以下贷款项目，由总行审查部直接决定；300亿～500亿日元贷款项目报分管董事批准；500亿日元以上的贷款项目需提交董事会，由董事共同议定，数额特别大的贷款项目需通过总行经营会议决定。在全部授信额度中，总行几乎占了 $80\%\sim90\%$。各行行长只能根据各行业务规模大小在 15 亿～20 亿日元之间审批小额贷款。

第五，记录和存档系统。内部控制的一个重要步骤是对相关的业务活动、重要事项进行记录，并以证明文件的方式进行存档和管理，从而有效控制银行的经营风险。

第六，制定政策和程序。商业银行组织的内部控制实际上就是一系列政策和程序的表现，它们是保证组织经营秩序和业绩稳定所必不可少的。没有秩序和政策，银行的经营行为将是混乱、不稳定和难以控制的。例如，文件记录和存档、资产和资料的存放、职员的工作地点及业务流程都应该有政策可依，保持井然的秩序，否则就可能导致重要资产、资料的丢失和效率低下。

2. 业务控制

对于商业银行来说，业务控制主要考虑两个方面：一是有效地控制和分散风险；二是在控制风险的前提下，提高业务的盈利水平。

第一，控制和分散风险。商业银行是经营风险的金融机构，所以它必须采取各种各样的风险管理工具来降低银行的业务风险，主要包括：资产负债期限多样化，即商业银行在进行资产负债管理时要注意期限的匹配和管理，使资金来源期限与资金使用期限相对接，进行合理组合；金融产品组合多样化，即商业银行通过将各种贷款和投资分散地运用到不同规模、不同层次、不同行业和不同收入来源的客户之间，以降低相关产品的正相关性，分散业务风险；地区分布分散化。不同地区的经济发展水平不同，客户的经济状况和收入来源不同，将业务分散于多个区域，可以减少一个区域发生风险导致的银行损失急剧增加的可能性。

例如，美国花旗银行投入巨资建立健全银行风险电子管理系统，将本行经营方针、政策、业务操作规程及银行经营活动，尤其是信贷管理、国际结算及衍生交易风险的识别、防范控制与化解制度措施纳入系统管理。为保证既定系统运行安全，尽量排除人为因素干扰，该行还严格实行电子管理系统设计人员、操作人员及相关管理人员分离的制度。

第二，在有效控制风险的前提下，提高银行的收益率。商业银行是金融企业，作为企业盈利性目标也是至关重要的。商业银行可以加强内部控制的有效性，增加业务的盈利性，如通过员工培训提高员工办理业务的速度、开发新的产品以吸引更多的客户、缩减业务流程提高效率等。

3. 组织控制

组织控制是指通过设立合理的框架，使组织在框架内开展各项经营活动，主要包括部门设立、管理流程、职责说明、授权程序和具体工作要求等。组织通过制定目标、授权和责任说明，为其内部的各分支机构或部门的活动提供指南。管理者要设置恰当的组织机构，按照职能或按照业务进行部门划分，在划分部门的同时还要注意构建各部门之间的联系机制，确保它们能在业务活动和信息沟通方面进行有效的配合，并根据部门的需求不同进行授权。组织控制要为每个工作岗位提供详细的工作要求，包括：工作的职责、权利、汇报、配合及担任该工作的资格等，确保员工明确自身的责任和权利，保证银行有效运行。

4. 人事控制

人事控制是有关人事方面的计划、组织、指挥、协调、信息和控制等一系列管理工作的总称。通过科学的方法、正确的用人原则和合理的管理制度，调整人与人、人与事、人与组织的关系，谋求对工作人员的体力、心力和智力作最适当的利用与最高的发挥，并保护其合法的利益。具体包括：第一，为银行招聘到合适的员工。人才是任何组织机构的核心力量，高素质的人才将会为银行的发展起到积极的促进作用。组织部门会根据不同的工作岗位设定相应的任职标准，并进一步筛选来决定是否雇佣，如学历、工作经验、专业证书、职业道德等。第二，定向、培训和升职。银行雇佣到合适的员工后，就要为其定职定岗，使其承担合适的工作。同时，银行定期还要为员工提供培训，不断提高员工素质，促进银行的发展。对于升职，银行要建立合理的绩效考评体系，使员工能在一个公平、向上的环境中不断进步。第三，监督。监督是保证员工工作质量的重要手段，包括监督工作过程、工作效果等内容。

5. 财务控制

财务控制是指在一定的整体目标下，对银行的资金来源、资金使用、资本融通、经营中现金流量，以及利润分配的管理。财务控制主要依据财经法规制度，按照财务管理的原则组织企业财务活动、处理财务关系的一项经济管理工作。通过有效的财务管理，提高银行控制成本收益的能力，降低经营风险。

第三节　西方商业银行内部控制的借鉴

商业银行作为一国重要的金融基础，在国民经济发展中的作用是非常巨大的，因此商业银行的内部控制受到各国的重视。西方发达国家的内部控制管理机制和管理制度经过多年的发展日臻成熟，按照《巴塞尔协议》的要求，结合本国的实际情况，形成了具有不同特色的内部控制体系。当前对商业银行内部控制体系的监管已成为西方国家监管当局考核商业银行市场准入的一项重要准则。学习西方国家商业银行的内控制度，对于我国商业银行内控体系的完善具有很大的借鉴意义。

一、美国商业银行的内部控制

美国有很多著名银行内部控制的实践状况在国际上享有很好的声誉，如花旗银行、富国银行都是如此。这不仅与银行自身的努力有关，更与美国整个银行业内部控制长期以来积累形成的良好大环境有关。美国各家商业银行都建立了严格、有效的内部控制制度，形成了集一套监管控制、管理控制、内部会计控制、经营控制、法规条例控制为一体的内部控制体系。

（一）外部监管者对商业银行内部控制的要求

作为美国金融业重要的监督管理机构，美国联邦储备体系十分注重银行业的内部控制工作，它将内部控制定义为："内部控制是组织计划和在业务中采用所有协调方法和手段，旨在保证资产的安全、检查其会计资料的精确性和可靠性、提高经营效率、激励坚持既定的管理政策"。这一定义大大扩展了内部控制的范畴，它把内部控制的职能延伸到与会计和财务部门直接或间接相关的职能中。内部控制不仅仅是对人员、风险、从业范围、制度和工作程序的监督管理，而且是一个包含了预算控制、标准成本、定期经营报告、统计分析等在内的内部控制与稽核相统一的系统。因此，银行稽核职能的发挥是评价其内部控制系统的重要尺度。1993 年 5 月 11 日，联邦存款保险公司董事会批准了执行《1991 联邦存款保险公司改进法》第十二条中的内容，要求银行就其内部控制和守法情况，以及经稽核过的财务报表档案向联邦存款保险公司和联储等管理机构报告，这些银行应设立由独立的外部董事组成的稽核委员会。大银行和稽核委员会中至少有两名成员要具备商业和金融方面的管理经验，并且这些成员不能是该银行大客户中的雇主或雇员。

（二）内部控制的体系

为了强化内控，COSO 发布了专题报告《内部控制——整体架构》，这成为美国商业银行内控方面最具有指导意义的标准。该框架将银行人员在内控工作中的责任划分为以下几个层次。

①明确每个人、每个部门在内部控制中的职责。美国商业银行普遍认为，对于内部控制，不仅仅是管理人员、内部审计师或董事会负有责任，而且全行每一个人都负有责任，因而它们十分强调每个人在内部控制中的地位和作用。这样，有利于全行所有员工团结一致，使其主动地维护及改善本行的内部控制，而不是与管理阶层对立，被动地执行内部控制的指令。具体来看，业务经理与普通员工是执行内控的一线人员，责任重大。部门经理要抽出专门的时间考虑本部门的风险特征，决定能够接受的风险程度，确定适当的风险缓释措施，并确保本部门盈利。普通员工必须有能力对风险的性质进行判断，能够及时将那些不可接受的风险向相应的管理层报告。

以美国花旗银行为例，在花旗银行的企业组织结构中，银行董事会是实际上的最高权力机构，董事会领导下的行政总裁（行长）负责全行的业务管理，而其业务审计部及内部审计部则直接向董事会负责，且在全球范围内设立若干业务审计及内部审计中心，负责本行全球业务的审计及内部管理状况审计。这种组织机构设置，使银行内部监督控制机构具有较大的独立性和权威性。美国花旗银行中国部的业务职能部门设置主要有市场部、业务部、信贷部、财务监控部、质检部等，各部门相互独立又相互制约。

②实行逐层报告制度。业务经理将自己职责范围内的风险暴露和控制情况向上级汇报，上级管理者在对自己管理范围的风险暴露情况进行考虑，并向上级报告。此过程如此反复直到执行官，最终向董事会的审计委员会报告。层层报告机制有助于加强管理者之间的交流，董事会也能及时了解那些影响全行风险暴露、风险偏好和风险控制的重大事项。

③强调风险管理的重要性。风险影响商业银行的生存和发展，也影响其在产业中的竞争力及在市场上的声誉和形象。因此，美国各商业银行在其内部控制中，十分重视风险管理。风险管理已经渗透到管理的各个机构、各个方面、各个层次。内审稽核的过程实际上也就是风险的评估、监督、促转化的过程。现代的美国商业银行更加重视风险的全面管理，其最突出的特点就是不再对风险进行分单位的割裂管理和考虑，而是将企业的不同单位视为一个整体，考虑其中一个单位的风险暴露与风险控制对其他单位的运营，甚至对整个企业的运营产生怎样的影响。银行开始用全公司视角代替单一业务线或单一功能的特定视角，在整个组织内确认、管理风险，有利于提高治理水平，强化风险管理的防御功能。同时，更加强调管理操作风险。随着进入组织复杂程度的提高、产品和服务种类的增多、商业过程的演进及所处环境道德约束的变化，商业银行的操作风险愈加凸显出来。一方面，银行对高管人员进行权力制衡，充分发挥内、外审计的作用，对高管层的财务报告进行验证，对违规违法的高管人

员进行严厉惩罚；另一方面，银行开始在高风险业务领域建设必要的管理信息系统，为董事会和高管层提供信息进行监督。

④内部控制要跟上新业务开发的要求。业务快速发展、引入新产品和新分销渠道容易对银行的内控产生压力和挑战，如果盲目拓展业务而事先缺乏周密的考虑，很可能给银行带来巨大的风险。在进入新领域之前，董事会和管理层需要审慎考虑可能遇到的风险及新业务可能带来的利益冲突等问题，在此基础上判断银行是否已经具备了防范这些风险的能力，是否在可能发生利益冲突的业务之间建立防火墙。

二、德国商业银行的内部控制

在欧洲经济的发展中，德国是稳健发展的最佳典范，而德国的金融监管更是各国效仿的对象。德国商业银行是全能银行的最佳代表，对于全能银行来说，其风险管理和内部控制相较于分业银行更具难度，下面将总结德国商业银行的内部控制经验。

（一）内部控制原则

德国金融监管在内部控制上最突出的特点是"四只眼原则"（也称双人原则），也就是资产管理要双重控制和双人签字，业务要交叉核对。在德国联邦金融监管局颁布的《对经营金融交易的信用机构业务管理的基本要求》中比较详细地展示了这一原则，其中对于操作程序的监督作出了如下规定：各项交易活动必须有明确的职能分工，需要包括四个层次：一线交易，后线结算，会计审核，监控。最低要求是一线交易与其他职能部门要分开，即使是交易管理人员也必须遵守这个原则。在一个职能部门中，相关但不同的工作要有不同的人员做，以确保相互的业务监督牵制。使用自动数据处理系统时，要有相应的程序来保证；实施监督数据处理系统中输入人员要与交易、后线结算分开，会计审核要与业务监控人员分开。任何数据内容的修改，由处理系统自动记录在案。为控制与交易业务相关的风险，每个业务部门必须建立一个用于测量和监控风险头寸和分析潜在亏损风险大小并对其进行控制和管理的系统。风险控制人员要与一线交易人员分开，头寸权限由管理人员授予，交易产生的风险要及时得到监控，要有一名管理人员专门负责风险控制和管理工具，并且他本人不介入每天的前线交易。

（二）内部控制机构

长期以来，德国非常重视银行内控机制的建立，为了防范经营风险，各银行均建立健全了内部控制体系和有关制度，从内部控制机构建设上看，主要包括内部审计机构、风险管理机构和证券监察部。

①内部审计机构。各银行一般均设有内部审计部，通过内部稽核，及时发现问题。银行所有权人可以监督经理人，以此实施有效的监管，防范经营风险。内部审计部门具有相当大的独立性，一般都直接对董事会负责，向董事会报告内部监督稽核情况。银行的所有高层管理人员都有义务支持内部审计部门开展业务，而且内部审计部门不受非主管的高层管理人员干涉，在指定审计范围、内容和进行审计时完全独立。即使个别银行由于规模小而不设内部审计部门，也必须由一位高层管理人员主管内部审计。

②风险管理机构。银行均建立了完善的风险管理机制，董事会、市场风险管理部、各业务部门、审计部门都分别对风险负有明确的职责。董事长负责整个银行的风险管理，确定风

险及其上限。银行每天通过数学计算方法确定风险的大小，如超过了规定的风险上限，董事会将马上采取措施降低风险。市场风险管理部是银行专门负责风险管理的职能部门，负责制定衡量市场风险的指标，对各业务部门进行检查、监督，随时提供风险信息，同时建立一些数学模型来预测和计算风险。通过进行量的分析到质的定性，提出降低风险的措施，及时向董事会报告。各业务部门要预测本部门业务范围内的风险上限，定时进行检查，发现风险及时采取措施，并向风险管理部报告。内部审计部门则通过每天计算风险情况，并将风险所处的状态报告有关部门和董事会。

③证券监察部。1995 年德国颁布《证券交易法》，同时成立了联邦证券监管委员会。各商业银行都依法成立了证券监察部，具体负责监管本银行证券经营业务活动。具体内容包括：对于证券经营的各级权限都有明确规定，严禁越权与违规，尤其重视对衍生工具交易的审慎性与及时监督反馈；新金融工具交易必须经管理人员授权后方可进行，只有在实验阶段取得成功、人员和设备齐全、建立了风险控制系统后，才能全面开展新金融工具交易。

（三）外部监管环境

德国的银行业虽然实行全能银行制，银行除了经营传统的业务外，还兼营保险、证券、投资等其他非银行业务。然而，银行的兼营业务与银行业务是分开进行单独核算的，所以政府对其监管也分别由不同的部门进行，实行分业监管。联邦金融监管局负责监管银行和其他非银行金融机构（保险、证券除外）。联邦保险监管局和联邦证券监管委员会负债对保险业和证券业的日常监管，以上两家机构均隶属于财政部。德意志联邦银行（中央银行）和州中央银行协助联邦金融监管局实行行业监管。这样联邦金融监管局、联邦保险监管局、联邦证券监管委员会和中央银行既明确分工，又互相配合，构成了德国完备和多层次的金融监管体系。完善的金融监管体系又为保证商业银行内部控制机制的有效实施提供了良好的外部监管环境。

三、英国商业银行的内部控制

英国的内部控制研究起源于 20 世纪八九十年代，当时英国假账盛行，因控制失灵导致的公司经营失败层出不穷，很多公司面临着严重的信任危机。为此，英国会计界成立了多个专门委员会，进行公司内部控制和治理结构改革的专题研究，并形成了多份研究报告，其中最有影响的是 1992 年发布的《卡德伯利报告》（Cadbury Report）、1998 年发布的《哈姆佩尔报告》（Hampel Report）和 1999 年发布的《特恩布尔报告》（Turnbull Report），它们被称为英国公司治理和内部控制研究史上的三大里程碑。

1992 年发布的《卡德伯利报告》主要强调董事会监督、约束公司财务会计记录的具体制度设计的问题。该报告创设了"内外双重审计"制度，用于防范董事会和董事的联合舞弊行为。这一制度设计要求董事会在向公众或监管机构出具正式的内部控制评估报告之前，该报告必须经内部审计师和外部审计师的双重审核，这样就最大限度地避免了董事会、董事甚至内部审计人员串通舞弊的可能性。该报告在许多方面开创了英国公司内部控制的先河，如强化内部审计在公司治理和内部风险控制中的作用、要求在董事会下设专门的审计委员会等。其中一些制度和原则，还沿用至今。因此，英国的商业银行内控模式也被称为卡德伯利（Cadbury）模式。

1998 年发布的《哈姆佩尔报告》提出内部控制的目标在于保护资产的安全，保持正确的财务会计记录，保证公司内部使用和向外部提供的财务信息的准确性。该报告将内部控制的范围由原先的财务控制扩展到全面的业务控制，并重申了董事会和董事的风险管理职责，不再要求董事会和董事对内部控制的有效性承担绝对的担保责任，而仅对内部控制的有效性作合理保证，即排除了在董事会和董事均恪尽职守的情况下仍不能发现的一些内控失灵问题，如操作性失误、系统性风险等。

1999年发布的《特恩布尔报告》主要为董事会和董事履行内部控制职责提供可行性操作标准。具体包括：董事会必须对公司内部控制系统的建设负总责，尤其应关注风险管理的核心问题；高级管理层是内部控制的具体执行者，应承担执行和评价内部控制机制的具体职责；公司员工有义务将内部控制与其日常业务结合起来，他们应具备必要的知识、技能、信息和授权，以参与、控制和监督公司的内部控制系统。

在20世纪90年代之前，英国沿袭其传统的自律性、非制度化监管方式，全国金融机构和业务虽然统由英格兰银行负责监管，但英格兰银行并不通过制定监管法律和规则、下达指令等外部约束措施监督金融机构的业务活动，而习惯上采取"道义劝说"等弹性很大的非规范性方式实现其监管目标。在这样的背景下，银行的内部控制作为其"私法自治"的范畴，未受到来自监管机构的过多干预，实际上在许多银行中内部控制机制不是缺位，就是流于形式，根本达不到监控风险的效果，这种状况成为导致1995年巴林银行倒闭的主要原因之一。此后，英国监管当局进行了全面深入的调查，形成了一份300余页的研究报告——《巴林银行倒闭的教训》（*Lessons Arising From the Collapse of Barings*），对改善跨国银行的内部控制，为提高其风险防范能力提出了具体的建议和要求，包括管理层必须对其所经营管理的业务有充分的认识；银行内各项业务的职责必须确立并明示；必须建立专门的风险管理机制以应对可能的业务风险等措施。

第四节　我国商业银行内部控制现状

一、我国商业银行内部控制的发展历程

我国商业银行内部控制发展起步较晚，其风险管理和内控机制是伴随着由国家专业银行向股份制商业银行转轨而逐步建立的，经历了从初步建立、完善提高、进一步深化的发展过程，目前已建立了与自身业务相适应的规章制度体系和内控机制，已形成了较为完善的内部控制体系。国有商业银行内控制度的建设历程大致可分为四个阶段。

（一）萌芽阶段

1984—1997年是我国商业银行内控制度建设的萌芽阶段。在商业银行内部控制初期，采用"双人临柜、相互牵制"的基本控制手段，采取换人复核的方法，控制的目标是达到会计的账账、账据、账款、账实、账表和内外账的"六相符"原则。1995年《中华人民共和国中国人民银行法》和《中华人民共和国商业银行法》的颁布，标志着中国商业银行金融法制建设和金融监管的开始，国有商业银行开始商业化改革，内部控制提上管理日程。主要是制定了内部控制的各项规章制度，如会计基本制度、资产风险管理、领导干部离职审计制度

等，为开展内部控制工作提供了制度依据。

（二）初步建立阶段

1998—2001 年是我国商业银行内控制度的初步构建阶段。1997 年 5 月，中国人民银行颁布了《加强金融机构内部控制的指导原则》，随后各商业银行据此制定了明确的《内部控制实施细则》，初步建立了自己的内部控制制度，实施了内部控制，明确各岗位、各经营部门、各监督机构的岗位职责，建立了内部控制的各种防线。

（三）快速发展阶段

2002—2004 年是我国商业银行内部控制的快速发展阶段。2002 年，中国人民银行发布了《商业银行内部控制指引》，对商业银行加强内部控制提出了更高的要求。同时，随着内部控制五大要素的提出，商业银行内部控制的理念发生了巨大变化，内部控制成为各机构和银行全体员工的责任。各金融机构先后成立了内部监督委员会，不断完善审计监督体制。按照以客户为中心、以风险管理为主线的原则，重新规范了信贷业务的决策流程，加强了对信贷风险的管理；在部分二级分行推行扁平化管理，撤并低效营业网点，精减内部机构设置，建立了专业化、集中化的管理模式，提高了对系统的内部控制力；制定了一系列中间业务、个人消费贷款贷后管理、个人理财业务、验资账户等新兴业务的管理办法，使制度的制定跟得上业务的发展，填补了内控制度空白。

（四）完善改进阶段

2005 年以后是商业银行内控制度建设的完善改进阶段。各大商业银行已全面启动内部控制体系建设，基本建立了适应业务发展的风险管理需要的内部控制整体框架。四大国有银行已确立了股份改革后几年内控建设的各项目标，能够按照现代金融企业要求，完善公司治理结构，建立相互制约的内部组织机构。同时，积极引入国外的先进管理经验，完善创新现有的内部控制机制，运用国际化标准，对各项规章制度进行梳理，及时清理、完善各项业务运作的过程，加强全面风险管理，实行巴塞尔协议要求的高级计量法，对信用风险、市场风险和操作风险进行管理和控制，使商业银行的内部控制更加全面和高效。

二、我国商业银行内部控制存在的问题

（一）对内部控制的认识和理解存在偏差

我国许多银行普遍认为，内部控制就是各项工作制度和业务规章的汇总，有了规章制度，银行就有了内部控制，把内部控制等同于各项规章制度，没有真正理解内部控制的内在含义，没有把内部控制当作一种机制来看。内部控制实际上是为实现经营目标，通过制定和实施的一系列制度、程序和方法，对风险进行事前防范、事中控制、事后监督和纠正的动态过程和机制。当然，银行各项业务离不开规章制度，但是规章制度充其量只是内部控制的一部分，而不能代替内部控制机制。由于这种认识上的偏差，使一些银行在实践上未能建立起有效的内部控制。

（二）内部管理机制不完善

首先，相关的规章制度可操作性不强。银行在业务工作中都建立了基本的规章制度，但有些制度过于概括、简单和条文化，操作性不强，不能为业务提供实际的指导。其次，内部

组织结构不科学，分工不明确。部分银行缺乏严格的授权管理和集体决策程序，在对各分支机构及部门的管理上授权不清、责任不明，甚至出现滥用权力，滥授权现象，有些分支机构权力过大，有些部门身兼数责。部门内部各岗位之间职责不清，内部权责脱节，内部核查走形式，减少和预防差错的能力被削弱。再次，缺乏严格的、经常性的检查。这使一些基本制度，如柜台交叉复核、"双人双责"事后监督等难以落实，替岗、代岗、代人签章现象时有发生，致使遇事者相推诿，无人负责，造成工作上的低效率，甚至形成内部的侵吞、挪用和外部的盗窃、诈骗，大案要案不断发生。最后，在银行业竞争激烈的情况下，银行不断推出新的业务品种，而有些制度并未随着业务发展而建立，导致了内部控制上的漏洞和操作上的失误，增大了银行经营的风险。

（三）内部控制战略目标的定位不准

战略目标的正确与否直接关系到商业银行的经营方向和原则，是商业银行经营活动的指引。我国商业银行不能够制定适合自身实际的发展战略和中长期经营目标。因此，实践上不能认清自己在竞争中的位置，常常提出不合实际的口号，盲目决策，过分追求规模，加之缺乏必要的管理、决策程序，导致不计成本地设立分支机构、增加营业网点、扩大经营范围等现象经常发生。而且从目前我国关于商业银行内部控制的规范性文件中可以看出，我国目前的内部控制战略目标定位主要局限于保证业务活动的有效进行，防错纠弊，保证会计资料的真实、合法与资产的安全完整方面。这种定位与 COSO 报告、巴塞尔《内部控制评估框架》及我国《商业银行内部控制指引》所规定的财务报告可靠性、经营效率效果和法律法规的遵循性等方面的目标战略定位相比还有较大距离。这种定位在一定程度上是由我国现实经济发展程度和我国国有商业银行主导地位及其资产和经营状况等条件决定的，但从长远角度和我国近几年来商业银行的不断发展现实出发，我国商业银行内部控制的战略目标应相应提高，以适应中国银行业参与国际竞争的客观需要。

（四）风险防范意识薄弱，风险管理手段落后

商业银行需要竞争，但是盲目竞争会导致银行受利益驱动，忽视风险的影响力，使银行把发展业务、开拓市场与加强内部控制对立起来，造成银行自我防范意识差、防范风险意识淡薄的情况，其结果必然是银行的内部管理跟不上业务发展的需要。在商业银行实践中，不少银行贷款评估流于形式，审贷分离和贷款审查制度不能有效实施，突出表现在我国的许多银行都没有独立的信用管理部门，贷款档案资料不全，没有系统、完整的客户信用资料，对贷款缺乏整体的动态监控和效益分析，对单个企业的贷款缺少定期评述，致使资产风险不断加大。银行特别是国有银行由于缺乏必要的贷款审批手续，特别是对借款人信用缺乏必要的分析手段，有的即使有分析，也没有严格执行贷款的评估程序或者信用的评估方法不适用；对单个贷款客户没有建立必要的总体信用限额，对不同的信用形式没有规定相应的上限，贷款结构不合理，有时加上领导意志，致使贷款盲目，不良贷款数额大、比例高，对银行资产的安全性产生了不利影响。

三、我国商业银行内部控制的发展建议

（一）完善内部控制机制

首先，建立完善的公司法人治理结构。目前，我国商业银行的公司治理改革才仅仅走出

了第一步，即建立了规范的股东大会、董事会、监事会和高级管理层制度，引进了境外战略投资者，引进了先进的管理技术和理念，公司治理结构得到了一定的改进和完善。但应看到，公司治理结构的完善并不等于其治理效应的有效发挥。几家通过股份制改革的国有商业银行虽然初步建立起公司治理机制的架构，但面对其庞大繁杂的机构组织体系和根深蒂固的传统经营管理理念，以及与之相关的配套体制、机制的制约，公司治理结构的效应发挥还十分有限，接下来还需要继续建立科学的权力制衡、责任约束和利益激励机制，防范内部人控制。

其次，建立科学合理的授权制度和岗位责任制，要按照分级经营、分类授权的原则，建立完善的经营授权制度，确保控制目标得以实现。根据风险识别和评价的结果，银行采取相应的控制活动。内部控制要做到工作岗位明确分工，使人人有其责，人人负其责，防止出现责任分配不清楚而发生相互逃避的现象。

再次，明确内部控制信息披露责任主体，内部控制由谁负责是关系到内部控制能否发挥实效的根本问题。不明确内部控制由谁负责，将会影响到商业银行内部控制机制的有效运行。对于股份制商业银行，应该要求强制进行内部控制信息披露，并且是公开的信息披露。

最后，加强激励约束机制。有效激励机制的建立首先要有明确的业绩考核与评价体系，准确衡量决策机构、高级管理人员及员工个人对于银行所做的贡献。在约束机制方面，要强调所有者约束，充分发挥股东大会的人事任免权来监控董事和监事，充分发挥董事会的作用来任免行长和决定行长的年薪，充分利用监事会的作用对行长的经营活动进行有效监督。同时，强化外部约束和市场约束，完善证券市场，促进信息披露制度的实行，发挥证券市场"用脚投票"的作用。此外，建立健全职业经理人市场，按市场供求及优胜劣汰的规则规范经理人市场，增强对职业经理人的约束。

（二）制定合理的发展战略目标

商业银行应当制定清晰明确的发展战略，包括以实现利润最大化为目标研究核心竞争优势和市场竞争优势，制定与发展相适应的客户战略、业务增长战略、地域发展战略和持续增长战略，建立科学的决策体系和完善的风险管理体制，优化组织结构体系，建立市场化、规范化的人力资源管理体制和有效的激励约束机制，建立审慎的会计、财务制度和透明的信息披露制度，加强信息科技建设，加强人员培训和公共关系宣传等，以有效提升银行自身治理及经营管理水平。

（三）建立高水平的全面风险管理体系

《巴赛尔协议Ⅱ》规定，商业银行一年内至少披露一次财务状况、重大业务活动、风险度及风险管理状况等。国内商业银行目前在风险评估上普遍不足，虽然已建立部分风险识别制度进行风险的分类识别，如信用业务的风险预警、会计操作风险的要点指引等，但均未建立行之有效的评估办法。因此，我国商业银行要切实加强银行的风险管理，必须强化风险的评估工作，量化各类风险的评价指标，建立风险的识别、预警、评估的程序和方法。同时，要运用高水平的风险管理系统和模型，强化商业银行的风险量化管理，并建立全面风险管理体系。

案 例 分 析

法国兴业银行的内部控制案例

　　法国兴业银行（Societe Generale，以下简称为法兴银行）创建于1864年5月，是有着近150年历史的老牌欧洲银行和世界上最大的银行集团之一，分别在巴黎、东京、纽约的证券市场挂牌上市，拥有雇员55 000名，国内网点2 600个，世界上多达80个国家的分支机构500家，以及500万私人和企业客户。法国兴业银行提供从传统商业银行到投资银行的全面、专业的金融服务，建立起世界上最大衍生交易市场领导者的地位，也一度被认为是世界上风险控制最出色的银行之一。但2008年1月，法国兴业银行因期货交易员杰罗姆·凯维埃尔（Jerome Kerviel）在未经授权情况下大量购买欧洲股指期货，形成49亿欧元（约71亿美元）的巨额亏空，创下世界银行业迄今为止因员工违规操作而蒙受的单笔最大金额损失的纪录。这桩惊天欺诈案还触发了法国乃至整个欧洲的金融震荡，并波及全球股市暴跌，无论是从性质还是规模来说，都堪称史上最大的金融悲剧。

　　在2007年至2008年年初长达一年多的时间里，凯维埃尔在欧洲各大股市上投资股指期货的头寸高达500亿欧元，超过法国兴业银行359亿欧元的市值。其中，道琼斯欧洲Stoxx指数期货头寸300亿欧元，德国法兰克福股市DAX指数期货头寸180亿欧元，英国伦敦股市《金融时报》100种股票平均价格指数期货头寸20亿欧元。法国兴业银行作为一家"百年老店"，享有丰富的金融风险管理经验，监控系统发达，工作权限级别森严，一个普通的交易员为何能够长期调遣高额资金进行虚假交易，这是我们关心的首要问题。

　　凯维埃尔2000年进入法国兴业银行，在监管交易的中台部门（middle office）工作5年，负责信贷分析、审批、风险管理、计算交易盈亏，积累了关于控制流程的丰富经验。2005年调入前台（front office），供职于全球股权衍生品方案部（Global Equities Derivatives Solutions），所做的是与客户非直接相关、用银行自有资金进行套利的业务。凯维埃尔负责最基本的对冲欧洲股市的股指期货交易，即在购买一种股指期货产品的同时，卖出一个设计相近的股指期货产品，实现套利或对冲目的。由于这是一种短线交易，且相似金融工具的价值相差无几，体现出来的仅是非常低的余值风险。但有着"电脑天才"名号的凯维埃尔进行了一系列精心策划的虚拟交易，采用真买假卖的手法，把短线交易做成了长线交易。在银行的风险经理看来，买入金融产品的风险已经通过卖出得到对冲，但实际上那些头寸成了长期投机。

　　纵观凯维埃尔的作案手法，可以概括为侵入数据信息系统、滥用信用、伪造及使用虚假文书等多种欺诈手段联合实施的立体作案。为了确保虚假的操作不被及时发现，凯维埃尔利用多年来处理和控制市场交易的经验，连续地屏蔽了法国兴业银行对交易操作的性质进行的检验、监控，其中包括是否真实存在这些交易的监控。在买入金融产品时，凯维埃尔刻意选择那些没有保证金补充警示、不带有现金流动和保证金追缴要求，以及不需要得到及时确认的操作行为，巧妙地规避了资金需求和账面不符的问题，大大限制了虚假交易被检测到的可能性。尽管风险经理曾数次注意到凯维埃尔投资组合的异常操作，但每次凯维埃尔称这只是交易中常见的一个"失误"，随即取消了这笔投资，而实际上他只是换了一种金融工具，以另一笔交易替代了那笔被取消的交易，以规避相关审查。此外，凯维埃尔还盗用他人账号，编造来自法国兴业银行内部和交易对手的虚假邮件，对交易进行授权、确认或者发出具体指令，以掩盖其越权、违规行为。这一系列的行为最终导致法国兴业银行高达 49 亿欧元的巨额亏损。

资料来源：刘华. 法国兴业银行内部控制案例分析. 财政监督，2008(8).

思考：

（1）为什么法国兴业银行会发生如此巨大的亏损，它的内部控制存在哪些问题？

（2）从法国兴业银行的案例可以得到哪些启示？

本 章 小 结

内部控制是商业银行为实现经营目标，通过制定和实施一系列制度、程序和方法，对风险进行事前防范、事中控制、事后监督和纠正的动态过程和机制。按控制的时间先后，可分为事前控制、同步控制和事后控制。按照功能划分，可分为业务控制、会计控制、人事控制和组织控制等。内部控制的基本原则包括全面性原则、独立性原则、审慎性原则、成本收益原则和有效性原则。商业银行内部控制的核心是风险防范，而且具有全面性和灵活性的特征。

内部控制理论的发展历程，包括内部牵制理论、内部控制制度理论、内部控制结构理论、内部控制整体框架理论和企业风险管理框架。巴塞尔银行监管委员对商业银行的内部控制在《银行内部控制系统的框架》报告中，提出了银行内部控制 13 条基本原则，作为银行内部控制管理基本的参照框架。商业银行内部控制管理的方法，我们主要介绍了经营控制、业务控制、组织控制、人事控制和财务控制。西方发达国家的内部控制管理机制和管理制度经过多年的发展日臻成熟，其中最具有代表性的是美国分业监管下的内控制度和德国典型全能银行制下的内控制度。

关键词

内部控制　事前控制　事中控制　事后监督　内部控制理论

思 考 题

1. 简述商业银行内部控制的定义和种类。

2. 商业银行内部控制的特征是什么？

3. 商业银行内部控制的重要性体现在哪些方面？

4. 简述内部控制理论的主要内容。

5. 简述商业银行进行内部控制管理的方法。

6. 美国和德国的商业银行有哪些内部控制经验可以借鉴？

7. 我国商业银行的内部控制存在哪些问题，如何解决？

第十五章

商业银行的发展趋势

☞ 知道网络银行的概念和组织模式；

☞ 比较网络银行与传统银行的优缺点；

☞ 说明网络银行的风险有哪些，应该如何加强网络银行的监管；

☞ 了解分业经营与混业经营的优缺点；

☞ 明确商业银行混业经营的监管模式和难点；

☞ 理解商业银行全面风险管理的内涵和意义。

随着科学技术和经济水平的不断发展，商业银行领域的创新也层出不穷，本章主要介绍商业银行的未来发展趋势，包括网络银行的经营趋势、混业经营的发展方向及全面风险管理的重要性。通过介绍这些知识，使大家对商业银行的未来有更好的展望和了解。第一节是关于网络银行的兴起和发展状况，包括网络银行的概念、组织模式、特性、业务类型等内容，其中网络银行的风险和监管是尤为重要的部分。第二节介绍了分业经营和混业经营模式，通过比较两种模式的优缺点、各国的发展历程，指出无论哪种模式都发挥过促进国民经济发展的积极作用。第三节是关于商业银行的全面风险管理模式，风险管理对于商业银行具有特别重要的意义，哪家银行在全面风险管理中掌握了先进的技术和经验，未来就有可能在激烈的竞争中占据先机。

第一节　网络银行的兴起与发展

一、网络银行的产生与发展

网络银行起源于 20 世纪 90 年代，随着计算机网络技术的发展和电子商务的推动，网络银行应运而生。近年来，网络银行借助于互联网，在世界各地得以迅速发展。网络银行的兴起，使银行业的产品和服务进入了一个全新的阶段，给银行业带来了蓬勃发展的生机，同时也对传统银行的经营带来了有力的竞争和挑战。

（一）网络银行的概念

网络银行（Internet bank or E-bank）发展的时间短、速度快，其经营业务、发展模式等都处在演变之中，因此目前很难给网络银行下一个规范的定义。世界各国对网络银行的定义有很多种，这里选取我国金融监管机构对网络银行的定义。

我国金融监管机构采用的网络银行的定义为：网络银行又称为网上银行、在线银行，是指银行在互联网上建立网站，通过互联网向客户提供开户、销户、信息查询、对账、网上支付、信贷、投资理财等金融服务的银行。网络银行常被称为"3A 银行——Anytime，Anywhere，Anyway"，因为它不受时间、空间限制，能够在任何时间、任何地点、以任何方式为客户提供金融服务。网络银行实际上包含了两个方面的含义：一个是机构概念，具体是指通过信息网络开办业务的银行机构；另一个是业务概念，指银行通过信息网络提供的金融服务，包括传统银行业务和因信息技术应用带来的新兴业务。在日常生活和工作中，我们所指的网上银行多是第二种含义，即网上银行服务的概念。网上银行业务不仅仅是传统银行产品简单的转移至网络上，更是一种服务理念和服务方式的转变。由于计算机网络技术的发展，使得实体店铺不再那么重要，人们越来越多地选择通过网络进行购物支付、汇款转账等，这种方式既可以节约顾客的时间和交易费用，又可以降低银行经营的成本。正是由于网络银行的优越性，所以现代商业银行都将快速发展网络银行作为其重要的经营目标之一。

（二）网络银行的组织模式

网络银行的组织模式主要有三种。第一种是纯网络银行，又称直接银行。纯网络银行是指仅仅依赖于互联网开展业务的银行，一般只设一个办公地址，没有分支机构和营业网点，整个银行的员工也大大少于传统银行，银行通过互联网向客户提供服务。这种纯网络银行的典型代表是德国的 Entrium Direct Bankers（详见专栏 15-1）。第二种是以互联网为主的网络银行。这类银行是纯网络银行的发展形式，仍然主要通过互联网提供服务，区别在于这类组织模式拥有分支机构及相应的物理设施，如业务厅、ATM 等，从而克服了纯网络银行无法收付现金的缺陷。第三种是"水泥加鼠标"型网络银行。这类网络银行主要是在现有传统银行的基础上增加网络银行服务，将网络银行作为传统银行的一个新兴业务部门，是最为常见的网络银行组织形式。我国的网络银行几乎都是"水泥加鼠标"型模式。根据我国对网络银行的管理办法，目前还不允许开办纯网络银行。

专栏 15 - 1　德国的 Entrium Direct Bankers——纯网络银行

德国的 Entrium Direct Bankers 是信息时代崛起的新型银行——纯网络银行的代表。1990 年作为 Quelle 邮购公司的一部分成立于德国，最初通过电话线路提供金融服务，1998 年开辟网络银行系统，目前已经成为德国，乃至欧洲最大的纯网络银行之一，它控制德国纯网络银行界 30% 的存款和 39% 的消费贷款。Entrium 没有分支机构，员工共计 370 人，依靠电话和因特网开拓市场、提供服务。370 人服务 77 万客户，人均资产达 1 000 万美元，大大高于亚洲的领先银行水平；而且 Entrium 认为，现有系统完全可以满足 250 万客户的需求，这一连串数字足以给我国人员臃肿的商业银行敲响警钟。

Entrium 经营的业务品种主要包括消费信贷、循环周转贷款、信用卡、投资、在线交易等。虽然目前仍以电话服务为主，但正在加速发展网上银行服务，它的网上银行发展战略十分明确：将 Entrium 从拥有网上银行服务的领先的电话直接银行转变为拥有电话银行服务的领先的网上直接银行。Entrium 的成功归功于它利用先进的科技手段开拓市场、联络客户、处理业务。

资料来源：《国外网上银行发展启示》，2001 年 04 月 26 日，中国宏观经济信息网.

（三）网络银行兴起的原因

1. 计算机网络技术的应用和发展

计算机网络技术的应用和发展是网络银行兴起的根本原因。信息网络技术的蓬勃发展，从各个方面影响着人们的生活，同时蕴藏着巨大的商业机会，为网络银行的出现及其发展提供了技术基础和市场条件。

首先，网络技术可以低成本、快速地在全球范围内进行信息的传输，建立遍布全球的统一卫星通信网络，为网络银行的兴起提供技术基础。其次，网络安全、保密技术的进步为网络银行的运行提供了充分的安全保障，有效地降低了交易风险。再次，互联网用户数量的迅速增长为网络银行的发展奠定了基础。近年来，随着互联网的普及，互联网用户也迅速增长。据《中国互联网络发展状况统计报告》，截至 2009 年，中国网民数量达到 3.23 亿，网民规模跃居世界第一位，并且中国网民规模继续呈现持续快速发展的趋势，比 2008 年同期增长了 9 700 万人，同比增长 42.9%。由于互联网已成为大众生活极其紧密的一部分，客观上产生了对网络银行的需求，互联网的用户群就为网络银行提供了巨大的市场，成为网络银行潜在的客户群。

2. 电子商务的发展

电子商务的发展是网络银行兴起的催化剂。电子商务是指通过互联网进行的商务活动，它是当代信息技术特别是互联网技术在商务领域广泛应用所产生的新型贸易方式。在电子商务中，要求商业银行为其提供相配套的网上支付系统和虚拟金融服务。从一定意义上讲，所有网上交易都包括交易环节和支付环节。前者在客户与销售商之间完成，后者需要通过银行网络来完成。显然，银行的网上支付系统在电子商务中发挥着关键的作用，银行的网上支付系统为电子商务提供了安全、高效的支付手段。同时，电子商务的迅速发展也催化了网络银行的产生和发展。

3. 银行业竞争日益激烈

银行业竞争日益激烈是网络银行发展的直接原因。20 世纪 90 年代以来，银行业竞争更加激烈，面对激烈的市场竞争，各家银行都希望突出自己的竞争优势。而引进先进的信息网络技术，则可以在提高服务质量的同时，降低经营成本，拓展业务空间。一方面，网络银行突破了传统银行的经营和服务模式，能够为客户提供超越时空的"AAA"式服务，即在任何时间（Anytime）任何地点（Anywhere）以任何方式（Anyhow）为客户提供服务。另一方面，网络银行的技术支持为银行开发新的金融产品或新的金融服务项目提供了基础，银行市场业务的拓展有了广阔的空间。

（四）国外网络银行发展状况

网络经济自 20 世纪 90 年代在美国兴起之后，在全世界蓬勃发展。网络经济的快速发展推动了网络银行的迅猛发展。自从 1995 年 10 月 18 日全球第一家网络银行——安全第一网络银行（Security First Network Bank，SFNB）在美国诞生以来，网络银行在全球范围内蓬勃兴起，并显示出强大的生命力和广阔的发展前景。

1. 美国网络银行发展状况

美国是网络银行的发源地，其规模、发展速度、经营水平都远远领先于其他国家。1995 年 5 月，威尔士·法戈（Wells Fargo）银行成为美国第一家可以向客户提供网上查询账户余额的银行，并逐步实现了网上查询交易记录、转账、支付票据、申请新的账户、签发旅行支票和本票等业务。1995 年 10 月，资产超过 2 000 亿美元的美国花旗银行率先在因特网上设立站点，形成了虚拟银行的雏形。这标志着网络银行在世界上的正式产生。1995 年 10 月 18 日，美国三家银行（Area Bank 股份公司、Wachovia 银行公司和 Huntington Bank 股份公司）联合在互联网上成立了全球第一家无任何分支机构的纯网络银行，即美国安全第一网络银行（SFNB）。从此，网络银行受到越来越多的重视，美国的银行开始纷纷投入网络银行，其普及速度相当之快。J. P. 摩根银行、美洲银行等纷纷通过互联网向客户提供金融服务。从 1995 年到 2008 年年末，美国在因特网上设立网站的银行数目从 130 家发展到 5 300 家，占所有联邦保险的储蓄机构和商业银行的 40%。其中，交易类网络银行从 1995 年的 1 家发展到 2008 年年末的 2 387 家，占所有储蓄机构的 18%。从表 15 - 1 可以观察到，网络银行同其他交易方式相比，在美国零售银行业务领域是增长速度最快的，从 2006—2010 年业务量年均增长速度超过 25%，同时也是交易规模最大的一种交易方式，至 2010 年交易量达到 310 亿美元。此外，在网络银行客户的增长方面，2006 年美国成年网民中网上银行用户达 7 280 万人，预计在 2011 年将突破 1 亿人。

表 15 - 1　2006—2010 年美国不同方式下的零售银行业务交易量　　　　　亿美元

	2006	2007	2008	2009	2010
ATM	144	154	146	146	147
银行网点	139	142	144	146	147
增长率/%		2.2%	1.4%	1.4%	0.7%
电话银行	135	147	159	170	178
增长率/%		8.9%	8.2%	6.9%	4.7%
网上银行	118	153	197	248	310
增长率/%		29.7%	28.8%	25.9%	25.0%

注：零售银行业务指面向个人客户的银行业务。

资料来源：2007—2008 年中国网上银行行业发展简报，艾瑞咨询。

专栏 15 - 2　美国银行提供网上银行服务的优秀代表——富国银行

Gomez Advisor——国际上一家权威的电子商务评价公司，从使用性能、客户信任程度、网上资源、关系协调、成本等方面对美国、欧洲等地银行的网上银行服务进行了评比，富国银行（Wells Fargo）是 1999 年度网上银行系统使用性能最好的银行。截至 2004 年年底，富国银行总资产为 4 280 亿美元，是美国第五大银行，在纽约交易所上市（代码：WFC），市值为 1 050 亿美元，是美国第四大市值的银行。

1999 年，Wells Fargo 被认为是美国银行业提供网上银行服务的优秀代表，网上银行客户数量高达 160 万人，银行网站每月访问人数 96 万（并非人次）；接受网上银行服务的客户占其全部客户的 20％。Wells Fargo 的网上银行系统不仅节约成本，更主要的是带来新增收入和客户；使用网上银行的客户素质好、收入高、账户余额大、需求种类多，银行赚取的收益和手续费收入相对较多；在 160 万网上银行客户中，15％是由网上银行服务带来的新客户。

Wells Fargo 取得的成功归功于几个因素：一是及早地开发和使用高科技，包括因特网。富国银行早在 1994 年就开始投资网上银行，并不断扩大、提高其网上银行的服务；二是方便、多渠道的服务网络，该行认为客户需要的是一个多渠道、全方位的服务网络，因特网仅仅是其服务体系中不可分割的一部分；三是服务品种覆盖面广，提供服务的种类包括：账户管理、投资服务、保险、贷款等各个方面；四是客户关系维护与客户群体系。富国银行认为这一体系对市场开发至关重要，它严格划分客户群，其尊贵客户仅占全部客户的 2％，并得到特别的关注与服务。

Wells Fargo 是一个传统的机构银行，它成功地步入网上银行的轨道，可谓全球"水泥加鼠标"型网络银行的范例。

资料来源：国外网上银行发展启示，2001 年 04 月 26 日，中国宏观经济信息网。

2. 欧洲网络银行的发展状况

与美国相比，欧洲的网络银行起步比较慢，但伴随着信息技术的飞速发展，其网络银行业务快速发展。从 1998 年 11 月到 1999 年 6 月，短短的几个月时间，建立网址的银行从 863 家增加至 1 845 家；通过互联网进行资金划拨、付账或买卖股票等网络金融交易业务的银行则有 1 265 家。到 2008 年年末，欧洲纯网络银行由 2000 年 20 家增长到 78 家。欧洲网络银行发展最好的是瑞典，其开办网络银行和电子商务方面，在欧洲各银行中名列第一，在世界居第二，仅次于美国。瑞典的在线银行业务占有份额约 50％。在欧洲网络银行发展比较好的还有瑞士和德国，两者的在线银行业务占有份额是 36％和 25％。欧洲 1/3 的储蓄都在互联网上进行，2008 年总金额约 2 460 亿欧元。

（五）国内网络银行发展现状

目前，国内绝大多数商业银行都已设立网站，并且能够提供网络银行业务，网络银行业务量占整个银行业务量的比重也不断上升，网络银行对银行业发展乃至我国经济和金融发展的影响日益上升。

在我国，招商银行是最早推出网上金融服务的中国银行。1996 年，招商银行率先推出"一网通——网上支付"的业务，实现了个人金融服务的全国联网，为我国网络银行的经营模式提供了样本。1999 年 8 月，由中国人民银行牵头，四大国有商业银行及交通银行、深圳发展银行、广东发展银行、光大银行、华夏银行、中信实业银行和民生银行 12 家商业银行联合组建了国家金融认证中心（简称 CFCA），这标志着电子商务安全保障体系的安全认证项目进入了全面建设阶段。据统计我国网络银行业务发展迅速，2008 年中国网上银行交易额规模快速增长，达到 245.8 万亿元，较 2007 年增长 163.1%。其中，企业网银占 93.6%。2008 年个人网银的增长速度超过了企业网银增长速度，2008 年个人网银的交易额规模猛增至 15.8 万亿元，增幅高达 284.6%。个人网银交易额占整体网银交易额的比重近年来保持了持续增长，但仍占很小比重。网络银行的发展，对我国商业银行的业务扩展产生了积极影响，网络银行业务也逐渐成为各家银行竞争的热点。2006 年后，外资银行获准进入内地市场，其在网络银行业务方面的优势对国内银行形成了有力的挑战。截至 2009 年，已有花旗银行、汇丰银行、东亚银行、德意志银行等多家外资银行获准在华开办网络银行业务。

我国内地最早的网络银行业务仅为在线进行查询和支付，然而近几年来，随着我国网络银行的快速发展，网络银行的业务种类、服务品种也迅速增多，几乎完全覆盖了传统商业银行的业务。在这里可以将网络银行的业务分为基本业务、新兴业务和投资理财业务三类。网络银行的基本业务主要是以查询、转账、在线支付为主，目前在中国各大银行的网上银行业务中，基本业务开展得最好的当属中国工商银行，其网上银行能够满足不同层次、不同群体客户的各种金融服务需求，是国内提供个人网上金融服务种类最多的银行。新兴业务主要是以网上贷款、网上保险、增值业务为主，目前在中国各大银行的网上银行业务中，新兴业务开展得最好的是招商银行。投资理财业务主要为客户提供股票、债券、基金、外汇等理财产品，2008 年在中国各大银行的网上银行业务中，投资理财业务发展最迅速的是交通银行。

随着网络银行数量的增加，网络银行的客户规模也在迅速扩大。2005 年中国个人网上银行用户规模为 3 460 万户，2008 年增长为 9 000 万户。未来几年中国个人网上银行用户规模将继续扩大，2010 年超过了 2 亿户。此外，在网络银行用户量进一步攀升的同时，用户使用网络银行的活跃度也在迅速提升。据中国金融认证中心（CFCA）发布的《2009 中国网上银行调查报告》显示：尽管受到全球金融危机的冲击，中国 2009 年活动个人用户人均每月使用网络银行 5.6 次，2008 年为 5 次；交易用户平均每月使用次数更高，为 5.9 次，也高于 2008 年的 5.5 次。企业用户方面，2009 年平均每家活动用户每月使用网络银行的次数从 10.3 次增长到 11.3 次，月使用频率则更高。企业网络银行对于柜台业务的替代比率达到了 50.7%。在活跃度提升的背后，是用户对于网络银行功能的进一步了解和更多的尝试。2009 年使用各项网络银行功能的个人用户比例均比 2008 年增加，特别是网上支付、转账汇款、信用卡还款和个人贷款 4 项功能，增幅非常明显。企业用户方面，账户查询、转账汇款则是他们使用比例最高的两项企业网络银行功能。活跃度的提升及对网络银行功能的更多尝试表明，对于很多网络银行用户来说，"使用网络银行"正在由对新鲜事物的浅尝辄止转变为日常生活和企业运营的必需，网络银行普及正向纵深发展。

二、网络银行与传统银行的比较

(一) 网络银行的优势

1. 客户导向的差异化服务

网络银行突破了时空的限制，改变了银行与客户的联系方式，从而削弱了传统银行分支机构和经营网点的重要性。网络银行能够充分利用网络与客户进行沟通，从而将传统商业银行以产品为导向的营销方式转变为以客户为导向。网络银行借助信息技术，能够融合银行、证券、保险等分业经营的金融市场，减少各类金融企业针对同一客户的重复劳动，向客户提供更多个性化的金融产品，增加银行收益。

2. 降低经营成本、提高效率

在传统银行的经营中，营业网点的租金和银行员工的工资是银行经营成本的主要部分。网络银行则通过计算机和网络处理客户的要求，只需雇佣少量的业务人员，可以节省大量的工资支出；同时，由于没有分支机构和营业网点，网络银行可以节省场地使用费和办公设备维修费等大量的费用。此外，网络银行还可以借助电子货币形式节约大量的业务和管理成本。

网络银行的出现，不仅能够比电话银行、ATM 和早期的企业终端服务提供更生动、灵活、多种多样的服务，而且综合来看，网络银行的服务费用大约只是普通营业费用的 1%，这就极大地降低了银行的经营成本，究其原因在于网络银行采用开放技术和软件，利用电子邮件提供服务，使开发和维护费用都极大地降低。

与此同时，网络银行借助的互联网连接全球各个角落，快速传递信息，可将资金在途时间压缩至最短，提高运营效率，降低银行经营成本。例如，网络银行的综合成本占经营收入的 20% 左右，而传统银行则高达 60%。成本的降低为网络银行带来了广阔的利润空间，也拥有了传统银行无可比拟的成本优势。

3. 广泛的客户群体

随着信息产业特别是网络规模的发展，银行将随之迅速完成庞大的网络建设，大批量地迅速处理大量的金融业务，实现大范围的规模效益。借助于网络，网络银行可以打破传统银行网点扩张的地域限制，甚至打破国籍限制，能够在全球范围内提供金融服务。由于网络银行不受时间和地域限制办理银行业务，客户可以随时随地在网上处理各种业务，因此吸引很多原来不愿意到银行办理业务的客户，催生了很大的潜在业务群。

4. 网络银行的创新性

创新性即技术创新与制度创新、产品创新的紧密结合。网络银行本身依托计算机和计算机网络与通信技术而产生，而计算机技术正代表着当前科技发展的方向，因此其自身就要求不断进行技术创新和吸收新技术。同时网络技术的应用直接改变了银行的经营和服务方式，这就要求必须对银行旧的管理方式和理念进行调整和改革，从组织机构和管理制度上进行创新。随着网络技术的不断创新，以及客户对银行的服务手段和产品需求不断变化，也产生了对新产品开发的动力和压力。

(二) 网络银行的缺点

网络银行的经营风险很大。网上银行业务除了面临着传统银行业务的一切风险，如信用风险、市场风险、流动性风险、交易风险、法律风险、外汇风险、战略风险、信誉风险等之外，又产生了一些新的风险和问题，如网上交易的网络安全风险、资金转移中可能涉及严重的操作风险和潜在债务、消费者权益保护的问题等。对此，银行管理者和监管层必须加强对网络银行风险监控和管理。

（三）网络银行对传统银行的挑战

1. 对传统商业银行理论的挑战

传统商业银行理论认为，银行等金融中介机构的产生源于交易费用和社会资金供求双方的信息不对称。金融中介机构可以大幅度降低交易成本，消除信息传导障碍，从而在总体上提高社会资源的配置效率。然而在网络经济下，传统金融机构特别是传统商业银行存在的这两大经济因素将受到质疑。一方面，传统商业银行所具有的交易成本低廉的优势受到了质疑。传统商业银行通过吸收存款，发放贷款来调节资金供求双方的余缺，使交易成本大大降低。然而，网络银行的运营成本大大低于传统商业银行，削弱了传统商业银行交易成本低廉的优势。另一方面，传统商业银行所具有的信息优势也受到了质疑。传统商业银行具有信息方面的优势，它能以更经济的方式获得信息，更专业的方式处理信息，更有效的方式输出信息。然而网络信息技术的迅猛发展，改变了信息搜寻、处理和传播的方式和成本，大大改善了消费者的信息结构，投资者可以在开放的互联网上获得所需要的各种市场信息并且费用大为降低，资金供需双方的信息不对称性问题也得到了一定的改善。

2. 对传统商业银行经营理念的挑战

传统商业银行在经营过程中更注重地理位置的选择、营业网点的数量等，其经营理念的核心是以产品为中心，通过机构和网点的延伸实现规模经济，为客户提供标准化的金融服务，以此来降低成本。而网络银行的经营理念在于如何获取信息并更好地利用这些信息为客户提供多角度、全方位的金融服务，充分体现"以人为本"的金融服务宗旨。网络银行利用网络技术和其他新技术使得银行与客户之间可以随时随地交换意见和信息，使商业银行经营理念由以产品为中心转变为以客户为中心。

3. 对传统商业银行效益获取方式的挑战

传统商业银行获得规模经济的基本途径是不断追加投入、多设网点，从而获得服务的规模经济效益。而网络银行改变了这一基本的规模扩张模式，它主要是通过对技术的重复使用或对技术的不断创新来提高效益。网络银行的流程使原本复杂的商业银行业务大大简化，并有效降低了商业银行的成本。例如，每月营业额近10亿美元的太平洋贝尔电话公司，在传统商业银行流程操作下，每天需要运出数卡车的付款单。在网络银行环境下，这些程序都被电子数据流取代了，只要将付款单从网络上发到付款单位，付款单位填写好电子支票后，通过网络银行将款项转入到贝尔电话公司的账户上即可。

4. 对传统银行业竞争格局的挑战

传统商业银行间的竞争主要是基于资产规模、营业网点数量、地理位置的选择及人员数量等方面，以充分占领市场、争夺客户资源为目标。而网络银行借助现代信息技术，突破了时间与空间的限制，改变了银行与客户的联系方式，动摇了传统金融机构在价值链中的地位，使传统金融机构失去了在市场竞争中所具有的优势。由于网络银行进入壁垒低，这就会有一些非银行机构利用其在技术和资金上的优势，通过网络进入银行领域，使银行业竞争更加激烈。同时网络银行也为中小银行提供了可以和大银行竞争的机会，只要有足够的技术处理能力，银行规模不再是同业竞争的比较优势。

此外，网上银行使全球化服务更加便捷。伴随着金融市场全球开放，银行业的竞争不再仅仅是传统的同业竞争、国内竞争、服务质量竞争和价格竞争，新世纪的银行业竞争将呈现金融业与非金融业、国内与国外、网上银行与网下银行等多元竞争格局。

三、网络银行的业务类型

（一）按技术运用程度划分

根据网络银行业务对信息技术的运用程度，可将网络银行业务分为两类：一是基础网络银行业务，如转账、存款、贷款等；二是新兴网络银行业务，如电子支票等。

1. 基础网络银行业务

西方商业银行开办的基础网络银行业务一般分为三类：信息服务、客户交流服务、银行交易服务。

信息服务，是指通过互联网提供的最基本的服务。信息服务的内容主要是宣传银行能够给客户提供的产品和服务及提供公共信息。信息服务一般由一个独立的服务器提供，该服务器与银行内部网络无直接链接路径，因而降低了网络安全风险。

客户交流服务，包括客户信箱服务、贷款申请服务、查询服务等。查询服务可分为个人业务和公司业务两类，主要以账户查询和信用查询为主，是客户交流服务的主要内容。账户查询包括账户余额明细、账户当天及历史交易明细和付款方信息查询。信用查询是指了解客户在银行发生的信用情况，包括信用的结构、余额、当天和历史交易记录等。客户交流服务使银行内部网络和客户之间保持一定的连接，其风险自然高于信息类服务，因此银行必须采取合适的控制手段，检测和防止非法操作者的入侵。

银行交易服务，是指银行与客户之间通过互联网发生的实质性资金来往或债权债务关系，是网络银行业务的主体。按服务对象分为个人业务和公司业务两类。个人业务包括转账汇款、代缴费用、证券交易等。公司业务包括结算、信贷、国际业务和投资银行业务等。各银行交易服务的具体业务可登录其网络银行网页查询。银行交易服务系统服务器与银行内部网络直接相连，无论从系统本身还是网络系统安全角度看，均存在较大风险。

2. 新兴网络银行业务

新兴网络银行业务是利用互联网的优势设计和开发的全新产品，真正体现了网络银行业务的特点，成为网络银行最优吸引力的业务品种。这些产品具体如下。

①电子账单和收款服务。利用电子邮件功能发出账单，通过银行间支付网络进行支付的电子化处理。主要向公司提供现金管理和汇款处理服务的补充，这些公司每年发出数量巨大的反复发生的账单。

②B2B（Business to Business）电子商务，为企业之间的交易提供网上支付和结算，交易双方通过使用因特网的技术或各种商务网络平台，完成商务交易的过程。这些过程包括：发布供求信息，订货及确认订货，支付过程及票据的签发、传送和接收，确定配送方案并监控配送过程等。

③B2C（Business to Consumer）网上支付结算，为个人客户提供网上购物后的电子支付。

④电子货币和电子支票服务是将电子货币储存在智能卡中，然后在互联网中使用。账户整合服务，向客户提供一个理财平台，通过该平台，客户能同时了解在多个银行、证券公司或保险公司开立的各类账户的交易情况。

随着信息技术的更新换代，网络银行业务将进一步创新，提供形式多样的网络金融产品服务来满足客户的需求。并且通过不断的升级换代，拓宽产品创新的空间和领域。

（二）按客户类型划分

根据客户对象的不同，网络银行的业务可以分为：公司业务、个人业务和公共信息服务。

1. 个人业务

网络银行最初以公司业务为主，随着网络的普及，网上购物的兴起，网上银行业务逐渐向个人开放。广大公众只要在网络银行开立账户，即可享受网络银行提供的各种个人银行业务。网络银行的个人业务主要包括：业务查询、转账业务、代缴费用业务、储蓄业务、金融卡消费业务、公积金贷款业务、财务状态管理服务、客户金融咨询服务、客户意见反馈服务等。

2. 公司业务

网络银行公司业务主要是针对企业客户所提供的一些服务，主要包括：账户查询、内部转账、对外支付、活期定期存款互转、工资发放、信用管理、公司信用查询、集团公司或总公司对子公司的收付管理、网上信用证、申请小额贷款、金融信息查询、银行信息通知等。

3. 公共信息服务

公共信息服务主要是通过网络向需要银行信息的人提供相关资料，以供客户、投资者、消费者和监管者等进行分析、调查和研究使用。网络银行公共信息服务包括银行介绍、银行发布的广告、宣传资料、业务种类和特点、操作规程、年报等综合信息。公共信息服务主要包括：银行介绍；内部机构设置；高级管理人员；业务种类、特点和服务项目介绍；银行网点分布情况；银行特约商户介绍；公用信息发布；利率查询；外汇查询；国债行情查询；各类贷款、信用卡等申请资料；投资、理财咨询、客户信箱服务、宣传广告；年报公告。

四、网络银行的风险

网络银行的产生和发展，推动了银行业务流程的再造，优化了经营过程，降低了交易成本，在一定程度上改变了金融活动参与各方的信息不对称状况，为网络的发展提供了更有效的支持和更大的发展空间。同时，银行业务的虚拟化，突破了传统银行业的经营模式、价值观念和管理，改变了现有银行业的竞争格局，形成了新的银行业组织形式，使银行机构的传统角色发生了进一步的变化，也使金融风险更具复杂性和蔓延性，对银行经营管理和外部监管提出了新的课题与挑战。网络银行面临的风险主要包括技术风险、业务风险和法律风险等。

（一）技术风险

网络银行是金融服务和高新科技结合的产物，在快速发展满足市场需求的同时，也蕴涵着巨大的风险，网络银行软件及硬件系统的安全性成为其首要的风险来源。网络银行的技术风险主要包括技术选择风险、系统安全风险和操作风险。

1. 技术选择风险

网络银行技术选择风险是指所选择的技术解决方案在设计上可能出现缺陷而被错误操作的风险。比如，网络银行使用的系统与客户终端的软件互不兼容，将成为网络银行面对的一种潜在风险。一旦选择错误，很可能给网络银行带来巨大的损失。此外，由于网络技术的专业性很强，而网络银行出于对降低成本的考虑，往往会依赖于银行外部的技术力量来解决内部的技术或管理难题。外部解决途径在增加技术专业化的同时，也会带来风险。外部的技术提供者可能并不完全理解网络银行业务，其技术设计与银行的经营目标也并不能完全对接，进而对银行经营造成潜在风险。

2. 系统安全风险

互联网自成立以来，其开放性在促成交易成本降低的同时，也为各种攻击打开了方便之门。建立在互联网上的网络银行，由于互联网的开放性可能会受到外部或内部的攻击。网络银行的计算机系统停机、认证机构的可靠性、"黑客"的攻击、防范计算机病毒的能力等都可能造成网络银行的系统安全风险。较常见的是"黑客"通过互联网入侵银行计算机系统或银行专业网络袭击网络银行，并且多数是通过终端犯罪，不会留下任何有关笔迹、相貌等个人特征的数据，给确认罪犯带来很大困难。根据美国《时代》杂志的调查，一般银行强盗案的损失金额平均 3 200 美元，一般诈骗案的损失金额平均也只有 23 000 美元，而计算机犯罪案的损失金额则平均高达 43 万美元，银行每年因"黑客"侵袭带来的损失在 20 亿美元以上。

3. 操作风险

操作风险是网络银行面临的最主要的技术风险，有 85％的网络银行事故是由于消费者的操作失误造成的。操作风险是指来源于系统安全性、稳定性、可靠性的重大缺陷而导致的潜在损失的可能性。信息技术的发展，使其能够以多种方式产生操作风险，这些操作风险可能是来自网络银行客户的疏忽、网络银行产品的设计缺陷和操作失误、银行系统设计及实施中的缺陷、系统和设备的后续维护不足等。

（二）业务风险

网络银行的业务风险是指网络银行在为客户提供产品和服务时，所面临的风险，包括信用风险和注意力分散风险等。信用风险是指交易双方未能履行约定契约中的义务而造成经济损失的风险，即受信人不能履行还本付息的责任而使授信人的预期收益与实际收益发生偏离的可能性，是金融风险的主要类型，也是网络银行业务风险的主要形式。网络银行是基于互联网进行交易的，可以利用互联网渠道扩展信贷范围，突破了传统银行的地域限制。但是，网络银行的交易双方并不直接见面，使得各自的身份判别确认、违约责任追究等方面存在很大的困难。一般而言，网络银行的信用风险要高于传统的商业银行。注意力分散风险是指银行网站因吸引不到足够的点击者，无法形成一定数量的固定浏览群体，而造成潜在客户流失、银行收益下降的可能性。网络银行的注意力分散风险源于互联网的开放性和公平性，用户有充分的自由选择权。

（三）法律风险

网络银行的法律风险来源于违反相关法律规定、规章和制度，以及在网上交易中没有遵守有关权利义务的规定而产生的风险。按照《巴塞尔新资本协议》的规定，法律风险是一种特殊类型的操作风险，它包括但不限于因监管措施和解决民商事争议而支付的罚款、罚金或者惩罚性赔偿所导致的风险敞口。目前，网络银行的法律风险主要来自于相关法律法规和监管制度的不完善，对交易各方的权利和义务并不能完全界定。在一些国家，消费者保护法对网络银行运作的适用性还没有明确规定，利用网络和其他电子媒介所达成的协议的有效性也具有不确定性，这些都会引发法律风险。

五、网络银行的监管

网络银行是技术进步与金融产业相结合的产物，它的出现导致了传统银行制度一系列的变迁，尤其是其特殊的经营形式与风险特征，给传统的中央银行监管提出了新课题。目前对网络银行的监管尚不成熟，即使巴塞尔委员会也还只是在就网络银行的监管制度方面进行研究，并且还没有形成较为系统和完善的网络银行监管制度。相比而言，美国和欧洲的网络银行发展较为迅速和规范，相应的网络银行监管机制也比较成熟。

（一）美国网络银行的监管概况

美国负责监管的部门主要是美国货币监理署、美联储、财政部储蓄机构监管局、联邦储蓄保险公司、国民信贷联盟协会，以及联邦金融机构检查委员会。其中，货币监管署和美联储是主要监管机构，财政部储蓄机构监管局负责对网上公众储蓄进行审核认定。美国金融监管当局对网络银行采取了宽严结合的政策。一方面，对网络和交易过程的安全性、维护银行的稳健经营和网络银行客户权益等方面严加监管；另一方面，监管当局认为网络银行通过互联网进行交易，有利于金融机构降低成本、提高服务质量，拓宽了银行的盈利渠道，并且使银行间可以实现资源共享、成本分担，因而为网络银行的发展创造宽松的环境。美国监管机构对网络银行的放松性条款表现为，金融机构在开展网络银行业务时，不需事先申请和备案，监管当局一般仅通过年度检查来收集网络银行的业务数据。

（二）欧洲网络银行的监管概况

欧盟对网络银行监管的主要目标有两个：一是提供一个清晰、透明的法律环境，二是坚持适度审慎和保护消费者的原则。欧盟对银行注册实行"单一执照"规则，即在欧盟的一个国家内获准开展的业务，同样也可以在其他国家进行。具体到网络银行业务上，欧盟要求其成员国在网络银行监管上，坚持一致的体系，认可电子交易合同的有效性，并将建立在"注册国和业务发生国"基础上的监管规则，替换为"起始国"规则，以增强监管合作、提高监管效率，实现适时监控网络银行产生的新风险的目标。欧洲对网络银行的监管主要集中在：区域问题，包括银行间的合并与联合、跨境交易活动等；安全问题，包括错误的操作和数据处理产生的风险、网络遭到攻击等；产品服务方面的技术能力；信誉风险和法律风险，包括不同的监管当局、不同的法律体系所可能产生的风险。

（三）我国的网络银行监管

在 2001 年以前，我国监管当局对网络银行的监管几乎是空白，没有专门针对网络银行的法规，只是用传统商业银行的规程来监管网络银行业务。2001 年 6 月，中国人民银行根据当时网络银行发展及监管中出现的问题，发布了《网上银行业务管理暂行办法》（以下简称《办法》）。《办法》加强了对开办网络银行业务的审批和网络银行新业务的准入管理。《办法》规定，中资银行在得到人民银行的同意批复后，可以开展网络银行业务；外资银行除须经人民银行审查批复外，还必须按照《商业密码管理条例》的规定向国家商用密码管理办公室申请办理使用密码产品或者含有密码技术的设备报批手续，才能开办网络银行服务。2002年4月，中国人民银行又下发了《关于落实〈网上银行业务管理暂行办法〉有关规定的通知》，对网上银行的业务准入、开办网上银行业务申请需审查的要点、对网上银行业务的监管报告要求等提出了进一步的明确要求。与此同时，中国人民银行成立了"网络银行发展与监管工作组"，专门就我国网络银行的发展和监管进行研究。2003年，中国银行业监督管理委员会（简称银监会）成立，网络银行的监管职责也随即由人民银行转移至银监会。银监会负责对网络银行及其业务开展的审查和批准、发布相关监督管理和业务方面的规章、对网络银行的经营进行稽核检查等。此外，我国的信息主管部门——信息产业部、公安部门和新闻出版署也对网络银行进行辅助性的监督管理。这是我国网络银行监管的起步阶段。

随着网络银行的迅速发展，网络银行所产生的特殊风险使监管更加复杂化，相应的法规和监管手段也难以满足要求。2006年2月，银监会发布了《电子银行业务管理办法》。该管理办法结合近几年来我国网络银行及电子银行发展与监管方面的经验和存在的问题，在参考境外相关机构的监管规则和监管经验的基础上，完善了包括网络银行在内的我国电子银行业务的监管原则和要求。具体来说，2006年的管理办法对网络银行及电子银行业务的准入原则进行了详细规定，调整了业务的审批方式，重点补充了对网络银行及电子银行风险管理的规定，同时新增了外包业务、跨境业务活动及现场和非现场检查等方面需要的监督管理。该管理办法的发布，在我国网络银行监管历史上具有重要意义，在网络银行监管方式、监管原则等方面都基本实现了与国际接轨，并且侧重于切实提高商业银行等金融机构自身的电子银行风险管理能力及监管机构对电子银行风险状况的及时监测与评估能力，提高电子银行监管的针对性、及时性和可操作性。同年，银监会还发布了《电子银行安全评估指引》，包括电子银行安全评估管理的基本原则；从事电子银行安全评估的机构种类、条件、有关资质认定的规定；安全评估的实施及安全评估活动的管理等方面的内容。它可以看作我国监管当局对网络银行风险评估的指导性文件。

总体来看，目前对银行网络发展的监管仍是以原有监管机构和监管范围为主，监管法规和条款也未根据网络银行发展的实际情况予以不断完善，所以我国的金融监管在面对银行网络化方面有待进一步完善和加强。

第二节 商业银行分业经营与混业经营趋势

分业经营和混业经营是商业银行经营的两种基本模式，各国的商业银行在历史发展过程中多数都使用过这两种模式，它们具有不同的优势和劣势，适用于不同的经济发展状况、金融环境和监管要求。但是无论采用哪种模式，不可否认的是它们都使商业银行发挥了促进宏观经济发展、推动金融市场发展的积极作用。"合久必分，分久必合"这句话用于形容混业经营与分业经营的演进历程再恰当不过，因此本节所研究的趋势正是基于环境变化商业银行经营与时俱进的动态方向。

一、分业经营与混业经营的内涵

金融业经营模式是指银行业、证券业、保险业、信托业的经营范围及其相互间关系的制度安排。金融业经营模式的形成与发展，受本国经济、历史、政治与文化环境等因素的影响。各国金融业在发展过程中存在着两种主要的经营模式——分业经营和混业经营。

（一）分业经营

分业经营体制（又称专业银行体制），是指银行、证券、保险、信托分业经营、分业管理，各行业之间有严格的业务界限。在这种经营模式下，银行业务与证券业务、保险业务等相分离，彼此之间业务不能交叉，管理不能混淆，其目的在于防止信贷资金的不当运用，降低金融业的经营风险。一般情况下，各国政府会通过法律明确界定不同金融机构的业务范围，也就是说银行、保险、证券等金融机构的业务不能相互交叉，都应该限定在各自的业务领域之内。对商业银行来说，分业经营是指商业银行只经营传统的存贷款及货币兑换等业务，而不能从事证券、保险等其他行业的业务。

金融业的分业经营形成于 20 世纪 30 年代，以美国 1933 年颁布的《格拉斯-斯蒂格尔法》为其形成的标志。该法案的初衷是避免大萧条时期金融业的过度竞争而带来的金融秩序的动荡，被视为美国金融监管的法律基石之一。在此之后，美国又相继颁布了《证券交易法》、《投资公司法》等一系列法案，进一步明确和强化了分业经营的模式。继美国之后，意大利、加拿大、韩国、新加坡、泰国等也先后以法律形式确立了分业经营模式。

（二）混业经营

混业经营（亦称为全能银行体制），是指同一金融机构可以经营不同性质的业务。具体来讲，银行、证券、保险、信托等金融机构在经营自身传统业务的同时，可以进行业务交叉和多元化经营。比如，商业银行可以经营投资银行业务、保险业务、信托业务等，法律对各种机构的营业范围不作明确限定。混业经营模式的典型代表是德国，其他一些欧洲大陆国家，如瑞士、奥地利等也实行这种经营模式。德国的银行可以提供全面的金融服务，包括存款、贷款、证券投资，参与企业决策和管理，支付交易结算和经营进出口业务及外汇买卖等。全能银行在为私人存款者提供全面投资选择范围的同时，还要满足公共机构投资的要求，它的融资范围从传统的营业资金贷款到私人债券或国际债券的发行，服务面向社会所有行业、个人及公共部门。

二、分业经营与混业经营的比较

长期以来，分业经营模式与混业经营模式均在所在国的金融业经营和经济发展中发挥着重要作用，在金融业经营风险、效率和安全性方面各有千秋。综合来看，分业经营和混业经营模式的区别主要体现在经营风险、经营效益和金融监管等方面。

（一）经营风险

分业经营模式和混业经营模式的主要争论之一就是二者的经营风险。一方面，商业银行参与高风险的证券业务无疑会加大自身风险，尤其在金融市场剧烈波动时期，这种经营风险更是会迅速积聚；另一方面，经营稳健、资产质量优良的全能银行在抵抗风险能力方面又远远高于专业化银行。

1. 分业经营的优势

相对于混业经营模式而言，分业经营在经营风险方面的优势主要体现在风险控制。分业经营由于严格限制了金融机构的业务范围，使银行、证券保险等不同行业面临的异质风险之间形成了一道防火墙，能有效避免风险的传递和扩散。这种风险控制有助于金融机构避免陷入风险过高的关联业务之中，避免银行的信用受到威胁，保护投资者和存款人的利益，维护金融稳定。相比而言，混业经营则难以进行风险控制。当面临严峻的经济形势时，投资者由于对前景缺乏信心，开始抛售股票，致使股票价格下跌，混业性金融机构将承受严重损失。全能银行在股票市场面临的损失和风险必然会传递到信贷市场，导致存款人对银行经营出现信任危机，严重时将发生银行挤兑现象，最终出现金融危机。同时，在银行参与证券业务的过程中，容易凭借其资金、技术、信息、管理经验等方面的优势降低经营的安全边界，从事高风险经营，进一步扩大了全能银行的经营风险。

2. 混业经营的优势

全能银行实行的多元化经营有助于经营风险的分散。混业经营模式下，金融机构从事不同领域的业务，各种业务的期限、风险、收益存在差异，从资产组合的角度，能够通过各种经营业务的有效匹配从而降低风险。比如，由于业务期限和周期的差异，当其中某种业务因陷入低谷和亏损状态时，就有其他机构或业务的收益进行对冲，从整体上保证金融机构的稳健性。在混业经营业务成熟的情况下，可以对各种业务的期限、风险、收益进行全面评估，进而确定各类业务的经营战略和比例，最大限度地降低整体经营风险，保证整个金融体系的稳定。

相反，分业经营则会因为业务单一而使风险集中。分业经营模式下，各业务相对独立，资产选择种类过于单一，不能满足商业银行或其他金融机构通过资产组合来达到风险分散的要求，各专业性金融机构对外部市场环境的重大变化相当敏感，面临较大的经营风险和竞争压力。近年来，随着金融创新的不断深化，大量设计复杂的衍生金融工具进入市场进行交易，这些衍生金融工具具有高杠杆化的特征，风险和收益都被放大，专业化金融机构的风险防范能力进一步受到挑战。美国经济学家 20 世纪 80 年代的研究成果指出，美国在 1930 年至 1933 年间先后破产的银行占当时银行总数的 26.3%，而其中从事证券业务的 207 家银行中仅有 15 家破产，比重仅为 7.25%，远低于平均水平。统计分析的结果显示，银行拥有附属证券公司时，其倒闭的可能性将降低；当银行将一部分资产注入证券公司时，其风险只会有轻微增长，而收益却会有显著提高，其增加的盈利性加强了银行支付能力，因此降低了银行倒闭的风险，进而降低了金融体系发生危机的可能。

但是，混业经营所带来的风险也不可小觑。2008 年次贷危机的发生，使得美国金融业的监管标准再次开始严格起来，奥巴马政府于 2010 年 6 月 25 日通过了自大萧条以来最严厉的金融监管法案《多德-弗兰克法案》，而这一法案的主旨之一就是要限制商业银行的自营投资业务，部分也可以理解为要限制银行的混业程度，从而降低经营风险。

（二）经营效益

1. 规模经济

对分业经营模式而言，专业化金融机构在单一业务领域内可以集中人力、资金与经验，在其行业内占据较高的市场份额，使得单一业务的单位成本降低，实现规模报酬递增。

对混业经营模式而言，金融资源由不同业务部门或机构共同分享，其总体经营成本通常低于每一机构单独经营时的成本总和。在投资规模或经营成本既定的情况下，业务量越大，单位成本越低，从而实现规模经济。目前，商业银行或其他专业化金融机构通过交易手段和技术改进降低交易费用的空间已经明显减小，实行混业经营，通过管理模式的改进则可能实现集约化经营，实现规模效益。一方面，可以将管理成本分摊到多样化的金融产品上，并利用自身的分支机构和已有的其他全部销售渠道以较低的边际成本销售附加产品，如通过银行的网点优势销售证券、保险等金融产品和服务，可有效降低边际成本；另一方面，利用金融产品的高替代性，可以满足客户个性化的金融服务和投资需求。

混业经营的发展势必会扩大金融机构的规模，增强其抵御各种风险的能力，维护金融体系和金融秩序的稳定性。混业经营带来的这种规模效应首先可以提高银行经营的安全性。一般来讲，商业银行的经营质量、盈利水平和抗风险能力，与规模成正比。多元化经营的全能银行将导致规模扩大、存款增加、融资渠道拓宽、资本充足率提高，而信用等级也随之相应提高。其次，规模效应能增加银行流动性。随着全能银行资产规模的扩大，流动性指标改善，同时扩大市场占有份额，客户资源进一步丰富，筹资渠道增多，经营成本下降，更有利于拓展新的客户群体，获得新的资金来源。第三，全能银行的规模效应使得经营业务的领域更加广泛，金融产品的种类增加，将有效分散风险。如果一种业务品种出现问题，将因其所占比例有限，不会给银行带来致命打击。从另一角度来看，客户数量增多，单个客户经营不善或恶意逃债，会因其占客户总量的比例较小，给银行带来的资金损失也将会相对减少。

但是，无论是混业经营还是分业经营，银行规模过大都会使监管者面对"大而不倒"的尴尬，所以监管者在制定金融业相关法律法规时，要充分考虑到如何限制银行规模过大，从而避免这一问题出现。

2. 范围经济

从范围经济的角度，可以将金融业的混业经营理解为金融组织的生产或经营范围的扩张。这种扩张若导致平均成本下降，则说明是范围经济，反之则是范围不经济。分业经营要求各金融机构业务专业化，导致范围缩小，其资源和信息不能共享，资金流动性较低，难以形成范围经济。由于混业性金融机构的金融资源由不同业务部门或机构共同分享，其总体经营成本一般会低于每一机构单独经营时的经营成本总和，因此一般来说，混业经营模式具有范围经济的优势。

（三）金融监管

分业经营可以提高监管效率。首先，分业经营模式导致各金融行业的专业化分工，避免了各种业务相互交叉，有利于金融监管的专业化分工，明确监管职能，提高监管效率。如我国目前就分别设立银监会、证监会和保监会，分别对银行、证券和保险行业进行分业监管。

混业经营将加大金融监管难度。一般来说，实行金融混业经营必须具有两个基本条件：一是金融机构必须具有较强的内部约束机制和风险防范意识；二是要求金融监管能力较强，有完备的金融监管法律体系和较高的金融监管效率。混业经营形成的超级银行市场占有率很高，有可能形成业务垄断，利用自身的特殊地位进行市场控制，甚至会产生逆向选择和道德风险的问题，增加监管难度。

综上所述，从经营风险、规模经济、金融监管等方面比较分析，分业经营与混业经营各有利弊。混业性金融机构在提供多元化和个性化服务、风险分散和成本控制方面具有优势。而分业经营体制之下的专业性经营机构，由于业务的单一和集中而对监管的要求没有那么高，可以提高监管效率；同时，分业经营由于其单一的业务模式在风险控制方面也具有优势。如前所述，一个国家在不同的历史时期采取分业制或混业制，是由其当时的经济发展水平、金融货币制度甚至文化环境等现实条件决定的。历史上，两类经营模式均有成功和失败的案例，选择何种经营模式，取决于一国金融市场的完善程度、金融业经营管理水平及金融监管的效率。

三、两种模式下的金融监管

（一）混业经营模式下的金融监管

1. "防火墙"制度

欧美国家在混业经营条件下实施金融监管的主要方式是"防火墙"制度，它是指银行在兼营证券业务时，应通过独立机构来进行，银行与其从事证券业务的独立机构之间的交易应受到严格的管制，防止因利益冲突而损害客户利益。1987年美联储委员会主席阿伦·格林斯潘首次在正式文件中使用了"防火墙"的概念。

在废止《格拉斯-斯蒂格尔法》之前，银行在20世纪80年代就获准有限制地介入证券业务领域，这种限制包括：银行从事证券业务应通过银行控股公司的证券子公司进行；除非为清偿政府债券，银行不得向证券公司提供贷款；银行和证券公司之间不得有董事或职员的关联兼职；除非客户同意，禁止银行与证券公司交换客户私人信息；银行不得为证券公司客户提供贷款或担保；银行不得为了支持证券公司所承销的证券的本息而向个人放贷；证券公司不能在承销期或承销结束后30日内向银行或信托账户出售证券；证券公司不得由银行支持，亦不能被联邦保险公司保险。日本国会在1992年颁布《金融制度改革法》，允许银行业与证券业以"子公司相互渗透方式"实行业务交叉，即银行可以设立从事证券业务的子公司，证券公司也可以设立从事商业银行业务的子公司。日本的"防火墙"制度在原则上与美国相仿，但具体规定更为严格、周密。

在日美两国相继于1998年和1999年进行金融改革之后，银行业开始向混业经营模式发展。美国立法不仅允许银行控股公司从事证券业务，而且允许联邦注册银行通过子公司开展证券业务。在全能银行制下，"防火墙"制度在防范经营风险特别是防止经营风险的有效传递方面意义重大。同时，"防火墙"制度也体现出一定的负面效应，如果限制过于苛刻会影响银行经营效率，过于宽松又达不到减少利益冲突的目的，这里面存在一个适度的问题，但在现实中通常难于把握。

2. 混合监管

随着金融市场一体化趋势的演变及现代信息技术的发展，已有的监管体系已经难以适应日益扩散的金融风险，金融监管体系的协调性也受到挑战。为适应混业经营对金融监管的要求，当金融机构越来越多地成为一种联合法律实体，各国将银行、证券和保险的监管结合起来，纷纷设立新的监管机构。匈牙利、挪威、瑞典、澳大利亚、英国和日本已率先实行了集中的监管体系，即由一家独立于中央银行的机构负责监管各类金融机构。在英国，政府成立金融服务管理局，统一负责对每个金融机构和各类金融市场进行监管。日本政府则打破银行、证券活动的限制，成立金融监管厅，统一监管银行和其他金融机构的经营活动，大藏省则只负责监管法规的制定，而日本银行将保留银行稽核权。

各国在设计其金融制度时，往往吸收各种机制之长处，并利用监管手段克服种种不足，以使金融市场高效运转。如最早实行全能银行制的德国银行监督局依据银行法、投资公司法、证券交易法、股份公司法等对银行的业务经营进行监督，以控制银行所承担的风险。德国银行法规定银行的投资总额不得超过其对债务负责的资本总额。为维护银行客户利益，防止利益冲突，对银行业务进行限制。根据有关法律，银行作为经纪人参加的证券交易在场所上仅限于证券交易所，在对象上仅限于官方评定的、有官价的证券。银行代买主收购证券时，可收购银行自有的证券，但价格不得高于官价，银行代卖主出售证券时，可把证券卖给自己，但价格不得低于官价。另外，德国银行监督局为保护投资者及避免利害冲突，于1994年1月12日发布了银行行员交易准则，要求信用机构应注意其行员在从事有价证券、外汇、贵金属及衍生性商品的交易时，不得侵害银行及其客户的利益。

3. 国际协调

在混业经营模式下，金融产品、金融机构和金融市场之间的界定模糊，一个大的金融集团往往经营着多种业务，受多个行业监管当局监管。如果是跨国金融控股公司，还将受到不同国家的多个监管当局的监管。因此，对金融联合企业集团实施有效监管需要有效地跨行业合作和国际协调。

1994年1月，由巴塞尔委员会发起，成立了一个非正式的银行、证券、保险行业三方小组，协调处理有关金融联合企业风险监管问题。1995年9月巴塞尔银行监管委员会、国际证券组织委员会和国际保险监管协会三方联合发表了关于监管金融集团的联合公报，提出要努力寻求实现跨行业的监管信息交流的可行方法，设法消除不利于监管信息交流的各种障碍，确定跨行业监管主导者的职责、作用及其产生的程序和机制，研究制定对金融集团实施有效监管的指导原则。联合公报涉及对金融集团的监管方法、集团内的个别风险和整体风险及监管套利等，但主要侧重于资本充足性监管。联合公报还指出，对金融联合企业集团的某个专业组成部分的单独监管，要有对联合企业的整体评估作补充。

随着经济和金融全球化程度的提高，金融集团也飞速发展，对金融体系和宏观经济的影响也越来越大。相应地，对于金融集团的监管也越来越重要。目前，三方小组已重组为"联合论坛"，它的新章程旨在促进改善银行、证券和保险监管者之间的信息交换和合作，拟定对金融联合企业集团实施有效监管的制度设计，主要目标是促进部门内和跨部门监管者之间的信息交流。1999年联合论坛发表了《对金融控股集团的监管》。《对金融控股集团的监管》中对金融控股公司进行了定义，金融控股公司是指在同一控制权下，完全或主要在银行业、证券业、保险业中，至少为两个不同的金融行业提供大规模服务的金融集团。目前联合论坛面临的首要现实问题就是各国法律体系和监管制度的重大差异，这必然会严重影响监管协调的效果。如何促成一个对金融联合企业集团进行有效监管的良好合作机制，对银行、证券、保险机构及其活动实施有效的监管是国际金融领域必须面对的问题。传统上银行业监管的中心是保护存款人和维护支付系统的稳健运行，而证券业监管着重于保护投资者和维护市场公平。银行监管传统上依赖于直接管理和秘密监管。而公开披露作为银行的监管工具，虽然不算新颖，但在大多数国家中的应用并不广泛。相比之下，证券监管则倾向于更大程度地依赖市场约束而不是监管当局的干预。

（二）分业经营下的金融监管

在分业经营模式下，金融业的监管是按照不同的业务领域严格区分的，即分业经营分业监管。虽然各国在具体实施中可能会存在一定差别，但基本上有一个固定模式，即商业银行业务、投资银行业务、保险业务分别有不同的监管部门管理，如我国的银监会、证监会和保监会。这种监管方式的优点是监管人员对某一业务领域比较熟悉，已有的防火墙也为监管提供了便利，监管效率比较高。在一些金融业经营水平较低、金融法规不够健全、金融业内控机制不够完善的国家，分业经营分业监管无疑是一个较好的选择。

分业监管是指由特定的金融监管机构对相应的金融产品、金融机构和金融市场进行监管，监管机构在各自的权属范围内执行监管权利、履行监管义务，彼此之间没有隶属关系。古德哈特（Goodhart，2001）认为，分业监管的效率优势主要体现在以下几方面。一是监管职责目标明确，可以在不同类别的金融机构和业务之间恰当地制定必要的监管差异，提高监管效力；同时，可以避免监管冲突的内部化。银行业、证券业和保险业在其核心业务上具有明显的差异，相应地，其监管目标和监管手段的选择应有极大的不同，制定统一的监管目标易导致监管的内部冲突。二是能够减少监管信息的损失。在分业监管机构并存的情况下，由于多个监管机构之间存在着不同程度的竞争，因此可以从更广阔的角度提供更多的信息。三是避免监管官僚主义。在权力的制约和监督方面，分业监管机构之间存在着一定程度的权力的相互制约和制衡机制。格林斯潘认为，各个监管机构同时存在可以保证金融市场享有金融创新所必备的充分的民主与自由，同时可以使每一个监管者形成专业化的比较优势，监管者之间的竞争也会形成权力的制衡。因此，从某种意义上说，分业监管更能有效避免监管权力的滥用和垄断。当然，分业监管也存在缺陷，主要是丧失了监管的协调性。

四、商业银行经营模式的演变与趋势

纵观国际金融业的经营模式，大都经历了初级阶段的混业经营到发展阶段的分业经营再到发达阶段的混业经营的发展历程，尤其是美国作为金融业分业和混业经营过渡的典型代表，其发展历程更能体现世界金融业的发展变迁，所以对其发展过程及当时经济环境、背景的分析对我们分析银行经营问题有很大帮助。

（一）从自然混业经营到严格分业经营

1929 年之前，世界各国金融业大都实行混业经营。早期的银行不论信贷、证券还是保险，各种金融产品都可以经营，并得到各国法律的允许。美国商业银行从 19 世纪开始兼营证券业务，尤其是美国州银行可以经营几乎所有的证券业务。

1928 年美国出台了《麦克法顿法案》，由于该法案鼓励银行业、证券业混业经营，这在当时金融监管、风险控制系统尚不成熟的情况下引起金融业秩序的严重混乱，最终导致了1929 年的大萧条。这次金融危机几乎摧毁了整个金融体系，金融风险在各个行业不断传递、扩散。为规范金融机构经营秩序、维护金融体系稳定性，美国政府在 1933 年通过了《格拉斯-斯蒂格尔法》。该法的主要内容是分业经营原则，即将商业银行和投资银行的主要业务进行了分离，商业银行只可以经营存贷业务，禁止兼营股票、债券及其他证券的发行、包销及分售业务。其后，美国又在相继颁布的《联邦储蓄制度 Q 条例》、《证券交易法》、《投资公司法》、《1968 威廉斯法》等一系列法案，强化和完善了金融市场的监管。美国分业经营的制度框架逐步形成与完善，标志着美国银行业自由主义银行时代的结束和分业经营与监管的开始。

"二战"结束后，日本、澳大利亚、新西兰、加拿大也纷纷效仿美国相继实行了金融分业经营，只有以德国为代表的欧洲大陆主要工业化国家继续实行混业经营体制。

（二）混业经营

20 世纪 80 年代后，世界经济趋于一体化，一方面分业经营虽然在控制金融风险、加强金融监管、规范金融市场方面起到了很大的作用，但另一方面，它的局限性也随着经济环境的变化而日益显现。首先，自 20 世纪 60 年代起，以美国为首的西方经济发达国家的通货膨胀率日益增高，使得金融市场的利率飙升，企业间接融资成本增加，同时伴随着股票市场的迅速发展，越来越多的企业倾向于直接融资，使得商业银行的资金大量流失，银行信用收缩，盈利下降，不少银行出现亏损和倒闭。金融服务一体化和金融自由化的趋势越来越明显。其次，由于商业银行经营环境的恶化，商业银行之间为争夺资金来源、扩展业务范围和增加利润来源展开了激烈的竞争，通过收购、兼并，设立附属公司的形式进入原来其他金融机构的业务范围。与此同时，金融衍生品在发达国家金融市场蓬勃发展，为商业银行规避金融监管打开了方便之门。从分业经营向混业经营的转变，已经具备了现实基础。

20 世纪 70 年代后期，美国银行业分业经营模式的弊端开始显露，传统商业银行业务的盈利模式受到冲击。信息技术革新所带来的交易成本和信息成本在投资银行业中显著下降，投资银行、投资基金和其他各类银行金融机构开始在市场上占据主导地位。与此同时，商业银行在美国金融业中占有的地位与利润都日趋下降。面对来自国际和国内的双重压力，为了寻找新的利润增长点，美国银行业千方百计规避法律，采取兼并和金融创新等手段向证券业渗透。政府为了提高本国银行在国际金融市场上的竞争力，也开始放松管制，默许甚至鼓励金融机构的相互渗透。

在监管层，一系列法律法规的颁布为混业经营扫清了障碍。1980 年，美国颁布了《放松对存款机构管理与货币管理法》，该法案主要取消了利率管制，扩大了存款机构的资金来源，授权存款机构发行类似如活期存款性质但可付息的存款。1982 年出台了《存款机构法》（加恩-圣杰曼法），该法授权储蓄贷款业协会等接受存款的机构扩大其资金来源，允许其开办货币市场存款账户和超级可转让支付命令账户、发放商业贷款、扩大消费信贷、增加其证券投资权。1987 年，美国通过了《银行公平竞争法》，允许银行从事证券承销业务，这为银行的进一步混业经营打下了基础。20 世纪 90 年代，美国出台了更为放松管制的金融政策。1990 年美国财政部《关于金融体系全面改革的报告》指出：为增强银行竞争力，应允许商业银行从事包括证券业务在内的所有金融业务。1991 年的《联邦存款公司改建条例》允许符合条件的商业银行按其资本规模的 100％获得和持有普通股与有限公司股份。1994 年 8 月和 1995 年 5 月，美国先后解除了商业银行不允许跨州设立分行及经营证券业务的限制。1997 年 4 月起，美国先后发生了美国国民银行收购蒙哥马利证券公司，纽约银行家信托银行兼并艾利斯·布朗投资银行，美国银行兼并罗伯逊·斯蒂芬基金管理有限公司等合并案。1999 年 11 月，美国国会通过了《金融服务现代化法》，该法授权银行、证券、保险可以用金融控股公司的方式交叉经营，正式标志着分业经营在美国的终结。值得注意的是，这种混业经营并非是向早期金融混业经营的简单回归，而是一种更高层次上的混业经营，是建立在金融全球化、现代信息技术和新的监管体系下的混业经营。

英国的金融业混业经营模式始于 20 世纪 80 年代初期的"大爆炸"（Big Bang）金融改

革，允许银行兼营证券业务，形成多元化综合金融业集团。如巴克莱银行集团、汇丰、渣打等跨国银行集团的业务领域涵盖了银行、证券、保险、信托等各个方面。1997 年以后，英国的监管体系做出变革，将多个金融监管机构合并为一体，设立了对整个金融体系实施监管的金融服务监管局（Financial Service Authority，FSA），它拥有 9 个职能部门，分别对银行业务、投资业务、交易所、保险等进行监管，是唯一的法定监管机构。

日本从 1981 年规定银行可以经营证券业务，1998 年日本大藏省发表了《金融国际化与日元国际化》的报告，日本金融自由化正式启动。其主要内容可以归纳为：打破行业分离、业内竞争的状态，扩大金融机构的活动范围，创造出性质不同、多种多样的市场参加者相互竞争的局面。日本通过一系列措施，逐步对金融行政机构进行改革，最终将监管职能交与金融厅，使财务省和金融厅真正成为两权分立的分别掌管金融行政和金融监管的政府机构。

（三）商业银行混业经营趋势的原因

如前所述，西方国家金融业经历了从自然混业到分业经营再到更高程度的混业经营的历程。这种转变是各种因素的集合表现，是与各国经济发展状况和经济制度模式紧密相关的。

1. 金融全球化

在 20 世纪后半叶，世界经济出现了一体化的趋势，经济一体化直接体现在贸易自由化、生产一体化两方面，金融业作为自由贸易的媒介，一体化生产的纽带，是贸易自由化、生产一体化发展的必然结果。1950—1997 年，全球生产增长了 5 倍多，而同期的全球贸易则增长了 7 倍多。贸易的增长超过生产的增长，表明国际市场的迅速扩张，各国的生产越来越多地面对全球市场。以贸易全球化为先导，金融全球化迅速发展，许多跨国金融机构在这一时期纷纷产生。同时，金融自由化进程加速，资金的跨国流动越来越顺畅，金额越来越庞大，本来各自独立运行的各国国内金融日益融合在全球金融的大潮之中。现在的跨国金融活动是在相同的规则下，采用相同的金融工具，在全球范围内选择投资者和筹资者的过程。"国际金融"和"国内金融"界限日益模糊，世界各个国家的金融市场日益成为全球金融市场的一个有机组成部分，国际金融市场对国内金融市场的影响日益明显。各国的开放程度的日益加深、贸易交往的日益频繁和金融自由化的外在驱动，使各国纷纷放弃分业经营模式转而实行混业经营模式。

2. 金融创新

20 世纪 50 年代以来，随着科学技术的发展进步，新的科学技术在金融领域的应用，改变了金融服务业的技术条件和物质基础，极大地降低了金融服务与金融数据处理成本，使金融管理技术开发与金融信息传播效率大大提高，从而使银行扩张能力加大，希望可以进入原先不敢进入或无法进入的领域，冲破原有业务范围的限制。金融全球化浪潮的冲击，社会经济需要和金融服务一体化的内在要求也使金融创新工具和创新组织形成并获得了极大发展，金融创新层出不穷，各种金融创性产品呈几何数量的增长，为金融机构之间的业务交叉提供了便利工具。金融创新和金融自由化的相互发展迫使从法律上对混业经营给予确认，以适应市场环境的不断变化，促进了分业经营向混业经营的转变。

3. 金融业的竞争压力

分业经营模式的商业银行和其他金融机构小而分散，业务单调，不能有效的分散风险和降低成本，不利于进行业务拓展与实现规模经济效应。20 世纪 80 年代以来，金融市场、证券化和技术创新的不断发展，给各国的企业融资结构带来了深刻的影响，直接融资逐渐取代间接融资而成为主要的融资方式。公司客户偏好于利用便利、直接的诸如发行商业银行票据或是资产证券化的方式来满足信贷需求。在以英美为代表的证券主导型融资模式的国家里，企业可以很顺利的在资本市场中融通到所需资金。与银行贷款相比，股票融资具有灵活性和不需要偿还等优势。因此，英美国家的直接融资比重远远高于间接融资。在直接融资中又以债券融资为主，股票融资次之。2007 年，美国公司债券余额占当年 GDP 的比重为 40% 左右。由于融资渠道的多样化，企业已不像过去那样单纯依赖银行作为其主要信用来源，银行面临业务被挤压的风险。随着个人资本在银行、养老金、共同基金和股市上所占的比例增大，家庭理财成为居民的日常需求重点。传统银行业的市场需求减少，非银行金融机构的业务如证券、保险、信托及期货、期权等衍生金融商品的巨大发展，使银行业收益水平下降，面临的压力越来越大，竞争越来越激烈。银行为了保持自己的盈利和市场份额，就设法绕过各种限制，寻找介入证券市场业务的途径，采取外部扩张如兼并收购方式，扩大自身规模以提高竞争力。同时，从国际范围的金融竞争来看，资本国际化使各国金融市场之间形成激烈的竞争。业务范围上的限制，使得实行分业经营体制国家的银行很难与实行混业经营体制国家的银行相竞争，国际金融市场上的竞争也日益激烈。这也使各国政府监管部门不得不考虑放松管制，允许混业经营。

4. 金融管制的放松

分业经营与混业经营体制是一种制度选择和制度变迁现象，政府金融管制政策、政治偏好等都直接制约着银行经营范围的安排。随着各国政治经济环境不断完善，市场运行已不断趋于平稳。在宏观调控能力方面，各国已建立起有效的宏观调控机制，财政政策和货币政策已经成为两个重要而有效的反危机工具，造成 20 世纪 30 年代大萧条的各种条件已经不复存在。在金融监管方面，绝大多数国家已经建立了严密有效的金融法规和金融监管系统，并且采纳了商业银行的存款保险制度等风险控制手段，如果监管适当，再次发生银行连锁倒闭的可能性较小。在银行风险控制能力方面，金融工程技术与金融衍生品为风险控制提供了金融手段。现代金融工程技术的革命性进展，金融衍生品与对冲手段的不断丰富，也使得银行控制多元化经营风险的能力大大提高，只要管理得当，商业银行业务与投资银行业务的结合可以有效地对冲风险。客观条件的不断改善促使各国政府普遍放松了对银行业务经营范围的限制，以放松甚至取消管制、实现金融业的自由化为基本特征，使金融业不仅实现业务管理上的自由，而且实现业务范围上的自由。此外，金融行业竞争的加剧也使得商业银行对监管有放松的要求。

(四) 我国商业银行的未来趋势——混业经营

在经济和金融全球化的浪潮中，金融业的混业经营模式已在各国纷纷确立。各国金融监管当局迫于国际竞争压力，不断改变对金融管制的态度，默许或明确鼓励金融机构的多元化经营。因此，根据我国银行业的实际情况和面临的国内、国际形势，实行混业经营是国有商业银行自我发展客观需要，也是适应金融全球一体化的必然要求。

1. 增强中国金融业竞争力的需要

20 世纪 90 年代以来，经济全球化和金融国际化的趋势日益明显，西方发达国家银行全能化趋势日益增强、加快，混业经营已经成为当前国际金融业的一大发展趋势。随着金融自由化程度的加深，大多数国家金融管理部门逐步放宽了金融机构业务分上的限制，甚至为混业、并购创造了良好的法律和政策环境。我国加入 WTO 后，在华外资银行将享受国民待遇，其业务范围、机构设置、经营地域和服务对象上都与国内银行一样。这就意味着，银行业将进入全面竞争时代，中资银行独占市场的优势将不复存在。而且，外资银行在投资银行、资产管理等领域拥有巨大优势。因此，为面对全球经济一体化和加入 WTO 所面对的国际竞争，实行混业经营是我国商业银行的必然选择。

2. 风险管理的需要

目前我国商业银行中的信贷资产在总资产中具有举足轻重的地位，而证券资产与其他资产所占比重很小，商业银行的资产结构不合理。这种"一边倒"资产结构容易造成经营风险的积聚，不利于分散风险。实行混业经营，商业银行可以通过买卖证券、入股企业、信托等方式来调整信贷资产结构，也可以利用金融衍生产品等对冲手段，整合资源，对冲资产结构单一的风险。

3. 提升经营效益的需要

第一，有利于拓宽商业银行的经营渠道。随着我国资本市场的不断发展和成熟，商业银行为应对资本市场的竞争，必须调整经营战略，向全能银行发展。让银行参与基金、保险、投资、证券业务，既能逐步健全完善金融证券市场，规范证券市场的健康发展，又能实现金融资本与产业资本的融合，拓宽商业银行的经营渠道。

第二，有利于提高金融资源的配置效率。市场经济条件下市场应成为资源配置的最重要方式，分业经营使许多本可以共享的资源得不到应有的利用，造成重复建设和资源浪费。混业经营则可避免这一缺陷，运用商业银行在机构网络、资金来源、客户群体、专业人员等多方面的优势，使金融资源配置达到高效配置。

第三，有利于提高银行内部治理水平。证券市场是一个公平、公开、公正的市场，对公司法人施加股权约束的市场。实行混业经营，银行业参与证券业，必然要按照竞争机制对金融机构进行优胜劣汰的选择，强化社会对银行业的监督，迫使银行提高经营管理水平，成为讲究效率、管理科学的现代金融企业。

第四，有利于增加银行利润。商业银行作为一种特殊的企业，其经营目标是利润最大化。目前，我国商业银行的主要收入还是主要来自于利差收入。近年来，在金融全球化和混业经营背景下，西方商业银行的业务收入日趋多元化，非利息收入业务不断增长，已经远远超过了利差收入。中资银行应该快速转变经营理念，充分发挥表外业务优势，广泛开展各种金融业务，增加利润来源的渠道。

第三节　商业银行全面风险管理趋势

风险管理对于商业银行具有特别重要的意义，随着经济全球化和金融衍生工具的快速发展，商业银行的风险管理方式也越来越复杂，逐渐从单一的风险管理模式转向全面风险管理模式。本节我们主要介绍了商业银行全面风险管理体系的主要内容，具体包括全面风险管理的内涵、原则、作用等方面。

一、全面风险管理的含义

所谓全面风险管理（Enterprise-wide Risk Management，ERM），是指企业围绕总体经营目标，通过在企业管理的各个环节和经营过程中执行风险管理的基本流程，培育良好的风险管理文化，建立健全全面风险管理体系，包括风险管理策略、风险理财措施、风险管理的组织职能体系、风险管理信息系统和内部控制系统，从而为实现风险管理的总体目标提供合理保证的过程和方法。具体而言，商业银行的全面风险管理不仅要考虑一个银行的市场和信用风险，更要涉及综合处理各种金融资产或者资产组合可能出现的风险，如利率、汇率之间，各种证券、债券之间，各种商业票据之间的组合风险，以及承担这些风险的单位，从单个业务员到整个部门，从分级机构到总行，乃至从国内到国外。这是一种思想或理论，而不单是具体的风险管理方法或技术，是基于风险一体化的基础，采用一致的标准测量并加总这些风险，考虑全部的相关性，用多种方法处理所面临的风险。

全面风险管理模式是一种以先进的风险管理理念为指导，以全方位的风险管理体系、全面的风险管理范围、全程的风险管理过程、全新的风险管理方法、全员的风险管理文化和全部的风险管理概念为核心的风险管理模式。宏观管理层面上要求有统一的风险管理战略、统一的风险管理政策、统一的风险管理制度、统一的风险管理文化。在微观操作层面上要求对整个银行所有部门、所有业务、所有过程中蕴涵的各种风险加以识别，用统一的标准和先进的技术方法进行测量并加总各种风险，在通盘考虑各种风险状况和影响的基础上，采取相应的风险管理与控制措施。全面风险管理包括八个要素：即内部环境、目标设定、风险识别、风险评估、风险对策、内部控制活动、信息和交流、监控。

全面风险管理的指导思想主要集中表现在五个方面：第一，建立包括风险识别、风险测评、风险应对和风险监控在内的企业风险管理体系；第二，利用系统的、科学的方法对各类风险进行识别和分析；第三，积极采用授信资产评级和风险模型及数理分析技术，对风险进行科学识别和量化；第四，加强信息科技建设，提高对授信业务信息的监控质量，增强风险防范意识，同时加大信息调研力度，指导辖内各项授信业务健康开展；第五，是做好后评价工作，包括对各项风险管理政策、授信项目条件落实和执行情况、业务部门和下级分行执行规章制度情况等进行后评价，形成风险管理战略，充实和完善风险管理政策和制度，支持经营战略目标的实现。

二、全面风险管理体系的构建

商业银行全面风险管理体系的建立，主要就是为了通过风险的全面管理，提高银行股东的价值，以实现银行的安全性、流动性和盈利性的三大目标。构建全面风险管理体系，首先需要做的就是进行风险识别。风险识别阶段是商业银行风险管理的基础，也是全面风险管理系统得以运行的保证。如果商业银行无法通过一些方法识别银行所面临的各种风险，就无法将其纳入全面风险管理体系当中去，更无从谈起风险的管理。商业银行面临的风险主要包括信用风险、市场风险、操作风险和流动性风险等。第二步，明确各类风险后，商业银行就要采用相应的风险度量技术和工具对风险进行量化测量。风险的量化测量就是将各种风险进行量化评估，从而才能更有效的管理相关风险因素。风险的量化研究也是目前风险研究的主要方向和方法，通过运用各种技术模型和软件程序，准确把握各类风险的大小，有利于进一步的管理和预防，具体的风险度量模型包括 VAR 模型、CreditMetrics 模型和 KMV 模型等（可参见本书第十章）。在全面风险管理体系的运行过程中，风险测量是一个非常重要的程序。第三步，风险的监控和管理。在对银行风险进行识别和量化测量后，要完成银行全面风险管理程序的完成，还需要银行具有适应全面风险管理的内部组织结构，能够将银行所识别和测量出来的风险进行综合考虑，从而达到一种全面管理的效果。在银行的全面风险管理体系的组织结构中，应包括以下基本构成要素：高度独立的风险管理部门；高效实时的风险监控体系；完整快速的风险报告体系；严格的事后审计体系。最后，商业银行还需要注意培养良好的风险管理文化和环境，提高员工的风险管理意识，使得风险因素与员工的收益相结合，将风险管理落在实处，只有这样才能够使每一个员工真正的意识到风险因素的重要性，提高其对风险因素管理的积极性和主动性。

三、全面风险管理模式的意义

（一）有利于加快银行自身改革

银行实行全面风险管理，首先就要求银行自身具有较好的资质，如良好的公司治理结构，健全的监督制度和评级系统。其次，银行要努力做到自主经营，自负盈亏，自担风险，自我约束的经营主体，同时要求银行各部门各级分行之间能统筹安排、相互协作配合。最后，银行内部应该采用一致的测量标准，有助于数据测量及研究的真实性。实行全面风险管理的这些内在要求正好也是我国商业银行改革的方向。

（二）有利于有效的进行风险度量

全面风险管理需要从整个银行的角度来考察和度量各种经营风险。全面风险管理通过统一管理整个机构的风险，不但考虑了单一产品、单一交易的风险，在此基础上考虑了整个机构风险分散化带来的好处，较传统风险管理更加真实地反映了风险成本，增强了银行的定价能力，从而提高了市场竞争力。从这层意义上讲，全面风险管理是商业银行核心竞争力和产品定价能力的重要组成部分，商业银行是否愿意承担风险，能否妥善管理风险，将决定商业银行的经营效益和持续发展。

（三）有利于保护股东和投资者利益

由于使用全面风险管理可以使银行更充分、精确地报告其风险头寸，向股东及潜在投资人提供更好的风险信息，使股东及投资者更加清晰、全面地了解该银行的风险状况，从而使投资人做出更有根据的决策，也让人们更清楚的了解银行风险敞口、资本配置及风险防范措施，这样可以加强投资人的信心，减少风险溢价，从而降低资本成本。

（四）有利于提高经济效益

银行需要测量整体风险，但只有在全面风险管理体系建立以后，才有可能真正从事这一测量。全面风险管理使得各级决策人员在决策时都可以对更广泛的风险状态加以考虑。同时全面风险管理体系也可以帮助解决各业务单位分散的决策者之间合作、协调的问题，并且在理论上可以使各层次作出质量更高的风险管理决策，产生更大的经济效益。

（五）有利于提高监督质量

全面风险管理体系使得以后的数据收集、测量与处理更加一致，促进审计与监督，使得人们在操作中产生的错误更不易发生，防止难以察觉的欺诈行为出现，改善合规控制、监督，特别是对子公司的控制。

四、全面风险管理体系的运用——以美洲银行为例

西方商业银行多数都建立了以全面风险管理为架构的风险管理体系，通过设计覆盖整个系统及各项业务的风险管理框架来指导具体的经营行为，包括风险识别、风险度量与评估、风险处置等风险管理的全过程。下面以美洲银行为例进行分析说明，为我国商业银行的全面风险管理提供参考意义。

（一）美洲银行风险管理理念

美洲银行于 1929 年成立，总部设在美国北卡罗来纳州的夏洛特，是美国最大的金融机构之一。美洲银行实行全面广泛的风险管理，风险计划包括战略、财务、客户和公司计划，以使目标和责任贯穿整个公司。风险管理在全行范围内系统地展开，包括个人业务单元、产品、服务和交易。在风险管理过程中这种方法需要团结协作，每个员工都是风险经理，充分调动员工的积极性与主人翁意识。首先，美洲银行奉行的经营理念是要在风险和收益之间取得平衡，风险管理的目标是使得长期收益最大化。其次，美洲银行风险管理文化的基础是员工的责任感。每个员工都必需意识到自己在风险管理中的角色，并不断执行自己的责任。风险管理应成为员工绩效评估和考核的重要组成部分，将风险管理落实到个人。第三，合规文化是美洲银行风险管理理念的核心。由于所有对法律、监管、道德规范要求和内部政策程序的违反都可给财务和声誉产生严重影响，因此合规文化需要所有员工遵循相关法规、道德标准和内部政策程。合规是各种风险的核心，美洲银行不仅仅将合规当作法律风险，更将其作为业务经营的一种方式，严格规范员工的职业操守。

（二）美洲银行风险管理组织结构

美洲银行的公司治理结构支持风险和收益的积极联结，清楚地阐明了监管团体的角色和授权。美洲银行风险管理组织结构和职责可参见图 15-1。

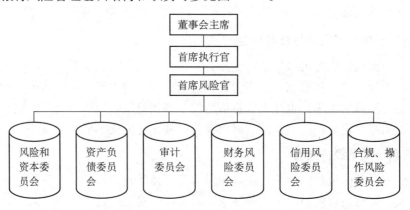

图 15-1　美洲银行的风险管理组织架构图

在银行高管层面，董事会通过监督公司的治理架构有效管理公司事务。董事会对管理委员会授权，而委员会在合适的情况下向附属委员会及管理层授权。董事会任命首席执行官，负责考虑整体业务战略的基础上批准风险取向。首席风险官则将董事会和首席执行官对风险

的要求落实为银行集团的风险标准和政策；对银行集团风险管理流程的充分性和适用性负责；审核全部业务单元的总体风险，并在宏观层面对业务组合的风险构成和质量进行评估；批准具体业务的风险管理政策；确保所有业务单元都在风险限额内运营；审核并决定具体业务风险政策的例外情况；批准所有独立风险管理经理的任命等。

董事会下设各种风险管理委员会。资产负债委员会通过审查信贷资产质量和变化趋势，判断监管是否遵循谨慎、健全的信用政策，提供信用风险总体评价。此外，委员会同时会审查某些市场风险报告。审计委员会协助董事会对内部控制、整体财务状况的完整性、法律和管理要求的有效性进行监控，审查公司自我审计和外部会计事务所审计的能力，并牵头负责审查操作风险。财务委员会为管理信用风险、市场风险和操作风险出台有关政策和战略，以使公司盈利并获取资本。财务委员会将董事会的授权（包括政策和限额的审批）向附属委员会及管理层进一步授权。资产负债委员会：审定确保市场风险稳定和资产负债平衡。信用风险委员会：审定公司对谨慎、稳健的信用风险管理政策的遵循。合规和操作风险委员会：审定确保公司稳健经营的操作风险政策。风险和资本委员会：评价公司战略与目标，并在全行范围内对主要业务分配资本。

通过风险管理委员会对银行的风险进行识别、评估，由风险管理人员实施具体操作。风险架构部主管依据银行的风险管理和监管标准，监督独立风险管理所要求的核心管理架构，负责管理银行集团整体的市场风险、流动性风险和操作风险；建立风险系统的基础架构，以确保及时识别、衡量和汇总银行各业务单元内或业务单元之间的风险敞口；通过业务单元内和业务单元之间的充分沟通以保证承担风险的透明度等。业务单元风险主管制定与银行集团整体风险标准相一致的针对特定业务的风险管理政策；确保相关业务单元遵守为其制定的风险管理政策；向业务单元具体提出其面临的风险，并负责制定消除这些风险的战略；在银行接受的风险范围内批准各业务风险部门的风险限额；对资产组合构成和质量在业务单元的层面上进行评估；设立为业务目标提供支持和独立监督的业务风险管理机构等。

（三）美洲银行风险管理流程

为确保风险与收益适当平衡，美洲银行采用完整、广泛地识别、计量和监管风险的管理流程。包括：风险的识别和计量，以确保了解全行所面临的风险类型和进行风险定价；风险管理决策和审批，将每日的决策与全行风险管理目标不同程度；风险处置，管理并化解风险；风险报告和评估，持续评估风险和合规性；培训和认知，对员工进行风险管理方面的专业化培训，确保所有员工了解并执行问责制度。

（四）美洲银行的风险防御体系

美洲银行的风险管理结构和流程建立在三层防御体系基础上，其中的任一层对确保经营活动中风险和收益的合理识别、计量和管理都有重要意义。三层防御体系需要有效的团队，每个角色都应对自己岗位负责。在第一层防御体系中，业务单元负责人对业务单元内的所有已经存在和未来可能发生的风险负责；在第二层防御体系中，业务单元的联合负责人和业务单元配合来识别、评估并降低风险；在第三层防御体系中，审计部门和审计委员会测试、确认并评估风险管理控制措施。

（五）美洲银行的风险管理技术

风险管理技术是风险管理的核心内容，美洲银行采用了一套有效的风险管理技能与工具，使产品的价格能够覆盖可能的风险从而实现盈利。尤其令人称道的是，通过有效运用银行内部各种工具、模型来计量评估客户风险，美洲银行已经大大减轻了对社会征信系统的依赖。美洲银行研究出了一套根据信用卡客户行为预测其风险的行为模型，运用这个模型，即使在社会征信体系不完善或不能使用的国家和地区（比如其新进入的爱尔兰、西班牙、加拿大及中东欧等市场），仍然能够健康快速地推动信用卡业务发展。可以说，美洲银行先进有效的风险管理技术为其全面风险管理和持续经营能力提供了有效保障。

五、我国商业银行全面风险管理体系构建

（一）公司治理结构

我国商业银行虽然大多都完成股份制改造，建立了现代公司治理结构，但是治理结构还存在一定程度的形式化，还没有根本解决商业银行"内部人控制"问题。监事会难以对董事、高管层及公司财务状况进行有效监督，董事会难以对高管等经营者进行有效监控，高管层难以对分支机构的经营进行有效管理。商业银行风险管理必须与产权改革、完善法人治理结构相结合，将经营者与风险承担者统一起来，从根本上保证银行自负盈亏、自担风险、自我约束、自我发展，从而使银行有内在动力去进行风险管理。商业银行现代公司治理结构一定是要实质性的，股东大会选举董事会，董事会任命经营管理人员。机制上要保证股东有意愿也能够行使权益，董事会人员结构上要补充专家型董事，保证董事会发挥应有的战略决策、控制风险等核心职能。

（二）组织结构框架

我国商业银行在行政区划上普遍实行总分行制，全国风险管理组织结构也是以这种总分行制的行政制度为基础的，建立以总行风险管理委员会为中心，下设不同的风险管理部门，各个风险管理部门设风险经理，分行设风险管理部和风险管理员的垂直式风险管理系统。我国商业银行建立有效的风险管理组织架构，必须与银行整体的经营管理架构相配套，将银行的职能部门划分为风险管理条线、业务拓展条线、运营支持条线进一步强化风险管理条线的独立性，发挥其制约作用。

1. 在总行设置风险管理委员会和首席风险官

风险管理委员会直接隶属于董事会，受董事会授权进行日常决策，风险管理委员会根据市场变化和银行经营情况定期评估战略目标，向董事会报告，以确保在长期、变动的经济周期下，该战略能够与银行风险偏好和生存能力相一致。风险管理委员会成员由银行内部和外部资深风险管理专家、金融专家等组成，由银行分管风险的行长作为首席风险官。风险管理委员会的主要职能是负责制定全行的风险管理方针、政策、总体战略和目标。确定下属各个风险管理职能部门及各个层次风险经理的职责范围和风险管理权限，制定风险管理激励约束机制和考核体系。对能够量化的风险颁布量化标准，评估不易量化的风险。对各风险管理部门提供的风险数据和情况进行综合分析和评价，并反馈给董事会及下属风险管理部门，进行风险控制和管理。

首席风险官的职能是协调风险管理委员会内部工作，听取各风险管理部门风险经理的汇报，并指导风险经理在相应层面根据风险状况及其趋势的演变调整风险应对策略。首席风险官还要负责定期向董事会汇报综合各方面风险管理的风险管理报告。中国银行股份有限公司

在 2005 年 2 月，正式聘任美国籍专家董乐明先生担任中国银行信贷风险总监职位，这是国有商业银行第一次在高层管理人员中引入专业型的风险管理人才。

2. 不同风险区别管理

根据新巴塞尔协议的内容，把银行面临的风险主要分为信用风险、市场风险和操作风险三大类进行管理。信用风险实施垂直化管理，在总行、条线、分行分别设立风险官，统筹负责全行、条线和分行层面的全面风险管理，明确职责。条线和分行的风险官应由总行统一派驻，并按照一定条件授予差异化的授权。实行"一个层次审查，有权人最终审批"的信贷审查、审批模式，从机制上保证最终审批人不主导审查，实施"集体决策、个人负责、权力制衡"的风险防范体系，同时条线、分行派驻的风险官，又能保证内部沟通渠道的畅通，保证信贷政策与区域实际的有效结合。市场风险实施集中管理，由总行专门的管理团队进行专业化、集中化的管理。董事会负责确定银行面临的市场风险，制定全行的市场风险管理战略，市场风险管理职能部门负责市场风险的日常监控和检查。操作风险实施分层管理，高级管理层承担风险管理的最终责任，总行操作风险管理团队负责评估和监控全行的操作风险情况，建立有效的事后补救机制、紧急事项的应急预案等。各级职能部门和经营单位按照规章制度执行操作，并负责监控管理本单位的操作风险。

3. 在总行设立稽核审计委员会

稽核审计委员会是与风险管理委员会同级平行的组织机构，直接由董事会负责。其主要职责是负责全面风险管理的监督、评价和监督内部审计工作；检查、评价内部矛盾控制的健全性、合理性和遵循性，督促管理层纠正内部控制存在的问题，及时向董事会汇报。一级分行设内部稽核审计部实行垂直管理，职能上向稽核委员会报告工作，行政上向总行行长报告工作，排除行政经费、组织人事受制于一级分行的干扰，稽核审计的独立性、客观性得到了保障。

4. 在各分行设立风险管理部

我国实行的是总分行制的商业银行行政管理体系，因此在分行也应设立和总行相对应的风险管理部门，并直接向垂直的上一级管理部门负责。分行的风险管理部主要职责是对各自分行的信用风险、市场风险和操作风险进行管理，包括风险识别、风险计量和评估、风险控制；负责各种风险数据的采集、简单风险评估模型的运用；按照风险管理委员会制定的制度定期同上一级的风险管理部进行风险管理情况汇报，提供风险资料和数据。

（三）风险管理操作流程框架

风险管理流程主要是基于风险管理的操作层面而言的，具有可操作性的流程是保证了全面风险管理实施的有效性。第一，风险管理部门根据银行风险管理环境，即风险管理委员会制定的风险管理战略和政策及对风险管理部门的职责分配来确定本部门的风险管理目标。根据风险管理环境，通过选定风险偏好和风险容忍度，制定明确统一的风险管理政策并设定风险管理的目标要求。第二，风险监测与识别。风险的监测和识别是指通过贷后管理来监测和识别客户的信用风险，通过跟踪宏观经济、行业运行状况、金融市场来监测和识别市场风险和操作风险。各个部门应该对各种类型的风险进行细分，给出不同风险准确的定义和判断标准（包括定性标准和定量标准），并建立其一套行之有效的风险识别的方案以便于风险管理人员对风险及其类型进行准确快速的判断。第三，风险计量与评估。风险量化、模型化是银行风险管理的一个发展趋势，量化风险管理技术是银行风险管理实施的有力支撑，因此，选择科学实用的风险管理模型是我国商业银行风险管理体系建设的重要环节。风险管理部门借鉴新巴塞尔协议中不同风险的量化方法结合银行自身情况，选择适合方法分别对各种不同的风险进行评估和定价，确定其受险程度和银行应为其准备的风险资本要求。第四，风险管理。对于预期风险，银行可以通过调整政策和银行产品定价和结构来抵御；对于非预期风险，银行必须通过资本管理提供保护，对于异常风险可采取保险等手段解决。另外银行也可以选择资产组合管理来消除非系统性风险，通过贷款、出售、资产证券化等手段转移风险，通过衍生交易来对冲风险。第五，风险管理评价与改进。银行各个风险管理部门对本部门规章制定、风险识别、评估及处置情况进行总体考量，对其执行情况和达到的效果进行后评价，并监测整个过程中是否存在问题，对于存在问题的部门和环节实行问责制度。同时，风险管理部门应根据外部互不干涉、监管当局要求及后评价中发现的问题，对风险管理体系中有关内容提出调整和完善。

案 例 分 析

中国光大集团

1983 年 5 月，由中央拨款，王光英受命在香港地区成立光大实业公司（香港光大），以贸易为主营。最初主要经营国外"二手设备"的进口贸易。当时由于国内众多企业囿于进出口经营权限制，香港光大贸易业务带有较浓特权性质。到了 80 年代后期，一方面由于进出口的渐渐放开，另一方面香港光大内部出现偏差，导致集团出现亏损，业务难以为继。1990年 11 月 20 日成立的中国光大（集团）总公司注册地则为北京，注册资本 2 000 万元，后增资到 3.19 亿元。光大集团于是形成了独特的香港总部和北京总部并立的"双总部"格局。1991 年光大国际信托投资公司（简称光大国投）成立。1992 年创立的光大银行是光大金融资产的核心，1996 年完成股份制改造，首次增资为 28 亿元，引入 131 家股东，光大集团控股 51％。2002 年，第二次增资扩股，股本总额达到 66.8 亿股，股本金 74.69 亿元，股东增加到 230 家，光大控股 45％，光大银行的增资目标是股本金总额达到 80 亿元以上。1996 年上半年，光大证券正式成立。

除银行、证券外，保险是光大集团近年来寻求突破的业务。1999 年 12 月，光大集团控股的香港上市公司光大控股与英国标准人寿成立合资人寿保险公司，光大控股占 20％股权；同月，集团投资 1 亿元与加拿大永明金融服务公司签订合作协议，成立光大永明人寿保险公司，注册地为天津。

1999 年年初，光大看中了投资银行 137 家营业网点，从而整体接收中国投资银行。此次接收牵涉到的资产金额约 700 亿元，接收后，光大银行的规模几乎翻了一番，资产总额达到 1 500 亿元左右，员工近 5 000 人。同年 6 月，光大顺利收购申银万国证券公司18.67％股份，成为申万第一大股东。据介绍，截至 2000 年年底，北京总部、香港总部、光大国投资产总计 252.8 亿元，占光大总资产的 13％，净资产 213 亿元，但这些资产主要是被套的房地产、连年亏损的直属企业的净资产、长期无回报的参股投资项目。而北京、香港总部及光大国投实际负责总额 293.7 亿元，其中账面负债 254.8 亿元，境外债务 61.3 亿元；

或有负债 43.6 亿元，其中已确认 18.3 亿元；2000 年度应付各类借款利息 15.7 亿元；工程欠款 4.9 亿元。由于北京、香港总部及光大国投资产变现困难，经光大集团多方努力，由人民银行再贷款 60 亿元用于偿还外债，而余下的 230 多亿元的内债，光大集团提出三条解决办法：申请人行再贷款；延期偿还原已占有的人行再贷款；核销部分贷款和应付未付利息。

光大集团的发展目标是建设规范化的金融控股集团，大力发展金融主业，主要是银行、证券和保险业。2000 年 10 月转由金融工委管理，表明光大集团正式由企业集团转变为金融控股集团。与此同时，由中央金融工委人员组成的 16 名监事进驻光大。2001 年，光大集团的金融业务份额已占到整个集团的 96% 以上。

经过近 20 年扩张，形成了规模庞大的"光大系"，仅北京总部控股企业就达 11 家，如光大银行、光大证券、光大国投、光大国际饭店物业管理有限公司等；参股企业 6 家，如申万证券、南方证券、丽珠股份、海南航空等；全资企业 10 家，如光大房地产、光大旅游、王府饭店等，香港总部控股三家香港上市公司：光大控股、光大科技及光大国际。目前，光大集团的短期目标是光大银行、光大证券的上市，更包含着市场化的公司治理结构。当然，这不仅是光大，而且也应该是中国所有金融企业必须追求的高度。

但是，对于光大逐步扩张的金融控股模式，业界也有不同的声音：光大下属各家控股公司的单个业务并未做精，若强行组合一起，容易形成较大风险，而光大历史上此类风险并不少见。其次，光大集团这类改革开放后成立的国有金融公司，长期以来被认为具有"新机制"，其实是享有极大甚至超常的"企业自主权"；最极端的状态是外部毫无约束，内部难以制衡，几百亿上千亿元的企业一个掌盘，数亿元资金的调度、投放，一个人或几个人说了算。过于简单的"放权让利"，很容易形成"内部人控制"机制。

资料来源：杨筱燕. 当前我国金融机构的混业经营方式及案例. 经济研究资料，2003（3）.

思考：

（1）光大集团的这种混业经营方式有何优缺点？

（2）除了光大集团外，还有中信集团、平安保险集团等公司实现了混业经营模式，你认为它们在经营中应注意哪些问题，监管层应该如何提高监管的有效性？

本 章 小 结

本章介绍了商业银行发展的主要趋势，包括网络银行、混业经营和全面风险管理。第一节主要对网络银行的概念、组织模式、产生背景进行了介绍，比较了网络银行和传统银行的区别，并针对网络银行的主要风险给出了国内外商业银行的监管策略。第二节对分业经营和混业经营两种银行业经营模式的内容进行介绍并加以比较，阐述了两种不同经营模式下的金融监管，从历史角度阐述了西方国家商业银行经营模式的演变历程和发展趋势。第三节介绍了全面风险管理体系的内涵、构建和意义，并对我国商业银行的全面风险管理体系的搭建给出相关意见。

关键词

网络银行　网络银行风险　网络银行监管　分业经营　混业经营　防火墙　规模经济　范围经济　全面风险管理

思 考 题

1. 网络银行有哪些组织模式？
2. 网络银行同传统银行相比有哪些优缺点？
3. 网络银行在经营中会面临哪些风险？
4. 谈谈你对中国网络银行业务发展的建议及对网络银行监管的看法。
5. 试对分业经营和混业经营进行简要比较。
6. 请问你对中国银行业未来经营趋势的设想有哪些？
7. 什么是商业银行的全面风险管理？有哪些优点？
8. 如何构建商业银行的全面风险管理体系？

参 考 文 献

[1]　罗斯，赫金斯．商业银行管理．刘园，译．7版．北京：机械工业出版社，2007.

[2]　辛基．商业银行财务管理．黄金老，译．6版．北京：中国人民大学出版社，2005.

[3]　GOLIN J. 银行信用分析手册．王欣，焦绪凤，王丽萍，译．北京：机械工业出版社，2004.

[4]　MADURA J. 金融市场与金融机构．何丽芬，郭红珍，译．北京：中信出版社，2004.

[5]　科因．利率风险的控制与管理．北京：经济科学出版社，1999.

[6]　桑德斯．现代金融机构管理．李秉祥，译．大连：东北财经大学出版社，2002.

[7]　戴国强．商业银行经营学．北京：高等教育出版社，2007.

[8]　李志辉．商业银行管理学．北京：中国金融出版社，2009.

[9]　潘英丽，商业银行管理．北京：清华大学出版社，2006.

[10]　俞乔，邢晓林，曲和磊，等．商业银行管理学．北京：人民出版社，2007.

[11]　任远．商业银行经营管理学．北京：科学出版社，2004.

[12]　刘毅．商业银行经营管理学．北京：机械工业出版社，2006.

[13]　张文棋，杨福明．商业银行管理学．南京：东南大学出版社，2005.

[14]　谢太峰．商业银行经营学．北京：清华大学出版社，2007.

[15]　王淑敏，符宏飞，李西江，等．商业银行经营管理．北京：清华大学出版社，2007.

[16]　戴相龙，吴念鲁．商业银行经营管理．北京：中国金融出版社，2000.

[17]　甘当善．商业银行经营管理．上海：上海财经大学出版社，2004.

[18]　刘瑞波，刘砚平．商业银行财务管理．北京：经济科学出版社，2004.

[19]　王淑敏，符宏飞．商业银行经营管理．北京：北京交通大学出版社，2007.

[20]　史建平．商业银行管理学．北京：中国人民大学出版社，2003.

[21]　彭建刚．商业银行管理学．北京：中国金融出版社，2009.

[22]　巴曙松．巴塞尔新资本协议研究．北京：中国金融出版社，2002.

[23]　陈忠阳．金融风险分析与管理研究．北京：中国人民大学出版社，2001.

[24]　李朝民．市场利率及其风险控制．郑州：郑州大学出版社，2002.

[25]　卢鸿．现代商业银行内部控制系统．北京：中国金融出版社，2001.

[26]　宋清华，李志辉．金融风险管理．北京：中国金融出版社，2003.

[27]　施兵超，杨文泽．金融风险管理．上海：上海财经大学出版社，2002.

[28]　彭兴韵．金融学原理．上海：上海三联书店，2003.

[29]　洪正．商业银行公司治理特殊性研究．北京：中国金融出版社，2010.

[30]　巴塞尔银行监管委员．巴塞尔银行监管委员会文献汇编（中文版）．北京：中国金融出版社，2003.

[31]　沈明其．国际结算．北京：机械工业出版社，2006.

[32]　张东祥．国际结算．北京：首都经济贸易大学出版社，2005.

[33]　张东祥，高小红．国际结算．武汉：武汉大学出版社，2004.

[34]　马君潞，陈平，范小云．国际金融．北京：高等教育出版社，2011.

[35]　龚明华．现代商业银行业务与经营．北京：中国人民大学出版社，2006.